冯友兰

(1895—1990)

中国哲学家、哲学史家。著有中国哲学史、新理学、新事论、新世训、中国哲学史新编等，论著编为三松堂全集。

周公旦

西周初期政治家、军事家、思想家、教育家、哲学家,被尊为『元圣』和儒学先驱。其言论见于尚书的大诰、康诰、多士、无逸、立政等篇。

管 子

(约前 723—前 645)

春秋时期著名的政治家、思想家、军事家。

晏婴

（？—前500）

亦称「晏子」，春秋时期齐国政治家、思想家、外交家。传世 晏子春秋 系后人依托并采纳晏子言行而成。

老子

(前571—前471)

春秋时期的思想家、哲学家，道家思想的创始人。主要著作为《道德经》（又称《老子》）。

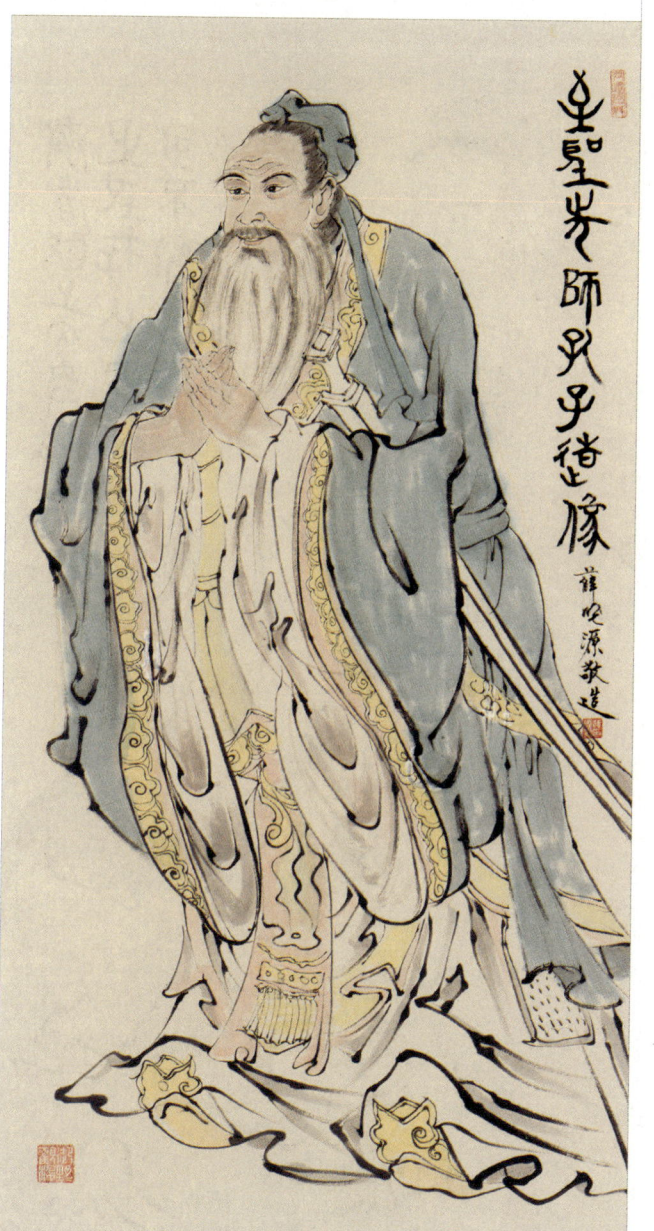

孔子
（前551—前479）

春秋时期著名思想家和教育家,儒家学派的创始人。《论语》记述孔子及弟子的言行,是儒家『身教』的经典。

孙 武

(约前545—约前470)

春秋时期著名的军事家、政治家、哲学家,被尊称为『兵圣』。著作《孙子兵法》为后世兵法家所推崇。

子思
（前483—前402）

即孔伋，孔子之孙。战国初哲学家。现存礼记中的中庸、表记、坊记等，相传是他的著作。

子思先生在《中庸》开篇中如是说：
喜怒哀乐之未发谓之中，发而皆中节谓之和。中也者，天下之大本也；和也者，天下之达道也。致中和，天地位焉，万物育焉。

己亥薛陀源敬写

墨 子

（约前476—约前390）

战国时期著名的思想家、逻辑学家、教育家、科学家、军事家，墨家学派创始人及主要代表人物。

李悝

(前455—前395)

战国时期的政治改革家，法家重要代表人物。汇集当时各国法律编成法经。

列子

(约前450—前375)

战国前期思想家、哲学家、文学家、教育家,道家思想代表人物。著有《列子》。

商鞅

(约前395—前338)

战国时期政治家、思想家,法家代表人物。主要著作为商君书、秦律。

慎到

(约前 395—约前 315)

战国时期法家。汉书·艺文志著录慎子四十二篇,现存慎子七篇。

慎子曰:故立天子以为天下,非立天下以为天子也。立国君以为国,非立国以为君也。立官长以为官,非立官以为长也。

杨朱

(前395—约前335)

战国初期伟大的思想家、哲学家,道家杨朱学派的创始人。

孟子

（约前372—前289）

战国时期著名哲学家、思想家、政治家、教育家，儒家学派的代表人物之一，被后世尊为「亚圣」，由弟子编辑其言论而成《孟子》七卷。

宋钘

（约前370—前291）

又称宋子，战国时期哲学家，宋尹学派创始人及代表人物。著有宋子。

惠施与庄子

己亥之夏 薛晓源 枨然书篆

惠子

(约前370—约前310)

战国时期哲学家,名家的代表人物。其言行片段散见于庄子、荀子、韩非子等书。

庄子

(约前369—前286)

战国中期著名思想家、哲学家和文学家,道家学派的主要代表人物之一。代表作为庄子。

大鹏一日同风起,扶摇直上九万里;
假令风歇时下来,犹能簸却沧溟水。
李白寄庄子逍遥游诗意 戊戌薛心源

尹文

（约前360—前280）

又称『尹文子』。战国时期哲学家，与宋钘齐名。现存尹文子为后人袭录、增删尹文残文而成。

屈原

(约前340—约前278)

战国时期楚国诗人、政治家。其传世作品如离骚、天问、九歌等都保存在楚辞中。

公孙龙

(约前320—约前250)

战国时期名家离坚白派的代表人物。主要著作为公孙龙子，其中最重要的两篇是白马论、坚白论。

荀况

(约前313—前238)

战国末期思想家、文学家、政治家,时人尊称『荀卿』。著有荀子。

不登高山,不知天之高也;不临深溪,不知地之厚也;不闻先王之遗言,不知学问之大也。荀子在《劝学》篇如是说。

己亥薛晓源写

邹衍

(约前305—前240)

战国末期哲学家,阴阳家代表人物。汉书·艺文志著录四十九篇,邹子终始五十六篇,皆佚。

吕不韦

（？—前235）

战国末年商人、政治家、思想家，秦国丞相。主持编纂《吕氏春秋》。

韩非

（约前280—前233）

战国末期思想家、哲学家，法家思想的代表人物。著有韩非子五十五篇。

曹参

(?—前190)

西汉开国功臣、名将,是继萧何之后的汉代第二位相国,史称『曹相国』。

中国哲学史新编

（上）

【冯友兰哲学三史】

冯友兰 _ 著
薛晓源 _ 绘

中国画报出版社 · 北京

图书在版编目（CIP）数据

中国哲学史新编：手绘插图版 / 冯友兰著；薛晓源绘. -- 北京：中国画报出版社，2019.11（2021.10重印）
（冯友兰哲学三史）
ISBN 978-7-5146-1768-9

Ⅰ.①中… Ⅱ.①冯… ②薛… Ⅲ.①哲学史—中国 Ⅳ.①B2

中国版本图书馆CIP数据核字(2019)第168909号

中国哲学史新编

冯友兰　著　薛晓源　绘

出 版 人：于九涛
策 划 人：陈志明
责任编辑：李　媛
责任印制：焦　洋

出版发行：中国画报出版社
地　　址：中国北京市海淀区车公庄西路33号　邮编：100048
发 行 部：010-88417438　010-68414683（传真）
总编室兼传真：010-88417359　版权部：010-88417359

开　　本：32开（880mm×1230mm）
印　　张：80
字　　数：1480千字
版　　次：2020年1月第1版　2021年10月第3次印刷
印　　刷：三河市金兆印刷装订有限公司
书　　号：ISBN 978-7-5146-1768-9
定　　价：199.00元（全三册）

目 录

自 序
绪 论
    第一节　本来的历史和写的历史　　　　　　　　／ 002
    第二节　逻辑和历史的统一　　　　　　　　　　／ 004
    第三节　写的历史和史料　　　　　　　　　　　／ 008
    第四节　什么是哲学？　　　　　　　　　　　　／ 011
    第五节　理论思维和形象思维　　　　　　　　　／ 019
    第六节　哲学与世界观　　　　　　　　　　　　／ 029
    第七节　哲学中的主要派别　　　　　　　　　　／ 032
    第八节　哲学和哲学史　　　　　　　　　　　　／ 037
    第九节　研究中国哲学史的特殊任务　　　　　　／ 040
    第十节　阶级观点和民族观点　　　　　　　　　／ 044
    第十一节　中国哲学史的分期　　　　　　　　　／ 051

第一册

绪 论
第一章　商、周奴隶社会的兴盛与衰微——商代和西周时期（前16世纪至前8世纪）宗教天道观的变化和古代唯物主义思想的萌芽
    第一节　商代奴隶和劳动人民的生产斗争科学知识和

i

　　　　　技术工艺的进步　　　　　　　　　　　　　　/ 070
　　第二节　商代的阶级对立及奴隶主阶级专政的精神工具——宗教　/ 072
　　第三节　商末阶级斗争及商周民族斗争的激化　　　　/ 073
　　第四节　周公旦巩固奴隶制的措施　　　　　　　　　/ 075
　　第五节　周公旦对于奴隶主的天命论的补充　　　　　/ 079
　　第六节　古代素朴唯物主义和自发的辩证法思想的萌芽　/ 083
　　第七节　西周奴隶制的衰落及宗教神权的动摇　　　　/ 090

第二章　春秋战国时期的社会大转变——由奴隶制向封建制的过渡

　　第一节　大转变时期社会生产力的提高　　　　　　　/ 094
　　第二节　大转变时期新的生产关系的出现　　　　　　/ 098
　　第三节　大转变时期——奴隶反对奴隶主的斗争和
　　　　　　奴隶身份的解放　　　　　　　　　　　　　/ 099
　　第四节　大转变时期新兴地主阶级与没落奴隶主贵族
　　　　　　夺权与反夺权的斗争　　　　　　　　　　　/ 102
　　第五节　春秋时期意识形态方面的斗争——无神论和
　　　　　　唯物主义思想的初步发展，"法"与"礼"的斗争　/ 104
　　第六节　战国时期知识分子的活跃和思想战线上的"百家争鸣"　/ 110

第三章　齐、晋两国的改革及齐桓、晋文的霸业

　　第一节　齐、晋两国在春秋时期的地位　　　　　　　/ 118
　　第二节　齐桓公与管仲　　　　　　　　　　　　　　/ 119
　　第三节　管仲在齐国"相地衰征"的历史意义　　　　/ 123
　　第四节　管仲对于分封制的改革　　　　　　　　　　/ 125
　　第五节　管仲"尊贤育才"的政策　　　　　　　　　/ 126
　　第六节　管仲对于旧制度改革的不彻底性　　　　　　/ 128
　　第七节　管仲"富国强兵"的政策　　　　　　　　　/ 129

第八节 管仲对诸侯国的关系的政策 / 132
第九节 晏婴的折中、调和论 / 133
第十节 晋国第一次封建化的改革——"郭偃之法" / 138
第十一节 晋国的第二次变革——赵盾和"夷之蒐" / 142

第四章 前期儒家思想的形成——孔丘对于古代精神生活的反思

第一节 孔丘的阶级立场及其对于周制的态度 / 146
第二节 孔丘对于古代道德生活的反思——关于"仁"的理论 / 152
第三节 孔丘对于古代道德生活的反思——关于"礼"的理论 / 158
第四节 孔丘对于古代道德生活的反思——论完全的人格 / 168
第五节 孔丘对于古代宗教生活的反思 / 175
第六节 孔丘对于古代文艺生活的反思 / 182
第七节 孔丘对于古代学术生活的反思 / 188
第八节 孔丘对于他自己的精神境界的反思 / 192

第五章 邓析与子产的斗争，名家的起源

第一节 子产在郑国推行的改良路线 / 200
第二节 邓析反对子产的改良路线的斗争 / 206
第三节 关于伪《邓析子》 / 209

第六章 春秋末期军事思想和经济思想中的唯物主义和辩证法

第一节 春秋时期军事上的"礼"与"非礼" / 214
第二节 孙武和《吴孙子》 / 216
第三节 朴素唯物主义思想在孙武军事思想中的表现 / 217
第四节 辩证法思想在孙武军事思想中的表现 / 219
第五节 辩证法思想和唯物主义思想在范蠡的政治策略中的表现 / 223
第六节 辩证法思想和唯物主义思想在计然的经济政策中的表现 / 225

第七节　辩证法思想和唯物主义思想在商人思想中的表现　　/ 229

第七章　墨翟和前期墨家的哲学思想

　　第一节　大转变时期独立手工业的兴起　　/ 232
　　第二节　《墨子》其书和墨翟其人　　/ 233
　　第三节　墨翟对于劳动和劳动成果的重视　　/ 235
　　第四节　墨翟对于奴隶主贵族的生活方式的批判　　/ 237
　　第五节　墨翟关于"尚贤""尚同"的思想　　/ 241
　　第六节　功利主义的道德观和经验主义的真理论　　/ 244
　　第七节　"兼爱""非攻"的阶级调和论　　/ 250
　　第八节　主张"天志""明鬼"的宗教思想　　/ 254
　　第九节　前期墨家向后期墨家的转化　　/ 259

第八章　晋法家思想的发展

　　第一节　晋法家和齐法家　　/ 262
　　第二节　魏国进一步的改革——李悝"尽地力之教"和《法经》　　/ 263
　　第三节　韩国进一步的改革——申不害的"术"　　/ 268
　　第四节　赵国进一步的改革——赵武灵王"易胡服"　　/ 271

第九章　道家的发生与发展和前期道家

　　第一节　所谓"逸民"　　/ 278
　　第二节　杨朱的"为我"思想　　/ 282
　　第三节　《庄子·天下》篇论道家发展的阶段　　/ 287
　　第四节　《老子》《庄子》中的全生保真的思想　　/ 289

第二册

绪 论

第十章 秦国进一步的改革——商鞅变法
- 第一节 商鞅在秦国同顽固派的大辩论 / 300
- 第二节 商鞅推广巩固封建生产关系的重要措施 / 305
- 第三节 商鞅对于宗法的变革 / 310
- 第四节 商鞅对于富国强兵的理论和措施 / 312
- 第五节 商鞅的进步的历史哲学 / 317

第十一章 道家哲学体系的形成和发展——《老子》的客观唯心主义哲学体系
- 第一节 老子其人和《老子》其书 / 322
- 第二节 《老子》哲学思想的阶级根源 / 330
- 第三节 《老子》对于地主阶级政权的攻击及其应付的策略 / 332
- 第四节 《老子》的兵法 / 336
- 第五节 《老子》的素朴的辩证法思想 / 338
- 第六节 《老子》中的宇宙观 / 343
- 第七节 《老子》论"为道"和"为学" / 353
- 第八节 《老子》的历史哲学及其理想社会 / 360

第十二章 孟轲——儒家思想向唯心主义的发展
- 第一节 孟轲的时代及其对于当时政治的态度 / 364
- 第二节 孟轲的政治思想 / 367
- 第三节 孟轲论"君子""小人" / 371
- 第四节 孟轲论"王""霸" / 373
- 第五节 王道的物质条件——井田制 / 376
- 第六节 王道的精神条件——仁和忠恕之道 / 379

第七节　性善论和伦理学　　　　　　　　　　　　　／382
　　第八节　孟轲的历史观及其对于道家墨家的斗争　　　／390
　　第九节　孟轲对于人类精神生活的理解和体会　　　　／394

第十三章　墨家的支与流裔宋钘、尹文；农民的思想家许行

　　第一节　宋钘、尹文的政治、社会思想　　　　　　　／402
　　第二节　许行的"神农之言"　　　　　　　　　　　／409

第十四章　庄周的主观唯心主义体系——道家哲学向唯心主义的进一步的发展

　　第一节　庄周其人和《庄子》其书　　　　　　　　　／416
　　第二节　庄周论"齐物"　　　　　　　　　　　　　／421
　　第三节　庄周论"逍遥"　　　　　　　　　　　　　／430
　　第四节　《庄子》论道、有、无　　　　　　　　　　／436
　　第五节　庄周论自然和人为、必然和自由　　　　　　／443
　　第六节　倒退的社会观　　　　　　　　　　　　　　／447
　　第七节　庄周哲学是隐士思想的总结　　　　　　　　／452

第十五章　惠施、公孙龙及其他辩者，后期名家的发展

　　第一节　关于名家这个称号　　　　　　　　　　　　／458
　　第二节　惠施的法家思想　　　　　　　　　　　　　／461
　　第三节　惠施的"万物说"　　　　　　　　　　　　／463
　　第四节　惠施"历物之意"十事　　　　　　　　　　／465
　　第五节　惠施与庄周——辩证法与相对主义、怀疑论和诡辩　／472
　　第六节　惠施的对立面——公孙龙　　　　　　　　　／474
　　第七节　公孙龙关于"白马非马"的辩论　　　　　　／476
　　第八节　公孙龙关于"离坚白"的辩论　　　　　　　／481

第九节　公孙龙关于"指""物"的辩论　　　　　　　　　　/ 484

　　第十节　公孙龙关于"变"的辩论　　　　　　　　　　　/ 489

　　第十一节　公孙龙关于"名""实"的辩论　　　　　　　　/ 493

　　第十二节　战国时期其他辩者的辩论　　　　　　　　　　/ 495

　　第十三节　庄周及其一派对公孙龙的态度　　　　　　　　/ 501

第十六章　慎到和稷下黄老之学

　　第一节　战国中后期各家的分化　　　　　　　　　　　　/ 506

　　第二节　《庄子·天下》篇所说的慎到　　　　　　　　　/ 509

　　第三节　《慎子》中的慎到思想　　　　　　　　　　　　/ 512

　　第四节　黄老之学的确切内容　　　　　　　　　　　　　/ 517

第十七章　稷下黄老之学的精气说——道家向唯物主义的发展

　　第一节　黄老之学的名称的由来及史料的根据　　　　　　/ 522

　　第二节　《管子》中的《水地》篇　　　　　　　　　　　/ 524

　　第三节　黄老之学关于"精""气"的思想　　　　　　　　/ 527

　　第四节　对于"精""气"说的评价　　　　　　　　　　　/ 536

　　第五节　黄老之学的法家统治术　　　　　　　　　　　　/ 540

　　第六节　黄老之学关于法的认识　　　　　　　　　　　　/ 545

　　第七节　黄老之学的认识论的含义　　　　　　　　　　　/ 548

　　第八节　附录，齐法家的其他思想　　　　　　　　　　　/ 550

第十八章　楚国的改革与屈原，稷下精气说的传播

　　第一节　楚国的封建化的改革　　　　　　　　　　　　　/ 564

　　第二节　屈原文学作品中所表现的进步的政治思想　　　　/ 565

　　第三节　屈原《天问》中的唯物主义的宇宙发生论　　　　/ 568

　　第四节　屈原《远游》《离骚》中的精、气说　　　　　　/ 571

第五节 古代医学中的精、气说 / 579

第十九章 墨辩——后期墨家向唯物主义的发展

第一节 关于墨经 / 586

第二节 后期墨家思想的阶级根源和社会根源 / 588

第三节 墨经中的科学知识 / 590

第四节 后期墨家的反映论的认识论 / 592

第五节 后期墨家的逻辑思想 / 597

第六节 后期墨家的唯物主义的自然观 / 609

第七节 后期墨家的进步的社会政治思想 / 612

第八节 后期墨家对于当时诡辩学说的批判 / 621

第九节 后期墨家对于当时老、庄学说和其他各家的批判 / 631

第二十章 阴阳五行家的具有唯物主义因素的世界图式

第一节 关于阴阳五行家 / 640

第二节 《洪范》以五行为基础的自然观 / 643

第三节 《月令》的世界图式 / 646

第四节 邹衍的地理学说和历史观 / 655

第五节 阴阳五行家思想对于中国哲学和科学发展的影响 / 659

第六节 对于阴阳五行家的估价和批判 / 662

第二十一章 易传的具有辩证法因素的世界图式

第一节 关于《易经》和易传 / 668

第二节 筮法和易传中的"数" / 671

第三节 易传中的"象" / 675

第四节 易传的宇宙发生论及世界图式 / 682

第五节 易传的客观唯心主义体系 / 687

第六节 易传中的辩证法思想 / 691

第七节 易传哲学的阶级根源 / 700

第二十二章 荀况——儒家思想向唯物主义的发展

第一节 荀况与《荀子》 / 708

第二节 荀况论"王""霸" / 709

第三节 "法先王"和"法后王" / 714

第四节 礼和法 / 717

第五节 荀况的唯物主义的自然观 / 719

第六节 荀况的反映论的认识论和思想方法 / 729

第七节 荀况的逻辑思想 / 742

第八节 荀况的社会思想 / 750

第九节 荀况关于"文"的理论 / 756

第十节 荀况的人性论 / 759

第十一节 荀况对于统一思想的主张 / 765

第二十三章 战国时期最后的理论家韩非的哲学思想

第一节 韩非的人口论的历史观 / 770

第二节 韩非论他所认为的人的社会关系的实质 / 774

第三节 韩非综合原来法家三派 / 778

第四节 韩非关于法的论述 / 781

第五节 韩非关于势的论述 / 785

第六节 韩非关于术的论述 / 788

第七节 韩非的唯物主义的认识论 / 790

第八节 韩非对《老子》的改造 / 794

第九节 韩非的政治、经济主张 / 809

第十节 韩非对于当时战争的矛盾立场 / 812

第二十四章　先秦百家争鸣的总结与终结

第一节　儒家所作的总结 / 820

第二节　道家所作的总结 / 826

第三节　法家所作的总结 / 829

第四节　杂家和吕不韦的《吕氏春秋》 / 832

第五节　杂家的出现与先秦哲学的终结 / 837

第三册

绪　论

第一节　"过秦" / 842

第二节　"宣汉" / 847

第二十五章　汉初黄老之学

第一节　曹参的黄老政治 / 854

第二节　汲黯的黄老政治 / 856

第三节　司马迁父子的黄老之言 / 857

第二十六章　汉初最大的政论家和哲学家——贾谊

第一节　陆贾的"逆取顺守"的策略 / 866

第二节　贾谊对于秦朝所以灭亡的分析及其对付农民的策略 / 867

第三节　贾谊对于地主阶级的忠告 / 869

第四节　贾谊恢复了关于"礼""法"的争论 / 871

第五节　贾谊对于巩固地主阶级政权的一些建议 / 873

第六节　贾谊的唯物主义哲学思想 / 878

第二十七章　董仲舒公羊学和中国封建社会上层建筑

第一节　中国封建社会的经济基础和上层建筑、汉武帝和董仲舒 / 888

第二节 董仲舒和公羊春秋 / 892

第三节 公羊春秋和汉朝的政策 / 896

第四节 董仲舒所讲的《春秋》的"微言大义" / 899

第五节 董仲舒的政治纲领 / 901

第六节 董仲舒关于"天"的宗教化思想 / 903

第七节 董仲舒关于气和阴阳五行的学说 / 906

第八节 董仲舒的神秘主义的天人感应论 / 917

第九节 董仲舒的人性论 / 924

第十节 董仲舒的封建主义的社会和伦理思想 / 928

第十一节 董仲舒的历史观 / 936

第十二节 董仲舒的逻辑思想 / 939

第十三节 春秋公羊学和中国社会的两次大转变 / 942

第二十八章 《礼记》与中国封建社会的上层建筑

第一节 《礼记》其书 / 946

第二节 关于冠礼和婚礼的"义" / 947

第三节 关于丧、祭礼的"义" / 952

第四节 关于孝的理论 / 958

第五节 礼是变动的 / 961

第六节 《乐记》 / 966

第七节 《中庸》 / 972

第八节 《大学》 / 984

第二十九章 董仲舒哲学体系的对立面——淮南王刘安的黄老之学

第一节 黄老之学与神仙家 / 996

第二节 刘安其人和《淮南子》其书 / 998

第三节 《淮南子》关于"气"的唯物主义的理论 / 1001

第四节 《淮南子》关于天人关系的反目的论的理论 / 1008

第五节 《淮南子》中的形、神二元论　　　　　　　　　　／ 1016

第六节 《淮南子》中反映论的认识论和辩证法思想　　　　／ 1020

第七节 《淮南子》的人性论　　　　　　　　　　　　　　／ 1025

第八节 《淮南子》中主张"变"的社会、政治思想　　　　　／ 1027

第三十章 《盐铁论》与"义利之辨"

第一节 地主阶级打击商人的斗争　　　　　　　　　　　　／ 1036

第二节 《盐铁论》的主要内容　　　　　　　　　　　　　／ 1042

第三节 "义利之辨"　　　　　　　　　　　　　　　　　　／ 1049

第四节 盐铁会议与《大学》　　　　　　　　　　　　　　／ 1052

第三十一章 纬书中的世界图式

第一节 谶纬的社会根源　　　　　　　　　　　　　　　　／ 1056

第二节 《易纬》的宇宙形成论　　　　　　　　　　　　　／ 1058

第三节 《洛书》　　　　　　　　　　　　　　　　　　　／ 1063

第四节 "太一"　　　　　　　　　　　　　　　　　　　　／ 1066

第五节 八卦方位　　　　　　　　　　　　　　　　　　　／ 1067

第六节 "卦气"　　　　　　　　　　　　　　　　　　　　／ 1069

第七节 纬书的世界图式与希腊毕达哥拉斯学派的比较　　　／ 1076

第三十二章 古文经学的兴起及其哲学家——刘歆、扬雄、桓谭

第一节 什么是古文经学　　　　　　　　　　　　　　　　／ 1080

第二节 石渠会议　　　　　　　　　　　　　　　　　　　／ 1082

第三节 刘向、刘歆关于《洪范》五行的理论　　　　　　　／ 1084

第四节 刘歆的"元气"说　　　　　　　　　　　　　　　／ 1086

第五节 刘歆与《左传》　　　　　　　　　　　　　　　　／ 1089

第六节 刘向、刘歆的《七略》　　　　　　　　　　　　　／ 1091

第七节 扬雄《太玄》中的唯物主义和辩证法思想　　　　　／ 1094

第八节　扬雄的《法言》　　　　　　　　　　　　　/　1107
　　第九节　桓谭对形、神关系的唯物主义见解及其反对神秘主义的斗争/　1109
　　第十节　王充对刘、扬、桓的评价　　　　　　　　　/　1112

第三十三章　王充——两汉时代最大的无神论者和唯物主义哲学家
　　第一节　今文经学的反攻和白虎会议　　　　　　　　/　1114
　　第二节　王充的家世和著作　　　　　　　　　　　　/　1115
　　第三节　王充的天文学　　　　　　　　　　　　　　/　1119
　　第四节　王充关于"气"的思想　　　　　　　　　　 /　1122
　　第五节　王充关于天、人关系的理论　　　　　　　　/　1126
　　第六节　王充对于"天人感应"的批判　　　　　　　 /　1129
　　第七节　王充关于形、神关系的理论　　　　　　　　/　1137
　　第八节　王充的反映论的认识论和方法论　　　　　　/　1145
　　第九节　王充关于性、命的理论　　　　　　　　　　/　1156
　　第十节　王充的历史观　　　　　　　　　　　　　　/　1167
　　第十一节　王充在中国哲学史上的地位　　　　　　　/　1171

第三十四章　东汉末无神论和进步的社会思想
　　第一节　张衡反对谶纬的理论　　　　　　　　　　　/　1176
　　第二节　张衡的天文学和宇宙形成论　　　　　　　　/　1178
　　第三节　王符的唯物主义的自然观和进步的社会思想　/　1183
　　第四节　仲长统的无神论和进步的历史观　　　　　　/　1190
　　第五节　何休关于"太平"的思想　　　　　　　　　 /　1196

第三十五章　东汉末农民大起义和《太平经》
　　第一节　以黄巾军为代表的农民起义　　　　　　　　/　1200
　　第二节　《太平经》其书　　　　　　　　　　　　　/　1203
　　第三节　《太平经》中的"太平"思想　　　　　　　 /　1205

第四节 《太平经》的"天地周期"论　　/ 1211
　　第五节 农民起义的优点和缺点、进步性和局限性　　/ 1213

第四册

自　序

绪　论

　　第一节 门阀士族的形成与发展　　/ 1222
　　第二节 门阀士族为什么叫士族　　/ 1225
　　第三节 东汉末伦理教条的没落　　/ 1229
　　第四节 南北朝的分裂和隋唐的统一　　/ 1232

第三十六章 玄学的先河——刘劭的《人物志》和钟会的《四本论》

　　第一节 汉魏之际的名实问题　　/ 1236
　　第二节 刘劭的《人物志》　　/ 1238
　　第三节 钟会的《四本论》　　/ 1247
　　第四节 从名实到名理　　/ 1251

第三十七章 通论玄学

　　第一节 玄学的主题　　/ 1256
　　第二节 玄学的方法　　/ 1260
　　第三节 玄学中的派别和发展阶段　　/ 1267
　　第四节 玄学与抽象思维　　/ 1270

第三十八章 王弼、何晏的贵无论——玄学的建立及其发展的第一阶段

　　第一节 王弼、何晏的生平与著作　　/ 1274
　　第二节 何晏的《道论》　　/ 1277

第三节　王弼、何晏关于"无名"的辩论　　　　　　　　　／ 1281
　　第四节　王弼关于一般和特殊的关系的几种说法　　　　　／ 1284
　　第五节　王弼关于"一"和"多"的理论　　　　　　　　／ 1286
　　第六节　王弼关于常、变、动、静的理论　　　　　　　　／ 1291
　　第七节　王弼关于社会人生方面的理论　　　　　　　　　／ 1298
　　第八节　王弼、何晏关于"圣人"有情、无情的辩论　　　／ 1302

第三十九章　嵇康、阮籍及其他"竹林名士"

　　第一节　从黄老到老庄　　　　　　　　　　　　　　　　／ 1308
　　第二节　嵇康论精神境界的第一层次——"越名教而任自然"／ 1310
　　第三节　嵇康论精神境界的第二层次——"心不违乎道"　／ 1315
　　第四节　嵇康论音乐　　　　　　　　　　　　　　　　　／ 1320
　　第五节　嵇康对于当时社会迷信的态度　　　　　　　　　／ 1328
　　第六节　阮籍的《大人先生传》　　　　　　　　　　　　／ 1335
　　第七节　阮籍的《达庄论》　　　　　　　　　　　　　　／ 1340
　　第八节　"达"与"作达"　　　　　　　　　　　　　　／ 1344

第四十章　裴頠的崇有论和欧阳建的言尽意论
　　　　　——玄学发展的第二阶段

　　第一节　裴頠和他的《崇有论》　　　　　　　　　　　　／ 1348
　　第二节　裴頠全部哲学思想的自述　　　　　　　　　　　／ 1350
　　第三节　裴頠所提出的贵无论的社会根源　　　　　　　　／ 1353
　　第四节　裴頠所说的贵无论的社会影响　　　　　　　　　／ 1354
　　第五节　裴頠总论有无　　　　　　　　　　　　　　　　／ 1356
　　第六节　所谓"言意之辩"　　　　　　　　　　　　　　／ 1359
　　第七节　欧阳建的《言尽意论》　　　　　　　　　　　　／ 1361
　　第八节　从王弼到郭象　　　　　　　　　　　　　　　　／ 1365

第四十一章 郭象的"无无论"——玄学发展的第三阶段

第一节 向秀的《庄子注》和郭象的《庄子注》的关系 / 1370

第二节 郭象关于"有"和"无"的理论 / 1377

第三节 郭象关于"性"和"命"的理论 / 1385

第四节 郭象关于动、静和生、死的理论 / 1391

第五节 郭象关于"无对"和"有对"的理论 / 1395

第六节 郭象关于"有言"和"无言"的理论 / 1403

第七节 郭象关于"无心"、"无为"及"无待"的理论 / 1407

第八节 郭象关于"圣人"的理论 / 1415

第九节 郭象关于"名教"与"自然"的理论 / 1422

第十节 郭象的《庄子序》和《庄子注序》 / 1427

第四十二章 魏晋之际玄学以外的唯物主义和进步的社会思想

第一节 曹植的唯物主义思想 / 1434

第二节 杨泉的《物理论》 / 1437

第三节 鲍敬言的"无君论" / 1440

第四十三章 玄学的尾声及其历史的功过

第一节 《列子》和《列子注》 / 1448

第二节 玄学与孔丘 / 1452

第三节 玄学历史功过的哲学根源 / 1456

第四十四章 通论佛学

第一节 所谓儒、释、道三教 / 1462

第二节 佛教和佛学的主题——神不灭论 / 1464

第三节 佛学的方法 / 1467

第四节 中国佛教和佛学发展的阶段 / 1468

第五节 一个辩论,一个问题 / 1470

第四十五章 佛学在中国发展的第一阶段——"格义"

第一节 僧肇及其著作 / 1474

第二节 慧远的"神不灭论"及其他 / 1482

第三节 道生的诸"义" / 1489

第四节 谢灵运的《辩宗论》 / 1495

第四十六章 中国佛学发展的第二阶段——"教门"

第一节 三论宗 / 1498

第二节 《大乘起信论》 / 1505

第三节 玄奘的《成唯识论》 / 1509

第四节 华严宗的三个"义" / 1512

第四十七章 中国佛学发展的第三阶段——"宗门"

第一节 禅宗出现的历史意义 / 1520

第二节 慧能和神秀——禅宗中的客观唯心主义和主观唯心主义 / 1522

第三节 禅宗的"不道之道" / 1526

第四节 禅宗的"无修之修" / 1529

第五节 禅宗中的派别 / 1538

第四十八章 隋唐佛学向宋明道学的过渡

第一节 所谓"三教合流" / 1542

第二节 韩愈、李翱在过渡时期的贡献 / 1549

第三节 柳宗元的唯物主义思想和反迷信的斗争 / 1566

第四节 刘禹锡的唯物主义和法制思想 / 1594

第五册

自 序

绪 论

  第一节 从地主阶级贵族到"四民之首" / 1614

  第二节 士与知识分子阶层 / 1619

  第三节 士在中国历史中的作用 / 1620

第四十九章 通论道学

  第一节 什么是道学 / 1624

  第二节 从比较哲学的观点看道学的特点 / 1627

  第三节 道学的目的和方法 / 1632

  第四节 道学的发展阶段 / 1635

  第五节 道学的名称 / 1636

  第六节 道学的历史作用 / 1640

第五十章 道学出现的政治条件——庆历新政和熙宁变法

  第一节 军阀和士的联合专政 / 1644

  第二节 当时变革的必要 / 1646

  第三节 庆历新政和范仲淹的改革"十事" / 1648

  第四节 庆历新政和李觏的《周礼致太平论》 / 1650

  第五节 "熙宁变法"和王安石的"新政" / 1659

  第六节 道学的兴起 / 1667

第五十一章 道学的前驱——周敦颐和邵雍

第一节 谁是道学的创立者？ / 1670

第二节 周敦颐的《太极图说》 / 1672

第三节 周敦颐的《通书》 / 1681

第四节 周敦颐论"孔颜乐处" / 1686

第五节 邵雍的"先天学" / 1688

第六节 邵雍的世界年谱 / 1694

第七节 《皇极经世》的《观物内外篇》 / 1699

第八节 对于周敦颐和邵雍的图象的两种了解 / 1705

第五十二章 道学的奠基者——二程

第一节 二程的家世和经历 / 1712

第二节 二程对于王安石新法的态度 / 1715

第三节 天理或理 / 1726

第四节 气、心、性、情 / 1733

第五节 程颢的《识仁篇》和《定性书》 / 1737

第六节 程颐的《易传·序》 / 1746

第七节 二程的"气象"和"孔颜乐处" / 1749

第五十三章 道学的奠基者——张载

第一节 张载的生平及其著作 / 1754

第二节 发挥唯物主义的"有无混一"论 / 1755

第三节 发挥辩证法的"二端"论 / 1760

第四节 张载的《西铭》与人的精神境界 / 1766

第五节 《正蒙》的《大心篇》与为学之方　　/ 1769

第六节 《正蒙》的《诚明篇》与为学之方　　/ 1773

第七节 张载的政治社会思想　　/ 1780

余　论　　/ 1785

第五十四章　朱熹

第一节 北宋道学所引起的哲学问题　　/ 1788

第二节 朱熹的生平及其著作　　/ 1790

第三节 理、太极　　/ 1793

第四节 气　　/ 1799

第五节 朱熹的宇宙形成论　　/ 1803

第六节 性、心、情、才　　/ 1808

第七节 修养方法　　/ 1813

第八节 "王霸之辩"　　/ 1820

第九节 朱熹易学中的辩证法思想　　/ 1823

第十节 前期道学的高峰　　/ 1834

第五十五章　陆、王心学的兴起

第一节 陆九渊对于"无极而太极"的批评　　/ 1838

第二节 陆九渊的宇宙观和修养方法　　/ 1842

第三节 鹅湖之会和白鹿洞书院《论语讲义》　　/ 1846

第四节 王守仁的《大学问》　　/ 1849

第五节 "致良知"与"知行合一"　　/ 1856

第六节 "良知"与"爱有差等"　　/ 1860

第七节　"良知"与"动静合一"　　　　　　　　　　／ 1863
　　第八节　从哲学上看理学和心学的异同　　　　　　　／ 1865

第五十六章　道学外的思想家——陈亮和叶适

　　第一节　陈亮的政治态度　　　　　　　　　　　　　／ 1872
　　第二节　陈亮的社会思想　　　　　　　　　　　　　／ 1873
　　第三节　陈亮对于程、朱"形上"和"形下"的批评　／ 1875
　　第四节　陈亮和朱熹关于"王霸"问题的辩论　　　　／ 1880
　　第五节　叶适的政治态度和社会思想　　　　　　　　／ 1883
　　第六节　叶适的哲学思想　　　　　　　　　　　　　／ 1885
　　第七节　陈亮和叶适重商思想的社会根源　　　　　　／ 1891

第五十七章　气学的复兴和理学的自我修正及革新

　　第一节　王廷相对于道学的态度　　　　　　　　　　／ 1894
　　第二节　王廷相的唯物主义哲学思想　　　　　　　　／ 1895
　　第三节　王廷相的唯物主义认识论　　　　　　　　　／ 1899
　　第四节　王廷相对于心学的批评　　　　　　　　　　／ 1901
　　第五节　罗钦顺对于心学的批评　　　　　　　　　　／ 1902
　　第六节　罗钦顺对于理学的修正革新　　　　　　　　／ 1904
　　第七节　王廷相和罗钦顺在后期道学发展中的历史地位　／ 1908

第五十八章　心学的发展

　　第一节　杨简的《己易》　　　　　　　　　　　　　／ 1910
　　第二节　王畿的"四无"说　　　　　　　　　　　　／ 1912

xxi

第三节 李贽的"童心"说　　　　　　　　　　　／ 1916

第五十九章 后期道学的高峰——王夫之的哲学体系

第一节 论客观世界的真实性　　　　　　　　　／ 1926

第二节 关于"有"、"无"问题　　　　　　　　／ 1927

第三节 关于"动"、"静"问题　　　　　　　　／ 1930

第四节 关于"形上"、"形下"问题　　　　　　／ 1931

第五节 关于"理"及其各项对立面　　　　　　　／ 1932

第六节 王夫之的认识论及其对心学的批判　　　　／ 1937

第七节 关于知行问题　　　　　　　　　　　　　／ 1939

第八节 关于"性"和"命"问题　　　　　　　　／ 1942

第九节 王夫之的历史观　　　　　　　　　　　　／ 1944

第十节 王夫之的辩证法思想　　　　　　　　　　／ 1946

第十一节 王夫之哲学思想的局限性　　　　　　　／ 1950

第十二节 王夫之的著作的幸与不幸　　　　　　　／ 1953

第六册

自　序

绪　论

第六十章 中国历史第二次大转变时期思想界中的先行者 ——黄宗羲

第一节 《宋元学案》和《明儒学案》　　　　　　／ 1972

第二节 对于罗钦顺的评论　　　　　　　　　　　／ 1974

第三节 对于心学的修正　　　　　　　　　　　　／ 1980

第四节 《明夷待访录》所画的蓝图　　　　　　　　　　/ 1983

第六十一章 颜元对于道学的批判

第一节 颜元的《四存编》　　　　　　　　　　　　　　/ 1990
第二节 颜元对于"格物致知"的新解释　　　　　　　　/ 1994
第三节 颜元对于"格物致知"新解释的历史意义　　　　/ 1996
附　记　　　　　　　　　　　　　　　　　　　　　　/ 1998

第六十二章 戴震反道学的斗争

第一节 戴震论"道"　　　　　　　　　　　　　　　　/ 2000
第二节 戴震论"形上"、"形下"　　　　　　　　　　/ 2002
第三节 戴震论"理"　　　　　　　　　　　　　　　　/ 2003
第四节 戴震论"性"、"气"　　　　　　　　　　　　/ 2004
第五节 戴震论"欲"、"情"、"知"　　　　　　　　/ 2007
第六节 戴震对于道学的政治的批判　　　　　　　　　　/ 2011

第六十三章 魏源应付大转变的新形势的总对策及其哲学思想

第一节 魏源的总对策　　　　　　　　　　　　　　　　/ 2014
第二节 魏源的"经世"精神　　　　　　　　　　　　　/ 2017
第三节 魏源的哲学思想　　　　　　　　　　　　　　　/ 2020
第四节 魏源"以夷为师"思想的影响及其局限性　　　　/ 2023

第六十四章 农民大起义和太平天国的神权政治

第一节 鸦片战争以后中国的社会情况　　　　　　　　　/ 2026

xxiii

第二节 洪秀全传略 / 2028

第三节 洪秀全的宗教思想发展的三个阶段和太平天国
　　　的神权政治 / 2029

第四节 洪秀全和太平天国在中国近代史中的作用 / 2032

第五节 太平天国的《天朝田亩制度》 / 2036

第六节 洪仁玕的《资政新篇》 / 2038

第七节 总论洪秀全和太平天国 / 2040

第六十五章　所谓"同治中兴"和"同治维新"的中心人物
——曾国藩

第一节 曾国藩与太平天国斗争的历史意义 / 2046

第二节 曾国藩的哲学思想 / 2049

第三节 曾国藩的军事思想 / 2054

第四节 曾国藩的洋务措施和洋务派思想 / 2059

第五节 曾国藩与满汉斗争 / 2065

第六十六章　戊戌变法（所谓"光绪维新"）的组织者和领导者
——康有为

第一节 康有为的生平和著作 / 2072

第二节 康有为早期变法思想 / 2073

第三节 康有为所领导的"公车上书" / 2074

第四节 康有为的《统筹全局折》 / 2076

第五节 康有为所理解的君主立宪制 / 2078

第六节 康有为的重商思想 / 2082

第七节　康有为的《官制议》　　　　　　　　　　　／ 2085
　　第八节　康有为与今文经学　　　　　　　　　　　　／ 2087
　　第九节　康有为与孔教　　　　　　　　　　　　　　／ 2092
　　第十节　康有为的《大同书》和他的哲学思想　　　　／ 2097
　　第十一节　近代维新时期的"格义"　　　　　　　　／ 2103

第六十七章　戊戌维新运动的激进理论家和哲学家——谭嗣同

　　第一节　谭嗣同对于封建制度和道德的批判　　　　　／ 2107
　　第二节　谭嗣同论"仁"和"以太"　　　　　　　　／ 2110
　　第三节　谭嗣同对于事物发展的了解和认识过程的分析　／ 2119
　　第四节　谭嗣同的道器说和三世说　　　　　　　　　／ 2124
　　第五节　谭嗣同对戊戌变法的说明和辩解　　　　　　／ 2128

第六十八章　中国第一个真正了解西方文化的思想家——严复

　　第一节　严复对于当时所谓中学和西学的"格义"　　／ 2135
　　第二节　严复对于当时中国的问题的看法　　　　　　／ 2139
　　第三节　严复所介绍的《天演论》　　　　　　　　　／ 2145
　　第四节　严复论"自由"　　　　　　　　　　　　　／ 2150
　　第五节　严复与逻辑学　　　　　　　　　　　　　　／ 2152
　　第六节　严复论科学精神和科学方法　　　　　　　　／ 2154
　　第七节　严复的哲学思想　　　　　　　　　　　　　／ 2157

第六十九章　中国近代美学的奠基人——王国维

　　第一节　王国维对于康德的推崇　　　　　　　　　　／ 2163

第二节 王国维的《论性》 / 2165

第三节 王国维的《释理》 / 2167

第四节 王国维的《〈红楼梦〉评论》 / 2169

第五节 王国维的《论哲学家及美术家之天职》 / 2175

第六节 王国维的《人间词话》 / 2177

附　记 / 2186

第七十章　关于中学、西学斗争的官方结论

第七册

自　序

绪　论

第一节 中国现代革命时期的阶级分析 / 2200

第二节 旧民主主义革命 / 2201

第三节 新民主主义革命 / 2204

第四节 "以夷为师"（向西方学习） / 2207

第七十一章　革命派和立宪派的宣传斗争与章炳麟

第一节 《民报》与《新民丛报》斗争的要点 / 2210

第二节 章炳麟对于康有为的驳斥 / 2212

第三节 章炳麟对于康有为今文经学的评论 / 2215

第四节 章炳麟所理解的社会革命 / 2218

第七十二章 旧民主主义革命的最大理论家和最高领导人——孙中山

第一节 孙中山的思想和政治活动的发展 / 2220

第二节 孙中山追随维新派时期的半封建思想 / 2223

第三节 孙中山领导民主主义革命的全资产阶级思想
——建国方略 / 2225

第四节 孙中山在国共合作中的半社会主义思想 / 2229

第七十三章 新文化运动的创始人、教育家、哲学家——蔡元培

第一节 新文化运动的历史意义 / 2239

第二节 蔡元培论世界观与人生观 / 2241

第三节 蔡元培与新文化运动 / 2244

第四节 蔡元培的哲学观 / 2248

第五节 蔡元培的美学思想 / 2251

第七十四章 新文化运动的右翼——胡适、梁漱溟

第一节 新文化运动内部的派别 / 2256

第二节 胡适引进美国哲学——实验主义 / 2257

第三节 胡适的实验主义的应用 / 2264

第四节 梁漱溟对于新文化运动的态度 / 2269

第五节 梁漱溟对于孔丘的新估价及其对于儒家的新解释 / 2272

第六节 梁漱溟的文化论 / 2276

第七十五章 新文化运动的左翼——陈独秀、李大钊

第一节 陈独秀论新的人生态度和生活方式 / 2283

第二节　陈独秀论新文化运动的历史根源和奋斗目标　/ 2285

第三节　陈独秀对于当时社会各阶级的分析　/ 2289

第四节　陈独秀论国民革命后中国的前途　/ 2294

第五节　李大钊接近辩证唯物主义的宇宙观　/ 2296

第六节　李大钊对于历史唯物主义的阐述　/ 2299

第七十六章　20世纪20至40年代之间的三大论战

第一节　20世纪20年代的"科学与人生观"的论战　/ 2304

第二节　新文化运动的领导人对于"论战"的总结　/ 2308

第三节　关于中国在当时的社会性质的论战　/ 2311

第四节　全盘西化和中国本位的论战　/ 2315

第七十七章　毛泽东和中国现代革命

第一节　新民主主义阶段　/ 2320

第二节　毛泽东与"左"倾教条主义者的斗争　/ 2324

第三节　《实践论》　/ 2327

第四节　《矛盾论》　/ 2331

第五节　《矛盾论》与《中国革命战争的战略问题》　/ 2335

第七十八章　中国哲学现代化时代中的理学（上）
——金岳霖的哲学体系

第一节　道、式、能　/ 2341

第二节　共相与殊相、一般与特殊　/ 2347

第三节　性与尽性　/ 2350

第四节 理与命 / 2351

第五节 无极而太极 / 2353

第六节 现代化与民族化 / 2358

第七十九章 中国哲学现代化时代中的理学（下）
——冯友兰的哲学体系

第一节 "接着讲"与"照着讲" / 2364

第二节 理，太极 / 2365

第三节 气 / 2369

第四节 政治、社会思想 / 2375

第五节 精神境界 / 2376

第六节 "新理学"的理论矛盾 / 2378

第八十章 中国哲学现代化时代中的心学——熊十力的哲学体系

第一节 熊十力哲学体系发展的过程 / 2380

第二节 熊十力哲学体系的中心思想 / 2383

第三节 熊十力的宇宙论 / 2387

第四节 熊十力的心学思想 / 2391

第八十一章 《中国哲学史新编》总结

自 序

在解放以后，我时常想：在世界上中国是文明古国之一，其他古国，现在大部分都衰微了，中国还继续存在，不但继续存在，而且还进入了社会主义社会。中国是古而又新的国家。《诗经》上有句诗说："周虽旧邦，其命维新。"旧邦新命，是现代中国的特点。我要把这个特点发扬起来。我所希望的，就是用马克思主义的立场、观点和方法重写一部《中国哲学史》。

这种企图，说起来很容易，实际上做起来就困难多了，马克思主义的立场、观点和方法，是要在长期生活、工作和斗争中锻炼出来的。专靠读几本书是不能懂得的，更不用说掌握和应用了。解放以后，提倡向苏联学习。我也向苏联的"学术权威"学习，看他们是怎样研究西方哲学史的。学到的方法是，寻找一些马克思主义的词句，作为条条框框，生搬硬套。就这样对对付付，总算是写了一部分《中国哲学史新编》，出版到第二册，"文化大革命"就开始了，我的工作也停了。

到了70年代初期，我又开始工作。在这个时候，不学习苏联了。对于中国哲学史的有些问题，特别是人物评价问题，我就按照"评法批儒"的种种说法。我的工作又走入歧途。

经过这两次折腾，我得到了一些教训，增长了一些知识，也可以说是在生活、工作、斗争中学了一点马克思主义的立场、观点和方法。路是要自己走的；道理是要自己认识的。学术上的结论是要靠自己的研究得来的。一个学术工作者所写的应该就是他所想的，不是从什么地方抄来的，不是依傍什么样本摹画来的。在一个考试中间，一个学生可以照抄另外一个学生的卷子。在表面上看，两本卷子完全一样。可是稍有经验的老师，一眼就能看出来，哪一本卷子是自己写的，哪一本是抄别人的。

现在，我重理旧业，还想实现我原来的计划。对于中国哲学和中国文化，我还自以为有点理解，有点体会。值此旧邦新命之际，我应该把我的一点理解和体会写出来，以加入新长征的行列，跟上新长征的进程。我觉得我有这个责任。这也算是"老骥伏枥，志在千里"吧。

吸取了过去的经验教训，我决定在继续写《新编》的时候，只写我自己在现有的马克思主义水平上所能见到的东西，直接写我自己在现有的马克思主义水平上对于中国哲学和文化的理解和体会，不依傍别人。当然也有与别人相同的地方，但我是根据我自己所见到的，不是依傍，更不是抄写。用马克思主义的立场、观点和方法，并不等于依傍马克思主义，更不是抄写马克思主义。我的业务水平还不高，理论水平更低。我对于中国哲学和文化的理解和体会，可能是很肤浅的，甚至是错误的。但一个人如果要做一点事，他只能在他现有的水平上做起。

哲学史有各种的写法。有的专讲狭义的哲学，有的着重讲哲学家的身世及其所处的政治社会环境,有的着重讲哲学家的性格。"各有千秋",不必尽求一致。我生在旧邦新命之际,体会到,一个哲学家的政治社会环境对于他的哲学思想的发展、变化,有很大的影响。我本人就是一个例子,因此在《新编》里边,除了说明一个哲学家的哲学体系外,也讲了一些他所处的政治社会环境。这样作可能失于芜杂。但如果作得比较好,这部《新编》也可能成为一部以哲学史为中心而又对于中国文化有所阐述的历史。如果真是那样,那倒是求之不得的。

无论什么话,说起来都很容易,但实行起来就困难多了。以上所说的是我的一种思想,也可以说是我的一种理想。从理想到现实,还有一个很大的鸿沟,还有一段很长的路程,还需要很大的努力,才能越过,才能走完。在这个路程中,希望中国哲学史工作者和爱好者给予指教和帮助。

冯友兰
1980年8月

绪论

第一节 本来的历史和写的历史

历史这个名词有两个意义。就其第一个意义说，历史是人类社会在过去所发生的事情的总名；例如我们说"历史的车轮""历史的经验""历史的潮流"。这里所说的历史都是就历史的这个意义说的。就这个意义所说的历史，是本来的历史，是客观的历史。它好像是一条被冻结的长河。这条长河本是动的，它曾是波澜汹涌，奔流不息，可是现在它不动了，静静地躺在那里，好像时间对于它不发生什么影响。它和时间没有什么关系，时间对于它真是不发生什么影响。中国社会，经过春秋战国时期的大动乱、大改组，秦汉统一了全中国，建立了中央集权的专制主义的统一政权。这是历史的事实。这个事实永远是事实，到了现在没有变，以后永远也不会变。这不是说，中国社会不变，只是说，这个历史事实不会变。它已经与时间脱离了关系。中国社会是经常在变的，但是那些变一成为历史，它们就不变了，也不可能变了。

任何事物都有它的过去，就是说，都有它的历史。地球有地球的历史，月亮有月亮的历史，太阳有太阳的历史。但是一般所谓历史，是指人类社会的历史。历史家所研究的，是人类社会的历史。地球的历史是地质学家所研究的。太阳的历史是天文学家所研究的。那都属于自然科学的范围，不属于社会科学的范围。

历史家研究人类社会过去发生的事情，把他所研究的结果写出来，以他的研究为根据，把过去的本来的历史描绘出来，把已经过去的东西重新提到人们的眼前，这就是写的历史。这是历史这个名词的第二个意义。严格地说，过去了的东西是不能还原的。看着像是还原的，只是一个影子。历史家所写的历史，是本来历史的一个摹本。向来说好的历史书是"信史"。"信史"这个"史"就是指写的历史。本来历史无所谓信不信。写的历史则有信不信之分。信不信就看其所写的是不是与本来历史相符合。写的历史与本来历史并不是一回事。其间的关系是原本和摹本的关系，是原形和影子的关系。本来历史是客观存在，写的历史是主观的认识。一切的学问都是人类主观对于客观的认识。主观的认识总不能和其所认识的客观对象完全符合。所以认识，一般地说，充其量也只是相对真理。写的历史同本来的历史也不能完全符合。所以自然科学永远要进步，自然科学家永远有工作可做。写的历史也永远要重写，历史家也永远有工作可做。

　　历史研究中的主观唯心主义，表现在不承认有本来历史的客观存在，认为历史好像一个百依百顺的女孩子，可以任人随意打扮。这是完全错误的。正如哲学中的主观唯心主义不承认有客观世界的存在，认为真理可以随意瞎说。为了纠正历史研究中的主观唯心主义，必须强调指出本来历史的客观存在。

第二节　逻辑和历史的统一

　　写的历史的目的是摹绘本来的历史。它不要摹绘本来历史的细节。摹绘细节是不可能的，也是不必要的，历史的研究主要是要发现本来历史的过程中的关键性的问题、重要的环节及其发展的规律。这些东西都是本来历史中所固有的。写的历史不过是加以指出和说明。

　　恩格斯曾经用否定之否定这个辩证法的规律说明西方哲学史的全部发展，他说："古希腊罗马哲学是原始的自发的唯物主义。作为这样的唯物主义，它不能彻底了解思维对物质的关系。但是，弄清这个问题的那种必要性，引出了关于可以和肉体分开的灵魂的学说，然后引出了灵魂不死的论断，最后引出了一神教。这样，旧唯物主义就被唯心主义否定了。但是在哲学的进一步发展中，唯心主义也站不住脚了，它被现代唯物主义所否定。现代唯物主义，否定的否定，不是单纯地恢复旧唯物主义，而是把两千年来哲学和自然科学发展的全部思想内容以及这两千年的历史本身的全部思想内容加到旧唯物主义的永久性基础上"。（《反杜林论》，《马克思恩格斯选集》第三卷，人民出版社1972年版，一七八页）

　　列宁也用圆圈形象式的原则说明西方近代哲学的发展。"近代：霍尔巴赫—黑格尔（经过贝克莱、休谟、康德）。黑格尔—费尔巴哈—马克思"（《谈谈辩证法问题》，《列宁全集》第三十八卷，人民出版社1959年版，四一一页）。在这个程序中，霍尔巴赫是唯物主义原来的肯定；经过贝克莱、休谟、康德，到黑格尔，他的体系是唯物主义原来肯定的否定。黑格尔经过费尔巴哈到马克思，这是否定的否定。列宁在谈这个圆圈原则的时候，在括弧里面加了一句话说："是否一定要以人物的年代先后为顺序呢？不！"（同上）可是列宁在下边所列的古代、文艺复兴时代和近代，这三个时代的哲学发展程序，跟人物的年代先后顺序，正是相符合的。这里所说的逻辑就是辩证逻辑，也就是事物发展的客观规律。事物的发展，照逻辑说，是通过矛盾对立面的斗争和统一，否定之否定的规律而进行的。事物在历史上的实际发展，也正是这样的。列宁按照哲学发展的规律，指出西方哲学发展的螺旋式的曲折的路线。他这样指出的时候，不是照着人物的先后为顺序的，所以他说"不！"但是他还是提到了西方哲学史中的人物的名字，而这些人物的年代先后的顺序，也正是跟哲学发展的逻辑相符合的。这就是逻辑程序和历史程序的统一。

马克思也谈到这样的情况，他说："叙述方法必须与研究方法不同。研究必须充分地占有材料，分析它的各种发展形式，探寻这些形式的内在联系。只有这项工作完成以后，现实的运动才能适当地叙述出来。这点一旦做到、材料的生命一旦观念地反映出来，呈现在我们面前的就好像是一个先验的结构了。"（《资本论》，《马克思恩格斯全集》第二十三卷，二十三页）这里所说的现实运动以及材料的发展形式，就是历史的东西。可是"材料的生命一旦观念地反映出来"，这就好像是"先验"地处理一个结构，这个结构就是逻辑的东西。它是跟历史的东西一致的，这就是逻辑和历史的统一。

恩格斯在谈到马克思的《资本论》的时候，也是这样说的。他说："马克思只是在作了自己的历史的和经济的证明之后才继续说：'资本主义的生产方式和占有方式，从而资本主义的私有制，是对个人的、以自己劳动为基础的私有制的第一个否定。对资本主义生产的否定，是它自己由于自然过程的必然性而造成的。这是否定的否定'，等等（如上面引证过的）。因此，当马克思把这一过程称为否定的否定时，他并没有想到要以此来证明这一过程是历史地必然的。相反地，在他历史地证明了这一过程部分确已实现，部分还一定会实现以后，他才指出，这还是一个按一定的辩证规律完成的过程。这就是一切。"（《反杜林论》，《马克思恩格斯选集》第三卷，人民出版社1972年版，一七四页）。这里所说的历史过程的必然性和一定的辩证法的规律，是逻辑的东西。历史实际的过程是历史的东西。这两种东西是一致的。

逻辑和历史的统一，是矛盾的统一。历史中的逻辑的东西，是历史发展规律的必然性的表现；这个表现是跟历史的偶然性分不开的，它们的统一在于历史的必然性只能在偶然性的堆积中表现出来；一般必须在个别中表现出来。个别不存在，一般也不存在。没有历史中偶然性的东西，也就没有历史中的必然性的东西。

历史学跟其他社会科学不同。其他社会科学的任务在于，从个别中抽出一般，从偶然性的东西中抽出必然性的东西。上面提到马克思所说的话：材料的生命一经观念地反映出来，看起来我们就好像是先验地处理一个结构了。这里所说的结构，就是科学的理论结构，其目的是把历史发展的过程，观念地反映出来。譬如说，历史唯物主义的任务也是讲历史发展的过程，但是它所讲的不是某一个民族、某一个社会的发展过程，而是一般的历史的发展过程。它当然也必须以个别民族、个别社会的历史发展过程作为材料。但是，也正是像马克思所说的,"材料的生命一经观念地反映出来",它就成为一个科学的理论结构;这就是历史唯物主义。

恩格斯也说到,在研究经济学史的时候,有逻辑的研究方法和历史的研究方法。他指出,在当时的情况下,要写政治经济学史,唯一可用的是逻辑的研究方法,他接着说:"但是,实际上这种方式无非是历史的研究方式,不过摆脱了历史的形式以及起扰乱作用的偶然性而已。历史从哪里开始,思想进程也应当从哪里开始,而思想进程的进一步发展不过是历史过程在抽象的、理论上前后一贯的形式上的反映;这种反映是经过修正的,然而是按照现实的历史过程本身的规律修正的,这时,每一个要素可以在它完全成熟而具有典范形式的发展点上加以考察。"(《卡尔·马克思〈政治经济学批判〉》,《马克思恩格斯选集》第二卷,人民出版社1972年版,一二二页)这就是说,政治经济学所注意的,是经济发展在某个阶段上的典范形式或典型。它所注意的,是一般的具有必然性的要素。它的研究虽然也从个别的具有偶然性的事物开始,但是,在它已经抓住这些事物的典型的时候,它就摆脱了这些偶然性的东西,也就是说,把实际的历史修正过了。

在这一方面,历史学和其他社会科学正是相反。它的任务就是如实地摹绘某一个民族或某一个社会发展的具体过程。这些过程中充满了偶然性的东西。写的历史不摆脱这些偶然性的东西,而正是要对它们的发展的过程加以摹绘。它当然不只停留在这些摹绘上,而还要对于这些过程加以分析以发现历史发展的规律。但是,它不是要离开个别的偶然性的事情而专讲一般性的必然的规律,而是要在摹绘这些事情中表现其中的规律。它不是把这些规律"观念地表现出来"以成为一个理论的结构。如果那样，它就不是一部历史著作而是一部历史唯物主义的著作了。

因为一般必然存在于个别之中，必然性必然表现于偶然性之中，历史学对于个别和偶然性的事情的摹绘和分析，就可使人们看出来，历史发展的规律是以生动活泼的形式表现出来的。它是有生命的，有血有肉的东西。历史学就是要把这个生命活生生地表现出来。

这些原则适用于一般历史学。哲学史也是历史学的一种；这些原则对它也是同样适用的。相对地说，哲学史还有它自己的一般规律。那就是唯物主义和唯心主义，辩证法和形而上学，这些对立面的斗争和转化，以至于唯物主义和辩证法的不断胜利。但是，在不同民族的哲学史中，在同一民族的哲学史不同阶段中，这个斗争和转化各具有不同的内容和形式。这就是说，哲学史的这个一般规律，在具体的历史中，有极其丰富的内容，也有变化多端的形式。必须通过这些内容和形式，这个一般规律才可以充分地表现出来。必须对于这些丰富的内容和变化多端的形式有充分的认识，才可以更好地了解这个规律的意义，更好地认识马克思主义哲学史的方法和原则的正确性。

第三节　写的历史和史料

本来的历史是一去不复返了，但是还留下一些痕迹。这些痕迹包括一些当时的文字、器物和较早的记载，统名之曰历史资料，简称为"史料"。任何一门学问，研究任何一个问题，都必需先做调查研究的工作。研究历史必需从收集史料开始，继之以审查史料、分析史料，然后把所得结论写出来。这就是写的历史。

我们对于本来历史的知识，是以充分的史料为根据。在建筑工程方面，任何大的建筑，都必须把它的基础建立在原始的岩石上。在历史学方面，原始的岩石就是原始的史料。历史学中的论断都必须以原始史料为根据。

只有根据充分的史料，才可以认识历史的发展的曲折复杂的过程。历史唯物主义的理论和原则，永远是我们的方法和指南，但不是一个预先提出来的结论，只等待我们用历史的事实加以说明；也不是一个预先布置好了的框子，只等待我们把历史的事实填进去。它一方面是资料的统帅，一方面又有待于资料把它形成。上边提到恩格斯所说的马克思《资本论》的方法也说明这一点。马克思不是预先把否定之否定的规律作为一个框子，而是在研究历史事实发展的过程中，在说明了各种经济现象以后，否定之否定的规律自然而然地显现出来。这就更可以说明这个规律的普遍性。

研究哲学史可以凭借的最好资料，当然是以前的哲学家们的著作。这是最好的资料，因为它是第一手的资料，是从以前哲学家们的笔下直接出来的。他们所写的，当然就是他们的思想了，但是要真正懂得他们的写作，也并不是容易的事。这要经过两道关。第一道是文字关。这一关，在研究古代哲学的时候，特别难过，因为古代哲学家们所用的文字是古文，要懂得古文必须做一番考证、训诂的工作。不过在一般情况下，这一番工作往往已经被这一方面的专家们做了。研究哲学史的人可以利用他们的工作的成果。但是懂得了文字，还不等于懂得这些文字所表达的义理。比如一本讲物理学的外文书，用中文翻译过来。没有学过物理学的中国人，可以懂得其文字，可是还是看不懂，每个字都认得，但是还是不懂这本书讲的是什么。这个不懂不是文字上的不懂，而是义理上的不懂。所以过了文字关，还要过义理关。所谓过义理关，就是要对于以前的哲学家们的著作所说的义理，有一定的了解和体会。所谓了解就是能够抓住某一家的哲学体系的逻辑结构。所谓体会，就是能够在一定程度上经验到他们的哲学所能达到的精神境界，就是能够用自己的体验和他们的哲学思想相印证。这样才可以算是懂得了某一家的哲学。研究哲学史的人对于某一家的研究，能达到这种程度，才可以算是掌握了某一家的资料，才可以把某一家的哲学内容，有血有肉地、活生生地写出来。

元好问的《论诗绝句》中，有一首说："眼处心生句自神，暗中摸索总非真。画图临出秦川景，亲到长安有几人？"（《遗山文集》卷十一）意思就是说，好诗要写出过来人的真实感受。真正的诗人必须有真实的感受。自身没有真实的感受，而勉强要写，只有暗中摸索，终不会是真的。比如要画一幅秦川的风景，有些画家是临摹前人的画而画出来的，有些人是亲身到了长安有所感受，凭着他的感受画出来的。当然前者的画是不会好的，只有后者的画才能是好的。

研究哲学史的人，对于前人的著作，如果只过了文字关，对于文字所表达的义理没有一定的了解和体会，讲起来就是"暗中摸索总非真"。

这些话都是从研究哲学史这方面说的。研究哲学史并不等于研究哲学。从哲学这方面说，如果认为从古人的著作中可以得到哲学的真理，那也等于认为从临摹前人的画中可以画出好画。哲学的真理，只有从人类的精神生活中直接观察、体会出来。

第四节 什么是哲学？

研究哲学史必须先弄清楚什么是哲学。

哲学是人类精神的反思。所谓反思就是人类精神反过来以自己为对象而思之。人类的精神生活的主要部分是认识，所以也可以说，哲学是对于认识的认识。对于认识的认识，就是认识反过来以自己为对象而认识之，这就是认识的反思。

有人认为，哲学就是认识论。这是看见了事情的一部分。认识的反思是认识反过来以己之见为对象而认识之。认识论也有这种情况。但哲学并不等于认识论，并不就是认识论。

认识论讲的是认识的一般形式，其中包括有认识的能力、认识的对象、认识的程序、主观与客观的对立等问题，但不包括认识的内容。讲认识论的人也有偶而谈到认识的内容的。像巴克莱那样的主观唯心论的认识论就认为，一个桌子如果不被感觉，它就不存在。在这个辩论中，桌子就是认识的内容；但这里提到桌子，仅只是举以为例，以为说明。他要说明的是"存在就是被觉知"。他举别的例也可以，不举例也可以。

认识的内容叫知识。知识这个词，有时也兼指认识的形式。例如认识论也叫知识论，但是它主要的是指认识的内容。例如物理学是一种知识，不能说是一种认识。如果说它也是一种认识，那指的就不是物理学中的原理公式等，而指的是认识这些原理公式的能力和方法。那就是认识论而不是物理学。

认识论是不问认识的内容的，而对于人类精神生活的反思则必包括这些认识的内容。例如，科学研究是人类精神生活的一部分，如果对于这部分精神生活作反思，那就必须包括科学研究在不同科学中的内容，以及一门科学在不同时期的内容。

列宁说："哲学史，简略地说，就是整个认识的历史，全部知识领域的历史。希腊哲学已指示了所有这些环节：各门科学的历史，儿童智力发展的历史，动物智力发展的历史，语言的历史，心理学，感觉器官的生理学。认识论和辩证法应该从这些领域中建立起来。"（《拉萨尔·爱非斯的晦涩哲人赫拉克利特的哲学一书摘要》，《列宁全集》第三十八卷中文译本，人民出版社1959年版，三九九页，参看英文译本第三十八卷三五二至三五三页，有些字句是我参照英译本改译的）

列宁在这里说，哲学史是"一般认识的历史"，又说，"是全部知识领域的历史"。这两句话好像重复，又好像分歧，其实不然。第一句话是就认识的一般形式说的；第二句话，是就认识的全部内容说的。第一句话说的是认识；第二句话说的是知识。认识和知识是不同的，所以这两句话并不重复。照上边所讲的，人类精神的反思，本来是包括认识的形式和认识的内容，包括认识和知识，所以这两句话也不分歧。列宁的两句话是从两个方面说明了哲学史是什么，也就说明了哲学是什么。

所谓知识的全部领域,包括什么呢?列宁说:看看希腊哲学吧!希腊哲学已指示出了这些环节,那就是引文中所列举的那些知识。然后列宁总结说:"认识论和辩证法应该从这些领域中建立起来。"怎样从这些领域中建立起来呢?那就是从对于这些领域的反思中建立起来。认识论和辩证法不是超乎这些科学之上的太上科学,也不是从这些知识中拼凑出来的科学大纲,而是对于这些知识的反思所得出来的结论。这个反思就是人类精神的反思,就是哲学。

黑格尔的《精神现象学》,无论从形式或内容说,都是一部完整的哲学著作。他讲的确切就是精神的反思,不过他颠倒了自然和人类精神的关系,以至成为头脚倒置的唯心主义哲学。唯心主义本来都是头脚颠倒的,但因为《精神现象学》的形式明显,旗帜鲜明,所以这种颠倒就更加突出了。这个突出,只说明它是唯心主义,并不说明它不是哲学。作为一个哲学体系说,《精神现象学》讲了人类精神发展的全部过程。人类精神经过了艰苦的斗争,曲折的道路,最后达到了自觉。好像玄奘往西天去取经,在路上经过了许多艰险,战胜了许多妖魔,终于到了雷音寺,见了如来佛。可是如来佛就是他自己。见了如来佛就是认识了他自己。所谓精神的自觉,也就是精神认识了它自己。如果黑格尔把他所说的精神确定为人类的精神,《精神现象学》不失为一部人类精神发展史。但他把他所说的精神说成是宇宙的精神,把自然界说成是宇宙精神的"异化",那就头脚倒置了。这种倒置是可以再颠倒过来的,马克思就做了这样的工作。

黑格尔的《逻辑学》是《精神现象学》的更抽象的缩本。列宁论黑格尔所讲的《逻辑》说:"逻辑不是关于思维的外在形式的学说,而是关于'一切物质的、自然的和精神的事物'的发展规律的学说,即关于世界的全部具体内容及对它的认识的发展规律的学说。换句话说,逻辑是对世界的认识的历史的总计、总和、结论。"(《黑格尔〈逻辑学〉一书摘要》,《列宁全集》中译本第三十八卷,人民出版社1959年版,八十九至九十页,英文译本九十二至九十三页)

这段话的最后一句,英译本作"是对于世界的知识的历史的全部结论"。"对于世界的知识的历史的全部结论"就是人类精神的反思的全部结论,这不是认识论,因为认识论不讲认识的内容。

康德的三个"批判"联合起来也是一部完整的哲学著作,它也是一个完整的人类精神的反思。"批判"这个词表明反思的意思。现在很有些人把批判当作否定,批判一个什么东西就是否定它,打倒它。这不是"批判"的原来的意思。这个词的原来的意思是思考、分析、审查。如康德的《纯理性批判》就是对于"纯理性"的思考、分析、审查,就是"纯理性"对于自己的反思。康德的哲学和黑格尔的哲学,其内容是不同的,康德的哲学是主观唯心主义;黑格尔的哲学是客观唯心主义。但都是对于人类精神生活的反思,不过反思的方法也有不同。黑格尔的方法是从历史的角度讲人类精神的发展所走过的路程,所经历的阶段。康德是从问题的角度,就人类精神生活中所有的重要问题加以分析和发挥。有三个重要问题。一个是关于"真"的问题,这是他的《纯理性批判》中所讨论的。一个是关于"善"的问题,这是他的《实践理性批判》一书中所讨论的。一个是关于"美"的问题,这是他的《判断能力的批判》一书中所讨论的。关于"真""善""美"这三个方面的批判，就是对于人类全部精神生活的反思。

在中国哲学史中，《周易》这部书可以说是一部"精神现象学"。不过这一部"精神现象学"不是一个人作的，而是经过许多年代，通过许多人的发挥才完成的。历代为《周易》作传、注的人，都是对于这部"精神现象学"有贡献的。不过，在战国时期出现的《易传》中，这部"精神现象学"之为精神现象学的面貌，就已经确定了。《周易·系辞》说："范围天地之化而不过，曲成万物而不遗，通乎昼夜之道而知。故神无方而易无体。"这就是说，《周易》这部书，包括了宇宙间的各方面的事物，了解贯通于其间的道理（"通乎昼夜之道而知"），又能用各种的公式把这种道理表示出来，可以应用于自然、社会和个人的人事而不陷于死的条条框框（"神无方而易无体"）。

王充的《论衡》也是一套人类精神的反思。"论衡"二个字有康德所谓"批判"的意思。他自己说："惟人性命，长短有期。人亦虫物，生死一时。年历但讫，孰使留之？犹入黄泉，消为土灰。上自黄唐，下臻秦汉而来，折衷以圣道，析理于通材。如衡之平，如鉴之开。幼、老、生、死、古、今，罔不详该。命以不延，吁叹悲哉！"（《论衡·自纪篇》）这是《论衡》的最后一段话。这一段话概括地说明了《论衡》的内容是一套精神的反思。最后四个字说明了精神于反思后的感叹。

不一定长篇大论才可以成为精神现象学。短篇小论也是可以的。例如周敦颐的《太极图说》和《通书》，不过几千字，也可以成为一部"精神现象学"。他的这些著作也名为《易通》,他也讲到了自然、社会和人事各方面,是一部简明的《周易》,也就是一部简明的《精神现象学》。

哲学史中的大哲学体系都是一套人类精神的反思。它们不必用"精神现象学"这个名字,也不必有"精神现象学"这种形式,但都是一个包括自然、社会、人事各方面的广泛的体系,所以在内容上都是一套完整的"精神现象学"。柏拉图的《对话》是一部"精神现象学",董仲舒的《春秋繁露》是一部"精神现象学",朱熹对于四书、五经的注解,也是一部"精神现象学"。

近代的唯物主义哲学,整个的马克思主义体系,也都是人类精神的反思,所以也都是"精神现象学"。费尔巴哈的《基督教的本质》,是人类精神对于人类宗教生活的反思。马克思的《关于费尔巴哈的提纲》是人类精神对于认识及政治生活的反思。恩格斯的《自然辩证法》是人类精神对于自然科学研究的反思,都是"精神现象学"中应有之义。

每个时代的大哲学家的哲学,都是以当时的包括科学在内的、各方面的知识为根据而建立起来的。这个建立并不是驾于那些知识之上的太上科学,亦不是从那些知识之中拼凑出来的"科学大纲",而是人类精神对于那些知识的反思,恩格斯的《自然辩证法》是以他当时的自然科学为根据的,但它并不是"太上科学",也不是"科学大纲",它是对于当时科学的反思。从反思中得出辩证法。"太上科学"是没有的,也是不可能有的。"科学大纲"是可能有的,但是没用的。

哲学与科学是不同的。在历史中,有许多大思想家的思想中,有一部分是科学，有一部分是哲学，这两部分的精神面貌完全不同。例如康德的星云说是讲天体的起源，这是他的科学思想。他的《纯理性批判》讲主观和客观的关系。他的《实践理性批判》的目的，是证明他所说的"上帝存在"、"意志自由"和"灵魂不死"。这是他的哲学思想。这两部分是各自独立不相混淆的。又例如朱熹看到有些山的岩石中有些蚌壳之类的东西，他由此得出结论说，这个地方原来是海的一部分。这是讲地质的，这是他的科学思想；他所讲的太极、阴阳、理气等理论，是他的哲学思想，而二者也是各自分别、不相混淆的。如果看出来这些各自分别、不相混淆的特点，就可以看出来哲学和科学的不同。

其所以不同，固然是由于关于星云和海陆的学说，只涉及事物的一部分，而没有涉及事物的全体。这固然是一个理由，但不是其主要理由。其主要的理由是，这些学说都是对于自然界的研究，而不是人类精神的反思。对于自然的研究也是人类精神生活的一部分，但这不是人类精神的反思。它所得到的结果是科学，人类精神的反思所得到的结果才是哲学。上边已经说过，康德的那三个"批判"是人类精神的反思，这是他的哲学。朱熹的理气说也是从分析人类的认识中得来的，这也是"批判"，这才是他的哲学。

人类精神的反思是人类精神生活达到很高的阶段的产物。对于认识的认识，即认识的反思，是人类认识达到很高阶段的产物。能够反思是人所以高于其他动物的一个特征。其他动物都是有感觉的，都有感性认识，但大概不能把感性认识升高为理性认识。它们的认识大概不能有这样的飞跃。它们大概不能有概念，因此不能思，至于反思，那就更不能了。

黑格尔在《逻辑学》中说："本能的活动分散在无限多样的材料中。"相反地，"智力的和意识的活动"把"动因的内容""从它和主体的直接统一中"分出来，使之"成为它"（主体）"面前的对象"，"在这面网上，到处有牢固的纽结，这些纽结是它的""生活和意识以之作为依据和指导的据点"……。

列宁解释说："如何理解这一点呢？在人面前是自然现象之网。本能的人，即野蛮人没有把自己同自然界区分开来，自觉的人则区分开来了。范畴是区分过程中的一些小阶段，即认识世界的过程中的一些小阶段，是帮助我们认识和掌握自然现象之网的网上纽结。"（《黑格尔〈逻辑学〉一书摘要》，《列宁全集》第三十八卷，人民出版社1959年版，九十页）人类和自然是对立的统一。但是在开始的时候，人类还不知道他和自然是对立的。他没有把他自己同自然界区分开来。所以他和自然界的统一是直接的统一、原始的统一。在这个阶段，人类精神还没有自觉。人类不知道他自己和自然之间的对立，并不等于没有对立。经过长时期的对立和斗争，人类逐渐把他自己同自然界分别开来。人类精神开始自觉了。自觉的开始就是认识世界。认识世界是人类精神生活中的一个重要部分。认识这种"认识"，是人类精神更进一步的自觉。

人类的精神生活是极其广泛的。人类精神的反思必然要牵涉到各方面的问题，对于广泛的问题作广泛的讨论。概括地说，有三个方面：自然，社会，个人的行事。人类精神的反思包括三方面以及其间互相关系的问题。这些都是人类精神的反思的对象，也就是哲学的对象。

第五节　理论思维和形象思维

　　哲学的对象是极其广泛的，因此它所用的概念必然极其抽象，这就决定它的方法是理论思维。

　　哲学所讨论的问题牵涉到整个的宇宙。而宇宙这个概念，就是一个极其广泛的概念。它是一个包括一切的总名。我们可以问，地球之外还有什么东西，太阳系之外还有什么东西，但不能问，宇宙之外还有什么东西。因为宇宙是无限的，只要有什么东西，它们都在宇宙之内，不在宇宙之外。它真是像中国古代名家所说的"至大无外，谓之大一"。我们也不能问，在宇宙之前还有什么东西，在宇宙之后还有什么东西，因为只要有什么东西，它就是宇宙的内容，不会在宇宙之前，也不会在宇宙之后。宇宙在空间上是无限的，在时间上是无始无终的。这就是无限。在空间上说，它是无限大，大而至于无外；在时间上说，它是无限长，长而至于无始无终。

　　物质也是一个极其抽象的概念。在19世纪末期，自然科学中流行着一句话："物质正在消失。"因为唯物主义把世界统一于物质，唯心主义哲学家就说，物质消失了，唯物主义的根据也就没有了，认为自然科学的发展有利于唯心主义。对于唯心主义者的这种说法，列宁批判说："当物理学家说'物质正在消失'的时候，他们是想说，自然科学从来都是把它对物理世界的一切研究归结为物质、电、以太这三个终极的概念，而现在却只剩下后两个概念了，因为物质已经能够归结为电，原子已经能够解释为类似于无限小的太阳系的东西，在其中，负电子以一定的（正如我们所看到过的，极大的）速度环绕着正电子转动。因此，物理世界可以归结为两三种元素（因为，正如物理学家贝拉所说的，正电子和负电子构成'两种在本质上不同的物质'），而不是几十种元素。因此，自然科学正导向'物质的统一'，——这就是把很多人弄糊涂了的那些话（物质消失了，电代替了物质，等等）的实在内容。'物质正在消失'这句话的意思是说：迄今我们认识物质所达到的那个界限正在消失，我们的知识正在深化；那些从前以为是绝对的、不变的、原本的物质特性（不可入性、惯性、质量等）正在消失，现在它们显现出是相对的、仅为物质的某些状态所特有的。因为物质的唯一'特性'就是：它是客观实在，它存在于我们的意识之外。哲学唯物主义是同承认这个特性分不开的。"（《唯物主义和经验批判主义》，《列宁选集》第二卷，人民出版社1972年版，二六六页）列宁分析的物质这个概念指出，物理学所说的物质与哲学所说的物质并不是一回事。物理学所说的物质，是自然界中的一种结构。哲学所说的物质，是独立于人的意识之外的客观实在。这个客观实在，可以有不同的结构，例如物质、电、原子等，但是无论什么结构，它们都是独立于人们意识之外的客观实在。物理学家说物质消失了，不过是说原来称为物质的那种结构可以归结为电原子，不是说，独立于人们的意识的客观实在消失了。

列宁的这段分析，有助于说明哲学和物理学的不同。物理学所讲的物质是客观实在的一种结构，是确有所指的。哲学所讲的物质是一个更抽象、更广泛的概念,不是确有所指。电子、原子等都可包入其中。哲学与其他科学的不同也是如此。

理论思维中有些问题,是不带感性成分的。希腊哲学家芝诺论证运动是不可能的。列宁在《黑格尔〈哲学史讲演录〉一书摘要》中,说:"芝诺从没有想到要否认作为'感觉的确实性'的运动,问题仅仅是在于运动的真实性。"在下一页,黑格尔叙述了第欧根尼(西诺普的昔尼克派)如何用步行来反驳运动这个轶事,并写道:"但这个轶事还有下面这样一段:'当一个学生满足于这种反驳时,第欧根尼就用手杖打这个学生,其理由是:先生既提出了理由来辩驳,学生也应当提出理由来反驳。因此,不应该满足于感觉的确实性,而必须去理解'。"列宁并且批注说:"问题不在于有没有运动,而在于如何在概念的逻辑中表达它。"(《列宁全集》第三十八卷,人民出版社1959年版,二八一页)

在实际的经验中,证明运动不是不可能的,这是很容易的,只要一举手、一举足就行了。但这并没有解决芝诺所提出的问题。他的问题主要的不是实际中有没有运动,而是如何理解运动,如何在概念的逻辑中表达它。这种思维就是理论思维。它是主要用概念的逻辑的思维。

在中国哲学史中,公孙龙立了一个论点:"白马非马。"如果有一个人牵来一匹白马,以证明它是马,那当然不解决问题。

近来一提到抽象,人们就有反感,认为抽象的意思就是模糊不清,虚妄不实,叫人不可捉摸。人们喜欢用概括这个词,不喜欢用抽象这个词。其实概括和抽象是一回事。概括的范围越大,其内容就越少。这就是形式逻辑中所讲的,一个名词的外延和内涵的关系。

外延越大，内涵越小。外延越大，就是这个名辞所概括的范围越大。它概括的范围越大，就得从它所代表的概念中多抽出一些东西，所以它的内涵就越小。例如，上边列宁所说的，物理学所讲的物质，比哲学所说的物质，外延比较小，就是说，它概括的范围比较小，哲学所说的物质外延比较大，就是说，它所概括的范围大。因为范围大，所以就需要从其所代表的概念中抽出一些东西，例如不可入性、惯性、质量等。抽来抽去，仅剩下了独立于人们意识之外的那个客观实在性。这就是抽之无可再抽了。

抽象是人类精神生活中所必不可少的东西。任何理论都不可能离开抽象。离开抽象，不但不可能有什么理论，连话也不能说了。

人的认识必须由感性认识上升到理性认识。那就是说，必须从感觉上升到概念。人在感觉上今天看见一棵树，明天看见一棵树，久而久之，把看到的树的特点，概括起来得到一个概念，"树"。这个"树"不是所感觉的树之外的另一棵树，而是"树"的概念，这个概念是人把他们所感觉到的个别的树的不同的性质都抽出去以后而得到的一切树的共同点。也可以说是从一切个别的树所有的性质抽出来的共同点。这个共同点就是树的概念的内容。当人们看见一棵树而说"这是树"，这就是应用树那个概念。这样对于树就不仅有感性认识，而且有理性认识。就人的认识的发展说，这是一个飞跃。唯心主义哲学家，例如柏拉图认为，人有了概念以后，他的精神生活就更加丰富了。这种丰富不是一种量的增加，而是一种质的不同。人有了概念以后，仿佛是进入另外一个世界，至少可以说是仿佛又开辟了一个园地，又进入一个宫殿。柏拉图作了一个比喻，说，这好像一个人从一个黑暗的洞穴中出来，看见太阳的光辉。这当然是一种唯心主义的夸张，但这种夸张也不是毫无根据的。它所夸张的，是人的认识发展过程中的一个环节。

上面已经说过，人类精神对于认识的反思，不仅注意到认识的一般形式，而且注意到认识的内容，不仅注意认识，而且注意知识。如果把这样的反思称为逻辑，黑格尔说："这样逻辑便提供〈这种丰富性〉（关于世界的表象的丰富性）的本质，提供精神的和世界的内在本性。"（《黑格尔〈逻辑学〉一书摘要》，《列宁全集》第三十八卷，人民出版社1959年版，九十七至九十八页）"不只是抽象的普遍，而且是自身包含着特殊东西的丰富性的普遍。"这一段的最后一句话，列宁称为"绝妙的公式"，说的是："特殊的和个别的东西的全部丰富性！"并且说："好极了！"（同上，九十八页）

这里所说的普遍，也就是共相或概念。自身包含着特殊东西的丰富性的普遍就是黑格尔所说的"具体的共相"。用形式逻辑的话说，具体的共相就是代表一个共相或概念的名词的内涵和外延的统一。这个名词的内涵就是这个名词所代表的共相或概念，外延就是这个名词所能适用的那一类的东西的全体，两者统一起来就成为具体的共相。所以其具体的内容，是极其丰富的，不但包括那一类的东西的全部个体，也包括这类东西的本质。一类东西的本质就是这一类东西的共同性质。例如宇宙，作为一个具体的共相，不仅是一切东西所共同有的性质，而且就是一切的东西。物质作为一个具体的共相，不仅是一切客观存在的东西所共同有的性质，而且就是一切客观存在的东西。

这样的逻辑的丰富的内容，不是一下子就能显示出来的。黑格尔说:"因此,逻辑的东西也只有当它成为科学的经验的结果时才能得到对自己的真正评价;这时对于精神来说它才是一般真理,这种真理不是作为个别的知识来跟其他的对象和实在性并列在一起,而是构成这其他一切内容的本质。""逻辑的体系是阴影的王国,这个王国摆脱了'一切感性的具体性'"。"不是抽象的、僵死的、不动的,而是具体的"(同上,九十八页)。逻辑这个王国也就是哲学这个王国。它摆脱了一切感性的具体性,但又不是抽象的、僵死的、不动的,而是具体的。列宁在这里评论说:"典型的特色!辩证法的精神和实质!"(同上,九十九页)

这个道理只有"过来人"才能充分了解。人类精神的反思,只有人类精神生活中的过来人,经过了其中的曲折与斗争、成功与失败,深知其中甘苦的过来人,才能充分地了解。黑格尔说:"逻辑像文法的地方就在于:文法对于初学的人说来是一回事,对于通晓语言(或几种语言)和语言本质的人说来是另一回事。逻辑对于刚开始研究逻辑以及一般刚开始研究各种科学的人说来是一回事,而对于研究了各种科学又回过来研究逻辑的人说来则是另一回事。"(同上,九十七页)列宁在这里评论说:"微妙而深刻。"

黑格尔又说:"正像同一句格言,从年轻人(即使他对这句格言理解得完全正确)的口中说出来时,总是没有那种在饱经风霜的成年人的智慧中所具有的意义和广袤性,后者能够表达出这句格言所包含的内容的全部力量。"(同上,九十八页)列宁在这里评论说:"很好的比较(唯物主义的)。"(同上)

哲学是一种理论思维,用抽象概念比较多。抽象则易流于空虚,概念则易流于僵化。空虚和僵化是与丰富多彩、变化无端的客观存在不相符合的。黑格尔最反对"抽象的共相",他讲"具体的共相"。"具体的共相"不容易理解,既然是共相,它就不是具体的,也不可能是具体的,怎么会有具体的共相呢?其实,世界本来就是这样的。事物本来就是如此的。共相即一般;具体即特殊。一般寓于特殊之中。特殊不能离开其中所寓之一般而存在;一般也不能离开其所寓之特殊而存在。讲一般要顾及其所寓之特殊;讲特殊要顾及其中所寓的一般。讲一般而又顾及其所寓之特殊,这个一般就是"具体的共相"。

例如哲学所说的物质,如果作为一个抽象的共相,就只有"客观存在"这个意义,其内容就极其空虚贫乏。但如果作为一具体共相,那就是包罗万象、变化多端的客观世界,其内容是极其丰富生动的。

与理论思维相对的是形象思维。在日常生活中,人们所常用的思维都是形象思维,所以对于形象思维比较容易了解。但对于理论思维的了解就比较困难了。一说到"红"的概念或共相,就觉得有一个什么红的东西,完全是红的,没有一点杂色,认为所谓红的概念就是如此,以为这就是理论思维。其实这不是理论思维,还是形象思维。"红"的概念或共相,并不是什么红的东西。就这个意义说,它并不红。一说到运动的概念或共相,人们就觉得它好像是个什么东西,运转得非常之快。其实,"运动"的概念或共相并不是什么东西,它不能动。如果能了解"红的"概念或共相并不红,"动"的概念或共相并不动,"变"的概念或共相并不变,这才算是懂得概念和事物、共相和特殊的分别。

既认识了这个分别,又要超过这个分别。上面所讲的黑格尔所说的"具体的共相"就超过了这个分别。艺术作品也是要超过这个分别。艺术作品所写的是一个典型。一个典型就是一个概念或共相。但是，它所表现的共相或概念，必须个别化、特殊化，叫人看起来是有血有肉的、活生生的。它所用的方法是形象思维，例如《红楼梦》中所写的林黛玉和薛宝钗，都是美人的典型。可是她们两个又各有各的精神面貌。两个人都是个别，都是特殊，都是美人的典型。这样就成功地塑造了美人的典型。

一个人的一生是一个"有限"。这个"有限"的全部过程，是和"无限"打交道的过程，哲学是对于这个过程的反思。最高的文艺作品，也是对于这个过程的反思。屈原的《离骚》说："长太息以掩涕兮，哀民生之多艰。"这个"民生"，具体地说，是指当时人民的生活，抽象地说，也可以是指人生。为了解决这个问题，他上下周游，以求解决的方法，这就是由"有限"入"无限"。可是，游来游去，最后发现，他还是在郢都。就是说，他还是在"有限"之内。

陈子昂《登幽州台》诗说："前不见古人，后不见来者，念天地之悠悠，独怆然而涕下。"这是居"有限"而望"无限"（"悠悠"），有感于"有限"之不可逾越，所以"独怆然而涕下"。这也是对于人生的反思。不过诗人反思是用形象思维表现出来的。《离骚》用美人香草比喻君子，飘风云蜺比喻小人。比喻就是形象思维。中国哲学说，君子是阳，小人是阴。因为，每一事物都是一分为二，其中有对于这个事物起积极作用的，就是它的阳；有对于这个事物起消极作用的，就是它的阴。小人对于社会起消极作用，所以是它的阴；君子起积极作用，所以是它的阳。这是理论思维。屈原的《离骚》用形象思维表现出对于人生的反思，引起千百世读者的共鸣。所以说它"与日月齐光可也"（《史记·屈原传》）。陈子昂的诗，也有类似的作用。

有些诗人有一些传世的警句，令人百读不厌。其所以能够传世，因为这些警句于有意无意之间透露了人类精神的反思的一些消息，也可以说是"泄露"了一些"天机"吧。例如，李商隐有两句诗说："身无彩凤双飞翼，心有灵犀一点通。"旧说，这是二句咏男女爱情的诗，可能诗人在写这两句诗的时候，确实是咏男女爱情，但是，读者在读这两句诗的时候，会联想到这是人类精神的自述。人类精神的活动，即人的精神活动，是受很多限制的。人的精神的存在，依赖于人的肉体。没有肉体，精神就不能存在。精神既依赖于肉体，它就要受肉体的限制。人的生活依赖于社会。没有社会，人就不能有物质的生活，更不用说精神生活了。人的精神生活既依赖于社会，它就要受社会的限制。诸如此类的限制，还有很多，很多。精神好像庄子所说的井底之蛙，只能看见同井口一样大的那么一块天。它不能脱离井的局限，只能"坐井观天"。这就是"身无彩凤双飞翼"。可是它毕竟还是看见那么大的一块天。这就是"心有灵犀一点通"。虽然只有"一点"，那一点也是可贵的。

恩格斯说："人的内部无限的认识能力和此种认识能力不仅在外部被局限的而且认识上也被局限的个别人身上的实际存在于二者之间的矛盾，是在至少对我们来说实际上是无穷无尽的、连绵不断的世代中解决的，是在无穷无尽的前进运动中解决的。"（恩格斯：《反杜林论》第一编第十二节《量与质》，《马克思恩格斯选集》第三卷，人民出版社1972年版，一六〇至一六一页）

认识的前进运动是无穷的。绝对真理是无数相对真理的长河的总名。可是，相对真理的数目是无限的，那个长河是有头无尾的，所以绝对真理是永远不能实现的。

恩格斯所说的是人类精神对于认识的反思，也就是认识的反思，他用理论思维的话把这段反思说出来。李商隐的那两句诗（照我所理解的），是以"比"的方式，用形象思维的话，把这段反思说出来。从表面上看，用形象思维说的，比用理论思维说的，有一点恍惚、隐晦。但读者如果懂得了它的意思，就会觉得很深刻、简明，并且还感染了诗人的那种惋惜、哀怨的情感。

李商隐还有两句诗说："春蚕到死丝方尽，蜡炬成灰泪始干。"旧说，这两句诗也是咏男女爱情的，可能真是如此吧！但是，读者在读这两句诗的时候，会联想到，一切有作为的人，对于他的事业，都是这样的"鞠躬尽瘁，死而后已"。他并不是受别人的命令，也不是别有什么企图。只是出于他的本性，自然而然，不得不然。好像春蚕的本性就是吐丝，只要它还没有死，它总是要吐丝。蜡烛是人做的，人做它就是为照明。只要它还没有着完，它就要燃烧。曹操的诗说："老骥伏枥，志在千里。烈士暮年，壮心不已。"那匹马既然是个"骥"，它自然虽老而仍"志在千里"。那个人既然是个"烈士"，他自然虽暮年而仍然"壮心不已"。杜甫说，他写诗"语不惊人死不休"。他既然是个诗人，他自然要拼命地作好诗。这是出于自然，也是出于必然。李商隐的这两句诗，于有意无意之间，是为这些人写照。这也就是人类精神于反思的时候，为这些拼命从事于精神生活的人所作的结论，所发的赞叹。

我不是说李商隐在写这几句诗的时候，就有这些意思。文艺的作用，就在于它可能给读者多种多样的启发，有多种多样的意思，而这些意思，可能是作者原来压根儿没有想到的。这就叫"诗无达诂"。其所以能够如此，因为文艺所要表示的也是一种共相，不过用的是形象思维的方式写出的。

李商隐还有两句诗说："永忆江湖归白发，欲回天地入扁舟。"意思是说，他总是想着在年老的时候，退休隐居于江湖之上，到了那个时候，他就可以带着整个的世界进入到一只小船之中。这是这两句诗的本来的意思，并不是我的发挥。李商隐是这样说的，我就这样解释。可注意的是，他要带着整个的世界进入一只小船之中。这可能吗？这是可能的。他所说的整个世界就是他的整个的精神境界，其中包括了他对于人类精神生活的了解和体会。这种了解和体会，就是人类精神的反思。李商隐用形象思维把这个意思表达出来。

第六节　哲学与世界观

哲学的思维是理论思维。科学的思维也是理论思维，但是，哲学是人类精神对于科学研究这种精神活动的反思，所以是理论思维的最高发展，或者说最高形式。恩格斯说："经验自然科学积累了如此庞大数量的实证的知识材料，以致在每一个研究领域中有系统地和依据材料的内在联系把这些材料加以整理的必要，就简直成为无可避免的。建立各个知识领域互相间的正确联系，也同样成为无可避免的。因此，自然科学便走进了理论的领域，而在这里经验的方法就不中用了，在这里只有理论思维才能有所帮助。但理论思维仅仅是一种天赋的能力。这种能力必须加以发展和锻炼，而为了进行这种锻炼，除了学习以往的哲学，直到现在还没有别的手段。"（《反杜林论旧序》，《马克思恩格斯选集》第三卷，人民出版社1972年版，四六五页）又说："一个民族想要站在科学的最高峰，就一刻也不能没有理论思维。"（同上，四六七页）

一个民族的文化，是一个民族精神活动的结晶。一个民族的哲学是一个民族的精神对于它的精神活动的反思，从这个意义说，一个民族的哲学是一个民族的文化的最高成就，也是它的理论思维的最高发展。

学习哲学，应该是一种活动，就比如学习物理学是一种活动。学习物理学的活动是观察、试验等。学习哲学的活动，是对于人的精神活动作反思，在这种反思中发展锻炼人的理论思维的能力。

在这种反思中，人可以对于自然、社会和个人的行事有一种理解。有一种理解就有一种看法。有一种看法就有一种态度。理解、看法和态度，总而言之，就是他本人的世界观。人都是照着他的世界观生活的。如果他有一个明确的世界观而又对之深信不疑，他的精神世界就丰富了，他的行动就勇敢了，他就可以"心安理得"地生活下去。虽有困难，他也可以克服。虽有危险，他也无所畏惧。这种精神境界，决不是单凭记几个教条，背几句格言所能得到的。那几句格言的意思可能很正确，背的人对于它们的了解也可能是不错。但是对于背的人来说，还只是几句空话，并不能使背的人的精神境界发生什么变化。

学哲学并不是记教条，背格言。它要求学的人对于人的精神活动有所反思。在反思中得到一些体会，增加一些理解，懂得一些道理。

这就能使他的精神境界有所丰富，有所提高。

总起来说，哲学的作用有两方面，一是锻炼、发展人的理论思维的能力，一是丰富、提高人的精神境界。这可以用哲学史中的例子来说明。

上面已经讲过，黑格尔有一部著作称为《精神现象学》。他的哲学体系，也就是可以称为"精神现象学"，后来他又称他的体系为"逻辑学"。比黑格尔早一点的荷兰哲学家斯宾诺莎也有一个哲学体系，他的主要著作是用几何学的方法作严格的推论。他叫这部著作为"伦理学"。这两部古典的哲学著作的名称可以说明哲学的两方面的作用。黑格尔着重理论思维，所以他的重要著作称为"逻辑学"。斯宾诺莎注重精神境界，所以把他的重要著作称为"伦理学"。

这两方面实际上是一回事。人对于他的精神活动的反思，就自动地丰富、提高了他的精神境界。我说"自动地"，意思是说，哲学和精神境界之间，没有手段和目的的关系的问题。不是以哲学为手段，达到提高、丰富精神境界的目的。在哲学的反思之中，人的精神境界同时就丰富、提高了，反思既然是"思"，不管说出来或不说出来，就在那里运用理论思维了。理论思维同时就发展、锻炼了。这些都是一回事。黑格尔的"逻辑学"和斯宾诺莎的"伦理学"，也说明这点。

用中国的一句老话说，哲学可以给人一个"安身立命之地"。就是说，哲学可以给人一种精神境界，人可以在其中"心安理得"地生活下去。他的生活可以是按部就班的和平，也可以是枪林弹雨的战斗。无论是在和风细雨之下，或是在惊涛骇浪之中，他都可以安然自若地生活下去。这就是他的"安身立命之地"。这个"地"就是人的精神境界。说是哲学给的，实际上是人自己寻找的，自己创造的。只有自己创造的，才是自己能够享受的。中国哲学说：哲学是供人受用的，享受的。学哲学如果得不到一种受用和享受，任凭千言万语，也只是空话，也只是白说。

总起来说，哲学的内容是人类精神的反思。它的方法是理论思维。它的作用是锻炼、发展人的理论思维，丰富、发展人的精神境界。一般说来，就是如此。但是哲学史中的哲学家们，因为受到认识上的、阶级的、民族的、各种各样的局限，所以有各种各样不同的观点。他们提出了各种不同的世界观，为人类各种不同的行动提供了理论的根据。这就形成了哲学史上的百家争鸣和思想斗争的局面。

百家争鸣和思想斗争，并不是普通所谓打笔墨官司，而是关系到世界观的大事，关系到"安身立命之地"的大事，也可以说是关系到灵魂的大事。人的灵魂就是他的世界观。

第七节　哲学中的主要派别

这里所说的是哲学中的主要派别，不是哲学史中的主要派别，虽然前者总是依靠后者而得到表现。这两者也是逻辑和历史的统一。

宇宙是一个统一体。这个统一体，可以在许多方面一分为二，成为两个对立面。人所遇到的宇宙中的对立，首先是主观和客观（中国哲学称为内外）的对立。人是自然的产物，但有了他以后，他又是自然的对立面。在他的面前，首先是自然和他的对立。这就是主观和客观的对立。他自己的思想、感情和意志，这是主观，自然是客观。自然虽然为他的生活准备了一些条件，如阳光雨露之类。但他也必须与自然作斗争，改造自然，才能维持他的生活，改善他的生活。中国的古书说，原始社会的人"凿井而饮，耕田而食"。这个"凿"字、"耕"字所说的就是对于自然的斗争和改造。斗争和改造必需工具。人不但改造自然原有的东西，并且创造自然原来没有的东西，使之成为工具。这就是当时的科学和技术。

但同自然比较起来，人还是渺小的。原始社会的时候，这种情况尤其显著。在原始社会中人对于自然的了解是很少的。对于自然的斗争和改造的力量也是很小的。人对于自然的解释，大都是以他自己的主观情况和当时的社会情况为根据。社会上有一个首领，自然界也必有一个首领，这就是"至上神"。社会上的首领之下有些服务的人，分管着社会中各种事务。"至上神"也必定有一些服务的"神"，分管着自然界的一些现象，如"雷公""电母"之类。"至上神"凭着他自己的喜怒，命令这些"神"，对于人实行赏罚。人必须虔诚地事奉"至上神"，以求得他的保佑。这就是原始的宗教。

总的说起来，自从原始社会以来，人对于自然有两种态度，一种是科学的态度，一种是宗教的态度。在哲学的发展中也有两种态度。这两种态度，表现在对于主观和客观的关系这个问题上。

主观与客观是两个对立面。这两个对立面，哪一个是主要的？是由哪一对立面决定这个统一体的性质？对于这个问题的回答的不同,就成为哲学两大派:唯物主义和唯心主义。唯物主义认为客观是主要的对立面。唯心主义认为主观是主要的对立面。唯物主义是人类社会科技传统的继续。一个自然科学家,作为一个人,可能信仰某一种宗教。但是作为一个科学家,他却是自觉地或不自觉地承认他所研究的对象是独立于人的主观的客观实在。唯心主义是人类社会的宗教传统的继续,他虽然可以不用"上帝""至上神"等名词,但总是要用一些含有主观意义的名词解释宇宙。

宇宙中间还有两个广泛的对立面,就是中国哲学中所谓"动""静"。在一般的言语中,"动"指一个东西在空间中的迁移。一件事情在时间中变化叫"变"。例如日月的运行叫"动",四时的转化叫"变"。马克思主义哲学把"动"这个词的意义扩大了。马克思主义哲学所说的"运动",包括一般言语中所说的"动"与"变"。日月的运行叫"运动",四时的变化也叫运动。这是因为马克思主义哲学要突出事物的运行和变化,所以把"动"这个词的意义扩大,使之有一个更概括的意义。

在中国语言中,"动"也是指一个东西在空间中的运行,但是,在中国哲学中,"动"这个词的意义,早就扩大了。它并不仅指一个东西在空间中的运行。例如,《周易》的《系辞》说:"夫乾,其静也专,其动也直,是以大生焉。夫坤,其静也翕,其动也辟,是以广生焉。"又说:"圣人有以见天下之赜,而拟诸其形容,象其物宜,是故谓之象。圣人有以见天下之动,而观其会通,以行其典礼,系辞焉以断其吉凶。是故谓之爻。"又说:"吉凶悔吝,生于动者也。"又说:"几者,动之微,吉凶之先见者也。"这些地方所说的"动",显然不是指一个东西在空间中的运行,而是包括一件事情在时间中的变化。《系辞》显然需要一个有更广泛意义的词，把"动"和"变"都概括起来。这个词就是"动"。

《礼记》中的《乐记》说："人生而静，天之性也。感于物而动，性之欲也。"这个"动"也是有广泛意义的"动"。

动的对立面是静。具有更广泛意义的"动"这个词，其对立的词必然是具有更广泛意义的"静"。

具有更广泛意义的动、静，在后来的道学中成为一对重要的范畴。周敦颐的《太极图说》说："太极动而生阳，动极而静，静而生阴。"动、静和阴、阳联系在一起。这里所谓动、静也是就其广泛的意义说的。

照上面所引的例子看起来，中国的哲学家们所说的动、静，自古以来，都是就这两个词的广泛意义说的。这不一定说明它在这个问题上有什么高明，但可以说明在这个问题上哲学需要两个意义广泛的词以概括在这方面的两个对立面。

上边所引《周易·系辞》讲爻、象的那一段，把"天下之赜"和"天下之动"分别开来，下面接着说："言天下之至赜而不可恶也，言天下之至动而不可乱也。"这段把"天下之赜"和"天下之动"分别开来。照它说，《周易》以《象》说明"天下之赜"、以"爻"说明"天下之动"。它明确地说，这是两回事。是两回什么事呢？

"天下之赜"可能说的是客观世界，在其中万象纷纭。《系辞》说：虽然极其纷纭，也不可厌恶它（"不可恶也"）。这说的是主观和客观的对立。客观世界不但万象纷纭，而且千变万化。这就是"天下之动"。《系辞》说：虽然千变万化，但也有个"会通"；就是说，有联系，有规律。虽然变动得很厉害，也不是乱杂无章（"不可乱也"），这说的是动静的对立。我这样解释不一定正确。但是主观和客观，动和静，这两对对立是人类生活中最突出的，所以很早就受到哲学家们的注意。关于它们的讨论成为哲学中的主要派别。这大概是可以说的。

就动静这个对立说，在这两个对立面中，究竟哪一个是基本的？一种观点认为动是基本的，静不过是一种暂时的现象，或者简直是人的幻觉。另一种观点认为静是基本的，动不过是一种暂时的现象，或者简直是人的幻觉。第一种观点，接近于辩证法。说它是"接近"，因为仅只承认动是基本的，而不承认动之中有发展和提高，这还不就是辩证法。虽然不就是辩证法，辩证法必先承认动是基本的。第二种观点，就是形而上学。

我并不是说，中国哲学中所谓动、静的对立就是或者等于辩证法和形而上学的对立。我只是说，在宇宙中，有中国哲学所谓动、静这两种现象，引起哲学家对两现象的概括。中国哲学所谓动、静就是这种概括。这和辩证法和形而上学的对立虽不是一回事，但是同类的事。

以上说明，在哲学中为什么有唯物主义和唯心主义、辩证法和形而上学这些主要派别及其间的斗争。这个说明主要是从认识论方面说明。这就是这些主要派别和斗争的认识论的根源。以下再说其社会根源。

任何事物都是一个统一体。任何统一体都是一分为二的。哲学中的主要派别就是哲学这个统一体在不同的问题上一分为二。哲学史中的主要派别，就是哲学史这个统一体在不同的问题上一分为二。社会也是一个统一体，也是一分为二的。哲学的一分为二是同社会的一分为二相适应的。

社会的发展的最后动力是生产力的发展。生产关系本来是适应于生产力并为生产力服务的。可是，生产力总是不断发展的。在其发展到一定程度的时候，旧的生产关系就反而成为生产力的束缚了。这时生产力就要冲破旧的生产关系以及为之服务的上层建筑，建立新的生产关系以及为之服务的新的上层建筑。在旧生产关系中占统治地位的阶级，必定不肯自动放弃它的既得利益。它必定死抓着旧的生产关系和旧的上层建筑，不肯放手，即使已丧失了，它也要企图复辟。它的路线必然是束缚生产力的。代表新的生产关系的新兴阶级，必然同这个反动的阶级进行斗争。维护旧的生产关系的阶级是保守的，创造新的生产关系的阶级是进步的。

过去社会的统治阶级都支持唯心主义和形而上学思想，因为它看事情都是从它的主观愿望出发，希望永远保持它的既得利益。在历史中，这两个主义、两种思想和两个阶级就交织起来，成为整个社会的一分为二：进步的势力和保守的势力。

第八节　哲学和哲学史

哲学史是哲学发展的历史。它并不等于哲学。在这里，也有本来的哲学史和写的哲学史之分。

写的哲学史就是研究本来哲学史的人所写的研究结果，是本来哲学史的摹本。哲学家们对于人类的精神生活作了反思，又把他的反思用理论思维的言语表达出来，成为一个思想体系，这就是他的哲学体系。他是怎么想的、怎么说的、怎么写的，他的体系是怎么建成的，这都是一个哲学史家所首先要研究的。这是需要大量的调查研究工作的。不做这种工作，而只抓住哲学家的片言只语，就断定他是个什么论者，从而批评之，这就是用"戴帽子""抓辫子、打棍子"的办法。用这种办法批判今人，必造成冤、假、错案。用这种方法批判古人，必写出不真实的历史。

哲学用理论思维，批评一个哲学家的哲学，也需要用理论思维。上面所说第欧肯尼的逸事，可以作为说明。他用步行来反对芝诺，但他又知道，如果谁满足于这样的反对，谁就应该挨打。这些批判驳不倒他所要驳的哲学家，也不能使读者受到理论思维的锻炼。批评一个哲学家，总要把他当成一个哲学家而评论之。

上面说过，马克思主义发现了自然、社会和人的思维的发展的一个总规律，辩证法。这个规律也就是研究自然、社会和人的思维的发展方法。自然科学用这个方法研究自然界中的事物，社会科学用这个方法研究社会中的事物。历史学是社会科学的一种，哲学史是历史学中的一门专史，它是研究哲学这门学问的发展的历史。它用哲学所发现的方法，研究哲学发展的历史，这就像《诗经》所说的"伐柯伐柯，其则不远"，就会觉得更为熟悉，更为亲切。列宁在这一方面给我们作了许多范例。他说："辩证法是活生生的、多方面的（方面的数目永远增加着的）认识，其中包含着无数的各式各样观察现实，接近现实的成分（包含着从每个成分发展成的整个哲学体系），——这就是它比起'形而上学的'唯物主义来所具有的无比丰富的内容，而形而上学的唯物主义的根本缺陷就是不能把辩证法应用于反映论,应用于认识的过程和发展。"(《谈谈辩证法问题》,《列宁全集》第三十八卷,人民出版社1959年版,四一一页)

列宁在这一段话下面接着讲怎样用辩证法的方法研究哲学史。辩证法是活生生的,人类认识之树也是活生生的。说它们是活生生的,就是说,它们是多方面的、复杂的、变化的,不能用一个或几个条条框框把它们简单化、直线化、片面化、死板或僵化。这些"化"都是形而上学或主观主义的产物。列宁所说的这些"化",都是指唯心主义说的,可是研究哲学史也可以有唯心主义。历史的发展不是直线,人的认识的发展不是直线,人的理论思维的发展也不是直线。哲学史是哲学的发展史。它是无限地近似一圈圆圈,近似于螺旋的曲线。每一个圆圈都是这一发展的一个环节。就其为一个环节说,它就是那个总的发展所不可少的,它是本来的哲学史的组成部分,写的哲学史也必须把它写进去。

哲学史是一种专门史。一个什么事物的史,就是要讲这个事物的发展。发展必有一定规律,不能乱杂无章。发展必有一个线索,有它的来龙去脉。发展必有一定的阶段,有一定的环节。一个事物的发展总不是孤立的,它必然受到它的周围事物的影响或制约,而又反过来也影响或制约其周围的事物。这些也是讲那个事物的写的历史所必须说明的。讲哲学史也是如此。哲学在历史中表现为各种派别。这些派别表示哲学发展的线索、阶段或环节。这些派别和当时的政治、经济是互相影响、互相制约的。这种互相影响、互相制约,是哲学发展的本来历史所固有的内容。写的哲学史都要把它们写出来,特别要说明这些哲学派别在当时所起的作用,是推动历史前进或者是阻碍历史前进。

第九节　研究中国哲学史的特殊任务

中国哲学史是中国哲学的历史。中国哲学，就其内容说，和其他民族的哲学是一样的。如果不是如此，它就不能称为哲学。但就表现形式说，中国哲学和其他民族的哲学，则有所不同。其不同的原因可能很多，其中之一可能是语言、文字方面的问题。中国的语言是单音节的。中国的文字一直到现在是方块字的汉字，其来源是象形文字。这都不利于用字尾的变化表达辞性。例如一个名词，有其抽象的意义，也有其具体的意义。从逻辑方面说，其抽象的意义就是这个名词的内涵，其具体的意义就是这个名词的外延。专门表示内涵的名词称为抽象名词，专门表示外延的名词称为具体名词。这种辞性的不同在西方文字中，可以用字尾的变化表示出来，使人一望而知。但中国文字没有这种方便。例如"马"这个名词，就其内涵说是指一切马所共同有的性质。就其外延说，是指一切的马。有时要明确地专指一切马所共同有的性质，在西方的语言中，可以把马的字尾稍作变化，使之成为一个抽象名词。在现代中国话中，我们可以于"马"字之后加上一个"性"字。一切马共同有的性质，称为"马性"。但是古代没有这个办法。因为没有这个办法，所以在语言中就有困难。战国时期，公孙龙作《白马论》，主张"白马非马"。当时及后来的许多人认为这是诡辩，因为在常识中，一般都说"白马是马"。其实"白马是马"和"白马非马"这两个命题都是真的,并没有冲突。"白马是马"是就马这个名词的外延说的;"白马非马"是就这个名词的内涵说的。"白马是马"的马是就具体的马说的;"白马非马"是就抽象的马说的。它说的是一切马所共同有的性质,是马性。如果在古代就有一种方法,在文字上表明马性同马的不同,《白马论》中的有些辩论本来是可以不必说而自明的。"白马非马"这个命题的意义也是不难理解的。

无论如何,事实是,在以前的中国哲学中,"术语"是比较少的,论证往往是不很详尽的,形式上的体系往往不具备。另外还有很明显的一点,那就是以前的哲学家所用的语言,是古代的语言。必须用现代的中国语言把它翻译过来,才能为现代的人所理解。

在清朝末年,中国人把中国哲学作一门学问来研究之后,也就是中国哲学开始反思的时候,人们开始觉得,中国哲学中的原来的术语很不够用。那时候,西方资产阶级哲学还没有真正进入中国的思想界。人们开始在佛学中找"术语"用。佛学中的相宗是一种"烦琐哲学",其中名词繁多。当时有一派人就用佛学中的概念、名词解释、评论中国哲学。可是那些名词、概念,有一部分是"相宗"那样的"烦琐哲学"的虚构,是如佛学所说的"龟毛兔角"之类。而且佛学著作翻译过来的文字也还是古文字,所以越说越糊涂。

中国哲学中一个名词往往有许多用法。例如"天"可以指与地相对的"苍苍"者,也可以指"上帝",也可以指自然。这也是"术语"缺乏的一种表现。一个名词的一个用法就指一个概念,用这个字的人,究竟想说什么概念呢?有些时候,可以从上下文一望而知,有些时候就不容易决定。

现在研究中国古代哲学史容易多了。有许多西方哲学中的"术语"可以用以分析、解释、翻译、评论中国古代哲学。但是翻译必须确切,解释必须适当。这也是不易审的。

中国古代哲学喜欢"言简意赅""文约义丰"。周敦颐倒是为他的《太极图》作了一个"说",但只有一百多字。其他如张载的"心统性情",程颐的"体用一源,显微无间",都只提出一个结论。程颐可能认为他的《周易传》就是他的结论的根据,但还不是直接的说明。这些结论显然都是长期的理论思维的结果。哲学史家必须把这种过程讲出来,把结论的前提补起来,但是这种"讲"和"补"当然不能太多。就是说,只能把中国古代哲学家们要说而还没有说的话替他们说出来,而不能把他们还没有要说而在当时实际上不可能有的话说出来。不可太多,也不可太少。太多了就夸张古人的意思,太少了是没有把古人的意思说清楚,讲透彻。怎样才能既不太多也不太少,恰如其分,那就要看这个哲学史工作者对于古人的理解的能力和程度了。

中国古代哲学家们比较少作正式的哲学论著。从古代流传下来的哲学史资料,大多是为别的目的而写的东西,或者是别人所纪录的他们的言语,可以说是东鳞西爪。因此就使人有一种印象,认为中国古代哲学家的思想没有系统。如果是就形式上的系统而言,这种情况是有的,也是相当普遍的。但是形式上的系统不等于实质上的系统。拿一部《论语》来看,其中所记载的都是孔子回答学生们的话。学生们东提一个问题,西提一个问题,其间并没有联系。孔子东答一个问题,西答一个问题,其答也没有联系。孔子并没有和学生们就一个专门问题讨论起来,深入下去(也许有,不过没有这样记载流传下来）。就形式上看，一部《论语》是没有形式上的系统的。但这并不等于孔子的思想没有实质上的系统，如果是那样，他的思想就不成为一个体系，乱七八糟。如果真是那样，他也就不成为一个哲学家了，哲学史也就不必给他地位了。

中国哲学史工作者的一个任务，就是从过去的哲学家们的没有形式上的系统的资料中，找出其实质的系统，找出他的思想体系，用所能看见的一鳞半爪，恢复一条龙出来。在写的哲学史中恢复的这条龙，必须尽可能地接近于本来的哲学史中的那条龙的本来面目，不可多也不可少。

总的说起来，写的中国哲学史，在摹绘本来的中国哲学史的时候，必须首先做到三点：

第一点是：具体地说清楚一个哲学家的哲学体系。哲学中的主要问题是共同的，但每个哲学家，对于这些问题的理解和解决，是不完全相同的。哲学家们各有各自的思路，各有各自的建立体系的过程。所以他们的体系各有自己的特点。一个唯物主义哲学家不尽同于另一个唯物主义哲学家。一个唯心主义哲学家也不尽同于另一个唯心主义哲学家。好像同是一个人而每个人也各有各自的精神面貌。同是一个字，而书法家写出来，各有各自的风格。所以说，要具体地说明一个哲学家的体系，使之成为一个有血有肉的、活生生的体系。不可把哲学家们的活生生的体系分割开来，填入那几个部门之中。这样，就好像把一个活人分割为几块，然后再缝合起来。缝合可以成功，甚至是天衣无缝，但是那个人已经死了，没有生命了。

第二点是：必须具体地说清楚，一个哲学家如果是对于某一问题，得了一个结论，他必然是经过一段理论思维。他可能没有把这段过程说出来。但是，没有说出来，并不等于没有这个过程。哲学史家必须尽可能地把这段过程说清楚，使学习哲学史的人可以得到理论思维的锻炼。

第三点是：必须具体地说清楚，哲学家们所提供的世界观，使学习哲学史的人可以得到一些"受用"或教训。

以上三点，其实就是一回事。一点做到了，其余二点就自然有了。简单地说起来，哲学史家对于一个哲学家，必须先真正懂得他想些什么，见些什么，说些什么，他是怎样想的，怎样说的，以及他为什么这样想、这样说，然后才可以对他的哲学思想作出合乎实际的叙述。重要的是具体，因为历史的东西都是具体的东西。这在研究中国哲学史特别困难，如上面所说的。

在上面工作的基础上，哲学史可以寻找哲学史发展的线索和规律，对于哲学家的功过做适当的评论。上面的工作如果做得好，也许哲学史发展的线索和规律自然就出现了，这些哲学家的功过自然就明白了。如果能如此，哲学史的工作，就算是做到家了。

第十节　阶级观点和民族观点

"中国哲学史"讲的是"中国"的哲学的历史，或"中国的"哲学的历史，不是"哲学在中国"。我们可以写一部"中国数学史"。这个史实际上是"数学在中国"或"数学在中国的发展"，因为"数学就是数学",没有"中国的"数学。但哲学、文学则不同。确实是有"中国的"哲学,"中国的"文学,或总称曰"中国的"文化。

就现在说,"中国"就是中华民族所占有的疆域和所组织的国家。中华民族是历史产物,其形成的过程,经过了数千年的时间,走过了曲折反复的道路。在这个过程中,"中国的"哲学起了一定的积极作用,而且也就是这个发展在思想上的反映,也正是由此它才成为"中国的"哲学。

自从有人类以来,人总是在有组织的社会中生活的。这种组织,从其社会性质说,有原始共产社会、奴隶社会、封建社会等等的不同;从其作为一个组织单位说,可以有部落、部族、民族等等的差异。以现在的世界作为一个例。现在世界中,有资本主义国家、社会主义国家,这是按其社会性质区分的。也有中国、日本等等民族,这是按组织单位区分的。这两者之间的关系,就是一般和特殊的关系。某种社会是一般,某个民族是特殊。一般寓于特殊之中。

在一个民族的内部,有阶级的对立与阶级的斗争,这是阶级斗争。在一个民族的外部,有这个民族同其他的民族的对立与斗争,这是民族斗争。民族斗争,归根到底,也是阶级斗争的另外一种形式。但既是另外一种形式,这另外的一种形式就引起另外的一些情况,另外的一些问题。帝国主义者剥削、压迫其殖民地的民族。这些帝国主义者当然都是资本家。这些资本家不仅只剥削、压迫其殖民地的民族,对其本民族的无产阶级和劳动人民,也是同样地剥削、压迫。但是他们对于其殖民地的民族,是以整个民族为剥削、压迫的对象。例如中国在过去半殖民地的时代,上海黄浦江外滩公园门口立了一个牌子,上面写着:"狗与华人不准入内。"这个"华人",当然是指所有的中国人,而不仅是中国的无产阶级和劳动人民。中国人民,经过这个时代,对于这种被鄙视、歧视的经验,记忆犹新。

阶级斗争和民族斗争是纠缠在一起的。历史是这种纠缠在一起的斗争的发展、变化的过程。在这个过程中,阶级斗争占主要的地位,但也有时民族斗争占主要的地位。民族斗争和阶级斗争不是纲、目的关系,而是经、纬的关系。历史的发展、变化的过程,可以说是以阶级斗争为经,以民族斗争为纬。经纬错综成为一块布。阶级斗争和民族斗争错综纠缠,成为一段历史。历史中的事实和人物的作用,在阶级上和民族上,可以是不同的。因此对于它们的评价,也有不同的观点,阶级的观点和民族的观点。

一个民族在一个时期的统治思想,就是其统治阶级的思想。从阶级观点看,这种统治思想是统治阶级所用以维护其阶级统治的工具。这是列宁所说的统治阶级的牧师的职能所用的工具。其目的是麻醉被统治者,削弱他们的反抗的意志,消灭他们的反抗的行动。但从民族观点看,这种思想也可以巩固本民族的组织,统一本民族的思想。本民族的成员也只能以这种思想统一他们的世界观。久而久之,这种统一的世界观就成为这个民族的"民族精神"。

统治思想的本身就有这种作用,如果其中还有主张民族融合的成分,这种作用就更大了。以下以孔子及儒家思想为例,以为说明。

对于孔子个人的评价是受历史分期的决定的。春秋、战国时代是中国社会由奴隶制向封建制转化的过渡时期。孔子对于这个转化的态度,是明确的。他认为这是"天下无道"(《论语·季氏》),这说明他的立场是没落奴隶主阶级的立场。他不隐蔽他的立场,他发了许多议论,说了许多话,但总起来是一句话,"为东周"。同是一句话,看是在什么立场说的,是在什么时候说的,是在什么情况下说的。因立场、时间、地点不同,一句话可以有不同的意义,发生不同的作用。从这个原则理解孔子的言行,只能认为:他在当时基本上是个反对社会前进、阻碍历史发展的思想家。从阶级观点看,不能不作这样的结论。

但从民族观点看,孔子后来成为中国封建社会在思想、文化方面的最高代表,"至圣先师"。他的形象和言论,在中华民族形成的过程中,起了很大的积极作用。这也是不能否认,也不能否定的。

在秦汉统一以前,中国不仅是许多诸侯割据的局面,也是许多民族斗争的局面。其中有些国家是周王分封的,本来是一家。可是除了这些之外,还有"北狄""南蛮""东夷""西戎"。如楚国,孟轲称之为"南蛮鴃舌之人,不闻先王之道"。就是说,楚是还没有开化的野蛮人。秦汉统一,不仅在政治上建立了全中国的专制主义的中央集权的政权,也融合了原来七国的不同民族或部落,形成了一个统一的民族,称为汉族。汉族这个"汉"字,就是汉朝之汉。

同汉朝的政治统一和民族融合相配合,汉初出现了"公羊春秋"。《春秋》是汉朝的最有权威的儒家经典,据说是孔子所作。《春秋公羊传》以《春秋》为旗帜,说《春秋》"大一统"。这个"一统"是政治的统一,也是民族融合。

《春秋》纪载吴国灭了几个小国的事,《公羊传》说:照《春秋》的"书法"看起来,《春秋》"不与夷狄之主中国也。曷为不使中国主之?中国亦新夷狄也"。但是《春秋》还是写了吴灭这些国的事,因为"吴少进也"(《公羊传·昭公二十年》)。照《公羊传》的这段话看起来,《公羊传》主张中国和"夷狄"的区别不是以种族肤色为标准，而是以"先王之道"（文化）为标准。如果中国不行"先王之道"，那就是"新夷狄"。如果"夷狄"行"先王之道"，那就是"新中国"。"吴少进也"就是说，吴已逐渐成为中国。

董仲舒是公羊家。他以"公羊春秋"为基础，建立了一个包括自然、社会、个人行事在内的广泛的哲学体系，作为当时"一统"的理论根据。东汉末年的公羊家何休，根据董仲舒的"春秋三世"说而加以发挥，把所谓"三世"解释成为一个历史进化过程的三个阶段。第一阶段是"据乱世"，在这个阶段，《春秋》"内其国而外诸夏"。第二个阶段是"升平世"，在这个阶段，《春秋》"内诸夏而外夷狄"。第三阶段是"太平世"，在这个阶段，"天下远近小大若一"。（《公羊传·解诂·隐公元年》"公子益师卒"条下）当时所谓"天下"就是当时汉朝疆域，在这个范围内，就只有一个统一的民族了。何休的这种思想，也是当时民族融合的反映。

在何休以前，汉朝的思想家就提出"大同"的理想，说"大道之行也，天下为公。"（《礼记·礼运》）古人所谓天下，实际上指的是当时的全中国。所谓"天下为公"就是说，全中国是全中国的人所共有，也就是，为全中国的各民族所共有。下文具体地描绘了全中国的人不分彼此的生活情况，也就是全中国各民族和平共居的生活情况。他没有提"夷狄"跟"中国"之分，因为在这个理想中已经没有这个分别。这种理想的社会，称为"大同"。其内容也就是何休所说的"太平世"。

《礼记·礼运》又说，"故圣人耐（能）以天下为一家，以中国为一人者，非意之也。必知其情，辟于其义，明于其利，达于其患，然后能为之"。"以天下为一家，以中国为一人"就是"大同"

社会的概括。《礼运》指出：这种社会并不是专凭人的主观愿望所能得到的。必须深切了解人的好恶，深刻研究各方面的利害，才能实现这种理想。

在19世纪中叶以后，《礼运》的这一段话，很受推崇。当时先进的中国人，农民起义的革命家洪秀全引它，资产阶级改良派康有为引它，资产阶级革命家孙中山也引它。孙中山先生在各处的题词，常写"天下为公"四个字。他所领导的革命建立了"五族共和"，对于中华民族的形成，有很大的推动的作用。其思想根源可能也是《礼运》的这一段。

汉朝以后，中国又分裂了，又出现了各民族之间的斗争。这种政治上和民族之间的分裂，到唐朝才又结束。唐朝的统一不仅是恢复了专制主义的中央集权的政权，也恢复了民族之间的统一。这个统一的民族，称为唐人。直到现在，中国人在外国的居住区仍称为"唐人街"。

唐朝的一个理论家韩愈又重说："孔子之作《春秋》也，诸侯用夷礼者则夷之，夷之进入中国者则中国之。"（《原道》，《昌黎韩先生集》卷十一）韩愈的意思是警告中国人不要信夷教（佛教），可是也为当时异民族之转化为中国开了大门。

在巩固专制主义的中央集权的政权和融合民族方面，宋朝继续了唐朝的事业，并且补做了唐朝所没有做的事。那就是在上层建筑中出现了一个包括自然、社会和个人行事各方面的广泛哲学体系，道学。道学批判而又融合了佛教，继承而且发展了儒家，是中国封建哲学发展的一个高峰。它的出现和作用，和董仲舒哲学的出现和作用，有许多类似之处。元朝和清朝都是以当时汉族以外的民族入主中原。但在既得全国性政权以后,都以道学为统治思想,认为是孔子的嫡传,儒家的正统。

历朝的皇帝都对孔子封爵。在曲阜的孔庙里,有历朝皇帝追封孔子的碑文。其中有篇元朝的碑文最为简明扼要。碑文说:"皇帝圣旨:盖闻先孔子而圣者,非孔子无以明;后孔子而圣者,非孔子无以法。所谓祖述尧、舜,宪章文、武,仪范百王,师表万世者也。朕缵承丕绪,敬仰休风。循治古之良规,举追封之盛典,加号大成至圣文宣王,遣使阙里,祀以太牢。呜呼!父子之亲,君臣之义,永维圣教之尊。天地之大,日月之明,奚罄名言之妙。尚资神化,祚我皇元。主者施行。"(参看《加封孔子制·元文类》卷十一)

这篇碑文,从阶级观点看,是元朝用儒家为统治思想,以巩固元朝的统治。从民族观点看,也可以认为是蒙古族和汉族融合的象征。蒙古族的统治者不久就退出中原,回到蒙古,这种融合,未能彻底。满族入主中原,康熙皇帝修《性理精义》《朱子全书》等,也有类似的意义。但满族以后和汉族完全融合了。《红楼梦》这部文学著作就是一个完全融合的表现。

中国旧民主主义革命,在其酝酿时期,原是以"排满"为其内容之一。后来推翻清朝以后,宣布汉、满、蒙、回、藏"五族共和",建立中华民国。民国失败了,但五族联合继续下来。这是在中国历史中出现的第三次民族团结。这个团结联合汉、满、蒙、回、藏五个民族以及其他少数民族,成为一个统一的民族,称为中华民族。

新民主主义革命成功,建立中华人民共和国,仍用"中华"这个光辉的名称。这标志着中华民族的事业更加扩大,中华民族的基础日益巩固。由此中国境内的各民族达到真正的团结。

在东亚，中国原来是最先进入封建社会的国家，在东亚各民族中是先进的。在与各国民族的交往中，中国的封建文化居于优越的地位。中原以外的民族，即使能以武力的优势入主中原，但是既进来以后就为封建文化所同化。这是历史的必然。中国的封建文化是以儒家思想为中心的，它对于民族问题，不以种族为区别夷狄和中国的标准。它注意"夷狄"和"中国"的界限，但认为任何"夷狄"只要接受封建文化，即可以成为"中国"的一部分。这个传统，有利于中华民族的扩大。到了19世纪的中叶，中国所接触的异民族，是已进入资本主义社会的民族。中国的封建社会就落后了。孔子和儒家成为中国进步的阻碍。这是历史的转化。

我们现在团结中华民族，当然用不着孔子和儒家。现在的中华民族是靠马克思列宁主义、毛泽东思想团结在一起的。但这是在原有的中华民族的基础上更进一步地团结。孔子和儒家在中国历史上所起的团结中华民族的作用，是不能否认，也是不应否定的。

第十一节　中国哲学史的分期

在中国历史中，有三次社会大转变时期。在这样的时期中，社会的政治、经济、文化各方面，都起了根本的变革，有了全新的面貌，取得了显著的进步。这些情况，只有在一种社会制度向另一种社会制度转变的时期才能出现。

这三次大转变时期,一次在古代,一次在近代,一次在现代。近代的一次,是封建社会转变向半殖民地、半封建社会。现代的一次,是半殖民地、半封建社会转变向社会主义社会。在这些转变时期,在政治、经济、文化各方面所经过的变化是我们都熟悉的。另一次大转变时期是春秋战国时期。其间所经过的政治、经济、文化各个方面的变化,我们从古代传下来的各种历史资料中,也看到一些。向来的历史家,对于春秋战国时期的大变革,虽然有不同的解释和评价,但是有这种空前的大变革,这是没有人不承认的。这次大转变,究竟是什么性质呢?就是说:中国社会在春秋战国时期的大转变,是由哪一种社会转向哪一种社会呢?从这个大转变的结局看,经过这次大转变,新建立起来的是地主阶级专政的政权。地主阶级的统治的社会是封建社会。这是很明显的。按照社会发展史的规律,地主阶级的政权所取代的政权是奴隶主的政权。封建社会所取代的社会是奴隶社会。从这方面看,春秋战国时期的大转变,按其性质说,是从奴隶社会转向封建社会的大转变。这一点在本书第一册的《绪论》中,还要举出具体的证据,详细评论。

我们不能把中国社会从奴隶社会转向封建社会这次大转变的具体时间向上推,也不能向下移。因为在春秋战国以前或以后,一直到清朝末年,都没有出现过在政治、经济、文化各方面都起根本变化的现象,在文化方面尤其是如此。

以这三个大转变时期为关键,中国历史显然分为四个时代。第一个时代是第一个大转变及其以前的时期,这是古代。第二个时代是从第一个大转变时期以后到第二个大转变时期的前夕,这是中古。第三个时代是从第二个大转变时期以后到新民主主义革命时期,这是近代。第三个大转变时期是社会主义革命和社会主义建设时期，这是现代。在这三个大转变时期中，现代这一次转变最大。以前的转变是以一个剥削阶级替代另一个剥削阶级为其中心内容。现代的转变则是以无产阶级消灭一切剥削阶级为其中心内容。

中国哲学史也相应地分为这四个时代。每一个时代都有它的特殊的精神面貌。阶级斗争和民族斗争贯穿在各个时代之中。这是它们的共性，各时代都有它们的特殊的精神面貌，这是它们的特殊性。共性寓于特殊性之中，离开特殊性也就没有共性了。历史学的任务在于于特殊性中发现共性，以共性解释特殊性。

在这四个时代中，有些时代又分为几个段落，每个段落又各有其特殊性。

依照这些段落，本书分为七册。

古代有两个段落。当时的各家，都有其发展的过程。在这个过程中，有前期和后期。其前期本书归入第一册，其后期本书归入第二册。第一册的历史时期是从殷周至春秋末战国初。第二册的历史时期主要是战国。

中古时代有三个段落。第一个段落的历史时期是两汉，本书归入第三册。第二个段落是魏、晋至隋、唐，本书归入第四册。第三个段落是宋、元、明、清，本书归入第五册。

近代和现代，本书归入第六册和第七册。

第一册

绪论

社会制度的转变，归根到底，是生产方式的转变。社会生产力是不断发展前进的。发展到一定的程度，旧的生产关系不能同它相适应，不能为它服务，反而成为它的前进的阻碍、发展的束缚，这种旧的生产关系就必然要被冲破，新的生产关系必然要取而代之。随之而来的必然是社会的大动乱、大分化、大改组，适应于旧的生产方式的社会制度，为适应于新的生产方式的新的社会制度所代替。这就是社会大转变。

春秋战国时期是一个大动乱、大分化、大改组的时代，这是向来历史家都承认的，虽然他们对于这个时代的认识和评价有所不同。认为这个转变的性质是从奴隶制转向封建制，这是正确的。但是必需从史料方面举出这个时期生产方式，特别是生产关系的转变的证据，这个问题才算是得到比较扎实的解决。

用这个标准看，近来历史学界所常举的一些证据，例如，土地国有或私有，分封制，世袭制，等级制等，都不是决定性的。因为这些证据都不能说明当时生产关系转变的问题。从这些证据，还是看不出在当时社会生产过程中各阶级所占的地位、所得的分配，以及它们相互之间的关系。

当时的主要生产资料是土地。土地归哪个阶级所占有，这是所有制的问题。在生产过程中，土地所有者和实际耕种的劳动者是什么关系，这是人与人之间的关系的问题。对于生产的果实，它们是怎样分配的，这是分配的问题。上面所说的那些证据，都没有说明这些问题。土地的国有和私有，好像是说明所有制的问题，但并不说明这个"国"是哪个阶级的国。专凭"国有"不能决定究竟为哪个阶级所有，这就是没有说明问题。至于分封、世袭、等级，并不是奴隶社会专有的特征。在西方,这些倒是封建社会的一些现象。所以还不能说明问题。

过去史料的记载,大都是些现象,但是我们必须抓住一些现象,从其中可以看出一些本质。照现存的史料看,春秋时期是有一些现象,可以说明当时生产关系的转变,其中一个现象就是"税"。

据《春秋》记载,鲁宣公十五年(前594)"初税亩"。现在一般的解释是,这是奴隶主国家(国君)向奴隶主贵族征税,其历史的意义是承认土地私有。这种解释缺乏史料上的根据,也没有讲出"初税亩"的真正的历史意义。这一记载用了一个"初"字,明确地说明这是以前所没有过的事情。这个事情就是"税"。

在奴隶社会中,奴隶主阶级不仅占有生产资料,而且占有劳动者(奴隶)本身。奴隶完全没有人身自由,劳动的果实全部为奴隶主阶级独占,奴隶主只要像养活牲口一样养活奴隶就行了。因此奴隶主向奴隶也无所谓征税不征税,奴隶向奴隶主也不存在交税不交税的问题。只有在封建社会中,农民已经摆脱了奴隶地位,在向地主租种土地的情况下,才会出现有征税、交租的事。所以要弄清奴隶制生产关系向封建制生产关系的转化,必须重新对"初税亩"的历史意义认真地考察一番。

关于"初税亩"的解释,《左传》与《公羊传》是一致的。《左传》说:"初税亩,非礼也。谷出不过籍,以丰财也。"《公羊传》说:"初者何?始也。税亩者何?履亩而税也。初税亩何以书?讥。何讥尔?讥始履亩而税也。何讥乎始履亩而税?古者什一而籍……"《左传》与《公羊传》都认为"税亩"是以前所没有的事,是违犯周礼的。它们又都提到所谓"籍"。何谓"籍"?按文意上看,就是周礼所规定的制度。但其具体内容，它们都没有细说，也许它们自己也搞不清楚。《国语》中《周语》里有一段记载，给了我们一点线索。

《国语》记载说："宣王即位，不籍千亩。"韦昭注说："籍，借也。借民力以为之。天之田籍千亩，诸侯百亩……"韦昭的注解，可能只是望文生义，但也给我们一些启发。

在奴隶社会里，同封建社会一样，农业生产是最重要的事。最高统治者每年都要有一次象征性地参加农业生产的活动。举行这种活动的耕地，天子有一千亩那么大，诸侯有一百亩那么大。这个制度在后来的封建社会中也一直存在。北京的先农坛就是封建皇帝举行"亲耕"的地方。北海里面的蚕坛，就是皇后做象征性养蚕的地方。周宣王即位，没有举行这一象征性的活动，这就是很大的非礼。当时有一个卿士虢文公很不以为然，对宣王大讲籍的重要。照他所说的，每年开始种庄稼的时候，周王必须亲自到他的"千亩"里去"耕种"并视察督促一番。如果发现田地耕种得不好，就要问罪。他说："土不备垦，辟在司寇。乃命其旅曰：'徇'。农师一之，农正再之，后稷三之，司空四之，司徒五之，大保六之，大师七之，大史八之，宗伯九之，王则大徇。耨、获亦如之。民用莫不震动，恪恭于农，脩其疆畔，日服其镈，不解于时，财用不乏，民用和同。"意思是说，周王去"籍"时，还带着专管刑罚的官，司寇。司寇下命令叫所有参加的奴隶主贵族们都去视察监督。有的是第一批，有的是第二批，一直到九批。最后王亲自去考察监督。锄地和收获时，也都是这样。所以种地的劳动者都很害怕，只得努力工作。这一记载又说："廪于籍东南，钟而藏之，而时布之于农。"就是说，在籍田东南设有一个大仓库，把收获的粮食收藏在里面，按时分给劳动的人。

在这一段的华丽的词句背后，隐约出现了一座奴隶主的大庄园。这里的劳动者就是奴隶。他们是在奴隶主严密的监视和残酷的刑罚下进行劳动。他们的劳动果实都被奴隶主收去，藏在庄园东南角上的大仓库里。奴隶们只能按一定的时候去领取一点粮食，维持生存。

奴隶的生产完全是在奴隶主的强迫压制之下进行的。奴隶们的生产活动，完全是被动的，消极的。《管子》书中有一段，主张用"与民分货"的办法，使劳动者能分得一部分的劳动果实，这样，不必强迫，劳动者就自然发挥他们的积极性，"不使，而父子兄弟不忘其功"(《乘马》)。这是封建地主的思想，同上面所说的奴隶主思想，成为鲜明的对比。

根据以上的分析，我认为"籍"是奴隶制的剥削方式，是周礼。"税"是封建的剥削方式，"非礼也"。《左传》和《公羊传》认为籍也是一种封建剥削方式，《公羊传》更明确说，"籍"是"什一而税"。那更是美化之辞。在奴隶制的社会制度下，不可能有"什一而税"，也无所谓税，因为奴隶的劳动成果完全都被奴隶主收进那个大仓库里去了。

秦国于简公七年(前408)实行"初租禾"，又于孝公十四年(前348)实行"初为赋"(《史记·六国年表》)。这和《春秋》所记载的"初税亩"是一类的大事。《六国年表》可能就是司马迁从六国的国史抄下来的。

"初租禾"似乎是按照农作物收成的数目，抽出几成，以为地租。"初为赋"似乎是按土地的数目抽税，其详已无可考。大概秦国于简公时，已实行向耕种的劳动者抽税，以地租的形式进行剥削。在孝公时，商鞅变法，又作进一步的调整。无论如何，"初租禾"和"初为赋"都和"初税亩"有同样的历史意义,都是由奴隶制转变为封建制的里程碑。历史家的记载,都加上一个"初"字,表示其为前所未有的事。

照这些方面看起来,"税亩"这个税字,从表面上看,似乎只是当时统治者的一种财政上的措施,其实是一种剥削形式。"初税亩"表示一种新的剥削形式的出现。这种新的剥削形式又表现出新的生产关系的三个方面:所有制、人与人的关系和分配制度。新的生产关系的出现是春秋战国时期各方面的大转变的物质基础。

这里有两个问题需要解释。有的历史工作者认为西周就已经是封建社会,"籍田以力"是劳役地租,"初税亩"是实物地租。这是沿用《公羊传》的说法。照这个说法,就要认为西周已经是封建社会。如果真是如此,为什么在西周和以前的时候没有出现过社会各方面大转变的现象?这个说法可能导致中国没有奴隶社会那种结论。那是不合乎历史发展规律的。

另外一个问题是,"初税亩"这个税的对象是什么人?现在一般说法,认为征税的对象还是奴隶主贵族。"初税亩"是奴隶主国家向奴隶主征税。这个说法也有问题。

所谓奴隶主国家,具体地说,就是以奴隶主总头子为代表的国家政权机关。比如说,周朝的奴隶主国家,就是周天子所代表的政权机构;鲁国的奴隶主国家就是以鲁国国君为代表的政权机关。按当时分封制度说,周天子能向齐、鲁这些诸侯国征税吗?这是不可能的事。据《国语》记载,周穆王的卿士祭公谋父讲了一段周天子与诸侯国的关系。他说:"夫先王之制,邦内甸服,邦外侯服,侯卫宾服,蛮夷要服,戎翟荒服。甸服者祭,侯服者祀,宾服者享,要服者贡，荒服者王。日祭、月祀、时享、岁贡、终王，先王之训也。"（《国语·周语上》）荀况也有同样的记载，但是他又加了一句总括的话说："夫是之谓视形势而制械用，称远近而等贡献，是王者之至（制）也。"（《荀子·正论》）这里所说的甸服、侯服等，都是就距离说的。这里所说的祭、祀、享、贡等，都是就祭祀说的。"祭"是每天都要举行的，"祀"是每月都要举行的，"享"是每季都要举行的。那些诸侯国都按他们距京都的道路远近贡献些东西参加祭祀。近的地方，每天的祭祀都要送东西参加。远的地方，每年要送东西参加。最远的荒服，只是在旧天子去世新天子即位时，才朝见一次。这就叫"称远近而等贡献"。所以周天子同诸侯国的关系主要的就是朝、贡，贡的东西主要是帮助祭祀用的。齐桓公率领诸侯伐楚时，向楚国提出的罪状，也就是"尔贡苞茅不入，王祭不供"。就是说，楚国不向周天子进贡帮助祭祀。就当时的制度说，这是很大的不敬。周天子对于诸侯国所能进行的统治不过如此。他不可能向诸侯国征税。

这一点似乎没有什么可以争论的。比较可以成为争论的问题是，诸侯国的国君是否可以向他下面的贵族们征税。

就分封制度说，周天子把土地分给他的子弟或功臣们为诸侯。受封的诸侯叫作"国"，如齐国、鲁国之类。受封的诸侯又把他的土地的一部分分封给他的子弟和功臣们，这些受封的贵族叫作"家"，如鲁国的季氏三家、晋国的三家之类。这种"家"也是一种政治的组织，一种相对独立的政权。孟轲所说的"百乘之家""千乘之家"，就是指的这种"家"。每个家也有自己的臣，称为家臣。孔丘的学生们很多成为家臣，如冉求为季氏宰，就是做季氏的家臣。《国语》

有"公食贡"(《晋语四》)这种说法。照这个说法,这些贡可能不像是诸侯国向周天子进贡只具有象征的意义,可能贡些实物,供国君享用。这可能是后来的一种改革(详见第三章第九节),无论如何,照原来的分封制,一国的国君并不是专靠这些"贡"来维持他的存在。一国的国君,除了分封他的子弟和功臣以外,还有他自己留下的一大部分土地,这就叫"公室"。照《左传》的记载,鲁国三家"三分公室",后来又"四分公室",所分的就是鲁君所自己保留的那一部分土地。

据《左传》的记载,季氏等三家于公元前562年,以"作三军"为名,瓜分了公室(哀公十一年)。又于公元前537年,以"舍中军"为名重新瓜分。《左传》记载说:"初作中军,三分公室而各有其一。季氏尽征之,叔孙氏臣其子弟,孟氏取其半焉。及其舍之也,四分公室,季氏择二,二子各一。皆尽征之,而贡于公。"(昭公五年)这里所说的"征",可以解释为征税,也可以解释为征发、征调。专就这一个字讲,都可以说。三家是以建立军队为名,瓜分公室,"征"字解释为征发、征调,似乎合适一些。就全段文义看,解释为征税,很难讲通。在襄公十一年那条记载中,有"无征"这个话。"无征"可以理解为仍旧让那些人当奴隶,也可以理解为对那些人免除剥削。这同上下文都不合。若说"臣其子弟"是让那些年轻的劳动者当奴隶,那些父兄怎么样了?"取其半焉",如果解释为让一半劳动者当奴隶,一半劳动者当封建农民,道理上也很难讲通。我认为,这里所说的"征",是征发、征调的意思。事实大概是,在"作中军"时候,季氏把他所分到的原公室的劳动力都征调了,叔孙氏只征调其壮劳动力。孟孙氏征调一半。这就是还给鲁君留下一部分劳动力。

到了"舍中军"的时候，三家把分给他们的原公室的劳动力都征发了。鲁君怎样生活呢？于是三家就说："我们进贡，养活你。"这就是"皆尽征之而贡于公"这句话的意义。

照《论语》所记载的鲁哀公同有若谈话的那一条看，鲁国的国君还是有一部分劳动力供他剥削。其详无可考了。但是从上面所引的那一句话看起来，贡和税是有区别的。照字面看，"贡"是下面向上面送礼，多少可以自由。"税"是上面向下面的征收，有强制性。就分封制度说，下面贵族向上面送礼叫贡。即使上面真能强迫他送一定的数目，实际上是征收，可是名义上也还叫贡。这个字的意义是分封制下，大、小贵族之间的关系的反映。如果"初税亩"是鲁君向下级征税，照分封制的制度说，是不可能的。

按当时的政治情况说，鲁国的国君在春秋中叶以后，已经走了下坡路。他的政权逐渐转移到三家手里。鲁昭公就为季氏所迫，逃到晋国。宋国的大夫乐祈评论说："政在季氏三世矣，鲁君丧政四世矣。"（《左传·昭公二十五年》）这个话是在鲁昭公二十五年说的，往上推，鲁宣公已经开始"丧政"了。孔丘也说："禄之去公室五世矣，政逮于大夫四世矣。"（《论语·季氏》）这也说明在宣公的时代，鲁国的政权已经开始下移。在这时，宣公还要规定新制度向季氏这样的贵族征税，这也是不可能的。

也可能是鲁公向自己公室所占有的土地上开始征税，也就是向奴隶们征税。如果是这样，那一部分奴隶也就转变为农奴或佃农了。

总而言之，如果征税的对象是奴隶主贵族，那么"初税亩"的历史意义就小得多了。它不能直接说明当时生产关系的转变，不能作为当时奴隶制向封建制转变的证据。因为无论征税不征税，土地仍然在奴隶主手中,奴隶主还是奴隶主,奴隶还是奴隶。如果认为"初税亩"仅只解决土地国有和私有的问题,而同时又强调说它是奴隶制向封建制转化的证据,这是不合逻辑的。

《国语》记载说,管仲在齐国向桓公建议:"相地而衰征,则民不移。"(《齐语》)《管子》说"按亩而税"(《大匡》)。桓公实行了这一建议。"按亩而税"就是"履亩而税"。"相地而衰征"就是说,按照土地的好坏规定税的等级,土地好的要多征一点税,土地坏的少征一点,这样农业的直接生产者就不会都向土地好的地方迁移了。这说明"按亩而税"的对象是农业直接生产者。他们本来是奴隶,但既成为征税的对象,他们就不是奴隶,而成为农奴或佃农了。土地所有者也由奴隶主转化为封建主了,生产关系也就由奴隶制转向为封建制了。

最近出土的《孙武兵法》中有孙武与吴王的对话。这段对话有些字句的意义不甚清楚,可能是有残缺,或者释文不很正确,但其大概的意思是:吴王问孙武,晋国的六个将军分守晋国的地方,其中哪一个要先亡。孙武给他们排了一个次序。孙武指出,六将军都实行向农业生产者按亩收税,可是他们对亩的算法不同,有的亩大,有的亩小。在税的数目相同的条件下,亩大的所收的税实际上就比较轻,亩小的所收的税实际上比较重,收税最重的就先亡,次重的次之,最轻的就能守住他的土地,全晋国都将要归于他。吴王曰:"然,王者之道明焉,厚爱其民者也。"(《文物》1974年十二期)照吴王的话看起来,晋国收税的对象是"民"。

晋国开始设六卿,每卿统率一军,这就是所说的六将军,就是六卿,照孙武这段话看起来,晋国也是按亩收税,"民"成为被征税的对象。也是像各国一样,这样的民就不是奴隶,而是农奴或佃农了;土地所有者也就不是奴隶主,而是封建主了。

晋国、齐国、鲁国原来都是东方的大国。它们都是在不同的时间内实行按亩征税的新制度。它们也就在不同的时候在经济基础即生产关系方面由奴隶制进入封建制。

在春秋时代的各诸侯国中,齐国最先出现封建制。凭着这种先进的社会制度,它在中原成为当时最富强的诸侯国。齐桓公凭借这种物质基础,对于中央集权的政治和中华民族的统一,做了很大的贡献。在社会大转变时期,实行先进制度的国家,总是当时最富强的国家,这是历史发展的一个规律。

"初税亩"的历史意义认识清楚了,中国社会奴隶制向封建制的转化的具体证据有了,这就有了对于先秦哲学的理解和评价的比较坚实的基础。

历史的发展是一个缓慢的过程。中国社会由奴隶制向封建制转化,自春秋初期开始,经过四五百年,直到秦朝,才算完成。这个漫长的过渡时期,在哲学史上说,是中国古代"百家争鸣"最盛的时代。一个旧的社会制度崩坏了,一个新的社会制度还没有完全建立起来。新兴的统治阶级还没有取得绝对的权威。人们的思想不受任何框框的拘束。只有一个条件,那就是"持之有故,言之成理"(《荀子·非十二子》)。凡是有一点合这个条件的,都可以站出来发表意见。

汉朝的人收集这个"过渡时期"的"百家争鸣"的著作,得"凡诸子百八十九家,四千三百二十四篇",将其分为十个派别(十家),并评论说:"诸子十家,其可观者,九家而已。皆出于王道既微,诸侯力政，时君世主好恶殊方。是以九家之术蜂出并作，各引一端，崇其所尚，以此驰说，取合诸侯。"（《汉书·艺文志·诸子略》）所谓"王道既微"，就是说，奴隶制崩坏了。所谓"时君世主，好恶殊方"，就是说，封建的社会制度还没有完全建立起来。所谓"各引一端，崇其所好，以此驰说，取合诸侯"，就是说，当时的知识分子各发表自己的见解，为不同的阶级服务。

每一家思想的发展，也都有个过程。先秦的主要各家思想，都有前期和后期的分别。前期出于春秋时代及战国初期，后期出于战国中、后期。

本书第一册讲述春秋及其以前的哲学思想，主要的是先秦重要学派的前期思想。

第一章

商、周奴隶社会的兴盛与衰微——商代和西周时期（前16世纪至前8世纪）宗教天道观的变化和古代唯物主义思想的萌芽

第一节　商代奴隶和劳动人民的生产斗争　科学知识和技术工艺的进步

中国是世界上历史最悠久的国家之一，也是世界上文化发达最早的国家之一。从古代的传说中看，夏代与它以前的社会比较有一个显著的不同的特征，那就是出现了王位的世袭、传子制度。这种制度的产生决非偶然，它必然是财产私有和财产继承在上层建筑领域里的反映。王位世袭意味着贵族特权的加强，与原始的自发产生的民主制的结束。我们可以这样说：夏禹时期是我国由原始社会进入阶级社会的重要时期，国家产生的重要时期。王位世袭制的确立，则是由原始共产主义进入奴隶社会的一个重要标志，国家产生的一个重要标志。《礼记·礼运》篇把禹以前的社会说成是"大同"社会，没有私有制的"天下为公"的时代；而把禹以后的社会称为"小康"社会，有了私有制、有了国家的"天下为家"的时代。这种说法并不是没有一定的根据。

但是关于夏代的历史，我们仅能从古代的传说中得一些不尽可靠的材料。关于商代，随着中国考古学的进步，我们已有确实的材料，可以知道当时许多历史事实，以及当时的文化的发展所达到的程度。

商代（约前16世纪中到前12世纪）已经是奴隶社会。农业已发展到相当高的程度。农业生产工具得到了改进，除木石农具之外，还大量采用蚌器和骨器。在骨铲和石铲上还装有木柄。当时的主要谷物已经有禾（小米）、黍、麦、稻等。随着农业的需要，当时人对于天文、历法已经很有研究。他们已经用阴阳合历，有大小月，大月三十日，小月二十九日，以符合月亮的圆缺；有平年，有闰年，平年十二月，闰年十三月，以符合太阳的回归年。这就是说，他们已经有了基本上跟现在的农历相同的历法。这可见他们的科学知识已发展到相当高的程度。

就手工业生产技术方面说，商代的人已经用青铜制造器皿。青铜是铜和锡的合金。纯铜太软，混合上锡可以增加硬度。这是人力战胜自然的很大的创造。恩格斯说："动物所能做到的最多是搜集，而人则从事生产，他制造最广义的生活资料，这是自然界离开了人便不能生产出来的。"（《自然辩证法》，《马克思恩格斯选集》第三卷，人民出版社1972年版，五七二页）青铜正是这一类的东西。现在所发现的商代的青铜器，上面都有极精致的花纹。这可见商代人的科学技术与美术都已发展到相当高的程度。

毛泽东同志说："马克思主义者认为人类的生产活动是最基本的实践活动，是决定其他一切活动的东西。人的认识，主要地依赖于物质的生产活动，逐渐地了解自然的现象、自然的性质、自然的规律性、人和自然的关系。"（《实践论》，《毛泽东选集》，人民出版社1966年版，二五九页）商代人的农业生产经验和天文学知识以及工艺制造，已经使他们对某些自然的现象、性质及规律有了初步的、部分的了解。这从他们能有相当完备的历法及能用合金可以看出来。商代的生产活动和科学知识的进展，为古代唯物主义思想的产生创造了有利的条件。这都是当时的奴隶和劳动人民在生产斗争和生产劳动中所获得的成果。

第二节　商代的阶级对立及奴隶主阶级专政的精神工具——宗教

在夏、商奴隶社会中，由于生产力的水平还很低，人的生产活动的范围还是很小的，他们对于人和自然的关系的了解基本上还没有摆脱宗教思想的支配。恩格斯说："一切宗教都不过是支配着人们日常生活的外部力量在人们头脑中的幻想的反映，在这种反映中，人间的力量采取了超人间的力量的形式。"（《反杜林论》，《马克思恩格斯选集》第三卷，人民出版社1972年版，三五四页）同时中国社会大概在商代以前的夏代，就已有阶级的分化。在夏代的奴隶社会中，已经有了奴隶主的国家，有了统治一切的王。这时期的宗教已经不是自然宗教而是反映奴隶社会的宗教。随着地上王权的出现，也就产生了天上的至上神。在人们的幻想中，他们相信，在宇宙间也有一个至上神作为主宰。这个至上神，他们称为"帝"或"上帝"，在商周之际及以后又称为"天"。从遗留下来的甲骨卜辞看起来，这个"上帝"是被认为统治一切的。一切自然界中及社会中的事，都由这个至上神作主宰。它有一个以日月风雨等为臣工使者的帝廷，协助统治一切。他以自己的好恶，发号施令，他的号令称为"天命"。

这样的宗教迷信显然是统治的奴隶主阶级利益的反映。他们利用宗教来统治、麻醉人民。首先，他们垄断他们所幻想的跟"上帝"

交通的权利。古代有个传说："乃命重黎，绝地天通。"（《书经·吕刑》）照后来楚国的观射父的解释，"绝地天通"就是"绝地民与天神相通之道"（《国语·楚语下》韦昭注语），就是说，把他们所幻想的与天神的交通，限制在专门祀神的人手里。这种人称为"巫"或"祝"，而王也就是"巫""祝"的首领。这样，王就可以随便用"上帝"的名义统治、压迫、剥削劳动人民。

商朝的奴隶主贵族并且说：所谓上帝就是他们自己的祖先，"有娀方将，帝立子生商"（《诗经·商颂》）。因此他们经常受上帝的保佑。他们的一举一动，特别是关于国家和王的行动的重要事情，都要用"卜"的方法，向他们的上帝请求指示并祈求保佑。奴隶主贵族企图使奴隶们相信，奴隶主是天生的、特殊的阶级，有权奴役别人，有权受到上帝的保护。他们的所作所为，经过"卜"而得到上帝的指示，因此奴隶们必须服从。显然，商代的宗教思想是占统治地位的奴隶主阶级的精神武器，是巩固奴隶制的工具。

当然，宗教的力量也是有限的。哪里有压迫，哪里就有反抗，这是历史的必然。

第三节　商末阶级斗争及商周民族斗争的激化

商朝末年的纣王是一位有才能的统治者。他"资辩捷疾，闻见甚敏。材力过人，手格猛兽"。同时，他还喜欢音乐、舞蹈（《史记·殷本纪》），是一个能文能武的人物。他凭借着自己的才能和他手下众多的奴隶，"恃才与众"（《左传·宣公十五年》），曾多次出兵东南，征伐东方的部族，势力达到山东及淮河流域。他的胜利促进了中原与东南地区的经济、文化的交流，客观上对于中华民族的统一事业起了积极的作用。但是，作为一个奴隶主，他对于奴隶大众是残酷压迫的。加上多次用兵，使他的本国的奴隶受到很大的灾难，引起了奴隶们的更大的反抗，最后形成了商王朝的严重危机。"文王曰咨，咨女殷商，如蜩如螗，如沸如羹。"（《诗经·大雅·荡之什》）这里所描写的就是当时商代奴隶普遍反抗的情况。

商朝奴隶主贵族内部也因当时奴隶的激烈反抗而震惊。纣王的哥哥微子说："降监殷民，用义仇敛，召敌仇不怠。罪合于一，多瘠罔诏。"就是说："下视殷人所用以治国者，惟以聚敛为事，以此致怨仇，不肯懈怠。罪将集于一身，多致死亡者无所告。"（《书经·微子》孙星衍《尚书今古文注疏》译文）在这种残酷的剥削之下，老百姓的反抗力量更为强大。微子说"小民方兴，相为敌仇"，宗教的麻醉也失其效力了；"今殷民乃攘窃神祇之牺牲，用以容，将食无灾"。就是说："盗大祀神御物罪至重，且相容隐，则民将食之亦不惧神祸。"（《微子》孙星衍译文）

商代社会的基本矛盾到了激化的时候，另一矛盾也激化了，那就是商与周之间的民族矛盾。周族的统治者武王，趁着商朝社会的内部危机，以"恭行天之罚"的名义（《书经·牧誓》），集合其他诸侯和部落起兵伐商。商朝的奴隶和人民欢迎和支持武王对于商朝统治者的征伐，并且直接参加了斗争。后人叙述说："商王帝辛大恶于民，庶民弗忍，欣戴武王，以致戎于商牧。"（周穆王时祭公谋父语，《国语·周语上》）武王伐纣时向军队所作的宣言也说："纣有亿兆夷人，亦有离德，余有乱臣十人，同心同德。"（《左传·昭公二十四年》引《泰誓》），又《管子·法禁篇》引《泰誓》说："纣有臣亿人，亦有亿万之心，武王有臣三十而一心。"纣就在这种内外交攻的形势下，被周武王打败了。

就阶级斗争方面说，武王伐商在客观上有利于奴隶反抗商朝的奴隶主的斗争。这有解放的意义。就民族斗争方面说，当时商是一个比较强大的民族，对于比较弱小的民族进行压迫，纣王囚周文王于羑里，就是对周民族进行压迫。武王伐纣，参加的据说有八百诸侯，这就是说，周民族联合了当时其他被商民族压迫的部族共同反抗，乘当时殷民族内部阶级矛盾剧烈的机会，一举打败了商民族。这也有解放的意义。

周民族的统治阶级仍然是奴隶主贵族。它打败了商民族，取得了在当时各民族中的领导地位，建立了后世所称的周朝。当时的社会仍是奴隶社会，武王的胜利，缓和了奴隶制的危机，巩固了奴隶制。

第四节　周公旦巩固奴隶制的措施

周武王战胜了商朝以后，不久就死了。周朝的政权由他的弟弟周公旦执掌。周公旦姓姬，名旦，据说死于公元前 1095 年。周朝利用商朝的奴隶的反抗而得到胜利，在它建立以后，它又积极地巩固奴隶制。这些巩固奴隶制的措施，都是和周公旦分不开的。由此他成为中国奴隶社会的一个杰出的人物。

他制定了一整套的维护奴隶制的上层建筑。这就是后世所称的"周礼"。据《左传》的记载，晋国的韩起到鲁国聘问，"观书于太史氏。见《易象》与鲁《春秋》，曰：'周礼尽在鲁矣。吾乃今知周公之德与周之所以王也。'"（昭公二年）鲁国是周公旦之后，当时文化最高的诸侯国。韩起是当时一个有名的奴隶主贵族政治家。太史是鲁国的史官。韩起到他那里看书，看见《周易》的卦象和鲁国的国史《春秋》。《周易》是一部占筮之用的书，但是它的卦象也概括了当时人对于自然界的理解。《春秋》的"书法"体现了一些奴隶社会的制度。可以说，这两部书在当时是关于自然界和社会有代表性的著作。韩起特别注意这两部书，并且用这两部书代表全部的周礼。韩起赞叹说：他看见了这些东西，就更进一步地了解周公旦对于周朝统治的贡献及周朝统治制度所以巩固的原因。

对于周公旦的"制礼"应该怎样评价呢？这要作历史的分析，要看当时的社会是处在奴隶社会的发展的哪一阶段，是处在上升的阶段，还是处在衰微的阶段。这个问题，历史家还没有解决。可以断定的是，它还不是处在像春秋时期的那种没落的阶段。再就其内容作具体的分析。其一个内容就是分封建国。这在当时说，是有进步作用的。

上面说过，商朝的纣王征伐东方部族，他的胜利促进了中原和东南地区经济、文化的交流，客观上对于中华民族的统一事业起了积极的作用。周朝替代了商朝，把这种事业也继承下来。

关于古代东南地区的部族和中原的对立，以前的历史家也有所记载。《后汉书》说："夏后氏太康失德，夷人始畔。自少康已后世服王化。遂宾于王门，献其乐舞。桀为暴虐，诸夷内侵。殷汤革命，伐而定之。至于仲丁，蓝夷作寇。自是或服或畔，三百余年。武乙衰敝，东夷浸盛，遂分迁淮岱，渐居中土。及武王灭纣，肃慎来献石砮楛矢。管蔡畔周，乃招诱夷狄。周公征之，遂定东夷。"（《东夷列传》）照这里所记载的，在中原强盛的时候，东南的部族服从中原。在中原衰乱的时候，他们就和中原对立。所谓服从，也只是纳贡"献其楛矢"之类。商纣王战胜东夷，是不是改变了这种局面，如果有所改变，是怎样改变的，没有史料，不能断定。周公旦制定了一套促进统一的办法，就是分封建国。在击败商朝以后，周朝就把其子弟和功臣，分封在各地方，叫他们在各地方建国。这就是在各地方建立了许多军事、政治据点，也就是经济、文化据点。这些据点各自扩大，联系起来，就成为面。这就把中原的经济、文化推广到全面。

比如说，周民族原来是处于西方的，当时称为西土，东方称为东土。武王和周公旦两次东征，灭了商朝以及商朝的残余势力。它占领中原，继承了中原文化。它封了它的两个文武重臣，周公旦和太公望，在东方建立了鲁、齐两个大诸侯国。这样，周朝就把它在中原的军事、政治、经济、文化的势力推广到东土，一直到东海。这就把西土和东土统一起来。

柳宗元的《封建论》说："夫尧舜禹汤之事远矣。及有周而甚详。周有天下，裂土田而瓜分之，设五等，邦群后，布履星罗，四周于天下，轮运而辐集，合为朝觐会同，离为守臣捍城。"（《柳河东集》卷三）柳宗元在这里所说的是分封制早期的情况。他也认为分封制的早期是起了推动中华民族统一事业的作用。同以前比较起来，对于中华民族统一事业，分封制有很大的推进作用。

随着历史的发展，条件变了，分封制转化成为中华民族统一事业的阻碍。这就需要秦朝的郡县制来扫除这种阻碍。在春秋、战国大转变时期，一直到秦朝统一以后，还要主张维持、恢复分封制，这是反动的。在殷周之际，实行分封制，这是进步的。随着历史条件的变化，原来是革新、前进的事物转化成为复古、倒退的事物。这是辩证法，历史本来就是这样辩证地发展的。

从西周以来，在人们思想中逐渐形成了"中国"这个观念。《诗经》说："惠此中国，以绥四方。"（《大雅·生民之什·民劳》章）中国是对四方而言的。还逐渐形成了"华夏"这个观念。《左传》说"裔不谋夏，夷不乱华"（《左传·定公十年》），华夏是对于夷狄而言。中华民族是以中原文化为中心，团结各时期的四方各民族而形成的。这样中华民族的意识，到现在还是团结我国各民族的一种很大的力量。我们现在的社会主义祖国仍称为中华人民共和国。这个国号就表明这一点。

在西周初年是不是就可以施行秦朝式的统一？那是不可能的。这一点，柳宗元也已看得很清楚。他的《封建论》说："夫殷、周之不革者，是不得已也。盖以诸侯归殷者三千焉，资以黜夏，汤不得而废。归周者八百焉，资以胜殷，武王不得而易，徇之以为安，仍之以为俗，汤、武之所不得已也。"（《柳河东集》卷三）意思就是说，武王伐纣，联合了当时许多民族或部落共同努力，才推翻了商朝的统治。在成功以后，不能不承认这些民族或部落的存在。那就只好对于他们加封号，使他们在名义上成为周朝统治下的诸侯。这就是柳宗元所说的，"封建非圣人意也，势也"（《柳河东集》卷三）。同时又在这些本来存在的诸侯国中加沙子，分封周朝的子弟、功臣，在各地方建立据点，扩张周朝的军事、政治、经济、文化的势力。这是合乎当时的实际形势和历史趋势的。秦朝式的统一，是经过西周、东周几乎一千年的演变才能实现的。

第五节　周公旦对于奴隶主的天命论的补充

周礼的另一个内容是意识形态方面的。周武王伐纣，牧野一战，取得了军事上的胜利。不久，纣王的儿子武庚又起兵反攻。周公旦二次东征，才取得完全的军事上的胜利。但商遗民在思想上还是不服。周公旦对于这些商"顽民"做了大量的说服工作。他的这些言论，记载在《书经》的《多士》《多方》等篇中。他的言论的根据，仍然是天命论，但增加了一个论点，以说明为什么商朝所受的天命改降在周朝。他并用这些论点教训周朝的奴隶主贵族，教他们从商朝的失败中吸取教训，以商为戒，以保持周朝所受的"天命"。

现在《书经》二十九篇（据今文）中，记载周公旦言论的约有三分之一。其中大部分是宣扬天命论的论点。

他说：周朝是受了上帝的命令，替代商朝的；"天亦大命文王殪戎殷，诞受命越厥邦厥民"（《书经·康诰》）。周朝另一贵族召公承认商朝也是受"天命"为王的，可是"天命"已经改了；"皇天上帝，改厥元子"（《书经·召诰》）。为什么改呢？商朝的奴隶和劳动人民反抗力量的强大，使周朝的统治者不得不承认："民之所欲，天必从之"（《左传·襄公三十一年》引《泰誓》），"天视自我民视，天听自我民听"（《孟子·万章篇》引《泰誓》）。"纣有亿兆夷人，亦有离德"；这就证明"皇天上帝"要"改厥元子"了。周公旦告诉商朝的被俘虏或投降的贵族们说："非我小国，敢弋殷命，惟天不畀。"（《书经·多士》）意思是说："非我周敢驱取汝殷之王命"（郑玄注），是因为你们是"天所不与"的。何以见得殷是"天所不与"呢？周公接着说："惟帝不畀，惟我下民秉为，惟天明畏。"（《书经·多士》）意思是说："惟天不畀无形可见，当验之于我下民。下民所执所为，即是天降明威矣。"（孙星衍《尚书古今文注疏》译文）周公旦说：天是为民求主的，"惟天时求民主"，只有能"保享于民"的，才能"享天之命"。（《书经·多方》）

  周初的统治者们，又告诫周朝的贵族们，使他们认识到，要保持他们的地位，必须"有德"，专靠天命是不行的。他们说："天难谌。"（《书经·大诰》）又说："天不可信。"（《书经·君奭》）"天不可信"不是说，天的存在不可信，而是说，不可专信赖天的保佑。天保佑不保佑，要看统治者有德无德。"皇天无亲，惟德是辅。"（《左传·僖公五年》引周书）"天命"是时常变的，他随时可以"改厥元子"。这就是所谓"天命不于常"（《书经·康诰》）；"天命靡常"（《诗经·大雅·文王》）。有天命还要统治者自己的德去配合，所谓"聿修厥德，永言配命，自求多福"。（同上）"自求多福"并不是否认"福自天申"，而是说，统治者只有在自己的有德的条件下，才能与天命相配合。这就在一定程度上对殷商以来的天命观作了些修正，限制了些天命的作用，强调了人为的力量，就这点讲在当时说还是有一定的进步性的。

周公旦等从商朝统治者的灭亡中得到教训，认为维持统治并不是容易的事，弄得不好就会被推翻。所以他们说："惟王受命，无疆惟休，亦无疆惟恤，呜呼，曷其奈何弗敬！"（《书经·召诰》）意思是说，"今王受命，固有无穷之美，然亦有无穷之忧"（蔡沈注），所以必须要谨慎注意（"敬"）。注意于"德"，即同一篇中所谓"敬德"。他们所谓"德"当然是统治者的"德"。"德"的具体内容，就是敬天保民，就是说，统治阶级为了维护他们的统治，一方面要"敬天"，借"天"的权威来维护统治阶级内部的团结和约束他们不要干危害统治阶级利益的事。另一方面还要"保民"，所谓"保民"并不是真正地要保护老百姓，而是为了保护统治阶级的统治不被推翻而讲究统治和剥削老百姓的方法。这就需要"知稼穑之艰难"，"知小民之依"（《书经·无逸》）。"依"就是"隐"，也就是"痛"（孙星衍《尚书今古文注疏》）。就是说：要知道一点劳动人民的痛苦，对于"小民"要行一点小恩小惠。"人无于水监，当于民监。"（《书经·酒诰》）他们认为，只要老百姓不反抗，天命就可以长保。这就是所谓"以小民受天永命"（《书经·召诰》）。

就上面所讲的，我们也可以看出来，周朝的统治者与商朝的统治者，在思想上是有所不同的。以《诗经》中《商颂》跟《周颂》比，也可以看出这个差异。《商颂》是宋国（商之后）祭祀先祖用的，但总反映一些原来商朝统治者的传统思想。《商颂》只赞美商朝先王的武力如何强大，"如火烈烈，则莫我敢曷（遏）"，和怎样受"天命"，"殷受命咸宜，百禄是何（荷）"。可是没有提到一个"德"字。《周颂》就注重于赞美文王的"德"，说文王、武王虽受天命，但是成王不敢"康"，后来的王都"畏天之威"。

近来的考古学家也说，在卜辞和商代的彝铭中没有"德"字，在周代的彝铭中，则有"德"字。

再以《书经》的《商书》与《周书》比较。《周书》讲到"德"的地方很多，上面已经讲过。《商书》则除了伪古文外，也有讲到"德"的地方，但不是把"德"当成一个中心题目。

周初的统治者们关于"德"的说教，成为后来儒家主张"德治"的根据。周公旦所讲的"德"也完全是对奴隶阶级的欺骗，是统治阶级搞的欺骗老百姓的一手，因此必须予以批判。

在《书经·康诰》这一篇里，周公旦以成王的名义对武王的弟弟康叔讲了一套统治"民"的方法。他说，"敬哉！无畏棐忱，民情大可见。小人难保。往尽乃心。无康好逸豫，乃其乂民"。意思就是说要谨慎警惕，天命是不可靠的，老百姓的情况是可以知道的。老百姓的服从很难保持。你对你的国家要尽心办事。不要贪图享乐、安逸，要尽心使老百姓安定。又说："凡民自得罪，寇攘奸宄，杀越人于货，暋不畏死，罔弗憝……矧惟不孝不友。……惟吊兹，不于我政人得罪，天惟与我民彝大泯乱。曰：乃其速由文王作罚。刑兹无赦。"意思就是说，凡是破坏社会秩序，杀人抢劫之类，对于这些人固然应当惩罚，至于不孝不友的人，更应当惩罚。一个人到了不孝不友的地步，如果我们统治的人不加以罪罚，天给予我们的道德原则就要受破坏。对于这些人应该从速用文王所作的刑法惩罚他们。

这一篇开始就说："惟乃丕显考文王，克明德慎罚。"上面所引的第一段讲的是"明德"，第二段讲的就是慎罚。周公旦所讲的统治老百姓的方法，就是有这两手的。

在关于"天"的问题上，周公旦所说的天，当然仍然是有意志、有好恶、有赏罚的至上神,但是他的好恶赏罚,不是任意的,而是照着一个标准。这个标准就是老百姓的愿望和统治者的"德"。"民之所欲,天必从之"。"皇天无亲,惟德是辅",说的就是这两个方面。这种说法就极大地美化了天上的王权,实际上也就是美化了地上的王权。所谓天上的上帝本来就是人间的王在人的宗教思想中的反映。照这个说法,地上的王的统治是合理的,因为他是受到天命为王,统治老百姓的。而天命是顺着老百姓的愿望的,所以他的统治是符合老百姓的愿望的。天帮助有德的人,他受了天命,所以他就是有德的人。周初的统治者企图用这种阶级调和论论证周朝这个统治的合理。但是这完全是欺骗。因为根本就没有上帝,根本说不上"民之所欲,天必从之",更根本说不上"皇天无亲,惟德是辅"。

这些"敬天保民"的一套,全是周朝统治者对劳动人民强化思想欺骗的说教。商末的奴隶造反震动了整个奴隶主阶级。这次大反抗给予天上的及地上的统治者以重大的打击,使统治者不得不给他们所宣扬的天的权威,披上"从民之欲"的外衣,使地上统治者不得不在表面上装出"怀保小民"的姿态,以便强化殷商以来的天命思想的麻醉作用。

第六节　古代素朴唯物主义和自发的辩证法思想的萌芽

由于生产的发展和科学知识的进步,在西周出现了后来唯物主义哲学中的两个重要范畴,"五行"和"阴阳"。在《书经》中的

《甘誓》中,出现有"五行"这个名词。这一篇所记载的话的年代,据说是公元前2196年。时代太早,我们没有别的材料来证实它的可靠性,而且这篇所谓"五行"指的是什么,也没有说明。《书经》中另一篇《洪范》讲到"五行",说明是"水、火、木、金、土",并且说到五行的性质:"水曰润下,火曰炎上,木曰曲直,金曰从革,土爰稼穑。"这一篇所记载的,据说是周武王十三年(前1122)灭商后,被俘的商朝贵族箕子与武王的谈话。

照传统的说法,《洪范》应该是西周初期的一篇重要的哲学著作。但近人很多怀疑这个说法。我们也认为《洪范》这一篇是战国时"五行家"的作品。但有一点可以指出,即《洪范》中所说的"五行"并不是构成宇宙的五种成分或势力,而只是对于人的生活有用的和不可缺少的五种物质形态。把自然界对于生活有用的物质分类排列,归纳为主要的五种,并且说明了它们的性质;这个思想包含有对于自然的认识,也包含有相当发展的逻辑思想。这是值得重视的。作为一个整篇的著作看,《洪范》可能是比较晚出的,而且也还是一种带有宗教气味的说教。但是其中的"五行"的观念可能是西周已有的素朴唯物主义的哲学观点的萌芽。

"五行"的思想,开始发生于西周初期,还有一个证据。《尚书大传》说:"武王伐纣,至于商郊,停止宿夜。士卒皆欢乐达旦,前歌后舞,格于上下,咸曰:'孜孜无怠。'水火者,百姓之所饮食也;金木者,百姓之所兴生也;土者,万物之所资生,是为人用。"这都是说,"五行"是对于人的生活有用的五种东西,并说出它们的具体的用处。这比《洪范》所说,又前进了一步。从这些说法中可以看出,作为古代较早的唯物主义思想——"五行"观念的产生,是和当时的生产实践分不开的。

"阴阳"的观念，较早的包含在《周易》之中。现在我们一般所称为《周易》或《易经》，包括经及传两大部分。《经》包括六十四卦及卦辞、爻辞。八卦相传为伏羲所画。六十四卦，或说是伏羲所自重，或说是文王所重。卦辞、爻辞，或说卦辞文王作，爻辞周公作。《传》包括"象、象、系辞、文言，序卦之属十篇"，就是所谓"十翼"，相传这是孔丘作的。其实这些说法都是没有什么根据的。我们认为《易传》是战国时代的作品，以后我们还要讨论。《周易》本经是孔丘以前的书，其中有些基本观念是西周初期就有的。

《左传·庄公二十二年》记载："周史有以《周易》见陈侯者。陈侯使筮之，遇观之否，曰：'是谓观国之光，利用宾于王。'"这个记载说明，《周易》是周史所掌握的占吉凶的书。一种占吉凶的方法，发生成长，以至于使人相信它能预告人以吉凶，这需要很长的时间。所以《周易》的出现，不能晚于公元前672年，而应该很早于这个时期。《系辞传》说："易之兴也，其当殷之末世，周之盛德邪？当文王与纣之事邪？"这话可能是有根据的。上面说过，晋国的韩起由见"易象"而认识"周公之德与周之所以王"，（《左传·昭公二年》）由此可见"易象"与周的关系。

关于八卦的起源，有种种的说法，大部分都近于揣测。我认为八卦是从龟卜演化来的。

商朝人，特别是奴隶主贵族们，遇见什么事情，都要用龟卜问问吉凶。他们拿一个龟壳作为卜的工具。在卜的时候，先把要问的问题提出来，然后在龟壳上用刀钻一下，把钻的地方在火上烤。以后就有许多裂纹围绕在钻的地方出现。这些裂纹叫做"兆"。掌卜的官根据这些裂纹说出几句话，断定所问的事是吉是凶。这几句话叫"繇辞"。八卦就是摹仿"兆"的。八卦和六十四卦就是标准化的"兆"；卦辞和爻辞就是标准化的"繇辞"。《周易》就是这些标准化的东西所构成的一部书。有了这部书就可以不用龟壳来卜了，只用五十根草作出各种排列，得出一定的数目，从一定的数目中得出某一卦、某一爻。然后从卦辞、爻辞中得知所问的事的吉凶。这种办法叫做"筮"。这种办法比较简单，所以称为"易"；易是简易的意思。因为是周人作的，所以称为"周易"。

从来源上说，《周易》完全是一部占卦的书。人在占卦的时候，对于卦辞和爻辞总还有一些解释。这些解释有一大部分也是从当时的生活经验和生产知识得来的，所以其中也有一定的合理的成分。

照《左传·庄公二十二年》所记载，那位周史已经说："乾为天，坤为土，巽为风。"《国语》记载晋文公筮回国的吉凶（前636），已经说："震为长男，坤为母。"（《晋语》）这些观念是解释卦辞、爻辞时所积累下来的。因此，我们可以说，在很早的时候，已有基本上如《说卦》所说的那些基本观念。《说卦》是《易传》的一部分，是晚出的。但根据上面所引的《左传》《国语》，它所有的一些基本概念是早已有的。

《说卦》说："乾，天也，故称乎父。坤，地也，故称乎母。震一索而得男，故谓之长男。巽一索而得女，故谓之长女。坎再索而得男，故谓之中男。离再索而得女，故谓之中女。艮三索而得男，故谓之少男。兑三索而得女，故谓之少女。"这一段的解释是这样的：

乾卦☰是天的象征；坤卦☷是地的象征。"乾一之坤"，就是乾卦的第一爻到坤卦里面，占住坤卦第一爻的位置，成为震卦☳；

这就叫"震一索而得男";震是雷的象征。"坤一之乾",就是坤卦的第一爻到乾卦里面,占住乾卦第一爻的位置,成为巽卦☴;这就叫"巽一索而得女";巽是风的象征。"乾二之坤"就是乾卦的第二爻到坤卦里面,占了坤卦第二爻的位置,成为坎卦☵;坎是水和月亮的象征。"坤二之乾",就是坤卦的第二爻到乾卦里面,占了乾卦的第二爻的位置,成为离卦☲;离是火和太阳的象征。"乾三之坤",就是乾卦的第三爻到坤卦里面,占了坤卦第三爻的位置,成为艮卦☶,艮是山的象征。"坤三之乾",就是坤卦的第三爻到乾卦里面,占了乾卦第三爻的位置,成为兑卦☱;兑是泽的象征。

这就是说,天地如父母,生出来六个子女,分别代表殷周之际的人所认为是自然界中六种重要的自然现象。照这样的理解,包括天地在内的自然界成为一个血肉相连的大家庭。这种神话式的对于自然界的理解,是唯物主义自然观的胚胎。

这个神话式的理解中,也有辩证法的因素。象征天的乾卦和象征地的坤卦是互相交往的。其中的爻是可以互相交换位置,互相转化的。就是从天地这两个对立物的交合中生出万物。万物之间,都是密切地互相联系的。

《周易》的辩证法思想也可以从六十四卦排列的次序上看出来。在《周易》里面,相反的卦,总是排列在一起,例如乾卦和坤卦,泰卦和否卦,剥卦和复卦。这些卦都是相反,可都是排列在一起。《易传》中的《序卦》专就这一点上有所发挥。《序卦》所说的有些地方是很勉强的。但是像上面所举的几个例子,倒是很清楚的。这些例子说明《周易》里可能有"物极必反"的辩证法思想。

从卦爻的排列上看,也可以看出来《周易》可能有这种思想。

例如乾卦是一个大吉的卦，从初九到九五都不错。最吉的一爻是九五，到了上九就不好了。因为它发展过度，成为"亢龙有悔"了。

从某些卦辞上可以看出《周易》确有"物极必反"的辩证法思想。泰卦九三的爻辞说："无平不陂，无往不复，艰贞无咎。"这就是说，平的总要转化为不平的；已经走的，总还要转回来。所以遇见困难的事情，只要能够坚持下去，就可以得到胜利。

《周易》的这种思想，到战国时期，在《易传》中得到充分的发挥。

《周易》的卦辞、爻辞中，并没有出现阴阳这些名词。但是照后来的了解，乾坤两卦，就是阴（地）阳（天）的象征。至少到西周末年，阴阳已被视为两个宇宙的原始的物质或力量。周幽王三年（前779），有地震，三道河流都壅塞了。当时的一个贵族伯阳父说："周将亡矣。夫天地之气不失其序。若过其序，民之乱也。阳伏而不能出，阴迫而不能蒸，于是有地震。"（《国语·周语上》）就是说："天地之气"有一定的秩序。若是失了秩序，就是由于人给弄乱了。阳气和阴气都不在它们应有的地位，不能有它们应有的运动，这就有地震。伯阳父认为阴阳是"天地之气"。这样，阴阳概念就初步形成为古代的唯物主义思想的两个主要概念。《诗经》中有诗说："百川沸腾，山冢崒，高岸为谷，深谷为陵，哀今之人，胡憯（曾）莫惩（戒）。"（《小雅·十月之交》）这首诗，照旧说也说是"刺幽王"。这所说的也许就是上面所说的那个地震。我们于这一点也不必深考。所要注意的，就是这首诗以地震为"不祥之兆"，这是当时一般人的迷信。伯阳父因地震而推断周将灭亡，又认为阴阳失序是由"民之乱也"，这也是他的思想中的迷信成分。但是他以"天地之气"阴阳的"失序"解释地震，企图向自然界的物质现象中寻找自然界变化的原因,这是他的这一段话的"合理的内核",是唯物主义的思想。

关于"五行",在这个时候也有更明确的说明。据《国语》所记载的史伯与郑桓公的谈话说:"夫和实生物,同则不继。以他平他谓之和,故能丰长而物归之。若以同裨同,尽乃弃矣。故先王以土与金、木、水、火杂,以成百物。"(《国语·郑语》)这里也还没有把"五行"作为自然界所以构成的五种原质或在自然界运行的五种力量或势力,但是已明确地把"五行"作为人所造成的东西的五种材料了。郑桓公做过幽王的卿士。史伯的这一段话,与伯阳父的一段话,大约是同时的。这都可以证明,"阴阳""五行"这些后来成为唯物主义自然观的基本概念,在这个时候确实已经有了。

史伯的这一段话,似乎也对于辩证法的原则有一些认识。"以他平他谓之和"。在两个对立面中,这一个对立面是那一个对立面的"他";那一个对立面也是这一个对立面的"他"。事物有了它的"他",才能发展。但是史伯没有看出"他"与它的"他"是在矛盾斗争中发展的。照史伯看来,两个对立面之间没有矛盾,只有统一。他们所了解的统一,实际上就是调和,也就是他们所谓"和"。

上面所说的"五行"思想和"八卦""阴阳"思想中所包含的唯物主义因素,实质上是与当时占统治地位的宗教迷信相对立的。但是在开始的时候,它们还是与宗教迷信交织一起的。《周易》本身也是一部迷信的书,但它所根据的原则与龟卜不同。龟卜的原则是靠上帝或鬼神的预告。《周易》筮占的原则是靠"数"的演算。它认为"数"是神秘的,可以从其演算中预测人事的吉凶。当然,这还是一种宿命论。神秘的数同上帝归根到底还是一类的东西,但在人的认识从宗教迷信到唯物主义思想的过程中,对于数的这种看法,也有一定的积极的意义。

本来在很古的时代,人的知识还是很原始的。宗教与科学知识,技术与巫术,常是交织一起。虽然如此,科学知识与技术,随着生产知识的进步,逐渐从宗教与巫术的内部发展起来,脱离出来,逐渐战胜宗教与巫术。这是人类认识发展的规律。

第七节　西周奴隶制的衰落及宗教神权的动摇

周朝建立以后,社会有了暂时的稳定,生产有了进步,形成了封建社会历史家所谓"成康之治"(前1115—前1053)。随着生产的发展,社会上出现不贵而富的人。周穆王(前1001—前947)制定的刑罚,有"金作赎刑"的办法(《书经·吕刑》)。古代"刑不上大夫",刑罚只及于"庶人"。"庶人"能出"金"来赎罪,必是不贵而富的人。"金作赎刑"就是贵族奴隶主向这些不贵而富的人勒索财物的一种办法。这种人可能主要是新兴的自由工商业者或其他新兴的财富占有者。

贵族奴隶主与自由民及工商业者的矛盾,以后更加尖锐。到了西周末年出现了新的社会危机。周厉王(前878—前842)搞"专利",要独占矿产、木材、禽兽、鱼鳖、食盐等天然资源。这使统治者与工商业者、自由民本有的矛盾激化起来。当时的一个芮良夫警告厉王说"专利""所怨甚多",就是说,要激化各方面的矛盾。又说:"匹夫专利,犹谓之盗,王而行之,其归鲜矣。"(以上见《国语·周语上》)同时"国人谤王"。厉王派人"监谤者,以告,则杀之"。当时一个召公警告他说:"防民之口,甚于防川;川壅而溃,伤人必多;民亦如之。"(同上)

先秦所谓国人,就是住在城市中的人,包括贵族和为他们服务的半自由的工商业者,以及少数自由的工商业者。

照召公所说的,厉王所禁止说话的国人,是"民",大概主要的不是贵族而是半自由的和自由的工商业者。"国人"与厉王斗争的结果是"国人"胜利。厉王被驱逐。

《诗经》中相当大的部分,收集了西周时期的民间歌谣。从这些歌谣中可以看出,被剥削阶级对于剥削阶级的掠夺与剥削提出抗议。有一篇说:"不稼不穑,胡取禾三百廛兮?不狩不猎,胡瞻尔庭,有悬貆兮?"(《魏风·伐檀》)就是质问:奴隶主阶级不种田,凭什么拿走粮食;不打猎,凭什么拿走珍贵的兽皮。在被剥削阶级不能忍受剥削的时候,就以迁徙逃亡为消极的抵抗。有一篇说:"硕鼠硕鼠,无食我黍。三岁贯汝,莫我肯顾。逝将去汝,适彼乐土。"(《魏风·硕鼠》)意思是把奴隶主阶级比为大老鼠,过着寄生的生活。被剥削者不能再忍受了,要逃亡找一个"乐土"。所有这些都表明了西周以来的奴隶制开始动摇和没落。

奴隶制的危机加深了,人间的统治者的威权削弱了。这种社会情况反映在思想上,就是西周以来维护奴隶主贵族利益的宗教信仰的动摇和神权的削弱。

在西周初年,统治者本来是以"天"保佑有"德"的人这个宗教思想来欺骗、麻醉老百姓的。在西周末年,在社会上阶级矛盾日益尖锐加上自然灾害不断发生的情况下,这个思想受到怀疑了。《诗经》有一篇说:"民今方殆,视天梦梦。"(《小雅·正月》)又有一篇说:"浩浩昊天,不骏(大)其德(惠),降丧饥馑,斩伐四国。"(《雨无正》)又有一篇说:"何辜于天,我罪伊何。"(《小宛》)这些诗歌的作者,对于上帝的存在还没有怀疑,但已怀疑宗教所宣传的这个至高无上的上帝的正义性,开始向他提出质问。《诗经》中有的篇甚至认为现实社会的矛盾斗争和人民的痛苦,并不是上帝给与的,而是人自己造成的,"下民之孽,匪降自天。噂沓背憎,职竞由人"(《诗经·小雅·十月之交》)。所有这些都标志着古代无神论思想的萌芽。

第二章

春秋战国时期的社会大转变
——由奴隶制向封建制的过渡

东周的开始也就是春秋时代的开始。春秋（前770年至前476年）及以后的战国（前476年至前221年），是我国社会从奴隶制向封建制转变的过渡时期。在这个时期中，整个社会处于大变革之中，阶级斗争十分剧烈。生产力的发展推动历史前进，已经腐朽的奴隶社会开始走向全面崩溃。新兴地主阶级产生并且发展起来，他们要夺取奴隶主贵族的统治而代之。历史的进程必然是由新兴的封建制取代腐朽的奴隶制。与这种社会的、政治的、经济的大变革相适应，在这个时期思想战线上也发生了大变革，从而使古代文化的发展达到了空前的繁荣。这个时期的哲学和社会政治思想，展开了"百家争鸣"的局面，成为中国哲学史中内容十分丰富的一页，对后来中国哲学的发展产生了广泛而深刻的影响。

第一节　大转变时期社会生产力的提高

马克思说："社会的物质生产力发展到一定阶段，便同它们一直在其中活动的现存生产关系或财产关系（这只是生产关系的法律用语）发生矛盾。于是这些关系便由生产力的发展形式变成生产力的桎梏。那时社会革命的时代就到来了。"（《〈政治经济学批判〉序言》，《马克思恩格斯选集》第二卷，人民出版社1972年版，八二至八三页）春秋战国就是这样的一个革命时期。这个时期的大转变，归根到底，是生产方式的转变。当时社会各方面的转变，都是生产方式转变在社会各方面的反映，是生产方式转变的必然结果。

马克思又说："各种经济时代的区别，不在于生产什么，而在于怎样生产，用什么劳动资料生产。"（《资本论》，《马克思恩格斯全集》第二十三卷，人民出版社1972年版，二〇四页）

从春秋到战国，社会生产力有很大的发展。由于铁的应用，生产工具有很大进步。铁的应用大概是从春秋开始，到战国初年就相当的普遍了。《国语·齐语》说："美金以铸剑戟，试诸狗马；恶金以铸锄夷斤欘，试诸壤土。"所谓"美金"即指青铜，所谓"恶金"即指铁。从历史文献的记载中，我们可以看到，当时一般农民都用铁制的农具种地［"以铁耕"（《孟子·滕文公上》）］了。人类制造工具，首先是用石头，后来用天然的金属。在用金属的时候，首先是用铜，后来用青铜，最后才用铁。恩格斯说："铁使更大面积的农田耕作，开垦广阔的森林地区，成为可能；它给手工业工人提供了一种其坚固和锐利非石头或当时所知道的其他金属所能抵挡的工具。"（《家庭、私有制和国家的起源》，《马克思恩格斯选集》第四卷，人民出版社1972年版，一五九页）人类的经济史，随着生产工具的发展，分为石器时代、铜石器时代、青铜器时代、铁器时代。在春秋战国之间，中国社会进入了一个新的时代，铁器时代。铁器的普遍使用，提高了农业生产，提高了社会生产力。中国使用铁器比欧洲晚。使用铁器在欧洲是奴隶制的标志，而在中国则成为向封建制过渡的标志。

在春秋末年，已开始用牛曳犁耕田。有了铁制的农具，又用牛力，就可以深耕。在战国的时候，人们都已经知道深耕是增产的一个重要条件。他们也深知水利灌溉对于农业生产的重要。很多的国家都修渠道引水灌溉。例如秦国修的很完善的灌溉系统"郑国渠",对于促使农业增产,对于秦国富强起了很大作用。

农业生产技术,从春秋到战国,有很大的发展。对于土壤的识别,战国时人,已积累了丰富的知识。《周礼·草人》分土壤为九类,并用九种动物骨煮汁拌庄稼种子,种在一定的土壤上,称为"粪种"。《管子·地员》篇把土壤分为上中下三级,每级之中,又分三十小级。某级土壤宜于某种农作物的种植,某级土壤的收获在某种程度上不及上一级土壤的收获,《地员》篇均有说明。

随着农业方面的生产技术的提高,专讲农业技术的专门的学问,也出现了。《吕氏春秋》有《任地》《辩土》《审时》三篇,所讲的都是农业生产技术。《任地》篇指出,农业生产技术的功用是,能使"藁数节而茎坚","穗大而坚均","粟圆而薄糠","米多沃而食之强"。《辩土》篇指出,种庄稼必须使苗"下得阴(墒),上得阳(阳光)",又要"正其行,通其风"。《审时》篇指出,种庄稼必须合乎时令;只有"得时之禾",才能"粟圆而薄糠,其米多沃,而食之强"。"先时""后时"都必然要使庄稼受到损失。它说:"量粟相若而舂之,得时者多米,量米相若而食之,得时者忍饥。是故得时之稼,其臭香,其味甘,其气章(高诱注:气,力也;章,盛也)。百日食之,耳目聪明,心意叡智,四卫(高注:四肢也)变强;氛气不入,身无苛殃。"这就是说,"得时"的庄稼,不但打粮食多,而且所打的粮食的营养价值也高。

与农业生产有关的科学,在当时也都达到相当高的程度。从《吕氏春秋》的十二纪中可以看出,人们对农业生产具有了丰富的经验和知识。当时唯物主义哲学家荀况说:"所志于天者,已见其象之可以期者矣。所志于地者,已见其宜之可以息者矣。"(《荀子·天论篇》)这就是说,在天文方面,对于天体运行的规律有相当高的认识,能够对于日月的运行有所预期,由此订出相当精确的历法;对于土壤的性质也有所了解,知道什么样的土壤,适宜于生长什么样的农作物。现有的历史资料证明,荀况对于当时科学的估价基本上是正确的。

农业生产的发展促进了这个时期经济的高度繁荣。荀况描写当时的经济情况说:"北海则有走马、吠犬焉,然而中国得而畜使之。南海则有羽、翮、齿、革、曾青、丹干焉,然而中国得而财之。东海则有紫紶、鱼、盐焉,然而中国得而衣食之。西海则有皮革、文旄焉,然而中国得而用之。故泽人足乎木,山人足乎鱼;农夫不斫削、不陶冶而足械用,工贾不耕田而足菽粟。"(《荀子·王制篇》)荀况这段话说明建立在西周以来奴隶主贵族土地占有制基础上的分散割据的经济体系被打破了。这段话也说明,当时的手工业尤其是商业也发展到相当的高度;农业、手工业和商业之间的分工,也达到相当完善的程度。

当然,荀况所说的是战国末期的情况。可是,这些生产技术和知识是长时期经验的总结。当时的经济繁荣也是从比较早的时期就开始积累下来的。二者都是长时期发展的结果。

随着生产力的提高,旧的生产关系日益成为束缚新的生产力的桎梏,奴隶主阶级残酷的压迫和剥削,促使奴隶大量逃亡和起义。在奴隶大众的猛烈打击下,最后终于冲破了奴隶制的生产关系,推动了社会向封建制过渡。

第二节　大转变时期新的生产关系的出现

大转变时期，各诸侯国政治经济的发展是不平衡的。它们向封建制的转化也有迟早的不同。据现存的史料看，齐国比较早地出现了新的生产关系。管仲向齐桓公建议"相地而衰征"（《国语·齐语》）。这种措施又称为"案亩而税"（《管子·大匡》）。鲁国于宣公十五年（前594）"初税亩"（《春秋·宣公十五年》）。这都是新的生产关系出现的标志。

《春秋》用了一"初"字，明确地说明这是以前所没有过的事情。这个事情就是"税"。

在奴隶社会中，奴隶主阶级不仅占有生产资料，而且占有劳动者（奴隶）本身。奴隶完全没有人身自由，劳动的果实全部为奴隶主阶级独占。奴隶主只要像养活牲口一样养活奴隶就行了。因此奴隶主向奴隶无所谓征税不征税，奴隶向奴隶主也不存在交税不交税的问题。只有在封建社会中，农民已经摆脱了奴隶地位，向地主租种土地的情况下，才会出现有征税交租的事。所以"初税亩"这个"税"字，是奴隶制生产关系向封建制生产关系的转变的标志。

"税亩"这个税字，从表面上看，似乎只是当时统治者的一种财政上的措施，其实是一种剥削形式。"初税亩"表示一种新的剥削形式的出现。这种新的剥削形式的出现，可以说明新的生产关系的三个方面：所有制、人与人的关系、分配制度。新的生产关系的出现是春秋战国时期各方面转变的经济基础。

大转变时期诸侯国都在先后不同的时期，陆续实行"履亩而税"的剥削方式。实行这种剥削方式就标志着这些诸侯国开始在经济基础即生产关系这方面，由奴隶制进入封建制。

关于"初税亩"的问题，本书本册《绪论》已有讨论。本节不多重复。

第三节　大转变时期——奴隶反对奴隶主的斗争和奴隶身份的解放

春秋战国时期经济的发展，冲破了旧的生产关系，在整个社会大转变中，社会阶级矛盾日趋尖锐。这在政治上表现为奴隶反对奴隶主的斗争，新兴地主阶级反对没落奴隶主阶级的斗争。它们构成了当时社会的主要阶级矛盾和阶级斗争。这些斗争是推动社会由奴隶制向封建制过渡的主要动力。

奴隶的斗争，仅就当时鲁国的官方历史《春秋》所记载，我们就可以举出不少的事例。

公元前656年（鲁僖公四年）《春秋》记载："蔡溃。"《公羊传》说："溃者何？下叛上也。"公元前624年（鲁文公六年），《春秋》记载："沈溃。"《左传》说："凡民逃其上曰溃。"前641年（鲁僖公十九年），《春秋》记载："梁亡。"《左传》说"梁伯好土功"，"民罢而弗堪"，"民惧而溃"。《公羊传》说，梁是"鱼烂而亡"。这些例子都说明奴隶和劳动人民对于奴隶主贵族的统治用"溃散"的办法，进行抵抗。大批奴隶的溃散，正是奴隶制瓦解的表现。

公元前550年，陈国的贵族庆氏强迫奴隶替他修城。因为他杀了人，"役人相命，各杀其长"，把庆寅、庆虎也都杀了（《左传·襄公二十三年》）。公元前484年陈国的贵族辕固加重对于奴隶的剥削，为陈国国君的女儿作嫁妆，自己也中饱了一部分。人民把他赶出国外，"国人逐之"（《左传·襄公十一年》）。这些例子说明在公元前7世纪与公元前5世纪的时代，奴隶对于统治的贵族，已实行暴动，反抗他们的统治，拒绝他们的剥削。

奴隶力量强大，在贵族之间的矛盾中，也表现出来。

公元前563年，郑国的贵族因争土地而互相火并，一派贵族聚"群不逞之人"进攻当时执政的贵族。执政的贵族有一家集兵抵抗，但是"臣妾多逃，器用多丧"。其另一家则得到"国人"之助，因而打败进攻的贵族（《左传·襄公十年》）。这个例子说明，奴隶和老百姓的力量，在贵族之间的斗争中，有举足轻重之势。

此所谓"不逞之人"，大概是指逃亡的奴隶和摆脱奴隶身份的流氓无产者。所谓"国人"，是指城市中的人，其中一部分是摆脱奴隶身份的工商业者。公元前502年，卫大夫王孙贾说："卫国有难，工商未尝不为患。"（《左传·定公八年》）可见这种情况是相当普遍的。

奴隶对于奴隶主阶级的剥削与压迫，也可以用"逃亡"的方式，表示抵抗。"臣妾多逃"说的就是这种情况。从旧奴隶主贵族统治下逃亡出来的奴隶，多半投靠于新兴的统治势力，或依附于新的土地占有者。新兴的统治势力或土地占有者也采取减轻剥削的措施或新的剥削方式，尽力争取劳动人民拥护自己的统治。

《左传》记载晋赵鞅的誓师辞说："克敌者，上大夫受县，下大夫受郡，士田十万，庶人工商遂，人臣隶圉免。"（哀公二年）这说明在战争中立了军功的奴隶，可以摆脱奴隶的身份，成为自由人或半自由人。到了战国时代，秦国采取了商鞅的措施，其中规定说："有军功者，各以率受上爵。为私斗者，各以轻重被刑大小。僇力本业，耕织致粟帛多者，复其身。事末利及怠而贫者举以为收孥。"（《史记·商鞅列传》）这也说明，立了军功和努力于农业生产的奴隶，可以改变自己的身份，成为自由人。这样，劳动者的身份也就逐渐起了变化，一部分奴隶变成了半自由的或自由农民——农奴和佃农。奴隶身份的解放和社会主要生产者——农业劳动者地位的变化，意味着奴隶制的崩溃和向封建制的过渡。

奴隶反抗奴隶主阶级更高级的形式是组织大规模的暴动。《左传·昭公二十年》记载"郑国多盗，取（读为聚字）人于萑苻之泽"，郑国的统治者动员了很多的兵才镇压下去。先秦的书中，常说到两个有名的奴隶起义的领袖，一个是跖，当时的剥削阶级诬蔑他为"盗跖"。一个是庄蹻，《庄子》书中说："盗跖从卒九千人，横行天下，侵暴诸侯"；"所过之邑，大国守城，小国入保"（《盗跖》）。《吕氏春秋》说：盗跖临死，叫人于葬他的时候，在他手里放一个"金椎"。他说："下见六王五伯，将敲其头。"（《当务》）"六王五伯"是当时统治阶级所尊崇的"圣人"。跖的话，表示他的反抗的意志。《荀子》书中说："盗跖吟口，名声若日月，与舜禹俱传而不息。"（《不苟篇》）（详见第十章）又说："庄蹻起，楚分而为三四。"（《议兵篇》)《韩非子》书中说:"庄蹻为盗于(楚)境内而吏不能禁。"(《喻老》)《吕氏春秋》说,庄蹻打过楚国的京城("暴郢")。这都可见当时奴隶暴动的规模是很大的。奴隶的暴动,强有力地打击了奴隶制统治,为封建制的形成开辟了道路。

第四节 大转变时期新兴地主阶级与没落奴隶主贵族夺权与反夺权的斗争

在第一章中已经说过,在西周末期,已经出现了不贵而富的人。这种人的势力越来越大,逐渐成为新兴的土地占有者。到了战国时代,新兴的土地占有者的势力就更大了。秦国政权公开宣布废除奴隶主贵族的土地占有制,土地可以自由买卖,土地私有制进一步得到了国家法律的保障。《汉书·食货志》记载说:"秦……用商鞅之法,改帝王之制,除井田,民得卖买。富者田连阡陌,贫者无立锥之地。……邑有人君之尊,里有公侯之富……或耕豪民之田,见税什五。故贫民常衣牛马之衣,而食犬彘之食。"这说明新兴的地主把土地分租给贫农而施行超经济的剥削。《吕氏春秋》说:"今以众地者,公作则迟,有可匿其力也;分地则速,无所匿迟也。"(《审分》)这说明战国时代土地占有者已经懂得,用奴隶制的集体耕种,奴隶们容易怠工,因而采取了分佃的剥削方式。

新兴地主阶级是在生产力的发展和封建生产关系的逐步形成的

过程中发展起来的。它的来源或前身有两个：一部分是从奴隶主阶级转化过来的。他们逐渐改变了他们对奴隶们的剥削形式，采取了新的剥削形式，因而产生了新的生产关系，由此转变成为地主。另一部分是从新兴商人或手工业农业小生产者上升起来的。他们是比较急进的新兴地主阶级。

随着商品经济的发展，这个时期也出现了新兴的工商业者。他们对当时封建经济的发展和地主阶级的形成，也起了促进的作用。在奴隶制度下，奴隶主贵族也占有一些手工业和从事商业的奴隶；这就是当时所说的"工商食官"（《国语·晋语四》）。后来随着生产工具的进步，人们对于手工业的需要逐渐增长。随着手工业种类的加多，品质的提高，分工的加细，独立的手工业者逐渐加多。这些独立的手工业者就是当时所谓"百工"。其中一部分是从贵族官府手工业脱离出来，一部分是从农业生产脱离出来。他们从事于简单的商品生产，自制自卖，所谓"百工居肆，以成其事"（《论语·子张》）。他们多聚居于城市，成为"国人"的一部分。

农业与手工业的发展，促使商品交换日趋频繁。农村与都市间需要商品交换；地域与地域间，或国与国间，都需要商品交换。随着商品交换的需要，社会中逐渐产生出来了独立的商人。他们一部分是脱离生产的农民或手工业者，一部分是"食官"的商人取得自由与独立。

这些独立的手工业者和商人，富有了以后，有的购买土地，变成了新兴的地主阶级。随着农业生产的提高，农业小生产者发生了分化，许多下降为奴隶或农奴，也有一些农业小生产者富裕起来，又进而购买土地，进行剥削，自己不劳动，成为新兴地主阶级。

地主阶级当时是一个新产生的阶级,它是新的生产关系——封建生产关系的代表者,在反对奴隶主贵族的斗争中,处于领导的地位。新兴地主阶级利用了奴隶和劳动人民的反抗力量,扩大了自己的政治和经济势力,逐步地从奴隶主贵族手中夺取了政权,建立起封建地主阶级的统治。当时在反对没落奴隶主贵族的斗争中,新兴地主阶级是一个进步的、朝气蓬勃的阶级。

一切阶级斗争都是政治斗争,都是围绕着政权而展开的。新兴地主阶级在当时的一个主要任务就是向没落的奴隶主贵族夺权。魏国的李悝,楚国的吴起,秦国的商鞅,都是如此。秦国的商鞅变法尤为彻底。斗争是反复的。最后,到了战国末年,秦始皇统一全中国,建立了封建统一的秦王朝,标志着新兴封建制战胜了腐朽的奴隶制,结束了奴隶制的统治局面,从此奠定了我国以后两千多年的统一的中央集权的封建地主阶级的专政。

第五节　春秋时期意识形态方面的斗争——无神论和唯物主义思想的初步发展,"法"与"礼"的斗争

上面所说的大分化、大变动、大改组的情况反映在哲学思想上,就是维护奴隶制度的神权思想的进一步动摇,和代表进步势力要求的唯物主义和辩证法的思想的进一步发展。

在这个时期，在自然观方面，唯物主义与唯心主义的斗争，主要是围绕着"天"这个问题进行的。在社会思想方面，主要是围绕着"法"和"礼"这个问题进行的。

在中国文字中，"天"这个名词，至少有五种意义。一个意义是"物质之天"，就是指日常生活中所看见的苍苍者与地相对的天，就是我们现在所说的天空。一个意义是"主宰之天"或"意志之天"，就是指宗教中所说有人格、有意志的"至上神"。一个意义是"命运之天"，就是指旧社会中所谓运气。一个是"自然之天"，就是指唯物主义哲学家所谓自然。一个是"义理之天"或"道德之天"，就是指唯心主义哲学家所虚构的宇宙的道德法则。

在第一章中，我们已谈到，商周的统治者都强调有"至上神"。这个"至上神"原先称为"帝"或"上帝"，后来就称为"天"。唯物主义思想不承认有这样的"天"，也不承认有"义理之天"或"道德之天"。唯物主义者所说的"天"，是"物质之天"或"自然之天"。在这时期，也出现了这样的唯物主义观点，与"主宰之天"的宗教观念对立起来。

随着生产力的提高，生产关系的逐步变革，奴隶起义与奴隶身份的解放，新兴地主阶级与没落奴隶主贵族斗争的激化，人们也就越来越对宗教天命论产生了怀疑和动摇。人的作用越来越为人们所重视。神的权威也就逐渐地下降。这样一些现实的情况，反映到思想战线内，使一些进步的思想家和政治家，逐步地走上了无神论的道路，开展了反宗教天命论的斗争。这种斗争，同时也是反对维护奴隶制的"礼"的斗争。

上面所说奴隶对于奴隶主阶级反抗的情况，已经证明统治者如果得不到劳动人民的拥护，必然不能维持他们的地位。这一点，当时统治阶级中的一些人也看清楚了。晋国的士艻说："虢公骄，若骤得胜于我，必弃其民。无众而后伐之，欲御我谁与？"（《左传·庄公二十七年》）周惠王十五年（鲁庄公三十二年）周朝的内史过也断言说："虢必亡矣，不禋于神而求福焉，神必祸之。不亲于民而求用焉，民必违之。"（《国语·周语上》）晋国的栾武子要伐楚。韩献子说："无庸，使重其罪，民将叛之，无民孰战？"（《左传·成公十五年》）

劳动者身份的变化和劳动力在生产和兼并战争中所显示出来的重要性，使一国的最高统治者国君的地位，也失掉了尊严。国君的地位，也被认为是随时可以变动的。鲁昭公被季氏驱逐出国，死在国外。晋国的赵简子问史墨说："季氏出其君，而民服焉……何也？"史墨说："鲁君世从其失，季氏世修其勤，民忘君矣，虽死于外，其谁矜之？社稷无常奉，君臣无常位，自古以然。故诗曰：'高岸为谷，深谷为陵。'三后之姓，于今为庶，主所知也。"（《左传·昭公三十二年》）

史墨认为，鲁国的老百姓不同情昭公这件事是完全合理的。他并且指出没有永恒不变的等级秩序。这在当时说是一种非常进步的言论，打击了君权神授说，反映了维护奴隶制的等级制度，即"礼"的没落。

君臣之间的关系也有了变化。晋国的人把晋厉公杀了。鲁成公问："臣杀其君，谁之过也？"大夫里革说："君之过也。夫君人者，其威大矣。失威而至于杀，其过多矣。"（《国语·鲁语上》）这就是说臣"弑"君的责任，应该由君来负。

君的变动不就是国的灭亡，国与君也不是一体，国应高于君，这一点也为当时进步的人所认识。齐国大夫崔杼杀了齐君，晏婴不肯从齐君死。他说："君为社稷死，则死之，为社稷亡，则亡之。若为己死，为己亡，非其私昵，谁敢任之？"（《左传·襄公二十五年》）这是说，一个国的君与臣都是为国家办事的，一国的公事应该与君的私事分开。只有君的私人，才为他办私事。这种思想反映了新兴地主阶级的要求。在当时的历史条件下，这也是当时社会思想的一个进步。

天上的上帝和神灵本来是人间的统治者的反映。奴隶主统治者的威权既已削弱和没落，上帝和神灵的威权也必然随之降低。在春秋时期，神权政治的观念有进一步的动摇。

统治阶级中的人也看出来，要维持他们的"国家"，"民"比神还重要。随国的季梁说："夫民，神之主也。是以圣王先成民而后致力于神。"（《左传·桓公六年》）虢国的史嚚说："吾闻之，国将兴，听于民；将亡，听于神。神，聪明正直而壹者也，依人而行。"（庄公三十二年）宋国的司马子鱼说："祭祀以为人也。民，神之主也。"（僖公十九年）"民"是"神之主"，主是宾主之主，就是说，神还倚赖于人。神"依人而行"，而不是人依神而行。这些材料表明，民和人被提到首要的地位，而鬼神降到了次要的地位，鬼神失去了自己的独立意志，一切要依人的意志为转移，这实质上是一种无神论的观点。这是当时关于宗教的思想的一个大转变。

在孔丘以前的鲁国的展禽（柳下惠）给祭祀一个新的解释。他认为，祭祀的对象都是有利于民的自然界的东西，或者是有功于民的历史人物。前者如"天之三辰，民所以瞻仰也；及地之五行，所以生殖也；及九州名山川泽，所以出财用也"。后者包括"法施于民""以死勤事""以劳定国""能御大灾""能捍大患"的历史人物（《国语·鲁语上》）。祭祀这些对象，为的是"崇德报功"。古时的宗教迷信认为鬼神能赏善罚恶，支配人的命运，祭祀的目的在于祈求鬼神保佑自己。照展禽的解释，祭祀的迷信成分就很少了。

由于宗教迷信的动摇，人们也逐渐了解到，人的吉凶祸福是人自己的事，与"天"没有关系。公元前645年，宋国有陨石，又有"六鹢退飞"。这些不常见的现象，当时迷信的人认为与人事的吉凶有关。他们认为自然界的非常变化是由人事的好坏引起的，同时这些非常的变化又意味着人将要得到幸福或灾难。这是一种"天人感应"的思想。周内史叔兴说："是阴阳之事，非吉凶所生也，吉凶由人。"（《左传·僖公十六年》）这是说，自然界的非常现象，是自然界本身所具有的，是由自然界的阴阳之气的失调造成的，与人事的好坏没有关系；人事的祸福是人自己造成的。这是一种无神论的观点。鲁国的闵子马也说："祸福无门，惟人自召。"（《左传·襄公二十三年》）《左传》又记载说，宋国和薛国关于营建周城的问题引起了争论。宋国引证鬼神以辩护自己的观点；薛国引证人事以辩护自己的观点。弥牟评论说："薛征于人，宋征于鬼，宋罪大矣。"（定公元年）他认为依赖鬼神是十分错误的。

郑国的占星术者裨灶，因天象而预言郑国将要大火。郑国的子产说："天道远，人道迩，非所及也，何以知之？灶焉知天道？是亦多言矣，岂不或信？"（《左传·昭公十八年》）这里所谓裨灶的"预言"的根据，是依据星辰的出没而推测人事祸福的占星术。子产对这种占星术表示怀疑。从子产的谈话中，可以看出宗教的天道观开始动摇和没落。吉凶祸福在于人事的好坏，不在于鬼神的赏罚，也与自然界的某些非常现象无关。这也表明当时人的思想从宗教中得到一定的解放。

这些转变正是当时社会生产力的提高、生产关系开始逐步变革、奴隶身份的解放、生产者地位的提高、劳动人民的反抗以及新兴地主阶级的夺权斗争在哲学上的反映。

这种大变革情况反映在上层建筑政治领域内，则可概括为"法"与"礼"的斗争。

先秦所谓"礼"，包括的范围很广，并不是像现在所谓"礼"，仅指人与人之间的交际仪式。这些仪式，先秦的人也认为是礼的一部分。但是他们认为，严格地说，这些只能称为"仪"。鲁君昭公被季氏驱逐，逃到晋国，晋国仍待以国君之礼。鲁昭公也仍然摆着国君的派头。晋国的国君称赞他"善于礼"。有个大夫女叔齐不同意，说："是仪也，不可谓礼。礼所以守其国，行其政令，无失其民者也。"他说：鲁君不能保住他的国，不能行使政令，失了他的民。这算什么"善于礼"？《左传》评论说："君子谓叔侯于是乎知礼。"（《左传·昭公五年》）《左传》所谓"君子"，照《左传》的体例，一般指孔丘。先秦人所谓礼包括奴隶主阶级的统治原则、政治制度、社会制度、社会秩序以及他们的生活方式。概括地说，礼就是奴隶社会包括意识形态在内的整个上层建筑。

在春秋时期，生产关系逐步改变。适应于奴隶制的生产关系的"礼"，当然也要改变。在保守、倒退的人看起来，改变就是非礼。例如"初税亩"，《左传》和《公羊传》都说是"非礼"。可是"非礼"究竟战胜了"礼"。这就是所谓"礼坏乐崩"。适应于新的生产关系的新的上层建筑是"法"。"法"是"礼"的对立物。先秦人所谓法,也不是专指法律条文。其意义可以同"礼"一样广泛。大转变时期的上层建筑领域内的阶级斗争,归结起来,就是"法"与"礼"的斗争。

第六节 战国时期知识分子的活跃和思想战线上的"百家争鸣"

在社会大转变时期,阶级斗争十分激烈,各个阶级或阶层都要起来表明自己的态度,企图用自己的世界观改造社会,以符合自己的要求和愿望。思想战线因此非常活跃。原有的知识分子队伍发生了激烈的分化,在斗争中产生了各个阶级或阶层的思想代表和思想流派,形成了"百家争鸣"的局面。

知识分子旧日称为"士"。在西周奴隶主贵族的等级制度中,士是贵族中的最低阶层。他们都受过一些教育,通晓"礼、乐、射、御、书、数"等"六艺"。打仗时候,可以做下级军官;和平时候可以做卿大夫高级贵族在政治上的助手。他们过着"食田"的剥削生活。他们的职守也是世袭的。这就是说,在贵族等级制度中,他们有固定的地位、固定的生活和固定的工作。

到了春秋战国时代,这个阶层起了分化。随着奴隶主贵族等级制度的崩坏,士失去了原来的地位和职守,也无"田"可"食",只得自谋生活。在当时夺权的斗争中,还有许多原来高于士的贵族,甚至是原来的国君,都失去他们原来的地位,流亡到各地。这些大小贵族们,过去凭世袭的身份,过剥削的生活,现在靠他们对于"六艺"的知识,自谋生活。他们也成为没有固定生活与固定工作的知识分子,在各地游来游去,寻找可以依附的主子,因此得到"游士"的称号。其中长于礼、乐,熟悉古代典籍的,成为私学的老师,或在别人家有红白喜事的时候,替人家指点怎样行礼("相礼"),借以恢复奴隶社会的礼乐。这个时期,从新兴地主和小生产者阶层中也涌现出一批知识分子,他们也拥有专门的知识和技能,希望得到统治者的任用。士的社会来源是复杂的。士原来是贵族的最低阶层,后来,照管仲所说的,成为"四民之首",有比农、工、商高一点的社会地位。

士的最大的希望还是投靠统治者,在政治上得到发言权,爬上统治阶级的地位。他们"上说下教"。"上说",企图得到统治者的信任,以推行他们的政治主张。"下教"可以招徕门徒,宣传他们的政治主张,制造舆论。

奴隶制末期的士,主要是一些专搞意识形态的人。由于当时意识形态领域斗争的激烈,国君与政治上的当权者都要"养士",以作为他们制造舆论的工具,例如齐国的王在齐国都城近郊"稷下"聚集"文学游说之士",称为"学士",有"千数百人"。其中地位高的有七十多个人,"皆赐列第,为上大夫,不治而议论"。(《史记·齐世家》)其他大贵族,如孟尝君、信陵君、春申君等,都"养士"数千人。他们"养士"所用的生活资料,当然都是从加重对于劳动人民的剥削而来。《战国策》记载,孟尝君派他所"养"的"士"到乡下去收高利贷的利息。大部分士的生活资料的主要来源,是靠当时有政权的人的供给。因此,在这时候,士虽亦号为"四民之首",但基本上还是剥削阶级内部的一个阶层。

斯大林说:"知识分子从来不是一个阶级,而且也不能是一个阶级,——它过去是,而且现在还是由社会各阶级出身的人组成的一个阶层。"(《关于苏联宪法草案》,《列宁主义问题》,人民出版社1964年版,六一九页)他们必需依附于某一阶级以为生活。战国时候的士,对于某一国的统治者,可以"合则留,不合则去"。"游来游去",有相对的自由。但归根到底,他们是依附于统治阶级的。他们"上说下教",随时从不同的阶级或阶层吸收本阶层的补充队伍。因此,他们在社会中的接触面比较广,也有各种不同的出身。他们因所投靠的统治阶级和统治集团的不同,因出身不同,或者接触面不同,在他们的思想言论中,就在不同程度上反映不同阶级的意识与要求。由于他们有较高的文化水平,有专门的知识和技能,他们成了这个时期各阶级在思想上的代言人。他们提出不同的政治主张和哲学思想。这些不同的政治主张和哲学思想,就是不同阶级的意识与要求的表现。

他们是当时社会精神生活中的主要活动者,也是当时各种不同的政治主张的主要宣传者。其中有些代表,在思想言论上建立了自己的学派。各派之间,有激烈的斗争。这种思想上的分化与斗争,是当时的阶级分化与斗争的反映,反过来也为一定的阶级利益服务。

马克思在有一次论到小资产阶级的时候说:"然而也不应该狭隘地认为,似乎小资产阶级原则上只是力求实现其自私的阶级利益。

相反,它相信,保证它自身获得解放的那些特殊条件,同时也就是唯一能使现代社会得到挽救并使阶级斗争消除的一般条件。同样,也不应该认为,所有的民主派代表人物都是小店主或小店主的崇拜人。按照他们所受的教育和个人的地位来说,他们可能和小店主相隔天壤。使他们成为小资产阶级代表人物的是下面这样一种情况:他们的思想不能越出小资产者的生活所越不出的界限,因此他们在理论上得出的任务和作出的决定,也就是他们的物质利益和社会地位在实际生活上引导他们得出的任务和作出的决定。一般说来,一个阶级的政治代表和著作方面的代表人物同他们所代表的阶级间的关系,都是这样。"(《路易·波拿巴的雾月十八日》,《马克思恩格斯选集》第一卷,人民出版社1972年版,六三二页)先秦各派的哲学家对于其所代表的阶级的关系也正是如此。他们也都认为他们的哲学思想和社会政治理论是唯一正确的原则,企图用以改变当时的社会,所谓"以其道易天下"。同时,他们的思想和理论也都越不出他们所代表的阶级或阶层所越不出的界限。他们在理论上所得出的任务和办法,也就是他们所代表的阶级或阶层的物质利益和社会地位在实际上引导这些阶级或阶层得出来的任务和办法。

马克思又说:"我们在上面已经说明分工是先前历史的主要力量之一,现在,分工也以精神劳动和物质劳动的分工的形式出现在统治阶级中间,因为在这个阶级内部,一部分人是作为该阶级的思想家而出现的(他们是这一阶级的积极的、有概括能力的思想家,他们把编造这一阶级关于自身的幻想当作谋生的主要泉源),而另一些人对于这些思想和幻想则采取比较消极的态度,他们准备接受这些思想和幻想,因为在实际中他们是该阶级的积极成员,他们很少有时间来编造关于自身的幻想和思想。在这一阶级内部，这种分裂甚至可以发展成为这两部分人之间的某种程度上的对立和敌视，但是一旦发生任何实际冲突，当阶级本身受到威胁，甚至占统治地位的思想好像不是统治阶级的思想这种假象、它们拥有的权力好像和这一阶级的权力不同这种假象也趋于消失的时候，这种对立和敌视便会自行消失。"（《费尔巴哈》，《马克思恩格斯选集》第一卷，人民出版社 1972 年版，五二至五三页）

马克思和恩格斯的这段话，虽然是就统治阶级及其理论家说的，但对于各个剥削阶级及其理论家也都可以适用。一个阶级的理论家的理论是这个阶级的要求和愿望的集中表现，是这个阶级的问题及其自己的解决办法的集中反映，因此具有更典型的性质。这些理论家的理论可能与这个阶级中的个别人的见解有出入，但是他是这个阶级的真正的代表。

在一个社会为一个阶级所统治的时候，代表一个统治阶级的思想就是当时统治的思想。跟它不同的思想就都被压抑，不能有发展的机会。在一个社会从一种社会制度转向另一种社会制度的过渡时期，原来的统治阶级已经逐渐失去它的统治的权威；新的阶级还没有取得完全稳固的统治地位。在这个时期，旧的统治思想也已失去了统治的地位；新的统治思想还没有完全建立起来。在这种情况下，社会中的各个阶级都或多或少地有机会提出他们的要求和愿望。代表他们的或者接近他们的知识分子，也都或多或少地有机会把这些阶级的要求和愿望在一定程度上系统化、理论化。这就成为代表这一阶级的哲学思想。春秋战国时期在如上所说的复杂错综的阶级分化和斗争的情况下，出现了"百家争鸣"的局面。这个时期的"百家争鸣"是当时阶级斗争在思想战线上的反映，这一局面大大促进了当时学术思想的发展。在阶级斗争和百家争鸣中，出现了许多学术流派，代表各个不同阶级的利益，对中国哲学的发展起了很大的影响。

这个时期的学术流派，汉人司马谈分为六家，即儒家、墨家、名家、法家、阴阳家、道德家（道家）（《论六家之要指》，《史记·太史公自序》）。刘向和刘歆于六家之外，又加农家、纵横家、杂家、小说家，共十家。这些都是传统的分法。

这些分别和名称，本来是哲学史家所立以说明客观哲学史中的派别，但后来也成了客观哲学史的一部分，因此我们还不能不沿用这些分别和名称。但是，在客观的哲学中，一个派别的内容，也是很复杂的，其中往往又分为小派，互相对立，不能对于它们作简单化的分析，一刀齐的论断。在以下各章中，将力求有合乎实际的说明。

第三章 齐、晋两国的改革及齐桓、晋文的霸业

上章概括地讲了春秋战国大过渡时期的一般情况。本章以齐、晋两国为例，作比较具体的说明。

第一节　齐、晋两国在春秋时期的地位

在西周，周王室名义上是全中国的"共主"。当时的诸侯国都具有半独立的性质，但在形式上，周王室还不失为政治上的重心。到了东周时期（即春秋时期），周王室逐渐衰微，那个名义上的"共主"也逐渐完全不发生作用。诸侯国由半独立逐渐成为全独立。它们的大小、强弱是不齐的。它们之间，大而强的欺负、侵略弱而小的，强迫弱而小的依附于他们，服从他们的指挥。这些大而强的诸侯国，在当时称为霸。"霸"成了当时的政治上的重心。

在春秋时期，最大的"霸"是齐、晋两个诸侯国。创立齐国霸业的齐桓公，创立晋国霸业的晋文公，是当时最大的霸主。当时的"国际"政治，是围着这两个霸主进行的。孟轲说："王者之迹熄而诗亡，诗亡然后《春秋》作。晋之《乘》，楚之《梼杌》，鲁之《春秋》，一也。其事则齐桓、晋文，其文则史。"（《孟子·离娄下》）孟轲的这一段话，概括了中国社会政治上从西周到东周的转变。"王者之迹熄"，说的是西周的衰微。周王室衰微以后，历史进入春秋时期。各诸侯国有各自的国史。晋国的国史叫《乘》；楚国的国史叫《梼杌》，鲁国的国史叫《春秋》，内容都是一样。它们的文字

记载是历史，所记载的事情是齐桓公和晋文公。这就是说，这两个霸主在当时"国际"政治中的活动是各诸侯国的国史所记载的主要内容。

齐、晋两国之所以能取得当时的地位，并不是偶然的。它们本来就是两个大国。这是它们能成为霸的一个条件。更重要的是，它们都是比较早地向封建制过渡的。这说明，在当时的诸侯国中，它们的生产力是比较先进的，它们的生产关系是比较早地受到改革的。这两国在中国社会由奴隶制向封建制过渡的时期，具有典型的意义。

第二节 齐桓公与管仲

创建齐国霸业的是齐桓公。他的事业是和管仲分不开的。他在齐国所推行的改革措施都是出于管仲的建议。本章也以《管子》中某些部分，作为讲述齐国改革的资料。其中哪些是桓公所实际推行的，哪些是尚未实际推行，这个问题本书就不深考了。因为即使尚未推行，也是管仲的建议，足以说明当时的历史趋势。就本章的目的说，这就够了。

不过《管子》和管仲的关系，现在还没有定论，这倒需要考证。

管仲（死于公元前645年）名夷吾，仲是他的字，颍上（今安徽颍上县）人。他原来很穷，曾做过小商人。后来成为齐国公子纠的家臣。公子纠和公子小白争夺君位，子纠不胜身死。小白立为齐君，就是齐桓公。桓公用管仲为相(《史记·管晏列传》),在齐国推行封建制的改革。由于封建制在当时是适应生产力发展的新的生产关系,齐国成为当时最先进、最强大的诸侯国,齐桓公成为当时诸侯国的霸主。

先秦的书,称为某子、某子的很多,例如《孟子》《荀子》等。但是《管子》这部书,同《孟子》《荀子》等书,有两点显著的不同。第一点,它的内容比较复杂。《孟子》《荀子》等书,虽然都不一定是一个人写的,但是它们都各自有一个一贯的中心思想,在文字上也有各自的风格,有各自的精神面貌。这说明它只包括一个学派的思想。但是《管子》这部书就不是这样。它的内容比较复杂。其中法家思想、黄老思想占主要地位,但也有别家思想,还有儒家思想。例如《弟子职》这一篇,就是后来的《弟子规》那一类的东西。

第二个显著的不同是它的内容虽然是比较复杂,但是有一个有系统的形式。从形式上看,《管子》是很整齐的。在全书之中先有十篇,称为"经言"。其次有八篇称为"外言"。其次有九篇称为"内言",其次有十八篇称为"短语"。其次有五篇称为"区言",其次有十三篇称为"杂篇",其次有五篇称为"管子解",最后十八篇称为"管子轻重"。

可见《管子》是经过一番有计划的编辑工作的。这个编辑工作,可能不是刘向、刘歆做的。因为先秦称为某子、某子的书,绝大部分都是经过他们父子二人整理、编辑的,可是除《管子》外,都没有这种形式。

全书八十六篇,分为八类。有些类的名称的意义也不很清楚。例如"区言"。哪一篇归到哪一类,以什么为标准,都不甚清楚。

在这八十六篇之中，有些篇已经遗失了。可是在目录中还有它们的题目，下边注个"亡"字。这个"亡"字，是谁注的？如果是刘向、刘歆注的，那就说明在他们以前已经有了一个《管子》全书的目录。没有材料可以作为这样说法的根据，但也不排斥有这样的可能。

从这两点上看《管子》和《孟子》《荀子》等书有显著的不同，但是也就是从这两点可以看出《管子》和先秦有一部书有显著的相同，那就是《吕氏春秋》。《吕氏春秋》这部书内容很复杂，但是在形式上它分为"八览、六论、十二纪"。从形式上看，它是一个有完整系统的书。这部书是吕不韦和他的门客们照这个形式上的系统编辑而成的。

由此可以推论，《管子》这部书的形式上的体系也是由某些人编辑而成的。这些人是些什么人？他们为什么专把像《管子》所包含的那些文章收集在一起成为一部书？为什么又把这部书称为"管子"？所有这些问题，都需研究解决。

司马迁说："齐宣王喜文学游说之士，自如驺衍、淳于髡、田骈、接子、慎到、环渊之徒七十六人，皆赐列第为上大夫，不治而议论。是以齐稷下学士复盛，且数百千人。"（《史记·田敬仲完世家》）刘向《别录》说："齐有稷门，城门也。谈说之士期会于稷下也。"（《史记集解》引）这里说"是以齐稷下学士复盛"。可见稷下讲学是以前早就有的。

在齐国的这样一个学术中心，现在一般称之为稷下学宫。这个学宫是当时的一个思想斗争的场所，因此也是一个各学派辩论的讲坛。《盐铁论·论儒》篇说："齐宣王褒儒尊学。孟子、淳于髡之徒，受上大夫之禄，不任职而论国事。"如果这个说法是合乎历史事实的，孟轲也是"稷下先生"之一。

从《管子》这部书称为"管子"这一点看，《管子》这部书必定是和齐国有关的。因为管仲是齐国最大的人物，所以这部齐国的书称为"管子"。而当时能够写出这么多文章的人才聚集的组织，只有稷下学宫。因此可以推论，《管子》所收的文章都是当时"稷下先生"们写的。他们不是来自一家一派，所以内容比较复杂。因为齐国是最先出现封建制的生产关系的，所以思想虽比较复杂，而法家、黄老思想还是占主要地位。稷下的人把它们收集在一起，加以形式上的整理，编辑成为一书，可能如同我们现在某一个大学的学报之类。我们现在称稷下为稷下学宫，有学宫就应该有学报。《管子》就是稷下学宫的"学报"。因为管仲是齐国最有名的人，所以用他的名字作为这个"学报"的名字。

如果这个推论可以成立，《管子》所收的文章，其写作的时代不能早于稷下学宫的成立，也不能晚于这个学宫的消失。这个学宫到战国末期还很兴盛，荀况还主持过这个学宫。可是到秦始皇统一以后，这个学宫随着齐国的灭亡而消失了。《管子》这部书应该是在稷下学宫消失以前编辑出来的。它在战国末期就很流行。韩非说"藏商、管之法者家有之"。（《韩非子·五蠹》）它成书的时代和《吕氏春秋》成书的时代可能差不多。

《管子》里面没有管仲亲笔写的文章，但是其中也有可以作为讲管仲本人思想和活动的材料。《论语》里面并没有孔丘亲自写的文章，但它是讲孔丘本人思想和活动的主要材料。不过《管子》内容相当复杂，称引管仲的地方也很多，各篇的时代的早晚也相差很大。究竟哪些可以作为讲管仲本人的思想、活动的材料，哪些不可以，这就要选择，选择就得有个标准。

我认为《国语》中的《齐语》就是个标准。《齐语》就是一篇管仲传。这篇传相当完整地记载了管仲的思想、活动及齐桓公在管仲的辅佐下，在齐国所推行的一系列的封建制的改革和措施，也记载了这些改革、措施所取得的成绩。这篇传是讲管仲本人的思想、活动的主要资料。拿这个标准看《管子》，就可以看出，《管子》中的《大匡》《中匡》《小匡》三篇所讲的管仲，基本上是同《齐语》相合的。特别是《小匡》简直是照抄《齐语》。可以推论，《齐语》和这三篇是关于管仲本人的思想、活动的最早的记述。《齐语》本是齐国的国史。《管子》中的这三篇，至少《小匡》这一篇是从齐国国史里面摘抄出来的。

以下我们就根据《齐语》《管子》中的这三篇和《春秋》系统下的三传（《左传》《公羊传》《穀梁传》）讲管仲本人的思想、活动。

第三节　管仲在齐国"相地衰征"的历史意义

管仲在齐国的一系列改革，尤其是实行"相地而衰征"，其影响是深远的。其意义就是以封建制代替奴隶制。从这些改革中，我们可以比较清楚地看到中国社会从奴隶制向封建制转化的痕迹。

《齐语》记载管仲对齐桓公说："相地而衰征则民不移。"（《小匡》篇作"相地而衰其政"。政当读为征)《大匡》篇说:"案田而税。""案田而税"就是"相地而衰征"。"衰"的意思是等差。就是说,按土地的好坏,分成等级,按等级收税。这样,农民就不迁移。如果不分土地好坏都收一样的税,住在坏地的农民就想往有好地的地方迁移,所以"相地而衰征则民不移"。

《大匡》篇并且记载了管仲所说的收税的税率。它说"二岁而税一,上年什取三,中年什取二,下年什取一。岁饥不税。岁饥弛而税"。就是说,每两年收一次税,丰年的税率是十分之三,平年十分之二,差一点的年收十分之一。荒年不收税,等到灾情缓和之时收税。

管仲的这一措施,其历史意义,不在于税率的高低,而在于这些措施是用新的封建地租的形式剥削农民。我们知道在奴隶社会中,担负耕种重担的是奴隶,不管收成多少,都归奴隶主所有。管仲所说的办法,是把奴隶所耕种的土地包给奴隶,土地的主人从其收成中剥削一部分。这样,耕种的人就不是奴隶,而是佃农或农奴;收税的人也不是奴隶主而是地主了。这是一种封建制形式的剥削,用封建制形式的剥削代替奴隶制形式的剥削,社会生产关系就从奴隶制转变为封建制。

《春秋》所记载的"初税亩"的历史意义也在于此。关于这个问题,在本书第一册绪论中,已有讨论。《公羊传》解释"税亩"为"履亩而税"。如果把《齐语》和《管子》的记载联系起来看,"履亩而税"和"案田而税"是一类的事。《汉书·食货志》说:"故鲁宣公初税亩。"颜师古注引孟康曰:"《春秋》谓之履亩,履践民所种好者而取之。"《齐语》明确地说:"相地而衰征则民不移。"可见"征"是对作为"四民"之一的农民的地租,不是对于奴隶主贵族的税。"履亩而税"也是用封建制形式的剥削代替奴隶制的形式的剥削。这是以前所没有的事情，所以《春秋》就作了一条特别的记载，大书特书曰："初税亩。"

第四节　管仲对于分封制的改革

管仲除"案田而税"外，还主张"赋禄以粟"（《管子·大匡》）。这个主张的历史意义是废除分封制。照西周奴隶社会所行的分封制，在法律上说，全中国的土地，都属于周天子。周天子分封建国，每一个诸侯国都给他一片土地。一国的国君又分封卿、大夫，每人也给他一片土地。这就是他们的"家"。像这样层层分封，这些大小贵族们都从他们受封的土地范围之内剥削奴隶，以为他们自己享受。每一级的贵族，并不向高一级的贵族领取俸禄，高一级的贵族也不需要向低一级的贵族发给俸禄。管仲要推行"赋禄以粟"的制度，这就是说，国君要向他的臣下发给俸禄。俸禄是按粮食计算的，就像汉朝的俸禄，几千石、几百石之类。在这种制度下，一国之内的卿、大夫，就不是受封土地的奴隶主贵族，而是受俸几千石、几百石的新官僚。

管仲又请齐桓公命令全国各地方推荐有贤才的人，桓公亲自接见，给他们官职，又命令各部门的长官，考察这些人的成绩。在成绩好的这些人之中，再加以选拔，给他们高一级官职。经过三次选拔，把成绩最好的，上升为上卿的副职（《齐语》说是"为上卿之赞"，《小匡》说是"为上卿之佐"），这样就开始打破了分封制的贵族世袭的制度。

在当时情况下，管仲的废分封和世袭的政策，在推行的时候，是有策略的。他的策略是，先从下级贵族开始。在当时的情况下，管仲在齐国，政治上的地位是很高的，他是桓公的代言人。但是他在法律上的地位并不很高。原来周天子封太公为齐侯的时候，同时又封了两个上卿，以为太公的辅佐，一个是国氏，一个是高氏，称为国、高二子。他们两家世袭为齐国的上卿。管仲在齐国，政治上的权力，比国、高二子大，但是在法律上说，国、高二子还是上卿。《左传》记载说："齐侯使管夷吾平戎于王。……王以上卿之礼飨管仲。管仲辞曰：'臣，贱有司也。有天子之二守国、高在。'"（僖公十二年）意思就是说，他不过是一个地位很低的办事务的人。上卿还是天子派去守国的国、高二子。这不是管仲的谦虚。他在齐国的法律地位就是如此。在桓公成为霸主以后，管仲的声名已很大，但对于国、高这两家贵族，管仲还是不能不尊重的。他把经过"三选"的人，提拔起来，为"上卿"的副职，这就使国、高二子逐渐处于有职无权的地位。

第五节　管仲"尊贤育才"的政策

齐桓公九次召集诸侯国开会，其中最盛大的一次是葵丘之会。在这个会上，齐桓公号召到会的诸侯，订了盟约。其第二条是"尊贤育才，以彰有德"。第四条是"士无世官，官事无摄，取士必得，无专杀大夫"（见《孟子·告子下》）。这是管仲向齐国以外的诸侯国推行"任人唯贤"，废世袭的思想。赵歧读士为仕，"士无世官"就是"仕无世官"。贵族们还可以保持其世禄，但不能保持其世官。最早的孟子注是这样说的。但也可能不需要读"士"为"仕"。士是分封制下面的最低级的贵族。"士无世官"就是说，先从士这一级废除世袭。无论如何，"士无世官"总是对于世袭制的破坏。

"官事无摄"，这是对奴隶主贵族垄断权力而发的。

《论语》记载说："或曰：'管仲俭乎？'曰：'管氏有三归，官事不摄，焉得俭？'"（《论语·八佾》）"官事不摄"就是"官事无摄"，就是说，一个官不可以兼摄几个职务。管仲主张职务要由代表新兴阶级利益的所谓"贤才"来承担，反对为奴隶主贵族所垄断。孔丘认为，应该由奴隶主贵族来垄断。照他的意思这样可以减少费用，合乎俭德。表面上看起来，这不过是一个官可不可以兼职的问题。其实不然，这是一个新兴地主阶级向没落奴隶主阶级进行夺权的斗争。正是因为这样，所以这个"官事无摄"竟然写入诸侯国之间的盟约。

法家主张"综核名实"，"循名责实"。管仲所提的三选制度（见上），每一次选就有一次考核。这就是综核名实。一个人担任某项职务，这个职务就是名，担任这项职务的人就是实。他既然担任了这个职务，他就应该做出这个职务所要求的成绩。如果他做出成绩，他就可以得赏，如果他做不出成绩，他就要受罚。这就叫循名责实。在管仲看来，如果像奴隶主贵族那样，把持了政权，就会使有才能的人和没有才能的人不容易分别。这样下去，用人惟贤的制度，就受影响。这和用人唯亲的路线是对立的。

第六节　管仲对于旧制度改革的不彻底性

但是，封建制度和奴隶制度都是剥削制度，作为一个剥削阶级的进步思想家，管仲当然不可能也不必要和奴隶制度的一切旧法决裂。相反，他可以从旧法中吸取其所需要者，略加改造来为封建统治服务。管仲向桓公建议说："惰旧法，择其善者举而严用之。"（《管子·小匡》）（《齐语》作"脩旧法，择其善者而业用之"。业字费解）这是管仲对于西周奴隶制度的旧法的态度。对于那些旧法，他不是一概否定。照上面所讲的，管仲采用封建制形式的剥削，他的路线和政策，在一定范围内对废除分封和世袭等级奴隶社会的制度起了促进作用。这是对西周奴隶制的重要改革。但是管仲的改革是不彻底的。他认为西周遗留下来的旧法，也还有不可废除的部分，这就是"其善者"，管仲认为，这也还是可以用的，只不过是应该严格地加以选择和应用。这是管仲改革的不彻底性。

《齐语》和《管子》三篇，记载管仲请桓公发布的命令和规定的制度，当然都是新法。新法更需要严格执行。管仲主张，要"劝之以赏赐，纠之以刑罚""而慎用其六柄焉"（《齐语》）。"柄"，《小匡》篇作"秉"，解释说："杀生，贵贱，贫富，此六秉也。"以赏罚推行法令，这是法家的精神。

第七节　管仲"富国强兵"的政策

管仲在齐国推行"富国、强兵"。富国的办法，是发展农业、手工业和商业。他把经营、从事农业的人、手工业者、商人和知识分子并列为"四民"。他说："士、农、工、商四民者，国之石民也。"（《管子·小匡》）就是说：这四种职业的人，对于国家的支持，好像房子的柱石。士就是知识分子，其职业是搞意识形态。农是经营、从事农业的人，其职业是生产粮食。工是手工业者，其职业是制造器具。商是商人，其职业是流通货物，"以其所有，易其所无"（《齐语》）。管仲认为，这四种职业的人，都应该是世代相传，而且各有其居住的地方，不相混杂。这样，就可以使他们专心于他们的职业，"少而习焉，其心安焉，不见异物，而思迁焉"（《齐语》）。就是说，这些行业的人，从小的时候，所见所学，都是关于那一行的事情，因此，他就能安于他的那一行，安于本分，共同来维持封建统治的秩序。

上边所说的"稷下"，可能就是"士"所聚居的地方。其中优秀的则收入"稷下学宫"，受到生活上及政治上的优厚待遇。

管仲的这种思想在当时对于发展生产是有利的。并且其意义还不止于此。儒家认为，有劳心的人，有劳力的人。劳心的人是"君子"，劳力的人是"小人"。士是劳心的人，应该属于"君子"之类。所以孔丘的学生樊迟想学种地，孔丘骂他是"小人"，没有出息。这是奴隶主鄙视奴隶的反动的旧传统。管仲把士和农、工、商，统称为四民，认为他们都是国家的柱石。这就是对于奴隶社会的传统的一种突破，是新兴地主阶级重视发展生产，重视劳动力的表现。但管仲主张"四民"都是世袭，这还是奴隶制传统思想的残余。

管仲虽然认为，士、农、工、商这四种职业的人应该是世代相传，但也认为，优秀的"农"也可以选为士。他说："是故农之子常为农，朴野而不慝，其秀才之能为士者，则足赖也。故以耕则多粟，以仕则多贤，是以圣王敬畏戚农。有司见之而不以告，其罪五。"（《管子·小匡》，《齐语》也有此段，但较略）。就是说，"农"有朴素诚实的素质，如果成为士，也可出贤才；如果成为官，是可靠的，所以"圣王"尊敬"农"，关心他们。作为一个剥削阶级的代表人物，管仲不可能"尊敬"农民，也不可能真正地欣赏农民的朴素、诚实的素质。他所说的"农"，可能包括从事农业生产的农民，也包括新兴地主阶级的下层。他所说的"农"中的"秀才"，实际上是新兴地主阶级。对于真正的农民来说，他的这些话的实际意义是，利用农民的这种素质，使农民在各方面为新兴地主阶级服务。他说得很好听，也为的是鼓励农民的积极性，以达到新兴地主阶级在其上升时期的"富国强兵"的目的。

在军事思想上，管仲主张"强兵"。办法是"作内政而寄军令"。就是说，把政治和军事统一起来，把政治上的组织和军事上的组织统一起来。照管仲的计划，军士的来源主要是农民，要强兵就先要把农民组织起来。照他所说的组织，"五家为轨，轨为之长。十轨为里，里有司。四里为连，连为之长。十连为乡，乡有良人焉"。

在这个行政上的组织的基础之上,又作军事上的组织。每家出一个人当兵,每轨五个人,在军事的组织上,称为"伍",由轨长率领。照这个比率,每乡出二千人,称为"旅",由乡良人率领。五个乡出一万人称为"军"。齐国成立三个军,由齐桓公和当时的世袭上卿国子、高子分别统率。在春秋两季,用打猎的形式练习打仗。

照这个办法,军队上的组织单位是以行政上的组织单位为根据的。军队上同伍的人是行政组织上同轨的人。管仲说:"伍之人祭祀同福、死丧同恤、祸灾共之。人与人相畴,家与家相畴,世同居,少同游。故夜战,声相闻足以不乖;昼战,目相视足以相识。其欢欣足以相死,居同乐,行同和,死同哀。是故守则同固,战则同强。君有此士也三万人,以方行于天下,以诛无道,以屏周室,天下大国之君莫之能御也。"(《齐语》)这一段所说的,是管仲认为这样组织的军队的优点。有了这样的优点的军队,就可以所向无敌。

管仲的军事思想认为,军队的强弱,主要是靠兵的素质。素质最好的兵是"朴野而不慝"的农民。其次要靠他所说的那样的组织。作为一个新兴地主阶级的军事思想家,管仲认识到,打仗要靠兵的积极性和主动性。怎样才能达到这种要求呢?管仲认为要调动兵的乡土情谊以发挥他们的积极性和主动性。这正是反映了封建军队的特点。上面所引的那一段说的就是那种兵的情况。这种适应地主阶级的政治上的和军事上的要求而组织出来的兵,一般是和奴隶主的奴隶兵不同。这在当时说是一种新型的军队,是生气勃勃的,是可以称霸于天下的。这是因为他们当时是为新生的制度而战。到了封建制度末期,这种靠封建的乡谊来调动兵的积极性的作用就完全没有了。

第八节　管仲对诸侯国的关系的政策

在齐国的这样的政治上、经济上、军事上的优势的基础上，管仲推行他的齐国和其他诸侯国之间的对外政策。其主要的内容，就是联合当时中原的诸侯国，即所谓"诸夏"，抗拒当时中原以外的民族，这就是管仲所说的"以诛无道，以屏周室"。用旧日的话说，这就叫"尊王攘夷"。

葵丘之会的盟约最后说："凡我同盟之人，言归于好。"（《左传·僖公九年》）盟约的第五条规定说："无曲防，无遏籴，无有封而不告。"（《孟子·告子下》，又见《穀梁传·僖公九年》）"无曲防"是说，各国不准设堤防截断邻国的水源或使水向邻国泛滥，以邻国为壑。"无遏籴"就是说，各国不准禁止粮食出口。

至于齐国本国，管仲主张"通齐国之鱼盐于东莱，使关市几而不征，以为诸侯利"（《齐语》）。"几而不征"就是说，关于货物的来往，齐国的把关的人，仅检查而不征税。这些都是团结中原的诸侯国的措施。这样就逐渐打破了中原诸侯国之间的界限。《齐语》又说：齐桓公在中原边沿的地方，修了一些要塞，"以卫诸夏之地"，这些都是"尊王攘夷"的具体措施。

管仲的"尊王"，是以周天子为象征，在"尊王"的旗帜下，把当时中原的诸侯国组织起来，并逐渐消除诸侯国之间的界限。这是统一中华民族的一个步骤，在当时，这些步骤是进步的。

总的看起来，管仲在齐国的措施和改革反映了封建制度的一些新的关系。以后的法家所有的重要思想，在管仲的思想中，都已经有了萌芽。以后法家所有的措施，在齐国也大都已经有了个开端，而且都收了很大的效果。他是中国社会第一次大转变时期的改革、进步路线的创始人。李斯、韩非的法家思想，是这条路线在思想战线上的发展的高峰。秦始皇统一中国的事业，是这条路线在政治战线上的完成。

第九节　晏婴的折中、调和论

晏婴是春秋末期齐国的著名人物，一称为晏平仲。仲是他的字，平是他的谥，齐国东莱人。现在流传下来的有一部书，题为《晏子春秋》，记载关于晏婴的传说，大概是秦汉之际的人所作的。

孟轲骂他的学生公孙丑说："子诚齐人也，知管仲、晏子而已矣。"（《孟子·公孙丑上》）司马迁把管仲、晏婴合为一传（《史记·管晏列传》）。他二人是齐名的，但是晏婴满足于管仲的改革所已达到的水平上，不再前进。

晏婴的哲学思想是调和、折中主义的，他既不反对传统的天命论，但又强调人为的作用。《左传》记载说，齐国的国君齐景公生了病，认为是祝史祷告鬼神没有效果，想责罚祝史。晏婴指出，国君"斩刈民力,输掠其聚",掠夺老百姓的财富。祝史祈祷,只能说谎,当然不会有好效果。他说:"民人苦病,夫妇皆诅。祝有益也,诅亦有损……虽其善祝,岂能胜亿兆人之诅?"(《左传·昭公二十年》,又见《晏子春秋·内篇谏上》第一)

又据《左传》记载,齐国出现了彗星。按当时的迷信说,这是一个不祥之兆。齐国的国君派人祈祷,以求解除。晏婴说:"天道不谄,不贰其命,若之何禳之?且天之有彗也,以除秽也。君无秽德,又何禳焉?若德之秽,禳之何损?"(《左传·昭公二十六年》)意思是说:天道是不变的。即使照迷信的说法,彗星是扫除污浊的。如果君的德并不污浊,又何必祈祷解除,如果真是污浊,祈祷又有什么用处?

照这两段材料看,晏婴既讲"祝有益",也讲"诅亦有损",既讲彗可能是除秽,又讲有德之君可以不用祈祷,强调"德治"的重要。他都是把两个对立面相提并论,调和起来。这就是折中、调和的思想。

晏婴也称赞管仲。他对齐景公说:"昔吾先君桓公,变俗以政,下贤以身。管仲,君之贼者也。知其能足以安国济功,故迎之于鲁郊,自御,礼之于庙。……先君见贤不留,使能不怠,是以内政则民怀之,征伐则诸侯畏之。"(《晏子春秋·内篇问下》第四)这里所说的"变俗以政",指的就是管仲用封建的政治改变奴隶社会的风俗习惯。他虽说称颂管仲的改革,可是晏婴自己却不能继续用封建的政治,推动齐国更向前进。这就是折中、调和思想在政治上的表现。

《左传》记载说:晏婴奉命到晋国出使。晋国派当时的另一个有名人物叔向(羊舌肸)接待他。正式宴会以后,他们二人私谈。

叔向问晏婴齐国的情况,晏婴说:齐国的"公室"快完了。齐国眼看就要为陈氏所有了,在齐国的公室的管辖范围内,"民参其力,二入于公而衣食其一。公聚朽蠹而三老冻馁。国之诸市,屦贱踊贵"。而在陈氏管辖的范围内,陈氏"以家量贷而以公量收之"。"量"是盛粮食的量具。陈氏家的量具比齐国公用的量具大。陈氏用大量具向劳动人民放贷,而用公量收回。所以劳动人民对于陈氏,"其爱之如父母,而归之如流水"。"公弃其民而归于陈氏。"所以陈氏一定要占有齐国了。照这段话看,齐国的公室对于农业生产者的剥削是封建制的剥削,其剥削率是三分之二。陈氏统治下的农民,也是封建制下的农民,因为他可以向农民放贷。晏婴所说的斗争,是齐国的国君与田氏两家争夺劳动力的斗争。

晏婴问叔向晋国怎样。叔向说:我们的公室也快完了。"庶民罢敝而公室滋侈。道瑾相望而女富溢尤。民闻公命,如逃寇仇。栾、郤、胥、原、狐、续、庆、伯,降在皂隶。政在家门,民无所依。"(昭公三年,又见《晏子春秋·内篇问下》第四)叔向所感伤的,是奴隶主贵族的没落。

在这段对话里,晏婴不谈怎样进一步改革社会制度,解放生产力,提高生产,促进生产,只提出一些对于新的统治者的重刑重税的批判,以这种批判争取群众。这就是改良的思想。

晏婴和叔向的这段对话,反映了他们的剥削阶级与劳动人民之间的斗争,地主阶级与没落奴隶主之间的斗争,地主阶级内部的争夺劳动力的斗争。

在这诸种矛盾的斗争中,晏婴用以解决矛盾的思想是折中、调和论。他提倡和、平。《晏子春秋》记载说:齐景公伐鲁,拿到了一个俘虏。齐景公问他鲁国的年成怎样。回答说："阴冰凝,阳冰厚五寸。"齐景公不懂,问晏婴。晏婴回答说："阴冰凝,阳冰厚五寸者,寒温节,节则刑政平,平则上下和,和则年谷熟。年充众和而伐之,臣恐罢民弊兵,不成君之意。"齐景公于是就停止伐鲁(《晏子春秋·内篇杂上》第五)。晏婴所着重的,就是"刑政平、上下和"。"平"就是无过、无不及,"和"就是折中调和。

晏婴还有一种哲学,宣扬他的折中调和论。

《左传》记载,齐景公有一个宠臣,叫梁丘据。他告诉晏婴说:只有梁丘据跟他"和"。晏婴说:"据亦同也,焉得为和?"接着他们的对话是:"公曰:'和与同异乎?'对曰:'异。和如羹焉,水、火、醯、醢、盐、梅,以烹鱼肉,燀之以薪。宰夫和之,齐之以味。济其不及,以泄其过,君子食之,以平其心。君臣亦然。君所谓可而有否焉,臣献其否,以成其可。君所谓否而有可焉,臣献其可,以去其否。是以政平而不干,民无争心。故诗曰:亦有和羹,既戒既平,鬷嘏无言,时靡有争。先王之济五味,和五声也,以平其心,成其政也。声亦如味。一气,二体,三类,四物,五声,六律,七音,八风,九歌,以相成也。清浊,小大,短长,疾徐,哀乐,刚柔,迟速,高下,出入,周疏,以相济也。君子听之,以平其心。心平德和。故诗曰:德音不瑕。今据不然。君所谓可,据亦曰可;君所谓否,据亦曰否。若以水济水,谁能食之?若琴瑟之专壹,谁能听之?同之不可也如是。'"(《左传·昭公二十年》,又见《晏子春秋·外篇》第七)

在第一章里,我们已讲到郑国史伯讲"和"的一段话。晏婴的这一段话,也发挥这个思想。他指出"和"与"同"不同:同是简单的同一,这不会有丰富的内容。水再加水,还只是水的味道,在味道说,是简单的同一。琴声再加琴声,还是琴的声音,就声音说,也是简单的同一。"和"是集合许多不同的对立面以得一个新的统一,"和"。譬如厨师做的汤,其中有鱼,有肉,有各种的作料,加上火力烹调,这样就可以"济其不及,以泄其过"。就是说,其中个别的味道有不及的,在新的统一中得到补充,有太过的,在新的统一中得到调节。音乐也是这个样子,必需有"清浊,小大,短长,疾徐,哀乐,刚柔,迟速,高下,出入,周疏"等声音上的变化,"相成"、"相济",才能成为一个乐章。一个人的见解,不会整个的全都正确,也不见得整个的全都错误。正确和错误是混合在一起的。所以照晏婴的说法,臣对于君,如果"君所谓可",臣亦说可,"君所谓否",臣亦说否,这就是"同"。应该是:"君所谓可而有否焉,臣献其否以成其可;君所谓否而有可焉,臣献其可以去其否。"这也是"相成、相济",把不同的意见,合在一起,得到一个新的统一。这就叫做"和"。晏婴的这种思想,对于对立面的统一的辩证的关系有相当的认识。但是,也和第一章所说的史伯一样,他还是没有看到对立面的斗争而只看到对立面的统一。他对于统一的了解也还只是调和,这就是他所谓"和"。晏婴的这种调和哲学更明显地为他的政治上的改良主义提供理论根据。

  晏婴在这段话里指出"同"跟"和"不同。同时代的孔丘也是这样说的。孔丘说:"君子和而不同,小人同而不和。"(《论语·子路》)这正是晏婴和景公的这段对话的意思。

第十节　晋国第一次封建化的改革——"郭偃之法"

在春秋时代，齐国首先向封建制转化。管仲相桓公，施行了一系列的封建化的改革。在这个基础上，齐国在东方成为最强盛国家；齐桓公成为春秋时期的最早的一个霸主。接着齐国而兴起的是晋国。晋文公是在时间上次于齐桓公的霸主。他所以能成霸主，也是晋国比较早地封建化的成果。当时帮助晋文公在晋国实行封建化的人是郭偃。到秦汉以后，管仲的名气还是很大，都知道他是齐国封建化改革的主要创始者和推动者。可是郭偃这个名字很少人注意。其实，在春秋战国时期，齐桓、晋文是齐名的；管仲、郭偃也是齐名的。

《墨子·所染》篇说："齐桓染于管仲、鲍叔。晋文染于舅犯、高偃（俞樾说：高亦读为郭，高偃即郭偃。《左传》作卜偃）。"墨翟认为，人生来如白丝。"染于苍则苍，染于黄则黄。"下文列举楚庄王、吴王阖闾、越王勾践，说他们都有好的大臣以"染"他们。结论说："此五君者所染当，故霸诸侯，功名传于后世。"这五君就是春秋时期的五霸。这是说，齐桓之霸靠管仲，晋文之霸靠郭偃。

靠他们什么呢？韩非说："管仲毋易齐，郭偃毋更晋，则桓、文不霸矣。"就是说，靠他们的变法。如果管仲没有把齐国改变，郭偃没有把晋国改变，齐桓、晋文也不能成为霸主。韩非继续说：变法必受到顽固的人的反抗。坚持变法的人，必须准备用暴力推行变法。韩非说:"故郭偃之始治也,文公有官卒;管仲之始治也,桓公有武车,戒民之备也。"(《韩非子·南面》)郭偃与管仲是晋、齐主张并推行变法的主要人物。

商鞅同秦孝公讨论变法时说:"郭偃之法曰:'论至德者不和于俗;成大功者不谋于众。'"(《商君书·更法》)"郭偃之法"就是郭偃在晋国改革时的措施和言论。韩非说:"藏管、商之法者家有之。"(《韩非子·五蠹》)管、商之法就是在齐、秦改革时管仲、商鞅的措施和言论。《战国策》有一条引"郭偃之法"的内容的一部分。这一条说:"郭偃(今本作燕郭,从曾巩本)之法有所谓桑雍者……便辟左右之人及夫人优爱孺子也。此皆能乘王之醉昏而求所欲于王者也。是能得之于内,则大臣为之枉法于外矣。故日月辉于外,其贼在于内,谨备其所憎,而祸在于所爱。"(《赵策四·客见赵王》章)"故日"最后几句,韩非也引过。韩非说:"后妃、夫人、太子之党成而欲君之死也。……故日月晕围于外,其贼在内。备其所憎,祸在所爱。"(《韩非子·备内》)"桑雍"是桑树上长的瘤子(痈),后妃、夫人、太子以及左右侍奉的人都是国君身上长的瘤子。他们借君之势为非作歹,甚至把君害死以夺权。可注意的是"日月晕围于外"那几句,《战国策》引的是"郭偃之法"。韩非虽没有这样说,但文字完全相同,可能也是引"郭偃之法"。

《国语》中记载有郭偃的几段话,可能也是"郭偃之法"的部分内容。晋献公灭了骊戎,娶了骊姬,立为夫人。郭偃说:"吾观君夫人也,若为乱,其犹隶农也。虽获沃田而勤易之,将弗克飨,为人而已。"(《晋语》一)这段话说明郭偃的预见,也说明一点当时的社会情况。由这段话看,所谓隶农,就是被迫从事农业劳动的农奴。他们种的地很肥沃，劳动也不少；可是收的粮食自己不能享受，只是为别人出力。

事情的发展正是像郭偃所预料的。晋献公死，骊姬的儿子立为晋君，不久就被杀了。太子申生的弟弟夷吾，立为晋君，就是惠公。他很不得人心，郭偃批评晋惠公说："夫人美于中必播于外，而越于民，民实戴之。恶亦如之。故行不可不慎也，必或知之。"（《晋语》三）郭偃的这个批评，注意于群众对于统治者的向背，认为不得人心的统治者，必定要失败。

惠公死了以后，晋国把他的儿子杀了，立献公的另一个儿子重耳为君，这就是晋文公。

《国语》记载说："文公问于郭偃曰：'始也吾以治国为易，今也难。'偃对曰：'君以为易，其难也将至矣。君以为难，其易也将至焉。'"（《晋语》四）就是说，如果把事情看得容易，难就要来了；如果把事情看得难，容易就要来了。难和易在一定条件下互相转化，这是辩证法思想。

《国语》记载了文公即位以后的一系列的革新的措施。说："公属百官，赋职任功，弃责薄敛，施舍分寡，救乏振滞，匡困资无，轻关易道，通商宽农，懋穑劝分，省用足财，利器明德，以厚民性。举善援能，官方定物，正名育类，昭旧族，爱亲戚。明贤良，尊贵宠，赏功劳，事耆老，礼宾旅，友故旧。胥、籍、狐、箕、栾、郁、栢、先、羊舌、董、韩；实掌近官。诸姬之良，掌其中官。异姓之能，掌其远官。公食贡，大夫食邑，士食田，庶人食力，工商食官，皂隶食职，官宰食加。政平民阜，财用不匮。"（《晋语四》）

这一段讲得很多，可是因为头绪纷繁，每一项只有几个字，向来的注释,也都是"望文生义",很少讲到实质性的东西,但是其主要历史意义,还是可以看出来的。

这一大段分为三小段。从开始至"以厚民性"为第一小段,讲的是促进生产、争取劳动力的一系列的措施,归结为"利器明德,以厚民性(即"生"字)"。"利器"是改进生产工具,"明德"是提高劳动者的积极性。

从"举善援能"至"异姓之能,掌其远官"为第二小段,讲的是用人政策。政策之中也有"亲亲",也有"尚贤",既不"唯亲",也不"唯贤"。但是以"亲亲"为主,这是文公的措施中的保守的一面。

从"公食贡"至"官宰食加"为第三小段,讲的是分配制度。研究中国经济史的人一向认为:这是奴隶社会的制度,其实照文义看,这是文公的新制度。"公食贡"至"士食田"是"君子"之间的分配制度。"庶人食力"至"官宰食加"是"小人"之间的分配制度。在"君子"之间的分配制度中,还保留下一国之内的分封制。但是一个主要改革是"君食贡"。照这个改革,国君没有自己的保留土地,他的收入主要是大夫们的进贡。这个进贡大概就不是自愿的,实际上就是国君向大夫抽的税。后来韩、赵、魏"三家分晋",并不需要像鲁国那样"三分公室""四分公室",只需要三家各自独立就行了。

"小人"之间的分配制度的特点,照这里所说的看起来,似乎是没有郭偃在献公时代所说的那种"隶农"了。照这个制度,似乎"庶人""工商"以至"皂隶"都有所"享",都有所得。如果这个解释不错,那就是生产关系的一个大变革,由奴隶制向封建制转变的一个主要步骤。

《左传》记载赵鞅的誓师词说:"克敌者,上大夫受县,下大夫受郡；士田十万；庶人、工、商遂，人臣、隶圉免。"（哀公二年）这段话的前一段符合"大夫食县，士食田"的说法。"人臣、隶圉免"，照这句话，在文公的时候，奴隶还没有全部地免为自由人。可能是在这一方面，文公做得还不够彻底，后来又继续改革。像这样的大转变，本来是不能一下子就可彻底，需要有个过程。

"政平民阜，财用不匮"，这是一个总结，说明上面所说的一系列的改革的总成绩。

在本书第一册《绪论》中，我已说明，我认为在春秋战国时期划分奴隶制和封建制的一个关键，是一个"税"字。这一段没有"税"字，但有其迹象。无论如何，照新出土的《孙膑兵法》，在春秋末期，晋国的各家都已向农民收税。晋国必定也有"初税亩"，始于文公。《国语》的这一段是有其迹象的。这一段提到"薄敛"，"敛"就是征税。

照韩非所说的，这个大变革是郭偃所主持的，是"郭偃易晋"的具体内容。郭偃在主持这个变革中，必定有许多思想、言论，这就是"郭偃之法"。

第十一节　晋国的第二次变革——赵盾和"夷之蒐"

在晋文公死了以后，晋国又有了第二次改革。据《左传》记载，在鲁文公六年（前621），晋国在夷这个地方举行军事大演习，称为"夷之蒐"。在这次演习中，赵盾取得了政权。《左传》说："宣子（赵盾）于是乎始为国政，制事典，正法罪，辟刑狱，董逋逃，由质要，治旧洿，本秩礼，续常职，出滞淹。既成，以授大傅阳子与大师贾佗，使行诸晋国以为常法。"（文公六年）这些措施的具体内容，由于史料缺乏，现已无可考了。但是可以看出，这是一次全面的改革，是晋文公所作的大改革以后的又一次大改革。

隔了一百多年，到了鲁昭公二十九年（前513），《左传》又记载说："冬，晋赵鞅、荀寅帅师城汝滨，遂赋晋国一鼓铁，以铸刑鼎，著范宣子所为刑书焉。""鼓铁"就是"炼铁"，"一鼓铁"就是炼一次所出的铁。用这些铁铸成一个大鼎，铸上范宣子所作的刑书。这件事情引起了当时保守的人的激烈的反对。这和郑国子产的"铸刑书"不是一类的事。子产所铸的刑书，是把原来奴隶主阶级统治奴隶和劳动人民的刑法条文公布出来。而晋国的"铸刑鼎"并不仅是公布刑法的条文，重要的是，这些条文不是奴隶主阶级的旧条文，而是范宣子在夷那个地方举行的军事演习中所制作的新刑法。

《左传》记载了孔丘对于这件事的评论。分为两段。头一段批评铸刑鼎这件事，认为不应该将刑法公布出来铸在刑鼎上。他说："民在鼎矣，何以尊贵？贵何业之守？贵贱无序，何以为国？"这几句话的意思同叔向给子产的信反对铸刑书是一样的（见第五章）。

第二段说："且夫宣子之刑，夷之蒐也，晋国之乱制也，若之何以为法？"这几句话是就刑书的内容说的，意思是说，范宣子所制订的那套刑法是在夷之蒐那次大演习中作的，是晋国的乱制，怎么可以为法呢？"治""乱"是有阶级性的。刑鼎及其上所铸的刑法是晋国的进一步改革的表现，是治制，完全不是乱制。不过孔丘的这一段话证实了晋国的刑鼎上的刑法同郑国刑书上所铸的刑法有完全不同的阶级内容，一个是奴隶主阶级的旧刑法，一个是地主阶级的新刑法。

《左传》又记载晋国的蔡史墨对于这件事的评论。他说："范氏、中行氏其亡乎！中行寅为下卿而干上令，擅作刑器以为国法，是法奸也。又加范氏焉，易之，亡也。其及赵氏，赵孟与焉。然不得已，若德，可以免。"（昭公二十九年）这是对于当时地主阶级的诅咒。中行寅就是荀寅。史墨说他是下卿，不应该篡夺职权，作刑器以为国法，说这个行动不合法，而况且这个刑器所作的法是范宣子所作的刑法。从没落奴隶主的观点看，这就加速了他们的灭亡。还有赵氏，铸刑鼎也是赵鞅所主持的，而在夷之蒐中赵孟（即赵盾）又是主要的人物，所以赵氏的灭亡也是不可避免的；在不得已之中，他们如果赶紧"修德"，还可以避免灭亡之祸。史墨所谓"修德"，意思就是说，他们必须赶快回过头来走老路。历史是无情的，在后来各家争夺政权的斗争中，赵氏并没有亡，而且同韩、魏两家平分了晋国，成为战国时期七大强国之一。

在"夷之蒐"这次大演习中，主持改革的是赵盾，即赵宣子，而刑鼎上所铸的刑法是范宣子所制定的。这两个记载有点出入，可能是，在"夷之蒐"大演习中，赵宣子是总的主持人，而分任制定刑法的则是范宣子。史墨所说的"赵孟与焉"这四个字可以证明这个解释可能不错。

赵盾的大改革是借"夷之蒐"制订、推行的。铸刑鼎是赵鞅、荀寅利用带兵往汝滨去修城这个机会实行的。从这两次的情况看起来，当时的斗争是很激烈的。这些斗争是与暴力分不开的。地主阶级的新政权必须依靠暴力或暴力威慑的作用才能使它的革新措施得以推行。

这同齐桓公的武车、晋文公的官卒说明同一个问题。

第四章

前期儒家思想的形成
——孔丘对于古代精神生活的反思

孔丘（前551—前479）字仲尼，春秋时代的鲁国人。他的先世是宋国的大奴隶主贵族，因为在宋国政治上失败，逃亡到鲁国。他的父亲叔梁纥做过鲁国郰邑宰。孔丘早年在贵族家里做过小官，后来做过鲁国的司寇，但为时不久。以后，他就"周游列国"，各处"游说"，企图实现他的理想——"道"。

第一节　孔丘的阶级立场及其对于周制的态度

孔丘所处的春秋时代，正是中国社会由奴隶制开始向封建社会过渡的大转变时期。

对当时的大转变，孔丘认为是"天下无道"。他说："天下有道，则礼乐征伐自天子出；天下无道，则礼乐征伐自诸侯出。自诸侯出，盖十世希不失矣；自大夫出，五世希不失矣；陪臣执国命，三世希不失矣。天下有道，则政不在大夫。天下有道，则庶人不议。"（《论语·季氏》）意思就是说，在政治、社会秩序都很好的时候，天下有道，像制礼、作乐、出兵征伐这一类的大事，都是由最高统治者天子决定。在政治、社会秩序遭到破坏的时候，天下无道，像这一类的大事就由诸侯决定了。诸侯决定这一类大事，大概经过十代，很少不垮台。由大夫决定这一类大事,大概经过五代,很少不垮台。由大夫的家臣掌握国家大权,大概经过三代,很少不垮台。如果天下有道,国家的政权决不会落在大夫手里,如果天下有道,庶人就不议论国家的政治。孔丘所说的"天下有道",显然是指西周奴隶主贵族阶级还能维持它的统治的时期。他所说的"天下无道",显然是指东周以来奴隶主的统治日趋崩坏的时期。这是他用奴隶主阶级的立场、观点和方法分析问题而提出来的一般的原则。

孔丘又进一步用这个原则评论鲁国的政治形势。他说:"禄之去公室五世矣,政逮于大夫四世矣。故夫三桓之子孙微矣。"(《论语·季氏》)孔丘的这段话,说明了鲁国的政权逐步下移的情况,也就是说,鲁国的奴隶主阶级的政权逐步为下层所夺取。因此,他感慨地说,鲁国的国君失去国家的政权已经有五代了。政权落在大夫手里已经有四代了。这些掌握政权的大夫就是鲁国的孟孙、叔孙、季孙三家。因为这三家都是桓公之后,所以称为"三桓"。他们掌握了鲁国的政权已经四世。孔丘,照他的立场、观点、方法,认为三桓的子孙也应该不行了,就是说,他们也要为他们以下的政治势力所取代。他们以下的政治势力就是新兴地主阶级。

孔丘在这两段话里,暴露了他对当时的社会转变的态度。他说这种转变是"天下无道",在这大转变之前的旧社会,是"天下有道",天下太平。这是他对于当时社会的大转变的明确的表态。明确地表示他是站在当时的被变者的立场上说话的。

照孔丘在这里所说的,"天下无道"有三种情况:一是"礼乐征伐"的大权层层下移。二是政在大夫,甚而至于在"陪臣"手里。三是庶人也议论政事。这是当时社会、阶级力量对比的重大变化。

从新兴的地主阶级立场看，这种变化是好的。他们所争取的就是这种变化。从奴隶主阶级看起来，这是不好的，因为新兴阶级在这种变化中所得到的权力，就是他们原来所掌握的权力。

在上面所说的那三点中，从奴隶主阶级看，最坏的是庶人议论政治。在奴隶社会中，庶人占的是什么阶级地位呢？《左传》记载，楚国将伐晋，楚国的子囊反对说：晋国的政治很好，"其卿让于善，其大夫不失守，其士竞于教，其庶人力于农穑，商工皂隶不知迁业……晋不可敌。"（襄公九年）《左传》又一段记载，晋国的赵鞅同郑国打仗，定出来赏格说："克敌者上大夫受县，下大夫受郡，士田十万，庶人工商遂，人臣隶圉免。"（哀公二年）意思就是说，打仗有功的人，如果原来是奴隶主贵族，如上大夫、下大夫、士之类，就加封他们的土地。如果他们原来是庶人或工商业者，就可以"遂"（杜预注说："得遂进仕"），就是说可以取得参与政治的资格。如果他们原来是奴隶（人臣隶圉），就可以免除他们的奴隶身份。

这两段记载，都提到"庶人"。大概在原来的奴隶社会中，人分为三大类，一是奴隶主贵族，从王、侯以至于士，都属此类。二是庶人，工商业者，大概他们都是介乎贵族与奴隶之间的自由民。新兴地主阶级除了从奴隶主贵族转化来的那一部分人以外，原来也都是庶人。最下一类是奴隶。（《左传·昭公七年》又载芋尹无宇的话说："天有十日，人有十等。"从王至牧十等，这是比较详细的说法）奴隶没有人身自由，庶人虽有人身自由，但也没有资格谈论政治。而在春秋时候他们也竟然谈论起来了。

总的情况是，当时的社会已经有了很大的变革。在孔丘看起来，已经到了"天下无道""礼坏乐崩"的地步。当时的情况引起他对于周礼的反思，以及对于古代文化的反思。

孔丘基本上是一个奴隶主阶级的思想家，基本上拥护周礼，但并不是冥顽不灵的。他感觉到周礼在当时的危机；他也认为，周礼终究必须有所改革。他是一个奴隶主阶级的改革派。

他说："殷因于夏礼，所损益可知也。周因于殷礼，所损益可知也。其或继周者，虽百世可知也。"（《论语·为政》）他回顾了夏、商、周三代的历史，认为殷礼是以夏礼为基础而有所损益的；周礼是以殷礼为基础而有所损益的。由此推论，继周的一代也必须以周礼为基础而有所损益。这样一步一步地推下去，虽百世也是可以预知的。"以为基础"就是"因"，"有所损益"就是"革"。历史的演进，无非就是"因""革"互相为用。

孔丘承认历史是变动的。在变动的过程中，每一事情都在过去有所根据，这就叫"因"，也都和过去有所不同，对过去有所损益，以适应新的情况，这就叫"革"。在历史变动的过程中，每一事情都有"承先启后""继往开来"的作用。因为它都在过去有所根据，所以是"承先""继往"，但它又为将来的事情所根据，所以它又是"启后""开来"。历史变动的过程，就是这样一环扣一环地延长下去。所以说"虽百世可知也"。在历史变动的过程中，具体的事情是不可知的；将来的具体的事情固然不可知，即使过去的事情，我们也不可能知道得那样具体，但是其中有一个一般的规律，"因""革"互相补充，这是可以知道的，"虽百世可知也"。

关于"革"孔丘只认识到"损益"。这说明，他只认识到量的增减，没有认识到质的变化。或者是他只承认有量的渐变，不承认有质的突变。这样的认识，或者这样的思想方法，使他对于当时的社会大转变不能有完全的理解。这是他的保守思想的认识论的根源。

所以孔丘虽然也承认周礼也要有所损益，但是他还是基本上拥护周礼。其所以如此，据他说，有两个理由。他说："夏礼吾能言之，杞不足征也。殷礼吾能言之，宋不足征也。文献不足故也。足则吾能征之矣。"（《论语·八佾》）就是说，夏礼和殷礼，他都能讲。但是没有现成的实例可以证实。言外之意就是说，周礼倒是还有实例，可以更明确地知道它是个什么样子，这是他拥护周礼的第一个理由。后来，荀况主张"法后王"，也是根据这个理由。荀况所谓"后王"，也是指周王。孔丘又说："周监于二代，郁郁乎文哉，吾从周！"（《论语·八佾》）就是说，周礼已经借鉴于夏礼和殷礼，作了应有的损益，已经在文化上达到相当高的程度，所以他还是要"从周"，这是他拥护周礼的第二个理由，也可以说是比较主要的理由。

但周礼是不是完全没有需要改革的地方呢？孔丘认为也不是。他说："齐一变至于鲁，鲁一变至于道。"（《论语·雍也》）当时的各诸侯国，原来都是奉行周礼的。鲁国是周公之后，是奉行周礼的模范。孔丘认为，齐国一变，才能赶上鲁国。但鲁国也还需要变一下，才能"至于道"。孔丘认为，有一个比周礼更高的标准，那就是"道"。

综合上面所引孔丘的话看起来，孔丘基本上是拥护周礼的，但他也认为对于周礼也要有所损益，经过损益的周礼，才合乎他的理想；这个理想，他称为"道"。

具体地说，周礼对于夏礼、殷礼的因、革，究竟是些什么呢？对于周礼究竟应该作些什么改变才合乎孔丘的理想呢？汉朝人在这些方面做了许多文章。例如，公羊家说：孔丘"作《春秋》"，"寄王于鲁""以鲁当新王"。就是说,孔丘自命为"继周者",自命为下一代的"新王"。"新王"的礼,寄托在《春秋》之内。所以《春秋》为"一王之法"。孔丘的"道"的内容,究竟是什么呢?汉朝人也作了一些回答。例如《礼运》中所说的"大道之行也,天下为公……"(《礼记·礼运》)那一段话。不过这些思想,只能说是汉朝人所追加的,可以说是孔丘的思想在汉朝的发展,不能说就是孔丘的思想。

可以认为是孔丘的思想的就是,他基本上拥护周礼而又自以为他有一个比周礼更高的"道"。这个"道"可能是以周礼为基础而又加损益的。他一生的斗争,就是要推行他的"道"。他说:"如有用我者,吾其为东周乎!"(《论语·阳货》)这个东周,大概是实行他的"道"的周,跟原来的西周不是完全相同。他说:"道之将行也与,命也;道之将废也与,命也。"(《论语·宪问》)后来他知道东周是不能实现的,他就说:"道不行,乘桴浮于海。"(《论语·公冶长》)

孔丘在这些引文中所表现的思想是一种反思。他对于夏、商、周这三个大时代的历史、文化作了反思。从夏朝以来的统治者们,有些言论被他们的史官记载下来,保存在《尚书》之中,后来称为《书经》。这些言论,都是对于当时的某些问题所作的对策。上章所说的管仲的言论,在性质上是对当时的一些旧东西的改革,但也是一种对策。这些都是不同时代的现实政治中的东西。孔丘所讲的不是一种对策,而是一种反思,由反思中得出一些理论。这些理论就成为他的"道"的内容,也就是他的哲学的内容。从这个意义上说,孔丘是中国的第一个(从时间上说)哲学家。

第二节　孔丘对于古代道德生活的反思
——关于"仁"的理论

孔丘的反思是很广泛的,其中最突出的是对于"人"的反思。人和民这两个名词的意义是不同的。近来关于这两个名词的意义的不同,有很多的讨论。强调这两个名词的意义的不同,这是应该的。但认为这个不同,有古今之异,也就是说,这两个名词的意义有古今的不同,这是没有根据的。实际上是,这两个名词的用法,像绝大多数的汉字一样,古今是一致的。"人"就是人类的那个人,"民"是被统治的群众。和"人"对立的名词是"禽兽";和"民"对立的名词是"君",是统治者。"民"这个名词有政治的意义,"人"这个名词的主要意义是生物上的和道德上的。

孔丘和学生们谈到道德上各种类型的人。有"善人"("善人为邦百年,亦可以胜残去杀矣。"《论语·子路》),有"大人"("畏大人"。《论语·季氏》),有"小人"("小人长戚戚。"《论语·述而》),有"圣人"("圣人吾不得而见之矣。"《论语·述而》),有"成人"("文之以礼乐,亦可以为成人矣。"《论语·宪问》),有"仁人"("志士仁人无求生以害仁,有杀身以成仁。"《论语·卫灵公》),这些类型的分别,表示孔丘对于人的反思,也可以说是对于人的道德生活的反思。

就人的道德生活说，两个最普通的类型是君子和小人。这两个类型，本来是就人的政治地位说的。一个社会一分为二，有剥削的、统治的上层阶级；有被剥削的、被统治的下层阶级。上层阶级的人称为"君子"；下层阶级的人称为"小人"。照字面看，"君子"就是君的儿子，如后世所谓"公子""少爷"之类。同公子、少爷相对的人就是"小人"。这是"君子"和"小人"这两个名词的本来的意思。在《论语》中还保存有这两个名词的这样的用法。例如：孔丘的学生樊迟告诉孔丘说，他想学种庄稼和种菜园。孔丘说他是"小人"（《论语·子路》）。这并不是说，樊迟是一个道德上的坏人，只是说，他的思想是社会阶层中的农民的思想。孔丘又说："君子学道则爱人，小人学道则易使也。"（《论语·阳货》）这里所说的"君子"和"小人"，显然是用这两个名词的旧意义。但在《论语》中更多的地方是用这两个名词的新意义。例如，孔丘和他的学生们，在陈国绝粮了，学生们饿得卧床不起。子路愤怒地问孔丘说："君子亦有穷乎？"孔丘回答说："君子固穷，小人穷斯滥矣。"（《论语·卫灵公》）这里所说的"君子""小人"，显然是就道德品质说的。孔丘又说："君子哉蘧伯玉！邦有道则仕；邦无道则可卷而怀之。"（同上）又说："人不知而不愠，不亦君子乎？"（《论语·学而》）这里所说的"君子"，显然是就道德品质说的。

就人的道德品质说，"君子"是有高贵的道德品质的人；"小人"是没有道德或不道德的人。这两个名词的意义的变化，标志着在当时社会大变动中阶级力量对比的变化。奴隶主贵族们不能专凭其政治地位高而受人尊敬；一般的人亦不专因为政治地位低而受人轻视。政治地位低而道德品质高的人，也可以称为"君子"；政治地位高而道德品质低的人也可以称为"小人"。孔丘的时代正是处于"君子"和"小人"这两个意义新旧并用的时代。《论语》中保存了这两个名词的新旧意义。

在对于人的反思中，孔丘认为，对于人的评价的标准，应该是人的道德品质的高低，并不是他的政治地位的贵贱。孔丘认为"仁"是最高的道德品质，具有这个道德品质的人称为"仁人"。孔丘论仁的话很多；大概可以分为四类。一类是"仁"的基础，即"为仁"的人，所必须有的素质，二是"为仁"的方法，三是"仁"的内容，四是"为仁"的成就。

先从第一点说起。

孔丘认为，人必须有真性情，有真情实感。这就是"仁"的主要基础。他说："刚毅木讷近仁。"（《论语·子路》）又说："巧言令色，鲜矣仁。"（《论语·学而》）"刚毅木讷"的人和"巧言令色"的人，成为鲜明的对比。前者是以自己为主，凭着自己的真性情、真情实感做事的老老实实的人。后者是以别人为主，做事说话，专以讨别人喜欢的虚伪的人。孔丘认为，前者是"近仁"，就是说，这虽然还不是"仁"，可是接近于"仁"。后者是"鲜矣仁"，就是说，在这样的人之中，是很少能成为"仁"的。从这个对比可以看出来，孔丘认为"仁"的基础是人的真性情，真情实感。有真情实感老老实实的人，还不一定就是仁人，但弄虚作假、油腔滑调、讨人喜欢的人是不可能成为"仁"人的。

所以孔丘常讲"直"。他说："人之生也直，罔之生也，幸而免。"（《论语·雍也》）意思就是说，以自己为主，凭着自己的真情实感，是什么就是什么，有什么就说什么，这是人的本性，生来就是这个样子的。以别人为主，不是这个样子，这就是"罔"。"罔"以讨人喜欢为主，似乎是可以避免祸害，其实那也是"幸而免"。

《论语》还记载了两个例子，以说明这个问题。一个例子是："叶公语孔子曰：'吾党有直躬者，其父攘羊，而子证之。'孔子曰：'吾党之直者异于是，父为子隐，子为父隐，直在其中矣。'"(《论语·子路》)一个人的父亲偷了别人的羊，这是坏事。他的儿子不愿意他父亲所做的坏事张扬起来，这是他的真情实感。可是叶公所说的那个人，反而出来证明他的父亲做了坏事，这就不是他的真情实感了。所以看起来似乎是"直"，其实这并不是"直"，而是"罔"。

又一个例子是："子曰：'孰谓微生高直？或乞醯焉，乞诸其邻而予之。'"(《论语·公冶长》)别人向微生高借东西；如果微生高没有这种东西，他本来可以把真实的情况告诉他，是没有就说没有，这是"直"。不告诉他这种真实情况，而到邻居家里转借，好像自己是有这种东西。这就是弄虚作假，似乎是"直"，而实际上是"罔"。

专就这两个例子说，叶公所说的那个人和微生高，是不是算"直"？这是一个可以讨论的问题。如果讨论起来，那就要牵涉别的很多问题。无论怎么样，孔丘认为，"直"就是凭着自己的真情实感，真情实感是什么，就是什么，这是他认为"直"的标准，也是"仁"的基础。

孔丘认为，人必须有真性情，其言论行事都必须是其真性情的真的流露。他特别批判虚伪。他说："巧言令色足恭，左丘明耻之，丘亦耻之。匿怨而友其人，左丘明耻之，丘亦耻之。"(《论语·公冶长》)善于取媚于人的人，专以讨别人的喜欢为事，这种人的表现，必定是造作的，虚伪的，没有一种真情实感。至于"匿怨而友其人"的人就是两面派，那就更是虚伪的了。所以孔丘认为这些人都是可耻的人，这样的人是决不能成为仁人的。因为他们已经失去了"仁"的品质的基础，失去了"为仁"所必有的素质。

因为这个道理，孔丘的有些看起来很难理解的话，就不难理解了。例如他说："人之过也，各于其党，观过斯知仁矣。"（《论语·里仁》）为什么看见人的过错，就可以知道仁呢？因为"仁"是人的真性情的流露。这些流露在有些时候可能失于偏激。例如性情刚直的人，有的时候，可能刚直过火而失于偏激。过火就是错误，但是这种错误也是从这个人的真性情流露出来的。所以也还说是近乎"仁"。孔丘又说："唯仁者能好人，能恶人。"（《论语·里仁》）每个人都有好恶，都有他所喜欢的人，也都有他所厌恶的人。为什么只有仁人能好人、能恶人呢？因为一般人的好恶未必是他的真性情的真的流露，只有仁人的好恶才是他的真性情的流露。所以他的好是真好，他的恶是真恶，他所喜欢的人是他真喜欢的人，他所厌恶的人是他真厌恶的人。

在当时传统的"礼"之中，一个人的父母死了，他要为他们服丧三年，称为"三年之丧"。在传统的"礼"受到批判的时候，孔丘的学生宰予也动摇了。他也主张废"三年之丧"。孔丘批评他说："予之不仁也！子生三年，然后免于父母之怀。夫三年之丧，天下之通丧也。予也有三年之爱于其父母乎？"（《论语·阳货》）孔丘不说宰予的主张是不孝，而说他是不仁。因为孔丘认为，人的最真实的情感是对于其父母的情感。"子生三年，然后免于父母之怀"，对于父母，自然有最真实的爱慕。父母死了，这种爱慕之情就表现为"三年之丧"。这并不是算账，只是说，这是人的性情的真的流露。孔丘认为，这是"仁"的根本的根本。所以他的弟子有若说："孝弟也者，其为仁之本欤！"（《论语·学而》）从这个根本的根本推出来，就成为"泛爱众而亲仁"（《论语·学而》）。孔丘认为，"爱"是"仁"的主要内容。《论语》记载说："樊迟问仁。子曰：

'爱人。'"(《论语·颜渊》)当然,这种爱必须是一种真情实感。亲子之爱就是这种真情实感的一个例子。这是仁的主要内容,也是人与人的关系的基本准则。

孔丘讲"仁",注重人的真情实感。后来的儒家,如孟轲、《中庸》的作者,以及宋、明道学家们都着重"诚"。他们所讲的"诚",比之于孔丘所说的真情实感,不免有夸大的地方,但是其基本的内容就是"真"。他们说,"诚"是"无妄","无妄"就是没有虚伪。

道学家们还常讲:"至诚恻怛之心","至诚"就是完全的诚。"恻怛之心"就是对于别人的一种同情心。别人的痛苦和欢乐在自己的心中引起共鸣,这就是所谓"恻怛之心"。有了真情实感,再把这种真情实感推向别人,这也是"爱人"。

《论语》记载说:"仲弓问仁。子曰:'出门如见大宾,使民如承大祭,己所不欲,勿施于人,在邦无怨,在家无怨。'仲弓曰:'雍虽不敏,请事斯语矣。'"(《论语·颜渊》)"如见大宾","如承大祭",就是说,必须有一种至诚之心。"己所不欲,勿施于人"就是"忠恕之道"。能在社会大范围(邦)和小范围(家)都行"忠恕之道",那就可以在大、小的范围之内,都不受到怨恨。

《论语》又记载说:"子贡曰:'如有博施于民,而能济众,何如?可谓仁乎?'子曰:'何事于仁?必也圣乎!尧舜其犹病诸!夫仁者己欲立而立人,己欲达而达人,能近取譬,可为仁之方也已。'"(《论语·雍也》)"博施""济众"必须有一定的物质条件。"施",必须有所以施;"济",必须有所以济。这不是人都能做得到的。即使像尧舜那样的人,做了君主,也未必能够做到。所以"博施""济众"不能作为"仁"的内容。仁这种品质是"己欲立而立人,己欲达而达人"。这也是"忠恕之道"。这还不是"仁",

这只是"为仁之方",就是说,这是达到仁的品质的方法。照着这个方法所达到的品质,才是"仁"。关于忠恕之道,下边还有论述。

孔丘认为人必须有真性情、真情实感,然后才可以有"仁"的品质,但是,真性情、真情实感还不就是"仁",它是"为仁"的必要条件,但不是其充足条件。因为真性情、真情实感可能失于偏激,所以必须对于真性情、真情实感有所加工。好像一块美玉,它的素质是美的,但是还必须对它进行琢磨,才可以成为一件完全的器物。这就是加工。用黑格尔的话说,好的素质是自然礼物,加工是人为的艺术。对于人说,他的真性情、真情实感,是自然的礼物。加工是社会对于他的琢磨,加工的目的是使个人与社会相适应,不相矛盾,而相协和。琢磨的方法就是学"礼"。

孔丘说:"恭而无礼则劳,慎而无礼则葸,勇而无礼则乱,直而无礼则绞。"(《论语·泰伯》)又说:"好直不好学,其蔽也绞。"(《论语·阳货》)这都是说"学礼"的重要性。

第三节　孔丘对于古代道德生活的反思
——关于"礼"的理论

在古代思想中,特别是儒家的思想中,所谓"礼"的意义,相当广泛。《左传》引"君子"的话说:"礼,经国家,定社稷,序民人,利后嗣者也。"(隐公十一年)这个"君子",指的就是孔丘。

照这个意义说,"礼"包括社会组织、政治体制、社会秩序等上层建筑。

《论语》有一段记载说:"颜渊问仁。子曰:'克己复礼为仁,一日克己复礼,天下归仁焉。'……请问其目。子曰:'非礼勿视,非礼勿听,非礼勿言,非礼勿动。'"(《论语·颜渊》)

《左传》有一段话说:"仲尼曰:古也有志,克己复礼,仁也。"(昭公十二年)《左传》引的孔丘的这句话,和《论语》中孔丘回答颜渊的话,完全相同,不过多了"古也有志"四个字。"志"就是记载。孔丘也是引用以前的成语,以说明他自己的意思。加上《左传》的这一段,可见"克己复礼"是孔丘常说的话。

孔丘还说:"诗三百,一言以蔽之曰:'思无邪。'"(《论语·为政》)《诗经》包括三百多篇诗。"思无邪"是《诗经·鲁颂·驷》篇中一句诗。孔丘认为这句诗可以包括全部《诗经》的意义。邪和正必定有个标准,这个标准,照孔丘看来,当然就是周礼。照孔丘的全部思想体系看,"非礼勿视,非礼勿听,非礼勿言,非礼勿动",这四目之外,还要加上第五目,那就是非礼勿思。

上边所讲的"直",所谓真性情,真情实感,都是就个人说的。但个人总是在社会中生活的。他是社会的一员,不能离开社会而单独存在。这是人的社会性。离开了社会性,人也就不成其为人了。孔丘对于"人"的反思表现了这一点。

从《论语》所记载的孔丘的话看起来,他有的时候是用"礼"来规定"仁"。"克己复礼为仁"就是用"礼"规定"仁"。他也说:"人而不仁如礼何?"(《论语·八佾》)这是用"仁"规定"礼"。在表面上看起来,这好像是一种循环论证,其实并不是如此。他所要说的,是他对于"人"的反思。他要树立一个完全的人格。一个人格总是个人的人格。但在这个人格中,包含有社会的组织,社会的制度,社会的秩序,个人和社会的关系,以及社会中人和人的关系,等等。这些都是一个完全的人格所要牵涉到的。用当时的话说,这些都叫"礼"。所以关于"仁"的反思,必须同时也是对于"礼"的反思。

"复礼"就是回归于"礼"。当时"礼坏乐崩",人们都不照周礼行事。不仅社会下层的人不照"礼"行事而"犯上作乱";即使社会上层的人也不照"礼"行事。孔丘认为,其所以不照礼行事,因为人们都愿意满足他们自己的欲求,照着自己的欲求行事。所以"复礼"必须"克己"。"克"就是战胜的意思。"克己"就是要用"礼"战胜自己的欲求,能"克己"自然就"复礼"了。"克己""复礼"实际上就是一回事。

这样说起来,"仁"和"礼"是互相矛盾的。人们都有自己的欲求,这也是他们的真情实感。这是为仁的基础,怎么能克呢?《论语》记载说,孔丘的学生原宪问:"克伐怨欲不行焉,可以归仁矣?"孔丘说:"可以为难矣,仁则吾不知也。"(《论语·宪问》)把怨、欲都克伐了,可以说是"克己"了吧。原宪认为这就是仁。孔丘回答说,这是很难的事,但这是不是仁,他不知道。这是用一种委婉的说法说这不是仁。孔丘讲仁,说的是"推己及人"。这里又说"克己复礼为仁"。"推己"和"克己"似乎是互相矛盾的。

其实,这里并没有什么矛盾。"推己及人",就是孔丘所说的"忠恕之道"。"忠恕之道"说起来很容易,但实行起来很困难。为什么困难?因为人有私心,总是把自己的利益放在第一位。"己所不欲，勿施于人"。但如果这样做妨碍了自己的利益，他就不能"勿施于人"了。不但不能"勿施于人"，而且要强施于人。"己欲立而立人，己欲达而达人"。如果这样做妨碍了自己的利益，他就不能立人、达人了。不但不能立人、达人，而且还要把别人打翻在地，为自己的"立""达"开辟道路。这样的私心就是"克己复礼"所要克的那个"己"。这个"己"不但是"复礼"的阻碍，而且也是"推己及人"的阻碍。不"克"这个"己"，就不能"推己及人"。这样意义的"己"，不仅"复礼"要"克"它，"推己及人"亦要"克"它。"忠恕之道"是"为仁之方"，也是"克己"之方。

后来孟轲和齐宣王关于"好色""好货"的辩论，说明了这一点。如果齐宣王因他自己"好色""好货"，由此而认识他的百姓也都"好色""好货"，并且施行一种措施，使他们都能满足他们的"好色""好货"，这就是"仁政"（见《孟子·梁惠王下》），这是"推己"，也就是"克己"。因为这两个"己"字有混淆，后来的道学家们就用公、私之分说明这个区别。"克己"的那个"己"说的是私心，必须"克"那个私心，才能"推己及人"。"推己及人"之所以能"推"，就因为它不是出于私心，而是出于公心。"克己"也不是要"克"一切情感、欲求，像原宪所说的"克伐怨欲"那样，而是克去其中的私心。没有私心就可以"推己及人"。

"复礼"是孔丘拥护周礼的表现。"为仁"是"复礼"的补充，也可以说是给周礼加了一些理论的根据。孔丘对于周礼补充了一些理论的根据，这也可以说是他对于周礼的损益。说是"益"，因为原来的周礼里边并没有这些理论。说是"损"，因为周礼的有些细节可能不合这些理论，孔丘也可以"革"它。

孔丘说:"麻冕,礼也。今也纯,俭,吾从众。拜下,礼也。今拜乎上,泰也,虽违众,吾从下。"(《论语·子罕》)孔丘用这两段话说明,他不是顽固地拥护周礼,也不是盲目地"复礼"。例如,麻冕是礼的规定。可是在他的时候,一般已经改用纯冕。孔丘认为,纯冕容易做,合乎俭德,所以纯冕虽然非礼,他也是随着众人,跟大家一样。臣见君应该在台阶下参拜,这是礼。当时的人已经不行这个礼,在台阶上边参拜。孔丘认为,这是"泰",是傲慢,虽然违反众人,他还是在台阶下面参拜。他的意思是说,他以恭俭这两条道德原则为标准。他可以"复礼",也可以随从众人,主要的是依照他自己的标准行事。这是孔丘自己说的他对于周礼的损益。不过他的具体的改革,都是一些小节,而他所补充的理论,则具有关键性、根本性的意义。

孔丘对于周礼所补充的具有关键性、根本性的理论,还有两条,一条是"正名"的理论,一条是"中"的理论。

孔丘认为,"礼"的一个重要作用是"正名"。

孔丘第二次在卫国的时候,卫国发生了一件争夺君位的大事。卫国的国君灵公,不喜欢他的太子蒯聩,蒯聩逃避在国外。后来卫灵公死了,卫国的君位由蒯聩的儿子辄继承。九年以后,蒯聩借了晋国的兵保护回来,辄派兵去阻挡。这件事比较复杂。按周礼说,他们父子二人,究竟谁对谁不对呢?《公羊传》说:蒯聩对,辄不对,"父有子,子不得有父",以子拒父是不对的。《穀梁传》说:辄不错,"其弗受,以尊王父也",辄是受祖父之命为君,他不接受他父亲回来,是尊他的祖父(并见哀公二年)。辄本来有用孔丘的意思。孔丘的学生子路在卫国做官,他问孔丘说:卫君等着先生出来管理国家大事。假使先生出来,你首先要办的是什么事?孔丘说,必定先要正名。子路说,有这样的办法吗?先生真是太迂阔了,正个什么东西?孔丘说:"名不正则言不顺,言不顺则事不成,事不成则礼乐不兴,礼乐不兴则刑罚不中,刑罚不中则民无所措手足。"(《论语·子路》)意思就是说,应该先按父、子这两个"名",判定蒯聩和辄究竟谁对谁不对,这就是"正名"。如果这个问题没有解决,他们二人,无论谁当卫君,都是"名不正"。如果一个当君的人首先是名不正,他说出来的话,就不会顺当。说出来的话不顺当,那就什么事情都办不成。什么事情都办不成,就不能提倡礼乐。不提倡礼乐,刑罚就不会恰当。刑罚不恰当,老百姓就无所适从了。

孔丘认为,每一个名都有它的意义。代表社会的各种关系的名的意义,就是周礼所规定的那些条条框框。照他看来,应该用这些条条框框来纠正当时不合乎这些条条框框的事。这就叫正名。

《论语》记载说:齐景公问政,孔丘回答说:"君君,臣臣,父父,子子。"(《论语·颜渊》)这就是说,事实上为君的人的行为,必须合乎"君之名";事实上为臣的人的行为,必须合乎"臣之名";事实上为父的人的行为,必须合乎"父之名";事实上为子的人的行为,必须合乎"子之名"。孔丘认为,每一个名,例如"君""臣""父""子"等,都有其一定的意义。这些意义就代表这个名所指的事物所应该如此的标准。这个标准,他称为"道"。"君""臣""父""子"的名,代表君、臣、父、子的"道"。事实上处于君、臣、父、子的地位的人,如果都合乎君、臣、父、子的"道",就是"天下有道";不然就是"天下无道"。照他看起来,"无道"就是"乱",那就是说,像周礼所规定的正常的社会秩序不能维持了。孔丘对付这种情况的办法,不是改变旧的名及其所代表的条条框框以符合实际的情况，而是用旧的名及其所代表的条条框框以纠正当时他所认为是不正常的实际情况。这就是他所谓"正名"，"正名"就是"复礼"。

在先秦哲学中，有一个重要的问题，就是关于"名"与"实"的问题。"名"就是名字；"实"就是由某个名所指的实际的东西。孔丘的"正名"的理论所注意的，并不是认识论的问题，也不是逻辑的问题。在春秋末年，认识论和逻辑的问题还没有有意识地提到哲学的日程上来。但是在客观上，"正名"牵涉到"名"与"实"的关系的问题。"君君、臣臣"，头一个"君"字，头一个"臣"字，是指事实上为君或为臣的具体的人，就是"实"。第二个"君"字，第二个"臣"字，是代表"君""臣"的"道"，是一般的名。孔丘的办法，是用一般的"名"以校正具体的"实"。他认为只要把"名"弄清楚，"实"自然就会改变。这是认为"名"或"道"是比具体的事物更根本。在"名""实"的关系这个问题上，这是唯心主义的理论。

《论语》上有一段记载说：古代的一个"圣王"尧将要死的时候，把帝位传授给舜，不但传授给他统治老百姓的政权，并且传给他统治老百姓的一个四字秘诀："允执其中。"（《论语·尧曰》）后来舜把帝位传给禹的时候，也传了他这个"秘诀"。《论语》的这一段上面没有"子曰"二字，可能不是孔丘亲口说的，不过总是儒家比较早的一个传说。唐、宋以后，儒家有一个"道统"说，说是有一个"道"，从尧、舜传到孔丘。道统的主要内容就是这个"中"字。《论语》的这一段，就是这个"道统"说的开始。

《中庸》引孔丘的话说："执其两端，用其中于民。"（第六章）《中庸》的这句话，可能是从《论语》的那一句话来的，不过多了

"执其两端"四个字。这四个字很重要。有了这四个字,"允执其中"的那个"其"字就有着落。这个"其"字指的就是"两端","其中"就是"两端"的"中"。"允执其中"就是说,要确确实实地抓着"两端"的"中",不可"过",也不可"不及"。

《论语》也记载孔丘的话说:"吾有知乎哉?无知也。有鄙夫问于我,空空如也。我叩其两端而竭焉。"(《论语·子罕》)孔丘的意思就是说:他自己实在没有什么别的知识。他所知道的,就是要注重"两端"。有一个普通的人,问他一件事情,意思很诚恳(空空即悾悾)。他就事情的两个方面,尽其所知而告诉他。这里所说的两端,就是《中庸》所说的两端,这里所说的"而竭焉",就是说,告诉他既是这样,又是那样,貌似全面,其实还是折中主义。

《论语》上有一个公式,就是:一方面是"什么",而另一方面又是"什么"。例如《论语》上说:"子温而厉,威而不猛。"(《论语·述而》)在这里,"温"和"厉"是两端。这两端合起来就成为孔丘的形象。孔丘的学生说孔丘"温、良、恭、俭、让"。(《论语·学而》)这是说,他的形象是以"温"为主。可是,如果仅只是"温",那岂不失去了他的威严了吗?所以他还要"厉"。下面接着说:子"威而不猛"。"猛"就是威严太过。可是威严也不可太过,所以又加上"不猛",就是说,他还有"温"那一面,以补充他的"威"。

从辩证法说,一个统一体一分为二,分成为两个互相排斥的对立面,而两个对立面又互相关联着。就是说,它们是矛盾的统一。其矛盾是绝对的,统一是相对的。矛盾的双方互相依存,又互相转化。矛盾着的两方面中,必有一方面是主要的,他方面是次要的。其主要的方面,决定这个统一体的性质。但是,这种情形不是固定的,矛盾的主要和非主要方面，互相转化着，事物的性质也就随着变化。这两个对立面经常变化。如果它们的量变还能保持着相对的平衡，这个统一体就保持着它原来的性质，保持着相对的稳定，暂时的平衡，即所谓常态。当它们的量变超过一定的限度，这个统一体的相对的平衡，所谓常态，就不能维持了，它就要改变性质，成为一个新的事物，这就是"新陈代谢"。

孔丘所说的"两端"，是没有斗争的、静止的两个对立面。他所说的"中"，就是要永远保持统一体的平衡，不使发生质变。他所说的"过"、"不及"，就是指偏离平衡的状态，因此他都认为是不好的。他的这些观点是形而上学反辩证法的观点。

在当时孔丘称为"天下无道"的时代，奴隶社会已经垮台了，旧的平衡已经失去了，周礼已经崩坏了。孔丘还妄想要恢复旧的平衡，要复礼，他宣扬"中"，以之作为礼的根据和"复礼"的理由。

照孔丘讲，在奴隶社会中，"中"的具体规定就是礼，即周礼。《礼记》记载：孔丘说，师（子张）是太过，商（子夏）是不及。子产好像是众人的母亲，能养活他们，但是不能教育他们。子贡答话说：怎样才可以决定什么是中呢？孔丘说："礼乎礼！夫礼所以制中也。"（《仲尼燕居》）《论语》中也记载孔丘说的"师也过，商也不及"的一段（《论语·先进》）。《礼记》的这一段，可能是从《论语》那一段推演而来，中间又加上了论子产的几句话。意思是说，子产对于老百姓，宽得太过，严则不及。过和不及，都是错误的。只有中才是正确的。可是怎样决定那个中呢？孔丘说：礼呀！礼呀！礼是决定中的。孔丘是以"礼"作为"中"的具体的规定。这也就是以"中"作为"礼"的理论根据。

孔丘又把"中"和"庸"联系起来。孔丘说:"中庸之为德也,其至矣乎!民鲜久矣。"(《论语·雍也》)《论语》讲"中庸"二字只有这一条。《中庸》又引孔丘的话说:"君子中庸,小人反中庸。君子之中庸也,君子而时中。小人之中庸也,小人而无忌惮也。"(《中庸》二章)(小人之中庸也,朱熹据王肃本说,应作小人之反中庸也)"庸"是什么意思,孔丘没有讲。照后来儒家的解释,"庸"就是平常的意思。朱熹在《中庸章句》标题下注说:"中者,不偏不倚、无过不及之名。庸,平常也。"又引程子曰:"不偏之谓中;不易之谓庸。中者,天下之正道;庸者,天下之定理。"意思是说:"庸"是社会中现存的常规。既是常规,就是定理,礼就是这种定理的具体表现。

孔丘说:君子"时中"。照孟轲后来所发挥的,"时中"就是说,所谓中是随时变动的,"中"并不一定是在与"两端"等距离的中心点上,也并不是老在一个点上。孔丘所讲的"时中",可能没有孟轲所发挥的那样多的意思,可能只是说,君子是时时刻刻守着"中"的。

不过孔丘也讲"权"。他说:"可与共学,未可与适道。可与适道,未可与立。可与立,未可与权。"(《论语·子罕》)就是说,有些人也有志于学,但他所要学的未必是"道"。有些人虽然有志于学道,但未必能"立于礼"。有些人虽然能"立于礼",但往往把礼当成一种死的规矩。执着死的规矩、固定的办法以应不同的事情,对于礼不能灵活地应用,这就叫"未可与权"。

应用的灵活性,在表面上看起来,好像与"礼"的原则性有违背,但是在本质上正是同原则相符合。这种所谓"灵活性",实质上是为了维护"礼"。后来的董仲舒说:"反经而合乎道曰权。"道是原则性;权是灵活性。灵活性,在表面上看,似乎是违反原则性,但实质上正是与原则性相合。

孔丘的学生有若说:"礼之用,和为贵。先王之道斯为美。小大由之。有所不行,知和而和,不以礼节之,亦不可行也。"(《论语·学而》)这话不是孔丘直接说的。但有若这样说也必有所本。礼的作用本来是区别社会中的对立着的矛盾诸方面的。礼首先区别旧意义的君子、小人,以及随之而有的如上下、贵贱、贫富等对立。这些矛盾双方的对立和斗争,本来是极其激烈的。在孔丘的时代,这种斗争,已打乱了奴隶社会的平衡使之将及完全崩坏。孔丘宣扬矛盾调和。他说,礼的作用应该在矛盾调和中表现出来。但是又恐怕调和的结果会损害了区别,所以马上又回到礼上,说,光是调和那可不行,还是要用礼于调和加以节制。

后来的儒家又把"中"与"和"联起来。照这个说法,整个的宇宙是一个"和",整个的社会也是一个"和"。照这个说法,这些"和"是由其中的各个对立面的"节"构成的。"节"就是"中","中"就是一方能维持对方的存在的界线。维持着这个界线,就可使一个统一物的量变不至于成为质变,可以维持已有的平衡,维持现状。

第四节　孔丘对于古代道德生活的反思
——论完全的人格

孔丘有的时候用"仁"规定"礼",有的时候用"礼"规定"仁"。这是因为在他的思想中,一个完全的道德品质,是"仁"和"礼"

的统一。"仁"和"礼"是互相矛盾的。"仁"是属于个人的自由这一方面的东西;"礼"是属于社会的制裁这一方面的东西。"仁"是属于自然的礼物这一方面的东西;"礼"是属于人为的艺术这一方面的东西。自然的礼物和人为的艺术是对立的。对立必然相反,相反就是矛盾。但是相反而又相成,矛盾而又统一。没有真情实感为内容的"礼",就是一个空架子,严格地说,就不成其为"礼"。没有礼的节制的真情实感,严格地说,也不成其为"仁"。所以真正的礼,必包含有"仁";完全的仁也必包含有"礼"。这就是两个对立面的互相渗透。所以一个完全的道德品质,就是"礼"和"仁"的统一。一个完全的人格,就是这个统一的体现。

孔丘有许多赞美完全人格的话,他说:"质胜文则野;文胜质则史;文质彬彬,然后君子。"(《论语·雍也》)质是素材,文是加工。真性情,真情实感,是属于前者,礼是属于后者,二者都不能偏胜。如果有所偏胜,那就破坏了统一。具体地说,只有真性情,真情实感,而又能合礼地流露出来,这就是文、质的统一,这样的人,才是"君子"。

孔丘又说:"不得中行而与之,必也狂狷乎?狂者进取,狷者有所不为也。"(《论语·子路》)这里说的是,有三种人:一种是"中行",一种是"狂",还有一种是"狷"。"狂"者是率性而行,勇于创新,敢于打破常规的人;狷者谨慎小心,循规蹈矩;中行兼有二者之长。孔丘认为,狂、狷各有所偏,中行最好。但是如果得不到中行的人,能够得到狂、狷也是好的。

孔丘又说:"乡愿,德之贼也。"(《论语·阳货》)"乡愿"是一种四面讨好、八面玲珑的人。这种人看起来有点像"中行",其实他没有真性情、真情实感,一切都是虚伪的。他可以冒充"中行",

其实是伪君子,真小人。这样的人,固然比不上中行,也比不上狂、狷。因为狂者的"狂",狷者的"狷",虽然各有所偏,但还是他们的真性情的真的流露,还有真情实感,还有一种好的素质可以加工。他们不及"中行",但还可以成为"中行"。至于"乡愿",虽然貌似"中行",但永远不能成为"中行"。因为他已经失掉了成为"中行"的素质了。

孔丘虽然把仁和礼并称,但是就一个完全的人格说,"仁"还是比较根本的。《论语》记载说:"子夏问曰:'《诗》云"巧笑倩兮,美目盼兮,素以为绚兮",何谓也?'子曰:'绘事后素。'子夏曰:'礼后乎?'子曰:'起予者商也,始可与言诗已矣。'"(《论语·八佾》)在这一段记载里,主要的一句话是"礼后乎"。"后"于什么呢?就是后于仁。比如绘画,必须先有一个洁白的底子,然后才可以在上面施加色彩。这就是"绘事后素"。就是说,洁白的底子在先,绘画的彩色在后。这就是"素以为绚"。就是说,洁白的底子是彩色的条件。子夏因为这一句诗而悟到"礼后乎"。人必须有真性情,真情实感才可以行"礼"。仁先礼后。孔丘对于子夏的这一理解,大加赞赏。

《中庸》说:"仁者,人也;亲亲为大。"汉朝的人经常用一个同音的字解释一个字的意义。同音不一定同义,解释等于没有解释。但"仁者,人也"这句话确是说明了一个很深奥的道理。《中庸》在下边说:"故君子不可以不修身,思修身不可以不事亲,思事亲不可以不知人,思知人不可以不知天。"这几句话,就是"仁者,人也"那句话的注解。"仁"是"修身"所要达到的最高的标准。仁的主要内容是"爱"。这个爱是从亲子之爱扩充出来的。所以"为仁"

必须从事亲开始,也就是说,"修身"必须从"事亲"开始。要想把"事亲"做到完全的地步,那就必须先了解人之所以为人的道理。这就叫"知人"。这个"知人"不是一般说的"知人善任"那个"知人",而是对人之所以为人这个道理的理解和体会。人之所以为人是和"天"联在一起的。所以要想对"人"有所了解和体会,不可以对于天没有了解和体会。这就是"思知人不可以不知天"。从这句话就可以看出来,这里所说的"知人",不是一般所说那种"知人"。那种"知人"用不着以"知天"为前提。

这里所说的"知人",实际上就是对"人"的反思。由这种反思而了解、体会到人之所以为人的总的特点。这个特点就是"仁"。"仁者,人也",就是说,"仁"是人之所以为人的总的特点。

我们不能确切地知道这句话和孔丘有什么传授的关系,也无须勉强推断这种关系。不过"仁者,人也"这句话是孔丘所讲的道理,也是后来道学家们所讲的道理。

无论这句话和孔丘有没有直接的传授关系,孔丘讲"仁"是对于人的反思。这种反思是人类精神的自觉。可能只是初步的自觉,但有自觉和没有自觉,有很大的差别。宋朝有个无名氏的人写了两句诗:"天不生仲尼,万古长如夜。"(见《朱子语类》卷九十三)这显然是夸张。但"如夜"两个字很有意思。这是从人类自觉这方面说明问题。人没有自觉,虽然也可以生活,可以照常地穿衣、吃饭,但和有自觉的人比较起来,他就好像在黑夜之中摸索而进。一个没有学过逻辑的人,也可以用三段论法推理,但是和学过逻辑的人比较起来,他的推论也是暗中摸索。《中庸》引孔丘的话说:"人莫不饮食也,鲜能知味也。"不能确定这句话究竟是否真是孔丘说的,但"知味"两个字和"自觉"两个字有相类似的意义。

不能因为孔丘的话标志着人类精神的自觉,进而推论孔丘的话都是正确的。也不能因为孔丘的话有不正确的而否认他在人类自觉方面的贡献。这是两回事,应该分别对待。

就"仁者,人也"这句话说,这里所说的"人"是没有阶级内容的、是抽象的。

孔丘所讲的"人"也是一种抽象的人,好像是没有什么阶级性,其实并不是如此。孔丘所讲的人是奴隶主贵族中的人,是有阶级性的,因此他所说的仁也是有阶级内容的。这从他所讲的"忠恕之道"可以看出来。

孔丘往往把"仁"作为人的完全人格的代名词,有完全人格的人,他称为"仁人"。他说:"求仁而得仁,又何怨?"(《论语·述而》)又说:"若圣与仁,则吾岂敢?"(《论语·述而》)又说:"无求生以害仁。有杀身以成仁。"(《论语·卫灵公》)孔丘以"微子去之,箕子为之奴,比干谏而死"为"殷有三仁"。(《论语·微子》)孔丘在这些话中所说的"仁",就是完全人格的意思。

《论语》记载说:孔丘告诉他的学生曾参说:"吾道一以贯之。"别的学生问:这是什么意思?曾参说:"夫子之道,忠恕而已矣。"(《论语·里仁》)忠恕是"为仁之方"。说孔丘的中心思想是"忠恕之道",也就是说,仁是他的中心思想。"而已矣"就是说,除此之外,没有别的中心思想。

孔丘说:恕是"己所不欲,勿施于人"(《论语·颜渊》)。又说:"己欲立而立人,己欲达而达人,能近取譬,可谓仁之方也已。"(《论语·雍也》)意思就是说,我自己不愿意别人这样对待我,我也不要这样对待别人。我自己有个什么欲求，总要想着别人也有这样的欲求，在满足自己的欲求的时候，总要想着使别人也能满足这样的欲求。这就叫"能近取譬"。这好像是把人与己都完全作为一个"人"而平等地看待，好像是没有阶级的内容，其实完全不是如此。这在以后的《大学》和《中庸》中有充分的暴露。

《大学》说："所恶于上，毋（勿）以使下。所恶于下，毋以事上。所恶于前，毋以先后。所恶于后，毋以从前。所恶于右，毋以交于左。所恶于左，毋以交于右。此之谓絜矩之道。"（传之十章）"矩"是用以量方的东西的方尺。"絜"就是"量"。"絜矩"就是用方尺量方的东西。自己的本身可以看作一个"矩"。絜矩也就是"能近取譬"。朱熹在这一段的注说："如不欲上之无礼于我，则必以此度下之心，而亦不敢以此无礼使之。不欲下之不忠于我，则必以此度上之心，而亦不敢以此不忠事之。至于前后、左右，无不皆然。则身之所处，上下四旁，长短广狭，彼此如一，而无不方矣。"这就是所谓"己所不欲，勿施于人"。更确切一点说，就是"我不欲人之加诸我也，吾亦欲无加诸人"（《论语·公冶长》）。

《中庸》引孔丘的话说："君子之道四，丘未能一焉。所求乎子，以事父，未能也。所求乎臣，以事君，未能也。所求乎弟，以事兄，未能也。所求乎朋友，先施之，未能也。"（十三章）意思就是说，你愿人家怎样待你，你也就那样待人家。人应该把他所要求于他的儿子的，先拿出来待他的父亲；把他所要求于他的臣的，先拿出来待他的君；把他所要求于他的弟弟的，先拿出来待他的哥哥；把他所要求于他的朋友的，先拿出来待他的朋友。这也是"能近取譬"。

《大学》和《中庸》的这两段，明确地说明了孔丘所说的"忠恕之道"和"克己复礼"的关系。在阶级社会中，每一个人，都在一定的阶级地位中生活。这些地位，在奴隶社会和封建社会中，被孔丘和朱熹这些思想家，用所谓君臣、父子、兄弟等关系把它掩盖起来。在这些社会里，人们不是君就是臣，不是父就是子，不是兄就是弟。他们正是用这种关系，把人们束缚在奴隶制的或封建制的大枷锁的框框里。朱熹所说的"上下四旁，长短广狭，彼此如一，而无不方矣"，说的就是这种大框框。在奴隶社会或封建社会中，实际上人并不是可以以他自己为矩而使别的东西都方，而是统治阶级定下了许多条条框框的"矩"，使人们的行动都定死在这些框框之内，"而无不方矣"。旧社会中讲究所谓"规矩"。规是量圆的东西的圆规，矩就是量方的东西的方尺，"规矩"就是"礼"。

在这些条条框框之中，所谓君臣、父子，应该是什么样子，都有一定的标准。这个标准就是所谓"道"。君有君道，臣有臣道，父有父道，子有子道。为君、为臣、为父、为子的人的言语行动，都要合乎这些道，才像个样子。当然他所谓像个样子，也就是奴隶社会中的君臣、父子的样子。这些样子，也就是奴隶主阶级的"礼"所规定的。所以，孔丘所讲的"正名"，也就是他所讲的"复礼"。孔丘认为，一个人必须照这个"礼"行动。这就是"非礼勿视，非礼勿听，非礼勿言，非礼勿动"。

《大学》所说的"所恶于上""所恶于下"等，也都是以"礼"为标准说的。朱熹的注就说明这一点。孔丘说："君使臣以礼，臣事君以忠。"(《论语·八佾》)朱熹就用这个话以说明"所恶于上""所恶于下"。这些"所恶"都是以"礼"为标准说的，都只能在"礼"的规定之内，不能在其外。

《中庸》所讲的"所求乎子""所求乎臣",那些"求",也是这样。照孔丘的意思,父所求于子的,就是要求他的儿子照着"子道"侍奉他。君所求于臣的,就是要求他的臣照着"臣道"侍奉他。而他自己呢,也要照着"子道"侍奉他的父,照着"臣道"侍候他的君。

《大学》《中庸》所讲的"忠恕之道"的两个方面,配合起来,就完全是孔丘所讲的"正名",也就是孔丘所讲的"复礼"。照孔丘所讲的,"仁"的内容是"克己复礼",所以"忠恕之道"这个"为仁之方"也就是"克己复礼"之方。

这就是孔丘所讲的"忠恕之道"的阶级性,也就是他所讲的"仁"的阶级性。这和他的阶级立场是完全一致的。但也不能认为,孔丘所讲的"仁"除了阶级性之外,就完全没有别的内容了。任何一种事物,都是共性和特殊性的统一。任何特殊之中都寓有共性;任何共性都寓于特殊之中。任何特殊阶级中的特殊的人,都寓有"人"的共性,"人"的共性即寓于特殊的阶级的特殊的人之中。像"仁者,人也"这一类的命题,虽然其所谓"人"实际上指的是某一阶级的人,但对于一般的人也并不是完全不能适用,因为在这某一阶级的人之中寓有"人"的共相,即"人"的一般。这一类的命题都是以普遍形式提出的,但这种形式也并非完全没有根据。

第五节 孔丘对于古代宗教生活的反思

人生于自然界中,对于自然,总要有所理解;对于自然,总要持一种态度。宗教也是对于自然的一种理解。崇拜一神或多神，也是对于自然的一种态度。宗教认为宇宙有一个最高的主宰者，称为"帝"、"上帝"或"天"。这个主宰者能够发号施令，指挥自然界的变化，决定社会的治乱以及个人的祸福。他的号令叫"命"或"天命"。"命"这个字的本来的意思，就是命令。"天命"就是上帝的命令。在春秋时期，这种传统的宗教思想日趋没落，但这种宗教思想在孔丘的思想中仍保留有一定的地位。

《论语》记载孔丘讲"天"的地方很多。孔丘说："获罪于天，无所祷也。"（《论语·八佾》）意思就是说，一个人如果得罪了天，他到什么地方祷告都是无用的。又说："予所否者，天厌之，天厌之。"（《论语·雍也》）意思就是说，如果他做错了事情，天罚他，天罚他。又说："吾谁欺，欺天乎？"（《论语·子罕》）意思就是说，他欺骗谁呢？他能欺骗天吗？又说："天丧予！天丧予！"（《论语·先进》）意思就是说，天要灭亡他！天要灭亡他！又说："知我者其天乎！"（《论语·宪问》）意思就是说，了解他的，恐怕只有天吧！从这些话看起来，孔丘所说的天，基本上仍然是当时的传统的宗教所说的天、帝或上帝，是宇宙的最高主宰者。

孔丘还讲"天命"。他说："君子有三畏：畏天命，畏大人，畏圣人之言。"（《论语·季氏》）孔丘把"天命""大人""圣人之言"并列起来，认为三者同是可敬畏的。这说明他认为这三者是一类的，"上帝"是宇宙的最高主宰者，"大人"是社会的最高统治者，"圣人"是个人所信奉的权威。"圣人之言"是圣人所说的话，"天命"是上帝的命令。

孔丘也说："天何言哉？四时行焉，百物生焉，天何言哉？"（《论语·阳货》）有人认为，这可见孔丘所说的天就是自然。每年的四季自然地运行，万物自然地生长，不待上帝说话。其实，孔丘的这段话无非是说，上帝也可以"无为而治"。说不言就证明他能言而不言。当然，说天发号施令，并不一定像小说中所说的，上帝坐在云霄宝殿上，对他的文武百官，发布圣旨。只是说，自然界和社会中以及个人的事情的变化都是上帝的意志的体现。这就是天的命令。

《论语》记载，孔丘"迅雷风烈必变"（《论语·乡党》）。就是说，他遇见了很响的雷，很大的风，他的脸马上就变了颜色。这不一定说明孔丘胆很小，这说明，他认为迅雷烈风这种非常的自然界的现象，也是由于上帝的命令。他"畏天命"，所以遇见这种非常的事情，他就觉得可畏。这说明，他认为自然界的事情是受上帝的命令支配的。

孔丘特别着重人的社会生活所受天命的支配。孔丘的学生子夏说："商闻之矣，死生有命，富贵在天。"（《论语·颜渊》）"闻之"，就是说，他是听孔丘说的。孔丘认为，人的生死、贫富、贵贱，以及成功、失败，都是由天命决定的。但是人还是可以尽自己的力量，做他自己所认为是应该做的事，不管成功或失败。孔丘认为，即使明知是不能成功的事，只要认为应该做，还是要努力去做。当时的人说，孔丘是"知其不可而为之"（《论语·宪问》）。他的学生子路替他解释说："君子之仕也，行其义也。道之不行，已知之矣。"（《论语·微子》）就是说，孔丘要做官，为的是要实现君臣之义。至于他所讲的道不能实行，他已经知道了。这就是"知其不可而为之"。

至于人的道德品质，孔丘则认为，是人的自己的努力所决定的，与天命完全无关。他说:"仁远乎哉?我欲仁,斯仁至矣。"(《论语·述而》)又说:"为仁由己,而由人乎哉?"(《论语·颜渊》)孔丘认为,仁是人的最高的道德品质,但是,这并不是很远的东西,如果要它,它就来了。为仁要靠自己,不靠别人。孔丘有一个学生对他说:"非不悦子之道,力不足也。"就是说,我并不是不喜欢你的道,只是我的力量不够。孔丘说:"今汝画。"(《论语·雍也》)意思就是说,什么力量不足,你不过是自己画了一条线把你自己限制起来了。

照这些话看起来,孔丘没有否定天命,但对天命的威力加了限制。天命可以叫人用道德行为去做的事不能成功,但不能叫人不做道德行为。

多神教还认为,于上帝之外还有鬼神,孔丘也说:"所重:民、食、丧、祭。"(《论语·尧曰》)就是说,人除了吃饭以外,最重要的事就是办丧事和祭鬼神了。祭祀的对象,就是鬼神。既然重视丧、祭礼,就是承认有鬼神。

孔丘又说:"非其鬼而祭之,谄也。"(《论语·为政》)就是说,各家有各家的祖先;自己的祖先,就是"其鬼"。《论语》又记载说:"季氏旅于泰山。"孔丘说:"曾谓泰山不如林放乎?"(《论语·八佾》)"旅于泰山"就是祭泰山的神。照周礼,只有天子才有资格去祭,季氏去祭就是"僭越"。但是,孔丘又没有办法阻止这种"僭越"。林放是个"知礼"的人。孔丘说:泰山的神还不如林放吗?意思就是说,泰山的神必定是"知礼",既然"知礼",就不会接受季氏的祭祀。

就这些话看起来,孔丘是承认有鬼神了。但是对于鬼神的存在,他也说了些模棱两可、含糊其辞、回避问题的话。他的学生子路向他"问鬼神"。他说："未能事人，焉能事鬼？"子路又问死，他说："未知生，焉知死？"（《论语·先进》）就是说，人，你还伺候不了，怎么能伺候鬼？生，你还不知道，怎么能知道死？又说："祭如在，祭神如神在。"（《论语·八佾》）就是说，祭祖先，要十分诚敬，就好像有祖先在那里。祭外神，要十分诚敬，就好像有外神在那里。又说："敬鬼神而远之，可谓知矣。"（《论语·雍也》）他敬鬼神，但是又要"远之"，这算是"智"，那么不远之就是不智了。

孔丘对于鬼神的问题的态度大概是，不明确地否认鬼神的存在，但也不强调鬼神的存在。他认为，承认有天和天命是最主要的，承认有天命，顺天命而行，这就不需要求鬼神的帮助保护。《论语》记载说：孔丘有一次病了，他的学生子路向"上下神祇"祷告，请求帮助保护。孔丘病好后，问子路有这件事没有，子路说有。孔丘说："丘之祷久矣。"（《论语·述而》）意思就是说，他向来做事都是合乎礼的，他畏天命，顺天命，这就是祷告。他一向就在祷告，不需要在有病时祷告。翻过来说，孔丘认为："获罪于天，无所祷也。"（《论语·八佾》）就是说，要是不畏天命，不顺天命，那就是得罪了天。如果得罪了天，到什么地方祷告都不行。

从这些话可以看出来，孔丘对于鬼神的存在持犹疑的态度。为什么持这种态度呢？

刘向《说苑》记载说："子贡问孔子：死人有知？无知也？孔子曰：吾欲言死者有知也，恐孝子顺孙妨生以送死也。欲言无知，恐不孝子孙弃不葬也。赐，欲知死人有知将无知也，死徐自知之，犹未晚也。"(《辨物》)照这段所说的,子贡问孔丘,死的人还有没有知觉?孔丘回答说,怎么说呢?我想说死的人有知觉,我又恐怕孝顺的子孙们妨碍他们的生活以埋葬他们的死去的先人。我想说死的人没有知觉,我又恐怕那些不孝的子孙们就不埋葬他们的死去的先人。孔丘叫着子贡的名字说,赐!你要想知道死人有知或无知,不必着急,等你死了以后,你自己就会知道,到那时候还不算晚。这里所说的子贡所提出的问题,也就是《论语》所说的子路所提出的问题。照《论语》所说的,孔丘回避了这个问题。在这里所说的,孔丘也回避了这个问题,但也说出了他为什么回避的道理。

《说苑》的这段记载,也说明了孔丘为什么对于鬼神的问题采取模棱两可、含糊其辞、回避问题的态度。他认为,这一类的问题,不是一个理论的问题,而是一个现实的问题。他要考虑这一类问题的回答的现实意义和影响。

孔丘的学生曾参说:"慎终追远,民德归厚矣。"(《论语·学而》)曾参的这句话,合乎孔丘的精神。"慎终"说的是丧礼,"追远"说的是祭礼。照曾参说,着重这些礼,为的是要使"民德归厚"。这就是儒家所认为的丧祭之礼的现实意义。"民德归厚"就是说,要使人民都知道儒家所说的孝悌之道,并发展之以至于仁。

综合孔丘所说的话看起来,他是认为在个人的生活中,有一部分事情,是他的力量所能支配的;有一部分事情是他的力量所不能支配。就这后一部分说,好像有一个不是个人所能控制的力量,在那里支配着。这种力量好像是有意志的,又好像是没有意志的;好像是可以理解的,又好像是不可以理解的。从其好像有意志,可以理解这方面说,这个力量就叫做"天"。从其好像没有意志又不可以理解这方面说,这个力量就叫做"命"。在传统的宗教中,"天"和"命"是连接在一起的。"天命"就是上帝的命令。孔丘也讲"天命"。但在孔丘的谈话中,"天"和"命"也经常分开来说,有些地方可以互易,有些地方不可以互易。例如子夏说:"商闻之矣,死生有命,富贵在天。"(《论语·颜渊》)在这里,"天"和"命"两个字是可以互易的。如果说,生死在天,富贵有命,也未尝不可。其所以可以互易,因为这里所说的"天"和"命"都是泛指那个不是个人所能支配的力量。又譬如孔丘说:"吾谁欺,欺天乎!"(《论语·子罕》)又说:"知我者,其天乎!"(《论语·宪问》)这两个"天"字不能换为"命"字。不能说:"吾谁欺,欺命乎!"也不能说,"知我者,其命乎!"在这些地方,"天"和"命"不能互易。其所以不能互易,因为在这些地方,孔丘所说的"天"是着重在那个力量的似乎有意志,似乎可以理解这一方面。

在个人的生活中,只有自己的道德行为是可以自己支配的。在革命的时代,一个革命家的革命行为,是道德行为。他的行为可以成功,也可以失败。但失败并不减少他的行为的道德价值,而且还可以增加他的行为的道德价值。

这是孔丘对于传统宗教的反思的主要内容。他基本上保持了传统宗教的信仰,但也革去一些宗教迷信。

后来的墨家批评了孔丘对于宗教的态度。他们站在传统宗教的立场,认为孔丘的错误是"以天为不明,以鬼为不神"。这十个字却是合乎事实。孔丘并不是从根本上否认意志之天的存在,但他确切否认,天能"福善祸淫"。这就是"以天为不明"。孔丘没有明确地否认鬼神的存在;但他认为,鬼神不能"赏善罚暴"。这就是"以鬼为不神"。至于墨家的"非命",认为孔丘所说的"命",是一种命定论,以为个人的成败、祸福都是在他未生以前预先决定的。这是可以说的(参看本书第七章第八节)。

第六节　孔丘对于古代文艺生活的反思

孔丘把礼、乐并称。他所说的乐是广义的,包括诗歌、舞蹈等,略如现在所说的文艺。他认为乐甚至有比礼更重要的教育作用。他说:"立于礼,成于乐。"(《论语·泰伯》)由礼所得的"立"还要经过乐才能完成。礼能使人循规蹈矩;乐则能使人化于规矩。

《论语》上有一段记载说:"子谓《韶》尽美矣,又尽善也。谓《武》尽美矣,未尽善也。"(《八佾》)照这段记载所说的,孔丘评论文艺,有两个标准:一个是"善",一个是"美"。他认为相传舜所作的《韶》这个乐舞,按两个标准说,都达到最高的水平。周武王所作的《武》这个乐舞,按"美"这个标准说,也达到最高的水平,可是按"善"这个标准说,就有缺点。

《论语》的这一段记载,说的是文艺上的两个标准。善是政治标准,美是艺术标准。

在中国历史中,历代的王朝建立以后,它的创始人或继承人,总要作些音乐、舞蹈、诗歌等文艺作品,吹捧自己的功德。据说《韶》和《武》就是这一类的乐舞。

从孔丘的政治标准说，《韶》和《武》的差别在于什么地方呢？何晏的《论语集解》引孔安国说："《武》，武王乐也。以征伐取天下，故未尽善。"朱熹的《论语集注》引程子曰："成汤放桀，惟有惭德。武王亦然，故未尽善。"这是儒家的传统解释。孔丘的意思也就是如此。据传说，舜的政权，是尧让给他的。这种政权转移的方式，用从前老话说，叫"揖让"。周武王的政权，是用暴力从商朝夺过来的。这种方式，用中国以前的老话说，叫"征诛"，用现在话说，叫武装革命。

孔丘反对革命暴力，认为是"犯上作乱"。孔丘认为，在任何条件下，都不能"犯上作乱"。当时齐国的陈恒杀了齐国的国君，夺取了齐国的政权，孔丘就请鲁国的国君鲁哀公出兵讨伐。周武王灭了商朝，夺取了政权，在孔丘看起来这也是"犯上作乱"。《武》这个乐舞，正是歌颂这一类事的，所以孔丘认为，按政治标准说，《武》这个乐舞是不很好的。

孔丘以后的儒家，经常把周文王和周武王并称。可是孔丘只称赞周文王，不称赞周武王。他说：周文王"三分天下有其二，以服事殷，周之德可谓至德也已矣"（《论语·泰伯》）。他称赞周文王虽然统治了中国的三分之二，但还不背叛殷朝。他认为这是周文王的"至德"。武王伐纣，显然就是于"至德"有亏。所以他所作的《武》这个乐舞，按孔丘的政治标准说，也是不合格的。

武王伐纣，当时有些人也是反对的。其中的代表人物，就是伯夷、叔齐。周武王伐纣出兵的时候，伯夷、叔齐拦着他的马不让出兵，并且对武王说："父死不葬，爰及干戈，可谓孝乎？以臣弑君，可谓仁乎？"给武王加上了不忠、不孝两个大罪名。武王建立了周朝以后，伯夷、叔齐指责武王是"以暴易暴"（《史记·伯夷列传》）。

对于这件事，孔丘采取什么态度呢？他是站在伯夷、叔齐一边的。孔丘向来不轻易说哪一个人可以算是有"仁"这种道德品质的。对于伯夷、叔齐，却说他们是"求仁而得仁"（《论语·述而》），推崇备至。

后来唐朝的韩愈作了一首琴歌，叫《羑里操》，其中有两句说："臣罪当诛兮，天王圣明。"羑里，据说是纣王囚文王的地方。韩愈认为，当时文王的心情应该是，觉得纣王无论怎样对他迫害，都是由于他自己该死。韩愈所宣扬的这种思想，就是孔丘称赞文王的那种思想，也就是孔丘要求讨伐陈恒的那种思想。这种思想就是孔丘评论文艺的政治标准的具体内容。

《论语》又有一段记载孔丘的话说："子语鲁大师乐曰：'乐其可知也。始作，翕如也。从之，纯如也，皦如也，绎如也。以成。'"（《八佾》）这里所说的是一首乐章进行的过程。这个过程有三个阶段，即开端（"始作"）、展开（"从之"）及结束（"以成"）。形容这三个阶段的形容词的确切意义，现在也无可考了。可以确定的是，这是专就艺术标准说的。但是，他认为最好的音乐，首先必须在政治标准方面合格。所以他最喜欢的音乐是《韶》。《论语》记载说："子在齐闻《韶》，三月不知肉味。曰：'不图为乐之至于斯也。'"（《述而》）颜渊问：怎样治理国家？孔丘告诉他说："乐则韶舞。"（《卫灵公》）他听了《韶》乐，陶醉到有三个月都不知道肉的滋味。又告诉颜渊，治国用的音乐应该是《韶》这个乐舞。他为什么对于《韶》这样欣赏？就是因为《韶》是"尽善尽美"，既合乎他的政治标准，又合乎艺术标准，前者更为重要。

孔丘是最推崇文王的。他说："文王既没，文不在兹乎？"（《论语·子罕》)意思就是说,文王既然死了,文化就在我这里了。他自以为他是直接继承文王的,武王不在话下。他也吹捧周公。因为据传说,在周朝建立以后,周公制定了周朝奴隶社会的典章制度,总而名之曰"周礼"。在他看来,周朝的建立,有汉朝人所说的"逆取顺守"的情况。武王是"逆取",周公是"顺守"。无论如何,孔丘对于文王、武王、周公这三个人的不同态度,明确地说明了他的保守主义的文艺思想。

孔丘的保守主义的思想,也表现在他对于《诗经》的评论上。他说:"《诗》三百,一言以蔽之,曰:'思无邪。'"(《论语·为政》)《诗经》包括三百多篇诗。"思无邪",是《诗经·鲁颂·駉》篇中的一句诗。孔丘认为,这句诗可以包括全部《诗经》的意义。这就是用政治标准衡量文学作品的价值。在评价音乐作品时,他还提到艺术标准。在谈到文学作品时,他连艺术标准也不提了。

《诗经》中的有些诗句,本来是与道德问题无关的。可是孔丘也要把它们同道德问题联系起来。上面已经说过,子夏因"巧笑倩兮,美目盼兮,素以为绚兮",这三句诗而悟到"礼后乎",孔丘大为赞赏。(《论语·八佾》)子夏所问的这三句诗,本来是说一个妇女长得好看,笑得好看,眼也好看,皮肤很白,加上装饰,更加好看。这三句诗的意思本来是很明白的。子夏问这三句诗是什么意思,大概他也是照着孔丘的文艺观,要从道德问题上了解这三句诗。孔丘回答说:绘画必须先有粉地。子夏说:礼必须在后吗?孔丘很欣赏这个回答。他叫着子夏的名字说:这个回答对于他很有启发,像这样的人才可以同他谈诗。

《论语》还有一段记载说:"子贡曰:'贫而无谄,富而无骄,何如？'子曰：'可也。未若贫而乐，富而好礼者也。'子贡曰：'《诗》云："如切如磋，如琢如磨"，其斯之谓与？'子曰：'赐也，始可与言《诗》已矣，告诸往而知来者。'"（《学而》）子贡提出"贫而无谄，富而无骄"，问孔丘这样如何？孔丘说：也还可以，但是，还不如"贫而乐，富而好礼"。子贡说：有两句诗说，人的修养就像治骨、角那样，先切之，又磋之，又像治玉石那样，先琢之，又磨之，功夫一步一步地加细。"贫而无谄，富而无骄"好像是切和琢这一步的功夫，"贫而乐，富而好礼"就好像是磋和磨进一步的功夫。孔丘对于子贡的这一段话，大为赞赏，说：像你这样的人才可以谈诗。告诉你过去的事情，你就知道将来的事情。

《论语》中又一条说："小子何莫学夫《诗》？《诗》，可以兴，可以观，可以群，可以怨。迩之事父，远之事君。多识于鸟兽草木之名。"（《论语·阳货》）这是孔丘的文艺理论的比较系统的叙述。他讲的是"学诗"，怎样学习《诗经》，同时也是他的文艺创作的理论。他提出了兴、观、群、怨四点。朱熹在他的《论语集注》中，对每一点都作了说明。

"诗可以兴"，朱熹注说："感发志意。"就是说可以鼓动人的"善心"。何晏《论语集解》引孔安国注说："兴，引譬连类。"上面所举的子夏和子贡讲诗那两条，或从《诗经》里的诗句联系到道德问题，或从道德问题联系到《诗经》里的诗句，都是"引譬连类"。

"可以观"，朱熹注说："考见得失。"就是说，从《诗经》里面可以看见前人的成功和失败，从其中吸取经验教训，以为借鉴。

"可以群"，朱熹注说："和而不流。"这四个字原见《中庸》。《中庸》说："君子和而不流。"（第十章）朱熹解释说："凡人和而无节,则必至于流。"(《中庸或问》)"和"固然是可以改善人与人之间的关系,但是,如果没有"礼"的节制,照儒家的说法,那还是不行的。照他们的说法,只有"和而不流"才可以维持人与人之间的真正友好关系。诗有这样的作用,一方面它是配乐的,有乐的作用;但其内容又是"思无邪",又有礼的作用。有这两种作用,就可以"和而不流"。所以诗"可以群"。

"可以怨",朱熹注说:"怨而不怒。"统治者和被统治者之间的不可调和的矛盾,必然要引起被统治者的怨恨、忿怒和反抗。孔丘认为学了诗,才"可以怨",因为《诗经》里面的诗写的怨是没有恨的怨,更不用说忿怒和反抗了。这就是"怨而不怒"。

孟轲讨论过这个问题。《孟子》里面有一段说:孟轲的学生问他说:有人说《诗经》里面的《小弁》这首诗是小人的诗。孟轲说:为什么呢?回答说:因为其中有怨。《小弁》是《诗经·小雅》中的一篇。据说,周幽王娶申后,生太子宜臼。后来又别有所宠,把宜臼废了。宜臼的师傅作这首诗,其中有怨幽王的意思。这是以子怨父,所以有人说它是小人之诗。孟轲不以为然,他说:"《小弁》之怨,亲亲也。亲亲,仁也。……亲之过大而不怨,是愈疏也。……愈疏,不孝也。"(《孟子·告子下》)意思就是说,幽王废太子,是关系到国家的大事,不是一般的小错误。《小弁》的怨,是"恨铁不成钢"的怨。如果不怨那倒是对于幽王的疏远,那就是不孝。这个怨是出于对于幽王的亲爱,是孝、是仁。

"多识于鸟兽草木之名",就是说,学诗也可以得一点知识性的东西,那不过是其余事。

孔丘说:"《关雎》乐而不淫,哀而不伤。"(《论语·八佾》)《关雎》是《诗经·周南》中的一篇。朱熹注说："淫者，乐之过而失其正者也。伤者，哀之过而害于和者也。"就是说，哀乐都不可太过。孔丘认为《关雎》这一篇的道德教训就在于此。

上边说过《论语》记载："颜渊问为邦"，孔丘回答说："乐则韶舞。"接着说："放郑声。……郑声淫。"（《论语·卫灵公》）郑声是当时新兴的民间音乐。孔丘排斥它，因为它"淫"，是《关雎》的对立面。

"乐而不淫，哀而不伤"，"和而不流"，"怨而不怒"，这四句话所根据的一个总的原则，是"中庸之道"。这个道认为，什么事情都不可太过，也不可不及。总要恰到好处，合乎中道，无过也无不及。这就是"中庸之道"。"中庸之道"是礼所根据的原则，也是乐所根据的原则。在这个原则上，礼和乐是一致的。

第七节　孔丘对于古代学术生活的反思

孔丘自称是一个儒。儒是奴隶主贵族所用的主管上层建筑的官，也是主管古代的典章、制度、典籍、文物的专家。在奴隶制崩溃以后，这些专家流入民间，靠他们的专业知识自谋生活。他们熟悉礼节仪式，可以帮助别人办红白喜事。他们掌握古代的典章制度和典籍文物，可以招收学生，传授这一方面的知识。他们从这些活动中得到一点报酬，以维持生活。孔丘就是这样的一种人。他在这一方面名声很大，学生也很多。可以说是中国古代的一个重要的学问家、教育家。

他的教育的一个重要内容是教学生学习从古代传下来的典籍，以及生活方式、诗歌文艺，总称为诗、书、礼、乐。他说："学而时习之，不亦乐乎。"（《论语·学而》）"学"就是学这些东西。不过，孔丘教学生学这些东西的时候，还引导他们在这些东西之中，引申出来一些原则和教训。对于这些东西，有所理解，有所体会，有所引申，有所发挥。他教学生们说："学而不思则罔，思而不学则殆。"（《论语·为政》）"学"就是学习诗、书、礼、乐；"思"就是对于这些东西有所引申，有所发挥，有所理解，有所体会。孔丘告诫学生们说：对于诗、书、礼、乐，如果是"学而不思"，学的虽多，那也是白学，白花气力。如果是思而不学，那就可能走入邪门歪道，那是很危险的。"殆"就是危险的意思。他教学生的这两句话，也正是他一生的事业的精神之所在。他一生的事业就是既要拥护周礼、传授古代的典籍，又要从其中引申、发挥，宣传他自己的理解和体会。

《论语》中记载的这种例子很多。上面说过，孔丘许子贡为"可以言诗"（《论语·八佾》）。孔丘自己也说："《诗》三百，一言以蔽之，曰：'思无邪。'"（《论语·为政》）"诗可以兴，可以观，可以群，可以怨，迩之事父，远之事君。多识于鸟兽草木之名。"（《论语·阳货》）这都是孔丘对于《诗》的引申、发挥，也就是他对于《诗》的理解和体会。这是他自己在学《诗》的时候学而又思的收获。

《论语》又说："或谓孔子曰：'子奚不为政？'子曰：'《书》云："孝乎惟孝，友于兄弟，施于有政。"是亦为政，奚其为为政？'"（《论语·为政》）就是说，治家就是为政。孔丘从《书经》中的一句话，推出"治家"就是"为政"。这就是《大学》所说的,齐家为治国之本。"欲治其国者,先齐其家"。

这就是对于《书》的引申、发挥;也就是孔丘对于《书》的理解和体会。这是他在学《书》的时候学而兼思的收获。

孔子讲"礼",注重"礼之本",上面已经讲过。他向学生有若说:"礼之用,和为贵;先王之道斯为美。"(《论语·学而》)礼之用是对于礼之本而言。礼之本是人的性情,人的真情实感。在表面上看起来,礼的作用是板着面孔做分别,人与人之间的分别,但据有若说,礼实际上所要得到的是人与人之间的协和。

孔丘又说:"乐其可知也。始作,翕如也。从之,纯如也,皦如也,绎如也,以成。"(《论语·八佾》)这一段话的确切的意义还没有得完全地解释出来。但是大概可以说,这是讲音乐原理的,是音乐美学。

由此可见,孔子讲礼、乐,不是专讲其仪式、节奏,而是要讲出其原理、原则,要对于仪式、节奏有所引申,有所发挥,有所理解,有所体会。这是他在学礼、乐的时候学而兼思所得的收获。

孔丘究竟讲过《周易》没有,近来人们有不同的意见。《论语》中有一句"假我数年,五十以学易"的话,本来是很明白的。但因为对于那个"易"字有疑问,所以那一句话也被怀疑了。因为那句话被怀疑,所以《史记》中,"孔子晚而喜《易》"那个记载,也似乎不足为凭了。但是《论语》中还有一条说:"南人有言曰:'人而无恒,不可以作巫医',善夫。'不恒其德,或承之羞',子曰:'不占而已矣'。"(《论语·子路》)"不恒其德,或承之羞"是《周易》恒卦的爻辞。孔丘说"不占而已矣",可见他也是把这句话作为《周易》的爻辞而引用的。他引用这句爻辞,又配上"南人之言",以说明人不可无恒。这可见孔丘是学过《周易》,不过他学《周易》,不仅学占筮的方法,而且要对于卦词、爻辞有所引申,有所发挥,有所理解,有所体会。这是他在学《易》中学而兼思的收获。

孔丘说:"温故而知新,可以为师矣。"(《论语·为政》)"温故"是学习传统的东西;"知新"是对于那些东西有所引申,有所发挥,有所理解,有所体会。"温故而知新",就是要学、思兼用。孔丘认为,必须能够这样,才可以为师。他是这样教学生的,他自己也是这样做的。

汉朝人说,孔丘教学生有六门课程,称为六艺。六艺就是于《诗》《书》《礼》《乐》之外,又加上《易》和《春秋》。《论语》中没有说过孔丘教学生学《春秋》,也没有出现过春秋这两个字。这可能是因为《春秋》是当时鲁国的国史,所以不能和《诗》《书》并列,但是孔丘所宣传的正名主义,如上边所说的,可能也是孔丘从当时国史的"书法"中引申出来的。后来的儒家,就本着这个意思作出《公羊传》《穀梁传》这一类的书。这一类的书,在汉朝很重要,所以他们把《春秋》列为"六艺"之一。

孔丘说他自己是"述而不作",其实是以述为作。他说他自己是"信而好古",其实是于"好古"之中,有他自己的理解和体会。他所创始的儒家学派,继承、发挥了他的这种精神,把他的理解和体会加入在他所"述"的"古"之中,这就丰富了他所"述"的"古"的内容。后来儒家的人在做这样的工作中,他们又有他们自己的理解和体会。他们的理解和体会又被他们的后学加入他们所"述"的"古"之中,好像滚雪球一样,越滚越大。儒家学派的思想的内容越来越丰富。

《周易》的《经》是孔丘以前就有的书,是儒家所"述"。它的《传》，如《系辞》、《文言》等，是儒家所"作"。《周易》的哲学思想也就在《传》中。《仪礼》是孔丘以前本有的书，是孔丘所"述"。《礼记》是儒家所"作"，也就是《礼记》有哲学价值。如果《周易》的《经》离开了《传》，它不过是一种占筮之书；如果《仪礼》离开了《礼记》，它不过是一种仪式单子，它们就不会起像它们在中国历史中所起的那种作用。

第八节　孔丘对于他自己的精神境界的反思

孔丘在他的"道"中，树立了一个完全人格标准。他认为人都应该照着这个标准生活以实现这个标准。这样的生活是一种幸福的生活。这种幸福，他称为"乐"。这种"乐"并不是一种肉体的快乐，而是一种精神的平静和满足。孔丘认为，在他所想的完全的人格之中，个人和自然、社会的关系，都有适当的安排。矛盾解决了，而代之以"和"。这就为一个人布置了一个"安身立命之地"，在其中他可以幸福地生活下去。

孔丘说："饭疏食饮水，曲肱而枕之，乐亦在其中矣。不义而富且贵，于我如浮云。"（《论语·述而》）他所讲的"乐"并不是肉体的快乐，所以虽然在恶劣的生活条件中，他还是"乐"。但他也不是一般地反对好的生活条件，不是一般地反对富贵。他所反对的是用不道德的方法得来的富贵。那种富贵，他看起来无足重轻。

他对学生们指了一个生活的方向。他说："志于道，据于德，依于仁,游于艺。"(《论语·述而》)就是说,学生们要以他所说的"道"为生活的方向,有了这个方向,在生活中就可以有所得,这就叫"德"。有了"德",就可以以之为根据再向前进,以达到完全的人格为目标。这就叫"依于仁"。再加上一些文艺的生活,以为辅助,这就叫"游于艺"。他认为,学生们应该照着这个方向,一直走下去,不要顾虑生活中的其他杂事。他说:"君子坦荡荡,小人长戚戚。"(《论语·述而》)"君子"照着他自己所认为是正的方向一直走下去,不顾虑生活中的个人得失,好像是在阳关大道上走路。路是平平坦坦,人是直来直去。这就是"坦荡荡"。"小人"患得患失,顾虑很多。好像是过独木桥,提心吊胆,时时刻刻恐怕掉下去。这就叫"长戚戚"。"坦荡荡"是乐,"长戚戚"是忧。孔丘自己说:他自己是"其为人也,发愤忘食,乐以忘忧,不知老之将至云尔"(《论语·述而》)。孔丘把"乐以忘忧"作为他自己的一项成就。这确是一项不容易得到的成就。他一生到处碰钉子,应该说是处于忧患之中,但他还是"乐以忘忧"。他是"忘忧",并不是强制他自己勉强地不变。"不知老之将至",也是忘忧的一种表现。其所以能如此,就是因为,他有一个"安身立命之地"。那就是他的"道"。他说:"朝闻道,夕死可矣。"(《论语·里仁》)这是说:"安身立命之地",对于人生的重要。

　　孔丘认为在他的学生中,颜回是最好的。他说:"回也,其心三月不违仁。其余则日月至焉而已矣。"(《论语·雍也》)"仁"是完全的人格,也是一种精神境界。达到完全人格的人,就有这种精神境界。经常在这种精神境界之中的人称为"仁人"。颜回可以保持这种精神境界达三个月之久,其余的学生,不过是偶尔能达到这种精神境界。所以颜回能有这种别人所没有的"乐"。孔丘说:"贤哉回也！一箪食，一瓢饮，在陋巷，人不堪其忧，回也不改其乐。贤哉回也！"（《论语·雍也》）孔丘所以反复称赞颜回，因为他知道这种"乐"是颜回"为仁"的成就，是不容易得到的成就。

后来的道学家们对于这种"乐"体会很深。周敦颐教程颢、程颐"寻孔、颜乐处，所乐何事"。这是道学中的一个重大问题。道学家们认为，这是儒家的一个关键性的问题。

《论语》记载了他的一段自述。

孔丘说："吾十有五而志于学，三十而立，四十而不惑，五十而知天命，六十而耳顺，七十而从心所欲不逾矩。"（《论语·为政》）孔丘活了七十二岁。这段话，讲了他七十以后的精神境界。他是在晚年回顾他一生的精神生活的过程，概括了他认为是这个过程的几个主要阶段。

对于研究孔丘的思想，这一段话很重要。但是文字很简略，意思也很隐蔽，需要先加注释。

孔丘说：他在十五岁就志于"学"。照下文看起来，这个学不是关于知识的学。这个学就是学"道"。就是说，他十五岁就"志于道"以求得到他所理想的道德品质，"仁"。

第二句说："三十而立。"三十岁孔丘就可以"立"了。孔丘说："不学礼，无以立。"（《论语·季氏》）又说："立于礼，成于乐。"（《论语·泰伯》）从这几句话看起来，所谓立就是学礼已经达到一定的程度。达到什么程度呢？他没有明确地说。也许是已经达到"非礼勿视，非礼勿听，非礼勿言，非礼勿动"（《论语·颜渊》）那"四目"所能够达到的程度。达到这种程度，视、听、言、动，都可以循规蹈矩，不至于违反周礼，可以站得住，这就是"立"。

第三句说:"四十而不惑。"孔丘到了四十岁,就能不迷惑了。对于什么不迷惑,他没有明确地说。本章上文引《中庸》说:"思修身不可以不事亲。思事亲不可以不知人。""知人"就是对于人之所以为人有所理解,有所体会。这就是人对于自己的自觉。有了这种自觉,就可以"不惑"。也可以说,这种自觉,就是"不惑"。

第四句说:"五十而知天命。"孔丘到五十岁,就知道天命了。本章上文引《中庸》说:"思知人不可以不知天。""知天命"就是"知天"。这是"知人"的前提。关于"天命"的内容,上节已详。

第六句说:"六十而耳顺。"据近人的研究,"耳"字就是"而已"。而已两个字的连读,念得快了,就成为"耳"。"六十而耳顺",就是六十而已顺。顺什么呢?联系上文,顺是顺天命。上节说过,对于自然有两种态度,一种是顺,一种是逆。前者是宗教的态度;后者是科学的态度。孔丘说,他在六十以后就确定对"天命"的"顺"的态度。

第七句说:"七十而从心所欲不逾矩。"这个矩,就是礼的矩,就是"天命"的矩。孔丘说,到七十岁的时候,他就能随心所欲而自然不超过规矩,在这个时候,他仍然是"非礼勿视,非礼勿听,非礼勿言,非礼勿动"。在表面上看,他似乎还是像三十岁那个样子,其实呢?照他说,完全不是。因为经过了不惑、知天命、顺天命这三个阶段,他的循规蹈矩完全是出于自然,没有一点勉强造作。这就是后来儒家所说的:"从容中道,圣人也。"(《中庸》)这就是他的精神完全达到自觉的程度。

春秋时代是中国社会的一个大变动的时代。社会大变动引起了人们对于社会制度、道德准则以及文艺、学术等各方面的"批判"。这就是人们对于精神生活的反思。这就是对整个上层建筑、整个文化的"批判"。这里所谓"批判"是用康德的意思。这是一个伟大的"批判"的时代。孔丘生在这个时代,得到了这个机会,负起这个责任。照上面所讲的,他确是对于古代的精神生活作了反思,对于当时传统的社会制度、道德准则,以及文艺、学术作了"批判",对于传统的文化作了"批判"。他说是要"从周"、"为东周",实际上是对于周礼有所理解,有所体会,有所引申,有所发挥。他说是:"文王既没,文不在兹乎!"实际上是对于文王所创造的文化有所理解,有所体会,有所引申,有所发挥。他说是"述而不作",实际上是以述为作。

他的理解、体会、引申、发挥,构成了他的"道"。他的"道"就是他对于人类精神生活反思的内容。也就是他的哲学体系的内容。其中有反思,有理论思维,又提供了一个"安身立命之地"。

人是自然所产生的。他本身是自然的一部分。但既有了人,他就成了自然的对立面。人的生活资料,有一部分是自然的无偿供给,例如阳光、雨露之类。有一部分是从改造自然中得来的。即在原始社会中,人们也要"凿井而饮,耕田而食"。凿和耕就是改造自然。人类越进步,需要改造自然的地方就越多。大概说起来,人对于自然的态度有两种。一种是"顺",一种是"逆"。前者以宗教为代表,后者以科技为代表。这是人和自然的关系的问题,其中有矛盾也有统一。社会是人所建立的,人建立社会,以与自然作斗争。但既有了社会之后,它就成了人的"异化",同个人对立起来。个人和社会又成了两个对立面;其间有矛盾、有斗争,也有统一。个人与个人本来都是自然的产物,都是社会的一员。但个人与个人之间,也有矛盾、斗争和统一。在这里就不必多说了。

总而言之，在人类的生活中，有三大类的对立。一是人类和自然的对立，二是个人与社会的对立，三是个人与个人之间的对立。有对立就有矛盾，有矛盾就有斗争，有三种对立，三种矛盾和斗争。第一是人类与自然的矛盾，第二是个人与社会之间的矛盾，第三是个人与个人之间的矛盾。哲学史中的大哲学家都是围绕着这三种矛盾而建立他们的体系。他们都企图理解这三种矛盾，对待这三种矛盾，解决这三种矛盾。他们中间的不同，在于他们用不同的立场，从不同的角度，理解这三种矛盾，用不同的态度对待这三种矛盾，用不同的方法解决这三种矛盾。

照上边所讲的看起来，孔丘对于这三种矛盾，都有他自己的理解，都有他自己的态度，都有他自己的解决办法。对于人类与自然界的矛盾，他的解决办法是"顺天命"。对于个人和社会的矛盾，他的解决办法是"仁"和"礼"的统一。对于个人与个人之间的矛盾，他的解决办法是"忠恕"之道。他对于矛盾的态度，是调和、折中，使矛盾停止在量变的阶段，不至于达到质变。他的总的理解是认为整个的宇宙本来是一个大和谐，孔丘认为，人与天之间应该也是"和"的关系。个人与社会之间，个人与个人之间，也都应该是"和"的关系。这就是说，他对于矛盾的两个对立面，注重它们之间的统一，不注重它们之间的斗争，这就是说，他认为，它们之间的统一是绝对的，斗争是相对的。

孔丘的时代是一个动荡的时代，一个变革的时代。在这样的时代中，孔丘的这样的思想，只能是对于被变革的阶级有利的，对于有既得利益的阶级有利的。

但是，历史是变化的，腐朽可以化为神奇，神奇可以变为腐朽。

到了战国的末期,地主阶级和奴隶主阶级的地位互相转化了。地主阶级从被统治的地位转化到统治的地位。奴隶主阶级从统治的地位转化到被统治的地位。奴隶主阶级本来是有既得利益的阶级,但已经丧失了它的既得利益。地主阶级本来没有既得利益,但在转化后有了既得利益了。既然有了既得利益,它就要有一个维护既得利益的哲学,有利于维持现状的哲学。因为维持现状就是维持既得利益。它需要有一个调和矛盾、强调统一、反对斗争的哲学。汉朝的地主阶级鉴于秦朝的灭亡,努力寻找这种哲学,经过了曲折的道路,实践证实了孔丘的儒家思想就是这种哲学,于是就用儒家的思想作为巩固封建社会的理论工具。

孔丘对于当时的旧东西,是同情的。他对于旧的东西是"因"多而"革"少。但他对于旧的东西的理解、体会、引申、发挥,这就是他对于旧的东西的"损、益"。经过他的"批判"工作,人们的认识就深刻了一层,人们的自觉就提高了一步。这是孔丘的主要的贡献。

经过上面各节的讲述,在本章开始对于孔丘所预作的结论可以得到证实。孔丘基本上是奴隶主阶级改革家。他的思想在当时所起的作用是保守的。但他是中国的第一个(从时间上说)哲学家。作为第一个哲学家,他的思想的影响,对于中华民族的形成以及中国文化的发展,无论积极或消极,都是深远的。

第五章 邓析与子产的斗争,名家的起源

第一节　子产在郑国推行的改良路线

作为当时大转变的历史潮流的反映，郑国的子产也施行了一系列的改良措施，推行改良的路线。

子产，公孙氏，名侨（卒于公元前522年），郑国的奴隶主贵族。在一次贵族争权的斗争中，子产取得了执政的地位。《左传》记载说："子产使都鄙有章（划清城市和乡村的界限），上下有服（明确在上者和在下者的服装的差别），田有封洫（把贵族各"家"的田地都用沟圳起来，使之边界分明），庐井有伍（把房舍和井，加以编制）。大人之忠俭者，从而与之，泰侈者因而毙之。"（襄公三十年，又见《吕氏春秋·乐成》）照这个记载看起来，子产的措施，基本是修整旧秩序。

《左传》继续说："（子产）从政一年，舆人诵之曰：'取我衣冠而褚之，取我田畴而伍之，孰杀子产，吾其与之。'及三年，又诵之曰：'我有子弟，子产诲之；我有田畴，子产殖之；子产而死，谁其嗣之？'"（襄公三十年）从这些记载，可以看出来，子产的措施，究竟于什么人有利，是为哪个阶级服务的。

"舆人"，传统的解释，说是众人。其实很可能就是有车或坐车的人。就算是众人吧，对于这些众人也要分析。这种人有"衣冠"，有"田畴"，其子弟可以受教育，可见他们不是奴隶和劳动人民。

如果是新兴地主,他们对于子产的改良措施不会先反对而后拥护,倒是可以先拥护而后反对。先反对而后拥护的人只能是奴隶主贵族。他们先反对改良的措施,因为这些措施确实损害了他们的一些目前利益。可是后来认识到,这是维护他们的长远利益的,于是就由反对转而为拥护。

照晋国的叔向给子产的信中说,子产的措施有四项:"作封洫","立谤政","制参辟","铸刑书"。"作封洫"就是上面所说的"使田有封洫"。"立谤政"就是允许"庶人"议政。孔丘说:"天下有道,则庶人不议。"(《论语·季氏》)"庶人"议政,是违反奴隶社会的礼的。当时有人反对,子产解释说:"犹防川。大决所犯,伤人必多,吾不克救也。不如小决使道,不如吾闻而药之也。"(《左传·襄公三十一年》)就是说,防民同防河一样。如果出了大决口,问题就大了,不如让河有些小决口,让水流出一点,一则可减少水对于堤的压力,二则可以随时设法对付。这一段话,说明当时奴隶、劳动人民和新兴地主阶级反抗的强烈,也说出了子产当时迫不得已的情况以及他的根本思想,即改良哲学。

孔丘听说子产的这段话,很称赞,说:"以是观之,人谓子产不仁,吾不信也。"(同上)

在子产的改良措施中,在当时最引起奴隶主贵族震惊的是"制参辟""铸刑书"。这其实是一件事,"参辟"是"刑书"的内容。

由于新兴地主阶级力量的增长和奴隶们反抗的加剧,奴隶主的统治原则和社会制度,即所谓"礼治"遭到了越来越大的破坏。在这种情况下,新兴地主阶级明确地提出了要以法治代替礼治,主张政治上一切按照公布出来的法律条文办事,借以限制奴隶主贵族的特权。

西方的历史提供了一个明显的类似的例子。在罗马的奴隶社会中，原来有习惯法，没有成文法。奴隶主对奴隶和劳动人民可以随意判罪。平民要求成文法典。贵族长期抵抗无效，不得已制订成文法，于公元前451年把成文法典刻于十二个铜牌之上，树立在城市中的主要广场。

这些都是划时代的大事，是当时社会、经济的变革在法权方面的反映。原先的奴隶主贵族统治奴隶和劳动人民，本来是用刑的。他们有各种各样的残酷的刑，可是他们没有公布的成文法。《书经》中的《吕刑》说，"五刑之属三千"。照一般的解释，这就是说，刑法的条款有三千之多。但《吕刑》没有说这些条款是公布的。对于奴隶，在什么情况下用什么刑，完全由奴隶主贵族自己临时决定。"刑不可知，则威不可测。"（《左传·昭公六年》孔颖达疏语）这样，他们就可以任意屠杀奴隶和劳动人民，使奴隶和劳动人民经常处于极端的恐怖之中，以维持他们的统治。

奴隶主贵族已经不能继续用旧办法进行统治了。在这种情况下，子产就在郑国"铸刑书"，邓析"作竹刑"，晋国也"铸刑鼎"。这些都是当时的历史潮流的反映。虽然都是反映，但情况和性质也有不同，这要具体分析。

子产在郑国"铸刑书"。刑书就是刑法。他用铁把刑法铸在上面，公布出来。他所铸的刑书上所公布的其实就是奴隶主阶级传统使用的刑法。叔向信中说："夏有乱政而作禹刑。商有乱政而作汤刑。周有乱政而作九刑。三辟之兴，皆叔世也。今吾子相郑国而作封洫，立谤政，制参（三）辟，铸刑书，将以靖民，不亦难乎？"（《左传·昭公六年》）可见"三辟"就是奴隶主传统的三种刑法。子产把它们综合起来，加以编排，这就叫"制参辟"。这就是子产所铸的刑书的内容。内容没有什么新的东西，只是把本来不公布的刑法条文公布出来。

如果这件事办得比较早，仅只公布成文法这件事就是一件大事。这是对于奴隶主贵族威权的一种限制，是对于传统制度（"礼"）的一种破坏。但是当时的历史潮流已经超过了仅只公布成文法这一点。历史潮流所要求的，已经不是公布原有的刑法，而是制订一种新的刑法。子产"铸刑书"，并不足以适应当时历史的需要和先进人物的要求。在子产"铸刑书"以后，邓析就作"竹刑"，子产的继承人也用"竹刑"。这些事实都可以说明这一点。所以子产"铸刑书"是一种"马后炮"，没有革新的意义，只有改良的意义。

但是，即使这种改良的措施，也遭到当时极端反动的人物的反对。上节提到，晋国的叔向（羊舌肸）对于当时的奴隶主贵族的没落，很有敏感。对于这种情况，他曾经和晏婴互相感叹（见上章）。子产铸刑书，使他大为震惊。他给子产一封信，指出奴隶主贵族统治劳动人民的传统办法的目的，在于使"民于是乎可任使也而不生祸乱"。他说：现在有了公布的成文法，事情就糟了。"民知有辟，则不忌于上。并有争心，以征于书，而徼幸以成之，弗可为矣。""民知争端矣，将弃礼而征于书，锥刀之末，将尽争之。"这就是说，有了公布的成文法，劳动人民就可以有所根据进行合法斗争；这样就大大削减了奴隶主贵族的特权，也减轻了劳动人民对于奴隶主贵族的恐惧，动摇了贵贱的等级秩序。他说，这就没有办法了。他站在奴隶主贵族的立场，预言说："终子之世，郑其败乎！"他所谓"败"，当然是指郑国奴隶主贵族的败;就这个意义说,他的预言倒是应验了。

叔向的这封信,是顽固地站在奴隶主贵族的立场,保卫当时日益没落的奴隶制,企图从本阶级的利害关系上说服子产,让他不要作即使是改良的措施。他给子产的信,开头就说:"始吾有虞于子,今则已矣。"子产是当时奴隶主贵族中间的一个有"国际"名望的人。各国的奴隶主贵族们都希望他能有办法挽回奴隶制没落的命运。他们认为,子产没有按照那些极端顽固派的要求去做。所以叔向说:"我本来对于你有很大的期望,可是,现在完了。"这是当时奴隶主贵族的一种悲鸣。历史的发展是无情的。二十年以后,晋国自己也"铸刑鼎"了。而且这个刑鼎比子产的刑书又有不同,因为其上所铸的是"范宣子所为刑书"(《左传·昭公二十九年》),是新作的刑法。这是叔向所不及料的。

当时的没落奴隶主贵族们对于郑国的"铸刑书",造了许多谣言。有个士文伯就说:郑国必定将有大火灾,因为在火星还没出现的季节,就用火铸鼎,"不火何为"(《左传·昭公六年》)?子产不在乎这些谣言。但是在他回叔向的信中,表明了他的真实立场。

子产在回信中说:"若吾子之言。侨不才,不能及子孙。吾以救世也。既不承命,敢忘大惠?"(《左传·昭公六年》)从这封信看起来,子产是站在奴隶主贵族的立场。他不过是为了企图延长奴隶制的寿命,缓和一下当时的阶级斗争,而被迫采取了应付的措施。所以他跟叔向说:"事情确是像你所说的样子。我的能力很小,顾不到子孙了。我只是想要对付现在存在的问题。"就是说,他这样办是不得不如此。

这并不是专从动机上评论子产。事实是子产虽然在政治上采取了跟"礼"不相合的措施，可是他并没有抛弃"礼"，还是企图对于"礼"作辩护，并给它以一种新的理论根据。他仍然是个主张礼治的人，他的政治的继承人子太叔引子产的话说："夫礼，天之经也，地之义也，民之行也。天地之经而民实则之。"（《左传·昭公二十五年》）这是企图从自然界为"礼"找一个根源。"天之经""地之义"就是自然界的秩序和规律。据他说，人以自然界的秩序和规律为法，制定出社会的秩序和规范，这就是"礼"。照这个说法，"礼"不是上帝和神灵安排的，也不是什么人任意规定的，而是以自然界中的秩序和规律为依据的。子产企图从自然界中寻找"礼"的根源。他排除了"天秩有礼"的宗教神秘主义的传统说法，可是他混淆自然界的秩序和社会秩序的区别。照他的说法，似乎自然界规律本身也就有"礼"的意义。"礼"的本身，固然是"民之行"，同时也就是"天之经""地之义"。这样，自然界本身也就有了社会属性。这又是一种唯心主义的观点。

照子太叔所引子产的这段话，"礼"的范围极其广泛。"礼"包括饮食的种类、音乐的规律、政治制度、社会制度、刑罚、道德。"礼"最后的目的是防止"民失其性"，使人"哀乐不失，乃能协于天地之性"。他所谓"性"当然是奴隶主阶级所需要的人性，而这种人性，照他说，也就是"天地之性"。这也是唯心主义的观点。

子产、叔向和晏婴的思想是一类的，都是从没落奴隶主贵族的立场出发的。上节已讲到孔丘对于晏婴的称赞。在子产死的时候，孔丘为他落泪，说他是"古之遗爱也"（《左传·昭公二十年》）。对于叔向所做的某一种事情，孔丘也赞扬说他是"古之遗直也"（《左传·昭公十四年》）。对于这三个人，孔丘是寄以深厚的同情的。

第二节　邓析反对子产的改良路线的斗争

子产的改良措施,当然是不能满足新兴地主阶级的要求的。由于他的阶级立场所决定,他的刑书肯定仍然是维护奴隶制的,所以同样遭到了新兴地主阶级的代表邓析的反对。邓析作"竹刑"以为对抗。"竹刑"是邓析拟定的合乎新兴地主阶级需要的刑法。子产公布的刑书是铸在铁上的。邓析的新刑法是写在竹板上的,所以称为"竹刑"。

唐朝的孔颖达说:昭公六年子产铸"刑书"于鼎,今邓析别造"竹刑",明是改郑所铸旧制(见《左传·定公九年》孔颖达疏)。子产所铸的刑书,仍然是奴隶主的旧制。邓析的"竹刑"则是改革旧制的一种新刑法。

邓析不仅作竹刑,提出代表新兴地主阶级利益的刑法草案,而且利用子产所公布的刑法,与子产作针锋相对的斗争,在斗争中发展了一种同没落奴隶主贵族作合法斗争的方法。关于这一方面,《吕氏春秋·离谓》篇保留了相当丰富的材料。

《离谓》篇说:"言者,以谕意也。言意相离,凶也。"又说:"夫辞者,意之表也。鉴其表而弃其意,悖。"就是说:一句话("言","辞")表示一个意思。言是表,意是里。把言和意分离,这就叫"离谓"。把言意分离之后,又只取其言而背其意,《吕氏春秋》认为,这是大错。但邓析正是用这个办法同子产的法令作合法的斗争的。

《离谓》篇说:"郑国多相县(悬)以书者,子产令无县书,邓析致之。子产令无致书,邓析倚之。令无穷,则邓析应之亦无穷矣。"这里所谓"书",可能是如后世所有的政治揭帖之类。但"悬""致""倚"的确切意义,不甚清楚。此段大意是说,邓析对于子产的法令,常予以形式的解释,于是只在形式字句上遵守法令,而作与法令原意实际违反的事。这就是所谓"言意相离"。《离谓》篇对邓析的这种作法表示反对,因为据说这样:"是可、不可无辨也。可、不可无辨,而以赏罚,其罚愈疾,其乱愈疾。此为国之禁也。故辨而不当理则伪,知而不当理则诈。诈伪之民,先王之所诛也。理也者,是非之宗也。"这里所谓"是非"是奴隶主的"是非",所谓"理"是奴隶主的理。邓析的斗争,就是要打乱这些"是非",打倒这些"理"。他是新兴地主阶级的代表,不是"诈伪之民"。

《离谓》篇又说:"子产治郑,邓析务难之。与民之有狱者约:大狱一衣,小狱襦裤。民之献衣襦裤而学讼者,不可胜数。以非为是,以是为非,是非无度,而可与不可日变。所欲胜因胜,所欲罪因罪。郑国大乱,民口谨哗。子产患之,于是杀邓析而戮之。民心乃服,是非乃定,法律乃行。"这是说:邓析不仅自己用这种办法同子产的法令作斗争,而且还帮着民间都作这种斗争,闹得子产没有办法,只好把邓析杀死,他的"法律"才能得暂时稳定。

《左传》说:"郑驷歂杀邓析而用其竹刑。"(定公九年)照这条记载,杀邓析是子产的继承人。《左传》还引"君子"(指孔丘)的话,说驷歂不应该"用其道"而"不恤其人",好像孔丘很同情邓析。照孔丘的阶级立场看,他不可能同情邓析。孔丘可能是指出用其道而杀其人的矛盾。含蓄的意思可能是，既然杀其人，就不该用其道。其实这事也没有什么矛盾，杀邓析是因为他敢于斗争。用其竹刑是大势所迫。

邓析亦被称为名家。荀况说："不法先王，不是礼义，而好治怪说，玩琦辞，甚察而不惠，辩而无用，多事而寡功，不可以为治纲纪；然而其持之有故，其言之成理，足以欺惑愚众。是惠施、邓析也。"（《荀子·非十二子》）又说："山渊平，天地比，齐秦袭，入乎耳，出乎口，钩有须，卵有毛，是说之难持者也，而惠施、邓析能之。"（《荀子·不苟》）《吕氏春秋》的《离谓》《淫辞》二篇中，叙述当时的"诡辩"，举邓析并及公孙龙。《庄子·天下》篇述"辩者"之说，举惠施及公孙龙。可见在战国末年人的心目中，此三人是名家的中心人物。

《战国策》引苏秦的话说："夫刑名之家，皆曰白马非马也已。"（《赵策》）照这个解释，刑即形字，刑名即形名。但亦或因持白马非马一类的辩者，本来是讲刑法的，故有刑名之家之称。此所谓"刑名"，正如后世所谓"刑名"之义。"白马非马"是公孙龙的有名的辩论。据苏秦的话，公孙龙也是"刑名之家"。

韩非说："坚白无厚之词章，而宪令之法息。"（《韩非子·问辩》）可见坚白无厚之辩，其原来实际的用处，是对于法律条文"咬文嚼字"，作出种种解释，取其言而背其意。这是法家先驱人物对于奴隶主贵族的一种斗争方法。但新兴地主阶级的代表荀况和韩非为什么也对于惠施、邓析提出批判呢？

"刑名之家"就是名家。所谓名家，就其社会根源说，是春秋、战国时期各国公布法令所引起的一个后果。当时公布法令是新兴地主阶级对于奴隶主的要求,也是新兴地主阶级自己在政治上的一种重要措施。邓析等当时对于奴隶主阶级所公布的法令作"咬文嚼字"的解释,以求对于他们自己有利。这是他们对于奴隶主作合法的斗争,这是有进步意义的。但是在地主阶级夺权后,还有人对于地主阶级的法令作"咬文嚼字"的解释,以求对于他们自己有利,这就是对于地主阶级的法令的一种扰乱,是对于他们的统治的一种破坏,所以不能不遭到地主阶级思想家荀况和韩非的攻击。

第三节　关于伪《邓析子》

《汉书·艺文志》名家著录《邓析子》二篇,其中必有一些如荀况所说的"怪说琦辞"。可惜这部书失传了。现在我们所看见的《邓析子》是后人伪造的,其伪造之迹是很显然的。伪造的人收集了一些战国时期名家的一些词汇,塞到他所伪造的书中,企图以此证明其不伪。可是他对于这些词汇完全不了解,对于这些词汇的解释,完全不是名家的意思。他本来企图用以掩盖他的伪造之迹者,反而暴露了他的伪造之迹,可谓弄巧成拙。

例如"无厚"这个词语,是战国时期道家和名家都用的。《庄子》说:"以无厚入有间。"(《庄子·养生主》)又引"辩者"的话说:"无厚不可积也,其大千里。"(《天下篇》)"无厚"就是没有厚,薄之至。这是一个概念。实际上没有"无厚"的东西。薄的东西,无论怎样薄，总要有一点厚。如果一点厚都没有，那就连薄也没有了。几何学中所说的面积，就是"无厚"。那也只是一个概念。实际上没有仅有面积的东西；不过几何学可以不管它的别的方面而只算它的面积。"无厚不可积也，其大千里"，说的就是这个道理。

伪《邓析子》的第一篇，就题为《无厚》篇。伪造书的人，大概想以此表明他对于无厚的重视，以表明他的这部伪书所讲的是如韩非说的"无厚之词"。可是他所了解的无厚是什么呢？他说："天于人无厚也，君于民无厚也，父于子无厚也，兄于弟无厚也。"他把"厚"了解为"特别照顾"，照他说，天对于人没有什么特别照顾，君对于民没有什么特别照顾，父对于子没有什么特别照顾，兄对于弟也没有什么特别照顾。也可能没有什么特别照顾，但这对于名家的思想，完全没有什么关系。

伪《邓析子》说："异同之不可别，是非之不可定，白黑之不可分，清浊之不可理，久矣。"制这伪书的人，大概是企图讲名家所讲的"同异"的道理。"合同异"是名家的一个重要辩论。惠施说："大同而与小同异，此之谓小同异。万物毕同毕异，此之谓大同异。"（《庄子·天下》篇）惠施的目的是要"合同异"，而伪《邓析子》的作者，是要别同异。照他在下边讲的："不以心计则达于无兆矣，不以知虑则合于天然矣。"这完全不是名家的道理，完全与惠施不合。

伪《邓析子》还有"圣人不死，大盗不止"一大段话（《转辞》篇）。这一大段话，完全是从《庄子·胠箧》篇抄来的。可见这部伪书是在《庄子》这一篇以后才出现的。

在中国哲学史中，名家最懂得理论思维，最善于作理论思维。

照荀况所说的，邓析应该算是早期名家的一个代表人物，可惜他的书失传了，他的"怪说琦辞"，所说的是些什么，我们也无从得知了。照上边所引《荀子·不苟》篇所说的"山渊平，天地比"那几条辩论之中，有些也许就是邓析的辩论。如果这个推测不错，邓析这个名家是属于"合同异"一派的，惠施是继承邓析的。荀况在《不苟》篇和《非十二子》篇中都把邓析、惠施联在一起，这是有根据的。

照现在所有的材料说，邓析还不能说是早期名家，但照他的言论行动，可以帮助说明名家的起源。

第六章 春秋末期军事思想和经济思想中的唯物主义和辩证法

上文第三章讲到，管仲相桓公，训练了一支不同于奴隶兵的新型军队。他告诉桓公说："君有此教士三万人，以横行于天下，诛无道以定周室。天下大国之君莫之能圉也。"（《管子·小匡》）这一段话说出了新兴地主阶级的主观方面的雄心壮志，也说出了这个阶级在客观方面的历史使命。

新兴地主阶级要提高生产力，巩固封建制的生产关系。但是当时诸侯割据的局面，阻碍生产力的发展。历史的趋势要求打破这种奴隶社会遗留下来的局面，用武力统一中国。当时战争频繁，其历史的任务就在于此。当时因推行新制度而强大的国家，都出些大军事家，为当时的地主阶级政权服务，为当时的历史任务服务。这些军事家在训练、组织军队的方法上，在战略和战术的理论上，都贯穿有素朴的唯物主义和自发的辩证法思想。

第一节 春秋时期军事上的"礼"与"非礼"

在春秋时期，诸侯国之间的战争，特别是各霸主之间争霸的战争，越来越多，规模也越来越大。仗是怎样打的，参加战争的军队是怎样组织、训练的，在这些问题上也有两种思想的斗争。

在齐桓公以后，宋国和楚国争霸。宋国的国君襄公亲自率兵和楚国的兵战于泓水之上。在开战的时候，宋襄公按"礼"而行，失了一些战机。因此宋军大败，襄公也身受伤。宋国的人都责备他。他辩解说："君子不重伤，不禽二毛。古之为军也，不以阻隘也。寡人虽亡国之余，不鼓不成列。"（《左传·僖公二十二年》）就是说，照古来的"礼"，在战争中间，已经受了伤的敌人，就不能再伤他。敌人中头发斑白的人，不能俘虏。敌人处在不利的地形之下，不能攻他。敌人阵势还没有摆好的时候，也不能攻他。当时宋国一个大臣批评襄公说：我们的君简直不知道战争是什么东西。凡是对方军队中的人，都是我们的敌人。打仗就是要杀敌人。如果说，已经受伤的敌人就不能再伤他，那还不如当初就不伤他。如果说，头发斑白的敌人就不能俘虏，那还不如投降算了。

宋襄公的这样地打仗，说起来好像是笑话。但是照《公羊传》所讲的，孔丘的《春秋》是赞扬宋襄公的这种打法的。它解释《春秋》的意思说："故君子大其不鼓不成列，临大事而不忘大礼，有君而无臣，以为虽文王之战，亦不过此也。"（《公羊传·僖公二十二年》）它所说的"君子"，指的就是孔丘。它认为宋襄公之所以受到《春秋》的赞扬，因为他打仗是照着"礼"的原则打的。他的失败是因为他的臣不能执行他的路线。

鲁国的叔孙得臣，用弓箭射中了一个敌人的眼睛，就把那个人拿着杀了。《穀梁传》说："何为不言其获？古者不重伤，不禽二毛，故不言获，为内讳也。"（《穀梁传·文公十一年》）就是说，《春秋》认为，叔孙得臣的这个行动不合乎礼，这是一个错误。《春秋》隐讳自己国内的不合礼的事情，所以在书法上就没有用"获"字。

从这些记载看起来，当时的旧的军事思想，也是以"礼"为基础的。其哲学基础是唯心主义的，形而上学的。新的军事思想的基础，是从战争的经验中，在战争的本身寻找战争的规律。依照这些规律指导战争，走向胜利，达到消灭敌人保存自己的目的。其哲学的根据是唯物主义的，是辩证法的。春秋末期的孙武等人就是具有新的军事思想的军事家。

《史记》的孙武传和司马穰苴传，都突出地记载了他们练兵的故事。在这些故事中可以看出来，他们的建军的思想的要点，是纪律严明，信赏必罚。在执行赏罚的时候，虽国君也不能干预，虽国君的命令也不接受。他们的信条是"将在军，君命有所不受"。这是以前所没有的，所以关于他们这样建军的故事，当时都认为是新鲜事物，以致成为故事，广泛流传。当时的大军事家都用这种思想，为新兴地主阶级提出了比较正确的建军路线和军事路线。这在当时是很有进步意义的。

第二节　孙武和《吴孙子》

《汉书·艺文志》把先秦的军事著作分为四种。第一种"兵权谋"，这是有关战略的；第二种"兵形势"，这是有关战术的；第三种"阴阳"，这是有关古代军事中的迷信禁忌的；第四种"兵技巧"，这是有关兵器制造和使用的。在这四种中，"兵权谋"讲到战争的规律，其中反映出先秦军事家对于辩证法的认识。

《艺文志》兵权谋首列《吴孙子兵法》八十二篇，《齐孙子》八十九篇。吴孙子是春秋时代的孙武；齐孙子是战国时代的孙膑。

他们都是古代著名的大军事家。现在的《孙子》十三篇是孙武的著作,即《艺文志》所说的《吴孙子》。《齐孙子》久已失传,现在又在山东为考古学家所发现。

孙武是春秋末期的大军事家,是中国军事理论的奠基人,生于春秋末期,原是齐国的人。后入吴,以兵法见于吴王阖闾,遂仕于吴,为吴将。当时吴王阖闾,所以能"西破强楚"、"北威齐晋",称雄于诸侯,这是跟孙武能够正确用兵,有一套先进的军事思想作指导分不开的(《史记·孙子、吴起列传》)。

春秋是兼并战争十分激烈的时期。孙武总结了这个时期丰富的战争经验,探讨了如何在战争中战胜敌人的各种战略、战术以及战争的规律。当时许多国家都讲富国强兵的政策,以实现中国的统一。孙武一派的兵家正是这一政策的拥护者和执行者。他们主张兼并战争。兼并战争在当时说,是合乎社会发展规律的现象。孙武一派的兵家学说是适应新兴地主阶级的利益和要求的,在当时具有进步的意义。

第三节　朴素唯物主义思想在孙武军事思想中的表现

首先,《吴孙子》认为战争的规律是可以认识的,战争的胜负是可以预知的。战争的规律是客观的事物。战争的胜负可以预知。这是朴素的唯物论思想。

孙武认识到战争不是孤立的事物,而是跟社会中其他事物有密切的联系的。他指出,战争取得胜利需要五个先决的条件("五事"),

通过对这五事的比较、考察，就能预知敌我双方的胜负。在五个条件中，首先是统治者必须使老百姓与他的意志一致，"令民与上同意"（"道"）。其次是有利的天时（"天"）。其次是有利的地理（"地"）。其次是有好的指挥官（"将"）。其次是有好的组织纪律（"法"）（《孙子兵法·计篇》）。这五个条件包括很广，涉及许多自然现象和许多社会现象，这些都是与战争的胜利有关系的，其中政治条件、人心的向背占首要地位。

因此，孙武在考察战争时，没有陷入单纯军事观点。他初步地认识到，军事决不能脱离政治，军事是政治的延长，用兵是为了解决政治问题，不是为战争而战争。因此最好的办法是先从政治上解决问题。他说："凡用兵之法，全国为上，破国次之；全军为上，破军次之。……故百战百胜，非善之善者也；不战而屈人之兵，善之善者也。"（《谋攻篇》）"战胜而天下曰善，非善之善者也。"（《形篇》）因此，他说，最好的战略，是粉碎敌人向我发动战争的意图（"上兵伐谋"）。其次的战略是利用国际矛盾，孤立敌人，使敌人不敢发动战争（"其次伐交"）。再次的战略，才是用兵作战（"其次伐兵"）。最下是攻城（"其下攻城"）（见《谋攻篇》）。

孙武指出，要取得战争的胜利，在战争中首先需要对于矛盾的双方，即对于敌我两方，都要有比较全面的认识。因此他说："知彼知己，百战不殆。不知彼而知己，一胜一负。不知彼，不知己，每战必殆。"（《谋攻篇》）"知吾卒之可以击，而不知敌之不可击，胜之半也。知敌之可击，而不知吾卒之不可以击，胜之半也。知敌之可击，知吾卒之可以击，而不知地形之不可以战，胜之半也。故知兵者动而不迷，举而不穷。故曰：知彼知己，胜乃不殆，知地知天，

胜乃不穷。"(《地形篇》)

孙武的"知彼知己"的原则，直至今天仍然是一个科学的真理。它是完全建立在朴素唯物论的基础上的。

《孙子》说："以故明君贤将所以动而胜人，成功出于众者，先知也。先知者，不可取于鬼神，不可象于事，不可验于度，必取于人，知敌之情者也。"(《用间篇》)就是说，既不可靠鬼神，也不可靠事物的表面现象，也不可靠主观的臆测。在这里，孙武既不相信天命，又不相信鬼神。在他看来，天不过是"阴阳、寒暑、时制"(《计篇》)。与地一样，都是物质性的自然物。它只是决定胜负的客观条件之一。这一唯物主义的真理在两千多年前，就能明确地提出来，确是难能可贵的。

第四节　辩证法思想在孙武军事思想中的表现

孙武说："昔之善战者，先为不可胜，以待敌之可胜。不可胜在己，可胜在敌。故善战者能为不可胜，不能使敌之可胜。故曰：胜可知而不可为。"(《形篇》)就是说，自己可以使自己具有不可被战胜("不可胜")的条件，还不能使敌人有可以被战胜("可胜")的条件。从这一方面看，"胜可知而不可为"。就是说胜利可以预先知道，但还不可必定得到。需要等待时机，才可以使可能变为现实。

善用兵的人，不能停止于此。他要的是胜的现实。孙武注重考察、研究战争胜负的客观条件，同时又强调人的主观能动性的作用。他一面说"胜不可为"，一方面又说"胜可为也"（《虚实篇》）。这不是他自我矛盾。这是他的辩证法思想。孙武的军事思想的可贵，在于他的素朴的唯物主义思想并不是同机械的、形而上学的观点联系起来，而是同生动的辩证法观点联系在一起。

孙武初步认识到，自然现象和社会现象不是静止不动的，而是在不断变化中，矛盾着的双方不是凝固不变的，而是可以变动的。战争也是如此，而且其变化比其他现象更为迅速剧烈。他指出：在自然界，"五行无常胜，四时无常位，日有短长，月有死生"（《虚实篇》）。作为社会现象之一，战争也不能例外。"乱生于治，怯生于勇，弱生于强。"（《势篇》）对立面是可以互相转化的，一切转化都是在一定的条件之下进行的。孙武注重主动地创造条件，使战争中的变化向与自己有利的方向进行。

为了创造条件赢得战争的胜利，孙武着重研究了集中与分散，实与虚的辩证关系。他提出如何利用双方兵力数量对比的关系，以控制战争发展的方向，创造对于自己有利的条件。善用兵的人总是设法使自己的军队在数量上占优势，争取主动，以众击寡，取得胜利。他说："吾所与战之地不可知，不可知则敌所备者多。敌所备者多，则吾所与战者寡矣。"（《虚实篇》）"形人而我无形，则我专而敌分。我专为一，敌分为十，是以十攻其一也，则我众而敌寡。能以众而击寡者，则吾之所战者约矣。"（同上）又说："用兵之法，十则围之，五则攻之，倍则分之（引诱敌人，使之分兵）。敌则能战之，少则能逃之，不若则能避之。"（《谋攻篇》）意思就是说，要尽量地集中自己的优势兵力，使自己化虚为实。同时要调动敌人，分散敌人，使敌人化实为虚，然后以我之实，击敌之虚，以自己的优势兵力打击分散薄弱的敌人。如果自己的兵力不能取得优势，那就宁可逃避也不可决战。孙武认为自己在数量上占优势的兵力，是取得胜利的重要条件。要创造这个条件，就要以种种方法分散敌人的兵力。这就常能保持"以众击寡"，使量变成为质变，"每战必胜"。

孙武认为，在一定的客观条件的基础上，还要发挥人的主观能动作用，以争取胜利。这就叫"胜可为"。其办法是用各种办法调动敌人。他说："微乎！微乎！至于无形。神乎！神乎！至于无声。故能为敌之司命。"（《虚实篇》）就是说，使自己成为敌人的司令官、参谋长。这样，就克服了战争问题上的机械论和消极等待、无所作为的思想，把客观条件和主观能动性结合起来。这充分表现了孙武兵法中的辩证法思想。

在战争中只有消灭敌人，才能保全自己。所以进攻是第一位的，防御是第二位的。进攻可以保持主动，即军队行动的自由权，这是军队的命脉。孙武也接触到这个原则。他说："故善战者致人而不致于人。"（《虚实篇》）就是说，要争取主动，避免被动，战争要以进攻为主。孙武说："不可胜者，守也。可胜者，攻也。守则不足，攻则有余。善守者藏于九地之下，善攻者动于九天之上，故能自保而全胜也。"（《形篇》）就是说，防御只能使自己不可被战胜，战胜则需要进攻。防御不足以达到胜利的目的；进攻则可以取得胜利而有余。进攻、防御，都能保持主动，那就可以达到"自保而全胜"的目的，即保存自己、消灭敌人的目的。

孙武提出了这些在战争中取得胜利的原则，但原则并不是死的公式。他强调，原则必须依据具体情况，灵活运用。他又研究了用兵正、奇两个方面的互相转化问题。他说："凡战者以正合，以奇胜"，"声不过五，五声之变，不可胜听也。色不过五，五色之变，不可胜观也。味不过五，五味之变，不可胜尝也。战势不过奇正，奇正之变，不可胜穷也。奇、正相生，如循环之无端，孰能穷之？"（《势篇》）正兵是从正面打击敌人的，奇兵是从侧面打击敌人的。可是，随着敌形变化，正兵也可以成为奇，奇兵也可以成为正。孙武指出，"兵形象水"。"兵无常势，水无常形。能因敌变化而取胜者谓之神。"（《虚实篇》）一方面要认识原则，一方面又要灵活运用原则，这是原则性与灵活性的辩证关系。

孙武明确地说："兵者，诡道也。故能而示之不能，用而示之不用。近而示之远，远而示之近。利而诱之，乱而取之……攻其无备，出其不意。"（《计篇》）这里所说的"之""其"都是指敌人而言。这是因为"兵者，国之大事，死生之地，存亡之道"（《计篇》）。对于敌人的仁慈，就是对于自己的残忍。宋襄公的"仁义"，就是以自己的国家的存亡为儿戏。孙武的军事思想和路线，同宋襄公的军事思想和路线是直接对立的。

孙武的《吴孙子》比较科学地从春秋时期的战争中总结出战争的一般规律，富有丰富的唯物主义和生动的辩证法思想。它是古代一部优秀的兵书，也是一部出色的哲学著作。它是春秋时期两种军事思想、两条军事路线斗争的产物，它在当时起了很进步的作用。孙武兵法是我国古代留下来的一份珍贵的文化遗产。

第五节　辩证法思想和唯物主义思想在范蠡的政治策略中的表现

在春秋末期，越国也是当时的一霸。在与吴国争霸的过程中，越国先打败了吴国。吴国又打败了越国。越王勾践被俘，后来返国，"十年生聚，十年教训"，终于灭了吴国。

在二十年中，越国对吴国的外交策略，体现了朴素辩证法和自发唯物主义的思想。这种策略，是由范蠡主持的。

当勾践被释放回国的时候，他问范蠡，应该怎么办。范蠡告诉他，应该忍耐以待时机。范蠡说："时不至，不可强生；事不究，不可强成。……时将有反，事将有间；必有以知天地之恒制，乃可以有天下之成利，事无间，时无反，则抚民保教以须之。"（《国语·越语下》）这里提出了人和客观世界斗争的一条规律。就是说，在人和客观世界的斗争中，无论完成一件什么事情，都要尊重时机和条件，按照客观条件办事。如果时机和条件不成熟，就不可勉强去做。因此，范蠡认为，为了达到预期的目的，必须掌握这些条件。他认为只有掌握客观世界（"天地"）经常不变的法则（"恒制"），才可有世界（"天下"）上人所造成的利益（"成利"）。这是一个具有唯物主义因素的思想。

自然界的主要规律是什么呢？范蠡认为，就是"时将有反，事将有间"。所谓"时"，就是指某一个时候的客观条件，主要的指"天时",即自然界所给与的各种条件,如年成的好坏,有无自然灾害等。范蠡认为,这对于人的行动有非常重要的关系。他说:"圣人随时以行,是为守时。"就是说,聪明的人应该随着当时的客观条件,决定自己的行动,这叫做"守时"。他又说:"天时不作,弗为人客。人事不起,弗为之始。"古代用兵,攻者称为客,守者称为主。"天时不作,弗为人客",就是说,在客观形势不利于我的时候,应该只取守势,不要进攻。在客观形势于我有利的情况下,就要利用这种情况,抓紧时机,立即行动。范蠡说:"得时无怠,时不再来。天予不取,反为之灾。嬴缩转化,后将悔之。"得到了时机就应该及时利用而不懈怠,时机一旦失掉了,就不会再来。如果客观的形势已经具备,而由于主观上的错误,没有及时地去夺取成熟的果实,就会反而遭受损害。他认为形势是会转化的,原来是多的("嬴")可以变为少("缩"),原来是少的也可以变为多。所以要乘有利于我的情况和机会,立即行动,不要等它变得不利于我。范蠡说:"从时者犹救火,追亡人也,蹶而趋之,唯恐弗及。"

范蠡认为上帝是靠不住的,唯一可靠的是当时的客观形势。他说:"上帝不考,时反是守。强索者不祥。得时不成,反受其殃。"这就是说,如果违背了客观形势,无论怎样信上帝也没有用处。违背客观形势的人,必然要倒霉。反过来说,只要得到了有利的客观条件,就应该当机立断,夺取胜利,否则就会遭殃。

所谓"事将有间","间"就是一定的空隙和路数。从前人说:"读书得间",就是说能看出书中思想的空隙,发现其中的问题。意思是说,顺着这些路数,乘着这些空隙去办事,就可以事半功倍。这就是说，在范蠡看来，不仅要抓住时机，而且要详细分析客观形势所提供的"间"，这样就能够更好地发挥主观的作用（以上引文，均见《国语·越语下》）。

《越绝书》说："昔者范蠡，其始居楚曰范伯。自谓衰贱，未尝世禄。故自菲薄，饮食则甘天下之无味，居则安天下之贱位。后被发佯狂，不与于世。"（卷七，又见卷十五）可见范蠡原来的出身是微贱的。后来他帮助越王勾践，发愤图强，终于战胜了吴国。成功之后，弃官不做，从越"浮海出齐"，"耕于海畔"，又经营商业，成为当时有名的大商人（《史记·越勾践世家》）。这是他利用他所有的对于客观世界的规律的认识，经营商业取得的成果。

第六节　辩证法思想和唯物主义思想在计然的经济政策中的表现

《史记·货殖列传》说："昔者越王勾践困于会稽之上，乃用范蠡、计然。"计然《越绝书》作计倪，《吴越春秋》作计砚，裴骃《史记集解》引徐广曰："计然名研。"然、砚、倪、研，并是一音之转。裴骃又引《范子》说，计然的先人是"晋国亡公子"。据此，计然出身于没落贵族家庭。照《越绝书》和《吴越春秋》所说的，计然也是越王勾践争霸的一个大功臣，是一个有名的人物，可是战国以前的书都没有提到这个人。因此有人认为《史记》所说的范蠡、计然，并不是两个人名，计然是范蠡所作的书名。

《越绝书》中的《计倪内经》记载计然与越王勾践的对话（《越绝书》的资料不一定可靠，不过《史记·货殖列传》引计然的话，与《计倪内经》大致相同）。越王勾践准备伐吴争霸，计然告诉他，要想强国必先富国。他跟勾践所讲的就是富国的方法。这个方法主要的是由国家经营商业，从中取利，同时也给农民方便。他跟勾践说："臣闻君自耕，夫人自织，此竭于庸力，而不断时与智也。时断则循，知断则备；知此二者，形于体万物之情，短长顺逆，可观而已。"意思就是说：作为一个统治者，不需要自己耕田，夫人自己织布，那不过是增加两个劳动力而已。在这段话里，主要的两句话就是"时断则循，知断则备"（《史记·货殖列传》引计然作："知斗则修备；时用则知物。""斗"字疑系"断"字之误）。这里所谓时，是指天时。计然认为农业的生产是受天时支配的。天时的变化有一种规律。照他看起来，农业收成的好坏，跟岁星（木星）的运行有关系。平均计算起来，有六年是好年成，有六年是坏年成，每十二年要有一个大荒年。这种循环，计然叫做"天地之反"。他说："故圣人早知天地之反，为之预备。"怎么样预备呢？计然说："籴石二十则伤农，九十则病末，农伤则草木不辟，末病则货不出。故籴高不过八十，下不过三十，农末俱利矣。故古之治邦者，本之货物，官市开而至。"这就是说：一石谷值二十个钱的时候，农民就要吃亏，值九十个钱的时候，商人就要吃亏。必须把粮价保持每石八十到三十个钱之间，这样农民和商人都能得到利益。怎样维持这样的价格呢？就是由国家掌握一定的货物，设官市。在粮贱的时候，官市就收买粮食、卖牲畜及其他货物；粮价贵的时候，官市就卖粮食，收买田宅牛马，积敛货物。这样就可以保持粮价的稳定，国家也可以得到五倍到十倍的利息。

《史记·货殖列传》记载计然的话说："积著之理，务完物，无息币。以物相贸。易腐败而食之货勿留，无敢居贵。论其有余不足，则知贵贱。贵上极则反贱，贱下极则反贵。贵出如粪土，贱取如珠玉。财币欲其行如流水。"据说勾践用了计然的计策，行了十年，越国国富兵强，战胜了吴国，成为春秋五霸之一。

计然的这种经济思想，包含有唯物主义的因素。他不讲"有意志的天"，只讲"天时"。他所注意的是天时变化的规律，不是什么上帝的喜怒。他所说的"天时"，虽然其中有占星术的成分，但是，他是企图用自然现象解释自然现象。他认为自然界的事物虽然时常变动，但有一定的规律；人们必须遵循这些规律做事，才可以成功。他说："时断则循"，就是说，对于天时变动的规律能有所判断，就可以遵循这些规律。计然认为，"阴阳万物，各有纪纲"。"顺之有德，逆之有殃"。因此，"圣人"应该顺从"阴阳万物"的"纪纲"，而避免做违背它的事情。"凡举百事，必顺天地四时，参以阴阳，用之不审，举事有殃。人生不如卧之顷也，欲变天地之常，数发无道，故贫而命不长"（以上所引都见《越绝书》卷四，《计倪内经》）。这里，计然不说"天"而说"天地"，这是很可注意的。"天"可能有许多意义，"天地"则一定是指自然界。"天地之常"就是自然界的规律。"阴阳万物""日月星辰""五行"都有规律。人能遵循这些规律，做事就可成功；反背这些规律，就必定要失败。遵循规律叫做"有道"；违反规律叫做"无道"。他说，有些人违背自然界的规律，做事"无道"，所以"贫而命不长"。计然的这种思想，一方面是强调自然界的客观规律，不谈有意志的"天"，这是他的唯物主义思想的表现。但是，运用到社会上来，他又把人们的"贫"和"命不长"的原因归结为他们违背自然规律的结果，这就是唯心主义的了。在旧社会，真正"贫而命不长"的，是广大劳动人民，他们的"贫"和"命不长"是由于剥削阶级剥削、压迫的结果。计然的这种讲法是对历史的颠倒，这正是他的思想的阶级局限性。

　　计然对于辩证法也有所认识。他说"天地之反"，就是"物极必反"的道理。他认为，货物的贵贱是由于有余和不足。某一种货如果不足，就会供不应求。买的人多，而商品却很少，这样它的价格就要上涨。上涨的物价刺激生产，生产多了，原来不足的货物就变成有余的了，原来是贵的物价，就变成贱的了。货物有余，就是供过于求。供过于求，物价就下低了，生产受其影响，原来有余的货物就变成不足的了，原来是贱的物价就变成贵的了。计然意识到价格的规律，所以他得出结论说，"贵上极则反贱，贱下极则反贵"，贵贱是互相转化的。

　　根据贵贱互相转化的规律，他规定出他经营商业的方法。在某一种物价贵的时候，他却是看它如粪土，赶紧把它抛出去。在某种物价贱的时候，他偏偏看它如珠玉，赶紧把它收进来。他主张"旱则资舟，水则资车"。在天旱的时候，他就知道旱就要转化为涝，所以他赶紧预备船。在天涝的时候，他就知道涝要转化为旱，所以他就赶紧预备车。这就是他所说的"知断则备"，就是说，知道遵循这些规律而对事情有所判断，就可以预先作准备。他对于事物发展的一些辩证规律有所认识,所以他做事都是争取主动,迎头赶上。

计然对自然现象的规律和事物在发展过程中向对立面转化的法则的了解,多半出于猜测,还缺乏科学的基础。有些说法,如星辰的运行与年成好坏有关,显然是错误的。但他通过对社会经济现象的观察,看到事物变化的一些辩证的因素,这也是十分可贵的。

《越绝书》说,计然也是经营商业,"处于吴楚越之间,以渔三邦之利"(《越绝书·计倪内经》)。他可能也同范蠡一样,先为越国富国的谋臣,后来又利用他对于经济规律的认识,自己经营商业,发家致富。

因为他们有后一段的历史,《史记》把他们列入《货殖列传》,这是有理由的。但他们的思想基本上是在越国争霸的斗争中得来的,是为新兴地主阶级服务的。

第七节 辩证法思想和唯物主义思想在商人思想中的表现

范蠡和计然是在晚年利用其对于客观世界的认识,经营商业,发家致富的。当时的商人也有的利用对于客观世界的认识,成为大富豪。白圭就是一个例证。

当时商人的思想有唯物主义和辩证法的因素。《史记·货殖列传》记载白圭的思想,说:"白圭,周人也。当魏文侯时,李克(李悝)

务尽地力，而白圭乐观时变。故人弃我取，人取我与。……能薄饮食，忍嗜欲，节衣服，与用事僮仆同苦乐。趋时，若猛兽鸷鸟之发。故曰：'吾治生产，犹伊尹、吕尚之谋，孙、吴用兵，商鞅行法是也。是故其智不足与权变，勇不足以决断，仁不能以取予，强不能有所守，虽欲学吾术，终不告之矣。'盖天下言治生祖白圭。"从司马迁的这段话看起来，在当时商人白圭和李悝是齐名的。白圭经营商业所用的方法，同当时进步的政治家、军事家所用的方法是有很多相同之处的。

在大转变时期，地主阶级中有些人也是商人转化过来的。商人是一部分地主阶级的前身。但在社会生产的过程中，商人阶级是没有地位的。它不体现当时新的生产关系，所以也不能成为创造新制度的代表。这个任务历史地落在新兴地主阶级的肩上。

但在大转变的初期，地主阶级推行富国强兵的政策，提倡商业也是富国政策的一部分。司马迁说："管仲既任政相齐，以区区之齐，在海滨，通货积财，富国强兵。"(《史记·管晏列传》)管仲以士、农、工、商同为"国之石民"。但在大转变的后期，商业的兴盛，成为农业发展的阻碍。商人的强大，成为地主阶级专政的威胁。于是地主阶级采取了"崇本抑末"，打击商人的政策。商业从为新兴地主阶级服务的工具转化为被打击的对象，这也是历史演进的辩证法。

第七章 墨翟和前期墨家的哲学思想

第一节　大转变时期独立手工业的兴起

上面已经讲过，在春秋时代，随着生产工具与生产技术的进步和商品经营的发展，人们对于手工业产品的需求逐渐增长。手工业产品种类加多，质量提高。手工业的分工也加细，独立的手工业者也逐渐加多。在奴隶制度下，"工商食官"。那就是说，工商业大部分是控制在奴隶主贵族的手里。奴隶主贵族占有专为他们服务的工奴，又有管理工奴的工官。在奴隶制崩坏的时候，工官逐渐失去原有的职位，工奴也逐渐得到解放，一部分变成了独立的手工业者。尤其是进入战国以后，生产关系的急剧变革，使生产力得到了进一步的发展。其重要标志是铁器工具的普遍推广，从而使手工业得到了更大的发展。跟着民间手工业的兴起，形成了一个独立的手工业者的队伍。这就是墨翟所说的"凡天下群百工"（《墨子·节用中》），"工肆之人"（《尚贤中》）。孔丘也说："百工居肆，以成其事。"（《论语·子张》）"肆"就是铺子。他们自己开铺子，制造自己的产品，出卖自己的产品。

这个"群百工"中，还存在着这样两种人：一种人是铺子的主人，也就是手工业主。他们自己有的参加劳动，有的不参加劳动，往往有一套手工业生产的技术知识，同时也是铺子中的老师傅。另一种人是铺子中的其他成员。名义上可能是老师傅的徒弟，实际上也许是他们的奴隶，铺主或老师傅对于徒弟还有剥削。而徒弟是不剥削别人，或者受别人剥削的手工业劳动者。这两种人的经济地位有所不同，前者经济比较富裕，并且存在着对别人的剥削，后者是贫苦的劳动者。在当时的条件下，他们之间的矛盾还没有上升为主要矛盾。他们都有反对奴隶制的一面，但由于他们的经济地位不同，他们的政治态度也是不同的。手工业主虽然对奴隶社会的旧制度有所不满，但他们并没有力量以推翻奴隶制度，只想通过改良的方式以达到自己的目的。在思想上他们仍然拥护宗教，宣扬天命论，主张阶级调和。他们的思想上的代表即前期墨家。作为徒弟的手工业者的思想上的代表，即后期墨家，则宣扬唯物主义的自然观，经验主义的认识论和科学知识。这是前期墨家和后期墨家不同的阶级根源。

第二节　《墨子》其书和墨翟其人

《墨子》这部书的内容，证实了上述的这种情况。这是一部墨家思想的丛著。它也是像其他大多数的"子"一样，不是一个人所写，也不是一个时候的人所写。大致说，这部书可以分为四部分。一部分是记载墨翟本人的活动的。《耕柱》《贵义》《公孟》《鲁问》《公输》五篇属于这一部分。《墨子》的另一部分记载墨家所研究的防御战术及守城的兵器与工具，有《备城门》等十一篇。另一部分是墨翟所创始及宣传的思想的记录，有《天志》《明鬼》等三十一篇。

这一部分所记载的思想，本书称为前期墨家的思想。本章就是以这一部分资料为根据。

其余一部分主要是关于认识论、逻辑学和自然科学的思想。《经上》《经下》《经说上》《经说下》《大取》《小取》等六篇属于这一部分。这一部分所记载的思想，本书认为是后期墨家的思想，因为其中所讨论的问题都是春秋末、战国初所没有的。其哲学思想也是与前期不同的。

墨翟（前475？—前396？），鲁国人。一说是宋国人。据史书记载，墨翟有一套手工业生产技术，自己能制造器具，有时被称为"贱人"（《贵义》）。据传说：他的技术跟当时的著名工匠公输般（鲁般）齐名。他与公输般都曾用木料制成一种器械，能飞三天不落下来（见《淮南子·齐俗训》）。公输般善于制造攻城的器械，墨翟善于制造守城的器械。他二人进行比试，公输般拿出九种攻城器械，墨翟也拿出九种守城器械相对抗。结果公输般输了（见《墨子·公输》）。

墨翟的学生和信徒称为"墨者"。墨翟把他们组织起来成为一个团体。其成员的行动，都须遵从墨翟的指挥。墨翟的学生在政治上有了位置，如果不能推行墨家的主张，就需要自行辞职（如高石子之例，见《墨子·耕柱》）。如果违背了墨家的主张，墨翟就要采取措施，使他被斥退（如胜绰之例，见《墨子·鲁问》）。学生有了俸禄，须将收入分一部分供墨者团体的使用（如耕柱子之例，见《墨子·耕柱》）。《淮南子》说："墨子服役者百八十人，皆可使赴火蹈刃，死不旋踵。"（《泰族训》）"墨者"团体的领导者，称为"巨子"（《庄子·天下》）。墨翟是第一个"巨子"。

墨翟又是一个博通古书的人，在《墨子》中，引《诗经》《书经》的地方不少。他到各地方去"游说"，车里常带很多的书。他说：他"上无君上之事，下无耕农之难"，有时间要多看书（见《墨子·贵义》）。在这一点上，法家的韩非认为儒、墨是一致的。他认为儒、墨都是"明据先王，必定尧舜者，非愚则诬也"（《韩非子·显学》）。

照这些材料看起来，墨翟原是一个木工手工业主，不直接参加生产劳动。后来成为游士，到处发表主张，要求参加政治。他的"墨者"团体，可能是照着当时手工业行会的习惯组织成的。他的学生相当于手工业行会中的徒弟，"巨子"相当于老师傅或手工业主。

第三节　墨翟对于劳动和劳动成果的重视

但墨翟所代表的阶级，究竟与儒家不同。所以他的思想与儒家也有重要不同之处。这个不同，首先表现在对于劳动和劳动成果的态度上。

照《论语》所记载的，孔丘有一个学生樊迟向孔丘说，他打算学种庄稼，或种菜园，孔丘说他是"小人"，认为他没有出息。墨翟对于劳动的态度与孔丘完全相反。

墨翟说："今人固与禽兽、麋鹿、蜚（飞）鸟、贞虫异者也。今之禽兽、麋鹿、蜚鸟、贞虫，因其羽毛以为衣裘，因其蹄蚤（爪）以为绔屦，因其水草以为饮食。故唯（虽）使雄不耕稼树艺，雌亦不纺绩织纴，衣食之财固已具矣。今人与此异者也，赖其力者生，不赖其力者不生。"（《非乐上》，两"生"字旧作"主"，依毕沅校改）就是说：人与其他的动物不同。其他动物用它身上的羽毛为衣服，用它脚上的蹄爪为鞋靴，用自然的水草为饮料食料，所以它们中间的雄的也不必耕种，雌的也不必纺织，而衣食都不成问题。人是不同的，出力劳动生产才能生存，不出力劳动生产就不能生存（"赖其力者生，不赖其力者不生"）。

照这一段话下文所说的，墨子在这里所谓的"力"，包括"农夫"的"耕稼树艺"，"妇人"的"纺绩织纴"，也包括"王公大人"的"听狱治事"，以及"士君子"的"治官府"等。

墨翟认为，人类因为没有羽毛、蹄爪等天然的自卫工具，没有水、草等天然食物，所以才被迫从事生产劳动，以维持生活。其实是，人类因为能生产劳动，所以才逐渐脱离了其他动物完全依靠自然的状态，才把自己从其他动物中分别出来。这是墨翟当时的知识所不能知道的。

恩格斯说："动物仅仅利用外部自然界，单纯地以自己的存在来使自然界改变；而人则通过他所作出的改变来使自然界为自己的目的服务，来支配自然界。这便是人同其他动物的最后的本质的区别，而造成这一区别的还是劳动。"（《自然辩证法》，《马克思恩格斯选集》第三卷，五一七页）墨翟只看到生产劳动在维持人的生活中的重要性，没有看到生产劳动改变和支配自然界的重要意义。这样的意义只有工人阶级才有可能充分地认识。但是墨翟在一定程度上认识到，人支配自然而其他动物只是利用自然，并由此看出人与其他动物的区别。他窥测到恩格斯所说的真理的一些因素。这虽只是窥测，但在当时说是一个伟大的发现。

墨翟又说，如果一人到别人园子里偷了桃李，这种"亏人自利"的行为，就是不仁不义。如果抢夺别人的牛马，那就亏人愈多，更是不仁不义了。为什么到别人园子里偷了桃李就是不仁不义呢？墨翟在另一个地方说："不与其劳，获其实，以非其所有取之故。"（原作"己非其有所取之故"，依孙诒让校改）（《天志下》）

墨翟的这两段话的直接的意义是反映了像手工业主这样的小私有者保护他自己的劳动成果的要求。还有一个深远的意义，就是把道德和劳动联系起来，把劳动也看成是评价人的道德行为的一个尺度。"与其劳"才应该"获其实"，才可以使劳动成果为"其所有"。只有这样的"所有"才是"义"。不然就是"亏人自利"，就是"不义"，就是盗窃、抢夺。"不与其劳获其实"，"亏人自利"，这两句话所说的，其实就是剥削的本质，也说明了剥削所以为"不义"的理由。但这样的深刻的意义是墨翟所没有意识到的。不过他的这两句话确包含这样的意义。

第四节　墨翟对于奴隶主贵族的生活方式的批判

墨翟所创始和宣传的思想，有十大项目："尚贤""尚同""节用""节葬""非乐""非命""天志""明鬼""非攻""兼爱"。墨翟说：他到一个国家中，先了解其情况，然后针对这些情况，从十大项目中选出几项作为宣传的重点。这就叫"当务而从事"(《鲁问》)。在《墨子》里,每个项目,都有墨翟讲话的记录,每个讲话的记录,一般都有三篇,内容大致相同。在这十个项目背后,贯穿于十个项目之中,还有一个中心思想,就是"利"的观念。

墨翟把"利"作为衡量一切事物的价值的标准,这是和他重视发展物质生产分不开的。把"兴天下之利,除天下之害",作为"仁人"奋斗争取的目标(《兼爱下》《非乐上》)。他所谓"天下之利"的具体内容是"富"与"庶";前者是物质财富的生产,后者是劳动力的生产。墨翟说:"圣人为政一国,一国可倍也。大之为政天下,天下可倍也。其倍之,非外取地也。因其国家,去其无用之费,足以倍之。"(《节用上》)"食不可不务也,地不可不力也,用不可不节也。"(《七患》)这里所说的"倍"就是能使物质财富的生产增加一倍。其方法就是开发本有的资源("因其国家")以增产,再加上节约。这里所说"务食"就是要发展农业生产。"地不可不力",就是要力作,发挥土地的潜力。墨翟认为,如果能这样做,使物质财富增加一倍至数倍并不是难事。他接着说:"故孰为难倍?唯人为难倍。"这就是人的生产,"庶"的问题。墨翟接着说:"然人可倍也。"就是说,也有办法。其办法是"使民早处家",就是早结婚。

墨翟要求增加物质财富和劳动力,集中地反映了当时壮大起来的手工业主阶层迫切地要求发展生产的愿望。他认为,政治的首要的任务就是使物质财富增加,使劳动力增加。这一点成了墨翟思想的出发点。这个出发点正与孔丘的轻视劳动生产、鄙视"利"的思想直接相对立。

本着这个思想，墨翟反对当时奴隶主贵族一系列的行动和生活方式。他反对贵族的铺张浪费，主张"节用"。节用的主要原则是："凡足以奉给民用则止；诸加费不加于民利者，圣王弗为。"（《节用中》）"民利"是用财的标准；加费而有加于民利的事是可以做的；加费而不加于民利的事是不可以做的。他痛切地指责"当今之主""暴夺民衣食之财"，来盖极端奢侈的房子，做极端奢侈的衣服，吃饭"前列方丈，目不能遍视，手不能遍操，口不能遍味"；"单（殚）财劳力，毕归之于无用"。结果是"富贵者奢侈，孤寡者冻馁"（《辞过》）。墨翟指出，贵族们的铺张浪费，不仅消耗财富，同时也是"寡人（使人口减少）之道"。因为"其使民劳，其籍敛厚，民财不足，冻饿死者，不可胜数也"（《节用上》）。

从反对奴隶主贵族们的奢侈享乐出发，墨翟还提出了反对音乐（"非乐"）的主张。他认为音乐只是贵族们少数人享受的奢侈品。他指出，当时"民有三患：饥者不得食，寒者不得衣，劳者不得息"（《非乐上》），贵族们鸣钟伐鼓，并不能解决这些问题，只能加重这些灾难。

墨翟更从"富"和"庶"的观点反对儒家所鼓吹的"厚葬""久丧"的制度。他指出"厚葬"的结果是"多埋赋财"；"久丧"的结果是"久禁从事"。"财已成者，挟而埋之，后得生者，而久禁之。以此求富，此譬犹禁耕而求获也。"他又指出，"久丧"限制人的起居饮食，使人身体衰弱，又限制"男女之交"，"以此求众，譬犹使人负剑而求其寿也"（《节葬下》）。

墨翟对于奴隶主阶级的这些批判，都是从物质财富的生产和劳动力的生产出发。他认为能使这两种生产增加的事就是"利"，妨碍这两种生产的事就是"害"。

墨翟对于奴隶主阶级的批判,实际上就是对于"周礼"的批判。墨翟虽然没有明确地从根本上批判"周礼",但上面所说的墨子的这些主张的实际意义,就是反对和批判"周礼"。当时奴隶主贵族的各色各样的铺张浪费,例如讲究衣服的文采、丧葬的仪式,还不仅是为了享受,而且还是为了表示他们的"高贵",以吓唬老百姓。春秋时的一个贵族随武子说:"君子小人,物有服章,贵有常尊,贱有等威。"(《左传·宣公十二年》)"服章"是用来表示贵贱等级的。墨翟指出,衣服应该只是用以"适身体,和肌肤","非荣耳目而观愚民也"。又说:"俯仰周旋威仪之礼……诸加费不加民利者,圣王弗为。"(《节用中》)他尖锐地批评儒家是"盛为声乐以愚民"(《非儒下》)。这在实际上就是要在这些方面,缩小旧贵族和平民之间的等级差别,减少奴隶主贵族的威风排场。

"古之丧礼,贵贱有仪,上下有等。天子棺椁七重,诸侯五重,大夫三重,士再重。"(《庄子·天下》)贵族的"厚葬",也是表示贵贱上下的等级。照他们的丧服制度,父母死,服丧三年;伯叔父、兄弟,一年;族人,五月、三月不等。这是表示以血缘为基础的宗法的亲疏。墨翟主张废去这些分别,不分贵贱,一律"桐棺三寸",不分亲疏,一律于葬后即照常生产,"反(返)从事乎衣食之财"(《节葬下》)。这是对于奴隶主贵族的等级制度及宗法制度的一个严重的攻击。他的这些主张,都是对于儒家思想的有力批判。

但是墨翟的这些主张如果真的实行起来,不仅破坏了奴隶主阶级的等级制,而且也会破坏封建地主阶级的等级制。这一点,荀况是认识清楚的,所以他说:墨翟"上功用,大俭约,而僈差等,曾不足以容辨异,县君臣"(《荀子·非十二子》)。这就是说:若果照墨翟的"俭约"的主张实行起来,那么差等就没有了,君臣上下的等级分别也没有了。在新兴地主阶级看起来,那就是"大乱"。所以墨翟的这一"僈差等"的主张,就是当时的新兴地主阶级也是不能接受的。荀况的这个批评,正好说明了他是代表地主阶级说话的。同时也说明了墨翟的反对奴隶主,也并不是从地主的阶级立场出发的,他是手工业主的代表。

但这些实际的意义是墨翟所没有意识到的。作为手工业主,他也需要维持上、下之分。他还需要维持当时的"王公大人"的地位。这一点将在下文讨论。

第五节 墨翟关于"尚贤""尚同"的思想

在政治问题上墨翟提出"尚贤"的主张。他认为:"尚贤者政之本也。"(《尚贤上》)治国的根本措施就在于"尚贤事(使)能"。他说:"是故国有贤良之士众,则国家之治厚。贤良之士寡,则国家之治薄。故大人之务将在于众贤而已。"如何能够"众贤"呢?办法就是把国家中的贤能之士都挑选出来,"高予之爵,重予之禄,任之以事,断予之令",要做到这样,就必须坚持"以德就列,以官服事,以劳殿赏,量功而分禄"。为此,他主张"上举义不辟(避)贫贱","上举义不辟(避)亲疏","上举义不辟远近","虽在农与工肆之人，有能则举之"，"无能则下之"，"故官无常贵，民无终贱"。"虽天亦不辨贫富、贵贱、远近、亲疏，贤者奉而尚之，不肖者抑而废之"（《尚贤中》）。原来贫贱的人，只要是贤能就应该上升为富贵的人，而原来富贵的人，假如不贤无能，也应该降为贫贱。"不义不富，不义不贵，不义不亲，不义不近"（均见《尚贤上》）。这是要打破奴隶主贵族的等级制度，也打破宗法的亲亲制度（"不义不亲"），与儒家的"贵贵亲亲"的思想直接对立。墨翟特别提出"农与工肆之人"，这是当时的手工业主这一阶层要求参加政权的反映。

"尚贤"的主张发展为"尚同"的主张。"尚贤"的主张仅只要求当时的国君不分等级，举用贤才。"尚同"的主张认为最高的统治者的职位，也应该由"贤者"担任。

这里牵涉到国家起源的问题。墨翟认为国家起源于统一思想的必要。他说：在古代还没有政治组织（"刑政"）的时候，每个人都有他自己的"是非"的标准。人人意见不一致，互相争夺，互相损害。"天下之乱，若禽兽然"。后来的人"明乎天下之所以乱者，生于无正长，是故选择天下之贤可者，立以为天子"（《尚同上》）。他认为这就是国家的起源。这是一种唯心主义的说法。他不知道，也不可能知道，国家起源于社会分裂为敌对的阶级，国家是阶级统治的工具。但是，他认识到国家是历史的产物，起源于社会的需要。这在当时说，是一种新的思想。

墨翟又说，"天子"建立之后，他又选择"天下赞阅贤良圣知辩慧之士"为"三公"，帮助他把天下的"是非"标准统一起来，"同天下之义"。"天子"又认为天下太大，所以分万国，设国君。国君又选一国的"贤者"为将军、大夫、乡长等官,帮助他把一国的"是非"标准统一起来,"同一国之义"(《尚同中》)。

各级的"正长"既已建立之后,人民必须以正长的是非为是非,"上之所是,必皆是之;上之所非,必皆非之";"上同而不下比"(《尚同上》)。墨翟认为"正长"既是"贤者","贤者"之所是的是兼爱,他之所非的是不兼爱。作为"正长"的贤者把人民思想统一于兼爱;人人都兼爱,天下就太平了。

墨翟的尚同的思想,是与他的兼爱(详下)、尚贤、天志(详下)的思想互相联系的。在他看起来,这是推行兼爱的政治上的保证。

墨翟所说的"尚同",也是批判当时的"王公大人"的一个标准。他设为一个批评的人的话说:现在天下就有很多的"正长",为什么还是乱呢?然后回答说:现在的"正长",跟古来的不同,而且正是相反;现在的"王公大人"把自己所喜欢的人,以及父兄故旧,用为"正长",老百姓知道这些"正长"的设置不是为的"治民",所以也就不肯"尚同其上";现在的情况跟古来没有"正长"的时候是相同的(《尚同中》)。因此,要使得大家都能"尚同其上",上必须明于赏罚,做到赏善罚暴,"得善人而赏之,得暴人而罚之"(《尚同下》)。墨翟认为只要做到"赏当贤,罚当暴",国家就能治理好。

墨翟所说的"尚同"是手工业主的一种幻想。他们是软弱无力的,自身没有力量以实现自己的愿望,满足自己的要求,只幻想有一个最大的"贤者"占了政治上最高的地位,以"兼爱"的理论为工具,达到生产者安心生产的目的。这是一种幻想,但也倾向于中央集权专制主义。中央集权是当时的历史进步趋势。墨翟的这种思想,也就是这种趋势在当时的思想战线上的反映。

第六节　功利主义的道德观和经验主义的真理论

墨翟认为"利"是衡量善恶的主要标准。这里牵涉到一个伦理学的根本问题，即动机论和效果论所争论的问题。

儒家认为"义"跟"利"是对立的。这个对立有两种意义，一种是物质利益和道德修养的对立，一种是行为的效果和动机的对立。奴隶主贵族不事生产，认为生产是"小人"的事。他们讲究：有车马的人，就不应该养鸡养猪；夏天有冰用的人，就不应该养牛羊（《大学》引孟献子语）。因此，他们认为：求"利"是"小人"的事。孔丘说："君子喻于义，小人喻于利。"（《论语·里仁》）由于"君子"剥削老百姓的劳动果实，过着寄生的生活，已经享够了物质上的利益，因此他们就装出对于物质利益满不在乎的神气，认为只有他们才能不计较物质利益，而只注意于道德的修养。其实他们的道德不过是剥削阶级的虚伪说教而已。按"义""利"的另一个对立说，问题是，判断一个行为的是非善恶，是以行为的效果为标准，还是以行为的动机为标准。认为以效果为标准的，是效果论即功利主义，认为以动机为标准的，是动机论。

儒家所说的"义""利"，包括这两个对立，墨家所说的"义""利"，也包括这两个对立。

照上面第三节所讲的，墨翟所说的"义"是和劳动果实联系起来的,是讲物质利益的。墨翟认为,各个人的劳动果实是各个人的财产所有权的根据。有财产的人固然应该"勉以分人",但是别人也应该尊重他的劳动果实。尊重别人的劳动果实是"义",不尊重别人的劳动果实就是"不义"。这里,"义"与"利"是分不开的。

照上面所说的看起来,墨翟对于行为的判断,是注重效果的。但也不是片面地注重效果。有这样的一段故事。鲁国的君问墨翟说:我有两个儿子,一个喜欢读书,一个喜欢把自己的财分给别人。你看哪一个可为太子?墨翟说:这也很难确定;他们也许是为了赏赐和名誉而这样做的。钓鱼的人,恭敬地站着,并不是为鱼的利益。用虫作饵引诱老鼠,并不是爱它。君主应该把"志、功"合起来看(《鲁问》)。"志"是行为的动机;"功"是行为的效果。墨翟注重效果,但有时也注重动机。"志""功"这两个伦理学的范畴,在中国哲学史中,是墨翟首先提出来的。

墨翟的伦理学思想还是效果论,说不上动机和效果的统一论;不过在这一方面也有所窥见。

墨翟能把"义""利"统一起来,又能初步地把"志""功"统一起来,这在中国哲学史上,是有所贡献的。

墨翟于道德观之外,又提出一个认识论的问题,就是,判断一个言论是否代表真理,究竟以什么为标准?他说:"言必立仪。言而毋仪,譬犹运钧之上而立朝夕者也。是非利害之辩,不可得而明知也。"(《非命上》)"仪"是标准;"运钧"是一个旋转着的盘子,似乎是一日晷。但日晷是不动的,所以在上面可以定时刻("立朝夕"),作为时刻的标准。运动着的盘子就不可能有这样的功用。"仪",《非命中》作"义法",并且说:"立朝夕于员(运)钧之上，则有巧工必不能得正焉。""义法"把标准的意思更明确起来。

墨翟在这里所提出的，就是真理的标准的问题。在人类认识发展史上，这是一个很重要的问题，提出这个问题本身在人类认识发展史上，就是一个很大的进步。这是理论思维的反思。在中国哲学史中，墨翟首先提出了关于真理的问题，这说明他在理论思维方面达到了相当的高度。

墨翟认为判定真伪是非的标准有三个，即他所谓"三表"。《非命上》说："言必有三表。何谓三表？子墨子言曰：有本之者，有原之者，有用之者。于何本之？上本之于古者圣王之事。于何原之？下原察百姓耳目之实。于何用之？发以为刑政，观其中国家百姓人民之利。此所谓言有三表也。""言有三表"，《非命中》和《非命下》作"言有三法"。墨家所谓"法"也是标准的意思。后期墨家的著作《经上》说："法，所若而然也。""所若而然"的东西，即是标准。

第一表"上本之于古者圣王之事"，即根据过去经验的历史教训。第二表"原察百姓耳目之实"，即考察现在群众的感官经验。第三表"发以为刑政，观其中国家百姓人民之利"，即在实践上考察其效果，有试验的意义。墨翟的方法论是比较全面的，它注重经验，注重实践，最后归结于他的中心思想"利"。这样的方法论是朴素唯物主义的，但这种朴素唯物主义是经验主义的，它为走向唯心主义留下了方便之门。《非命中》于第一表中加上"考之天鬼之志"，这就大开方便之门了。

在《墨子》中，"三表"是时常应用的。例如在《兼爱》《非攻》等篇中，常常引证禹、汤、文、武的事迹，这是第一表的应用。

各篇都是从"国家之富,人民之众,刑政之治"立论,从"兴天下之利,除天下之害"立论,这是第三表的应用。《非命》篇以没有人见过命这个事实证明命的无有;《明鬼》篇以有人见过鬼的传说,证明鬼的存在,这是第二表的应用。当然鬼是不存在的,见鬼的传说是不可信的。即令有人自以为见鬼,也不过是一种幻觉。墨翟不知区别幻觉与真正感觉,这是经验主义的局限性。但他承认感官经验的重要,在这一点上是正确的。他说:"是以天下之所以察知有与无之道者,必以众人耳目之实,知有与无为仪者也。请(诚)或闻之见之,则必以为有;莫闻莫见,则必以为无。"(《明鬼下》)"一目之视也,不若二目之视也;一耳之听也,不若二耳之听也;一手之操也,不若二手之强也。"(《尚同下》)他肯定外界的存在,并且肯定耳目的闻见是认识的来源。这样的认识论基本上是唯物主义的。他的方法论基本上是经验主义的,这一方面和他的唯物主义的认识论虽然也有联系,但同时正是因为它是经验主义的,所以又是他的方法论的错误的根源。

关于实际效果,墨翟又说:"言足以复行者常之,不足以举行者勿常,不足以举行而常之,是荡口也。"(《耕柱》)这就是说,能见之于"行"的"言"才有价值。他又说:"用而不可,虽我亦将非之。且焉有善而不可用者?"(《兼爱下》)这是说,一个学说必须能行,才有价值。一个好的学说,必然是能行的。墨子所谓行,主要是指政治上的实践和生活中的实践,虽然不等于我们现在所说的社会实践,但他反对空谈理论,注重一种学说的实际效果。

墨翟注重行,于是提出"名"与"取"的区别的问题。他说:"今瞽曰:'钜者白也,黔者黑也。'虽明目者无以易之。兼白黑使瞽取焉,不能知也。故我曰：'瞽不知白黑者，非以其名也，以其取也。'"（《贵义》）从"名"得来的知识是概念的知识；从"取"得来的知识是具体的知识。仅仅有一些抽象的概念，算不得有真正知识，必须有具体的感性认识才可以应用。这同样是一种唯物主义的观点，是墨翟认识论中的光辉的一方面。从这一点上也可以看出来，关于名实的问题，墨翟认为"实"是第一性的，"名"是第二性的。这是与他的手工业主重视生产实践有关的。这个问题，后期墨家有进一步的讨论。

墨翟的"三表"的缺点，在《明鬼》篇中最突出地表现出来。这还不在于他不能分别幻觉与真正的感觉，更基本的是，他的方法论是以经验主义为基础的。在恩格斯的时期，有些著名的自然科学家同时也是有鬼论的宣传者。恩格斯分析了他们所以如此的原因。他指出，从科学到神秘主义的最确实的道路是经验主义，它蔑视一切理论，不相信一切思维，而只相信最简单的经验。他说："没有理论思维，就会连两件自然的事实也联系不起来，或者连二者之间所存在的联系都无法了解。在这里，唯一的问题是思维得正确或不正确，而轻视理论显然是自然主义的、因而是不正确的思维的最确实的道路。但是，根据一个老早就为大家所熟知的辩证法规律，错误的思维一旦贯彻到底，就必然要走到和它的出发点恰恰相反的地方去。"（《自然辩证法》，《马克思恩格斯选集》第三卷，四八二页）墨翟的方法论正是犯了这个基本上的错误，因此使他不但陷入有鬼论而且还使他保存了宗教世界观的形式。没有一个比较正确的自然观作为理论基础，他的思维便不可避免地是自然主义的。这样的思维是不正确的，因此就把他引到跟它的出发点恰恰相反的地方去。它注重经验,注重实践,本来是唯物主义的方法论,可是由于他的狭隘的经验主义的片面性,在关于鬼神的问题上,他就倒向宗教唯心主义了。经验主义是它的有鬼论的认识论的根源。

墨翟对于中国逻辑学的发展是有贡献的。他提出了"类"与"故"这两个逻辑概念。墨翟告诉公输般说:"义不杀少而杀众,不可谓知类。"(《公输》)《非儒》篇说:"仁人以其取舍是非之理相告,无故从有故也。弗知从有知也。""故"就是理由或原因。墨翟首先提出这两个逻辑概念,到了后期墨家,对于"类""故"有详细的理论。这是墨家逻辑学说的进一步的发展。

墨翟很注重类推。《鲁问》篇记载:"彭轻生子曰:'往者可知,来者不可知。'子墨子曰:'籍设而亲在百里之外,则遇难焉。期以一日也,及之则生,不及则死。今有固车良马于此,又有奴马四隅之轮于此,使子择焉,子将何乘?'对曰:'乘良马固车,可以速至。'子墨子曰:'焉在不知来?'"墨翟认为正确的预见是可能的,而预见的根据在于类推。《非攻中》说:"谋而不得,则以往知来,以见知隐。"这是"类"的逻辑概念的功用。

孔丘自称"述而不作",墨翟主张述而且作。他说:"吾以为古之善者则述之,今之善者则作之,欲善之益多也。"(《耕柱》)这也是科学的精神。

墨翟的认识论和方法论,有唯物主义的和科学的精神,在中国哲学史中,是光辉的一页。墨翟的唯物主义倾向及对实践的重视,是与他所代表的当时手工业主这一阶层重视发展生产分不开的。

第七节 "兼爱""非攻"的阶级调和论

墨翟认为当时的"大害"是国与国之间的战争,人与人之间的争夺。其所以如此,他认为是由于人之不相爱。他主张国与国之间,人与人之间,都应该"兼相爱,交相利"。这就是所谓"兼爱",这是墨家的一个中心的理论。

墨翟所说的"兼爱"也称为"仁";孔丘也说:"仁者爱人。"在表面上看,儒、墨都注重"仁",但在具体内容上,他们所说的"仁"有相当大的差异。

上文第四章讲到,孔丘注重"仁"。他所讲的仁是和"亲亲"分不开的,讲的是以血缘关系为基础的宗法等级之间的关系,也就是所谓"爱有差等"。这就是说,"仁者"爱他的父母应该比爱他的同族的别的人多,爱他的同族应该比爱同族以外的别的人多。这就是儒家所谓"轻重厚薄"。这是用以维护宗法等级制度的。

墨家所主张的兼爱是"爱无差等"(墨者夷之对孟轲语),不分轻重厚薄。"视人之国若视其国,视人之家若视其家,视人之身若视其身。"(《兼爱中》)除了轻重厚薄,还有一个先后问题。儒家主张先爱自己的"亲",然后推及别人的"亲"。墨翟主张"必吾先从事于爱利人之亲,然后人报我以爱利吾亲也"(《兼爱下》)。这也是"爱有差等"和"爱无差等"的区别的一种表现。

这是儒家和墨家之间的斗争的一个主要问题。《墨子》里边记载了关于这个问题的一个辩论。儒家的一个人巫马子同墨翟说：我跟你不同，我不能兼爱。我爱邹国的人，要比爱越国的人多一些。我爱鲁国的人要比我爱邹国的人多一些。我爱我本乡的人要比爱鲁国的人多一些。我爱我家里人要比爱本乡人多一些。我爱我的父母要比爱我家里人多一些。我爱我自己要比爱我父母多一些。跟我越近的，我越爱的多。我要是挨打，我就感觉痛苦；别的人要是挨打，我不感觉痛苦。我为什么不去掉我所感觉到的痛苦，而去掉我所感觉不到的痛苦？所以只可以为我的利益而杀别人，不可以为别人的利益而杀我。墨翟说：你是要把这个原则藏在你心里呀，还是要告诉别人？巫马子说：我为什么把我的原则藏在我的心里？我还要告诉别人。墨翟说：这样，如果一个人喜欢你这个原则，照着你的原则去行，这一个人就要为他自己的利益而把你杀了。如果有十个人喜欢你的原则而照着去行，这十个人就要为着他们自己的利益而把你杀了。如果天下的人都喜欢你的原则而照着去行，天下的人都要为着他们自己的利益而把你杀了。如果一个人不喜欢你这个原则，这个人就认为你宣传不好的话，而打算把你杀了。如果有十个人不喜欢你的原则，这十个人就认为你宣传不好的话，而打算把你杀了。如果天下的人都不喜欢你的原则，他们都认为你宣传不好的话，而打算把你杀了。这样，喜欢你的原则的人打算杀你，不喜欢你的原则的人也要杀你。你随便说了一句话，这句话就使你经常有杀身之祸（见《耕柱》）。

这里所辩论的问题，就是"爱有差等"和"爱无差等"的问题。墨翟的辩论指出"爱有差等"的理论的内在矛盾。指出照儒家的逻辑，正好是从"爱我"出发，结果恰恰是害了自己。这种论证，当然不可能揭露儒家"爱有差等"的内在矛盾。实质上，墨翟的这个论证方法，正好暴露了他也是以"爱我"为出发点的。他没有也不可能超越这个界限。

墨翟认为"兼相爱"必须表现为"交相利"。他号召人具体地实行互相帮助，"有力者疾以助人，有财者勉以分人，有道者劝以教人"（《尚贤下》）。在互相帮助之下，"老而无妻子者，有所侍养，以终其寿；幼弱孤童之无父母者，有所放依，以长其身"（《兼爱下》）。

墨翟从现象中见到，当时的"大害"，在于"君臣不惠忠，父子不慈孝"，"强必执弱，众必劫寡，富必侮贫，贵必傲贱，诈必欺愚"。他希望在现存的阶级关系下，以"兼爱"的学说，使"君臣惠忠"，"父子慈孝"，"强不执弱，众不劫寡，富不侮贫，贵不傲贱，诈不欺愚"（《兼爱中》）。这是替"弱者""贫者""贱者""愚者"提出要求。从这一点看，墨翟所讲的兼爱含有反抗压迫和等级歧视的意义。

由于墨翟所代表的手工业主这样一个阶层的力量是软弱的，不能成为一个独立的社会力量，更由于手工业主也有剥削压迫别人的一面，这种情况使墨翟虽然反对压迫，提出"兼爱"思想，但并不主张废除阶级，也不主张废除等级制度。上面第二节讲到墨翟认为"王公大人"和"士君子"等统治阶级都有其职分以内应该做的事（"分事"）；这就是在理论上承认阶级、等级的存在。不过，这种理论在当时也有一定的积极意义。因为它肯定"王公大人""士君子"并不是天生与众不同；只是由于社会分工，才有不同的"分事"；由于不同的"分事"，而有不同的地位。作为出"力"者看，他们都是平等的。在由奴隶制向封建制过渡的时期中，奴隶主贵族还说，他们是上帝派来统治和剥削劳动人民的。墨翟的这种理论,在一定程度上打击了奴隶主贵族自己加于自己的神秘性。但是,墨翟的"兼爱"是所谓各阶级与阶层之间的"兼相爱""交相利",宣扬的是阶级调和论。正当奴隶社会趋于瓦解的时候,这样的理论在客观上会有稳定当时社会现状的后果。这样,墨翟的兼爱客观上又具有维护奴隶制社会的作用,在当时激烈的阶级斗争中,起着消极的作用。这种阶级调和的理论还往往容易为反动阶级所利用,起到瓦解斗志的作用。这正是当时手工业主这一阶层软弱无力的反映。也是其反对暴力革命、主张改良主义的理论上的保守性的反映。在春秋战国大转变的时期中,他们虽有提出他们的要求的机会,但没有改革现状的力量。他们只幻想当时各种政治势力和社会势力相安无事,不妨碍物质财富的生产和劳动力的生产。这是墨翟"兼爱"理论的阶级根源。

墨翟从"兼相爱,交相利"的原则出发,主张"非攻"。他认为当时的兼并战争,"贼虐万民","竭天下百姓之财用","而王公大人乐而行之,则此乐贼灭天下之万民也,岂不悖哉"(《非攻下》)!因此,他反对兼并战争,主张通过"兼相爱,交相利"的说教来解决国与国之间的问题。在这里,他只片面地看到兼并战争破坏性的一面,而没有看到当时的战争对促进全国统一、摧毁旧制度、建立新制度的进步意义。

墨翟反对兼并战争,但他不是简单的和平主义者;他只主张非攻,而不主张非战。他反对攻,却讲究守。他不主张"去兵",而主张备兵,主张备兵自守。他善于作守城的器械,并且使他的弟子用他的器械为将要被攻的宋国守城(《公输》)。在这里墨翟一般地反对进攻,主张自卫。但以攻守为标准仍然不能区分战争的正义性与非正义性，在某种程度上反而阻碍了当时新兴地主阶级所进行的统一战争。墨翟也分别"攻"与"诛"的不同，伐"无罪之国"是"攻"，伐有罪之君是"诛"。暴虐的君是应该被讨伐的，他说：这不是攻，而是诛（《非攻下》）。"攻"是不能允许的；"诛"不但是可允许而且在适当的情况下也是必要的。但是所谓有罪或无罪，是以什么为标准呢？由谁来判断呢？墨翟实际上还是只主张"非攻"。

当时新兴地主阶级用攻战进行兼并。秦国就是用这个方法达到中国的统一。照《尚同》篇所说的，墨翟也是主张统一的，但是反对以攻战的方法进行统一，主张以和平的方法进行统一。这在当时说来也是一种幻想。墨翟的这种主张，不赞成暴力的变革，同样表现了改良的观点，在当时起着调和矛盾的消极作用。

"兼爱"和"非攻"，是一种思想的两面。这种思想是非暴力论。"兼爱"是非暴力论在内政方面的表现。"非攻"是非暴力论在外交方面的表现。在社会大转变时期，革命的暴力是推动变革的主要力量。在这种时期，主张非暴力论客观上又是起着阻碍社会前进的作用。

第八节　主张"天志""明鬼"的宗教思想

墨翟思想的消极一面，在他的"天志""明鬼"的主张中，更突出地表现出来了。

墨翟在《尚同上》里,只说到"选择天下之贤可者,立以为天子",没有说"天子"是由谁来"选择"的。《尚同中》说:"古者上帝鬼神之建设国都立正长也,非高其爵、厚其禄、富贵游佚而错(措)之也,将以为万民兴利、除害、富贫、众寡、安危、治乱也。"照这样说,"天子"还是"天"(上帝)所立的。他指出,"上帝"所以立"天子",并不是要他享受,而是要他为老百姓办事。这是墨翟向当时的统治者提出的要求,其具体的内容是兴利、除害,使贫者成为富,寡者成为众,使危转为安,乱转为治。墨翟也肯定了君权出于神授,也提出"天"对于统治者的要求。

墨翟认为有"上帝"存在;"上帝"有明确的意志,即所谓"天志"。"天志"的内容就是"兼爱","欲义而恶不义"(《天志上》)。他说:天是爱人的,所以为人创造万物。天创造日月星辰,为的是叫人得到光明。天降雪霜雨露,使五谷麻丝能得生长,叫人能够有吃有穿。天又立了"王公侯伯",叫他们"赏善罚暴"(《天志中》)。"王公侯伯"就是所谓"正长"。照墨翟的"尚同"的理论,老百姓必须"上同"于天子,天子必须"上同"于天。"天志"喜欢兼爱,所以天子也必须赏"兼相爱"的人,而罚"别相恶"的人。"兼相爱"的人也直接受到"上帝"的赏;"别相恶"的人也直接受到"上帝"的罚。

墨翟又更具体地说明他所谓"天志"的内容,他说:"天之意不欲大国之攻小国也,大家之乱小家也。强之暴寡,诈之谋愚,贵之傲贱,此天之所不欲也。不止此而已,欲人之有力相营,有道相教,有财相分也,又欲上之强听治也,下之强从事也。"(《天志中》)墨翟又认为除上帝之外,还有鬼神。鬼神也是以上帝的意志为意志。

他们帮助上帝赏"兼相爱"的人，罚"别相恶"的人。墨翟的《明鬼》篇引了许多古代见神见鬼的传说，以证明鬼神的存在。

墨翟把传统宗教中的上帝鬼神都搬出来，作为他的"兼爱"学说的实行的保证。照他的说法，天上的与地上的，宗教的与世俗的威权，都赏"兼相爱"的人，而罚"别相恶"的人；如果人都相信这一点，自然都要"兼爱"了。他抬出了传统宗教中的上帝与鬼神，但是给他们以新的内容，新的意义。

《天志中》说：墨翟讲天志，就像"轮人之有规，匠人之有矩"。他把"天志"作成一个规矩，"上将以度天下之王公大人为刑政也，下将以量天下之万民为文学、出言谈也"。就是说，他拿"天志"作为一个标准，以批判当时统治者的政治上的措施，并批判别家的学说。这个"天志"的内容，正是他自己所反映的手工业主的要求。

传统宗教中的"天"，是奴隶主意志的表现，它是奴隶主剥削与压迫奴隶们的精神武器。奴隶主在"天"的名义下，宣称奴隶社会的一切制度都是永恒的，不可侵犯的，奴隶的命运是"天"注定的。

墨翟所说的"天"，虽然和西周以来传统宗教中的"天"同是"主宰之天"，但照墨翟所说的，主宰的目的是不相同的。墨翟的"天"的主宰的目的，在于兼爱天下。他说："天下无大国小国，皆天之邑也；人无幼长贵贱，皆天之臣也。"（《法仪》）在墨翟看来，国与国，人与人，在"天"的面前都是平等的，谁也不应该压迫谁。这也是当时手工业主的要求，墨翟的思想正是这种要求的反映。

墨家与儒家之间的另一个斗争的问题是关于"命"的问题。墨翟说：主张有命的人认为，"寿夭、贫富、安危、治乱，固有天命，不可损益"。他又认为"儒家"就是主张有命的人（《非儒下》）。

与"命"相对的是"力"。墨翟认为个人的富贵,以及国家的治安,都是由于人的努力("力"),而不是由于什么预先决定的命运("命")。

墨翟列举了古代一些成功的人,他们为什么能够成功呢?墨翟说:"至今而天下皆曰其力也,必不能曰我见命焉。"墨翟认为"王公大人"之所以努力处理政务,因为他们知道"强必治,不强必乱,强必宁,不强必危"。卿大夫之所以努力办事,因为他们知道"强必贵,不强必贱,强必荣,不强必辱"。农民之所以努力耕种,因为他们知道"强必富,不强必贫。强必饱,不强必饥"。妇女之所以努力纺织,因为她们知道"强必富,不强必贫,强必暖,不强必寒"(《非命下》)。如果他们相信一切有命定,命好的不必努力而自会成功,命坏的虽努力而还是必然失败,这就没有人努力工作了。这样,"天下必乱","天下衣食之财,将必不足"(《非命下》)。所以墨翟说:儒家的"有命"的主张,是"贼天下之人"(《非儒下》)。

墨翟认识到劳动和生产的关系。劳动越多越强,生产就越多。事实上并不那么简单,这只是事实的一个方面。在剥削阶级统治的社会中,农民努力耕种,但吃不饱;妇女努力纺织,但穿不暖。在社会关系上,墨翟没有认识到阶级压迫的这一方面。但在人与"天"的关系上,他认识到人的重要,重视人的作用,主张非命,自以为与孔丘所宣扬的"死生有命,富贵在天"的说法直接对立起来。

但照墨翟的"天志"的理论,人努力的成功,也是由于"天"的赏赐。"天"喜欢努力的人,所以使他们必然成功。照这样说,最后决定人们的祸福、生死的权力,还是在"天"。他的"非命"论实质上也是一种天命论。不过墨翟不认为,上帝是预先决定人们的祸福、生死,而认为,上帝是事后依照人们的努力的程度而赏赐或责罚他们。墨翟虽说强调了人的作用,但最后,他的非命论还是导致了天命论。

墨翟以"有意志之天"作为自己的阶级的工具,这一点墨翟并不隐讳。他说:"我有天志,譬如轮人之有规,匠人之有矩。执其规矩以度天下之方圆,曰:中者是也,不中者非也。"(《天志上》)又说:如果国君能"顺天之意,奉而光施之天下,则刑政治,万民和,国家富,财用足,百姓皆得暖衣饱食,便宁无忧"(《天志中》)。墨翟又指出当时社会混乱的情况说:"此其故何以然也?则皆以疑惑鬼神之有与无之别,不明乎鬼神之能赏贤而罚暴也。"(《明鬼下》)墨翟认为,对于"天志"和鬼神的信仰于人有利,所以宣传这种信仰。照他的逻辑,人必须信仰上帝和鬼神,并不仅是因为他们存在,而且是因为这样的信仰于人有利。照这样讲起来,他的关于"天"和鬼神的学说就不只是一种宗教思想,而且是一种宗教观。

墨翟是以自己的思想为内容,改造传统的宗教,作为阶级斗争的工具。但是宗教总是宗教,无论怎样改造,它总是以上帝存在为其根本教义。墨翟主观上是要以自己的思想为内容,改造宗教,实际上他是以自己的思想为根据,为上帝存在作新的论证。这就表明,作为手工业主阶层的代表,墨翟本来就需要上帝。就墨翟的"天志"和"明鬼"的思想说,在当时革命力量反对奴隶主贵族的反动势力的斗争中,在科学与宗教的斗争中,在唯物主义与唯心主义的斗争中,他的这些思想,无论他怎样说,在客观上使他成了一个有神论的宣传者。

第九节　前期墨家向后期墨家的转化

手工业主是小私有生产者的上层阶层。从其当时的政治地位、经济地位和阶级利益出发，在当时的社会大转变中，他们要乘机表示他们对于当时社会的态度，提出他们的政治的和经济的要求。墨翟执行了这个任务。但是，手工业主这个阶层也是一个对于别人有少量剥削的阶层，同时也是软弱的，不稳定的。他们很想自己发财，爬上去，挤进上层社会，参加到地主阶级行列之中。他们经常处在分化之中，其中有的破产流亡，有的升为商人和地主。他们在这个转变中，并不是新的生产关系的体现者，不能成为一个独立的政治力量。因此，墨翟的思想，一方面有对于当时奴隶主贵族的社会的批判和抗议，具有一定的进步意义，这是墨翟思想的主流。另一面又不能提出对于奴隶社会作根本改革的建议，反而反对改革社会的暴力，主张阶级调和。他把希望寄托于用"兼爱"改善当时社会上的情况，"除天下之害，兴天下之利"，但是怎么样实行"兼爱"呢？他又把这种希望寄托于最高统治者，希望依靠统治上的当权派以实现他们的愿望。他也知道这些依靠是不够的，因此，他又把这些希望最后寄托于传统宗教中的有意志的"天"上。所有这些都是墨翟的空想，是不可能实现的。这就充分反映了这一阶层的保守的一面、落后的一面，是他所代表的阶级的局限性的表现。墨家思想的这种两重性必然要发生分化。

到了战国中期以后,由于手工业的更进一步的发展和新兴工商业势力进一步的壮大,有一部分手工业主转变成为新兴地主阶级。在受别人剥削而不剥削别人的手工业者阶层,也有一部分人涌现出来,发表自己的思想。墨家起了分化。在墨家后期的作品《经》和《经说》等六篇中,就没有关于"天志""明鬼"的问题了。后期墨家思想是向唯物主义的方向发展的。他们是手工业者的代表。后期墨家坚持前期墨家的进步方向,抛弃了墨翟思想中的唯心主义成分,而将其中的唯物主义的、科学的成分,大加发挥,以成为比较完全的唯物主义体系。

第八章 晋法家思想的发展

第一节　晋法家和齐法家

在春秋、战国这个大转变时期，向着封建制的进展，在各诸侯国是不平衡的。首先出现封建制生产关系的是齐国，其次是晋国。孟轲说："五霸桓公为盛。"（《孟子·告子下》）他又把齐桓同晋文并称（《孟子·梁惠王上》）。就是说，在春秋时期，齐桓公和晋文公是两个最大的霸主。齐桓公在前，晋文公继之。齐、晋两国的强大，并不是偶然的。它们都在本国作了不同程度的经济上和政治上的改革，提高了生产力，初步地改变了生产关系，加强了本国的中央集权。在这两个国家中首先出现了封建生产关系。齐、晋两国的强大，是它们封建化的结果。齐桓、晋文成为霸主的先后，就是它们封建化的先后。

因此，代表新兴地主阶级利益的法家思想在齐国和晋国特别发展。战国中、晚期的几个法家的大人物中，申不害是郑人。郑为韩所灭，所以申不害也是韩人，又是韩国的宰相。他和韩非是韩人，商鞅是魏人。韩、魏和赵当时称为三晋。这些人都是晋法家。

齐国的封建改革，在管仲死后，有了停滞。但是齐国的法家思想一直在发展。《管子》书中的法家思想，是在管仲的旗帜下发展起来的，也就是从管仲在政治上和经济上一些改革的措施推演出来的，是这些措施的理论上的发挥。由这方面看，齐国的法家思想，不能说就是管仲的思想,但可以说是管仲的思想的发展。

这些思想,本书称为齐法家,将于下册述之。

第二节　魏国进一步的改革——李悝"尽地力之教"和《法经》

在三家分晋前后,韩、赵、魏三家又各自作了进一步的改革。魏文侯(前446—前396)是一个进步的君主。在他执政期间,他任用李悝为相,进一步推进封建化。李悝在魏国推行的方针政策之中,最有名的是"尽地力之教"。

李悝亦称李克,班固说:"李悝为魏文侯作尽地力之教。"(《汉书·食货志》)司马迁说:"当魏文侯时,李克务尽地力之教。"(《史记·货殖列传》)"魏用李克,尽地力,为强军。"(《史记·平准书》)又说:"魏有李悝,尽地力之教。"(《史记·孟子荀卿列传》)《汉书·艺文志》著录《李克》七篇,并注:"子夏弟子,为魏文侯相。"又著录《李子》三十二篇,并注:"名悝,相魏文侯,富国强兵。"不可能在魏文侯的时候,有两个姓李的人同为魏文侯的相,同作"尽地力之教"。显而易见,李悝和李克是一个人,他的名字有的时候写作李悝,有的时候写作李克,悝和克是一音之转。荀况的名字,有的时候写作荀卿,有的时候写作孙卿,荀、孙是一音之转。这种情况古代是常有的。司马迁和刘歆有的时候写作李悝,有的时候写作李克,并不证明他们认为李悝和李克是两个人。班固不了解这种情况,就在《汉书》人物表上把李悝和李克列为两个人,这是班固的错误。

李悝或李克这个人大概是从儒家分裂出来而成为法家的人。他的著作有一部分讲儒家的道理,这就是《艺文志》所著录的列为儒家的《李克》七篇。可是他的著作大部分讲的是法家思想,这就是《艺文志》所著录的,列入法家的《李子》三十二篇。他的情况大概像荀况。

马克思在《共产党宣言》中指出:"在阶级斗争将近决战的时期,统治阶级内部的、整个旧社会内部的瓦解过程,就达到非常强烈,非常尖锐的程度,甚至使得统治阶级中的一小部分人脱离统治阶级而归附于革命的阶级,即掌握着未来的阶级。"(《马克思恩格斯选集》第一卷,人民出版社1972年版,二六一页)李悝、荀况就是这样。

李悝的"尽地力之教",《汉书·食货志》有比较详细的记载。他所讲的"尽地力",着重的并不是农业技术,而是推行封建制的生产关系,以提高农民的积极性,并采取一种措施保证粮价稳定,以保障农民的生活。

李悝说:一个地方百里的国家,大约有田地九万顷。山川城市所占的地方约三分之一,剩下三分之二的可耕地,大约有六万顷,即六百万亩。如果种地的人的积极性能够发动起来,种得很好,每亩耕地可增产三斗(原文作"治田勤谨",王先谦说勤字唐写本作"劝",今从之。劝即鼓励以提高积极性的意思。"斗"原文作"升",今依臣瓒及颜师古说改为斗),如其不然,就要减产三斗。一增一减之间,六百万亩的生产的差别,就是一百八十万石。

《食货志》又引李悝说：如果粮价太高，靠买粮吃饭的人就吃亏（"伤民"）。如果粮价太低，生产粮食的人就吃亏（"伤农"）。"民伤则离散，农伤则固贫。故甚贵与甚贱，其伤一也"，怎么办呢？李悝说："善为国者，使民毋伤而农益劝。"这一句话的意思就是说，善于治国的人，要使粮食的生产者和消费者都不吃亏。

这是李悝"尽地力之教"的目标，也是他的政治纲领。

"使农益劝"的办法是计口授田，对每个"农夫"授田一百亩，收入归耕者所有，国家抽十分之一的税。照李悝的计算，当时粮价是每石三十个钱。这十一之税收的是粮食或是钱，材料没有说明，如果是前者，那就是实物地租；如果是后者，那就是货币地租。无论如何李悝的"尽地力之教"，都是推行封建制。

对农民计口授田，按亩征税。这在晋国并不始于李悝。新出土的《孙武兵法》记载孙武答吴王问时说：晋国的六将军在他们自己的"家"的范围内，都实行这种办法（详见本书第一册《绪论》）。照周制，天子设六军，诸侯设三军。晋文公于三军之外，又设"三行"（《左传·僖公二十八年》）。实际上就是设六军，所说的"六将军"即六军的统帅，也就是六卿。他们都已实行对农民计口授田，按亩征税，这种封建制的办法，可能在文公时就已实行。李悝可能把这种封建制的办法更系统地、更彻底地推行。

稳定粮价的办法是"平籴"。照李悝所说的，每家农民收入的粮食，除交十分之一的税及自己食用、消费外，多余的粮食由国家收购。国家按年成的好坏收买一定的数目。遇到荒年，国家把丰年收购的粮食拿出来发卖。李悝说这样"故虽遇饥、馑、水、旱，籴不贵而民不散，取有余以补不足也"。

《食货志》说:"行之魏国,国以富强。"这个论断可以证明李悝的"尽地力之教"在魏国得到实施并且取得了很大的效果,并不仅只是李悝的理想。《吕氏春秋》引史起的话说:"魏氏之行田也以百亩,邺独二百亩,是用恶也。"这句话也可以证明魏国是实行了一夫百亩的授田制度的,在耕地不好的地方,则一夫二百亩。

刘向记载说,魏文侯问李克怎样"为国",李克说:"为国之道,食有劳而禄有功,使有能而赏必行,罚必当。"文侯说:"吾赏罚皆当而民不与,何也?"李克说:"国其有淫民乎?"所谓"淫民",就是依靠其父之功,自己无功而食的人。李克说:"如此者,夺其禄以来四方之士,此之谓夺淫民也。"(《说苑·政理》)刘向的《说苑》大都是从当时的古书中抄来的。这段话的意思就是说,不但在政权机构中不应当有无功而食的人,就是在社会中也不应当有无功而食的人。魏文侯仅只做到前一点,还没有做到后一点。这都是法家的思想。

李悝还做了一件大事,就是著《法经》。《法经》的内容大略见于《晋书·刑法志》。《刑法志》说:"是时(指三国魏明帝时)承用秦汉旧律,其文起自魏文侯师李悝。悝撰次诸国法,著《法经》。以为王者之政莫急于盗贼,故其律始于《盗》《贼》。盗贼须劾捕,故著《网》《捕》二篇。其轻狡、越城、博戏、借假不廉、淫侈逾制,以为《杂律》一篇。又以《具律》具其加减。是故所著六篇而已,然皆罪名之制也。商君受之以相秦,汉承秦制。"

本书第五章说到,子产铸刑书,其内容是对奴隶社会中奴隶主的刑法加以整理、编辑。这就是叔向所说的"制参辟"。第八章又说,晋国铸刑鼎,其内容是范宣子所作的新刑书。在春秋战国大转变时期中，适应地主阶级的需要，许多国家都作了新的刑书。李悝"撰次诸国法，著《法经》"，就是说，他把当时各国的新刑书加以整理、编辑，成为《法经》。可以说，子产的刑书是夏、商、周奴隶社会中奴隶主阶级刑法的汇编，而李悝所著的《法经》，则是春秋战国大转变时期地主阶级刑法的汇编。子产所铸的刑书是为奴隶主阶级专政服务的，是奴隶主的刑法；李悝的《法经》则是为地主阶级专政服务的，是封建制的刑法。子产的"铸刑书"，是奴隶主阶级政权的"回光返照"；李悝的"著法经"，是地主阶级政权日益巩固的象征。

"法经"共有六篇。第一是《盗法》，第二是《贼法》。照李悝的意思，盗贼是法的主要对象，这两篇规定关于惩罚盗贼的条文。第三是《网法》，第四是《捕法》；这两篇规定关于逮捕盗贼的条文。第五《杂律》，规定关于一般违禁行为的条文。第六《具律》，规定关于施行法的时候可以酌量加减的条文。

商鞅在魏国学习了这部《法经》，把它带到秦国，在秦国推广施行。秦统一中国以后，还是施行这部《法经》（"承秦制"）。萧何又加了三篇，共为九篇，其基础还是这部《法经》。

这部《法经》是为地主阶级服务的。它着重保护的是私有权。在中国的奴隶社会中，在奴隶主贵族的统治下，富、贵是不分的，有土地、奴隶的人，同时也就是政权机构中的人。在春秋战国大转变时期中，富、贵逐渐分开了，地主阶级得了政权，但地主阶级中的人不一定同时都是政权机构中的人。在富、贵不分的时候，贵族的所有，同时也就是国家所有，无所谓私有权。在封建制建立以后，富人的所有不一定就是国家所有，这就有了封建私有权。地主阶级专政就要制定法律以保护封建私有权。李悝的《法经》适应了这种需要，体现了这种精神，所以在后来的封建社会中，一直是历朝法律的基础。可以说，在春秋战国大转变时期，李悝的《法经》具有承前启后的划时代的意义。

第三节　韩国进一步的改革——申不害的"术"

在三晋中，韩国也进行了进一步的改革，其主持和推动者是法家的一个大人物申不害。他于公元前351年为相。司马迁说："申不害者，京人也。故郑之贱臣。学术以干韩昭侯，昭侯用为相，内修政教，外应诸侯。十五年，终申子之身，国治兵强，无侵韩者。申子之学，本于黄老而主刑名，著书二篇，号曰《申子》。"（《史记·老子韩非列传》）京是郑国的一个地方。郑为韩所灭，所以申不害也就成为韩人。他原来是个贱臣，大概是奴隶之类。后"学术以干韩昭侯"，"学"在这里是个动词，"术"是法家所讲的在地主阶级政治下，统治者统治臣下和老百姓的方法。战国时期，各国的地主阶级政权，都企图以自己的国为主，统一中国，互相兼并。战国时期的国比春秋时期的诸侯国大得多，老百姓也多得多，事情也复杂得多。所以当时的统治者需要一种新的统治方法，以应付新的形势。这种新的方法，法家称为"术"。申不害用他所学的"术"，游说韩昭侯。昭侯用他为相。司马迁说，申不害的思想"本于黄老而主刑名"。"黄老"是汉朝人所用的名词，司马迁用汉朝人的名词追述战国人的思想，就是说，申不害的思想是与早期道家有关的，但主要是"刑名"。"刑名"即"形名"。申不害著书二篇，可是现已遗失了，仅存辑本。我们下面用的是严可均的辑本（见《全三代文》卷四）。

申不害的"术"，主要讲"为主之道"。他说："故善为主者，倚于愚，立于不盈，设于不敢，藏于无事，窜端匿疏，示天下无为，是以近者亲之，远者怀之。示人有余者人夺之，示人不足者人与之，刚者折，危者覆，动者摇，静者安。"（《群书治要》引《申子·大体》篇）这一段话的主要之点，就是"无为"。为主的要无为，为臣的要有为。主之所以能无为，就是因为臣下有为。申不害说："明君如身，臣如手；君若号，臣如响；君设其本，臣操其末；君治其要，臣行其详；君操其柄，臣事其常。"（同上）照法家的意思，君主好像一个赶马车的，他不必也不可替他的马拉车，只要坐在车上发号施令。照申不害所说的，善于为君的人什么事情都叫臣下办了，他同臣下比较起来，好像是"愚"，没有什么能力，好像是"不足"，其实他的"愚"正是他的智，他的"不足"正是他的有余。"藏于无事，示天下无为"。就是说，他隐藏在"无事"的背后，叫人看起来，他是"无为"。其实臣下的有事，都是替他办事。臣下的有为，都是为他而为。所以他的"无事"正是他的"有事"，他的"无为"正是他的有为。

但是，善于统治的统治者必须有个办法，以使用他的臣下，不然的话，他就真是愚，真是不足了。这个办法就是所谓"刑名"，也就是所谓"名实"。司马迁说："申子卑卑，施之于名实"（《史记·老子韩非列传》），"施之于名实"就是"主刑名"的意思。申不害说："为人臣者，操契以责其名。名者，天地之纲，圣人之符。张天地之纲，用圣人之符,则万物之情无所逃之矣。"(《群书治要》引《申子·大体》篇。"为人臣者",当作为人君者)"契"就是一种契券。古代在买卖东西或借贷时作一契券,用刀子从中划开,双方各执一半,债权者拿着右边那一半,负债者拿着左边那一半。债权者可以拿着右边这一半向负债者算账。"操契以责其名",这句话可能字句有错误,大概的意思是说"名"就像一个契券,君主可以拿着它去要求臣下负责,向他算账。比如,君主任命一个臣做某官,这个某官就是个"名",这个臣就是个"形"或"实"。他既然做了这个官,君主就可以用这个某官之"名"向他算账,要他做某官所应做的事,要他负责。后来的法家,称这种方法为"循名责实",或"综核名实"。"名"是"天地之纲",就是说,天地间的事物有许多类,每一类都有一个"名",举这个"名"就可以包括这一类的"实"。例如牛、马之类,有牛、马之"名",举牛、马之"名"就可以包括牛、马之"实"。"圣人之符",意思就是如上面所说的,某官就是个符号,君主有了这个符号就可以责成做某官的人做这个符号所代表的事。照法家的说法,有了这些名,就等于有了这些纲,纲举则目张,就把天下的事都包括了。

要使这些符号有正确的意义,就必须对这些符号作一种明确的说明和规定。这种明确的规定和说明就叫"法"。申不害说:"君必有明法正义,若悬权衡以称轻重,所以一群臣也。"(《艺文类聚》引)又说:"尧之治也,盖明法审令而已。圣君任法而不任智,任数而不任说。"(同上)意思是说,善于统治的君主必定有一种明确的法律和命令,这种法律和命令就是"名"的正确的内容,也就是臣下所必须遵循的准则。有了这种准则,臣下和老百姓的意志和行动都可以统一起来,当君主的也就可以无为而治了。

申不害说:"昔七十九代之君,法制不一,号令不同,而俱王天下,何也?必当国富而粟多也。"(同上)又说:"四海之内,六合之间,曰:奚贵?曰:贵土,土,食之本也。"(《太平御览》引)这两段话讲的是申不害的提高生产以富国的经济思想,这是法家共同的主张。在这一方面,原来《申子》书中必定有很多的言论,可惜都遗失了。

第四节 赵国进一步的改革——赵武灵王"易胡服"

在三晋中的赵国,也有一次进一步的改革,那就是赵武灵王"易胡服"。司马迁在《史记·六国年表》,于武灵王十九年(前307)记载:"初胡服。"这在当时也是一件大事,和鲁国的"初税亩"、秦国的"初税禾"、"初为赋"是一类的重大创新事件,所以历史家都用一个"初"字把它们记载下来。

汉族的人打仗,原来都是用车。将官们乘车,每辆车后跟几十名步兵。车是计算兵力和国力的单位,如所谓"千乘之国""万乘之国",一乘就是一辆兵车。当时的胡人(匈奴)打仗是用骑兵。比较起来,胡人的骑兵比汉人的兵车机动、轻便得多。赵灵王鉴于这种情况,在赵国也练骑兵,叫赵国人都学骑射,这在巩固国防上有重大的改革意义。可是要学胡人骑马,必须改穿胡人便于骑马的衣服。武灵王叫当时的贵族大臣都改穿胡人的衣服，这就叫"易胡服"。

在古代的人看起来，一个民族的服装是它的文化的象征。在顽固的人看起来改变民族服装就等于废弃民族文化。赵武灵王"易胡服"，在当时赵国引起了很大的斗争和辩论。

《战国策·赵策二》比较详细地记载了辩论双方的言论，其中《武灵王平昼章》在形式上与《商君书·更法》相同，在内容上也大致相同，主要词句则完全相同，只是人名不同。《战国策》与《商君书》究竟是谁抄谁呢？

《史记》的《赵世家》关于赵武灵王"易胡服"的记载，主要是摘抄《战国策》；《商君列传》关于商鞅变法的记载，主要是摘抄《商君书·更法》。司马迁没有觉察《战国策》与《商君书》是相同的，也没有解决两者谁抄谁这个问题。

从事情发生的先后次序看，商鞅的变法在前，赵武灵王的"易胡服"在后。商鞅在秦孝公初年到秦国，孝公于公元前361年即位，《商君书·更法》所记载的商鞅与甘龙、杜挚的辩论当是公元前359年左右的事，早于赵武灵王"易胡服"五十多年。在那时，商鞅与甘龙、杜挚的辩论必定流传很广，赵武灵王在下令"易胡服"时，为了反驳对方，可能引用了商鞅的言论，《战国策》所引的那条史料的记录者就直接套用《商君书》的话。历史上每次改革，主张改革者所用的言论往往是类似的，同样，反对的人所举的理由、所用的言论也往往是类似的，所以《战国策》和《商君书》的雷同是不足为奇的。

不过，在内容上说，商鞅与甘龙、杜挚辩论的主题是，是否应该以今变古。赵武灵王当时的辩论也涉及这个问题，但更直接辩论的则是，是否应该以夷变华（向其他民族学习）的问题。关于第一个问题的辩论，本书将在讲商鞅时再讲，本节只讲关于第二个问题的辩论。

关于这个问题，当时反对派的一个代表公子成对武灵王说："臣闻之，中国者，聪明睿智之所居也，万物财货之所聚也，圣贤之所教也，仁义之所施也，诗、书、礼、乐之所用也，异敏技艺之所试也，远方之所观赴也，蛮夷之所义（仪）行也。今王释此而袭远方之服，变古之教，易古之道，逆人之心，畔学者，离中国，臣愿大王图之。"（《战国策·赵策二》）这里所说的中国，意思是指汉族所居的中原。这段话的意思就是说，中原是经济的中心，也是文化的中心。四方的各民族都是向中原学习的。四方的人本来是以中原作为学习的目标。可是现在赵国反而要向四方学习，把自古以来的文化都改变了。这是违反人心的，是违反学者们的愿望的，是离开了"中国"而把自己变成了"蛮夷"。

赵武灵王反驳说："服者所以便用也，礼者所以便事也。是以圣人观其乡而顺宜，因其事而制礼，所以利其民而厚其国也。被发文身，错臂左衽，瓯越之民也。黑齿雕题，鳀冠秫缝，大吴之国也。礼、服不同，其便一也。是以乡异而用变，事异而礼易。是故圣人苟可以利其民，不一其用，果可以便其事，不同其礼。"意思是说，因为各地方的地理不同，所以服装就不同，风俗习惯就不同。如南方的吴、越，和北方的服装就不同，风俗也不同。只要与老百姓方便，能解决问题就可以。地理不同是原因，服装风俗不同是结果。武灵王接着说："今卿之所言者俗也，吾之所言者所以制俗也。"意思就是说，你所讲的是风俗习惯，我所讲的是决定风俗习惯的原则。这个原则就是，各地方应该因其不同的地理环境，而规定他们的服装式样和风俗习惯。

赵武灵王在下边继续讲，赵国的地理环境的特点是邻近骑射之民，既然有这种情况就应该有"骑射之备"。他指出赵国因没有"骑射之备"，而在军事上处于劣势，屡次受到侵略。他作结论说：他决定要变服骑射，而公子成"恶变服之名而忘国事之耻，非寡人所望于子"（以上均见《战国策·赵策二》）。

据《史记》记载，越武灵王说服了公子成。公子成穿上了武灵王送给他的胡服上朝，于是"始出胡服令也"。

从奴隶社会以来，中国的文化一向是以中原文化为中心的。当时的汉民族自以为中原的文化就是世界上最高的文化。要说向四方少数民族学习，在许多人看起来，那就是对于中国文化的背叛，太反常了。孟轲在反对许行的时候说："吾闻用夏变夷者，未闻变于夷者也；吾闻出于幽谷迁于乔木者，未闻下乔木而入幽谷者。"（《孟子·滕文公上》）反对赵武灵王"易胡服"的人，大概都有孟轲这一类的思想。公子成的那段话，可以用孟轲的这几句话来概括。

赵武灵王敢于同这种思想作斗争，毅然下了"易胡服令"。这是赵国的一次大改革。

在战国时期，著名的法家人物，有商鞅和韩非。商鞅是魏国的公子；韩非是韩国的公子。他们都是在学成以后才到秦国去的。他们实际上也都是晋法家。但是他们的事业都是在秦国，所以在这里也就不讲他们了。

齐法家和晋法家的一个主要的不同，在于他们的经济政策上。法家都主张提高生产，以富国强兵，这是他们所同的。在提高生产方面他们都注重发展农业。这是因为在古代社会中，最重要的生产资料是土地，要发挥土地的潜力，就必须发展农业。在封建社会中，地主阶级都实行"重农抑商"的政策。不但法家如此，儒家也是如此。

但是齐法家于重农之外，也照顾工、商业的生产。晋法家对于农业以外的生产，则加以限制，甚至排斥。例如管仲及以后的齐法家，除重农之外，也照顾"渔盐之利"。《管仲》书中还讲一些经营商业的原则和方法，晋法家完全不讲这些。

表现在政治方面，管仲称士、农、工、商为"四民"，承认工商业者在社会中的重要地位。商鞅只重视耕、战。韩非以工商业者为社会中的蠹贼。

这当然有其地理的原因。齐国在东方靠海，有"渔盐之利"可图；晋国和秦国是西方内陆国家，除土地之外，在当时人的知识条件下，没有别的资源可以开发了。

后来，秦国统一了中国，把晋法家的那一套推行到全中国。这对于中国社会的发展，产生了严重的后果。商人在生产上被限制，在政治上被歧视。重重束缚，使商业资本不能转化为工业资本，商人不能转化为资本家。这是中国社会所以长期停滞在封建社会的一个重要原因。

第九章 道家的发生与发展和前期道家

第一节　所谓"逸民"

在大转变时期，奴隶主贵族被夺了权，失去了他们原有的经济上和政治上的特权地位，降为平民或奴隶。晋国的叔向说："栾、郤、胥、原、狐、续、庆、伯，降在皂隶。"（《左传·昭公三年》）晋国的这八家大奴隶主贵族，都降为奴隶了。这些没落奴隶主，地位变了，可是思想没有变。他们实际上是失去奴隶主贵族地位的奴隶主，这种人就是孔丘所说的"逸民"。

《论语》记载说："逸民：伯夷、叔齐、虞仲、夷逸、朱张、柳下惠、少连。子曰：'不降其志，不辱其身，伯夷、叔齐欤？'谓：'柳下惠、少连，降志辱身矣，言中伦，行中虑，其斯而已矣。'谓：'虞仲、夷逸，隐居放言，身中清，废中权。我则异于是，无可无不可。'"（《论语·微子》）孔丘在这里举了七个"逸民"的名字。这七个人处"乱世"的态度各有所不同，孔丘分别加以评论。在这七个人中，伯夷、叔齐、柳下惠的身世，我们知道。其余的人，我们都不知道。所以孔丘评论的意义，我们也不很清楚。大致说，孔丘的意思是说，这些人的态度分为三类。伯夷、叔齐认为武王伐纣是"以暴易暴"。他们对于周朝的统治，在思想上不屈服，在政治上不合作，认为在周朝做官是一种侮辱，不吃周朝的俸禄，在首阳山上饥饿而死。这就叫"不降其志，不辱其身"。这是一类。柳下惠、少连，在他们所谓乱世之中，做些小官，混来混去。在他们认为不过是混混而已，其实已经是"降志辱身"了。这是又一类。第三类是，介乎前两者之间，辱身而不降志。

孔丘说他和这三类都不同，他没有一定的"可"也没有一定的"不可"，就是说，要看情况。话是这样说，其实他有一定的"可"，那就是要在东方实行他的"道"，使东方成为"东周"。为了达到这个目的，他不放弃任何机会。季氏叫他做鲁国的大司寇，他做了。公山弗扰、佛肸叛了季氏，找他，他也想去。卫灵公的夫人南子要见他，他也去见。他对于这些机会是尽量利用的，这就是他所说的"无可、无不可"。

《论语》记载，孔丘在周游列国的时候，碰见了一些人。这些人对于孔丘说了些似乎是讥讽的话。这些人都是"逸民"。他们对于孔丘所说的话似乎是讥讽，其实是同情的劝告。

这些人同孔丘一样，都认为当时是"乱世"，"天下无道"。从这一点上，就可以断定这些人是没落奴隶主贵族，或其知识分子，不是劳动人民。

孔丘对于"君子""小人"的分别是极严格的。如果这些人是劳动人民，他们所说的话，对于孔丘是讥讽，孔丘的学生也决不会把这些话记载入《论语》之中。

这些逸民和孔丘不同之处，是他们对于"乱世"的态度和对付的方法有所不同。孔丘主张实行他的"道"，不与新兴地主阶级合作。逸民则是以逃避的办法向新兴地主阶级的统治进行消极的抵抗。他们不从正面向新兴地主阶级进行斗争，但这并不是取消斗争，而是另一种斗争的方式。

《论语》记载说：楚国的一个狂人在孔丘面前唱一个歌说："凤兮凤兮，何德之衰？往者不可谏，来者犹可追，已而已而，今之从政者殆而。"（《论语·微子》）这个人是以装疯卖傻的办法抗拒新兴地主阶级的统治。他赞美孔丘，称他为"凤"，咒诅新兴的当权者，说他们地位不稳。

孔丘在卫国击磬，有一个背筐子的人听见孔丘所奏的音乐就知道孔丘的心事，当时就背了两句《诗经》说："深则厉，浅则揭。"（《论语·宪问》）意思就是说，比如过河，水深的地方就要脱衣服，水浅的地方就不必脱衣服。意思是说要孔丘随机应变，要灵活一点，随时改变斗争的方式。

还有长沮、桀溺，"耦而耕"，似乎是农民。其实他们自称为"避世之士"（《论语·微子》），他们是用逃避的办法抗拒新兴地主阶级的统治。孔丘说过："贤者避世。"（《论语·宪问》）对于"避世"的人，他是同情的。

还有一个"以杖荷蓧"的"丈人"骂子路"四体不勤，五谷不分"，似乎批评了孔丘。但这个"丈人"对子路还是非常客气，让子路到他家里住，杀鸡做饭，并且叫他的两个儿子出来相见。子路把这些经过报告孔丘，孔丘说这个"丈人"是"隐者"，叫子路回去找他，可是他已经躲开了。他竟然对孔丘也用"避"的办法，这就不仅是"避世"，而且是"避人"，算是"隐"到头了。

这些"逸民"大概都可以说是"不降其志，不辱其身"。对于新兴地主阶级的统治，在思想上不认输，在政治上不合作。

《论语》又记载：卫国一个"晨门"说孔丘是"知其不可而为之"。这句话对于孔丘的言论、行动作了一个同情的概括。"晨门"是看守城门的人，可能是一个小官。如果他是一个小官，他也可能就是柳下惠那一类的"逸民"。

这些"逸民"对孔丘的同情是很明显的。孔丘对于这些人所说的话也很有感触,对于他们也是表示同情。《论语》把这些事情记载下来。这说明儒家的人对于这种人是同情、赞赏的。

孔丘虽然一贯地为"行道"而四出奔走,"知其不可而为之",但是有的时候,也暴露出来一些像隐者所有的那些悲观失望的思想。有的时候他说:"道不行,乘桴浮于海。"(《论语·公冶长》)有的时候他想"居九夷"(《论语·子罕》)。这就是隐者们的"避世""避地"的思想。他对于这种行动也很赞赏。他说:"贤者避世,其次避地,其次避色,其次避言。"(《论语·宪问》)"作者七人矣。"(同上)就是说,已经有七个人"避"去了。这七个人是谁?无可考证,总是他所佩服的人。他又说:"天下有道则见,无道则隐。"(《论语·泰伯》)上边说的"避世""避地",就是一种"隐"的办法。像楚狂那样装疯卖傻,也是一种"隐"的办法。孔丘说:"宁武子,邦有道则智,邦无道则愚,其智可及也,其愚不可及也。"(《论语·公冶长》)愚就是假装糊涂,也是装疯卖傻之类。

《庄子》中也记载有楚狂遇见孔丘时所唱的那首歌,但比较长。这首歌说:"凤兮!凤兮!何如德之衰也?来世不可待,往世不可追也。天下有道,圣人成焉。天下无道,圣人生焉。方今之时,仅免刑焉。福轻乎羽,莫之知载。祸重乎地,莫之知避。已乎!已乎!临人以德。殆乎!殆乎!画地而趋。迷阳!迷阳!无伤吾行。吾行郤曲,无伤吾足。"(《庄子·人间世》)

这首歌比较长,有些内容可能是后来追加进去的,但是它概括了没落奴隶主阶级及其知识分子的思想情况。在当时的情况下,他们也承认要恢复奴隶主的统治,恢复他们已失去的天堂,大概是不容易的。他们妄想将来可能恢复，但又不知道在什么时候，所以感慨地说："来世不可待，往世不可追。"他们想，如果在奴隶制社会的时候，"天下有道"，像他们这样的人是很能有所作为的。但是现在"天下无道"，像他们这样的人所希望的就是保存自己的生命。他们受新兴地主阶级的压迫，觉得刑之可畏，只要能够免刑就好。在他们所处的情况下能够免刑就是福，不能免刑就是祸。他们认为有一个免祸得福的办法，那就是下面所说的那几句：

算了吧！算了吧！

要待人和和气气。

危险哪！危险哪！

要照着地面上画的线走。

装糊涂呀！装糊涂呀！

免得妨害我走路。

走路要曲折，

免得伤了我的脚。

"迷阳"就是阳迷，司马彪注说是"佯狂"的意思（陆德明《经典释文》引）。这几句歌词很传神，写出了当时没落奴隶主阶级的精神面貌。

第二节 杨朱的"为我"思想

这些"逸民""隐者"之流，是道家的前驱。他们还只是各自随时地发泄一些牢骚，发表一些对新社会不满的言论。他们的思想还没形成为一贯的学说。他们的行动也基本上是个人的，还没有成为一个学派。

首先为他们创立一种学说、一个学派的人是杨朱。

杨朱本人的历史，我们知道很少。他的名字，见于先秦各书里，也有不同。《庄子》里所说的阳子居，《吕氏春秋》所说的阳生，都是他一人。照传统的说法，他是春秋末老聃的学生，也有说他是战国时人。

传统说法是靠不住的。从战国初期思想斗争的情况看，道家思想的出现总在墨翟以后。在《墨子》中看起来，墨翟所批判的仅只是儒家。可见当时还只有儒墨二家展开斗争。道家的出现，应在以后。

《淮南子》说："夫弦歌鼓舞以为乐，盘旋揖让以修礼，厚葬久丧以送死，孔子之所立也，而墨子非之。全生葆真，不以物累形，杨子之所立也，而孟子非之。"（《氾论训》）这里所说的次序，就是历史的次序。在孟轲的时候，杨朱已有很大的影响。孟轲说："天下之言，不归杨则归墨。"（《孟子·滕文公下》）他要"辟杨墨"。从当时阶级斗争的观点看，他辟墨是奴隶主阶级与小生产者阶级矛盾的表现，而"辟杨"则只是没落奴隶主阶级的内部矛盾。"辟杨"是因为孟轲看来，杨朱所代表那一派，同隐者、逸民一样，只注意对新兴地主阶级的消极反抗。

杨朱的中心思想，照孟轲所说的，是"为我"。他说："杨子取为我，拔一毛而利天下，不为也。"（《孟子·尽心上》）韩非也说："今有人于此，义不入危城，不处军旅，不以天下大利，易其胫之一毛。"（《韩非子·显学》）《吕氏春秋》说："阳生贵己。"

(《不二篇》)阳生就是杨朱,贵己就是为我。

大概杨朱一派有"不拔一毛""不利天下"的口号。这个口号可能有两个解释。一个是,只要杨朱肯拔他身上一根毛,他就可以享受世界上最大的利益,这样,他还是不干。另一个是,只要杨朱肯拔他身上一根毛,全世界就可以都受到利益,这样,杨朱还是不干。前者是韩非所说的解释,是"轻物重生"的一个极端的例;后者是孟轲所说的解释,是"为我"的一个极端的例。两个解释可能都是正确的,各说明杨朱的思想的一个方面。

孟轲说:"杨朱、墨翟之言盈天下。"(《孟子·滕文公下》)在《庄子》书中,也是杨、墨并称。《骈拇》篇说杨墨是"骈于辩者"。《胠箧》篇要"钳杨、墨之口"。可见杨朱和他这一派的人长于辩论,而且辩论的"言"是很多的。他们有很多的辩论,支持他们的"为我"的一贯的理论。

在《吕氏春秋》的《本生》《重己》《贵生》《情欲》《审为》这几篇中,保存有些辩论,其内容就是像这些题目所表示的。我们可以相信,这些辩论是杨朱一派的学说。因为韩非称"不以天下之大利,易其胫之一毛"的人为"轻物重生之士"。《淮南子》也说:杨朱"全生葆真"。《吕氏春秋》这几篇,正是讲这些道理。我们可以用这几篇作讲杨朱这一派学说的资料。当然其中有许多是后来的发展,不是杨朱本人的著作。至于《列子·杨朱》篇虽然标明是杨朱的学说,但是《列子》全书都晚出,不足为据。

照这几篇所说的看起来,杨朱派所重的"生"就是生命。"生"的根本就是"身"即身体。杨朱派认为一个人的生命是最重要的;生活中的一切都是为的养生,也就是养身。"物也者,所以养性(生)也,非以性(生)养也(非下原有所字,依俞樾校改)"(《吕氏春秋·本生》)。《吕氏春秋》说：要帽子是为的头，要衣服是为的身体。如果一个人砍头去换帽子，杀身去换衣服，任何人都知道是不应该的。因为头及身是"所为"，帽子及衣服是"所以为"。照这个例子推起来，"身者，所为也；天下者，所以为也"（《审为》）。身是主体，一切都是为的它。一个人的身，就为他的"我"。为身就是"为我"。从这个前提出发，可以得到如韩非所说的，"不以天下之大利，易其胫之一毛"的结论，也可以得到如孟轲所说的，"拔一毛而利天下，不为也"的结论。

杨朱派认为生命的内容是欲望，"天生人而使有贪有欲"（《吕氏春秋·情欲》）。人在生活中欲望得到适当的满足，这就是生命得到最好的发展。《吕氏春秋》引子华子说：有全生，有亏生，有迫生。"所谓全生者，六欲皆得其宜也，所谓亏生者，六欲分（高诱注：半也）得其宜也。""所谓迫生者，六欲莫得其宜也，皆获其所甚恶者。"他说：屈服、羞辱都是人所甚恶者。"迫生不若死"。死是"无有所以知，复其未生也"。"全生为上，亏生次之，死次之，迫生为下。"（《贵生》）从阶级斗争的情况看，这也就是说，宁可死也不愿向新兴地主阶级屈服，不接受地主阶级给予他们的耻辱。这是没落奴隶主以死为反抗的思想。

但是，满足欲望也要有节制，不然的话，就要伤生命。《吕氏春秋》说："耳不乐声，目不乐色，口不甘味，与死无择。古人得道者生以寿长，声色滋味能久乐之。奚故？论早定也。论早定则知早啬，知早啬则精不竭。"（《情欲》）这是说，耳须能享受好的声音，眼须能享受好的颜色，口须能享受好的味道，这样生活才有意义，不然的话，就与死没有分别了。但是要想长久生活，长久享受这些享乐，必须保持着生命的存在，不要早死，所以要在很早的时候就爱惜自己的身体,不要使用太过。这就要及早懂得吝啬,这就是所谓"早啬"。同时为了保持生命,对于欲望要及早地克制。

《列子·杨朱》篇引杨朱的话说,"人人不拔一毛,人人不利天下,天下治矣。"照孟轲、韩非关于杨朱的评论看起来,这一句话可能是杨朱的思想。这一句话说明,杨朱的"为我"的思想,是他的世界观,同时也是他的政治思想。

在社会的大转变时期,各个阶级都企图用它的世界观改造世界,使社会合乎它的阶级利益的要求,这就是"各以其道易天下"。"易天下"就是改造社会。

"人人不利天下",可能解释为,每人都不做有利于社会的事情,也都不做有害于自己的事情。这个原则的前提是,认为每个人都是他自己的利益的最好判断者,最能知道他自己的利益是什么。谁也用不着管谁,谁也管不了谁。这种情况实际上是不可能有的,这只是道家的人所幻想的一种生活。他们都赞美这种生活,认为是"至治"。如果这就是"至治",新兴地主阶级的政治便是"至乱"。

"人人不利天下"也可能解释为,每个人都不争权夺利。杨朱认为,当时"天下大乱",主要的是因为人们争权夺利,如果谁都不争权夺利,天下就太平无事了。杨朱企图以这种思想反对奴隶和新兴地主阶级向奴隶主阶级进行的阶级斗争。

无论照哪一种解释,都可以说明杨朱是没落奴隶主阶级的思想上的代表。

专就全生保身、满足欲望这一点说,也是有困难的,困难在于人的欲望是多方面的,是互相矛盾的。究竟满足哪一种欲望好呢?杨朱一派认为要"早啬",要克制,但也可能有另一种想法,认为人生的意义就在于眼前的欲望的最大的满足,不需有任何限制,从而倒向纵欲主义。

荀况说:有一派人,"纵情性,安恣睢,禽兽行……是它嚣、魏牟也"(《荀子·非十二子》)。魏牟就是《吕氏春秋》和《庄子·让王》篇所记载的中山公子牟。公子牟问詹子:明知道应该"重生轻利",可是自己不能克制自己,怎么办?詹子说:不能克制就随便好了。既不能自制,又勉强不随便,那就是受了两层伤了(《吕氏春秋·审为》)。《庄子·盗跖》篇更进一步发挥了这样的思想。照这篇所说的,跖告诉孔丘说:"今吾告子以人之情:目欲视色,耳欲听声,口欲察味,志气欲盈。""天与地无穷,人死者有时。操有时之具而托于无穷之间,忽然无异骐骥之驰过隙也。不能说其志意,养其寿命者,皆非通道者也。"这些话只是道家借跖的口说他们自己的话。无论如何,这可以说明,在春秋战国时期有这一种纵欲主义的思想。《列子·杨朱》篇所讲的杨朱思想,正是这种思想。这并不是杨朱本身的思想,但也是从"为我"发展出来的。"为我"的思想,可以从"贵生"发展到它的反面,从"贵生"转化为找死。

第三节 《庄子·天下》篇论道家发展的阶段

《庄子·天下》篇是战国末年一个道家的人所写的先秦哲学发展史。他以道家为主,认为其发展有三个阶段。他没有讲杨朱,可能是认为杨朱的思想还不够一个体系。照他的看法,先秦道家发展的第一阶段的代表人物是彭蒙、田骈、慎到,第二阶段是老聃,第三阶段是庄周。

照《天下》篇所说的，彭蒙、田骈、慎到的中心思想，还是"为我"。他们所特别注重的是"我"的全生免祸的方法。如说："舍是与非，苟可以免"；"动静无过，未尝有罪"；"动静不离于理，是以终身无誉"（《天下》篇）。这正是没落奴隶主贵族在没落过程中怕被消灭的悲观情绪在思想战线上的反映。其情绪完全是《庄子》所记载楚狂接舆的那首歌词的情绪。没落贵族失去了原有的地位，遭到新兴地主阶级的打击，自己不能掌握自己的命运。这个阶级，在社会大转变的洪流中，真是"若飘风之还，若羽之旋，若磨石之隧"。它的思想上的代表宽慰他们自己说，这是本来应该如此的。由于他们在阶级斗争中失败了，所以宣称对于事物本来不应该有所选择，什么都好，怎样都好。自己本来不必，也不可有所主张，自己要完全处于被动的地位，被推着走；随波逐流，对一切都采取无所为的态度，这是本来就应该如此的。这种思想正是没落贵族的对现实社会无可奈何的没落意识的集中表现。

这种思想，讲起来确实有点寒伧，所以《天下》篇也批评说，"慎到之道，非生人之行，而至死人之理"；"其所言之韪，不免于非"。但是，《天下》篇还是推许他们，说是"概乎皆尝有闻"。《天下》篇称许墨翟为"才士"，宋钘、尹文为"救世之士"，都不认为是"有闻"。可见它对彭蒙、田骈、慎到还是引为同调的。其实老、庄所讲的，也都是"死人之理"，不过比较隐蔽，有更多的唯心主义的理论以为掩饰而已。

第四节 《老子》《庄子》中的全生保真的思想

在《老子》中,亦有许多处讲"贵生轻利"之说。《老子》说:"贵以身为天下,若可寄天下;爱以身为天下,若可托天下。"(十三章)"名与身孰亲?身与货孰多?"(四十四章)"贵以身为天下",即以身为贵于天下,即"不以天下大利,易其胫一毛","轻物重生"的意思。

《庄子》中亦有许多处讲"全形葆真,不以物累形"之说。《庄子》设为栎社树"不材之木"的话说,所有的有用之木,"以其能苦其生","故不终其天年而中道夭"。只有它自己"无所可用",所以才免于被伐。对于别人的无用,正是对于它的大用(《人间世》)。

《庄子》又说:有一个无用之人,生得奇形怪状。国家征兵,轮不到他,征工役也轮不到他。但是国家救济病人的时候,他就去领粮和柴。《庄子》得出结论说:"夫支离其形者,犹足以养其身,终其天年,又况支离其德者乎?"(《人间世》)"支离其德"就是不仅使其身体无用,还要使其精神也无用。《庄子》由此得出结论说:"山木自寇也,膏火自煎也。桂可食,故伐之;漆可用,故割之。人皆知有用之用,而莫知无用之用也。"(《人间世》)凡此皆"贵己""重生"之义,也就是"为我"的原则的应用。根据这个原则,一个人的首要的任务就是保护他自己。上两段所引的话,虽出现在《老子》和《庄子》中，但不是老聃和庄周的主要思想，而是杨朱的主要思想。但这些话也出现在《老子》和《庄子》中，可见"为我"是贯穿于各派的道家的一个重要思想。

在道家思想的发展中，保全自己的方法越来越精细。杨朱一派所说的是"我"不自伤其生的方法。然处此世界中，"我"即不自伤其生，而他人他物常有来伤"我"者。"我"固须不自伤，亦须应付他人他物之伤"我"。早期的"隐者"和杨朱在此方面所采取的是"避"的办法。隐者自称为"避世之士"（《论语·微子》）。杨朱一派的"不入危城，不处军旅"，使"我"免遭伤害，也就是"避"的办法。彭蒙、田骈等和慎到提出一个"弃知去己"的"块不失道"的办法。这个办法是专从"我"的主观方面着想，企图使"我"顺应外物。

然而处在当时阶级斗争激化的时代，有的阶级衰败了，有的阶级胜利了，被打倒的阶级的遭遇是无法逃脱的。专从"避"和主观方面着想的办法并不能保证自己免于灭亡的命运。因此《老子》又认为，必须发现处世的一般原则，知之者能应用之，即可以"没身不殆"。《庄子》的《人间世》亦研究在社会中"我"如何可入其中而不受其害。《养生主》又把各种保全自己的方法，归纳为一个总的原则："为善无近名；为恶无近刑。缘督以为经，可以保身，可以全生，可以养亲，可以尽年。"就是说，人不可以太好，怕的是"树大招风"，也不可太坏，怕的是受责罚，只有不好不坏，才是保全自己的妙法。现在有些人不肯力争上游，说："上游有风险；下游有危险；中游最保险。"正是《庄子》中那三句话的意思。这样，道家所讲的保存自己的办法，从"避世"发展为"混世"。《老子》

所说的"和光同尘",就是"混世"的意思。

然此等方法,皆不能保万全。因为人事万变无穷,其中不可见之因素太多,《养生主》的原则很难实行。于是《老子》乃为"打穿后壁"的话说:"吾所以有大患者,为吾有身。及吾无身,吾有何患?"(十三章)这是为我论者的最后结论。《庄子》继此而讲"齐死生,同人我",在主观上不以害为害,就认为害真不能伤了。因此,老、庄又都讲"无我"。其实他们所谓"无我",正是"为我"之极致。"为我"之极,就向其对立面转化,以至于"无我"。

道家哲学是没落的奴隶主阶级意识的集中表现。"为我"的思想贯穿于道家各派之中,这不是偶然的。没落奴隶主阶级失掉了原来的"天堂",所留下的只是自己的身体和生命,于是他们就认为自己的身体和生命是人生最重要的东西。他们说,富贵功名之类,本来都是身外之物,就是给我,我也是不要的。由于他们没落了,追求物质享乐的欲望得不到满足,因此又提倡"寡欲""节欲"。这正是像童话中所说的,吃不着葡萄的人说葡萄酸。他们觉得天下最要紧的是保护自己的生存。于是他们就说:"不拔一毛,不利天下。"其实他们的一毛本来换不到天下之大利,更救不了他们失去的"天下"。到了庄周,他不仅认为天下(社会)是无足轻重的,就是天地(物质世界)也是无足轻重的了。这种极端消极的思想,是奴隶主阶级极端没落的反映。他们到了日暮途穷的地步,希望幻灭了,前途没有了。在这种情况下,所发出的最后的悲鸣,就是庄周的思想。

从阶级斗争的观点看,道家的这种态度,也是没落奴隶主阶级及其知识分子对于新兴地主阶级政权的消极反抗,这也是斗争的一种方式。这种方式的内容还很多。本书第二册还要讲到。

第二册

绪论

在第一次社会大转变时期,即从奴隶制转向封建制时期,生产关系的转变,在当时各诸侯国中,发展是不平衡的。从齐国的"相地而衰征",鲁国的"初税亩",秦国的"初租禾",经过一百年左右的时间,当时主要的诸侯国都先后进入了封建制。秦国原来是一个比较落后的国家,但经过商鞅"变法"进一步完成了封建的改革,秦国成为齐、晋两国以后的最强盛的国家。

这个时期是地主阶级上升时期。它完成了使中国从奴隶制进入封建制的主要历史任务。但是,还有两个历史任务要完成,一个是统一全中国的专制主义的中央集权的政权要建立,一个是思想战线上的"百家争鸣"的局面要处理。

从中国历史的发展看,伴随着封建制的建立,在政治上也逐步建立了专制主义的中央集权的地主阶级专政的政权。当时的各诸侯国,都先后在其本国内打击、削弱了半独立的大小奴隶主贵族。这些贵族是在原来的分封制下得了土地,在其土地范围内建立了半独立的政权。这些贵族被打击削弱以后,这国的国君就在其本国内施行专制主义的中央集权的统治。但是在不少的情况下,分封制作为一个制度还没有完全消灭。以秦国而论,商鞅被封为商君,吕不韦被封为文信侯,这都是些新的封君。商鞅和吕不韦显然都不是旧的奴隶主贵族。他们都是新的封君,当然也有些旧的封君,原来是奴隶主贵族,因为改革不彻底而继续存在的。这些新旧的封君,都是专制主义的中央集权的君权的阻碍。在各诸侯国的地主阶级还要继续改革,这是他们要继续完成的一个历史任务。

当时,虽然经过兼并战争,原来许许多多的各自为政的诸侯国已经减少到七个强国,时称为"七雄"。这还是诸侯割据的局面。这种局面,对于法令的统一、社会的安定、生产的发展,以及文化的交流,都是不利的。地主阶级必须进一步地用兼并的方法,统一全中国,消灭诸侯割据的局面,建立全中国的专制主义的中央集权的地主阶级政权。这是地主阶级要完成的第一个历史任务。

当时法家的思想也是为推动这种历史趋势,为地主阶级完成这些任务而服务的。

还有一个思想战线上的情况,需要地主阶级处理的,就是战国时期的"百家争鸣"的局面。当时的"百家争鸣"的实质是在生产资料的封建所有制已经基本建立以后,仍然继续的思想斗争。

思想斗争是上层建筑范围内的事情。上层建筑总是落后于经济基础。在一种社会中,新的经济基础建立了,新的上层建筑才能出现。旧的经济基础消灭了,旧的上层建筑还不一定跟着消灭,还要继续一段时间。上层建筑后于经济基础而存在,也后于经济基础而消灭。春秋时期的思想斗争是奴隶制向封建制的转化的一种反映。到了战国时期,封建制的经济基础已经基本上建立起来了。但是思想斗争仍然继续存在而且更加激烈。这也是因为思想的发展有其本身的规律。一种思想开始了,它就一定推到它逻辑的结论。战国时期的思想,无论哪一家哪一派,都比它们的前人更精深更广大,这就是本书把各家的思想都分为前期和后期的原因,后期和前期比较起来,都是"青取之于蓝而青于蓝,冰水为之而寒于水"。

但是,地主阶级建立了全中国的专制主义的中央集权的政权,它是不能容忍这种"百家争鸣"的局面继续下去的。怎样处理这个问题呢？在战国时期已经提出了两种方案：一种是荀况和韩非提出的定一家为一尊，完全排除其外各家的方案。一种是吕不韦在《吕氏春秋》中提出的杂家方案。在秦汉时期，为了处理这种局面，也折腾了相当长的时间。

第十章 秦国进一步的改革——商鞅变法

第一节　商鞅在秦国同顽固派的大辩论

照上边所讲的，自从晋国分为韩、赵、魏三国以后，三国又各自进行了进一步的改革。这都是晋法家的成绩。战国中后期的法家代表人物中，商鞅是卫人，韩非是韩人。他们的思想都属于晋法家的范围。商鞅在秦国得到了秦孝公的信任，掌了政权，在秦国进行了比较彻底的封建化的改革。经过商鞅的变法，秦国由落后地位转化为领先了，为秦国后来统一中国的事业打下了基础。

商鞅出身于卫国的没落贵族。因为他是卫国国君的子孙，当时称他为公孙鞅，也称为卫鞅，也称为商鞅。商是他在秦国所受的封邑。他是商这个地方的封君，所以又称商君。后人把他的言论编辑为一本书，名为《商君书》。

据司马迁的记载，秦孝公于公元前361年继位，下令求贤。商鞅从卫国到秦国见孝公，同他接连谈了三次。第一天，商鞅讲"帝道"，孝公一听就打瞌睡。第二次，商鞅讲"王道"，孝公听了，觉得比第一天讲得好一点，但仍然认为是不可用。第三次，商鞅讲"霸道"，孝公听了大为高兴，连谈几天都不觉得疲倦。商鞅同别人说：他所讲的帝王之道，就是夏、商、周三代所行之道，所谓霸道，是"强国之术"（《史记·商君列传》）。

现在看起来，商君和秦孝公在前二次所谈的是政治方向问题。

他先同孝公讲守旧的办法，照这个办法行事，秦国就不能富强。第三次所讲的是实行改革的方向和办法，照这个方向走，就进一步地封建化。商鞅讲了这两种办法两个方向，作了比较，让孝公选择。他当然知道孝公是要走改革道路的，商鞅自己所要走的也是这条道路。不过他要让孝公自己作出选择，以鉴定孝公实行改革的决心。

孝公下了决心以后，就发动了一场关于改革方向问题的大辩论。《商君书·更法》篇记载了这个辩论两方面的发言（《史记·商君列传》也转载了）。在这场辩论中，主张改革的代表是商鞅。反对改革的代表是甘龙、杜挚。所辩论的内容，是"虑世事之变，讨正法之本，求使民之道"。《更法》篇这三句话是辩论的题目。

"虑世事之变"，就是说，要考虑当时大转变时期形势的变化。当时的东方各诸侯国都已先后进入封建制，秦国落后了，国家衰弱了，在这个新的形势下秦国怎么办？秦国应该采取些什么措施？怎么样改革政治上、社会上的制度？怎样统治老百姓？这是变法的三个方面。也就是说，要从这三个方面决定应该朝什么方向走。这并不是专凭人的主观意志决定的。当时的形势变了，客观的形势决定方向的选择。从客观的形势讲起，变法就有了根据。特别注重这一点，是晋法家的特点。

孝公首先表示了他的决心，说："今吾欲变法以治，更礼以教百姓，恐天下之议我也。"（《更法》）就是说，他的意思已经决定了，但需要一番辩论，以对付那些反对的人。

商鞅回答说："臣闻之，疑行无成，疑事无功。君亟定变法之虑，殆无顾天下之议之也。且夫有高人之行者，固见负于世。有独知之虑者，必见骜于民。语曰：'愚者暗于成事，智者见于未萌。

民不可与虑始，而可与乐成。'郭偃之法曰：'论至德者不和于俗。成大功者不谋于众。'法者所以爱民也。礼者所以便事也。是以圣人苟可以强国，不法其故；苟可以利民，不循其礼。"意思就是说，孝公既然已经决定变法，那就不必顾虑守旧者的反对和诽谤。凡是创新的事情，开始总是有人反对的。一般的人对于创新的事物，开始总是不习惯，但是等到后来有成绩的时候，他们就都高兴了。商鞅引"郭偃之法"以为根据。他不引管仲之法，而引郭偃之法，这说明晋法家和齐法家有不同的创始人。商鞅得出结论说：法和礼都是适应形势的需要和老百姓的愿望的。如果能够强国，合乎老百姓的利益，法和礼都是可以变的。

商鞅在这里把法和礼并举。在这种并举中，法和礼不是两个互相矛盾的对立物，不是像春秋时期那样，要用法治代替礼治，而是把礼作为一种同法并行的东西，如风俗习惯之类。春秋时期所谓"礼"指的是周礼，是奴隶社会的社会制度和政治秩序。商鞅认为，各个时代各有其不同的法律、制度，也各有其不同的风俗习惯。新兴地主阶级也并不是不要礼，所反对的只是奴隶社会的礼，即周礼。商鞅认为，现在时代不同了，形势改变了，要用地主阶级的新礼，替代奴隶社会的旧礼。

这一段话，是商鞅所提出的变法改革的总纲。它既代表了一个政治方向问题，也代表了一种世界观。这种世界观的要点是向前看，不向后看；要创新，不要守旧；要有所创造，有所作为，不要停止不前，更不要倒退。守旧者的代表甘龙说："圣人不易民而教，知者不变法而治。因民而教者，不劳而功成。据法而治者，吏习而民安。今若变法，不循秦国之政，更礼以教民，臣恐天下之议君，愿孰（熟）

察之。"意思就是说：照着旧习惯、旧办法办事，最容易为官吏和老百姓所接受，所以最为方便。多一事不如少一事。甘龙的这个论点，为墨守成规的保守观点作辩护，同时也是一种世界观的表现。这就是懦夫懒汉的世界观。有这种世界观的人，因循苟安，主张无所作为，反对有所作为。

商鞅反驳说："子之所言，世俗之言也。夫常人安于故习，学者溺于所闻。此两者，所以居官而守法，非所与论于法之外也。三代不同礼而王，五霸不同法而霸。故知者作法，而愚者制焉；贤者更礼，而不肖者拘焉。拘礼之人不足与言事，制法之人不足与论变。君无疑矣。"意思就是说：有两种人，一种是立于法之外而制法的；一种是为法所制，拘于法之内而守法的。前者是智者，后者是愚者。智者也是变礼的人；愚者是被礼所拘的人。还有一种学者（指儒家）拘限于自己所听说的那老一套，也是属于愚者之类。这种人只会照礼办事。

商鞅的这一段话，对于守旧者的批判是很深刻的。这种守旧的人局限于奴隶主阶级的立场，只能从奴隶主的观点看奴隶制。这就是只能站在奴隶主之内看奴隶制。所以不能同他们谈奴隶制以外的东西。商鞅所说的"法之外"的"外"字有这样的意思。

代表守旧的另一个人杜挚说："臣闻之：'利不百，不变法；功不十，不易器。'臣闻法古无过，循礼无邪。君其图之！"这是反对变法的另外一种说法。意思就是说：变法可能有利。但是变法的利究竟有多大，还是一个问题。新法的利益如果不比旧法的利益大一百倍，就不变法；如果一个新工具的效率不比旧工具的效率多十倍，就不换工具。向来都是这样说的。可见，以古为法是不会错的，照着周礼办事是不会走到邪路上去的。杜挚的这一段话的意思，

恰好正是孟轲所说的那种思想："诗云：'不愆不忘，率由旧章。'遵先王之法而过者，未之有也。"（《孟子·离娄上》）

商鞅驳斥说："前世不同教，何古之法？帝王不相复，何礼之循？伏羲、神农，教而不诛。黄帝、尧、舜，诛而不怒。及至文、武，各当时而立法，因事而制礼。礼、法以时而定。制令各顺其宜。兵甲器备，各便其用。臣故曰：治世不一道，便国不必法古。汤、武之王也，不循古而兴。殷、夏之灭也，不易礼而亡。然则反古者未必可非，循礼者未足多是也。君无疑矣。"意思就是说：所谓古是一个笼统的名词。古也有不同的时代。在不同的时代中，有不同的文化（"教"），有不同的制度（"礼"）。要说是"法古""循礼"，究竟以哪个时代为法呢？古代的帝王，像伏羲、神农、黄帝、尧、舜以及周朝的文王、武王，都各自照着他们时代的需要，而立他们自己的法，为事情的方便而制定他们自己的礼。礼和法都是随着时代的需要而变的，命令各有其自己要解决的问题。各种兵器，各有它的用处。解决一个时代的问题，不止一条路，只要与国家有利就可以了，不一定要法古。汤、武并没有照着古代的陈规办事，但他们还是兴起。他们的后人并没有变礼，但他们还是灭亡。所以反古不一定就错，循礼也不一定就对（以上辩论的原文均引自《商君书·更法》）。

在这个辩论中，商鞅得了完全的胜利。孝公听了他的话，坚定了变法的意志，说："寡人不之疑矣。""于是遂出垦草令。"垦草令即《商君列传》所说的"变法之令"。这次变法，"行之十年，秦民大悦。道不拾遗，山无盗贼，家给人足。民勇于公战，怯于私斗。乡邑大治"。（《史记·商君列传》）孝公十年（前351）商鞅又举行第二次变法，使秦国的封建化更加深入。

第二节　商鞅推广巩固封建生产关系的重要措施

《商君书》的第二篇是《垦令》。照题目看，"垦令"应该就是"垦草令"。但是照形式看，它并不是一个正式的命令，照内容看它是一个富国强兵的方案，是一个变法的纲领。它可能就是商鞅向秦孝公讲"强国之术"的发言提纲。这一篇提出了二十种措施。其中关于赋、税的措施，最有历史的意义。因为它巩固了封建剥削的分配制度，把秦国的封建化向前推进了一步。

商鞅说："訾（赀）粟而税，则上壹而民平。上壹则信，信则臣不敢为邪。民平则慎，慎则难变。上信而官不敢为邪，民慎而难变，则下不非上（当作上不非下。见高亨《商君书新笺》。下句同），中不苦官。下不非上，中不苦官，则壮民疾农不变。壮民疾农不变，则少民学之不休。少民学之不休，则草必垦矣。"（《垦令》）

"訾（赀）粟而税"就是计算农民收入粮食的多少，从其中抽出一定的数目作为地租。这个数目是多少，相当于收入的百分之几，这里没有说。无论如何，这一种剥削是封建制的剥削。实行这种剥削，社会就由奴隶制转变为封建制。据司马迁的记载：秦国于秦简公七年（前408）"初租禾"（见《史记·六国年表》；《秦本纪》秦简公六年）。秦国在孝公变法以前，已经在一定的程度上实行封建制的剥削，但是在那个时候是"初租禾"，商鞅的措施是"訾（赀）粟而税"。

前者是按"禾"计算，后者是按"粟"计算。这两种算法怎样不同，已无从考查了。照《商君书》这一段所说的，"訾（赀）粟而税"的目的在于"上壹而民平"。似乎是说，按粮食计算，可以有一种比较统一的算法，农民的负担也比较平均。有了比较统一的计算法，经手收税的臣，就不敢为非做歹。农民的负担比较平均，农民就不轻易反抗。照这个办法，农民就不至于反对国君，也不至于为官吏所苦。在这种情况下，农民的积极性就提高了，他们就好好地耕种田地，不想逃荒或反抗。农民的积极性提高了，开垦的土地就多了，国自然就富了。

法家的一贯主张，就是要提高农民的生产积极性。其办法就是让农民也分得他们的劳动所得的果实的一部分。这一部分还是很小的一部分，但是这一改变就是分配制度的改变。由于这一改变，奴隶制的剥削就转为封建制的剥削。上面所引的商鞅的话所说的，主要就是这个意思。他的"訾（赀）粟而税"的措施是"初租禾"的重要的发展。

《史记·六国年表》记载，秦孝公十四年（前348）"初为赋"。这是商鞅第二次变法的一个重要措施。"初"字表明这在秦国是一个创举。"赋"与"税"不同。《汉书·刑法志》说："有税有赋"（本或作租，非）。"税以足食，赋以足兵"。《食货志》说："有赋有税"，颜师古注说："赋为计口发财，税为收其田入也。"赋是兵役、徭役制度，是按人口计算的。税是地租，是按地计算的。这也是一种封建制的剥削。在奴隶社会中，奴隶就同牛马一样，无所谓兵役、徭役制度。《商君书》中没有提到"初为赋"，但有一条说："禄厚而税多，食口者众，败农者也。则以其食口之数，赋（原作'贱'，依孙诒让校改）重使之。"就是说：对贵族实行计口收人口税，加重他们的兵役、徭役。这是用赋作为打击贵族的一种措施。

商鞅在经济方面还有一个重要措施，就是"开阡陌"。这一项不见于《商君书》，见于《史记·秦本纪》、《史记·商君列传》和《汉书·食货志》。《商君书》本来是后人所编辑的，并不包括商鞅的全部言论和行动。

在《汉书·食货志》里面有许多陈词滥调。但剥去了这些陈词滥调，有些重要的历史事实，还是可以看出来的。照他所记载的，在春秋战国大转变时期，在生产关系方面有两个具有关键性的事情。一个是鲁国的"初税亩"；一个是秦国的"开阡陌"。

《食货志》说：在东周末年，"政令不信，上下相诈。公田不治，故鲁宣公初税晦。春秋讥焉"。这一句话所说的历史事实就是，在春秋战国时期，奴隶制向封建制转化的过程。这里所说"政令不信，上下相诈"就是说，在春秋时期奴隶对于奴隶主要反抗、作乱了，其结果，奴隶主的田地荒芜了。为了应付这种情况，奴隶主们不得不改变剥削方式，实行按亩抽税的办法。这里用了一个"故"字。这个"故"字说明了税亩和奴隶反抗的因果关系。

《食货志》下边接着就讲李悝的"尽地力之教"，从生产关系这方面看，"尽地力之教"的要点就是"授田"。《食货志》肯定这个"教"的成绩，说："行之魏国，国以富强。"

下边接着说："及秦孝公用商君，坏井田，开阡陌，急耕战之赏，虽非古道，犹以务本之故，倾邻国而雄诸侯。"这里所说的"开阡陌"是商鞅的重大措施。"阡陌"就是田间的封界，如小沟、土埂之类。在商鞅以前，田地都分成小块，每块一百亩，块与块之间有封界，以为界限。这就叫"阡陌"。南北曰"阡"，东西曰"陌"，合言之，称为"阡陌"。这种地块是以前用以分封诸侯的计算单位。也是以后的按人口授田的计算单位。照李悝的"尽地力之教"所规定的，每一个农民可以受得一百亩那么大的一块田地，养活五口之家。随着农业技术的提高，一个农民能够耕种的田地，不止一百亩。这种计口授田的制度就成为生产力发展的束缚了。阡陌也就限制了生产力的发展。商鞅开"阡陌"，就是把这些阡陌都挖掉，把限制打开。"开"字的意思是打开，不是开设。

司马迁记载说：（商鞅）"为田开阡陌"。（《史记·秦本纪》）这是商鞅第二次变法中的一件重要措施。又说：（商鞅）"为田开阡陌封疆，而赋税平。"（《史记·商君列传》）又记述蔡泽的话说：（商鞅）"决裂阡陌，以静生民之业，而一其俗。"（《史记·范睢蔡泽列传》）这讲的是"开阡陌"所产生的效果。

在奴隶社会中，土地这个生产资料为奴隶主所占有。耕种的收入全归奴隶主。奴隶只是像牛马一样，于劳动之余，吃一点充饥的东西。这是奴隶制的剥削。李悝的"尽地力之教"是把土地包给土地的耕种者，每人包一百亩，土地仍归国家的统治者所有。在每一个包土地的人的收入中抽出百分之十，以为地租。这是封建制的剥削。照这种制度，国家的统治者把土地包给农民，这就叫"授田"。一个农民把这一百亩承包下来，这叫"受田"。这个授受的有效期间，只限于一个农民的一生。在他成为一个壮劳动力的时候，他就受田。等他死亡或不能劳动的时候，他就要把所受的田交还统治者，由统治者另授予别人。在这个"授、受"之间，授田与交还田（归田）之间有许多麻烦。一个农民受田之后，他对于那块土地，只有使用权，没有所有权。他在耕种的时候，他的心中就不稳定。"开阡陌"和准许买卖田地，是连在一起的。董仲舒说："至秦则不然，用商鞅之法,改帝王之制,除井田,民得卖买,富者田连阡陌,贫者亡立锥之地。"(《汉书·食货志》)这里所说的"除井田"就是开阡陌,"民得卖买"就是说,种地的人可以把他所种的地作为他的私有财产,可以传至子孙,可以买,也可以卖。这就是省去了土地授受的麻烦,农民的心也安定了。这就叫"静生民之业"。

在还没有承认土地私有的时候,农民的积极性还可能没有尽量发挥出来,特别是在他要放弃他所受的土地的时候,他可能没有什么积极性,还可以怠工。在这种情况下,他的收入就减少,国家的税收也随着减少。国家的税收有时多有时少,这就是不"平"。在开阡陌之后,废除了一个农民耕种土地的限制,又承认他所耕种的土地为他个人的私有财产。于是他的积极性一贯地发挥出来。他的收入可以维持一定的水平,国家的税收也可以维持一定的水平,不会有时多,有时少,这就是"赋税平"。

这样的解释只是一种推论,没有材料的根据,可能不对。但有两点是可以断定的:一点是商鞅开阡陌,是破除当时对于生产力的一种束缚,是进一步地解放了生产力。另一点是商鞅开阡陌同时也公开承认,一个农民对于他所耕种的土地,不但有使用权,而且有所有权,可以买卖。这就进一步巩固了封建社会的小农经济,巩固了封建社会的经济基础。同李悝的"尽地力之教"比较起来,这是中国社会又进一步的由奴隶制向封建制转化。

商鞅的这个措施,对于当时说是解放生产力、提高生产,有很大的进步意义。但由此也引起了农民中贫富两极分化。这就是董仲舒所说的"富者田连阡陌,贫者亡立锥之地"。也就是班固所说的,"庶人之富者累巨万,而贫者食糟糠"(《汉书·食货志》)。这是必然的。从农奴制到封建制，只是一种剥削制度代替另一种剥削制度。广大农民群众，仍然摆脱不了过牛马的生活。从封建社会一开始，农民和地主的矛盾和斗争就开始了，还是这种农民对地主的不断斗争推动了封建社会的向前发展。

第三节　商鞅对于宗法的变革

司马迁记载了商鞅的变法令，说："令民为什伍，而相牧司连坐。不告奸者腰斩，告奸者与斩敌首同赏，匿奸者与降敌同罚。民有二男以上，不分异者，倍其赋。有军功者，各以率受上爵。为私斗者，各以轻重被刑。大小僇力本业耕织，致粟帛多者，复其身。事末利及怠而贫者，举以为收孥。宗室非有军功，论不得为属籍。明尊卑爵秩等级，各以差次，名田宅臣妾衣服，以家次。有功者显荣，无功者虽富无所芬华。"（《史记·商君列传》）这个变法令打击了奴隶主贵族，表明地主阶级对于奴隶主贵族的专政。

从这个变法令的具体规定中可以看出来，商鞅的变法有一种深远的历史意义。商鞅的变法，是对于当时的旧社会的一个深刻的改革，有移风易俗的意义。蔡泽称赞商鞅用"一其俗"三个字。这是属于商鞅在《更法》篇中所说的"礼"的范围。变法的意义不止于变法，而且是易礼，他所要易的"礼"就是宗法。

宗法是中国古代奴隶社会的一个重要支柱。周朝的分封制是以宗法为基础的。儒家所讲的"亲亲"也是以宗法为理论根据的。在后来的封建社会中，儒家的思想成为统治思想。宗法就是族权，也成为束缚劳动人民的"四大绳索"之一。商鞅变法的一个主要精神，就是反奴隶社会的宗法。

商鞅的变法令，第一项就是把老百姓组织起来，叫他们互相监视。这个组织不是以宗法为基础，而是以国家的编制为基础。如果某一组织中有违反法令的事，这一组织的人就要不分亲疏、不管同族同宗的关系，互相告发。孔丘讲，"父为子隐，子为父隐"（《论语·子路》）。这是儒家"亲亲"的原则，是以宗法为基础的。法家根本反对这个原则，要取消这个基础，商君的变法令就是一个例子。

从统治者这一方面说，变法令规定：国君宗室的人如果没有军功，就要把他的名字从宗室的名册中除去。这也是破除"亲亲"的原则，是对宗法的一种变革。

变法令又规定：老百姓有两个儿子以上的，就必须分家。如果不分家，就要加倍收人口税，加倍派他徭役。商鞅的第二次变法又规定："而令民父子兄弟同室内息者为禁。"（《史记·商君列传》）那就是说，必须分家，各自独立生产，即使加倍出人口税、加倍徭役也不行。这是更进一步地破除宗法，反对儒家的"亲亲"的原则。汉朝的贾谊《治安策》说："商君行政，其民富，子壮则出分，家贫子壮则出赘。"（《汉书·贾谊传》）贾谊说的就是商鞅这个破除宗法的禁令。变法令的这些规定，是对于西周奴隶社会的一种深刻的变革。

儒家拥护宗法，他们把人看成首先是在他们的宗族中占一定地位的成员。是父或是子，是兄或是弟，是夫或是妻。他的道德义务，首先是当个好的父亲，好的儿子，好的哥哥，好的弟弟，好的丈夫，好的妻子。法家则把人看成首先是一个能生产的劳动力，一个能打仗的士兵。法家不管宗法那一套，对老百姓是如此，对于奴隶主贵族也是如此。这是对于当时的旧传统比较彻底的一个改革。

第四节　商鞅对于富国强兵的理论和措施

地主阶级所掌握的生产资料主要是土地。他们的利益主要来自农业的收入。他们的剥削主要是对于农民的剥削。所以，他们企图使大多数的老百姓都成为农民，在和平的时候为他们生产，在战争的时候为他们打仗。这是符合他们的根本利益的。法家认识到这一点。他们主张，代表地主阶级利益的统治者，应该用一切的办法鼓励（"劝"）老百姓，提高积极性，增加生产。他们的这种思想在当时说，有利于解放生产力，提高生产。所以也是符合历史的进步趋势的。

商鞅说："凡人主之所以劝民者，官爵也。国之所以兴者，农战也。"（《商君书·农战》）他认为，官爵是统治者用以鼓励老百姓的主要工具。统治者应该用这个工具鼓励老百姓务农备战。务农是主要的，务农就能备战，备战就在务农之中。如果老百姓是很好的能生产的农民，他也就是很好的能打仗的士兵。士兵出于能从事农业生产的劳动者。

本书第三章讲到管仲认为，一个国家应该有从事四种职业的人，即士、农、工、商。他认为这四民统是国家柱石，这是比较早期的法家思想。到了战国时代，各国争夺霸权日益激烈。各国都需要进一步地富国强兵。在当时的社会经济水平上，国家的富的程度，主要取决于生产粮食的多寡。生产粮食的多寡，主要取决于生产粮食的劳动力的多寡。当时的战争规模日益扩大，在秦国和赵国的长平之战中，光是投降于秦而又被杀死的赵国士兵就有四十万。秦、赵两国在这次战争中，双方所用的士兵合起来总共有一百万以上。这些众多的士兵都是要从农民中抽调出来。商鞅认为备战即在务农之中。这种理论就是战国时期这种情况的反映。

商鞅说："今为国者多无要。朝廷之言治也，纷纷焉务相易也。是以其君惛于说，其官乱于言，其民惰而不农。故其境内之民，皆化而好辩乐学，事商贾，为技艺，避农战。如此则不远矣（不字上当有"亡国"二字）。国有事，则学民恶法，商民善化，技艺之民不用，故其国易破也。夫农者寡而游食者众，故其国贫危。"（《商君书·农战》）意思就是说：现在统治国家的人，大多数都没有抓住要点。关于治国的言论很杂乱，都想用自己的办法替代别人的办法。所以统治者为他们所迷惑，不知道究竟怎么办好。老百姓也都懒惰而不务农。有的喜欢辩论、念书（士），有的做买卖（商），有的为技艺（工），这些人有一个共同的目的，就是逃避农战。他们都不生产粮食，只是消耗粮食。他们都是游食。在国有事的时候，那就更糟。喜欢辩论、念书的"学民"不习惯于纪律。做买卖的商民善于投降。"技艺之民"也是无所用之。所以这样的国家很容易被敌人击破。一个国家，从事农业生产的人少，而游食的人多，这样的国家是既贫且危。

商鞅接着说："圣人知治国之要，故令民归心于农。归心于农，则民朴而可正也,纷纷则易使也,信可以守战也。壹则少诈而重居,壹则可以赏罚进也,壹则可以外用也。夫民之亲上死制也,以其旦暮从事于农。夫民之不可用也,见言谈游士事君之可以尊身也,商贾之可以富家也,技艺之足以糊口也。民见此三者之便且利也,则必避农。避农,则民轻其居。轻其居,则必不为上守战也。凡治国者,患民之散而不可抟也,是以圣人作壹,抟之也。"(《商君书·农战》)意思就是说:善于统治的人,知道统治国家的要点,所以他叫老百姓的思想都倾向于务农,并且实际务农,成为农民,使他们的思想行动都统一于农。商鞅认为,农民有几个特点:第一是朴实,容易受教。第二是诚恳,容易服从。商鞅的这些话,有些是对于农民的赞扬,有些实际上是对于农民的诬蔑。有一点倒是有根据的,就是农民"重居"。农民都是依靠土地为生的,土地是不可迁移的,所以农民也不愿意抛弃他所耕种的土地,而随便迁移。农民把他们住的地方看得很重。这就叫"重居"。至于士、工、商,因为不靠土地生活,所以不重视他们所住的地方,这就叫"轻其居"。一旦敌人来了,重居的人就能够死守抗击,而轻其居的人就容易逃跑。

当时的实际情况是:士可以读书做官,商可以发家致富,工也可以维持较高的生活水平,而农民的收入较少,生活比较苦。如果统治者没有一定的措施以解决这个问题,老百姓就都愿意为学民、商民或工业之民,而不愿意为农民。《管子》书里边有一篇想出了一个办法,说是在一年之中,使四民互相转业,这样他们的收入就可以大致相等。这个办法大概很难实行。以后也没有人再提。商鞅的办法是用政权的力量,抑制士、工和商,而尊重、鼓励农民。"民见上利之从壹孔出也,则作壹。"(《商君书·农战》)这就是说:

老百姓见上边的鼓励都是从一个孔道出来的，所以他们的意志趋向就都统一了，都统一于务农。老百姓的意志和趋向本来是很散乱的，以重农统一老百姓的意志和趋向，这就把原来是散乱的东西，像和泥巴那样抟起来。

商鞅的这个思想，在变法令中作了具体的规定。照这个令，努力耕织，生产粮食多的人，可以豁免徭役。不生产粮食的人，连他家中的人，都要治罪。生产、打仗有功的人，受政治上优待。没有功的人虽然很富，也受轻视。

商鞅以农战为目标，以赏罚为督促老百姓实现这个目标的手段。把老百姓组织起来，抟起来。这种组织，是在破除宗法的基础之上建立起来的。这种组织，就比以宗法为基础的组织紧密得多了，坚强得多了。这就使秦国在战国中后期成为当时最强大的国家，为秦始皇统一中国奠定了基础，创造了条件。

商鞅说："昔之能制天下者，必先制其民也；能胜强敌者，必先胜其民者也。故胜民之本在制民，若冶于金、陶于土也。本不坚，则民如飞鸟禽兽，其孰能制之？民本法也，故善治者塞民以法，而名、地作矣。"（《商君书·画策》）当时的新兴地主阶级是有两面性的，他反抗奴隶主的统治，改变当时的社会生产关系，解放生产力，推动生产的发展，这是其进步的一面，积极的一面。但他仍然是一个剥削阶级，对于劳动人民还是进行残酷的剥削和严厉的统治，这是它的消极的一面。商鞅的变法也有其两面性。上面几节所讲的都是它的积极的一面。但一说到制民，变法的消极的一面就暴露出来了。这里所引的这段话的意思是说，新兴地主阶级要想控制中国，必先要控制他本国的劳动人民。要想控制劳动人民，必须要胜他们，要他们服服帖帖。商鞅认为统治者和劳动人民的关系就如铁工和铁的关系，陶工和土的关系。铁和土是两种材料，铁工和陶工把它们捏造成什么样子，它们就是什么样子。如果没有统治者的统治，劳动人民就好像一群飞禽走兽，必须有一种东西把他们制服。这种东西是根本的，这个根本就是法。所以善于统治的人用法制服劳动人民，把劳动人民都制服起来，叫他们生产，叫他们打仗。这样就可以国富兵强，统治者的名誉也树立起来了，所统治的土地也扩大了。

但是，法也不是随意制定的。商鞅说："圣人知必然之理，必为之时势，故为必治之政，战必勇之民，行必听之令。是以兵出而无敌，令行而天下服从。"（《商君书·画策》）就是说：统治者的法令是以必然之理为根据的，是合乎时势的、必定的、需要的。所以他的政策、法令实行起来，必然有很好的效果。

商鞅在这里提出了"理"和"势"这两个概念。这两个概念后来成为中国历史哲学中的两个重要范畴。"理"指历史发展的规律，这是必然的；"势"指某一历史时期的具体情况，所以称为"时势"。在某种情况下，必须做某种事，所以说是"必为"。这是后来的发展。专就商鞅的这一段说，他连用了五个"必"字。这表示他的变法的思想的明确，态度的坚决，也表示地主阶级，在其还是革命的时候，对于它的前途是很有信心的。秦国完成了统一中国的任务，就是地主阶级的这种思想的实现。在完成统一中国的历史任务上，这种思想起了很大的进步作用。

第五节　商鞅的进步的历史哲学

代表新兴地主阶级利益的思想家们主张社会制度应该随时变革，因此他们有一套历史哲学，作为他们主张"变法"的理论根据。商鞅说：在太古时代的"昊英之世"，"人民少而木、兽多"；所以人只是"伐木杀兽"，就可以维持生活。到了神农之世，"男耕而食，妇织而衣。刑政不用而治，甲兵不起而王"。这所说的是原始共产社会还没有阶级时候的情形。在这个时代以后，"神农既没，以强胜弱，以众暴寡"。这就是有了阶级对立了。"以强胜弱"是就一个部落之内的阶级斗争说的；"以众暴寡"是就部落之间的斗争说的。在这种情形之下，"故黄帝作为君臣上下之义，父子兄弟之礼，夫妇妃匹之合。内行刀锯，外用甲兵"（《商君书·画策》）。这就是说，需要建立等级秩序和国家机器，以暴力进行统治，对内用刑罚（"刀锯"），对外用战争（"甲兵"）。《管子·君臣下》有类似的说法。这种历史观是法家的共同认识。这种认识跟历史发展的情况，大体上是相符合的。

商鞅为国家的暴力辩护说："以战去战，虽战可也；以杀去杀，虽杀可也。以刑去刑，虽重刑可也。"（《商君书·画策》）法家都是主张对外战争、对内镇压的，是主张用暴力的，用暴力来解决问题的。法家的特点是，它不掩饰它的这一主张。这也是由于它的这些主张是跟当时历史发展的趋势相符合的。在当时的客观条件下，法家的这些思想对于中国的统一，起了很大的推进作用。

历史中的这些变化，商鞅认为都是由于"必然之理"和"必为之时势"。所谓"时势"就是各时代的不以人的意志为转移的客观情况。

商鞅把"时势"这个概念应用到历史上，又把历史分为上、中、下三世。三世的特点是："上世亲亲而爱私；中世上贤而说仁；下世贵贵而尊官。"这所说的实际上就是从西周到战国之间的社会变化。所谓"亲亲而爱私"，是指周朝的以氏族社会的血缘关系为基础的宗法制度。这是周朝所用以进行统治的一个重要工具。所谓"上贤而说仁"是指春秋、战国初，反映了地主阶级及小私有生产者参加政权的要求。早期法家和早期墨家主张"尚贤"，提倡"兼爱"，是这个要求在思想上的反映。所谓"贵贵而尊官"，是指战国以来地主阶级夺了奴隶主的权而专由自己专政的要求。在这个斗争中，地主阶级联合君主，打倒贵族，实行专制主义的中央集权的政治。因为要专制，要中央集权，所以要尊君（"贵贵"）；因为要用官僚，所以要"尊官"。"官"不必是贤；君也不必是贤。法家认为，只要用他们的办法，完全用不着"亲亲"、"悦仁"和"尚贤"。

商鞅接着说："上贤者，以道相出也；而立君者，使贤无用也。亲亲者，以私为道也；而中正者，使私无行也。此三者，非事相反也。民道弊而所重易也；世事变而行道异也。"（《商君书·开塞》）

商鞅把"亲亲"、"尚贤"和"贵贵"作为他所说的"三世"的特征。照上面的分析，这是有根据的；他是抓着了一些比较重要的现象。商鞅认为历史是不断发展的，社会上没有永恒不变的制度，时代变了，制度就应该改变，从而打击了为奴隶主旧贵族服务的形而上学的历史观。他还认为"三世"的变化，是由于"世事"的变动。当然这是一个很笼统的说法。法家的人不可能知道，历史的推进主要的是由于生产方式的变动和敌对阶级的斗争，但是他们认识到"世事变而行道异"。"行道"是统治者的措施；"世事"是不以统治者个人的愿望为转移的社会情况。他们认为后者决定前者。这是他们的历史观中的辩证法因素，是很可宝贵的。

法家的思想，从"尚贤"到"不尚贤"，这是一个大转变，这个转变，有其阶级根源，也有其认识论的根源。

就其阶级根源说，"尚贤"在当时的社会大转变中，是地主阶级和手工业主向没落奴隶主贵族夺权的一个口号。在奴隶社会中奴隶主贵族掌权是世袭的，辅助他们的人也大多数是他们的兄弟亲属。这就是所谓"亲亲"。当时夺权的阶级，就以"尚贤"的口号反对"亲亲"的制度；到地主阶级已经初步地夺了权，而要巩固它的政权的时候，它就不提倡"尚贤"了。因为他们自己也不一定都贤。在这个时候，就不要尚贤的口号，而提倡"不尚贤"了。地主阶级从其本身的经验中，知道"尚贤"是一种夺取政权的口号，因此它就提出"贵贵"的口号。这是地主阶级专政的一种口号。

从认识论的根源说，法家认为：统治劳动人民的主要工具是"法"。有了法以后，下边的官吏们只要执行法就可以了，贤或不贤没有多大的差别。比如：在手工业生产中，工人的技术的高低关系很大。巧的工人的产品就比不巧的工人的产品质量高；但是在用机器大规模生产的情况下，工人们只要能够照着操作规程开动机器，就可以生产出质量差不多的产品，巧和不巧差别不大。这就是商鞅所说的

"使贤无用也"。后期法家的思想，大都是从这一方面讲"不尚贤"。当然这种讲法也是为他们所代表的阶级服务的。

商鞅注意到时代的变化，以这种变化作为变法的根据，这是晋法家比齐法家进步之处。也就是后期法家比前期法家进步之处。至于为什么有这种变化，历史为什么这样地发展，原因何在？商鞅没有解决这个问题。后来的韩非，企图解决这个问题，并作出了一个在当时说是进步的答案。下文讲韩非的时候，要讨论这个答案。

公元前336年，秦孝公死了。奴隶主贵族的残余势力乘机复辟，暂时夺了权，杀害了商鞅。但复辟势力并没有能够改变商鞅的变革创新的方向，秦国仍然照着商鞅的路线前进，终于完成了统一全中国的历史任务。

第十一章 道家哲学体系的形成和发展
——《老子》的客观唯心主义哲学体系

第一节　老子其人和《老子》其书

《老子》这部书相传是老子所作。老子是谁？是什么时期的人？关于这些问题，在汉朝初年就有不同的说法，由表面看起来，似乎司马迁也不敢决定哪个说法必定对，哪个说法必定错。他作《老子韩非列传》，只把当时不同的说法都记载下来，不作十分肯定的判断。

据司马迁在《史记·老子韩非列传》里所记载的，作《老子》的老子是李耳，即老聃，可能是与孔丘同时的老莱子，也可能是后孔丘一百二十九年的太史儋。司马迁对于李耳讲得比较多，在《史记》里，《老子韩非列传》排在列传第三，仅次于《管晏列传》，可能他倾向于认为老子是春秋末期的人。可是他又说，老子的儿子"名宗，宗为魏将"，似乎又认为老子是战国时的人。就《老子列传》所收集的材料看，关于春秋末的老子的材料比较渺茫，有些近于神话。关于战国时期的老子，则有明确的乡里谱系，还有他的子孙的官职，确有可凭。这也可以说明，作《老子》的老子是战国时期的人。

无论如何，从《老子韩非列传》所记载的，我们可以看出，司马迁是认为，作《老子》的老子可能是春秋末期的人，也可能是战国时期的人。司马迁说："或曰儋即老子，或曰非也。世莫知其然否。"就是说，究竟作《老子》的老子是春秋末期的人，或是战国时期的人，在当时就没有人能够断定。不少的人认为，照传统的说法，《老子》

书是春秋末期的老聃作的。其实这个传统是以后出现的,汉初并没有这个传统。《庄子·天下》篇承认《老子》书的体系是老聃的体系,但它并没有说老聃是什么时候的人。《汉书·艺文志》著录《老子邻氏经传》四篇,班固自注说"姓李名耳",也没有说老子是什么时候的人。如果老聃或李耳的儿子为"魏将",他还是战国时候的人。

关于老子其人和《老子》其书,我们现在并没有发现司马迁所没有见过的新资料。我们似乎不能解决司马迁所不能明确解决的问题。不过不管老子是谁,从司马迁的记述中,有两点是他肯定地说的:一是这三人中,老聃和太史儋都曾经做过史官;二是这三人中,老莱子本来就是个隐士,李耳后来也成为隐士。司马迁肯定地说:"老子,隐君子也。"作《老子》的老子,是一个奴隶主的知识分子,或本身就是没落的贵族,这似乎是可以肯定的。断定老子和《老子》书的时代,还有一个方法司马迁没有用,那就是,把《老子》书跟春秋和战国时期的学术发展一般的情况和思想斗争的情况作一比较,看它跟哪个时期的联系比较密切。这样就可以直接帮助决定《老子》书是哪一时期的产物,也可以间接帮助决定作《老子》的老子是什么时期的人。从这一方面考察,我认为有两点特别值得注意。

第一点,从先秦的一般的学术发展的情况看。从清朝的章学诚开始,历史学界都逐渐承认了一个关于先秦的学术发展的情况。那就是,在孔丘以前"无私人著作之事"。私人著作是跟着私人讲学来的。在奴隶主贵族统治的时代,文化和学术都掌握在贵族手里。他们豢养了许多有知识的专家替他们掌管文物典章,他们实际上垄断了当时的学术和文化。他们一方面是政府的官,另一方面又是社会上拥有文化知识的人。他们的知识不是以私人资格,而是以统治者或国家的名义掌握的。这就是所谓"学在官府"。到了奴隶主贵族的统治开始崩溃以后,这些专家流落到民间,这才有私人讲学的事情。但是在私人讲学的初期,也还没有私人的正式著述。他们只是就事论事,发表些意见,不离开具体问题作一般的论著。例如《论语》并不是孔丘的正式著述,不过是学生们记述了他的一部分关于某些问题的讲话。墨翟也没有正式的著述,属于早期墨家的著作,也都是墨翟的学生记录和阐述墨翟的讲话,所以每篇开始都说是"子墨子言曰"。当然,墨翟的讲话跟孔丘的讲话比较起来,是细致得多了,这就是时代的进步。

《老子》书是一部正式的私人著作,它不是问答式的语录,而是作者以简练的文字直接表述自己的思想。如果说它出在孔丘以前,是不合于上面所说的情况的。如果于《老子》书以外能举出一些确切是春秋时代的私人正式著作,这种结论还是可以推翻的;不过现在还不能举出这样的著作。

第二点,春秋时期的书,都是就一件具体的事发挥议论。《老子》不是这样。书中没有提到一件具体的事,也完全没有人名、地名。书中的思想都是用高度抽象、概括的方式和极精炼的言语表达出来,所以书虽简短而内容丰富。这是哲学思想发展到一定高度时期的产物。春秋时期的哲学思想,还没有发展到这样的高度,还没有达到这样的水平。《管子》中的《白心》、《内业》、《心术》上下等四篇,有这样的情况,但这四篇也不是春秋时期的产物。

《老子》中的主要概念和主要原则,也都是哲学思想发展到一定高度的时期,有了长期积累的思想资料才能有的。这都可以证明,作《老子》的老子是战国时期的人。

有人认为,先秦的著作都说老聃是孔丘同时的人,其实并不尽然。《庄子·在宥》篇引老聃的话说:"下有桀跖,上有曾史,而儒墨并起。"这一段话所表示的老聃的时代,倒似乎是确实的。

有人认为,从春秋时期哲学思想的发展看,在春秋末期,应该有像老子思想这样的思想。春秋以来,有不少的人对于"天"(意志之天)的权威性和正义性表示怀疑。这种怀疑应该发展为否定"天"的存在的思想。老子的"天道自然"的思想正是这一类思想。由此可以证明,老子的思想是春秋末期的产物。

我认为,这样的说法并不解决什么问题。上面所说的,对于"天"的怀疑的趋势,必定发展为否定"天"的存在的思想,这是可以肯定的。但一种趋势只决定一种发展的方向,不能决定某一具体的事实发生的具体时期。历史中没有决定某一具体事实必须在某一时期发生的规律。这是一个方法论上的问题。就老子哲学思想的具体内容说,其中的最重要的范畴是"道"而不是"天道"。"道"比"天道"有更大的概括性;在春秋末期人的言论中,还没有发现这样的概念。范蠡在当时是进步的思想家,他说过:"天道盈而不溢,盛而不骄,劳而不矜其功。"(《国语·越语下》)这话虽然与《老子》有些相似,但范蠡说的是"天道",不是"道"。

《老子》中的有些思想,可能是比较早一些的时候就有的。《论语》中说:"或曰:'以德报怨何如?'子曰:'何以报德?以直报怨,以德报德。'"(《宪问》)又说:"曾子曰:'以能问于不能,以多问于寡,有若无,实若虚,犯而不校,昔者吾友尝从事于斯矣。'"(《泰伯》)《老子》里面有"报怨以德"这句话(六十三章)。"有若无,实若虚,犯而不校",也像是老子的意思。

《中庸》说:"子曰:'宽柔以教,不报无道,南方之强也,君子居之。'"这句话,虽然不一定真是孔丘说的,但是可以说明,在春秋战国时期,南方是有这样的一种主张。照司马迁所说的,老聃和老莱子都是楚国的人,楚国在当时正是被称为南方。可见在孔丘的时候是有这种思想,但不一定出于老聃,如果出于孔丘所熟知的老聃,像传说中所说的,孔丘何以不直提其名,而托之于"或曰"呢?

道家思想的起源,并不始于战国。这在上册第九章中已讨论过。孔丘时期的隐者思想以及上面所讲的"以德报怨"等思想,都是道家思想,不过在当时还不成为一个哲学体系,在当时也未必有很大的影响。

到了孟轲的时候,杨朱的影响很大,他实际上成为道家思想的代表人物。孟轲就把他作为道家思想的代表人物,向他进行思想斗争。有人提出这个问题:孟轲和庄周是同时,为什么在《孟子》里没有提到庄周?有人说,孟轲所批评的杨朱,实在就是庄周。"杨朱"这个名字,就是"庄周"声韵之转,实际上并没有一个人叫杨朱。这种说法当然是错误的。孟轲是以杨朱为道家思想的代表,而向他进行斗争。孟轲如果说我们现在的话,他会说,以杨朱为首的那一派哲学思想,主张"为我","是无君也"。这一派就包括庄周在内。这也说明在《庄子》里边为什么也没有提到孟轲。这是因为道家的人都是以孔丘为儒家思想的代表。他们批评孔丘就是批评以孔丘为首的儒家。只有荀况从儒家分化出来而同儒家进行思想斗争,所以就特别提出了子思和孟轲。

后来,老聃和庄周的影响扩大了。他们在声望和影响上就替代了杨朱。因此在《荀子》书里边,就只批判老聃和庄周,而不提杨朱了。这也回答了另外一个问题。照孟轲所说的,杨朱的影响是很大的,应该是很大的一个学派,为什么在孟轲以后就忽然绝灭了呢?其实并没有绝灭,不过从孟轲以后,这个学派的代表,已经不是杨朱,而是老聃和庄周了。

上面所说的这样的看法,跟《庄子·天下》篇也是相合的。照我们现在所知道的,杨朱的思想比较简单,他提出了"为我"和"拔一毛而利天下不为"的口号,成为道家思想的先驱,但是他没有一个完整的宇宙观体系,作为这些口号的理论的基础。所以《天下》篇就不认为是"有得于古之道术",因而也没有把它提出来。田骈、慎到以下,都初步有一个宇宙观体系。《天下》篇就按时代的先后,同时也按道家思想发展的逻辑的次序,把它们排列起来,照这个排列,《老子》是老聃作的。但其时代是在慎到以后,庄周以前。

有人认为《老子》还出在庄周以后。我觉得这就太晚一些。事实上《庄子》中许多思想是老子体系的一个发展,而且其中有些篇也引用了《老子》的文句。所以本书认为,庄周一派,是老聃的思想向唯心主义的发展。

战国是个社会急剧转变的时代。在这个急剧转变的过程中,在一人的一生之间,就可能有很多思想体系先后出现。出现有先后,但是相隔的时间可能很短,在时间上也有参差错综的情况。这种情况,我们是亲自经过的。从"五四"到现在,仅仅五十多年的时间,都在我们的一生之中,其间出现了各种各样的思想体系。它们的出现是有先后的,可是时间也就只有四五十年。有许多人的生卒年代可能同时,但其思想的出现,则有先后之分,战国时候的情况,仿佛也是这个样子。总起来说,可以得到一个结论,《老子》这部书,虽然很短，统共不过五千来字，但也和大部分的先秦著作一样，是一部总集，而不是某一个人于某一个确定时期的个人专著。所以其中有许多前后不一致，甚至有互相矛盾的地方。例如，早期的道家，如杨朱之流以"为我"为其中心思想。可以真正认为是我的，就是我的生命，我的身体。所以也讲究一些养生的理论和方法，以延长寿命，保护身体。这种思想发展下去，就成为"修炼"以求长生不死的思想，后来成为道教。这种思想在《老子》中是有的，像第十章中所讲的"载营魄抱一，能无离乎"等，就是这种思想。它也就是"深根固柢，长生久视之道"（五十九章）。"长生久视"是目的，"深根固柢"是方法。但《老子》也讲："吾所以有大患者，为吾有身。及吾无身。吾有何患？"（十三章）这就完全否定了"长生久视"的思想。所谓"长生久视"不过是要保护这个身体，让它永久存在。可是人们的许多麻烦，正是因为人们有这个身体，如果没有这个身体，一切麻烦也都没有了，也都从根本上解决了。《老子》又说："夫唯无以生为者，是贤于贵生。"（七十五章）"无以生为"就是说，不要以养生为事，"贵生"就是重视生命，想尽方法保护生命。《老子》认为，"无以生为"比"贵生"为好，比"贵生"还要贵生。贵生和不贵生是矛盾的，可是这两种思想《老子》中都有。也可以说，《老子》的基本思想，还是贵生，不过它认为要以不贵生为贵生。但是像它所说的"吾所以有大患者为吾有身"，那就明确地否定了"长生久视"。

像这种的情况，《老子》中还有。比较重要的是它对于"有""无"的说明，书中各处不同。"有""无"是《老子》中的一对重要范畴，也是道家哲学中的一对重要范畴。可是在《老子》这同一部书中，却有不同的解释。这一点在下文再说。

这也不足为《老子》病。因为它本来并不是某一个人在某一个时期写的,而是一部总集,一部哲学格言汇编。如果看不到这一点,对于那些前后不一致甚至互相矛盾的地方,强作统一的解释,那就有困难。

既然《老子》这书的内容是如此,那就不必勉强要把《老子》的著作权归于哪一个人。司马迁说了三个人,可是作《老子》的"老子"究竟是其中的哪一个呢?司马迁不能断定,当时的人也不能断定,司马迁只好说"世莫知其然否"。司马迁遇见困难了。其所以遇见困难,就是因为他和以后的人一样,错误地认为《老子》是一部个人的专著,所以必须要在这三人之中确切指定一个人作为它的作者。如果认识到这部书本来就是一个总集,一个哲学格言汇编,那就没有什么困难了。也许这三个人都对于《老子》这部书有贡献,当时的三种传说都是事出有因。

司马迁对于这三个人还是有所侧重的。他在《老子韩非列传》中开头就说:"老子,楚苦县(今安徽亳县)厉乡曲仁里人也,姓李名耳,字聃,周守藏室之史也。"到结尾的时候,又明确地说:"老子之子名宗,宗为魏将,封于段干。"以下又叙述李宗的子孙的名字,一直到跟司马迁同时"为胶西王卬太傅"的李解。又总结说:"李耳无为自化,清静自正。"可见他对于《老子》与李耳的关系是了解的。他心中是认为《老子》是李耳作的,李耳的后代的情况,他也知道。不过还有两种传说,他没有证据可以否认,所以也把它们收进去,作为插曲。但他也收了一个传说,说孔丘问礼于老聃。这就和李耳之子"为魏将"有冲突了。他只好说"盖老子百有六十余岁,或言二百余岁"(《史记·老子韩非列传》)。

总的看起来,后来所谓《老子》一派的思想有许多部分,有些是出于老莱子，有些出于太史儋，这些思想，都以韵文的形式流传于世。李耳把它们收集起来，再加上他自己的创作，编辑成这部书，题名为《老子》。其所以这样题名，或许因为书中的材料开始于老莱子。《老子》的这个"老"，就是老莱子的那个"老"。

《老子》书中的材料，是从老莱子到李耳这个长时期内积累起来的，其中有比较早的，也有比较晚的。但是最早不能早于孔丘，因为据说老莱子与孔丘同时。最晚不能晚于李耳。孔丘的生卒年代是有明确的记载的。他的后代的谱系，也是有明确的记载的。李耳的生卒年代虽然不可考，但是他的子孙谱系，司马迁是记载了的。从他的子孙的谱系，可以大概推出他的年代。这是《老子》思想的发展、形成在时间上的上限和下限。

《老子》书中可能保存有春秋末期一些隐者的思想，但《老子》书中的中心思想和基本原则，却是战国时代的产物。

第二节 《老子》哲学思想的阶级根源

在第一次社会大转变时期，被推翻、打倒的阶级是奴隶主阶级。新兴的夺取政权的阶级是地主阶级。当时的没落奴隶主贵族和他们的知识分子，对待新兴地主阶级的新政权、地主阶级专政的新社会，有一种态度是以退为进。有这种态度就有一种与之相应的策略。《老子》这部书一部分讲的就是这些策略，以及与这些策略有关的政治、哲学的理论根据。《老子》的这种策略，在唐宋时代儒、释、道三家互相激烈斗争的时候，儒家的人也对之有所认识。宋儒朱熹说："老子之道，只要退步柔伏，不与你争。"又说："'知其雄，守其雌，为天下谿。知其白，守其黑，为天下谷。'所谓'谿'，所谓'谷'，只是低下处。让你在高处，他只要在卑下处，全不与你争。……常见画本老聃，便是这般气象，笑嘻嘻地，便是个退步占便宜底人。虽未必肖他，然亦是他气象。只是他放出无状来，便不可当。如曰：'以正治国，以奇用兵，以无事取天下。'他取天下便是用此道……"（《朱子语类》卷一百二十五）朱熹这个话说得很形象，但是他当然不知道从阶级斗争的观点分析老子这些话的意义。《老子》说："知其雄，守其雌，为天下谿。""知其荣，守其辱，为天下谷。"（二十八章）没落的奴隶主阶级，还是怀念它以前的威势和光彩，但是现在没落以后，它处于软弱和不光彩的地位。它虽也只好"守其雌""守其辱"，但还是念念不忘于它的已失的天堂。谷和谿，都是低下的地方，它不同在高处的争。可是这个不争，还是一种争的方法。《老子》说："夫唯不争，故无尤。"（八章）又说："夫唯不争，故天下莫能与之争。"（二十二章）第一句话讲的是，"不争"可以避免眼前的迫害；第二句讲的是，眼前不争，为的是最后的胜利。

另外一种态度是逃避现实。这是道家的传统的态度。《论语》中所记载的隐者们，有的"避地"，有的"避世"（见上册第九章）。"避地"是这个地方"乱"了，就避到别的地方。"避世"是要逃避社会。"与木、石居，与鹿、豕游"。更彻底一点，就是要逃避人生。这就是庄周所宣扬的那种态度。没落奴隶主阶级及其知识分子觉得自己阶级的前途没有什么希望了，感到复辟是不可能了，于是他们另找了一套办法以安慰自己。《老子》承认并且还很重视雌雄、荣辱的分别。庄周则说,这些分别本来就是没有的,是出于人们的偏见,如果去掉了这些偏见,雌雄、荣辱、成败、祸福以至于生死,这些分别就都没有了。由此可以得到一个无分别的混沌境界。从有这种境界的人看起来,奴隶主阶级的失败和地主阶级的胜利,是一样的。这是没落奴隶主阶级最后一个安慰自己的办法。

这种办法,好像是自认失败、退出斗争了。其实不然。庄周所宣扬的这种办法,如果仅只是用以安慰自己,那倒是退出斗争。可是他还要著书立说,宣扬他的这一套消极、颓废思想。这就是用以腐蚀地主阶级及其所统治的群众,以挖新社会的墙脚,阻碍新的生产力和生产关系的发展。这就是向新的统治阶级和新社会进行斗争。在阶级社会中,没有超出阶级斗争的思想,宣扬不斗争就是斗争。

老子和庄周有所不同,但传统都称为道家。这是因为他们的思想都有从杨朱以来就有的"全生保真""轻物重生",对新政权消极反抗的一面。这一点在上册第九章已讲过。以下还要随文点出。

第三节 《老子》对于地主阶级政权的攻击及其应付的策略

《老子》站在没落奴隶主阶级的立场,主张对于地主阶级政权,于必要时要顺从,以等待时机,反攻过去。但在条件允许的情况下,它也不放弃对于当时的新政权作公开的攻击。地主阶级本是一个剥削阶级,对于劳动人民在经济上剥削,在政治上压迫,这是出于它的本性。这是它的阴暗面。在条件允许的情况下,《老子》对于这个阴暗面,提出尖锐的攻击。

老子说:"民之饥,以其上食税之多,是以饥。"(七十五章)本书第一册《绪论》已指出,土地所有者向耕种土地的生产者收税,这是封建制的剥削形式。在这种形式下,"在上者"靠"食税"生活,以前只说是"食田",没有说"食税"。《老子》这里用"食税"说"在上者"的剥削,可见它指的是地主阶级。它在这一章里,指出地主阶级的残酷的剥削是劳动人民贫困的根源。

《老子》又说:"朝甚除,田甚芜,仓甚虚,服文采,带利剑,厌饮食,财货有余,是为盗竽(王弼本作"夸"),非道也哉!"(五十三章)就是说:"在上者"的朝廷打扫得干干净净,而老百姓的耕地却是荒芜的,粮仓是空虚的。"在上者"穿好的,吃好的,用不完的财货,还带着利剑以吓唬人。这简直是盗竽。韩非引《老子》此文,说竽是"五音之长"(《韩非子·解老》)。"盗竽"即强盗头子。《老子》骂得很中要害。

《老子》又说:"天之道损有余而补不足。人之道则不然,损不足以奉有余。"(七十七章)它所谓"人之道",其实是剥削阶级的道。《老子》的这几句话,也是攻击新兴地主阶级的。它认为"损不足以奉有余"是"人之道",也就是当时的新兴地主阶级的剥削制度。照《老子》看来这种"人之道"完全是不符合"天之道"的。但它说的"天之道"也并不是真为劳动人民的利益着想,不过是打着"为民请命"的幌子,为了损新兴地主阶级的有余以补没落奴隶主阶级的不足。在当时,这种话是从右的方面攻击地主阶级。到后来,地主阶级政权稳定以后,这种话变成从左的方面的攻击了。在长期封建社会中,这种话又成为劳动人民对地主阶级反抗的理论根据。这种左右的转化,就是历史辩证法。

《老子》揭露出了地主阶级的阴暗面,用以攻击当时的新政权。但对于这个政权怎么办呢?《老子》提出了它的策略,它说:"将欲歙之,必固张之;将欲弱之,必固强之;将欲废之,必固兴之;将欲夺之,必固与之。是谓微明。柔弱胜刚强。"(三十六章)"固"读为"姑且"之"姑"(高亨《老子正诂》说)。就是说,对于某一事物,要想叫它怎么样,就姑且让它先是怎么样的反面。"微明"就是说这个道理是很微妙而又是很明显,是公开的秘密。《老子》是用抽象的话讲的,在当时的实际意义就是说,要想向地主阶级夺权,就需要暂时不要去碰,甚至有的地方还要顺着它。

《老子》有一个信念:"柔弱胜刚强。"它说:"天下莫柔弱于水,而攻坚强者莫之能胜。"(七十八章)又说:"天下之至柔,驰骋天下之至坚。无有入无间。"(四十三章)"无间"就是没有间隙,没有一点缝子。可是一个几乎是没有的东西,就可以钻进几乎是没有缝子的东西。就是说,要善于钻空子。只有最柔弱的东西才可以钻空子。《老子》又说:"人之生也柔弱,其死也坚强。万物草木之生也柔脆,其死也枯槁。故坚强者死之徒,柔弱者生之徒。"(七十六章)所以姑且让地主阶级强大,就是叫它加速自己的灭亡,找死路。

《老子》又说:"故飘风不终朝,暴雨不终日。孰为此者?天地。天地尚不能久,而况于人乎?"(二十三章)就是说:疾风暴雨是不能持久的。在它们正在势头上的时候，不要去碰。等到它们势头衰下来的时候，就可以很容易地制伏它们。这就是《老子》所说的"以无事取天下"。

《老子》又说："常有司杀者杀。夫代司杀者杀，是谓代大匠斲。夫代大匠斲，希有不伤其手者矣。"（七十四章）疾风暴雨的势头不能持久，这是由于有一种力量制约着它们。社会中的事也是如此。这种力量就是"司杀者"。如果在势头上勉强去碰，那就叫"代大匠斲"，那就要伤手、失败。这就是《老子》所说的"取天下常以无事。及其有事，不足以取天下"（四十八章）。《老子》的这些策略，有些是根据于它对于客观辩证法的一些认识，有些则不过是没落阶级的主观愿望。"柔弱胜刚强"，"天下之至柔，驰骋天下之至坚"，这种情况是有的，但必需在一定的条件下，才是可能的。新生的事物，在其新生时是柔弱的，但因为它是新生，有潜力，所以有前途。至于没落腐朽的东西，它的柔弱是将要死亡的表现，是没有前途的。它本身尚不能保，还说什么"驰骋天下之至坚"？《老子》所代表的没落奴隶主阶级，感觉到自己的弱，又以为它的弱是同于新生事物的弱，希望有朝一日，可以反夺权，恢复已失去的天堂。这是高估了自己的力量，低估了新生事物的力量。

从上面所讲的，可以看出来，《老子》对付新兴地主阶级斗争的策略的主要原则是以退为进、以弱胜强、以少胜多等。为了给这策略原则以理论根据，《老子》提出了一个哲学体系。这个体系有两个主要部分，一个部分是《老子》对于客观辩证法的一些认识。这是《老子》的素朴的辩证法思想，它在一定程度上是可以肯定的。另一部分是它的客观唯心主义的宇宙观，这是应该批判的。

第四节 《老子》的兵法

根据以退为进、以弱胜强、以少胜多等原则,《老子》建立了他的军事思想即兵法。《老子》中有几处讲兵法,有一章完全讲兵法。它说:"用兵有言:吾不敢为主而为客,不敢进寸而退尺。是谓行无行,攘无臂,执无兵,乃无敌。祸莫大于轻敌,轻敌几丧吾宝。故抗兵相加,哀者胜矣。"(六十九章)这里所讲的是《老子》兵法的精神。这种精神同当时的军事专家如孙武、孙膑等所讲的完全不同。孙武、孙膑等的兵法都认为,打仗要先发制人,制人而不制于人,以进攻争取胜利。《老子》却说,善用兵的人不敢先发("为主"),宁愿后发("为客")。他不敢前进一寸,宁可后退一尺。个人打架,必先摆出一个架势,然后扭住敌人的胳臂,把他打翻在地。两军打仗也有类似的情况,总要有阵势,用一定的兵器打击敌人。《老子》却说,善于用兵的人打仗,他的阵势就是没有阵势。敌人要抓住他的胳臂,他没有胳臂可抓。他也没有兵器,但是敌人却打不倒他,也找不着他。但这不是轻视敌人。《老子》说,打仗切不可轻视敌人,如果轻视敌人就要失败。所以在两军打仗的时候,自己认为是处于劣势的人,就有可能转为优势,打胜仗。

《老子》又说:"善为士者不武,善战者不怒,善胜敌者不与。"(六十八章)这里所谓士就是武士。可是真正的武士并不剑拔弩张,张牙舞爪。真正善于打仗的人,并不是怒发冲冠,吹胡子瞪眼睛。"善胜敌者不与"。这个与字就是敌的意思,就是说,善于胜敌的人,不与敌人为敌。前两句所讲的就是"哀者胜矣"的意思。这三句所讲的就是"行无行"那几句的意思。就是说,要叫敌人抓不住你、找不到你。

战争本来是残忍的事。《老子》却说:"夫慈,以战则胜,以守则固。天将救之,以慈卫之。"(六十七章)这里所说的也是"哀者胜矣"的意思。《老子》认为这种打法是合乎规律的,用这种打法,就可以得胜("天将救之,以慈卫之")。

《老子》在这里所讲的,是以弱兵对强兵的兵法。看起来,它所讲的打法跟孙武、孙膑的兵法的打法不同。这是因为孙武、孙膑的兵法是以强兵对强兵的兵法。《老子》的兵法是以弱兵对强兵的兵法。因为条件不同,所以打法也不同,打法虽不同,但最后的目的还是一样,那就是争取胜利。凡是打仗都是要争取胜利以解决政治的问题。但是,以强兵打强兵跟以弱兵打强兵,打法必须有所不同。在当时的情况下,地主阶级已经基本上夺得政权。没落奴隶主阶级要想以武力反夺权,它的武力同地主阶级武力比较起来,必定是在数量上和装备上处于劣势。如果打起仗就需要用另一种打法。这种打法就是《老子》所讲的兵法。它要想用这种兵法转劣势为优势。它所说的"不敢为主而为客,不敢进寸而退尺",并不是真是要永远处于被动,永远向后退。它的意思是用被动争取主动,用后退争取进攻。先自处于被动,为的争取主动,先后退为的是进攻。《老子》把它对于辩证法的认识应用于战争,这就成为它的独特的兵法。《老子》说:"以正治国,以奇用兵。"(五十七章)《老子》兵法的独特,在于其主要是用"奇"。

如果弱兵真是新生事物,从《老子》兵法中,还是可以得到启发。它可以满怀信心地对强兵说:"你有你的打法,我有我的打法。你打你的,我打我的。"由此转弱为强,得到最后的胜利。

第五节 《老子》的素朴的辩证法思想

从上面所说的看来,《老子》的素朴的辩证法,还是很丰富的。首先《老子》认识到,具体的事物都是在运动变化之中的。事物都是有始有终,经常变动。《老子》说:"故物或行或随,或歔或吹,或强或羸,或载(安)或隳(危)。"(二十九章,末句从河上公本)上面所引"飘风不终朝,暴雨不终日"一段,也是用以说明具体的事物没有永恒不变的。

《老子》又认识到,事物有它的对立面。它说:"有无相生,难易相成,长短相较,高下相倾,音声相和,前后相随。"(二章)它认识到"有"与"无","长"与"短",等等,都是以其对立的方面为自己存在的前提。没有"有"也就没有"无";没有"长"也就没有"短",反之亦然。这就是中国旧日常说的"相反相成"。

《老子》也认识到,对立面是经常互相转化的。它说:"祸兮福之所倚,福兮祸之所伏,孰知其极? 其无正,正复为奇,善复为妖。"(五十八章)这就是说,事物的发展,到一定的程度,就变为它的反面。这就是旧日所常说的"物极必反"("其无正"以下当作:"岂无正,正复为奇。岂无善,善复为妖。"说见高亨《老子正诂》本章注)。

例如:"祸"与"福","正"与"奇","善"与"妖",这些对立面都是经常互相转化的。这种转化的过程是没有穷尽的,所以说"孰知其极"。并不是没有正,可是正就要转化为奇。并不是没有善,可是善就要转化为妖。

关于这一点,《老子》讲得很多。例如:"曲则全,枉则直,洼则盈,敝则新,少则得,多则惑。"(二十二章)"以道佐人主者不以兵强天下,其事好还。"(三十章)"物极则反"是贯穿于《老子》整个思想中的一个原则。

《老子》又说:"其安易持,其未兆易谋,其脆易泮,其微易散。为之于未有,治之于未乱。合抱之木,生于毫末;九层之台,起于累土;千里之行,始于足下。"(六十四章)"合抱之木"是从"毫末"逐渐生长起来的,但是在它成为"合抱之木"的时候,它跟"毫末"就有质的不同了。"九层之台",是一点一点的土积累起来的,但在它成为"九层之台"的时候,它跟一点一点的土就有质的不同了。《老子》又说:"图难于其易,为大于其细。天下难事,必作于易;天下大事,必作于细。"(六十三章)本来是容易的事情,发展下去,就起质的变化,成为难的事情。本来是很小的事情,积累下去,就起质的变化,成为很大的事情。所以《老子》建议,在问题还是容易的时候,就把它解决了,在事情还是小的时候,就把它办了。《老子》在这些章中所说的,似乎有见于从量变到质变的一些现象,但没有,也不可能把它们总结为一个规律。

《老子》也感觉到,它所说的这些道理是跟一般人的常识相违反的。它说:"正言若反。"(七十八章)就是说,似乎是反,而却真正是正确的。它也感觉到,这些道理不易为一般人所接受。

它说:"上士闻道,勤而行之;中士闻道,若存若亡;下士闻道,大笑之,不笑不足以为道。"(四十一章)这里所说的"道"就是(老子所认为是的)真理。

照上面所讲的,《老子》在一定程度上认识到事物和它的对立面的相互依存,及其互相转化。这是辩证法的根本规律,即对立统一规律的"统一"这一方面。但是这个规律的更重要方面是矛盾着的对立面的斗争。对立统一规律的这一方面《老子》完全不认识。没落奴隶主阶级是害怕斗争的。它怕奴隶对它的斗争。它也要同地主阶级斗争,但又不敢公开地站出来。这是《老子》的以不斗争为斗争的思想的阶级根源。

因为《老子》完全不认识对立面的斗争,所以它的思想,归根到底,还是形而上学,不是辩证法。这首先表现在关于"动""静"的问题上。关于运动和静止,是哲学中的重要问题,"动"与"静"也是中国哲学中的重要范畴。《老子》承认事物经常在变化之中,但是它也说:"夫物芸芸,各复归其根。归根曰静;静曰复命。"(十六章)万物的"根"是道,是万物所以得其"命"者。"归根曰静",是说万物生于道而又复归于道。其生是动,复归于道,就又返于静了。由此说来,动是现象,静是本质。静是第一位的,动是第二位的。在《老子》中这一类的话很多。它说:"重为轻根,静为躁君。"(二十六章)"牝常以静胜牡,以静为下。"(六十一章)这实际上是表示对事物变化运动的厌弃。

对立面必须在一定的条件下才互相转化,不具备一定的条件是不能转化的。祸可以转化为福,福也可以转化为祸,但都是在一定的条件下才是如此。例如主观的努力或不努力等,都是条件。在各种条件中，最主要的是对立面的斗争。照《老子》所讲的，好像不必有斗争，祸自动地可以转化为福；没有斗争，福也必然转化为祸。这是不合事实的。《老子》的这种思想，是没落奴隶主阶级的意识的表现。他们失去了过去的一切，自以为是处在祸中，但又不敢公开反抗，只希望它自动地会转化为福。这是不可能的。

照对立统一的规律，矛盾着的对立面，经过斗争，起了转化。原来是非主要的矛盾面，转化成为主要矛盾面，或归于消灭。原来的矛盾解决了。但这并不是事情的完结。因为有新矛盾继续出来，新的矛盾继续发展。但新的矛盾并不是旧的矛盾的重复，而是在一个比较高的水平上发展的。新兴地主阶级取代了奴隶主阶级。随着奴隶主阶级的消失，奴隶也消失了，奴隶社会的矛盾解决了。但地主阶级又有了它的对立物，与之斗争。这个新的矛盾，并不是奴隶社会的矛盾的再现。就社会发展史说，这是一个新的开端，是在一个较高的水平上进行的。

《老子》害怕斗争，不讲斗争。因此，它所认识的转化是循环，而不是上升的。没落奴隶主阶级妄想地主阶级失败了，奴隶主阶级就胜利了；封建社会的转化就是复归于奴隶社会。用《老子》的话说，这就叫"复"。它说："万物并作，吾以观复。"（十六章）"复"也是《老子》哲学思想中的一个重要概念。"复"就是循环，就是倒退。这个观念是同辩证法根本对立的。

《老子》还想出了些掩护、保存自己力量的办法。其主要的原则是不要暴露自己，要极力隐蔽自己。它说："大成若缺，其用不弊；大盈若冲，其用不穷；大直若屈，大巧若拙，大辩若讷。"（四十五章）又说："明道若昧，进道若退，夷道若纇，上德若谷，大白若辱。

广德若不足,建德若偷,质真若渝。大方无隅,大器晚成,大音希声,大象无形。"(四十一章)这里所说的"上德""广德""建德""大白""大方""大器""大音""大象",都是如上面所说的"大成"等。这里所说的"若昧"的明道,也就是"大明";"若退"的进道,也就是"大进",没落奴隶主阶级反对新兴地主阶级的策略就是"大进若退"。"若"字的意思是似乎是而实则不是。没落奴隶主阶级对于地主阶级似乎是退让而实则是进攻。这种进攻比公开地进攻还要利害,所以说是"大进"。"大盈""大巧"之所以为大,也是如此。

但照《老子》的说法,这种隐蔽自己的方法也并不仅只是故意伪装。照它说,按对立面互相转化规律,一种事物发展到一定的程度,必然要转化为其对立面,只有在事物中预先容纳一点它的对立物,才可以永远保持它的现状。比如说,若果仅只是巧,那就要"弄巧反拙",只有在巧里先容纳一点"拙",那才可以长远地保持着巧。这种思想在一定的限度内,也是可以用的,但总起来说,这是开始感到没落的奴隶主阶级企图维持现状的思想。这是利用对于客观辩证法的一点认识来宣传反辩证法的思想。

《老子》又说:"我有三宝,持而保之,一曰慈,二曰俭,三曰不敢为天下先。慈故能勇,俭故能广,不敢为天下先,故能成器长。"(六十七章)"慈"与"勇"、"俭"与"广"、"不敢为天下先"与"成器长"是相反的,但是《老子》认为,正因有"慈",所以才可能有长久的"勇";正因有"俭",才可能有长久的"广";正因"不敢为天下先",才可能"成器长"。《老子》的这段话,抽象地了解,有些在一定程度上是正确的。如"俭故能广"。但是下面接着说:"今舍慈且勇,舍俭且广,舍后且先,死矣。"(同上)这个"今"字说出了这段话在当时的实际意义。它以当时的兼并战争为不"慈",发展生产为不"俭",各国争雄为"为天下先"。它断定这些都是走往死路的。这是没落奴隶主贵族对于新兴地主阶级的诅咒。

总的说起来,《老子》对客观辩证法虽有一些认识,但是这些认识在它手里,不是作为当时新兴阶级的战斗的工具,而只是当时没落阶级用以对付新兴势力和聊以自慰的手段。它是柔弱的,可是它认为,正是柔弱才可以胜刚强(三十六章)。他说:"天下莫柔弱于水,而攻坚强者莫之能胜。"(七十八章)这些话就是说,我现在虽然没落了,软弱了,但是还可以战胜你们。这些话实际上反映了那些没落贵族已丧失了实力但又不甘心没落的心情。上面引过,"将欲夺之,必固与之。是谓微明"(三十六章)。这个"微明"之道,也是它对于辩证法的认识的应用。它认为,一方面要维持自己的力量;一方面要对付敌人。对付敌人的办法同维持自己的办法正是相反。其办法是,要想使敌人衰弱下去,最好先使他强大起来,强大起来以后,自然向其反面转化,衰亡下去。他所说的对付敌人的办法,抽象地了解,有些在一定程度上也是可用的。但是作为一个没落阶级的代言人,这些话也只能是对于自己的解嘲,对于敌人的诅咒。

第六节 《老子》中的宇宙观

在《老子》中,有一句话,可以把《老子》有关于宇宙观的各章都贯穿起来。"天下万物生于有,有生于无"(四十章),从这句话的字面上看,各章都是这样说的。"道"就是无,也是各章都承认的。这样说起来,《老子》的宇宙观当中,有三个主要的范畴:道,有,无。因为道就是无,实际上只有两个重要范畴:有,无。不仅在《老子》中是如此,在后来的道家思想中也是如此。

一般地说,这是没有问题的。问题在于,对于有、无可以有不同的理解和解释。实际上《老子》中有三种不同的理解和解释,形成为三种说法。

第一种是,带有原始宗教性的说法。譬如说:"谷神不死,是谓玄牝,玄牝之门,是谓天地根。"(六章)有的原始的宗教,从人的生育类推天地万物的生成。人的生育,靠男性的和女性的生殖器。有的原始宗教以男性生殖器为崇拜的对象,认为有一个生天地万物的男性生殖器,天地万物都是由它生出来的。《老子》在这里所说的"牝",就是女性生殖器。它所根据的原始宗教,大概以女性生殖器为崇拜的对象。因为它不是一般的女性生殖器,所以称为"玄牝"。天地万物都是从这个"玄牝"中生出来的。"谷神"就是形容这个"玄牝"的。女性生殖器是中空的,所以称为"谷"。玄牝又是不死的,所以又称为"神"。照这个说法,《老子》是认为有一个中空的东西,万物都从那里边生出来。《老子》又说:"天地之间,其犹橐籥乎,虚而不屈,动而愈出。"(五章)"橐籥"就是扇火用的风箱,它的中间是空虚的,可是运动起来,可以扇风助火。这个风是没有穷尽的。只要它运动,就有风生出来。这就是所谓"动而愈出"。第六章所说的"绵绵若存,用之不勤",也是这个意思,都是认为有一个中间空虚的东西,可以生出无穷无尽的东西。中间的空虚是"无",无穷无尽的东西是"有"。这种说法的意思,也是说有生于无,但是说法比较粗糙,有点像原始的宗教。

第二种说法的主要意思还是"有"生于"无",但是说法比第一种精致得多了。第一种说法的意思,虽然也是"有"生于"无",但是它还没有"有""无"这两个概念,"有""无"这两个概念是两个相当高度的抽象的概念,第一种说法还不能有这两个概念,它只能想到,具体的中间空虚的事物如女性生殖器或风箱之类。第二种说法,有了"有""无"这两个概念,这就进步得多了。

第三种说法,把"无"理解为无名,"无"就是无名。不能说道是什么,只能说它不是什么。这就是无名。一说道是什么,那它就是有名,就成为万物中之一物了。《封神榜》上说,姜子牙的坐骑是"四不像",可是"四不像"也有个像,那就是四不像。道可以说是"万不像",但是"万不像"也有一个像,那就是万不像。"万不像"就是无像之像,即为大像。这个"大像",虽然无像,可是能生万像。"有物混成,先天地生。"(二十五章)这个混成之物,就是无物之物。无物之物,无像之像,就是天地万物的根源。"吾不知谁之子,像帝之先",先是祖先之先。这个道,照定义就是只能为先,不能为子。

这样说起来,道和无可真是"惟恍惟惚"、"玄之又玄"了。但是,在客观世界中,究竟相当于什么,还是一个问题。

上面所说的第三种说法,就是要回答这个问题。照它的理解和解释,道或无就是万物的共相。它是无物之物,就是因为它是一切物的共相。它是无像之像,就是因为它是一切像的共相。比如:无声之乐,就是一切音的共相。它既不是宫,也不是商,可是也是宫,也是商。一切万物的共相,就是有。它不是这种物,也不是那种物,可是也是这种物,也是那种物。这际上并不存在这种有,所以有就成为无了。这个有无是"异名同谓"。"异名同谓"这四个字是《老子》第一章的主要之点。帛书本保存了这个读法,这是帛书本之所以特出于众本之处。懂得了这四个字,就可以懂得上面所说的第三种看法的要点。

《老子》说:"道,可道非常道。名,可名非常名。无,名天地之始,有,名万物之母。故常无,欲以观其妙。常有,欲以观其徼。此两者同出,异名同谓,玄之又玄,众眇之门。"(一章,"此两者"以下依马王堆帛书本)意思就是说:可以言说的不是永恒不变的道。可以称谓的不是永恒不变的名。无是天地之始;有是万物之母。天地、万物,互文见义。妙,帛书本作"眇",有苗头的意思。陆德明《释文》说:"徼,边也。"有边沿、极限、归宿的意思。用常无这个范畴观察天地万物的苗头。用常有这个范畴观察天地万物的边沿、极限、归宿。常有和常无出于一个来源,是异名同谓,虽然是两个名词而说的是一回事,这就玄而又玄了,虽玄而又玄,不容易懂,可是天地万物苗头都是从这里出来的。

不仅"有""无"是"异名同谓",道和有无也是异名同谓。不可以说"道"是有、无的统一,也不可以说有、无是道的两个方面。说统一就多了"统一"两个字。说两个方面就多了"两个方面"四个字。因为道、有、无虽然是三个名,但说的是一回事。

"有""无"是异名同谓,这真是不容易懂,"玄之又玄"。先说我的解释:

"有"是一个最概括的名,因为最概括,它就得是最抽象,它的外延是一切的事物,它的内涵是一切事物共同有的性质。事物所有的那些非共同有的性质，都得抽去。外延越大，内涵越少。"有"这个名的外延大至无可再大，它的内涵亦小至无可再小。它只可能有一个规定性，那就是"有"。"有"就是存在。一切事物，只有一个共同的性质，那就是存在，就是"有"。一个不存在的东西，那就不在话下，不必说了。但是，没有一种仅只存在而没有任何其他规定性的东西，所以极端抽象的"有"，就成为"无"了。这就叫"异名同谓"。"有"是它，"无"也是它。

懂得了这个道理，《老子》中的别的章似乎是难懂的也就不难懂了。例如《老子》说："道之为物，惟恍惟惚。惚兮恍兮，其中有象；恍兮惚兮，其中有物；窈兮冥兮，其中有精，其精甚真，其中有信。自古及今，其名不去，以阅众甫。吾何以知众甫之状哉？以此。"（二十一章）

什么叫恍惚呢？《老子》说："视之不见，名曰夷；听之不闻，名曰希；搏之不得，名曰微。此三者，不可致诘，故混而为一。其上不皦，其下不昧，绳绳不可名，复归于无物。是谓无状之状。无物之象，是谓惚恍。"（十四章）

结合第二十一章看，所谓"恍惚"就是看不见，摸不着。"道"那个东西是看不见听不见摸不着的。虽然如此，可是其中"有象"，"有物"，"有精"。就其为"有"说，其中包括一切的东西；就其为"无"说，其中包括"众甫"。甫就是父。就是第一章所说的"眇"，也就是苗头。我们怎样知道一切苗头的情况呢？就是用道这个范畴。这就是第一章所说的"常无，以观其眇"。

就"道"这一方面说，它是无也是有，就具体的事物说，它们都是一个过程。这个过程就是从无到有，从不存在到存在，又从有到无,从存在到不存在的过程。

就万物的发生、成长和归宿说,任何事物的存在都是一个过程;一个从无到有又从有到无的过程,这就是"有无相生"(二章),也就是"有""无"的互相转化,可以说它是从无到有,也可以说从有到无。每一事物都是如此。这样的一个"有""无"相生的过程,从无到有又从有到无的过程,叫做"周行"。宇宙是一个总的过程。这个总的过程也叫"道","道"也是经常在那里"周行"。这个"周行"是无始无终的。《老子》说:它是"独立而不改,周行而不殆"(二十五章)。又说:"迎之不见其首,随之不见其后。"(十四章)这都是说道是无始无终的过程。

《老子》第一章讲了三个概念,一个是"有",一个是"无",一个是"道"。这是《老子》中最概括、最抽象、最难懂的一部分。从前人说过一句话:"一部十七史从何处说起?"要讲天地万物,更是不知从何讲起了。黑格尔的《逻辑学》,从三个概念讲起,一个是"有",一个是非有,一个是生成,他也是从这三个概念讲起。这并不是说谁抄谁,也不是说他们对于这三个概念的理解和用法都完全一致,只可以说,在这一点上,他们所见略同。

李耳在编辑《老子》这部书的时候,把这一段列为第一章。可见他的哲学见解是很高的,不是一般的编辑人,也可能这一章就是他写的。无论如何,司马迁在叙述可能的三个《老子》的著作人的时候侧重李耳,这是有道理的。

上面说的三种说法,《老子》中都有,但是,书中讲得多的,还是第二种说法。对于《老子》全书来说,第一种说法是太低了,第三种说法是太高了。以后讲《老子》的人,韩非和淮南王都是用第二种说法。王弼开始用第三种说法，所以他的《老子注》能别开生面。

《老子》说："有物混成，先天地生，寂兮寥兮，独立而不改，周行而不殆，可以为天下母。吾不知其名，字之曰道。强为之名曰大，大曰逝，逝曰远，远曰反。"（二十五章）（末十五字当为"强为之容，曰大，曰逝，曰远，曰反"。高亨说，见《老子正诂》本章注）意思就是说，道是不可名的，所以只能勉强给它一个称呼，既不可名，所以也不可形容。若果要形容它，只能勉强举出四点：大、逝、远、反。第一是大，因为道是"众妙之门"，一切事物都出于它。第二是逝，一切事物都出于道，其出就是道的逝。第三是远，一切事物出于道以来，都各有生长变化，这就是道的远。第四是反。一切事物生长变化以后，又都复归于道。"夫物芸芸，各复归其根"，这就是道的反。从逝到反，是一切事物的发展变化的过程。每一个这样的过程，就是道的一个"周行"。这种"周行"没有停止的时候。这就是"周行而不殆"。

《老子》把这些情况总结为一个规律。他说："反者道之动，弱者道之用。"（四十章）就是说：道本来是"静"的。若果动，就转化到它的相反的方向。因为动的本身就是从静到动，动、静是相反的。道是无名，动就是从无名到有名，从无到有。道的作用的特点是弱。关于这一点，上面已经讲得不少了。

上边所讲的《老子》的思想，基本上是和《庄子·天下》篇所讲的老聃思想相合的。《庄子·天下》篇讲老聃的那一段说："建之以常无有，主之以太一"，"以濡弱谦下为表，以空虚不毁万物为实"。"常无有"，就是《老子》第一章说的"常无""常有"；"太

349

一",就是《老子》第一章说的"常道"。"常无""常有""常道"是《老子》哲学体系的三个基本范畴,所以《天下》篇说"建之","主之"。

"道"为什么又称为"太一"呢?《老子》说:"道生一,一生二,二生三,三生万物。"(四十二章)道生一,所以道是"太一"。这个"太",就是"太上皇","老太爷"那个"太",皇帝的父亲称为"太上皇",老爷的父亲称为"老太爷"。"一"是道之所生,所以道称为"太一"。

对于《老子》的这几句话,可以作宇宙形成论的解释,也可以作本体论的解释。如果作宇宙形成论的解释,一、二、三都是确有所指的。道先生出来一个什么东西,这是一,这个一又生出来些什么东西,就是二或三。二、三都是确有所指的具体的东西如天地万物之类。如果作本体论的解释,一、二、三都不是确有所指,不是什么具体的东西。只是说,无论道生多少东西,总有一个是先生出来的,那就叫一。有一个东西,同时就有它的对立面,那就是二。二与道加起来就是三。从三以后,那就是天地万物了。就《老子》四十二章说,它大概是一种宇宙形成论的说法,因为它在下文说:"万物负阴而抱阳,冲气以为和。"照下文所说的,一就是气,二就是阴阳二气,三就是阴阳二气之和气,这都是确有所指的,具体的东西。

"以濡弱谦下为表",说的是《老子》所讲的"知其雄,守其雌"那一套。《老子》讲"守其雌",看起来似乎是柔弱谦下,但是,这个表还有一个里,那就是"知其雄"。《天下》篇用表里二字说明《老子》所讲的"知其雄,守其雌",这是很合老子的意思的。

"以空虚不毁万物为实",《老子》讲无,这就是空虚。可是这个空虚并不是要去掉万物。《老子》所讲的无,其实就是有,无和有是异名同谓。它所讲的虚,其实就是实。《天下》篇的这一句,是讲《老子》所说的有和无的关系,这也是很合乎《老子》的意思的。

总的说起来,《老子》确实是对于一个真正的哲学问题有所认识。这个问题就是一般和特殊,共相和殊相的分别和关系的问题。《老子》所讲的道、有、无,都是一般,共相;它所讲的天地万物是特殊、殊相。它能看出来一般和特殊,共相和殊相的分别,这说明它的思辨能力是很高的。但是,它对于一般和特殊,共相和殊相的关系认识得不很清楚,或者不很正确。它的本体论的说法,还没有和宇宙形成论的说法划清界限。对于一般和特殊,共相和殊相的关系的正确认识,是一般寓于特殊之中,共相寓于殊相之中。但是,照《老子》的说法,好像是一般居于特殊之上,先于特殊,共相居于殊相之上,先于殊相。因此,一般和特殊,共相和殊相的关系就成为母子关系。子为母所生,第一章所说的"有名万物之母",四十二章所说的"道生一",二十五章所说的"有物混成,先天地生",都说明这一点。它说:道、有、无是异名同谓,这个有是抽象的有,与天地万物的有是不同的。这个不同,一直到魏晋玄学才分辨清楚。魏晋玄学称抽象的有为有,天地万物为众有或万有。这个分别《老子》没有弄清楚。

这些混乱,也是从"天地万物生于有,有生于无"(四十章)那种说法来的。照这种说法,有和无就不是异名同谓,而是母子的关系了。用一个"生"字,就说明对于宇宙形成论的说法和本体论的说法划不清界限了。

我并不是说这个第三种说法能贯穿于《老子》各章,也并不是说《老子》第一章就已经完全了解这种说法的含义。实际上第一章还保留了"有生于无"的影响的残余,没有完全理解到既然有和无是异名同谓,就不能说"有生于无"了。

我只是要指出,从哲学观点看,这是人类思辨能力、抽象思维达到很高程度的表现。只要有一两句能达到这个程度,那就是很可贵的。至于说这一两句话的人可能还有些不完全的地方,可能对于这一两句话的含义还没有完全认识,那也没有关系,那是有待于后来的人发展的。这一两句话可能只是一个闪光,但这个闪光,却照耀了人的思辨能力发展的道路。

照上边所讲的看起来,《老子》中的这三种说法,似乎代表老子哲学体系发展的三个阶段。我们当然不能机械地把这三个阶段分配到司马迁所说的可能是老聃的三个人的名下,但就《老子》中所有的这三种说法看,其发展的逻辑的程序似乎有这三段,这也是很显然的。

无论从哪一种说法看,《老子》的哲学体系都是客观唯心主义。第一种说法是原始宗教迷信的残余,那就不必说了。第二种说法,虽然摆脱了原始宗教迷信,但没有能够说明"道""有""无"究竟相当于客观世界中什么东西,那它们也即是一种主观的虚构。以一种主观的虚构作为天地万物的来源,这也是一种客观唯心主义。第三种说法对于共相和殊相、一般和特殊的关系没有正确的认识,把它们的关系说成是母子的关系,这也是客观唯心主义。

总之,《老子》所建立的道家哲学体系是客观唯心主义的体系,这似乎是无可争辩的了。

第七节 《老子》论"为道"和"为学"

《老子》中有一大部分讲"为道"。为道就是照着道那个样子去生活。它不说"学道",因为道是"无名",没有任何规定性,是不可以用思考、言语那样的方法去学的。言语所说的都是事物的规定性,对于没有规定性的东西,那就不可说了,对于不可说的也不能进行思考。因为思考不过是无声的言语。对于道只能体会,照着它那个样子生活。

对于道要勉强地说,那只能说它不是什么。它不是这,也不是那。它首先不是一个具体的个体。而人则首先是一个个体。因为是一个个体,所以人就有一个个体所有的许多东西,如欲望、感情等。人和道比起来不是少了些什么,而是多了些什么,而且多得很多。人要想照着道那个样子去生活,那就需要把那些多的东西渐渐地减少。这就叫"日损"。

《老子》说:"为学日益,为道日损。损之又损,以至于无为,无为而无不为。"(四十八章)《老子》不说"以至于无",而说"以至于无为",是不是多了一个"为"字呢?不是的,就是只能"以至于无为"。人毕竟是一个具体的个体,如果把这一点也损了,"以至于无",那就需要把这个具体个体也损去,那就没有人了。没有人还有什么人生呢?既然谈人生,那就不能"以至于无",就只能

"以至于无为"。"无为"并不是什么事情也不做，而是无所为而为，就是顺乎自然。《老子》认为，一个很小的小孩子的生活，就是无为的生活。

《老子》说："含德之厚，比于赤子。毒虫不螫，猛兽不据，攫鸟不搏。骨弱筋柔而握固。未知牝牡之合而朘作，精之至也。终日号而不嗄，和之至也。"（五十五章）第三、第四、第五句是夸张之辞。这一章的主要意思，是用这些例以说明顺自然而无所为的生活。其实生物的生活本来就是如此。一个动物遇见可吃的东西它就吃，遇见可喝的东西它就喝。在吃喝的时候，它并不知道这样做为的是吸取营养、维持生命。人知道这个道理，但是他也并不是在每次吃饭的时候都想到这个道理。他虽然有吃饭这个行为，但这种行为就是"无为"。如果在人的生活中一切行为都是如此，那就是"无为而无不为"了。

这并不是说，一个人在社会中可以横冲直撞，做事没有计划，行动不加考虑。考虑计划还是可以有的，这也是一种"为"。问题在于为什么这样地"为"。如果是无所为，那还是顺自然，还是"无为"。

《老子》说："道生之，德畜之，长之育之，亭之毒之，养之覆之。生而不有，为而不恃，长而不宰，是谓玄德。"（五十一章）生而不有三句，就是说道是无所为而为，但是自然如此。这就叫"道法自然"，也就是顺其自然。道是如此，所以照着道那个样子生活的人，也要顺自然，无所为而为。

《老子》形容这种人说："众人熙熙，如享太牢，如春登台。我独泊兮其未兆，如婴儿之未孩。儽儽兮若无所归。众人皆有余，而我独若遗。我愚人之心也哉！沌沌兮，俗人昭昭，我独昏昏。俗人察察，我独闷闷。澹兮，其若海，飂兮若无止。众人皆有以，而我独顽似鄙。我独异于人，而贵食母。"（二十章）"食母"就是照着道那个样子生活。

《老子》的这种顺自然无为的生活方式，就是魏晋人所谓"达"。魏晋的所谓"达人"，就是照着这种生活方式生活的。这是晋人风流的一个主要之点。

这是"为道"的方式，"为学"的方式就不然了。它是要"日益"。

"为学"就是求对于外物的知识。知识要积累，越多越好，所以要"日益"。"为道"是求对于道的体会。道是不可说，不可名的，所以对于道的体会是要减少知识，"见素抱朴，少私寡欲"（十九章），所以要"日损"。

《老子》所讲的"为学"的方法，主要的是"观"。它说："致虚极，守静笃。万物并作，吾以观复。"（十六章）又说："以身观身，以家观家，以乡观乡，以邦观邦，以天下观天下。"（五十四章）这就是说，观，要照事物的本来面貌，不要受情感欲望的影响，所以说："致虚极，守静笃。"这就是说，必须保持内心的安静，才能认识事物的真象。

《老子》又说："不出户，知天下，不窥牖，见天道，其出弥远，其知弥少。是以圣人不行而知，不见而名，不为而成。"（四十七章）这也是它所说的"观"的一种方法。这几句话也就是如后世所说的"秀才不出门，全知天下事"。《老子》认为："言有宗；事有君。"（七十章）就是说，言论有其主要的论点；事物有其主要的原则。抓着了它们的要点和原则，就好像抓着了一张网的纲，其目自然就张开了，所以"不出户"，就可以"知天下"。但是这些"宗"和"君"又是从哪里来的呢？

从以上这些话看《老子》所谓"观"，首先是一种旁观。它不承认实践在认识中的作用。这就是它所说的"不行而知，不为而成"的意义。这样的认识论必然是轻视感性认识的唯心主义的认识论。

旁观的态度是隐者态度。"隐者"的思想就是这种态度的表现。《老子》把它发展成为一个有系统的理论。

《老子》认为，事物的变化是有规律的，这就是所谓"事有君"。自然界中的事物的规律，他称为"天道"，社会中的事物的规律，它称为"人道"。《老子》认为人凭借这样的知识，可以趋利避害，以达到保全自己、反扑敌人的目的。它称事物变化的具体的规律为"常"。"常"是指事物变化中的经常不变的东西，它说："取天下常以无事。"（四十八章）"民之从事，常于几成而败之。"（六十四章）"常有司杀者杀。"（七十四章）"天道无亲，常与善人。"（七十九章）《老子》也用"常"形容"道"，这只是说"道"是经常如此，不是说"道"就是"常"。

对于规律的知识和了解，《老子》称为"明"。它说："知常曰明。"（十六章）"知常"就依之而行，这种行称为"袭明"，"是以圣人常善救人，故无弃人；常善救物，故无弃物；是谓袭明"（二十七章）。"袭明"即"习明"，亦称为"习常"，"见小曰明，守柔曰强。……无遗身殃，是为习常"（五十二章）如果不能"习常"而任意妄为，则必有不利的结果，"不知常，妄作凶"（十六章）。

《老子》认为，要认识"道"也要用"观"。"常有欲以观其眇，常无欲以观其徼。"（一章）这是对于"道"的"观"。它认为，这种观需要另一种方法，它说："涤除玄览，能无疵乎？"（十章）

"玄览"即"览玄","览玄"即观道。要观道,就要先"涤除"。"涤除"就是把心中的一切欲望都去掉,这就是"日损"。"损之又损"以至于无为,这就可以见道了。见道就是对于道的体验,对于道的体验就是一种最高的精神境界。

总之《老子》所讲的"为道"的观点,是反对感觉经验和感性认识的,也是反对重理性作用和理性认识的,它是一种直观。

"为道"而又得道的人,是个什么样子呢?《老子》说:"古之善为道(王弼本作"士",今从傅奕本)者,微妙玄通,深不可识,故强为之容。豫兮若冬涉川;犹兮若畏四邻。俨兮其若客(王弼本作"容",今从傅奕本),涣兮若冰之将释。敦兮其若朴,旷兮其若谷。混兮其若浊。孰能浊以静之徐清?孰能安以久,动之徐生?保此道者不欲盈,夫唯不盈,故能蔽(敝)而(原作"不",依易顺鼎校改)新成。"(十五章)这是"善为道者"的样子。看样子他好像是冬天要蹚水过河,又想过,又怕水冷;好像是谁都在迫害他;好像是个客人,不是主人;好像是很朴实、很糊涂、很空虚。可是他的糊涂慢慢地会变成清楚,他的静会慢慢地变成动,他的旧会变成新。

宋明道学家讲气象,《老子》这一章所讲的就是善为道者的气象。这种气象同《庄子·天下》篇所说的慎到、田骈所赞赏的气象,颇有相同之处。

有一个根本的不同,那就是"块不失道"的问题。"块",就是土块,是无知之物。无知之物,推而后行,引而后往,只能做一种机械的运动,好像一阵风在空中飘过,好像一根羽毛随风旋转,好像一块石头,从山上滚下来。慎到认为,这就是照着道那样去生活,所以"块不失道"。《老子》认为,为道的人并不是如此。在表面上看起来,他虽然也是"缘于不得已",但是,他是自觉地如此。他不是无知之物,他的自觉,就是他的精神境界。土块是真正的无知之物,它没有精神境界。《天下》篇的作者,大概也看到这种根本上的差别,所以批评说,"慎到之道,非生人之行,而至死人之理",接着说:"其所谓道非道,而所言之韪不免于非。彭蒙、田骈、慎到不知道。"

慎到和《老子》有这种不同,由于他们对于知的态度不同。知就是对于外界事物的知识。《老子》所说的"为学",就是求得这种知识。慎到完全不要知识,《天下》篇说:"曰知不知,将薄知,而后邻伤之者也。"《老子》并不完全不要知识,所以它还要用观的方法去求对外界的知识。它认为,为道就要日损,为学就要日益,但是,所损所益并不是一个方面的事。日损,指的是欲望、感情之类;日益,指的是积累知识的问题。这两者并不矛盾,用我的话说,为道所得的是一种精神境界,为学所得的是知识的积累,这是两回事。一个很有学问的人,他的精神境界可能还是像小孩子一样天真烂漫,用《老子》表达的方式,一个人也应该知其益,守其损。

照《老子》所说的,如果一个人对于事物发展的基本规律有所认识,这种知识也可能帮助提高他的精神境界。《老子》说:"知常容,容乃公,公乃王,王乃天,天乃道,道乃久,殁身不殆。"(十六章)《庄子·天下》篇说:"公而不党,易而无私,决然无主,趣物而不两。不顾于虑,不谋于知,于物无择,与之俱往。古之道术有在于是者,彭蒙、田骈、慎到闻其风而悦之。"《天下》篇的这个总帽子跟上面所引的《老子》的话也是相合的。"容",就是宽容,就是"不当(党)"的意思。

有人可以提出一个问题:照这样看起来,岂不是可以证实《老子》这部书出于慎到之后,为什么又说慎到的思想是黄老之学?这个问题之所以成为问题,是因为照传统的说法,《老子》这部书是一部整书,有一个人在一个时候完全把这部书写成。我根本不承认这个传统的说法。我认为,《老子》这部书,是一个总集,经过长时期的积累,经过李耳的编辑,才成为现在这个样子。所谓老聃的思想,也是经过长时期的发展,才成为现在这个样子。《老子》思想的最后的成熟,可能在慎到之后,这并不妨碍在慎到的时候已经有黄老之学。

《老子》虽然也不废"为学",但是他还是以"为道"为主。它认为,人生中最主要的事情是提高精神境界,对于外界的知识的积累同人的精神境界没有直接的必然的关系。所以它说:"绝学无忧。"(二十章)它认为,人生的指导原则应该是顺自然。"为学"可能导致这个原则的反面。它说:"大道废,有仁义;慧智出,有大伪。"(十八章)所谓"伪"的意思是人为,人为和自然是对立的。"为学"增加人的知识,知识的增加可能导致人为的增加,那就走到顺自然的反面去了。

"伪"也有虚假的意思。《老子》认为,自然的东西是真的,相对于真说,人为的东西就是假的。人为总有造作模拟的意思。有了造作模拟,那就有假的成分。比如在天上飞的东西,鸟类是天然的,是真的,飞机作为一个飞行的东西是人为,是模拟,同鸟类比较起来,鸟类的飞行是真的,飞机的飞行是假的。

"大道废,有仁义",这并不是说,人可以不仁不义,只是说,在"大道"之中,人自然仁义,那是真仁义。至于由学习、训练得来的仁义，那就有模拟的成分，同自然而有的真仁义比较起来它就差一点、次一级了。《老子》说"上德不德，是以有德"（三十八章），就是这个意思。

第八节 《老子》的历史哲学及其理想社会

"无为"和"有为"、自然和伪，是《老子》区别社会中的善恶的标准。属于自然和无为的是善；属于伪和有为的是恶。它认为可悲的是历史的过程是一个从"无为"倒退到"有为"的过程，整个的社会，时时刻刻都在退化，在这个过程中，善的、美的东西一步一步地失去，代之以恶的、丑的东西。它说："上德不德，是以有德。下德不失德，是以无德。上德无为而无以为。下德为之而有以为。上仁为之而无以为。上义为之而有以为。上礼为之而莫之应，则攘臂而扔之。故失道而后德，失德而后仁，失仁而后义，失义而后礼。夫礼者，忠信之薄而乱之首。前识者，道之华而愚之始。是以大丈夫处其厚不居其薄，处其实不居其华。故去彼取此。"（三十八章）这是《老子》中最长的一章，叙述了社会逐步退化的过程。"失道而后德"以下这几句说的就是这个过程的几个阶段。它认为这些阶段属于两个范畴。道和德的阶段属于"无为"的范畴，仁以下是属于"有为"的范畴。它所说的"攘臂而扔之"，实际上讲的就是法家所主张的暴力。这是用形象的语言说"失礼而后法"。"上仁为之而无以为",就是说,"仁"已经是有为的,但还不是完全矫揉造作,不完全是伪。"上义为之而有以为",就是说,"上义"完全是出于人为。仁和义都还是一种内心的修养,至于礼,则不过是外部的规章制度,条条框框。那就更是矫揉造作,出于人为,所以得不到人们的服从和遵守。《老子》没有说"下仁""下义""下礼"是怎么样,大概是认为,可以引申而知。比如说,"上礼为之而莫之应","下礼"就不必谈了。

礼不行了,社会是个什么样子呢?那就挽袖子,甩胳膊,动手动拳,用暴力了。地主阶级夺权是用暴力,奴隶主反夺权,也是用暴力。法律、刑罚也都用暴力。在《老子》看起来,这就是天下大乱。礼是乱的开端,因为它是"忠信之薄"。社会中人与人的关系要规章制度来维持,这就是薄。

"有以为"和"无以为"说的是有没有模拟造作。有模拟造作就是"有以为",没有模拟造作就是"无以为"。

"前识者,道之华而愚之始。""前识"是对于事情的预见。《老子》认为,对于事情的预见是华而不是实。它不表示人的聪明,而表示人的愚蠢。因为它是智慧的作用,而"慧智出,有大伪"。前识是"大伪"的开始。"是以大丈夫处其厚不居其薄,处其实不居其华,故去彼取此"。

《老子》第八十章描绘了它的理想社会的情况。从表面上看起来,这好像是一个很原始的社会,其实也不尽然。它说,在那种社会中,"虽有舟舆,无所乘之。虽有甲兵,无所陈之。使人复结绳而用之"。可见,在这种社会中,并不是没有舟舆,不过是没有地方用它。并不是没有甲兵,不过是用不着把它摆在战场上去打仗。并不是没有文字,不过是用不着文字,所以又回复到结绳了。《老子》认为,这是"至治之极"。这并不是一个原始的社会,用《老子》的表达方式,应该说是知其文明,守其素朴。《老子》认为,对于一般所谓文明,它的理想社会并不是为之而不能,而是能之而不为。

有人可以说,照这样理解,《老子》第八十章所说的并不是一个社会,而是一种人的精神境界。是的,是一种人的精神境界,《老子》所要求的就是这种精神境界。

道家的前身是隐士思想,《老子》把这种思想发展成为一个哲学体系。

后来的隐居诗人陶潜有一首诗说:"结庐在人境,而无车马喧,问君何能尔?心远地自偏。采菊东篱下,悠然见南山。山气日夕佳,飞鸟相与还,此中有真意,欲辨已忘言。"这首诗并未提到老聃,也未提到《老子》,可是讲的完全是老意。

懂得了"欲辨已忘言",对于《老子》的批判或赞赏都成为多余的了。

第十二章

孟轲——儒家思想向唯心主义的发展

孟轲（前372—前289），邹（今山东省邹县）人。他在战国时代，是一个很有名的游士，"后车数十乘，从者数百人"（《孟子·滕文公下》）。所到之处，国王都以宾客相待。他"上说下教"，志愿很大，自负甚高。他说："如欲平治天下，当今之世，舍我其谁哉？"（《公孙丑下》）但是他总没有机会参加实际政治。他的学生们记载他的言论，成为《孟子》七篇。

第一节　孟轲的时代及其对于当时政治的态度

孟轲是子思的学生的学生。他自己说，他一生的志愿，就是学孔子，"乃所愿，则学孔子也"（《公孙丑上》）。

他虽然有这种志愿，但他所处的时代，已经和孔丘不同了。在孔丘的时代，奴隶制的统治还没有完全崩溃。在当时的诸侯国家中，封建制的发展是不平衡的。在这种形势下，孔丘还想对于奴隶制的统治做一些修修补补的工作，成为奴隶制的改良派。在孟轲的时代，主要的诸侯国都已实行了封建制，地主阶级已在主要的诸侯国中夺取了政权，建立了统治。在这种形势下，孟轲就不能成为奴隶制的改良派，而成为地主阶级的保守派。

当时的地主阶级有两个来源或前身。有一部分的地主阶级是从奴隶主贵族转化过来的。他们一方面逐渐与为他们劳动的农民建立了新的生产关系，一方面还与奴隶主贵族保持联系。他们希望采取温和的措施，使奴隶制和平地过渡到封建制。在与奴隶主贵族的关系上，他们的妥协性比较大。

另一部分的地主阶级是从商人或手工业、农业小生产者上升过来的。他们是比较激进的新兴地主阶级。在与奴隶主贵族的关系上，他们是不妥协的。他们主张采用革命性的变革和激烈的手段，彻底推翻奴隶主贵族的统治。随着奴隶制的崩坏，这个本来是既富且贵的阶级，逐渐失去了他们原有的一切特权，成为一个没落的阶级，最后归于消灭。

新兴地主阶级的出现和发展，加深了剥削阶级的内部矛盾和斗争。在这个时期，国与国之间，统治阶级上层与下层之间，"公室"与"私家"之间，都展开了激烈的兼并战争和夺取政权的政治斗争。在斗争中，有的国家被消灭了，有的政权被夺了；在贵族中，有的没落破产了，有的上升为新的贵族或成为新的当权的统治者。这些斗争实质上都意味着旧的奴隶制和新的封建制的斗争，新兴的地主阶级和旧奴隶主阶级的斗争。

在这个斗争中，从奴隶主贵族转化过来的地主阶级是保守派。从商人、手工业者或小生产者上升过来的地主阶级是激进派。在思想战线上，孟轲是前者的代表，法家是后者的代表。

保守是一个相对的名词，这里所谓保守，是相对于奴隶主贵族所持的态度而说的。对于旧的奴隶主贵族，孟轲显然比法家温和得多。就这一点说，法家是当时的激进派，孟轲是保守派。

就对于老百姓的态度说，儒家和法家也是不同的。孔丘用几句话概括了这个不同，他说："导之以政，齐之以刑，民免而无耻；异之以德，齐之以礼，有耻且格。"（《论语·为政》）前一段话说的是法家对于老百姓的态度，后几句话说的是儒家对于老百姓的态度。孟轲把这两段话归结为两种政治，一种叫"王"，一种叫"霸"。他认为王霸之分是儒家和法家的主要区别。他宣传王政，反对霸政。就这一方面说，他倒可以说是中国封建社会中的开明思想家。

因为孟轲的时代和孔丘的时代不同，他们对于当时现实政治中的某些具体问题态度也有不同。

例如，齐国的陈氏杀了齐国的国君，孔丘认为是"大逆不道"，请鲁君出兵"讨伐"。战国时期，原来周朝的世族和人物，大部分事实上已经被推翻了。在春秋时期，周王还是名义上的"共主"；诸侯之间的霸主，还都以"尊王"为名，"挟天子以令诸侯"。在战国时期，各大国的国君，都已自己称王。孟轲也再不提周天子了。他认为无论哪一国的王，只要能行他所说的"仁政"，都可以取周王而代之，成为全中国的"共主"，这就是他所说的"王天下"。照这个逻辑推下去，各国的贵族，如果能行"仁政"，也可以取国君而代之。

孟轲也主张"尚贤"，他要求当时的统治者"贵德而尊士"，使"贤者在位""能者在职"（《公孙丑上》）。但在这一方面，他的要求也与孔丘不同。孔丘所谓"举贤才"的目的，不过要使"贤才"有机会在原有的贵族"家"内做"家臣"。孟轲要求使"贤者"居于掌握政权的地位。贤者自己一定要做"卿相"，实际掌握政权，照着自己的理想处理国家的政事（"行道"），国王不得干涉。孟轲跟齐宣王说：盖大房子以及雕琢美玉，都必须要找专家；治国家也要专家。无论是盖大房子，或是雕琢美玉，都必须照着专家的主张去办，不能说"姑舍汝所学而从我"（《梁惠王下》）。

孟轲虽主张由"贤才"掌握政权，但对于旧有的贵族，还是要敷衍。孟轲对齐宣王说："所谓故国者，非有乔木之谓也，有世臣之谓也。""国君进贤，如不得已，将使卑逾尊，疏逾戚，可不慎欤？"(《梁惠王下》)对于新执政的"贤才"，孟轲也提醒他们说："为政不难，不得罪于巨室。"(《离娄下》)"巨室"就是大贵族。但是，照孟轲所想的，实际的政权既已入于"专家"出身的"卿相"手中，这些原有的大贵族所能享受的也不过是有位无权的安富尊荣。

孟轲的这样主张，表现了对旧贵族势力的让步，跟法家彻底消灭贵族阶级的主张和措施，成为鲜明的对比。孟轲的这种主张，是由奴隶主贵族转化的地主阶级的主张；法家的主张是由商人小生产者转化的地主阶级的主张。由奴隶主贵族转化过来的地主希望由奴隶主贵族转化成为封建贵族，所以他们还要保存某种旧的制度。他们对于旧的贵族还有密切联系，所以对于他们，还要尽可能地敷衍。法国的资产阶级革命彻底消灭了封建贵族。英国的资产阶级革命保留了封建贵族作为政治上的装饰品。孟轲和商鞅、韩非之间不同，也是这一类的。

第二节　孟轲的政治思想

孟轲反对法家所主张的变法。他说："徒善不足以为政，徒法不足以自行。诗云：'不愆不忘，率由旧章。'遵先王之法而过者，未之有也。"(《孟子·离娄上》)专就这几句看,这正是商鞅主张变法时所遇到的保守的理论。这正是甘龙所说的"圣人不易民而教,智者不变法而治";也正是杜挚所说的"法古无过,循礼无邪"(《商君书·更法》)。但是,孟轲所要保存的"先王之法",在很大的程度上,是"周礼"的旧框子而套进新的内容。这是由奴隶主贵族转化过来的地主阶级的要求和愿望在思想上的反映。

这是孟轲政治思想的一方面。跟当时法家的思想比较起来,孟轲的政治思想这一方面是保守的。但是,从另一方面看,孟轲对于老百姓的力量,有比较充分的认识。知道统治者必须减轻剥削,缓和矛盾,尽力争取老百姓的拥护,才能巩固自己的统治地位。法家则在新的生产关系的基础上,对劳动人民实行严厉的统治,认为劳动人民不过是统治者实现它的要求的工具。这是孟轲的思想比法家进步的一面。

孟轲继承了奴隶主贵族的一部分的统治理论,认为国君的地位和威权是"天"所授与的。他引《书经》说:"天降下民,作之君,作之师,惟曰其助上帝,宠之四方。"(《孟子·梁惠王下》)但是这种"君权神授"的说法,在孟轲的思想中,也只是个旧框子。他认为,"天子"并不是"天下"的政治上、经济上的最高所有者,而只是社会中的一个职位。"天"选一个人做"天子",并不是给他对于"天下"的政治上、经济上的所有权,而只是给他一个职位。孟轲认为"天"所选的"天子"必定都是最有"德"的人,即所谓"圣人"。孟轲有一个他所理想的政权转移制度,即所谓"禅让"。一个在天子职位的"圣人",在他年老的时候,选一个年少的"圣人",先叫他担任宰相的职务,作为学习和考验。如果成绩很好,就把他推荐给"天",使他替代自己的职务。但是"天"不能直接表示是否接受这个推荐；这就要看老百姓是不是拥护他，归顺他。如果老百姓拥护他，这就意味着"天"接受了这个推荐。"天与"是以"人归"决定的（《孟子·万章上》）。这实际上就是以"人归"代替了"天与"，以民意代替了天意。

孟轲认为，"贼仁者谓之贼，贼义者谓之残，残贼之人谓之一夫。闻诛一夫纣矣，未闻弑君也"（《梁惠王下》）。相传纣是商朝的暴虐君主。周武王灭了商朝，把纣杀死了。孟轲认为这不能算是"弑君"。孟轲把孔丘的"正名"的理论，应用于"君"。如果"君不君"，臣就可以不承认其为君。纣不合乎"为君之道"，虽然事实上居于君位，但不过就是一个个人而已。所以杀了他，只算杀死一个有罪的人。把无道的君杀了，政权也就转移了。这种政权转移的方式叫做"征诛"。

据孟轲说：商朝开创者汤，伐夏的暴君桀，"非富天下也，为匹夫匹妇复仇也"。周朝的开创者武王，伐商朝暴君纣，是"救民于水火之中"（《孟子·滕文公下》）。他认为这都是"征诛"的典型。这些战争称为"义战"。他说："春秋无义战。"（《尽心下》）他认为当时的战争都是君主争夺土地的兼并战争，都是不义之战。老百姓对于这些战争的反抗是应该的，他说："善战者服上刑。"（《梁惠王上》）邹国与鲁国有武装冲突。邹国的兵不肯打，都散走了，带兵的人都被鲁国打死了。孟轲说：邹国的国君向来不关心老百姓的生活，"夫民今而后得反之也"（《梁惠王下》）。就是说，老百姓今天才有报复的机会；报复是应该的。

归总起来，孟轲认为在政治生活中，老百姓是最重要的因素。他说："民为贵，社稷次之，君为轻。是故得乎丘民而为天子，得乎天子为诸侯，得乎诸侯为大夫。诸侯危社稷，则变置。牺牲既成，粢盛既洁，祭祀以时，然而旱干水溢，则变置社稷。"（《尽心下》）社是土神，稷是谷神。在农业社会中，土地和粮食是最重要的东西；因此，土神和谷神也是最重要的神。社稷是土和粮食的象征；因此，也是国家的象征。照孟轲的这种说法，只有为人民所喜欢的人才能做天子，为天子所喜欢的人不过是做诸侯，为诸侯所喜欢的人不过是做大夫。在必要的时候，诸侯或社稷都可以变换，照上面所说的，天子也是可以变换的。所不能变换的，就是"丘民"。"丘"有"众"的意义，丘民就是众民。

《书经》有两句话说："民惟邦本，本固邦宁。"（《五子之歌》）孟轲所说的"民为贵"，似乎以《书经》这两句话为根据的。如果是这样，孟轲也不是重复这两句话，而是给这两句话提出了理论的根据。经过这一发展，在后来中国的封建社会中，人们常说："国以民为本；民以食为天。"

"贵"字有尊贵的意思，同它相对的是"贱"。孟轲的下文说："君为轻。"可见这个"贵"字是和"轻"相对的，有比较重大的意思。何以见得民重君轻呢？因为"得乎丘民为天子"，天子之所以为天子，因为他得到老百姓的拥护。如果他的行为不合"为君之道"，老百姓就要对他进行"征诛"，把他废为"一夫"。

就与轻对比的重说，如果一个天子不好，可以换（变置）天子，一个国君不好，可以换国君，但是无论天子或国君都不能换老百姓。无论哪个统治者，都不能把他所统治的老百姓全部赶走，而招来另外一批人作为他的老百姓。这在理论上和事实上都是不可能的。这就证明"民为重，君为轻"。这个"能变置"和"不能变置"的事实，就充分地说明了在一国之中，老百姓是根本。这个事实也说明了统治者是为了被统治者而存在,而不是被统治者为了统治者而存在。有了这个说明,"民惟邦本"那句话就有了新的意义,这就是发展。

在后来的旧民主主义革命中,孟轲的"民为贵"的思想起了很大作用。有人认为这就是西方资产阶级的民主思想,这显然是不对的。但如果说孟轲的这种理论是伪善的、欺骗的空话,那也是不对的。

孟轲并不否定统治者的权利,但是给他的权利定了一个极限。过了这个极限,他就要受到惩罚,那就是老百姓对于他的"征诛"。孟轲的理论在道义上肯定了被统治者反抗的权利,肯定了被统治者的革命权。这在后来的中国封建社会中,对统治者起了一定的制约作用,在革命中起鼓舞的作用。

第三节　孟轲论"君子""小人"

照《孟子》中所讲的故事,滕国的国君似乎要实行孟轲所讲的"仁政"。当时的一个农民思想家许行听说了,就到滕国来"安家落户"。

许行及其学生到滕国一看,情况不对。滕国的国君仍然是一个高居于劳动人民之上的贵族老爷。"厉民而以自养",就是说,还是剥削劳动人民,以养活自己。许行的学生把这个意思告诉孟轲。孟轲发了一大篇议论。

他反对许行的"君民并耕"的主张。他利用许行所承认的农业和手工业分工的事实,说:既然"百工之事不可以耕且为","治天下"也不可以"耕且为"。他说，在社会中，人的生活需要是多方面的，"一人之身而百工之所为备"（《滕文公上》），就是说，一个人的生活需要各种生产的产品，因此需要"通功易事"。"功"指劳动成果；"通功"指互换劳动成果。"事"指工作；"易事"即如所谓"换工"。"通功易事"的精神，就是"以羡补不足"（《滕文公下》）。这所说的就是社会分工原则。

孟轲企图根据这种原则证明阶级的对立是合理的。他说："无君子莫治野人，无野人莫养君子。"（《滕文公上》）又说："有大人之事，有小人之事……或劳心，或劳力，劳心者治人，劳力者治于人。治于人者食人，治人者食于人。天下之通义也。"（《滕文公上》）孟轲明确地说，在阶级社会中，基本上有两种人，一种人是统治别人的（"治人"），是被别人所养活的（"食于人"）；另一种人是被别人统治的（"治于人"），是养活别人的（"食人"）。被别人所养活，就是对别人进行经济剥削，养活别人就是受别人的经济剥削。统治别人就是对别人进行政治压迫，被别人统治就是受别人的政治压迫。孟轲站在剥削阶级的立场，称前者为"大人"、为"君子"，后者为"小人"、为"野人"。他认为，"大人之事"就是对于劳动人民进行经济上的剥削和政治上的压迫；"小人之事"就是在经济上受剥削，在政治上受压迫。他认为，这是合理的，应该的，是"天下之通义"。就是说，这是一个普遍的规律。孟轲的立场和观点是完全同劳动人民的立场和观点相对立的。

孟轲的这个意思，孔丘在批评樊迟要学种庄稼的时候，已经讲过。孟轲更进一步把这种阶级对立说成是永恒的、普遍的"规律"，把这种剥削与被剥削、压迫与被压迫的关系说成是像农民和生产农具的手工业者之间的"分工"关系。他利用被歪曲了的"社会分工论"以论证"剥削有理,压迫有理"。

有人说,对于孟轲所说的"天下之通义"的分析,可以更清楚地看出来,他的"民重君轻"的提法是虚伪的。其实际的意义是,一方面欺骗老百姓,争取群众;一方面鼓动群众向当时的新政权进攻。

对于孟轲的这种批评,违反了历史唯物主义的原则。在阶级社会中,任何思想家,都不能超过他的阶级的局限,孟轲是一个地主阶级的思想家,怎么能希望他不站在剥削阶级的立场,用剥削阶级的观点看待劳动人民呢?他的"民为贵"的理论,不过是说,在一个社会的政治生活中,老百姓的地位是最重要的。他并不是主张消灭阶级,也不是主张消灭"君子"和"小人"的对立。他没有这样的主张,也不可能有这样的主张,他只是说在这个对立中,在表面上看起来,似乎是"君子"起主导作用,而实际上是"小人"起主导作用。这就足够使他的思想在后来的封建社会中起积极的作用了,这一点上面已经讲过。

第四节　孟轲论"王""霸"

战国时期的七大强国,对内都消灭奴隶主贵族,集中权力于国君,实行专制主义的中央集权,对外都进行兼并战争,用武力统一中国。不管这些强国的统治者的主观动机如何,他们的这些措施都为以后的统一中国，实行专制主义的中央集权的地主阶级专政创造了条件，是符合历史发展的潮流的。

孟轲口头上也说：天下必须"定于一"。可是他又说："有不嗜杀人者"才能"一之"(《梁惠王上》)。他还主张维持"世臣""巨室"，这就是对内反对中央集权，对外反对武力统一。他说："春秋无义战。"(《尽心下》)就是说，春秋以来的那些战争，都是不义之战。至于战国时期战争的规模更大。孟轲说："争地以战，杀人盈野；争城以战，杀人盈城。"(《离娄上》)孟轲认为，这都是"嗜杀人者"所干的事。

孟轲认为，战争的胜利有三个条件："天时""地利""人和"。他说："天时不如地利，地利不如人和。"就是说，"人和"是决定性的条件。他认为，统一中国也主要是靠老百姓的拥护而不是靠战争。他说："域民不以封疆之界，固国不以山蹊之险，威天下不以兵革之利。"就是说，老百姓不是可以用政治的区域限制的；国家不是可以用地理上的险要保护的；世界不是可以用军备吓倒的。主要是看统治者是"多助"或"寡助"。得到老百姓拥护是"多助"，"多助之至，天下顺之"；受到老百姓反对是"寡助"，"寡助之至，亲戚畔之"。"以天下之所顺，攻亲戚之所畔，故君子有不战，战必胜矣"。(以上见《公孙丑下》)统治者怎样可以得到多助呢？就要"得道"，"得道多助"，这个"道"就是孟轲所说的"王道"。法家的道，他称为"霸道"。他很蔑视管仲。他的一个学生问他：如果他在齐国当了卿相，掌了政权，他是否可以做出像管仲、晏婴那样的事业来呢？孟轲大不高兴，说："你怎么能把我比作管仲呢？管仲得到齐桓公那样的信任，可是他的功业是那样的微小，你怎么能用他来比我呢?"(据《公孙丑上》)他蔑视管仲,具有蔑视当时法家的意义。他又说:"仲尼之徒,无道桓文之事者。"(《梁惠王上》)孟轲的这一句话显然是跟《论语》不合。照《论语》所记载的,孔丘说:"桓公九合诸侯,不以兵车,管仲之力也。如其仁!如其仁!"(《论语·宪问》)又说:"管仲相桓公霸诸侯,一匡天下,民到于今受其赐。微管仲,吾其被发左衽矣。"(同上)孔丘称赞管仲的大功,孟轲却认为管仲的功业很微小。孟轲和孔丘在这一点上是有所不同的。这是因为孔丘和孟轲所处的时代不同。在孔丘的时代,儒家和法家的斗争是两个阶级,奴隶主阶级和地主阶级斗争的反映。在孟轲的时代,儒家和法家的斗争是地主阶级内部的两个派别,保守派和激进派的斗争的反映。

孟轲认为"王"与"霸"的根本区别在于"以德"和"以力"的不同。"以力假仁者霸……以德行仁者王……以力服人者,非心服也,力不赡也;以德服人者,中心悦而诚服也,如七十子之服孔子也。"(《公孙丑上》)他所谓"力"即暴力,法家主张对内用刑赏推行法令,对外以武力进行兼并,这都是孟轲所说的"以力服人"。这些都被孟轲贬为"霸道"。像儒家所宣扬的,用礼乐教化对老百姓说服教育的一套,孟轲誉为"以德服人",称做"王道"。孟轲在这里所讲的就是孔丘所讲的"导之以德,齐之以礼",和"导之以政,齐之以刑"的那两种统治术的不同。

第五节　王道的物质条件——井田制

孟轲认为"王道"的经济基础是"井田制"。"井田"这个名称,来源很早,但是"井田制"的内容如何,没有充分的史料可以讲清楚。孟轲倒是讲得比较清楚,但这只可以看作孟轲的思想,至于在此以前的井田制是否就是这样,那就无从考证。

照孟轲所说的井田制,国家把土地划成许多小块,每块一百亩,九块一组,排列成井字形。在一组中,中间一块为公田,其余八块为私田,授于八家农民使用。八家农民合力耕种中间的公田,收入归土地的所有者,其私田的收入,农民自己可以享用。这种办法,孟轲称为"助"法。孟轲说:"夏后氏五十而贡,殷人七十而助,周人百亩而彻。"(《滕文公上》)大概在当时有这三种通行的剥削方式,孟轲把它们分配在夏、商、周三个时期。这显然不是历史的事实。因为这三种方式都是封建的剥削方式。"助"是劳役地租,"贡"与"彻"都是实物地租。在奴隶社会中,显然不可能有封建制的剥削方式。孟轲一方面说"周人百亩而彻",又说"虽周亦助也",自相混乱,不能自圆其说。

照孟轲所说的,在夏代,每个农民受田五十亩,剥削方式是"贡"法;在殷代,每个农民受田七十亩,剥削方式是"助"法;在周代,每个农民受田一百亩,剥削方式是"彻"法。"贡"法与"彻"法都是实物地租,所不同的是,贡法对于农民应缴的实物,有一个一定的数目,无论收成好坏都要按照这个数目缴租。"彻"法是按照土地每年收入的一定的百分比缴租。孟轲说,这三种剥削方式"其实皆什一也",都是十分抽一。这是孟轲的说法。

照孟轲所说,一家农民,在他所受的一百亩土地里面,有五亩为住宅之用,在其中盖上房子,种上桑树。这样,五十岁以上的老人就可以穿绸子了。再养些鸡,养些猪,七十岁以上的老人就有肉吃了。一百亩的土地,都能够按着一定的季节耕种,一家八口,都可以吃饱了。这样,农民们都可以"养生丧死无憾",这就是他所说的"仁政",或"王道"。不过据他说,这仅是"王道"的开始。农民有了这种生活的物质基础以后,还要受一定的教育,使他们都能懂得"礼义"。这才是"王道"的完成(《梁惠王上》)。

孟轲所讲的计口授田、一夫百亩的土地制度,基本上同李悝的"尽地力之教"是相同的。所不同的是李悝所实行的剥削方式是实物地租或货币地租;孟轲所讲的剥削方式是劳役地租。这比李悝已经是落后一步了。

在孟轲的时代,商鞅提出并推行"开阡陌",就是当时法家提出的一项重要改革,也是当时社会上较大的新生事物。孟轲的井田制是针对着商鞅的"开阡陌"而提出的,是"开阡陌"的对立面,这就更落后了。

孟轲讲井田的话,是为当时的一个国君滕文公讲的。他劝滕文公行"仁政"。他讲的这一篇话都是他所谓"仁政"的内容。他说:"夫仁政必自经界始,经界不正,井地不均,谷禄不平。是故暴君污吏必慢其经界。经界既正,分田制禄,可坐而定也。"(《滕文公上》)这里所说的经界,就是"阡陌"。奴隶主贵族所占有的土地都是由周王或一国的国君分封来的。土地被划分为一块一块的,每块一百亩,每一块四周有土堆起来的,或小沟分开来的界限,这就叫"阡陌",也就是孟轲所说的"经界"。这是用以分封的计算单位。贵族们得了分封的土地,世袭下来,这就是孟轲所说的"世禄"。商鞅"为田开阡陌,民得买卖",就是废除阡陌,承认土地可以私人买卖。这就是孟轲所说"暴君污吏必慢其经界"。"暴君污吏"指当时夺了权的新发户地主阶级,特别指商鞅。孟轲主张保存"经界",恢复"世禄",这就是他所说的:"经界既正,分田制禄,可坐而定也。"

在奴隶制的社会中,奴隶主贵族享有世官世禄的特权,世官和世禄是不同的。世官是一个人的子子孙孙世袭他所做的官,世禄是一个人的子子孙孙世袭他所享受的俸禄。有世官必定有世禄;有世禄不一定有世官。地主阶级必定取消世官,但不一定取消世禄。例如,在齐国有国、高二家大贵族,他们世世代代是齐国的上卿,这是世官,他们都有他们的封地,世袭下来,这是世禄。桓公任命管仲为相,实际上掌握了上卿的权,但是在法律上管仲的地位还是很低的。虽然很低,桓公也封他"骈氏之邑"三百,管仲就成了地主阶级的新封君。等到管仲死了,他的子孙还可以享受"骈氏之邑"这个封地,但不能继续当齐国的相,担任上卿的职务。这就是有世禄而无世官。

又例如秦孝公用商鞅为左庶子,掌握秦国的政治,又封他为商君,这也是地主阶级的新封君。如果商鞅死在孝公以前,他的儿子仍然可以在商这个地方做封君,但不能为左庶长、大良造。这就是有世禄而无世官。

照这二个例子看,取消世官,保存世禄,可能是当时地主阶级政权对于旧贵族或希望成为新贵族的人们的一种妥协，一种让步；也可以是一种赎买政策。这种政策地主阶级的激进派也是不能完全避免的。

孟轲在宣扬井田制的时候说"分田制禄"，"仕者世禄"（《梁惠王下》），他只说世禄，没有说世官。可见他是主张取消世官、保存世禄的。对于地主阶级激进派这可能是一种个别的措施。地主阶级保守派认为这应该是一种通例，至少在他们的思想家的思想中是如此。

还有一点要指出的，就是孟轲所鼓吹的井田制，实际上已经行不通了。孟轲说："方里而井，井九百亩。"（《滕文公上》）就是说，每一井要占一平方里的土地。像滕国那样的小国，大约只有五十里那么大，那就只有五十井。一井八家，那么滕国只能养活四百家人口。

在奴隶社会中，奴隶的死亡率很高，人口增加不会很快。到了封建社会，人口的增加是比较快的，而土地有限。韩非算了一笔账，一个祖父还没有死，就可能有二十五个孙子。原来是一家的，就成为二十五家。如果这二十五家都受田百亩，这些土地从哪里来？所以孟轲所宣扬的井田制完全是纸上谈兵，实际上是不可能实现的。所以当时的统治者们都认为他是"迂阔"。

第六节　王道的精神条件——仁和忠恕之道

孟轲所说的"王道"也称"王政"。他认为"王政"的根源是统治者的"仁"，所以"王政"也称为"仁政"。他认为"仁"的重要内容是"不忍人之心",就是不忍看见别人痛苦的心。他说:"人皆有不忍人之心。先王有不忍人之心,斯有不忍人之政矣。"(《公孙丑上》)他认为"仁政"就是统治者根据自己的"不忍人之心""推己及人"的结果。"老吾老以及人之老,幼吾幼以及人之幼,天下可运于掌。诗云:'刑于寡妻,至于兄弟,以御于家邦。'言举斯心加诸彼而已。故推恩,足以保四海;不推恩,无以保妻子。古之人所以大过人者无他焉,善推其所为而已矣。"(《梁惠王上》)孟轲所说的以自己的心加于别人,这就是孔丘所说的"能近取譬"。孟轲和孔丘一样,也认为这是"为仁"的主要方法。

齐宣王说他自己好货、好色,不能行王政。孟轲说:"王如好货","王如好色","与百姓同之,于王何有?"(《梁惠王下》)就是说,因己之好货、好色,推而"与百姓同之",即"举斯心加诸彼"。若实现此心于政事,则其政就是仁政。"善推其所为"就是孔丘所说的"忠恕"。孔丘讲"仁"及"忠恕",在个人修养方面讲的较多。孟轲则应用之于政治及社会。

本书第一册第四章,已经阐述了孔丘的关于"仁"的思想。他作了许多关于仁的重要的启示。孟轲对于这些启示作了比较详细的发挥。这是他对于人类精神生活的反思,是人类精神的反思在中国历史中的进步。

孔丘的忠恕之道,承认人、己对立的双方可以互相有所要求,可是这种要求不是平等的,特别是君、臣、父、子之间。孟轲关于"君臣"关系的说法,在表面上看,似乎与孔丘有点不同。照他的说法,臣对君的态度决定于君对臣的态度。他说:"君之视臣如手足,则臣视君如腹心。君之视臣如犬马,则臣视君如国人。君之视臣如土芥,则臣视君如寇仇。"(《离娄下》)君臣之间相互要求还不是平等的,不过不平等的差距似乎是缩小了一些,所以认为,臣对于君可以视其所受的待遇而有不同的报答,甚至视为寇仇也可。

孟轲认为,子对于父还是要绝对服从的,孝是最基本的道德。孟轲常说,舜是个大孝子。据他说,舜的父亲瞽瞍是个很不慈的父,对舜非常虐待,可是舜还是百依百顺。孟轲的学生提出一个假设的问题说:假使舜为天子,皋陶(传说是一个很正直的人)当法官,瞽瞍杀了人,舜怎么办?孟轲说:皋陶当然还是把瞽瞍拿下,舜也不能下命令叫皋陶释放他的父亲,他只好自己不干天子,把他的父亲从监狱里偷出来,背着他跑到边远的地方,同他快活地过一辈子。(《尽心上》)

孟轲说:"仁也者,人也。合而言之,道也。"(《尽心下》)又说:"仁,人心也;义,人路也。"(《告子上》)《中庸》也说:"仁者,人也。"孟轲把"人"作为"仁"的定义。《中庸》也把"人"作为"仁"的定义。汉朝的学者们习惯于用同音的词,互相解释,非常机械,往往机械到可笑的地步。孟轲和《中庸》把"仁""人"二字互相解释。在表面上看起来,似乎也同汉朝的学者们一样,其实不然。孟轲和《中庸》的这种互相解释,联合起来,说明一个意思,那就是"仁"和"人"这两个概念的内容,几乎是一致的,也可以说,就是一致的。所以"仁"可以"人"作为其规定性,"人"也可以"仁"为其规定性。"仁者人也",就是说,"仁"这种道德品质是人之所以异于其他动物者。"仁也者人也",就是说,"仁"这种道德品质,只可在人中体现。这二种说法,是完全一致的。譬如说:人是理性动物,也可以说,理性动物是人。因为"人"和理性动物,这两个名词的内涵和外延是完全一致的。所以怎么样说都可以。

第七节　性善论和伦理学

把"人"作为"仁"的定义，又把"仁"作为"人"的定义，这就是孟轲所讲的"性善"的另外一种说法。所谓"性善"，这个性并不只是生物学所说的"性"，即本能，例如饮食、男、女之类。饮食是一个生物所以维持其本身存在的；男、女是一个种类的生物所以维持其种类的存在的。这些都是本能。这些都是各种生物所皆有的。当时同孟轲在人性问题上辩论的人，其中有一个比较著名的是告子。《孟子》中记载说："告子曰：'生之谓性。'孟子曰：'生之谓性也，犹白之谓白与？'曰：'然。''白羽之白也，犹白雪之白，白雪之白犹白玉之白与？'曰：'然。''然则犬之性犹牛之性，牛之性犹人之性与？'"（《告子上》）告子认为，凡是生下来就有的能力和性质就是性，他所说的"性"实际上就是本能。孟轲反对说：如果这样说是对的，人之性和牛之性就没有差别了。孟轲认为，要讲人之性，那就应该注意人和其他动物的不同之点。他说："人之所以异于禽兽者几希。庶民去之，君子存之。"（《离娄下》）人之所以异于禽兽者，就是跟其他动物不同之点。这才是人类之特点，才可以作为人的规定性。譬如说人是理性动物。"理性"二字就是人之所以异于禽兽者。动物又加上这个特点，这个命题的主词和客词，就可以互相移置，怎样说都可以了。

所以孟轲所说的"性善"的那个"性"，并不仅只有生物学的意义,而且有逻辑和道德的意义;但也不完全排斥生物学的意义。他说:"仁也者人也,合而言之道也。"因"人"既然是个"人",他必然也是一个动物。所以这个"人",不能完全排斥生物学的意义。他和其他动物共有的规定性,必须和人所特有的规定性二者结合起来,那就是"道"了。(这样理解,嫌曲折。朱熹《集注》说:"或曰:'外国本"人也"之下有"义也者,宜也;礼也者,履也;智也者,知也;信也者,实也",凡二十字。'"当从之。)

这个"道"还有别的内容,孟轲说:"圣人,人伦之至也。欲为君,尽君道,欲为臣,尽臣道;二者皆法尧舜而已矣。"(《离娄上》)原来所谓"法尧舜"就是各种人都各尽其"道"。

孟轲所谓性善,也还不是说,每一个人生下来都是道德完全的人。他是说,每个人生下来,在其本性里面,都自然有善的因素,或者说原则。这些因素或原则,他称为"端",就是苗头的意思。据他说:每个人生下来都有"恻隐之心""羞恶之心""辞让之心""是非之心",这些他称为"四端"。"四端"如果能发展起来,就成为"仁""义""礼""智"的"四德"。他认为"四德"是"四端"的发展,所以这"四德"都是"我固有之"。他认为所谓"圣人",也就是能把"四端"发展到最完全的程度。人人既都有"四端",要是能把"四端""扩而充之",都可以成为"圣人"。所以他认为,"人皆可以为尧舜"(《告子下》)。孟轲认为,在这一点上,所有的人都是一样的。

孟轲所谓"恻隐之心",也就是他所说的"不忍人之心",孟轲认为,这是"仁"的苗头。在孟轲的思想中,"四端"不是平行的,"四德"也不是平行的。"恻隐之心"是"四端"之首,也是"四端"

的根本；"仁"是"四德"之首，也是"四德"的根本。

孟轲所讲的人性是离开人的阶级性讲的，是抽象的人性。

人是社会的动物，他不能离开社会而生活，也不能离开社会而存在。他既然在社会中，总要有社会关系。这些关系孟轲称为"人伦"："君臣""父子""兄弟""夫妇""朋友"。这五种主要的社会关系，称为五伦。

照孟轲的说法，这些"人伦"都是根据于人的本性的。人的本性中的"四端"发展为"仁""义""礼""智"。他说："未有仁而遗其亲者也；未有义而后其君者也。"（《梁惠王上》）又说："仁之实，事亲是也；义之实，从兄是也；智之实，知斯二者弗去是也；礼之实，节文斯二者是也。"（《离娄上》）他认为"四德"以"仁""义"为主。有"仁"的人，必然能够孝于他的父母；有"义"的人，必然能忠于他的君，也必然能服从他的兄。"礼"是实施"仁""义"的节文，例如怎样孝于亲、怎样忠于君的具体细则。"智"是对于"仁""义"的了解与自觉。

照《孟子》中所记载的，告子认为，性譬如原始的木料；道德品质譬如用木料造成的器具。他认为，把人性造成道德品质，就譬如用木料造成器具。他又认为，性譬如流水，往东引则东流，往西引则西流；人性不分善恶，就譬如水流，不分东西。他又说："生之为性"，"食色，性也。"食是关于饮食的欲望；色是关于男女的欲望。他所说的"生之为性"大概就是指的这些生理上的基本欲望。告子又主张："仁内，义外。"他说：我自己的弟我就爱，别人的弟我就不爱。爱不爱是以我为主，所以说"仁内"。我自己家里年长的人我尊敬，别的地方的年长的人我也尊敬。尊敬不尊敬，是由年长来决定的;就譬如,我看见一个白的东西,我就说它是白的,我这样说,是外界的白决定的,所以说"义外"。(告子这些主张,均见《孟子·告子上》)

告子的这些主张和论证,有些不完全正确。关于"义外"的说法,孟轲就反驳说:年长不年长固然是在外,但尊敬不尊敬还是在内。这一类的问题,都是可以争论的。但是告子的基本论点是认为,道德是社会的产物;人类生理基本欲望是自然的产物;自然是没有道德属性的。人的道德品质是后天的,从教育得来的,并不是天赋的,或生来就有的。他的这个主张,基本上是唯物主义的。孟轲的性善论把道德作为自然(自然界)的属性,这个主张是唯心主义的。告子与孟轲关于人性的辩论,也是当时唯物主义与唯心主义的斗争的一部分。

《孟子》引公都子的话说:"或曰:'性可以为善,可以为不善,是故文武兴则民好善,幽厉兴则民好暴。'或曰:'有性善有性不善。是故以尧为君而有象,以瞽瞍为父而有舜,以纣为兄之子且以为君,而有微子启、王子比干。'"(《告子上》)此二或说,公都子把它们与告子的性无善无不善之说并举。当时有这三种的人性论。王充《论衡》说:"周人世硕以为人性有善有恶,举人之善性养而致之则善长;恶性养而致之则恶长。……故世子作《养书》一篇。宓子贱、漆雕开、公孙尼子之徒,亦论情性,与世子相出入,皆言性有善有恶。"(《本性篇》)公都子所举的第一或说,可能就是世硕之说。第二或说认为,人生而或善或恶,固定不移,可能是宓子贱等之说。

人性论也牵涉到一个伦理学上的基本问题。例如"仁者爱人",儒家和墨家都是这样说。但是如果我们问:仁者为什么爱人?对于这个问题,儒墨的答案就有不同。儒家的答案是,这是出于人的本性。墨家的答案是，兼爱之道"中国家百姓人民之利"。墨家以"利"为兼爱的理论的根据，这种理论是功利主义。功利主义正是儒家所反对的。

墨家主张薄葬短丧，其理论的根据也是厚葬久丧于社会有害无利。孟轲告诉当时的一个墨者夷之说："孝子仁人之掩其亲，亦必有道矣。"（《滕文公上》）又告诉一个学生说：只要有钱，就应当为父母买上等棺椁，"非直为观美也，然后尽于人心"（《公孙丑下》）。孟轲认为，厚葬只是求人心之所安，犹如孔丘认为久丧也是求人心之所安，并不是考虑计算如是有利所以才厚葬、久丧。

墨家论国家的起源亦是用功利主义的说法。他们认为，国家存在的根据也是因为有之则有利，无之则有害（《墨子·尚同上》）。孟轲认为，"君臣"是一种"人伦"，是人之所必须有的。有"人伦"是人之所以异于禽兽者。国家社会起于人之有"人伦"。人所以必有人伦，因为不如是则近于禽兽（《滕文公上》）。

儒家说"爱人"是出于人的本性。若再追问下去，人为什么应该把他的本性"扩而充之"呢？儒家对于这个问题的答案是，人的本性是人之所以为人，即人之所以异于禽兽者。人既是人，就应该实现人之所以为人者。人扩充他的本性，就是实现人之所以为人者，并不是因为如此他个人或社会可以有什么利益。

由这些辩论看起来，儒家和墨家的伦理思想是根本对立的。墨家注重效果，儒家注重动机。具体的表现，就是墨家对于社会政治问题的论证，都从"利"出发。孟轲肯定地反对谈"利"。孟轲见梁惠王，梁惠王问他："何以利吾国？"孟轲很不以为然，说："王何必曰利，亦有仁义而已矣。"（《梁惠王上》）宋轻（即宋钘）

企图以"不利"为理由,说服秦、楚之王,使他们罢兵。孟轲说:"先生之志则大矣,先生之号则不可。"(《告子下》)这都是孟轲特别注重动机的言论。儒家认为"义"与"利"是对立的。孟轲特别强调这种对立。

在这个问题上墨家和法家是一致的。梁惠王问:"何以利吾国?"这是当时一般地主阶级统治者所共有的问题。当时法家也都就这个问题同统治者们讨论,向他们出谋献策,怎样富国强兵,怎样巩固中央集权。这都是他们所说的"利"的内容。孟轲却给梁惠王当头一棒,叫他讲仁义,用仁义维持人与人之间的社会关系,这就是儒家所强调的"义、利之辨"。

孟轲也谈到"志""功"的问题。"志"是行为的动机,"功"是行为的效果。孟轲有一个学生说孟轲"后车数十乘,从者数百人,以传食于诸侯",似乎太过分了。孟轲说:他能"守先王之道,以待后之学者",这是他应有的报酬;木工、车工还能得到一定的报酬,为什么他就不能?学生说:木工、车工的"志"是弄饭吃,"君子之为道",也是为弄饭吃吗?孟轲说:你别管他们的"志"是什么,只要有"功",就可以吃饭。你是因为一个人的"志"而给他饭吃,还是因为一个人的"功"而给他饭吃?学生说,因为一个人的"志"。孟轲说:有一个人,他的"志"是弄饭吃,可是技术不高,把你的房子搞坏了,你也给他饭吃吗?学生说:不给。孟轲说:这样看,你还是因为一个人的"功"而给他饭吃,不是因为一个人的"志"而给他饭吃(《滕文公下》)。照这段对话看起来,孟轲对于个别的问题,也还是把"功"放在第一位,"志"放在第二位;可是作为一般的伦理理论,他就把"志"放在第一位,把"功"放在第二位了。

在孟轲的伦理思想中,还有三个互相联系的范畴:一个是"时",一个是"中",一个是"权"。在表面上看,这似乎是辩证法,其实不然。

孟轲认为孔丘是"圣之时"。据他说,孔丘既不像伯夷那样"治则进,乱则退",也不像伊尹那样"治亦进,乱亦进"。孔丘是"可以速而速,可以久而久,可以处而处,可以仕而仕"(《万章下》)。这就是说,伯夷和伊尹都执着一个死的规范,而孔丘则认为,应该随着一个时候的具体情况("时")而改变自己的行动。孔丘自己本来也是这样说的。他说:"我则异于是,无可,无不可。"(《论语·微子》)就是说,他的"可"与"不可"都不是死板的,是随时变动的,没有固定的"可",也没有固定的"不可"。

孟轲说:"非礼之礼,非义之义,大人弗为。"(《离娄下》)一个行为合乎"礼"的形式上的节文或合乎"义"的固定的规范,但实际上违反"礼"或"义"的精神实质,这就是"非礼之礼""非义之义"。孟轲认为这样的事情,"大人"(他认为是全德之人)是不做的。怎样才算合乎"礼"或"义"的精神,这要看一个时候的具体情况,就是说,要看"时"。孟轲又说:"大人者言不必信,行不必果,惟义所在。"(同上)这里所说的"义"就是"宜","义者宜也"(《中庸》)。言其与"时"相宜。

孟轲又说:"可以取,可以无取,取(按应作无取)伤廉。可以与,可以无与,与伤惠。可以死,可以无死,死伤勇。"(《离娄下》)廉者无取于人,可是,在有些情况下,"无取"反而伤廉。惠者乐于施与,可是,在有些情况下,"与"反而伤惠。勇者视死如归,可是在有些情况下,"死"反而伤勇。孟轲的这些话,都是"时"

的思想的表现。

孔丘说:"不得中行而与之,必也狂、狷乎!狂者进取;狷者有所不为也。"(《论语·子路》)孟轲自以为是发挥了孔丘的这样思想(见《尽心下》)。他认为"中道"最上,"狂"是其次,"狷"是又其次。以"中道"为标准,他说,"狂者"是太过;"狷者"是不及。孟轲举琴张为"狂者"的例。琴张就是子张。孔丘说:"师(子张的名)也过;商也不及","过犹不及"(《论语·先进》)。

孟轲又说:"杨子取为我,拔一毛而利天下不为也。墨子兼爱,摩顶放踵为之。子莫执中;执中为近之。执中无权,犹执一也。"(《尽心上》)据孟轲所说,子莫认为杨朱的"为我"和墨翟的"兼爱"都趋于极端,是两端。他要在两端之间取一个"中道"。这就是所谓"执中"。孟轲认为"执中"比较好一点,但"执中"必须"有权",不然还是执着一个固定的规范。孟轲接着说:"所恶执一者,为其贼道也,举一而废百也。"(同上)这就是说,"中"并不一定是在与两个对立面的等距离的中心点上,也并不是老在一个点上。"中"是随着具体情况("时")而变动的。这就叫"时中"。

孟轲又说:"男女授受不亲,礼也;嫂溺,援之以手者,权也。"(《离娄上》)"权"就是对于"礼"的灵活运用。跟"权"相对的是"经"。孟子说:"君子反(返)经而已矣。经正则庶民兴;庶民兴斯无邪慝矣。"(《尽心下》)他认为"经"是主要的,但在应用上可以灵活变通,这就是所谓"权"。"权"的作用,是维护"道"。对于"道"如果不灵活运用,反而有害于"道",这就是"所恶执一者,为其贼道也"(《尽心上》)。"权"也就是所谓"时中"。

《中庸》说:舜"执其两端而用其中于民"(第六章)。这句话后来简化为"执两用中",常常被儒家所引用。朱熹注说:"盖凡物皆有两端,如大小、厚薄之类。于善之中又执其两端,而量度以取中。"(《四书集注·中庸章句》)仅只就两端以"量度而取中",这样的"中"即使不是简单的加减乘除的结果,但也在本质上总是折中调和。

儒家讲"时中","执中"有"权",但是他们所谓"时",主要的也是平排着的各种具体情况,也没有发展上升的意义。孔丘、孟轲以及后来的儒家,都是保守的。他们当然不会对事物发展的跃进上升有所认识。他们是反对事物发展的跃进上升的。因此,他们对于事物变化的认识,基本上是形而上学的。他们所谓的"中",虽然也号称"时中",而本质上还是折中调和。

第八节　孟轲的历史观及其对于道家墨家的斗争

孟轲讲了一个他认为是历史演变的规律,他说:"天下之生久矣,一治一乱。"(《滕文公下》)他认为历史老是一治一乱地循环着进行下去。他又认为,历史的一治一乱的原因,是"圣人"出现或不出现;有"圣人"出现则治,没有"圣人"就乱。这就是把历史说成是"大人物"的历史。

孟轲又认为,历史上"大人物"的出现,在时间上也有一定的规律。每隔五百年,"大人物"出现一次。因此历史的一治一乱,也是以五百年为一周期。他说"由尧舜至于汤，五百有余岁"，由汤至于文王，又是五百有余岁，由文王至于孔丘，又是五百有余岁（《尽心下》）。照他说，孔丘虽是"圣人"，可是没有成为王；所以天下还是大乱。照他说，孔丘所以没有成为王，是因为没有天子把他"荐之于天"（《万章上》）。

照孟轲所说的，中国历史从尧舜时代到战国，已经历了三个治乱的周期。他说："昔者禹抑洪水而天下平；周公兼夷狄，驱猛兽而百姓宁；孔子作春秋而乱臣贼子惧。"（《滕文公上》）孔丘没有一个"圣王"把他荐之于"天"，没有掌握政权，所以只可作《春秋》了。但是孟轲认为，作《春秋》也非同小可。

他说：在《春秋》的时代，"世衰道微，邪说暴行有（又）作。臣弑其君者有之，子弑其父者有之。孔子惧，作《春秋》。《春秋》，天子之事也。是故孔子曰：'知我者其惟《春秋》乎！罪我者其惟《春秋》乎！'"（《滕文公下》）就是说，孔丘自己也知道他作《春秋》的行为，同他在《春秋》中的主张，是矛盾的。照他所说的，《春秋》对于当时的国君的行动，也都作了褒贬，而对于当时诸侯的褒贬，是天子的事情。孔丘没有天子之位，怎么也执行天子的职权？《春秋》的原则是"正名"，孔丘这样做正是"名不正则言不顺"。孔丘一向反对"僭越"，可是他作《春秋》就是最大的"僭越"。而孔丘竟然这样作了。这大概就因为他是"圣之时"吧。

孟轲认为，从孔丘到他自己，虽然仅只"百有余年"（《尽心下》），但是"圣王不作，诸侯放恣，处士横议。杨朱墨翟之言盈天下。天下之言，不归杨，则归墨"（《滕文公下》）。孟轲以为他自己的历史任务就是，在思想战线上，努力参加斗争。他虽然没有掌握政权，但要学孔丘作《春秋》，具体的任务就是批判道家和墨家。

孟轲所说的"四端"和"四德"归结为"五伦"。孟轲认为，五伦之中，以"君""父"两伦为最重要，而当时的道家和墨家，正是对于这两"伦"有所破坏。孟轲反对他们，说："杨氏为我，是无君也；墨子兼爱，是无父也；无父无君，是禽兽也。"（《滕文公下》）孟轲的斗争性是猛烈的。他说："能言距杨墨者，圣人之徒也"；"予岂好辩哉，予不得已也"（《滕文公下》）。

君、臣是相互依存的，没有臣就没有君。孟轲想：如果人人都"为我"，不肯做臣，当然也就没有君了，那怎么行？儒家反对道家，向来都用这个理由。照《论语》的记载，子路批评"隐者"荷蓧丈人，说他是"欲洁其身而乱大伦"（《微子》）。这是可以理解的。但是兼爱怎么就是无父呢？《孟子》记载有孟轲和墨家的辩论，可以参考。

《孟子》中记载有墨者夷之同孟轲的辩论。夷之提出墨家的主张："爱无差等，施由亲始。"（《滕文公上》）孟轲主张"爱有差等"，他说："君子之于物也，爱之而弗仁；于民也，仁之而弗亲；亲亲而仁民，仁民而爱物。"（《尽心上》）孟轲认为人的爱本来就是有差等的。他问夷之说："夫夷子信以为人之亲其兄之子，为若亲其邻之赤子乎？"（《滕文公上》）孟轲认为人爱他的兄的儿子自然比爱邻人的小孩为甚。人本来爱他自己的父母胜于他爱别人的父母，爱他自己的子女胜于爱别人的子女。如果"爱无差等"，那就要爱别人等于爱其亲，或爱其亲等于爱别人。这种办法，可以是将爱别人的爱加多，也可以是将爱其亲的爱减少。无论如何，一个人爱别人与爱其亲中间的差别是没有了。如此，则不足以见其父之为其父。所以说："墨氏兼爱，是无父也。"

孟轲对于"施由亲始"没有辩论,大概他认为这并不解决问题。如果因为在原则上人本来应该先爱他的亲,这就是他视他的亲重于别人,这就不是"爱无差等"了。如果因为在事实上他的亲在他附近所以他应该先爱他,这个"应该"就是有条件的了。假如他的亲不在他的附近,他就可以不必"施由亲始"。如此说,虽然"施由亲始",但还是"无父"。

孟轲主张"善推其所为"(《梁惠王上》),这就是他所谓"一本"。他说:"且天之生物也,使之一本,而夷子二本故也。"(《滕文公上》)从"老吾老""推其所为""以及人之老";从"幼吾幼""推其所为""以及人之幼",孟轲认为这是从"一本"推出。所谓从"一本"推出,其实就是以自己的宗族为本位。

在当时阶级斗争的情况下,孟轲所反对的,首先应该是法家,可是,孟轲虽然在思想上处处都是与法家对立,却没有明确地点法家的人的名字。在表面上看起来,他所批评的对象,主要是道家和墨家,这是什么缘故呢?

孟轲引孔丘的话说:"恶似而非者:恶莠恐其乱苗也……恶紫恐其乱朱也。恶乡原恐其乱德也。"(《尽心下》)孔丘和孟轲都认为,似是而非的东西,比显然非的东西更可恶。因为它容易同真正是的东西相混。莠是像庄稼苗的草,这种草比别的草更可恶。紫的颜色似乎是红而不是红,容易同红相混。"乡愿"是一种"老好人",似乎是有"德",其实是"德之贼"(同上)。孟轲认为,道家与墨家主张"为我""兼爱"有可以导致"无父""无君"的结果,这样就违反他认为的最主要的道德原则,助长当时"臣弑其君,子弑其父"的"大乱"。所以认为它们是"似是而非",那就应该"辟"

（批判），应该"距"（反对）。

至于法家的主张，孟轲认为是显然非的，没有什么可以辩论的。所以他只笼统地说："君不行仁政而富之，皆弃于孔子者也。况于为之强战。争地以战，杀人盈野；争城以战，杀人盈城。此所谓率土地而食人肉，罪不容于死。故善战者服上刑，连诸侯者次之，辟草莱任土地者次之。"（《离娄上》）。

法家主张富国强兵，用武力兼并，用合纵、连横的外交政策，以辅助军事上的行动，用"尽地力"开辟荒地，发展生产，以达到富国的目的等。孟轲把法家的这些主张和行动，都说成是罪状，简直是"罪不容于死"。照孟轲看起来，对于这些人就只有判刑轻重的问题。

第九节　孟轲对于人类精神生活的理解和体会

孟轲的思想的一个主要贡献是他从人类的道德生活中得来的对于人类精神生活的理解和体会。这在《孟子》中的《尽心上》的前五段可以看出来。

第一段说："尽其心者，知其性也。知其性则知天矣。"这里所说的"心"，就是他所说的人人都有的"恻隐之心""羞恶之心""辞让之心""是非之心"这"四端"。尽其心就是把这"四端"尽量扩充。扩充以后，人的本性就可以显现出来，发挥作用；所以说："尽其心者,知其性也。"孟轲认为"性"是"天之所与我者"(《告子上》)。照他看起来,天的本质有"仁""义""礼""智"等道德属性,所以说:"知其性则知天矣。"他这里所说的"天"是道德之天。

在第一段里,孟轲接着说:"存其心,养其性,所以事天也。""存其心,养其性",就是扩充"四端",发挥"仁""义""礼""智""四德"的作用。孟轲认为,这就是人对于"天"应有的义务。所谓"事天",就是人对"天"尽其应有的义务。第一段接着说:"夭寿不贰,修身以俟之,所以立命也。"就是说,寿命的长短都是"命"所决定的,无论是寿是夭,人都应该努力于道德的修养,这叫"立命"。这里所说的"命",也就是"天命",孟轲所说的"天"也有运命之天的意义。

在第二段里,孟轲说:"莫非命也,顺受其正。是故知命者不立乎危墙之下。尽其道而死者正命也;桎梏死者非正命也。"就是说,虽然死生有命,但是人还是应该尽可能地照着道德、人伦而生而死。譬如有一堵危险的墙,如果认为死生有命,偏要立于其下,这不能算是"知命"。照着当时的道德、人伦而生而死,这是"正命";认为"死生有命"而随便妄为以至于犯法而死("桎梏而死"),这就不是"正命"。

在第三段里,孟轲把人生中的事情分为两类。一类是"求在我者",如果努力追求,一定可以得到,如果不追求,一定得不到;这是关于道德品质和道德行为的事情。另一类是"求在外者",有一定的办法去求,可是能得不能得是由自己所不能控制的条件所决定的,既然是自己不能控制,所以也可以说是"天命"所决定的;这是关于富贵、贫贱等事情。孟轲认为,人应该努力于"求在我者"

的事情；照他在人伦中所处的地位，老老实实地做这种地位上的人所应该做的事，这就是所谓"尽其道"。至于"求在外者"的事情，那就可以听其自然，不必多计较。

在第四段里，孟轲又说："万物皆备于我矣。反身而诚，乐莫大焉。强恕而行，求仁莫近焉。"照上面所讲的，孟轲认为，人的"心"和"性"跟"天"本来是一体，所以"万物皆备于我"。人如果能够"反求诸己"，确实达到这种精神境界（"诚"），这就是莫大的快乐。要达到这种境界，就要求"仁"，"求仁"的最好的办法，就是行"忠恕之道"（"强恕"）。

在第五段里，孟轲说："行之而不著焉，习矣而不察焉，终身由之而不知其道者，众也。"这是说，上面所说的那些道理，其实也就是一般人所经常实行的。不过大多数的人虽这样行而不是自觉地这样行的（"终身由之而不知其道"），就是说，他们这样行，是自发的而不是自觉的。孔丘说："民可使由之，不可使知之。"（《论语·泰伯》）这两句话也可能有这样的意义。

以上所分析的五段，是孟轲的唯心主义哲学体系的一个轮廓，也就是孟轲的对于人类精神生活的理解和体会，也就是人类精神生活的一种反思。

孟轲还具体地描绘出来有这样的精神生活的人的精神境界。这就是他所讲的"浩然之气"。孟轲自以为他有两个专长，一个是"知言"，一个是"养浩然之气"。孟轲自以为他善于对于他认为是错误的言论进行分析，抓着它们的弱点，这就是"知言"。上面所说的"距杨墨"，就是"知言"的作用。

关于"浩然之气"，孟轲说："其为气也，至大至刚，以直养而无害,则塞于天地之间。其为气也,配义与道,无是,馁也。是集义所生者,非义袭而取之也。行有不慊于心,则馁矣。我故曰'告子未尝知义',以其外之也。必有事焉,而勿正,(焦循《孟子正义》说:"正之义通于止,即而勿止。")心勿忘,勿助长也。"(《公孙丑上》)

《管子》里有一段话说:"精存自生,其外安荣。内藏以为泉原,浩然和平,以为气渊。"(《内业》)这里所说的是"精气"。《楚辞·远游》篇谈到"精气"说:"若中夜存。"孟轲也说"夜气"(《告子上》)。他所说的"浩然之气"可能同这些说法有联系。但是,如果有联系,孟轲也是把当时的唯物主义命题改造为唯心主义命题。"气"字本来有两种意义。一种指客观存在的一种物质,这是稷下黄老派所谓的"气"。一种指一种精神或心理状态,这是孟轲所谓的"气"。

"气"字的这种意义并非孟轲所独创。《左传》记载,在鲁国和齐国的长勺之战中,曹刿说:"夫战,勇气也。一鼓作气,再而衰,三而竭,彼竭我盈,故克之。"(庄公十年)《孙子兵法》说:"是故三军可夺气,将军可夺心。是故朝气锐,昼气惰,暮气归。"(《军争篇》)这里所说的"气"显然是一种精神或心理状态。孟轲所说的"浩然之气",也是讲一种精神状态。所以他讲"浩然之气",从北宫黝、孟施舍两个当时有名的勇士讲起。他说:孟施舍的"养勇"的方法是"守气"。这所说的"气"就是曹刿、孙子所说的"气"。它能盛能衰,所以要守住它。

孟轲认为,只凭"守气"而有的勇,不是"大勇"。他说,曾参有大勇。大勇的来源是曾参对于他自己的行为的正义性的自觉。所谓"理直气壮",这一点春秋时期也有人认识到。在晋国和楚国的城濮之战中,子犯说:"师直为壮,曲为老。"(《左传》僖公

二十八年）

　　孟轲认为曾参的大勇还不就是"浩然之气"，因为他还不是根据于一种（孟轲认为是）正确的方法而生出来的。凡勇气都靠"养"。"浩然之气"也要养；"配义与道"就是养浩然之气的方法。这个道，就是孔丘所说"志于道"之道。照孟轲讲的"养浩然之气"的方法有两方面，一方面是了解一种义理，对之有确信，此可称为"明道"；一方面是常做他所认为是应该做的事，此可称为"集义"。合此两方面，就是"配义与道"。此两方面的工夫，缺一不可。若集义而不明道，则是上文所谓"不著不察"或"终身由之而不知其道"（《尽心上》）。若明道而不集义，则是所谓"智及之，仁不能守之，虽得之，必失之"（《论语·卫灵公》）。

　　明道之后，集义既久，浩然之气，不待勉强，自然而然生出，所谓"是集义所生者，非义袭而取之也"。下文说："我故曰'告子未尝知义'，以其外之也。"孟轲认为，告子是从外面拿一个义来强制其心，使之不动，这就是"义袭而取之"。实际上行义应是"心"的自然的发展；行义既久，浩然之气即自然由中而出。

　　孔丘说："智者不惑；仁者不忧；勇者不惧。"何以能不惧呢？孔丘说："内省不疚，复何忧何惧？"（《论语·子罕》）孟轲的"浩然之气"的思想就是孔丘的这种思想的发展。他说："仰不愧于天；俯不怍于人。"（《尽心上》）这就"行无不慊于心"。孟轲认为，这样就可以立于天地之间而无所愧怍，因而无所畏惧。这就是所谓"至大至刚"。这本来是一种精神境界或心理状态。孟轲认为，这种状态，"以直养而无害，则塞于天地之间"。这是"万物皆备于我"的另一种说法。

《孟子》中论"浩然之气"章是孟轲言论中的重要部分。它不是讲道德教条,而是概括地讲一种精神境界。它不仅是概括地描述了这种精神境界,而且比较详细地阐述了达到这种境界的方法。我们首先要注意的就是他所说的"浩然之气"的那个"气"并不是一种物质,像空气、雾气那种气,而是一种精神境界或精神状态,像勇气,或气概的那种气。那是一种主观的精神境界,但是可以转化为客观的物质力量。孟轲说:"其为气也,至大至刚,以直养而无害,则塞于天地之间。"这是就有那种境界的人的自我感觉说的,也是就那种精神境界转化为物质力量说的。孟轲讲"浩然之气"是靠"养"出来的,就像树苗一样,养树的人只能给树苗安排好的生长条件,至于生长还得它自己生长,不能拔之使高。高是不能用拔的方法取得的,拔高就是"助长"。"助长"不但于树苗无益,反而于它有害。这就可见,"浩然之气"并不是一种外在的物质,而是一种内在的精神境界。

浩然之气的主要内容是不动心。在《孟子》的这一章的开始,孟轲和他的学生公孙丑谈到"不动心"。孟轲说,仅只是一个不动心并不难,告子就能比他先得到不动心。下文说到"富贵不能淫,贫贱不能移,威武不能屈",这就是不动心。但是不动心也有两种情况,一种是强制其心使它不动,另一种是心自然而然地不动。第一种办法是比较容易做的,但是那种不动心,也不是真的。其实那个心已经动了,不过被强制住不能表现于外。第二种办法是比较难的,可是所得的不动心才是真的。心所达到的精神境界,使它自然而然地感觉得富贵、贫贱、威武,都没有什么了不起,没有什么稀奇,所以它也就不淫、不移、不屈了。这就是真正的不淫、不移、不屈。这是有那种境界的人自然而然的表现。可是这种境界,只能是养出来的，而不是可以用强制、拔高、助长的办法得到的。有了这种境界的人，才能是至大至刚，无所畏惧，而独立于天地之间。

这是一种很高的精神境界。这是一种很高的精神生活。《孟子》中的这一章，是孟轲对于这种精神生活的概括的叙述和深刻的分析。这是人类精神生活，在中国的深刻的反思（对于这一章，我有一篇随文注解的文章[1]，在抗战时期《清华学报》中发表，今见我的二卷本《中国哲学史》中华书局重印本附录中）。

宋朝的宰相文天祥作了一首《正气歌》。这是用诗的形式和形象的语言讲"浩然之气"的。他说："天地有正气，杂然赋流形。下则为河岳，上则为日星。于人曰浩然，沛乎塞苍冥。"照他的说法，"浩然之气"是一种精神的力量，也是一种物质的东西。这显然是与孟轲不合的。下文列举了中国历代的忠烈人物的事迹。然后总结说："是随所磅礴，凛烈万古存。当其贯日月，生死安足论。"这些人不是用语言讲"浩然之气"，而是用行为讲"浩然之气"。他们都写了一篇"浩然之气"的赞歌，可是，不是用墨汁写的，而是用鲜血写的。当然文天祥的《正气歌》也不仅是用墨汁写的，而且是用鲜血写的。

无论如何"浩然正气"这四个字到现在还是一个常用的词汇，这是中国文化中的一个词汇。懂得了这个词汇，才可以懂得中国文化和中华民族的精神。

---

[1] 此文题为《孟子浩然之气章解》，见《三松堂全集》第十一卷。——编者

第十三章

墨家的支与流裔宋钘、尹文；农民的思想家许行

第一节　宋钘、尹文的政治、社会思想

战国中后期科学、技术中所表现的哲学思想，是这个时期的手工业者（包括工艺和技术工作者）阶层的思想。这是后期墨家的主流。还有一派思想，战国时期的哲学家认为也是与墨翟一派的。这一派是后期墨家的支流，其领袖人物是宋钘和尹文。荀况认为墨翟宋钘是一派（详下）。《庄子·天下》篇提出宋钘和尹文，也认为他们是一派。

《天下》篇说："不累于俗，不饰于物；不苟于人，不忮于众。愿天下之安宁，以活民命；人我之养，毕足而止。以此白心。古之道术有在于是者，宋钘、尹文闻其风而悦之。作为华山之冠以自表，接万物以别宥为始。语心之容，命之曰心之行，以聏合骥，以调海内。请欲置之以为主。见侮不辱，救民之斗。禁攻寝兵，救世之战。以此周行天下，上说下教；虽天下不取，强聒而不舍者也。故曰：上下见厌而强见也。虽然，其为人太多，其自为太少。曰：'请欲固置，五升之饭足矣。'先生恐不得饱，弟子虽饥，不忘天下。日夜不休，曰：'我必得活哉！'图傲乎救世之士哉！曰：'君子不为苛察，不以身假物。'以为无益于天下者，明之不如己也。以禁攻寝兵为外，以情欲寡浅为内。其小大精粗，其行适至是而止。""其为人太多，其自为太少。"《天下》篇对于墨家也有类似的评论。

《汉书·艺文志》小说家有《宋子》十八篇,名家有《尹文子》一篇。书俱不传。《吕氏春秋·正名》篇引尹文和齐湣王论士,认为士之名不排斥"见侮不辱"。这一篇可能就是从《尹文子》抄来的。因尹文子有"正名"之说,所以刘向、刘歆引入名家。其实尹文所谈的不一定是惠施、公孙龙所讨论的关于认识论和逻辑学的问题。至于现存的《尹文子》开端就说:"天与人无厚也。"它也知道"无厚"是先秦名家所辩论的一个重要问题,但完全不了解其意义。可见现存的《尹文子》一书,系后人伪作,不可用。《宋子》虽不传,但在先秦著作中,有不少提到宋钘的,可见他有相当大的影响。在这些著作中,也保存了不少关于宋钘的资料。

《孟子》中说:"宋牼将之楚,孟子遇于石丘,曰:'先生将何之?'曰:'吾闻秦楚构兵,我将见楚王说而罢之。楚王不悦,我将见秦王说而罢之。二王我将有所遇焉。'曰:'轲也请无问其详,愿闻其指。说之将何如?'曰:'我将言其不利也。'"(《告子下》)

庄周说:"故夫知效一官,行比一乡,德合一君,而征一国者,其自视也亦若此矣,而宋荣子犹然笑之。且举世誉之而不加劝,举世非之而不加沮,定乎内外之分,辩乎荣辱之境,斯已矣。彼其于世,未数数然也;虽然,犹有未树也。"(《庄子·逍遥游》)

荀况说:"不知一天下、建国家之权称,上功用,大俭约,而僈差等,曾不足以容辨异,县君臣。然而其持之有故,其言之成理,足以欺愚惑众。是墨翟宋钘也。"(《荀子·非十二子》篇)又说:"宋子有见于少,无见于多。"(《荀子·天论》篇)又说:"子宋子曰:'明见侮之不辱,使人不斗,人皆以见侮为辱,故斗也。知见侮之为不辱,则不斗矣。'"(《荀子·正论》篇)又说:"子宋子曰：'人之情欲寡而皆以己之情为欲多，是过也。'故率其群徒，辨其谈说，明其譬称，将使人知情欲之寡也。"（同上）又说："宋子蔽于欲而不知得。"（《荀子·解蔽》篇）

韩非说："漆雕之议，不色挠，不目逃，行曲则违于臧获，行直则怒于诸侯，世主以为廉而礼之。宋荣子之议，设不斗争，取不随仇，不羞囹圄，见侮不辱，世主以为宽而礼之。夫是漆雕之廉，将非宋荣之恕也；是宋荣之宽，将非漆雕之暴也。"（《韩非子·显学》）

宋钘、宋轻、宋荣是一人。现在我们所有关于宋钘、尹文的了解都根据这些资料。这些资料对于宋、尹的学派的叙述，基本都是一致的。这个学派的思想有六要点：

（一）"接万物以别宥为始"；（二）"语心之容，命之曰心之行"；（三）"情欲寡"；（四）"见侮不辱，救民之斗"；（五）"禁攻寝兵，救世之战"；（六）"愿天下之安宁，以活民命；人我之养，毕足而止"。

第六点是宋钘、尹文"周行天下，上说下教"的总目的。他们认为天下所以不安宁者，因有"民之斗"与"世之战"。"斗"是个人与个人间的武力冲突，"战"是国与国间的武力冲突。为"救世之战"，所以"禁攻寝兵"。这完全是墨家的主张。据孟轲所说，宋钘将见秦楚之王，说令罢兵，其所持理由，为战之"不利"。这也正是墨家《非攻》的说法。宋钘以"利"为衡量是非的标准。这就是荀况所说的，墨翟、宋钘"上功用"。这是墨家的标准，是墨家的思想方法。

墨翟不仅非攻，也非斗。《墨子》有一段记载说："子夏之徒问于子墨子曰：'君子有斗乎？'子墨子曰：'君子无斗。'子夏之徒曰:'狗豨犹有斗,恶有士而无斗矣。'子墨子曰:'伤矣哉!言则称于汤、文,行则譬于狗猫,伤矣哉!'"(《耕柱》)据此非斗也是儒墨之间辩论的一个问题。"救民之斗"也是宋钘、尹文对于墨翟的继承。

为"救民之斗",宋钘、尹文又提出"见侮不辱"之说,这是宋钘、尹文对于墨翟思想的补充。"见侮不辱"也是宋钘、尹文一派的重要口号。所以庄周、荀况和韩非,都就这一点提出评论。荀况于引宋钘的"见侮不辱,使人不斗"之说以后,又加以评论说:人见侮而斗,乃由于恶见侮,不必由于以见侮为辱。所以虽信见侮非辱,但因不喜见侮,所以仍然要斗(《荀子·正论》篇)。荀况说:如果一个人发现有人偷他的猪,他"则援剑戟而逐之,不避死伤。是岂以丧猪为辱也哉?然而不惮斗者,恶之故也"。就是说,人之所恶,必有利害关系的客观原因,并不是仅由于心理上的"辱"或"不辱"。人之所以恶侮,也有客观原因。"今宋子不能解人之恶侮,而务说人以勿辱也,岂不过甚矣哉?"(同上)就是说,宋钘应该注意于解除人所以恶侮的客观原因,不可只在人的主观方面作宣传。荀况的评论是正确的。这些辩论也牵涉到唯物主义与唯心主义斗争的问题。宋钘、尹文的见解是唯心主义的;荀况的见解是唯物主义的。

庄周说,宋钘"定乎内外之分,辩乎荣辱之境"。宋钘似乎认为荣辱是属于"外"的东西,不应该以此妨害内心的平静。荀况对于宋钘的这个见解也提出了批评。荀况认为"有义荣者,有势荣者;有义辱者,有势辱者"。道德品质的高尚是"义荣",道德品质的恶劣是"义辱"。这样的荣辱都是"由中出者也"。社会地位高是势荣;地位低是势辱。这样的荣辱是"由外至者也"。"荣辱之境"各有"内外之分",并非一概都"由外至"。荀况认为荣辱是人生中重要的问题。"今子宋子案不然,独诎容为己,虑一朝而改之,说必不行矣。"(《荀子·正论》篇)

宋钘、尹文"语心之容,命之曰心之行"。荀况说宋钘"诎容为己"。此"容"即"诎容"之意。宋钘、尹文认为,争强好胜并不是人心的自然趋向;诎屈宽容才是。所以说"语心之容,命之曰心之行"。"心之行"就是心的自然趋向。韩非所说"宋荣之恕""宋荣之宽",也都是指此而言。宋钘、尹文认为,如果人认识到这一点,自然不以被侮为辱;如此人与人自然不斗,国与国自然不战。这是他们对于墨翟非斗、非攻所补充的理论,也是他们所创造的唯心主义的理论。

墨翟主张"节用",以"尚俭"著称。《天下》篇批评他说:"其生也勤,其死也薄,其道大觳","反天下之心,天下不堪"。宋钘、尹文为墨子"尚俭"补充了一个理论的根据,就是"情欲寡浅"。《天下》篇说宋钘、尹文"以禁攻寝兵为外,以情欲寡浅为内"。(它的上文中的"请欲固置"即"情欲固寡"之字误。)"情欲寡浅"就是说,人类本性就是要少不要多,所以下文接着说,"五升之饭足矣"。所以荀况批评宋钘说:"宋子有见于少,无见于多。"又说:"宋子蔽于欲而不知得。"就是说,宋钘为人的要求少这个幻想所蔽了,不知道人是要求多得的。

荀况也对于宋钘的"情欲寡"之说,作了很长的批评。荀况指出,人眼都要看好的颜色,耳都要听好的声音,口都要尝好的味道,鼻都要闻好的气味,身体都要安逸舒服。这是宋钘也不能否认的。既然承认人都"欲"此五者,而又说人不欲多。这就譬如说,人之情都欲富贵,可是不欲财货,都欲美色,可是不欲西施(美人)。(见

《荀子·正论》篇）这就是说，宋钘肯定一般而否定特殊。

荀况把当时的诡辩分为三类，加以批判。第三类包括宋钘的"情欲寡"。荀况指出，这一类的诡辩的错误在于"用实以乱名"，就是说，用个体（"实"）在某种条件下的特殊情况作为一类东西（"名"）的一般情况。可能有些人在某种情况下不欲多，但不可以此作为人类的心理的一般情况。

"接万物以别宥为始"。"别宥"就是《吕氏春秋》所说的"去宥"。"宥"同"囿"，就是有成见、偏见。《吕氏春秋》有《去宥》篇，其内容可能就是宋钘、尹文在这一方面的思想，甚至可能就是从宋钘的著作《宋子》中抄下来的。《宋子》中可能有很多故事，用讲故事说明道理。所以刘向、刘歆被列入小说家。

这一篇举了两个故事，说明人不可有所"宥"。一个故事说：齐国有个人非常想得金。他到卖金的铺子里，见人拿着金，他夺了就走。人们把他抓了，问他说："众人都在面前，你怎么就夺金？"他说："我没有看见人，只看见金。"《吕氏春秋》评论说，"此真大有所宥也。夫人有所宥者，固以昼为昏，以白为黑。……故人必别宥然后知"，就是说，人若是为其偏见、成见所蔽，他看到的事物都是颠倒的。他会把黑夜看成白昼，把白的看成黑的。人必须破除自己的成见、偏见，方能认识事物的真相。宋钘、尹文认为人以见侮为辱，以情为欲多，这都是偏见、成见，并不是人的本性如此。这都是"宥"。假如能识别此等"宥"，就可以认识到见侮本无可辱，情本不欲多。人皆知此，则自无竞争战斗。如此，"天下"可"安宁"，"民命"可"活"。所以他们主张"接万物以别宥为始"。

荀况在许多地方称宋钘为"子宋子"，可能荀况与他有一定的关系。可是荀况对于他作了很多的批评。这是当时思想战线上两条路线斗争的表现。

照上面所讲的,可见宋钘、尹文就是墨家的一个支流。他们宣扬了墨家"兼爱""非攻"的主张,并企图进一步从人的主观意识方面为这些主张补充理论的根据,由此陷入了唯心主义和诡辩,为荀况所批判。就宋钘、尹文学说的社会作用来看,他们主张"情欲寡浅""见侮不辱",主张"不斗",提倡"宽容",企图通过这些学说阻止当时的兼并战争,消除当时的阶级矛盾和阶级斗争。他们实际上是把前期墨家学说的落后部分进一步发展了。

有人认为《管子》中的《白心》、《内业》、《心术》上下四篇为宋钘、尹文的著作,并以此四篇作为讲宋、尹学派的主要资料,我认为这还是不能肯定的。认为这四篇是宋、尹学派的著作,其主要的根据就是《天下》篇有"以此白心"的话,《白心》篇也以此二字名篇。但是专凭这一点,还只是一个孤证,可能是由于巧合。《管子》中《白心》等四篇是否宋、尹学派的著作,不能只看其中一篇的题目,主要的是看它们的内容。照内容看,这几篇跟《天下》篇所讲的宋钘、尹文是不合的。照《天下》篇所讲的,宋钘、尹文"以禁攻寝兵为外,以情欲寡浅为内"。这是他们的思想的两个主要方面。荀况对于宋钘的批评,也是针对"见侮不辱"和"情欲寡浅"。可是,《白心》等四篇中,就没有提到禁攻寝兵。这四篇讲了不少"寡欲"的话,这是真的。也可能就是为此,所以班固在《汉书·艺文志》的《宋子》一条下注说:"其言黄老意。"但是这都是从表面上看问题。《管子》四篇是认为人应该"寡欲",不是说人本来"欲寡"。这四篇讲"寡欲",目的在于保存"精气"以求长生。宋钘、尹文讲"欲寡",

目的在于禁攻寝兵。这其间有很大的不同。

战国初期以后,各国都先后进入了封建社会。当时的法家,继续主张"富国强兵",用战争兼并,完成中国的统一。这是合乎当时的历史潮流的。

但战争终究是痛苦的事。最感受战争痛苦的是当时的劳动人民。宋钘、尹文继承墨家,宣传禁攻寝兵,这是代表当时劳动人民发出的呼声。"愿天下之安宁以活民命,人我之养,毕足而止"。前一句是当时劳动人民眼前的愿望;后一句是劳动人民的长远的理想。

第二节 许行的"神农之言"

在先秦各家中,墨家是最接近劳动人民的。墨翟出身于手工业主。手工业主和手工业者之间虽然还有界限,但总还是接近于手工业者的。这在他的生活中,也可以表现出来。《庄子·天下》篇说:墨翟"使后世之墨者,多以裘褐为衣,以跂蹻为服,日夜不休,以自苦为极"。这和孟轲的生活就大不相同。孟轲周游列国,后面跟着几十辆车,带着学生和随从等几百人。连他自己的学生都觉得排场太大、太过头了(《孟子·滕文公下》)。宋钘、尹文的生活是墨家的方式。《庄子·天下》篇记载:他们说"请(情)欲固置(寡),五升之饭足矣",就是说,人的情欲本来不要多,给他们预备五升粮食的饭就够了,有的时候,他们先生和学生都吃不饱。这完全是"食之三升,客之不厚"的墨者生活标准(《墨子·耕柱》)。他们虽然饿着,但是也"不忘天下"。墨家是当时下层社会的社会活动家;儒家是当时上层社会的社会活动家。他们的生活方式成为鲜明的对比。

在古代,劳动人民基本上有两种,一种是手工业者,一种是农民,用当时的话说,就是工、农。墨家是手工业者思想上的代表。农民的思想没有成为像六家那样的大家。《吕氏春秋》的最后那几篇大概就是《汉书·艺文志》所说的农家,但其中有一部分是讲农业技术的,也有一部分是讲统治阶级对付农民的方法,这就不是农民的思想。真正可以代表当时的农民的是《孟子》中记载的许行。他是当时农民在思想上的代表,也是一个代表当时农民的社会活动家,向当时的统治阶级提出农民的政治要求。他自称他自己的主张为"神农之言"。

在先秦,对于古代历史有种种的传说。照这些传说,在尧、舜以前,还有伏羲、燧人、神农等帝王。这些传说,固然不合历史事实,但也不是没有一定的根据。就社会发展史看,这些传说也有一定的意义。所谓伏羲,其实就是指首先驯养家畜的人们。所谓燧人,其实就是指首先用火的人们。所谓神农,其实就是指首先从事于农业生产的人们。神农是传说中的农民的代表,也是农民的象征。所以许行一派的农家称他们的思想为"神农之言",或"神农之教"。

照《孟子》的记载,许行是"为神农之言"的思想家。许行的一生,我们只知道他领导一个团体,有几十个人。他们都穿着劳动人民的衣服("衣褐"),以编草鞋、织席维持生活("捆屦织席以为食"),这是农业生产者的副业。他们跟着许行到滕国居住,可是批评滕国的君主，说他不是贤君。还有陈相和他的兄弟陈辛也同几十个人，都带着农业生产工具，从宋国到滕国来（"负耒耜而自宋之滕"）。陈相等到了滕国，与许行会合起来，都以许行为师。从这些材料看，许行、陈相、陈辛都直接参加生产劳动，都是当时的农民。他们都主张人人参加劳动，反对不劳而获。他们批评滕国的国君说："贤者与民并耕而食，饔飧而治，今也滕有仓廪府库，则是厉民而以自养也，恶得贤？"（以上引文见《孟子·滕文公上》）他主张每个人都应该以自己的劳动果实，维持自己的生活，就是国君也应该跟劳动人民在一起劳动，吃一样的饭，不能因为为君而脱产。他认为滕国的国君，有自己的仓廪府库，这就是"厉民而以自养"。这六个字说出了剥削阶级的本质，也说出了剥削这个概念的涵义，可以作为"剥削"这个名词的定义。

《吕氏春秋》也记载有这样的主张。它说："神农之教曰：士有当年而不耕者，则天下或受其饥矣；女有当年而不绩者，则天下或受其寒矣。故身亲耕，妻亲织，所以见致民利也。"（《开春论·爱类》）《淮南子》也说："故神农之法曰：丈夫丁壮而不耕，天下有受其饥者；妇人当年而不织，天下有受其寒者。故身自耕，妻自织，以为天下先。其导民也，不贵难得之货，不器无用之物。是故其耕不强者，无以养生；其织不力者，无以揜形。有余不足，各归其身。衣食饶溢，奸邪不生，安乐无事，而天下均平。"（《齐俗训》）这两部书中所说的"神农之教"或"神农之法"，都认为，在社会中，如果有一个人不从事于直接生产，则社会成员的生活资料的来源，就有一定的减少。这减少对于他们的生活就要有一定的影响，所以国君也要"身亲耕，妻亲织"。这就是说，社会中的每个人都应该劳动，从事于直接生产。照《淮南子》所说的，每个人都应该享受他自己的劳动果实，也只能享受他自己的劳动果实。耕田不努力的人，就不应该吃饱，织布不努力的人，就不应该穿暖。劳动果实有余也归他自己所有，不足也由他自己负责（"有余不足，各归其身"）。在这种制度的鼓励之下，人人都积极生产，所以都"衣食饶溢，奸邪不生"，而天下也就"均平"了。"均平"表示农民的平均主义思想。他们的理想社会，就是这样的无剥削、无贫富差别的"均平"的社会。

农民不但受封建剥削阶级的剥削，而且还受商人的剥削。商人剥削农民的方法之一是，用些稀奇而没有实用的商品，来换取农民所生产的生活资料，以取得利润。因此，"神农之法"主张"不贵难得之货，不器无用之物"，对于商人实行抵制。许行更定出了制裁商人的办法。他要求"市价不贰，国中无伪，虽使五尺之童适市，莫之或欺。布帛长短同，则贾相若；麻缕丝絮轻重同，则贾相若；五谷多寡同，则贾相若；屦大小同，则贾相若"（《孟子·滕文公上》）。许行的办法就是，制定一套合理的价格制度，保证等价交换的公平买卖。布和绸以长短为计算单位，长短相同，价格就相同。麻、丝以轻重为计算单位，轻重相同，价格就相同。谷物以斗斛等容量为计算单位，容量相同，价格就相同。鞋以大小为计算单位，大小相同，价格就相同。许行希望用这样的办法，限制商人投机取巧、追求利润的活动，使其不能用欺骗的办法剥削农民。

根据《孟子》的记载，当时学许行之道的陈相，依据许行的这些思想，跟孟轲展开了面对面的斗争。孟轲企图利用社会分工论来论证剥削阶级剥削人、统治人的合理性。许行承认手工业与农业之间的劳动分工。他自己"必种粟而后食",但是他戴的帽子及所用的炊具、农具,都是用粮食换来的。手工业者也是以他们的生产品换取粮食,不必自己耕种,因为正如陈相所说的:"百工之事,固不可以耕且为也。"许行并不反对手工业者,他自己也"捆屦织席以为食",因为手工业者也是以自己的劳动成果维持自己的生活的。他所反对的主要是统治阶级和被统治阶级,剥削阶级和被剥削阶级的"分工",反对社会上有一部分人劳动,有一部分人不劳动,靠剥削、寄生过活的那种"分工"。

　　许行要想在奴隶社会进入封建社会的时期就消灭剥削,消灭阶级,消灭体力劳动和脑力劳动的对立,在当时是不可能实现的。许行的思想只是小农阶级的空想而已,不合乎历史发展的一般规律,也不符合于当时历史发展的趋势。但是它反映了农民向往一个没有剥削,人人劳动的理想社会的要求和愿望。这在当时反奴隶制的斗争中是起重大作用的。许行的思想代表我国古代农民阶级的要求和愿望,这在我国古代思想史上是很宝贵的。

第十四章

庄周的主观唯心主义体系

——道家哲学向唯心主义的进一步的发展

第一节　庄周其人和《庄子》其书

庄子（约前369—约前286）姓庄，名周，宋国蒙（今山东曹县，一说今河南商丘县）人。他是一个没落奴隶主阶级的知识分子，战国时期的一个著名的隐士。他在蒙这个地方做过管漆园的小官（"漆园吏"），有时以打草鞋为副业（《庄子·列御寇》）。可是，他的声名很大，交游很广。做过魏国宰相的惠施是他的辩论的对手。据说，楚王曾派人拿着"千金"找他，许他做宰相。他拒绝了。他说："千金，重利；卿相，尊位也。子独不见郊祭之牺牛乎？养食之数岁，衣以文绣，以入太庙。当是之时，虽欲为孤豚，其可得乎？子亟去，无污我。我宁游戏污渎之中以自快，无为有国者所羁，终身不仕，以快吾志焉。"（《史记·老子韩非列传》，事亦见《庄子·秋水》篇）这一段叙述，不一定真是事实，但这一段对话生动地表现了庄周的隐士思想和生活方式。这也是一种政治上的表态，表示对于地主阶级的新政权的不合作，持消极反抗的态度。

现在存在的《庄子》这部书共三十三篇，其中分为内篇、外篇、杂篇。有一种传统的说法，认为内篇是庄子所自著，其余是门弟子后学所著。这只是一种揣测，没有什么根据。

很早就有人指出，称为先秦某子的书都是某一个学派的著作总集，虽号称为某子，但并不肯定其中某些篇是某子所自著的，更不肯定全书都是某子所自著的。这个见解，章学诚讲得很清楚（见《文史通义·言公》）。我们不了解先秦著作的情况，往往把近代著作人观念加在先秦著作的上面。其实在先秦，著作人观念是不明确的，当然更没有所谓著作权。不仅称为某子的书不是一人一时写的，其中的某些篇也不是一时一人写的，其中有些部分是陆续添上去的。例如，《庄子·逍遥游》讲了两遍大鹏的故事，结之以"至人无己，神人无功，圣人无名"。以下的几段小故事，跟前面意义不联贯。这些可能都是随后加上去的。

在先秦，某一篇著作是谁作的，当时也搞不清楚。据司马迁说，秦始皇看见韩非的"《孤愤》、《五蠹》之书"，大为佩服。他说：哎呀，我要能够看见这个人，跟他在一起，死不恨矣。李斯告诉他说："此韩非之所著书也。"（《史记·老子韩非列传》）可见韩非的著作在当时虽然流传很广，可是它的著作人是谁，并不是大家都知道的。幸而有韩非的老同学李斯在秦始皇的旁边指点，才把问题搞清楚。这不是由于秦始皇糊涂，他是一个很精明的人，这是由于当时著作人观念不明，一篇著作的题目下边，并不写上著作者的名字。在一般的情况下，人们也不一定要知道著作人的名字。

这种情况，在汉初还是有的。司马迁说："吾读管氏《牧民》、《山高》、《乘马》、《轻重》、《九府》及《晏子春秋》，详哉其言之也。既见其著书，欲观其行事，故次其传。"（《史记·管晏列传》）照字句上看起来，用我们现代著作人观念去理解，那就可以断定，《管子》中的《牧民》《山高》等篇是管仲所自著；《晏子春秋》全书都是晏婴所自著了。其实，《管子》中的《乘马》三篇，开首都是"桓公问管子"。管仲死在桓公之前，他不可能知道他所侍奉的君主后来谥为桓公。《晏子春秋》里面，记载了晏婴死的时候的事情，当然不能是晏婴自己所写的。这些情况司马迁能不知道吗？但是他还说"既见其著书"，这是因为从先秦一直到汉代，著作人观念不明，对于号称为某子的书本来不分别哪些是本人自著，哪些是后学所著。

《庄子》是战国以至汉初道家，尤其是庄子一派著作的总集。现在的《庄子》是晋朝的郭象编辑的。除郭象本之外，原来还有许多别的本子，现在都失传了。不过其他本子的面貌，我们还可以从唐朝人的著作中，略知一二。

唐朝的陆德明谈到各家的《庄子》的本子的时候，说："内篇各家并同，其余或有外无杂。"（《经典释文·叙录》）他的意思是说，内外篇之分是各家都有的。但是有些家没有外篇、杂篇的分别。他并不是说，无论在哪一家的本子中，内篇都是郭象本的那几篇。事实是各家的本子虽都有内、外篇的分别，但是哪些篇在内篇，哪些篇在外篇，各家并不一致。

《齐物论》"道未始有封"下，陆德明引崔譔的话说："《齐物》七章，此连上章，而班固说在外篇。""道未始有封"这句话在《齐物论》的中间部分，可见班固所看见的《庄子》，或者他所编辑的《庄子》，《齐物论》有一段是在外篇。隋朝的和尚吉藏《百论疏》卷上之上说："庄子外篇包丁十二年不见全牛。"现有的郭象本，这个故事见于内篇《养生主》。唐朝的和尚湛然《止观辅行传弘决》卷十之二说："庄子内篇，自然为本，如云，雨为云乎，云为雨乎，孰降施是？皆其自然。"现有的郭象本，这一段的大意，见于外篇《天运》。湛然接着说："又内篇中玄极之义皆明有无，如云，夫无形故无不形，无物故无不物；不物者能物物，不形者能形形。……又云，有情有信，无为无形。"现有的郭象本，"有情有信"二句见内篇《大宗师》，"无物""无形"等大意，见外篇《知北游》。湛然虽然没有直抄《天运》和《知北游》的原文，但是有些字句是相同的。由这些例子可见，在唐朝还存在的各种《庄子》本子中，有些篇在郭象本中是内篇的，在别的本子中是外篇；有些篇在郭象本中是外篇的，在别的本子中是内篇。

在各家的本子中，内篇的次序也不是一致的，《庄子》中有"悬解"这个名词。照一般注解的惯例，总是在一个名词最先出现的地方，加以注解。"悬解"这个名词，出现于《养生主》，也出现于《大宗师》。可是照陆德明所引的向秀注，向秀在《大宗师》里面注解说："悬解，无所系也。"在《养生主》里面，对于"悬解"没有作注。可见向秀的本子把《大宗师》排在《养生主》前边。向秀和郭象的《庄子注》是最接近的，可是，这两个本子内篇的次序，就不完全相同。

从以上的情况，我们可以得出结论说，在唐朝以前，并没有一个定本《庄子》，在其中有固定的内篇。唐朝以后《庄子》郭象注的影响越来越大，《庄子》郭象本，无形之中成为定本。可是郭象也没有明确地说，内篇是庄子所自著，外、杂篇是后学所著。在他以前整理古籍的人，司马谈、司马迁父子，刘向、刘歆父子和班固，都没有这样说。所以我认为，后人的这样的说法，只是一种揣测，并没有甚么根据。

《庄子》这部书是一个总集。其中各篇的观点和论点并不完全一致。究竟其中哪些篇是代表庄周哲学思想的基本特征，即庄之所以为庄者？我们讲庄周哲学，究竟应该以哪些篇为主要的资料？这确是一个需要首先决定的问题。

我认为，庄之所以为庄者，突出地表现于《逍遥游》和《齐物论》

两篇之中。这两篇恰好也都在郭象本的内篇之内。但是我认为郭象本内篇中的有些篇，例如《人间世》，就不完全代表庄之所以为庄者。《人间世》所讲的"心斋"和《大宗师》所讲的"坐忘"就不同。"坐忘"是代表庄之所以为庄者，"心斋"就不然。

何以见得"逍遥"和"齐物"是庄之所以为庄者呢？有两条理由。一条是就其后来的影响说。在后来的封建社会中，庄学中影响最大的就是"逍遥"和"齐物"。在魏晋时代，这是很显然的。另一条理由是战国时人对于庄学的评论，也都是以这两篇为根据，《天下》篇可以作为一个有力的证据。

《天下》篇比较晚出，但是它是作为一个哲学史性质的论文而写的。它实际上就是一篇简明的先秦哲学史，它的观点是庄周这一派的观点，但是它所说的可不是寓言。它确切是企图对于先秦的哲学作一个有系统的、在他认为是客观的叙述和评论。这篇可以作为研究先秦哲学的一个支点。凡是研究历史，无论哪一段，总得有几个大家都认为是可靠的史料作为支点，以它为标准，鉴别别的史料。不然，研究就无法进行。《天下》篇就是这样的一个支点。事实上现在研究先秦哲学的人，都把它作为这样的一个支点。

《天下》篇讲庄周哲学的那一段，其中一部分是讲庄周的文章风格，一部分是讲庄周哲学思想的内容。关于内容，它说："死与？生与？天地并与？神明往与？芒乎何之？忽乎何适？万物毕罗，莫足以归。古之道术有在于是者，庄周闻其风而悦之……独与天地精神往来，而不傲倪于万物；不谴是非，以与世俗处。"这些话说明了庄之所以为庄者。"独与天地精神往来"，就是《逍遥游》所说的"乘天地之正，御六气之辩，以游无穷"。"不谴是非，以与世俗处"，就是《齐物论》所说的"两行"。《天下》篇用这两句话，说明庄周哲学的要点。这两句话实际上也包括了庄周的逃避现实的混世主义、相对主义等思想。这些思想在《逍遥游》和《齐物论》中，有充分的论证。"死与？生与？"等几句话，都用问话的口气，不作肯定。这是《齐物论》的口气，这也是庄周的相对主义思想的表现。《天下》篇所以讲庄周的文章的风格，因为他的风格也是他的思想的表现。

因此我认为，研究庄周哲学，应该打破郭象本内、外篇的分别，以《逍遥游》和《齐物论》为主要线索，参考其他各篇，以期对庄周的主观唯心主义哲学思想有全面的认识，作正确的批判。这些篇不一定都是庄周写的。为了避免不必要的烦琐，在引用的时候，都姑且写上庄周的名字。

第二节　庄周论"齐物"

在《逍遥游》和《齐物论》二篇之中，《齐物论》更能表现庄周哲学的特点。这一篇可以说是庄周哲学的相对主义和不可知论的认识论的一个总结性的概论。

《齐物论》开始一段讲到大风。大风吹到不同的空穴，发出各种不同的声音。它对大风的声音，作了很生动的描写，并称之为"天籁"。它是用一种形象化的方式，说明自然界中有各种不同的现象；它归结说："夫吹万不同而使其自已也，咸其自取，怒者其谁耶？"

庄周在这里提出了一个重要的哲学问题：什么是这些各种不同的现象的主使者？《齐物论》回答说：风的吹有万不同，但是使它自己停止的，都是由于它的自取。"自已"和"自取"都表示不需要另外一个发动者，所以说："怒者其谁耶？"这就是它所说的"天籁"之所以为"天籁"。"天"是自然的意思。风吹入不同的空穴，自然地发出不同的声音，不需要有使之然的主宰。由此推论，万物的生灭变化，也都是自然如此，不需要有使之然的主宰。

《齐物论》下面的"大知闲闲，小知闲闲"是另外一段。这一段所谈的跟上一段所谈的，有分别而又有联系。上面讲大风一段，是用形象化的语言描写自然界中的事物的千变万化；这一段是用形象化的语言描写心理现象的千变万化。上一段讲的是客观世界；这一段讲的是主观世界。在上一段，他提出了发动者的问题而归结为"咸其自取"。在这一段话里，在描写了各种各样的心理现象之后，他说：这些现象"日夜相代乎前而莫知其所萌。已乎已乎，旦暮得此其所由以生乎。非彼无我，非我无所取，是亦近矣，而不知其所为使"。这就是说：这些现象怎样开始也是不可能知道的（"莫知其所萌"）；我的生命其实就是这些心理现象（"旦暮得此其所由以生乎"）；如果没有这些心理现象也就没有我了（"非彼无我"）；如果没有我，这些现象也都没有着落（"非我无所取"）。这些心理现象是不是互相使唤呢？这也就是下文所说的，"百骸九窍六脏"，是互为臣妾呢？或者"臣妾不足以相治"，必须有一个"真宰"呢？

《齐物论》对于"真宰"或"真君"也是用一种迷离惝恍的话说出来的。这并不仅只是由于文章的风格，而是在提示，人的主观世界也如客观世界一样，心理现象的变化，也是"咸其自取"，自然地如此,不需要有使之然的"真宰"。

《齐物论》认为在各种各样的心理现象之中,有一种现象就是"成心",也就是主观的偏见,有了偏见,就有"是非"。它说:"未成乎心而有是非,是今日适越而昔至也。"就是说,这是完全不可能的。《齐物论》认为"是非"都是一偏之见。这是它的相对主义的理论的一部分。它说:"民湿寝则腰疾偏死,鳅然乎哉?……猨,猵狙以为雌。麋与鹿交,鳅与鱼游。毛嫱骊姬,人之所谓美也,鱼见之深入,鸟见之高飞,麋鹿见之决骤,四者孰知天下之正色哉?自我观之,仁义之端,是非之涂,樊然淆乱,吾恶能知其辩?"《秋水》篇说:"以差观之,因其所大而大之,则万物莫不大,因其所小而小之,则万物莫不小。"每一个东西都比比它小的东西大,也都比比它大的东西小,所以一切的东西都是大的,也都是小的。照这个例子推下去,就是:"以功观之,因其所有而有之,则万物莫不有,因其所无而无之,则万物莫不无。""以趣观之,因其所然而然之,则万物莫不然,因其所非而非之,则万物莫不非。"他举的例子是"尧桀之自然而相非"。这就是说,既然事物的性质和人的认识都是相对的,大小、是非也就没有差别了。庄周片面夸张了对立面互相转化的辩证法规律,得出了完全错误的相对主义的结论。

庄周认为超乎相对之上有一个绝对,那就是他所说的"道"。他自以为是站在道的立场,超出一切相对的事物之上。《秋水》篇说:"以道观之,物无贵贱。以物观之,自贵而相贱。"他的理论是,每一个东西都是"自贵而相贱"。因其所贵而贵之,则万物莫不贵,因其所贱而贱之,则万物莫不贱。因此万物都贵也都贱。庄周认为贵贱都是事物从它自己的立场说的,若站在超出一切事物的立场,就可见贵贱的分别都没有了。

这所谓超乎一切事物的立场与观点，就是《齐物论》所说的"彼是莫得其偶"的"道枢"（详下）。在《齐物论》里，庄子举出儒家、墨家的互相是非，以见所谓是非都是"自然而相非"。这两家互相是非，"如环无端"。庄周自以为站在超乎一切的立场与观点，就好像站在一个环的中间。他认为，这样就看出，既然事物都是互相是非，它们可以说是都是，也可以说是都非。他完全否认有客观的是非标准。这就是所谓"齐是非"。

《齐物论》对于"是非"的问题，提出了三个论点，作了详细的讨论。在这些讨论中充分暴露了庄周的相对主义和不可知论的观点。

关于第一个论点，《齐物论》说："分也者，有不分也；辩也者，有不辩也。……大道不称，大辩不言。……言辩而不及。"这就是说：一切的见解和主张都是片面的；代表这些主张的言论，必然都是错误的。后期墨家称这个论点为"言尽悖"，并且提出了批判。

关于第二个论点，《齐物论》有一长段的理论。这段话翻译过来，是这样说的：假使我跟你辩，你胜了我，我不胜你，这就能证明你的意见一定正确吗？我胜了你，你不胜我，这就能证明我的意见一定正确吗？或者你我中间，有一个人的意见是正确的，或者都是正确的，或者都是不正确的，我跟你都不能决定。叫谁决定呢？叫跟你的意见相同的人来决定，既然跟你的意见相同，怎么能决定？叫跟我的意见相同的人来决定，既然跟我的意见相同，怎么能决定？叫跟你、我的意见都不同的人来决定，既然跟你、我的意见都不同，怎么能决定？叫跟你、我的意见都同的人来决定，既然跟你、我的意见都同，怎么能决定？我、你和第三者都不能互相了解，这还需要找他（第四人）吗？

这就是说，一切人的见解和主张虽然都是一偏之见，但都自以为是，以别人为非。既然认识都是相对的，也很难说哪一方面的意见是正确的。辩论仅能使各方面继续发挥其一偏之见，并不能决定是非。后期墨家称这个论点为"辩无胜"，并且提出了批判。

关于第三个论点，《齐物论》中有一段对话："啮缺问乎王倪曰：'子知物之所同是乎？'曰：'吾恶乎知之？''子知子之所不知邪？'曰：'吾恶乎知之。''然则物无知邪？'曰：'吾恶乎知之。虽然，尝试言之。庸讵知吾所谓知之非不知邪？庸讵知吾所谓不知之非知邪？'"这一段对话，就是论证知跟不知是没有什么分别。自以为有知的人，若果认真地反省一下，就觉得自己也搞不清究竟是有知或无知。后期墨家对于庄周的这个论点，也提出了批判。

庄周的这些思想肯定人的认识是相对的，人的认识只是一定条件下的产物。就这一点说，也含有一些辩证法的因素。但是庄周由此就认为，认识绝对真理是不可能的，这就成为相对主义。列宁说："把相对主义作为认识论的基础，就必然使自己不是陷入绝对怀疑论、不可知论和诡辩，就是陷入主观主义。作为认识论基础的相对主义，不仅承认我们知识的相对性，并且还否定任何为我们的相对认识所逐渐接近的、不依赖于人类而存在的、客观的准绳或模特儿。"（《唯物主义和经验批判主义》，《列宁全集》第十四卷，人民出版社1957年版，一三六页）

辩证法和相对主义在表面上有相似之处。列宁说："辩证法，正如黑格尔早已说明的那样，包含着相对主义、否定、怀疑论的因素，可是它并不归结为相对主义。马克思和恩格斯的唯物主义辩证法无疑包含着相对主义，可是它并不归结为相对主义，这就是说，它不是在否定客观真理的意义上，而是在我们的知识向客观真理接近的界限受历史条件制约的意义上，承认我们一切知识的相对性。"（同上）庄周正是在否定客观真理的意义上，片面夸张我们一切知识的相对性，从而把人的意见和观点完全看成是个人主观的偏见，这就成了主观唯心主义。从这一方面看，庄周的《齐物论》的思想，在中国哲学史上，是典型的相对主义。

列宁论希腊哲学家克拉底鲁说："这位克拉底鲁把赫拉克利特的辩证法弄成了诡辩……他说：什么都不是真理的，关于任何东西都不可能说出什么来。从辩证法中得出否定的（而且仅仅是否定的）结论。赫拉克利特的原则恰巧相反：'一切都是真理的'，一切东西中都有（部分的）真理。克拉底鲁只'动了动手指头'便回答了一切，他说：一切都在运动，关于任何东西都不可能说出什么来。"（《哲学笔记》，《列宁全集》第三十八卷，人民出版社1959年版，三九〇页）

庄周也有类似克拉底鲁的说法。《齐物论》说："彼出于是，是亦因彼，彼是方生之说也。虽然，方生方死，方死方生，方可方不可，方不可方可。因是因非，因非因是。是以圣人不由，而照之于天，亦因是也。"就是说，在一个时间中所认为是的，时间一过，马上又成为非了。在一个时间中所认为非的，时间一过，马上就成为是了。这还有什么是非可说呢？所以"圣人"不跟着这些是非转圈子，而要"照之于天"。

"照之于天"是什么意思呢？《齐物论》说："道恶乎隐而有

真伪?言恶乎隐而有是非?道恶乎往而不存?言恶乎存而不可?道隐于小成;言隐于荣华。故有儒墨之是非,以是其所非而非其所是。欲是其所非而非其所是,则莫若以明。""道恶乎往而不存,言恶乎存而不可",专就这两句看,似乎是说:"一切都是真理的。"但这不是庄周的意思。上面所引《齐物论》一段的上文是:"夫言,非吹也。言者有言,其所言者特未定也。果有言耶?其未尝有言耶?其以为异于鷇音,亦有辩(辨)乎?其无辩(辨)乎?"就是说,人有各种不同的心理现象,有不同的偏见,因之有不同的"言"。这同样是自然的现象,犹如风吹和鸟鸣有不同的声音。所以"言恶乎存而不可"?这只是说,各种的人有不同的意见,正如各种的鸟有不同声音。这都是自然的现象,不发生是否真理的问题。这就是"照之于天",也就是所谓"以明"。

《齐物论》在"照之于天"后,接着说:"是(此)亦彼也,彼亦是(此)也。彼亦一是非,此亦一是非。果且有彼是乎哉?果且无彼是乎哉?彼是莫得其偶,谓之道枢。枢始得其环中,以应无穷,是亦一无穷,非亦一无穷也。故曰,莫若以明。"就是说,彼有一套是非,此亦有一套是非。从天或道的观点看,其实是一样的。所以也不必求其一致。《齐物论》下文说,"劳神明为一而不知其同也,谓之朝三"。它举了一个故事说:有一个养猴子的人分给猴子们食物,说是要早晨给三升,晚上给四升。猴子们都怒。他说,那就改为早晨四升,晚上三升。猴子们都喜。实际上,食物就是那么些,可是猴子们的喜怒不同。人们的是非也是这样。"是以圣人和之以是非而休乎天钧,是之谓两行。""钧"是一个运转着的盘子。盘子绕着它的轴心转,这个轴心就叫"枢"。自然界和社会的制度在变动之中,好像一个钧,称为"天钧"。这个"天钧"的轴心称"道枢"。"圣人"站在"道枢"的立场上,不随着彼、此的是非打圈子。这就叫"休乎天钧"。那些彼一套、此一套的是非,不过是猴子们的喜怒。听其自然好了。这就叫"和之以是非",这就叫"两行",也就是《天下》篇所说的,"不谴是非,以与世俗处"。

以上所讲的就是所谓"齐是非"。

《齐物论》认为站在活着的人的立场与观点说死是死;死了的人也可以站在死的立场与观点说生是死。就譬如醒着的人站在醒的立场说梦是梦,做梦的人站在梦的立场说醒是梦。"庄周梦为蝴蝶",这是站在庄周的立场说的;站在蝴蝶的立场,也可以说"蝴蝶梦为庄周"。他认为站在超乎一切的立场与观点,死生没有什么分别。这就是所谓"齐死生"。

这种相对主义的思想推到最后,就认为一切事物之间的分别也都没有了。《齐物论》说:"故为是举莛与楹,厉与西施、恢、恑、憰、怪,道通为一。其分也,成也;其成也,毁也。凡物无成与毁,复通为一。"又说:"天下莫大于秋毫之末,而太山为小;莫寿于殇子,而彭祖为夭;天地与我并生,而万物与我为一。"这个"一"就是没有分别的混沌,也就是"我"的幻想中的"无差别境界"。

事物和它的对立面在一定条件下可以互相转化,这是辩证法的规律。庄周夸大了这一点,不讲条件,只讲转化。这就歪曲了事物发展的辩证规律,因此走向了辩证法的反面,相对主义。这是他的相对主义思想的认识论的根源。上面所引列宁的教导,说明了这一点。他为什么这样歪曲呢?这有其阶级的根源。

在第十一章,我们已经讲过,在战国时期,没落奴隶主阶级中,有一部分认为，在夺权与反夺权斗争中，自己已经失败，已经失去的天堂不能再恢复了，只可于自己的主观幻想中，另建立一个自欺、欺人的天堂，聊以自慰。庄周的哲学就是这种阶级意识的理论化和系统化。

庄周以相对主义思想，企图取消客观事物之间的差别和对立。用庄周的话说："与其是尧而非桀也，不如两忘而化其道。"（《大宗师》）照相对主义的逻辑，"因其所是而是之"，旧的奴隶制也有其"是"的方面；"因其所非而非之"，新的封建制也有其"非"的方面。半斤八两，没有优劣之可言。这就是所谓"齐是非"。从表面上看，这似乎是"超然"的态度，实际这是用以反对新的制度，企图以此引导人放弃对旧制度进行斗争。

《齐物论》以大量篇幅论述"齐是非"，因为没落奴隶主阶级在当时处于被非的地位。奴隶和劳动人民以及新兴地主阶级从经济基础到上层建筑，四面八方，向没落奴隶主阶级围攻。于是他们就说，不必提了，反正大家都是一样。这是奴隶主阶级以守为攻的策略。

庄周的相对主义的思想也是对战国时期学术界"百家争鸣"的反动。从相对主义的观点看，当时各家争辩，都"是其所非而非其所是"，不能决定谁是谁非，也无需决定谁是谁非。庄周企图以这种理论取消当时思想战线上的斗争。

庄周提出了很多的哲学问题。但是，庄周对于这些问题的处理，不是积极的解决，而是企图用相对主义和不可知论的观点消极地取消这些问题。他企图以这样的态度表示他自命为超阶级、无党性、超然于各家之上。其实，取消某一问题也是解决某一问题的一种方法。他的取消某一问题的辩论，同样暴露了他的阶级立场、哲学观点和思想方法。

总之，庄周的相对主义思想的目的和实质，是企图取消对立面的对立和斗争。这种思想根本上是和辩证法相对立的。这是形而上学，不是辩证法。

第三节　庄周论"逍遥"

在上册第七章中，我们指出，道家有一个一贯的精神，就是"为我"。为了保全自己不受损失，道家各派想出了许多办法。从杨朱到庄周，这些办法越来越精细，也可以说是越来越没有办法。这是没落奴隶主阶级在战国时期越来越走投无路的情况在哲学战线上的反映。

庄周的保全自己的办法和理论是，抱一种他认为是旁观、"超然"的态度，对事物的变化漠然无动于衷。他认为，这样，就可以从当时阶级斗争的苦恼中解脱出来，以得到精神上的，也就是主观的"自由"、"幸福"。这种办法和理论就是庄周所讲的"逍遥游"。他在《齐物论》中所讲的齐是非、齐生死等，就是为这种办法和理论提供哲学的根据。

《逍遥游》从大鹏的高飞说到列御寇的"御风"。庄周认为这些"游"都不是完全地自由自在（"逍遥"），因为都有所待。大鹏需要有像"垂天之云"的大翼，还要"水击三千里，抟扶摇而上者九万里"，然后才可以向南平飞。列御寇"御风而行"，是很好的了，可是，"此虽免乎行，犹有所待也"，就是说，他还有待于风。庄周认为，凡有所待的"游"，都是有条件的，就是说，这种"游"必然地为其"所待"所限制，具备了所需要的条件才可以"游"，所以不是完全地自由自在。

《逍遥游》在指出列御寇的"有所待"以后，接着就说："若夫乘天地之正，而御六气之辩（变），以游无穷者，彼且恶乎待哉？"照字面上看，《逍遥游》在这里可能用了一些当时讲修炼的人的一些辞藻。但他不过是用以形象地说明他的意思，是一种比喻。如果不是一种比喻，所谓无待又成为有待了。下文接着说："至人无己，神人无功，圣人无名。"在这三句中，"无己"是主要的。它是用"无己"达到一种主观的意境。

庄周认为"有待"由于"有己"，"无己"就可以"无待"。《大宗师》篇说："藏小大有宜，犹有所遁，若夫藏天下于天下，而不得所遁，是恒物之大情也。特犯（逢）人之形，而犹喜之，若人之形者，万化而未始有极也，其为乐可胜计邪？故圣人将游于物之所不得遁而皆存。"这就是说：把"己"看成是天下，天下总是存在的，所以"己"也就永远存在了。人之所以有"己"，因为喜有"人之形"，其实，"人之形"不过是无限的形中之一，有"人之形"而喜，有别的形又何尝不可喜？下面说："浸假而化予之左臂以为鸡，予因以求时夜；浸假而化予之右臂以为弹，予因以求鸮炙；浸假而化予之尻以为轮，以神为马，予因以乘之，岂更驾哉？且夫得者，时也；失者，顺也。安时而处顺，哀乐不能入也。此古之所谓悬解也。"这两段话说到"游"，说到"乘"；这里所说的"游"和"乘"也就是《逍遥游》所说的"游"和"乘"。前一段还说到"形",后一段更进一步说,"形"不是重要的,重要的是"神"。"形"不论怎样变化,都不足以影响"神"的安定。就是说,无论怎样变化,"圣人"在思想上总是不动的。

由上所引的话看起来,庄周所谓"无己",其实还是有己。他是想在无可奈何的情况下,保存自己。当时的没落奴隶主阶级已经完全处于"失"的地位。他们不但失了以前的富贵,有时生命也恐难保。他们的哲学家于是就讲究所谓"神全",就是说,过去的一切虽都已丧失了,但还可以幻想在精神领域内,也就是在自己的主观世界中,创"自由"、"幸福"的条件。庄周的这种思想,是对于没落奴隶主阶级提出的一种安慰,使他们承认大势已去,只可"安时而处顺",不要悲哀,美其名曰"悬解"。下文接着说:"且夫物不胜天久矣,吾又何恶焉!"这话充分表现了没落奴隶主阶级的悲观、失望的思想。

怎么可以达到"无己"呢?庄周认为这要靠否定知识,知识否定以后,就可以得到一个心理上的混沌状态,主观的无差别境界。在这种状态中,一切分别都没有了。"人"与"己"的分别也自然没有了。庄周认为,这种混沌同"道"是一致的。

庄周所谓道,可以说是什么都没有。既然什么都没有,其中当然也没有任何分别、任何界限,真可以说是"一穷二白"。可是庄周又认为这个一切什么都没有,就是一切什么都有,不过是没有任何分别,任何界限。这个一切什么都有,既然没有任何分别,任何界限,那只能是一片混沌了。这个混沌,并不是像唯物主义者所说的尚未分化的"元气",而只是一种主观的意境。

庄周认为道不是用知识所能知道的，这并不是说，道不可能知。这是说，道不可能用一般的知识知。必须否定一切的知识，才能"知道"。因为照他的逻辑，道是无分别无界限的混沌；一般的知识的目的和功用，正是在于对于事物尽可能地作分析和分别。《齐物论》讲"古之人其知有所至矣"一段，正是说明必须否定一切知识，才可以认识道。

《齐物论》说："古之人其知有所至矣，恶乎至？有以为未始有物者，至矣，尽矣，不可以加矣。其次以为有物矣，而未始有封也。其次以为有封焉，而未始有是非也。是非之彰也，道之所以亏也。"又说："有始也者，有未始有始也者，有未始有夫未始有始也者。有有也者，有无也者，有未始有无也者，有未始有夫未始有无也者。"这两段话，是从两方面讲一个问题。"有始也者"这一段是从本体论方面讲；"古之人其知有所至矣"这一段，是从认识论方面讲。

"古之人"这一段，讲的就是所谓"至人"对于道的认识。"至人"没有任何理智的知识，他甚至于连"物"这个概念都没有。先秦的哲学家们认为"物"是最一般的概念，"至人"连这个概念都没有，那就是没有任何概念了。他的心理状态只是一片混沌。这个混沌，庄周认为就是"未始有夫未始有始"、"未始有夫未始有无"那种情况。他所认为次一等的人知道有物，但是对于物还没有作分别（"有封"）。他所认为再次一等的人对于物已经作了分别，但是还没有觉得哪些东西是是，哪些东西是非。有了分别而又有是非，在这种情况下，"道"就"亏"了。"道"之所以"亏"，就是人对于事物有所偏爱。是非就是偏爱的表现。有了"偏"，就丧失了道的"全"。

《大宗师》篇讲"坐忘"的方法。它讲到关于颜回的一个故事。

颜回先忘了仁义，后来又忘了礼乐，最后达到"坐忘"。"堕肢体，黜聪明，离形去知，同于大通，此谓坐忘。""坐忘"的方法是靠否定知识中的一切分别，把它们都"忘"了，以达到心理上的混沌状态。

照庄周看起来，"同于大通"就是认识"道"了。所谓认识道也就是与道同体。所谓与道同体，实际上就是在自己的思想中创造出来一个混沌的境界，在其中什么分别都没有。

这种与道同体，是用"无己"的方法得到的；因为有这样意境的人，最后必须取消我和非我的分别。可是照庄周所说，这个同体还是以"我"为主。《齐物论》说："天地与我并生，而万物与我为一。"他还是以"我"为主。这是他的唯心主义之所以为主观唯心主义的一个特征。

有这一种境界的人，庄周称为"圣人"或"真人"。这些人实际上是自己创造一种主观的意境，自我陶醉，同时又认为这种主观的意境具有客观的意义，认为所谓宇宙的原始就是这个样子。庄周认为，所谓"圣人"、"真人"或"至人"是"道"的体现者。

无论是"圣人"也罢，"真人"也罢，他总还是个人；既然是个人，他就不能不生存于社会之中。所以庄周认为，"圣人"在已达到了"万物与我为一"的"混沌"以后，还必须回到"世俗"之中。这就是《天下》篇所说的"不谴是非以与世俗处"，也就是《齐物论》所说的"两行"。

庄周认为，"圣人"必须"谴是非"，指出各人的见解都是出于一种偏见，事物之间所有的分别都是暂时的、相对的。他由此达到"与万物为一"的"混沌"。达到"混沌"之后，"圣人"又认为事物也许是有它的相对的质的决定性。《齐物论》说："物固有所然，物固有所可，无物不然，无物不可。"就是说，无论什么东西，总都是个什么东西，总都能做一点什么事情。各家的是非，也可能有对的地方。但是，这都不必管它。《齐物论》说："是不是，然不然。是若果是也，则是之异乎不是也亦无辩。然若果然也，则然之异乎不然也亦无辩。"这就是"不谴是非"了。

承认"物固有所然，物固有所可"，承认是和非可能也有一定的分别，但是"圣人"都任其自然，听其自生自灭。这种态度就是《齐物论》所说"和之以天倪"。它说："和之以天倪，因之以曼衍，所以穷年也。忘年忘义，振于无竟，故寓诸无竟。"这里所说的"无竟"就是《逍遥游》所说的"无穷"。"振于无竟"、"寓诸无竟"就是《逍遥游》所说的"以游无穷"。达到这个目的的方法就是"忘年忘义"，也就是《大宗师》篇所说的"坐忘"。

《大宗师》讲到女偊教卜梁倚学"圣人"之道的程序。女偊说："吾犹守而告之，参日而后能外天下。已外天下矣，吾又守之，七日而后能外物。已外物矣，吾又守之，九日而后能外生。已外生矣，而后能朝彻。朝彻而后能见独。见独而后能无古今。无古今而后能入于不死不生。杀生者不死，生生者不生。其为物，无不将也，无不迎也，无不毁也，无不成也，其名为撄宁。撄宁也者，撄而后成者也。"所谓见独，就是与道相见了。庄周认为，道是绝对，没有跟它相对立的，所以称之为独。道是超越时间的，所谓无古今，就是超越时间的意思。道是不死不生的，所以"见独"的人，也就是在心理上自己觉得不死不生了。

"杀生者不死"，照李颐的注解，就是说，本来是没有生命的东西并不会死。"生生者不生"，照崔𫍽的注解，经常经营生活的人，反而不能生活（见陆德明《经典释文》引）。这也是没落奴隶主在悲观失望中,自己安慰自己的一种思想。意思是说,已经躺在地下的人是不会被打倒的,倒是在站着的人随时有被打倒的可能。

《大宗师》也承认,这样在心理上超时空的人,实际上并不超时空。"见独"的人自以为是脱离世界,可是实际上人是不能脱离世界的;对于世界里边的事物,特别是社会中的事物,他也不能不应付。不过庄周认为,所谓"圣人",既然在思想上和概念上已经脱离了世界,他对于世界中的,特别是社会中的事物,都可以随随便便应付过去,任何事变对于他都是无关重要的,他都可以用"满不在乎"的态度对付它们。这就是所谓"撄宁"。这就是说,他虽然也跟事物相接触(撄),可是他的内心,总还是平静的(宁)。这也就是《齐物论》所说的"两行"。照上面所说,《齐物论》认为有了是非就是有成与亏。但是它也认为,既然有了是非,那也就和风的"万窍怒号"一样,也是一种自然的现象,也是自然运行("天钧")的一种表现。"圣人"只要以"满不在乎"的态度,不理它们就是了,这也就是《天下》篇所说的:"独与天地精神往来而不傲倪于万物,不谴是非以与世俗处。"

第四节 《庄子》论道、有、无

《庄子》中所讲的宇宙观,实际上有二种。一种是合乎我所说的庄之所以为庄者;一种是下章所说的稷下黄老之学。就庄周本人说,他只能有一种宇宙观,那就是庄之所以为庄者的一部分。其他一种似乎是编《庄子》的人所混入的,庄之所以为庄者的那一种宇宙观是与《老子》第一章的说法相同的。它也发挥了有、无、异名同谓那个说法的意义。庄周没有用异名同谓这四个字,但是他有那样的意思。

庄周在《齐物论》中提出了一个问题:"道恶乎隐而有真伪?"他自己回答说:"道隐于小成。"在下文另一段中他说:"有成与亏,故昭氏之鼓琴也;无成与亏,故昭氏之不鼓琴也。"郭象注说:"夫声不可胜举也,故吹管操弦,虽有繁手,遗声多矣。而执籥鸣弦者,欲以彰声也,彰声而声遗,不彰声而声全。故欲成而亏之者,昭文之鼓琴也;不成而无亏者,昭文之不鼓琴也。"这就是说,无论多么大的管弦乐队,总不能一下子就把所有的声音全奏出来,总有些声音被遗漏了。就奏出来的声音说,这是有所成;就被遗漏的声音说,这是有所亏。所以一鼓琴就有成有亏,不鼓琴就无成无亏。照郭象的说法,作乐是要实现声音("彰声");可是因为实现声音,所以有些声音被遗漏了,不实现声音,声音倒是能全。

照郭象所解释的,声音的"全"就是一切的声音,可是他所说的一切声音实际上是无声音,因为,照他说,一有声音,它就是偏而不全了。照同样的逻辑,"道"是一切事物的"全",可是这个"全"就是无事物,因为一有事物,它就是偏而不全了。

据说陶渊明的书房里挂了一张无弦琴,无弦的琴怎么弹呢?他是以不弹为弹,以表示无声之音,无声之音,就是大音,也就是音的共相。音的共相,有一切音的共同规定性,但没有某一音的特殊规定性。可是实际上不可能有没有任何某一音的特殊规定性的音,所以大音必须是无声，实际上不可能有无声之音，所以大音就成为无了。无声就是大音，大音必须无声，这就是异名同谓。

当然，这只是郭象的解释。庄周并没有说得这样清楚。但是庄周的这两句话，非这样解释不可，不这样解释，就无法解释了，照陶渊明的无弦琴看起来，玄学家们也是这样解释的，所以这样解释是庄之所以为庄者。

在《庄子》中也有许多地方讲到"气"和"精"，并且也把它们看成是构成万物的要素。在这些地方《庄子》也认为，天地万物是由气构成的；万物的生成是由于气的凝聚；万物的死亡是由于气的消散。《知北游》说："人之生，气之聚也。聚则为生，散则为死。若死生为徒，吾又何患？故万物一也，是其所美者为神奇，其所恶者为臭腐。臭腐复化为神奇，神奇复化为臭腐，故曰通天下一气耳。圣人故贵一。"

这是《庄子》中的另一种宇宙观，认为无就是气，气是一种没有规定性的物质，它有了规定性，它就成了具体的物了。

《至乐》中又说：庄周的妻死了，庄周"鼓盆而歌"。惠施问他为什么没有悲伤之感。庄周回答说："是其始死也，我独何能无慨然？察其始而本无生。非徒无生也，而本无形。非徒无形也，而本无气。杂乎芒芴之间，变而有气；气变而有形；形变而有生；今又变而之死；是相与为春秋冬夏四时行也。"这一段话，正是上面所引的《知北游》那一段话的具体说明。这里所说的"本元气"，是就一个人说的。在一个人未生的时候，他还没有为一部分气所形成，当然也就没有可以算是属于他的气。"本无气"并不一定就是说，气是有始的。

《刻意》又说:"精神四达并流,无所不极,上际于天,下蟠于地,化育万物,不可为象,其名为同帝。""同帝"就是说有与宗教所说的上帝相同的功用。这里所说的"精""神"和稷下黄老学派所说,是一致的。但是一致亦至此为止。《在宥》说:黄帝曾经问广成子一个问题:"我闻吾子达于至道,敢问至道之精。吾欲取天地之精,以佐五谷,以养民人。吾又欲官阴阳以遂群生,为之奈何?"广成子回答说:"而(尔)所欲问者,物之质也;而(尔)所欲官者,物之残也。"《管子·内业》篇说:"凡物之精,此则为生,下生五谷,上为列星。"黄帝"欲取天地之精以佐五谷",这正是稷下黄老学派所提的问题。稷下黄老学派虽然认为精是与物有所不同,但并不认为它是非物。照广成子的回答看,《在宥》篇认为,如果精也是一种物,它怎么能够生万物呢?《在宥》说:"夫有土者有大物也,有大物者,不可以物物;而不物故能物物。明乎物物者之非物也,岂独治天下百姓而已哉?"《知北游》也说:"有先天地生者物邪?物物者非物。"精或气也是一种物,因此它就不能是"物物者"。道是"物物者",所以道不能就是精或气,道是比精或气更根本的东西。如果精或气是无形无名,道就是无有。如果精或气也可以称为无,道就是无无。《知北游》说:"予能有无矣,而未能无无也。"这就是说,比"无"更根本的还有一个"无无"。《知北游》又说:"昭昭生于冥冥,有伦生于无形。精神生于道,形本生于精,而万物以形相生。"这一段明确地说明精、气不是第一性的。精、气是从不但"无有"而且"无无"的道生出来的。精、气不就是"道",像稷下黄老学派所说的,而是第二性的。一个逻辑的虚构的"道",才是第一性的。

《天地》有一段说："泰初有无，无有无名，一之所起，有一而未形。物得以生谓之德。未形者有分，且然无间，谓之命。流动而生物，物成生理谓之形。形体保神，各有仪则，谓之性。""泰初有无，无有无名"就是道。道是"一"之所起，但是还没有形。《知北游》说："精神生于道，形本生于精，而万物以形相生。"同《天地》篇联合起来看，"一"就是精气。

"物得以生谓之德"。这个定义跟《管子·心术上》篇所说的定义完全相同。德也是还未有形的，但是已经从道分出来（"未形者有分"）。虽然有分，但是在本质上道和德是没有分别的（"且然无间"）。这就叫"命"（"谓之命"）。命和德是一个东西。从人和物这一方面说，这个东西是它们所得于道的，所以称为"德"。从道那一方面说，这个东西是道所给与人和物的，所以叫做"命"，好像是给它们一个命令，精气流动起来，有了进一步的分化，具体的物就生出来了（"流动而生物"）。具体的东西有了一定的形状，就有一定的性质，这种性质就叫"理"（"物成生理谓之形"）。《管子·心术上》篇说："理者谓所以舍也。"《养生主》说："依乎天理。"《知北游》说："万物有成理而不说。"每一个物都有自己的形体，保持着精神使它跟形体不分离开。每一种东西都有这一类东西所特有的性质。这也就是《吕氏春秋》所说的："万物殊类殊形，皆有分职。"（《圜道》）这就是这一类东西所有的特殊的规律、特殊的性质和特殊的作用。这就是这一类东西的本性或本质（"形体保神，各有仪则，谓之性"）。

《天地》的这一套定义简明地说明了庄周一派的世界形成论，也明确地说明了在他们的自然观中的第一性和第二性的问题。他于一之上加了一个"道",这就把稷下黄老学派的唯物论改成了唯心论。

大概有些道家的人或者庄周一派的人,企图把庄之所以为庄者和稷下黄老学派的说法统一起来。他们的办法是同时接受这两种说法,而把它们摆在不同的地位上,认为庄之所以为庄者所说的无是第一性的,稷下黄老学派所说的气或精气是第二性的。这样的摆位置,就把稷下黄老学派的唯物主义思想变为庄之所以为庄者的唯心主义思想了。

《庄子》中所说的修养方法,也是有两种:一种叫"心斋",一种叫"坐忘"。"坐忘"的方法,上面已经讲了。"心斋"的方法,见于《庄子·人间世》。《人间世》说:"若一志,无听之以耳,而听之以心。无听之以心,而听之以气。听止于耳,心止于符。气也者,虚而待物者也。唯道集虚,虚者,心斋也。"这是《内业》《白心》等篇的方法。这种方法要求心中"无知无欲",达到"虚壹而静"的状态。在这种状态,"精气"就集中起来。这就是所谓"唯道集虚"。去掉思虑和欲望,就是所谓"心斋"。这和"坐忘"的方法是不同的。一般都认为这两种方法是一致的,其实是两回事。

《天运》也提出了一些关于特殊自然现象变化的问题。它问道:天是在运动吗?地是在静止吗?太阳、月亮是在调换位置吗?这些是谁主持的?是谁管理的?是谁没有别的事做而推行这些?我想,是机械地被决定如此吗?我想,是运动不能自己停止吗?云变成雨吗?雨变成云吗?谁把它们降下来?谁没有别的事做而办这些?风从北方起来,有的往西,有的往东,在上空转来转去,谁吹动它?谁没有别的事做而扇动它?请问这些都是由于什么缘故?〔"天其运乎?地其处乎?日月其争于所乎?孰主张是?孰维纲是?孰居无事推而行是？意者其有机械而不得已耶？意者其运转而不能自止耶？云者为雨乎？雨者为云乎？孰隆（降）施是？孰居无事淫乐而劝是？风起北方，一西一东，有（在）上彷徨，孰嘘吸是？孰居无事而披拂是？敢问何故？"］这与屈原的《天问》所提出的许多关于自然现象的问题是一类的。例如：天有九层，是谁安排的，谁最初造成它？有什么功用？（"圜则九重，孰营度之？惟兹何功？孰初作之？"）九层天的边缘，安放在什么地方？（"九天之际，安放安属？"）太阳、月亮，在什么东西上系属？许多星在什么东西上排列？（"日月安属？列星安陈？"）太阳从早到晚，走多少里？月亮为什么灭了又明？（"自明及晦，所行几里？夜光何德，死则又育？"）专从这些问题看，庄周或其一派也认为，自然界中的变化不是由于有意识的主宰。但《庄子》书中另一篇又提出一个更根本的问题，它问：宇宙间的万物都是怎样生出来的？（"四方之内，六合之里，万物之所生，恶起？"）（《则阳》）

关于这个问题，照《则阳》说，当时有两家的答案："季真之莫为；接子之或使。"季真不知道是什么人，接子可能就是《史记·田完世家》里边所说的接子，也是稷下的学者之一。季真主张"莫为"，就是认为万物都是自然而然地生出来的，不是由于什么力量的作为。接子主张"或使"，就是认为总有个什么东西使万物生出来。稷下黄老学派提出"天或维之，地或载之"的理论。这似乎就是"或使"一类的说法。《老子》说："道无为而无不为"，它主张"莫为"。

《则阳》对于这两种说法，都不同意。它说："或使则实，莫为则虚"；"或使、莫为，在物一曲，夫胡为于大方？"这就是说，"或使"的说法太"实"了，"莫为"的说法又太虚了；这都是只看见万物的一个方面，都不是全面的真理。可是全面真理是什么？《则阳》说："言之所尽，知之所至，极物而已。睹道之人，不随其所废，不原其所起，此议之所止。"这就是说，言语和知识限制在对于"物"的范围之内。至于"物"之所起是"议之所止"。就是说，是不可讨论的。《齐物论》说，"六合之外，圣人存而不论"，因为这是像《则阳》所说的超乎言语和知识的范围之外的。

庄周的不可知论是他的主观唯心主义的一个方面。正如西方近代哲学史中，康德的不可知论是他的主观唯心主义的一个方面。照庄周及其一派的逻辑，"道"不是"物"，所以万物的变化不能说是"或使"；"道"虽是"无有"但又不等于零，所以万物的变化也不能说是"莫为"。"道"是"全"，但又什么也不是，所以对于"道"就不能有所思议、言说。

第五节　庄周论自然和人为、必然和自由

庄周哲学，接触到两个哲学中的重要问题：一个是人与自然的问题，一个是自由与必然的问题。《秋水》说："无以人灭天；无以故灭命。""天"和"人"的关系接触到人和自然的关系的问题。他所讨论的"命"和"故"的关系的问题，接触到自由和必然的问题。

《秋水》说："天在内；人在外。……牛马四足是谓天；落（络）马首，穿牛鼻，是谓人。"《大宗师》说："死生，命也。其有旦

暮之常，天也；人之有所不得与，皆物之情也。"它所谓天，就是人所不能干预的（"人之所不得与"）东西。例如，牛马生来就有四足；这是"人之所不得与"的，是无待于人的作为的。"人"指人的作为；"天"指自然。庄周认为，属于自然的东西是本来就有的，所以说"天在内"。属于人为的东西是人后加于自然之上的，所以说"人在外"。

《大宗师》中的一个故事说：有一个人名子来，在有病将死的时候，他说："父母于子，东西南北，唯命之从。阴阳于人，不翅于父母，彼近吾死而我不听，我则悍矣，彼何罪焉？夫大块载我以形，劳我以生，佚我以老，息我以死。故善吾生者乃所以善吾死也。今大冶铸金，金踊跃曰'我且必为镆铘'，大冶必以为不祥之金。今一犯（逢）人之形，而曰'人耳，人耳'，夫造化者必以为不祥之人。今一以天地为大炉，以造化为大冶，恶乎往而不可哉？"这是用一种形象的语言，说明庄周所认为的人和自然的关系，以及他所认为是正确的人对自然所取的态度。这里所说的"阴阳"、"大块"、"造化"、"造化者"，都指自然。庄周一派认为自然比如一个洪炉，人比如洪炉中所炼出来的刀剑等。他们认为，既然如此，人就应该完全听自然的支配。如果自然使人生存是出于善意，自然使人死亡也是出于善意。这样看，生死的相续就是自然使人可以很好地"劳逸结合"。庄周一派认为，能够这样看，就可以"无所往而不可"。这里所说的"无所往而不可"，就是"以游无穷"的"逍遥游"。

庄周在讲到"天""人"关系的时候，放弃了宗教所说的有意志的主宰之天；这说明当时科学和唯物主义哲学的影响越来越大，唯心主义哲学在说法上不能不有所改变。在自然和人的关系这个问题上,唯物主义认为,有独立于人类,不以人的意志为转移的自然,自然是第一性,人是自然的产物。但是,庄周在这一方面的论证,主要是证明人在自然面前的无力。他不知道,人和自然是对立面的统一;一方面,人是自然的产物,必须依靠自然,另一方面,人在生产实践和劳动过程中也能逐渐地改变自然。自然是本来如此的,但并不是不可改变的。自然本来是"人所不与"的,但并不是人不能"有所与"的。庄周的论证,主要在于否认人的主观能动性及其对自然的影响。他说:"有人,天也;有天,亦天也。人之不能有天,性也。圣人晏然体逝而终矣。"(《山木》)这就是说,只能天影响人,不能人影响天;人只能顺从地("晏然")顺应自然界的变化("体逝")。这正是如荀况所说的:"庄子蔽于天而不知人。"(《荀子·解蔽篇》)庄周对于自然没有正确的了解,对于人也没有正确的了解,对于人与自然的关系当然也不会有正确的了解。

庄周所说的"命"的意义,并不是宗教所说的"上帝的命令",而是指人力所无可奈何的、自然的和社会的力量。他说:"求其为之者而不得也,然而至此极者,命也夫。"(《大宗师》)又说:"不知吾所以然而然,命也。"(《达生》)又说:"死生、存亡、穷达、贫富、贤与不肖、毁誉、饥渴、寒暑,是事之变,命之行也。"(《德充符》)这就是说,"命"是无法理解、无法抗拒、无法逃避的;人只可以顺从。所以他说:"知其不可奈何,而安之若命,德之胜也。"(《人间世》)

庄周主张"无以故灭命"。《管子·心术上》说:"去智与故。"《吕氏春秋·论人》篇说:"释智、谋,去巧、故。""故"是"智""巧""谋"一类的东西,是跟"命"对立的。庄周认为人若是企图用智谋、技巧逃避或抗拒"命",其结果必定是得到更大的不幸,自讨苦吃。他认为,最好的办法是,安于自己的遭遇,承认这是由于不可抗拒的力量;这样,就可以在主观上从不幸的处境中解脱出来,得到"自由"和"幸福"。

庄周承认人是自然的产物,在自然规律的面前,人是很渺小的,自然发展的规律是人之所不能与的,社会虽然是人的产物,但在有了社会以后,它也有自身发展的规律,这也是人之所不能与的。在社会发展的过程中,有些情况也是个人所不能抗拒的。人所遇到的这些人所无可奈何的遭遇,庄周都称之为"命"。在这里他所说的就是必然和自由的矛盾斗争。在这种矛盾和斗争中,庄周完全否定了人的主观能动性,认为在自然和社会面前,人只能屈服,不能抗拒也不能逃避。"知其所不可奈何而安之若命,德之胜也"。

这显然是不对的。人是自然的产物,但也能改造自然。社会是人的产物,各个人联合起来便能改造社会。但也必须承认,人的主观能动性的作用,也并不是没有限度的。确实有些自然规律是人所不能抗拒、不能逃避的。个人的生死就是一个例子。每个人都不愿意死,但是每个人都得死。随着医学的发展,医疗技术的进步,环境卫生的改善,个人的寿命是可以延长的,但这只是祛病延年,并不能使个人长生不老。长生不老,在理论上和实践上都是不可能的。在理论上不可能,因为它违反了自然辩证法的一个基本原则:任何东西有成必有毁。

《庄子》在许多篇中讲到生死问题。《养生主》讲了一个故事。老聃死了,他的朋友秦失来吊,哭了三声就出来了。有人怪他对朋友没有感情。秦失说:我看见有些人在那里哭得很悲痛,这是"遁天倍情,忘其所受,古老谓之遁天之刑。适来,夫子时也;适去,夫子顺也。安时而处顺,哀乐不能入也,古者谓是帝之县解"。意思就是说,一个人的生,是由于偶然的机会,他的死,是随顺自然的规律。不懂得这个道理的人,对于死有过分的悲痛,这种悲痛,是由要逃避自然规律而来的,因此他就要受一种刑罚。这种刑罚叫遁天之刑,其内容就是那个悲痛。懂得这个道理的人就可以不受这种刑罚,从这种刑罚中解放出来,称为"县解","县"就是那种刑罚。

庄周所讲的这个道理,后人称之为以情从理,我称之谓以理化情。情对于人是一种束缚,理可以使人从束缚中解放出来。这种解放,就是自由。

第六节 倒退的社会观

庄周明确地主张社会应该向后退,历史的车轮应该倒转,对人类的社会、政治制度和文化生活采取了全盘否定的态度。前面所讲的那些哲学观点,成了庄周的社会、政治思想的理论基础。

首先,庄周从相对主义出发,不承认有判断社会、政治制度的是非善恶的客观标准。他说:"帝王殊禅,三代殊继。差其时、逆其俗者,谓之篡夫;当其时、顺其俗者,谓之义徒。"(《秋水》)这是说,各时代的统治者取得政权的方法各有不同,合乎一时代的习惯的,就叫做正义;不合乎一时代的习惯的,就叫做篡逆;制度的好坏没有绝对的标准。他又说:"彼窃钩者诛,窃国者为诸侯。诸侯之门,仁义存焉。"(《胠箧》)这是说,同样是偷窃,偷钩的小盗被杀掉,而窃国的大盗反而成为诸侯;善恶的判断并没有绝对的标准。他又说:"古今非水陆与?周鲁非舟车与?今蕲行周于鲁,是犹推舟于陆也,劳而无功,身必有殃。……故礼义法度者,应时而变者也。"(《天运》)这是说,古今不同,其制度也不同,如果将古代的周制行于现今的鲁国,就如同使船在陆上航行一样,这是行不通的。这段话的意思在表明社会制度没有绝对的好坏,"礼义法度者,应时而变者也",就如同各种水果一样,"其味相反而皆可于口"(同上),问题在于是否合乎需要。这些说法,承认各种制度的好坏是相对的,从表面上看,有一些辩证因素。但是,庄周讲这些话的目的,并不是像法家那样用以反对旧的制度和肯定新的制度,而是借此论证社会、政治制度本身无所谓好坏,一个统治者的行为也无所谓善恶,由此否认判断社会、政治的好坏有客观的标准。

庄周的这种社会、政治思想,不仅反映了没落奴隶主阶级对恢复旧的社会、政治制度的绝望,也反映了对新的政治制度和新的社会势力的诅咒。按着这种说法,既然一切制度都无所谓好坏,新的政治制度和社会制度也就不一定是好的。你说旧的必定坏,我说新的也未必就好。他企图用这种相对主义的理论反对新的社会制度和新的社会势力。

但这还不是庄周在这一方面的主要论证。他的主要论证是从他所讲的"天""人"关系出发的。他认为自然就是最完善的,如果人为加以改变，这就损害了事物的本性。他说：例如马的蹄子生来可以践霜雪，马的皮毛生来可以防风寒，它们吃草饮水，在野地上奔跑，这就是马的本性。可是，所谓善于治马的人削其蹄，剪其毛，给它备上鞍子，戴上辔头，甚至用鞭子抽打，这样，马就很少有不死的了(《马蹄》)。他又说："是故凫胫虽短，续之则忧。鹤胫虽长，断之则悲。故性长非所断，性短非所续。"(《骈拇》)这是说，事物的大小、长短等性质也都是自然给与的，如果勉强加以人为的增减，必然造成不幸和痛苦。

《庄子》的第七篇的题目是《应帝王》，照传统的说法，这篇是讲"帝王之道"的，也就是说，是讲庄周的政治思想的。在这篇里说："啮缺问于王倪，四问而四不知。啮缺因跃而大喜，行以告蒲衣子。蒲衣子曰：'而乃今知之乎？有虞氏不及泰氏。有虞氏其犹藏仁以要人，亦得人矣，而未始出于非人。泰氏，其卧徐徐，其觉于于，一以己为马，一以己为牛，其知情信，其德甚真，而未始入于非人。'"意思是说，社会越变越坏。在有虞氏(舜)的时候，已经不及在他以前的泰氏了。有虞氏要求人都有"仁"，把人和非人分别开来。他没有能从这个分别中跳出来。泰氏就不是如此。他没有什么分别，甚至不知道自己同牛、马的分别。这样，他就可以保持他的本性，没有堕落到人与非人的分别之中。这一段的意思，类似《老子》所讲的，"失道而后德，失德而后仁"。

这篇又讲了一些"明王之治"。最后，举出了一个故事说：中央地方有个神名叫混沌，因为他没有耳目口鼻等窍，所以称为混沌。住在南海和北海的两个神，很怜悯他，想为他开窍，凿了七天，七窍凿通了，混沌也就死了。混沌就是无知，王倪"四问而不知"，有近于混沌,所以啮缺大喜。

庄周说:一个所谓"真人",睡着了不做梦("其寝不梦"),醒了也没有什么忧虑("其觉无忧"),吃饭不知味道("其食不甘"),不知生的可欢,也不知死的可恶("不知悦生,不知恶死")(《大宗师》)。这就是"其卧徐徐,其觉于于"的注解。这就是混沌的表现。

庄周又叙述一个故事说:孔丘的学生子贡在晋国遇见一个种菜园的"丈人"。他做一个隧道通到井里,用瓮盛水,把水抱出,"用力甚多而见功寡"。子贡告诉他,有一种机械名叫槔,用槔可以"一日浸百畦,用力甚寡而见功多"。这位"丈人"听了很生气,他说:"有机械者必有机事,有机事者必有机心。"有机心的人是"道之所不载"。他说:他不是不知道有这种机械,只是"羞而不为"。子贡把这件事情告诉孔丘。孔丘说:这是"修混沌氏之术"的人。修混沌氏之术就是崇尚混沌。人越能用机械向自然作斗争,人就越能战胜自然,可是从庄周看起来,这就是破坏了客观的混沌。有了机械就有机心,机心就破坏了主观的混沌。

庄周之所以反对"机心",赞美混沌,是因为他认为,如果被统治的群众有知识,他们就会反抗,而这种反抗是奴隶制所以被打倒的原因。他说:"故天下每每大乱,罪在于好知。"(《胠箧》)他又引老聃的话说:"汝慎无撄人心。人心排下而进上,上下囚杀。……偾骄而不可系者,其唯人心乎?……天下脊脊大乱,罪在撄人心。故贤者伏处大山嵁岩之下,万乘之君,忧栗乎庙堂之上。"(《在宥》)意思就是说,被统治的群众的心不可挑动,动了以后,就一发而不可收拾,必致于"天下大乱"。所谓"天下大乱",乱的是奴隶主的社会秩序,原来的当权的贵族被打到大山嵁岩之下,还在当权的统治者坐在宝座上吓得发抖。从奴隶主看,这种秩序的破坏是"天下大乱",从被统治的群众看,这是形势大好。庄周的意思,也是像老聃一样,认为"民之难治,以其智多"。对付的办法是使民无知,甚而至于连自己不同于牛马这一点也不知道。奴隶主希望,这样就可以使奴隶们安于牛马的生活。

庄周认为儒家的办法也是"撄人之心",不可能达到预期的结果。庄周说:"及至圣人,屈折礼乐以匡天下之形;县跂仁义以慰天下之心,而民乃始踶跂好知,争归于利,不可止也。"(《马蹄》)他说:"下有桀跖,上有曾史,而儒墨毕起。于是乎喜怒相疑,愚知相欺,善否相非,诞信相讥,而天下衰矣。大德不同,而性命烂漫矣"。(《在宥》)因此,庄周得出结论说:"故绝圣弃知,大盗乃止;擿玉毁珠,小盗不起;焚符破玺,而民朴鄙;掊斗折衡,而民不争。殚残天下之圣法,而民始可与论议。"(《胠箧》)他认为取消了这些东西以后就得到所谓"至德之世"。他描述这种社会说:"夫至德之世,同与禽兽居,族与万物并,恶乎知君子小人哉?同乎无知,其德不离;同乎无欲,是谓素朴。素朴而民性得矣。"(《马蹄》)"同与禽兽居,族与万物并",就是《应帝王》所说的,没有人与非人的分别。

《庄子》中讲的理想社会和《老子》中讲的理想社会好像是相同的,其实亦不同。《老子》所讲的理想社会是守其素朴知其文明,在其中亦有舟车、亦有甲兵、亦有文字,不过是无所用之。《庄子》中所讲的理想社会就只有素朴这一面。在它所描写的理想社会中,不但用不着舟车、甲兵及文字,它本来就没有这些东西,也不知道有这些东西。这是《庄子》比《老子》更进一步地主张社会倒退的表现。

第七节　庄周哲学是隐士思想的总结

道家出于隐士。在春秋战国社会大转变时期，奴隶主阶级里的没落分子以及不愿意与地主阶级合作的人，把自己隐蔽起来，被称为"隐士"。他们的最大目的，是保存自己，免受地主阶级的迫害。他们的思想的早期代表是杨朱。孟轲说，"杨氏为我"，这是隐士思想的中心，也是道家思想的一个主题。

他们所用的保存自己的方法之一，就是装疯卖傻，装为无用之物。《庄子》讲了些"无用之木"的故事。这些木不成材料，所以也没有人采伐它。可是这个办法也不是在任何情况下都可行。《山木》篇讲了一个故事说：庄周带着他的学生在山里走路，看见一棵很高大的树，一个木匠坐在树的旁边，并不采伐。庄周问他为什么不采伐。木匠说："这棵树虽然高大，但不成材料，实在是没有什么用处。"庄周对他的学生说："你们记住，这棵树因为没有用，才保存了它的寿命。"晚上庄周住在他的朋友家里。他的朋友要杀一只雁，作为庄周的晚餐。朋友的家里人问道："有两只雁，一只能鸣，一只不能鸣，杀哪一只？"朋友说："杀那只不能鸣的。"第二天，庄周带着他的学生上路。学生问道："前天那棵大树，因为没用，才可以保存它的寿命。昨天那只雁，因为没用而被杀了。这样看起来，有材也不行，没材也不行，先生打算怎么办？"庄周说："吾将处于材与不材之间。"就是说,既不表现太有用,也不表现太无用。

《养生主》也说:"为善无近名;为恶无近刑;缘督以为经,可以保身,可以全生,可以养亲,可以尽年。"这也就是说,不可表现太好,也不可表现太坏,最好是不好不坏,经常走好坏之间的一个中间路线("缘督以为经")。这个中间路线就是"材与不材之间"。

在《山木》篇中,庄周又说,这个中间路线也还不保险。他说:"材与不材之间,似之而非也,故未免乎累。若夫乘道德而浮游则不然。无誉无訾,一龙一蛇。与时俱化,而无肯专为。一上一下,以和为量,浮游乎万物之祖,物物而不物于物,则胡可得而累邪?""乘道德而浮游"就是《逍遥游》所说的"以游无穷"。"浮游乎万物之祖"就是《齐物论》所说的与道为一。"无誉无訾,一龙一蛇",就是《人间世》所讲的混世。"物物而不物于物",是说要常为主动不为被动。这样,就什么麻烦都没有了。

从孔丘到庄周可以看出来当时奴隶主阶级日益没落的情况,在孔丘的时代,奴隶主阶级的统治虽然已经开始崩溃,但还未完全失去控制的能力。孔丘还希望,在这个基础上对于旧政权、旧制度做一些修修补补的工作,企图挽救它们的失败。到了《老子》的时代,奴隶主阶级已经失败了。旧的社会制度和社会秩序已经完全不能维持了,但已经失掉了政权的奴隶主阶级还想作最后的挣扎,企图用一种阴谋权术,恢复他们已经失去的天堂。到了庄周的时代,这种最后的挣扎也没有胜利的希望了。他们完全失望了,绝望了,只好完全放弃斗争,得过且过,随遇而安,听天由命了。《庄子》书中虽然用了许多超然的词句、乐观的论调,但是在这些词句论调下面隐隐约约地藏着一种悲观的情绪。

在后来的封建社会中，地主阶级内部分化为当权派和不当权派，这二派之间是有矛盾、有斗争的。知识分子也有"在朝"和"在野"的分别，前者称为"庙堂"，后者称为"山林"。这二者之间也是有矛盾、有斗争的。在"山林之中"的知识分子，固然要用庄周的"超世绝俗"的思想，以安慰自己。即在"庙堂之上"的知识分子，也往往用庄周的"混世"思想，以保全自己。所以庄周的思想，在中国的封建社会中，仍然是很流行的。儒家的思想固然成为封建统治阶级的统治思想，道家的思想仍然和它分庭抗礼，相互为用，以保持封建社会的平衡。

例如晋朝的陶潜，本来也是个有雄心壮志的人。他赞美荆轲，同情荆轲，但是他怀才不遇，沉困下僚，只得辞官不做，离开"庙堂"这条路，走向"山林"。他的诗说："采菊东篱下，悠然见南山。山气日夕佳，飞鸟相与还。此中有真意，欲辨已忘言。"宋朝的辛弃疾本来是一个反抗金兵的农民群众武装的领袖，回到宋朝以后，得不到朝廷的重用，也只好志向"山林"了，自号"稼轩"，以明其志。他的词说："味无味处求吾乐，材不材间过此生。"《老子》说："味无味"，就是说以"无味"为味。能够体会到味无味的真乐，才可以材不材间过一生，这个材不材间才可以不是似之而非。

在历史中的任何时代，总有不得志的人；在一个人的一生之中，总要遇到些不如意的事，这些都是问题。庄周哲学并不能使不得志的人成为得志，也不能使不如意的事成为如意。它不能解决问题，但它能使人有一种精神境界。对于有这种精神境界的人，这些问题就不成问题了，它不能解决问题，但能取消问题。人生之中总有些问题是不可能解决而只能取消的。

这种精神境界，用庄周的话说，可以概括为十六个字：

游于逍遥；

论以齐物。

超乎象外；

得其环中。

第十五章

惠施、公孙龙及其他辩者，后期名家的发展

第一节　关于名家这个称号

名家这个称号大概是从关于名、实关系这个问题引起的。名、实关系是中国古代哲学史中的一个重要问题。在春秋战国时代，由于社会制度的激烈变革，许多事物的称谓和它所指的实际事物，发生了矛盾。或者旧的称谓没有改变，但它所指的实际事物已经发生了变化，或者出现了新的事物，旧的称谓不足以表明它的新内容。例如，"君"这个名词，原来是指旧的奴隶主，而后来新兴的地主阶级的政治代表也称为"君"了。这样，就出现了所谓"名、实相怨"（《管子·宙合》）的情况。这是当时社会激烈变革的必然产物。因此，当时许多思想家都关心名、实关系的问题。他们都要求解决名和实的矛盾，使名实相符，以为他们所服务的阶级的政权服务。由于他们所代表的阶级利益不同，他们解决名、实关系的方法和态度也完全相反。一般说来，没落奴隶主阶级，走复古、倒退路线的思想家，重视旧有的名。他们企图保持旧有的名不变，想用旧的"名"校正新的"实"。他们就像孔丘那样以"正名"为"复礼"。因此，他们重视"名"而轻视"实"，把名看成是一成不变的，第一位的，在哲学上走向了唯心主义。与此相对立，代表新兴地主阶级的思想家把"实"看成是第一位的，认为"名"是"实"的"名"，有什么样的"实"就应该有什么样的"名"，"名"是随"实"而变的，在哲学上走向了唯物主义。他们讲"综核名实"，以此为代表地主阶级的统治者提供新的统治方术。稷下黄老之学和申不害所讲的"术"，都是这一类的思想。

司马谈论名家说："名家苛察缴绕，使人不得反其意，专决于名，而失人情。故曰：'使人俭而善失真。'若夫控名责实，参伍不失，此不可不察也。"（《论六家之要指》，《史记太史公自序》引）刘向、刘歆说："名家者流，盖出于礼官。古者名位不同，礼亦异数。孔子曰：'必也正名乎！名不正则言不顺。言不顺，则事不成。'此其所长也。及警者为之，则苟钩鈲析乱而已。"（《汉书·艺文志》）

汉朝的历史家对于先秦思想的"六家"的分法，本来就是不很科学的，而所谓"名家"的名称，尤其是很不科学的。他们所说的"名家"的内容是很混乱的。司马谈所说的"控名责实，参伍不失"，是法家所讲的统治术。刘向、刘歆所说的"正名"是孔丘的"复礼"的方法。前者属于法家思想，后者属于儒家思想，两者正是相反的。司马谈所说的"苛察缴绕"，刘向、刘歆所说的"钩鈲析乱"同法家所讲的"控名责实"，儒家所讲的"复礼"，既没有逻辑的关系，也没有继承的关系，那是另外一回事。这些历史家们仅看到一些现象，没有看到事情的本质，就混为一谈，一概称之为"名家"。这是很不科学的。

关于"名实"的问题，到了战国中期以后，发展成为认识论和逻辑学上的问题。在这两方面的讨论，后期墨家和荀况作出很大的贡献。惠施和公孙龙，把名家问题引入到宇宙观的范围。他们所辩论的主要是宇宙观的问题，或者可以说是西方哲学中所说的本体论的问题。在宇宙观或本体论中，也有两条路线的斗争，主要是辩证法和形而上学的斗争。在这个斗争中惠施从实出发，代表了辩证法的路线,公孙龙从名出发,代表形而上学的路线。这种情况可以在《庄子·天下》篇中看出来。

《天下》篇是先秦一篇哲学史论文,是站在庄周哲学立场的人写的。他在叙述了庄周哲学以后,本来就可以结束了,因为他认为哲学的发展到庄周已经登峰造极了。可是他又写了一段,评论惠施、公孙龙及其他辩者,介绍了他们的辩论的要点,作为他的文章的一个附录。这是他对这些辩论既不赞同而又不忍舍弃的一种表现。

他的这段附录是以惠施为主的,开头说:"惠施多方,其书五车,其道舛驳,其言也不中。"就是说,惠施的学问很广,著述很多,可是他的意思很杂乱,他的话也说不到点子上。下面列举了惠施的十点辩论,又接着说:"惠施以此为大观于天下,而晓辩者。天下之辩者相与乐之。"就是说,辩者们对于惠施十点辩论,很感兴趣。下边又列举了辩者们提出的二十一点的辩论,接着说:辩者们"以此与惠施相应,终身无穷"。

在这些辩者之中,《天下》篇特别提到两个人,一个是桓团,一个是公孙龙。"桓团、公孙龙辩者之徒,饰人之心,易人之意,能胜人之口,不能服人之心,辩者之囿也。惠施日以其知与之辩(原作"与人之辩",今从古钞卷子本),特与天下之辩者为怪,此其柢也"。这里所说的"与之辩"这个"之"字指的是桓团、公孙龙。这两个人是惠施辩论的对手。惠施"日以其知与之辩"。就是说,他用他自己所有的知识同桓团、公孙龙辩论。桓团这个人没有什么言论、著作可见,公孙龙有一部《公孙龙子》传下来。从这部书的内容看,公孙龙确实是同惠施对立的。他是作为惠施的对立面而出现于历史的,他们的辩论当然不是闲磨牙,而是具有宇宙观或本体论的意义。当然这也不是一种概念的游戏,而是两种思想方法的反映。

荀况把邓析、惠施归为一类。他说:"不法先王,不是礼义;而好治怪说,玩琦辞。甚察而不惠,辩而无用,多事而寡功,不可以为治纲纪。然而其持之有故,其言之成理,足以欺惑愚众。是惠施、邓析也。"(《荀子·非十二子》)荀况的评论不一定都对,但是认为邓析、惠施都是反传统的,并都以怪说琦辞作为反传统的工具,这一点是对的。他特别提出来邓析、惠施的怪说琦辞,认为他们都是在那里玩弄名词,制造怪论;这就是司马谈所说的"苛察缴绕",刘向、刘歆所说的"钩𨨶析乱"。这些评论大半是出于误解或不了解。可是,如果还沿用名家这个称号,真正的名家思想就是荀况、司马谈、刘向、刘歆所不了解的那些辩论。

这种思想的要点就是用"怪说""琦辞",在宇宙观的高度进行两种思想方法的斗争。在这个意义上说,邓析是中国名家的先驱。说他是名家,因为他用以同子产作斗争的方法,似乎也是"苛察缴绕","钩𨨶析乱"。说他是先驱,因为他还没有把他的辩论提到宇宙论或本体论的高度。他所进行的斗争是在法律的领域内,还没有进入哲学的领域。

第二节 惠施的法家思想

惠施据说是宋人(《吕氏春秋·淫辞》高诱注)。他曾经做过魏国的宰相,"为魏惠王为法"(《吕氏春秋·淫辞》)。法成以后,向老百姓公布,得到老百姓拥护。他所做的事跟法家的政治家是一类的。他曾经说:"置猿于柙中则与豚同,故势不便,非所以逞能也。"(《韩非子·说林下》)他又说:如果一个善射的人,羿,持弓射箭,虽不认识的越人也愿意为他拿靶子。如果一个小孩持弓射箭,他的母亲也要躲进房把门关起来。由此他得出结论说:"可必,则越人不疑羿;不可必,则慈母逃弱子。"(同上)他以此说明信赏必罚的重要。从这些资料看起来,惠施在政治方面的措施和思想和法家是一类的。

《吕氏春秋》说:"匡章谓惠子曰:'公之学去尊,今又王齐王,何其倒也?'惠子曰:'今有人于此,欲必击其爱子之头,石可以代之。公取代之乎,其不与?施取代之。子头所重也,石所轻也。击其所轻,以免其所重,岂不可哉?齐王之所以用兵而不休,攻击人而不止者,其故何也?'匡章曰:'大者可以王,其次可以霸也。'惠子曰:'今可以王齐王,而寿黔首之命,免民之死,是以石代爱子头也,何为不为?'"(《吕氏春秋·爱类》)魏惠王后元年,齐、魏会于徐州,互尊为王(《竹书纪年》)。《吕氏春秋》的这段话就是指此事。匡章说:"公之学去尊。"可见"去尊"是惠施的一个主要思想,而且有一定的理论根据。这一思想的内容,由于材料的缺乏,我们知道很少。但从字面的意义看,"去尊"含有去掉特权和要求平等的意义。

但是惠施并不是真要"去尊"。他自命为"治农夫者"(《吕氏春秋·不屈》)。他还是要维持等级制度的。他的"去尊"主要是对于奴隶制的等级制度说的。他要"去"奴隶制的等级制度的"尊",而保持封建制的等级制度的"尊"。所以他一方面主张"去尊",一方面又自命为治农夫者。从他的阶级观点看,这两方面不但并行不悖,而且去彼"尊"正所以立此"尊"。

就惠施的哲学思想说，他强调事物的相对性。就古代哲学发展的历史看，强调事物的相对性，可能有两种情况。一种情况是，站在拥护新事物的立场讲事物的相对性，其锋芒指向于否定旧事物的绝对权威，为新事物争取地位。另一种情况是，站在没落阶级的立场讲事物的相对性，其锋芒指向于诅咒新兴的事物，不承认新兴事物的地位。惠施是站在前一种立场的。这可能就是"惠施十事"的阶级根源。他和庄周的区别也在于此。

第三节　惠施的"万物说"

《庄子·天下》篇说：南方有个奇怪的人名字叫黄缭，提出些问题，问天为什么不塌下来，地为什么不陷下去，什么是风雨雷霆的原因（"风雨雷霆之故"）。惠施不假思索就把这些问题全回答了。并且"遍为万物说"。又说："惠施多方，其书五车。"可见他的著作是很多的。但是，他对于黄缭的回答，他的"五车书"、"万物说"，现在都失传了。就"万物说"这个名字以及下面的一些零碎材料看，可以推测他对于自然界各方面的现象，有许多解释。这是当时的科学知识。惠施不仅是一个政治家、哲学家，而且是一个科学家。

《庄子》中有一段话说："木与木相摩则然（燃），金与火相守则流。阴阳错行，则天地大绞（骇），于是乎有雷有霆。水中有火，乃焚大槐。"(《外物》)这就是说,两块木头相摩擦,就生出火来。金属的物质,在火中就变成液体。阴气和阳气如果互相交错,就有雷霆发出来。主张这种说法的人大概认为,交错就是阴气包住了阳气,阳气向外冲,于是发出雷霆的声音,甚至发出雷火,所以接着说:"水中有火,乃焚大槐。"这是当时关于"雷霆之故"的一个答案。我们不能断定这就是惠施的答案,但可能是惠施的答案。

《吕氏春秋·有始》篇讲到"大同"和"众异",又说到雷电之所以生。这说明,《吕氏春秋》的这一篇可能是从惠施的"万物说"抄来的。《吕氏春秋》本来是如后来《太平御览》之类,其内容都是从当时存在的著作中抄来的。不过《太平御览》抄书,注明出处;《吕氏春秋》则不注明。先秦著作一般都不注明著作人。《吕氏春秋》也是依照当时的惯例。《有始》篇说:"天地有始。天微以生,地塞以成(本作"微以成,地塞以形",依陈昌齐校改)。天地合和,生之大经也。以寒暑、日月、昼夜知之,以殊形、殊能、异宜说之。夫物合而成,离而生。知合知成,知离知生,则天地平矣。平也者皆当察其情,处其形。"这里所说的也是一个宇宙形成论。天地是有始的。天地以前是什么情况,这里没有说。天空是空虚的,所以说是"微";地是一个坚硬的实体,所以说是"塞"。天以其"微",地以其"塞"和合而生成万物。天地中间,有寒暑、日月、昼夜等分别("知")。所生成的万物,有不同的形体,不同的才能,适合于不同的环境("异宜")。天地由于这些情况而得到说明("说之")。万物是天地和合而成的,既成之后,就与天地分离而独立存在。人对于万物,要加以研究,考察它们的情况("察其情"),处置它们的形体("处其形")。这就是篇末所说的,"天斟(会集)

万物，圣人览焉，以观其类"。就是说，研究以后，把它们分类。"览焉"就是"察其情"，"观其类"就是"处其形"。下面接着说："解在乎天地之所以形，雷电之所以生，阴阳材物之精，人民禽兽之所安平。"照这几句话看起来，有许多"解"在后面，可惜《吕氏春秋》没有都抄下来。这些"解"正是说明"天地所以不坠不陷，风雨雷霆之故"。照这些情况看起来，《有始》这一篇可能是惠施"万物说"的序论。"惠施十事"是"万物说"的十个主要论点。所以《天下》篇称之为"历物之意"。

如果真是这样，我们可以说，惠施提出了一个唯物主义自然观，而且他的唯物主义是以当时的科学知识为基础的。

第四节　惠施"历物之意"十事

惠施不但有"万物说"，而且还讲"物之意"。照下面列举的十事看，"物之意"就是事物的本质和规律。"万物说"是对于事物的现象的解释，这是惠施的科学；"历物之意"就是普遍地考察事物的本质和规律，这是惠施的哲学。

《天下》篇说"（惠施）历物之意曰"，以下列举十事。

《天下》篇说：惠施与黄缭辩论，"遍为万物说。说而不休，多而无已，犹以为寡，益之以怪"。又说：惠施"特与天下之辩者为怪"。这个"怪"就是荀况所说的"怪说琦辞"那个"怪"。一般的人不能理解他的"物之意",就称之为怪。怪是他的哲学的特点。

为什么怪,因为他的哲学,接触到辩证法的一个主要规律,"同一性自身中包含着差别性"。

恩格斯说:"抽象的同一性(a=a,以及否定地,a 不能同时等于 a 又不等于 a)在有机自然界中同样是不能够应用的。植物、动物,每一个细胞,在其生存的每一瞬间,既和自己同一而又和自己相区别,这是由于吸取和排泄各种物质,由于呼吸,由于细胞的形成和死亡,由于循环过程的进行,一句话,由于不休止的分子变化的总和,这些分子变化形成生命,而其综合的结果则一目了然地出现于各个生命阶段——胚胎生命,少年,性的成熟,繁殖过程,衰老,死亡。生理学愈向前发展,这种不断、无限小的变化对于它就愈加重要,因而同一性内部的差别的考察也就愈加重要,而那旧的抽象的形式的同一性观点,即把有机体当作单只和它自己同一的东西,看作常住不变的东西的观点,便过时了。然而以此为基础建立起来的思维方式及其诸范畴却还继续存在。但是甚至在无机自然界中,同一性本身在现实中也是不存在的。每一物体不断地受到机械的、物理的、化学的作用,这些作用经常在改变它,修改它的同一性。只是在数学中——即研究思想事物(纵然它们是实在的反映)的一种抽象的科学中,——才有抽象的同一性及其与差别的对立,而且甚至在这里也渐次被抛弃着。同一性在自身中包含着差别性,这一事实在每一命题中都表现出来,在这里述语是必须和主语不同的。莲花是一种植物,玫瑰是红的:这里不论是在主语或者在述语中,总有点什么东西是述语或主语所包括不了的。与自身的同一首先必须有与一切别的东西的差别作为补充,这是不证自明的。"(《自然辩证法》,

人民出版社1955年版，一七六至一七七页）

恩格斯在这里所说的是客观辩证法的一个规律。这里所说的同一和差别，若用先秦哲学的范畴表示出来，就是所谓"同"和"异"。战国时笼统的说法，都说辩者"合同异，离坚白"。其实这两个"标语"表示出惠施及其对立面的互相对立的特点。惠施主张"合同异"，其对立面公孙龙主张"离坚白"。

惠施"历物之意"的第一事说："至大无外，谓之大一；至小无内，谓之小一。"稷下黄老学派也有"其大无外，其小无内"（《管子·心术上》）的说法。惠施的第一事可能是从稷下黄老学派来的，但其意义不同。稷下黄老学派所说的"无外""无内"是形容"道"的；惠施并不讲黄老学派所讲的"道"。他所说的"无外""无内"可以说是"至大""至小"的定义。意思就是说，什么东西是至大的？只有"无外"的东西是至大的。"无外"就是说，不可能有什么东西在其外。这个大就是无限大。既然是无限大，所以就是至大。什么东西是至小的？只有在其内不可能有什么东西，不可能再分割了，这才是至小。这个小就是无限小，既然是无限小，所以说是至小。至大之所以为至大，至小之所以为至小，就是因为它是无限。至于有限的东西可能是很大，但它既然是有限那总可能有比它更大的东西，所以不能是至大。它的大只是相对于比它小的东西说的。所以它的大无论有多么大，总是相对的。关于小也是这种情况。有限的东西，无论是大是小，总都是相对的。既然是相对的也就是可以转化的。相对大的东西对于比它小的东西，说它是大，但对于比它大的东西说，它就小了。这就是说，它的大可以转化为小。对于小也有这种情况。

庄周说："天下莫大于秋毫之末，而泰山为小；莫寿乎殇子，而彭祖为夭。天地与我并生，而万物与我为一。"(《庄子·齐物论》)泰山和秋毫都是有限的东西，庄周指出，泰山的大和秋毫的小都是相对的，是可以转化的，同比泰山大的东西比，泰山就是小，同比秋毫小的东西比，秋毫就是大，这是不错的。但是，泰山与秋毫比，泰山总是大，秋毫总是小。如果因为泰山的大和秋毫的小都是相对的，可以转化的，就说秋毫比泰山大而且还是最大，那就是诡辩。庄周的意思是要借此说明既然大小的分别都不是绝对的，所以也就没有分别，由此而得出"万物与我为一"的结论。

惠施"历物之意"，开宗明义，指出只有无限大才是至大，只有无限小才是至小。他可能是以此说明，有限的东西的大、小，也都是有限的，因此都是相对的，可变的，可以与其对立面互相转化的，这也就是说，就有限的东西说，其同一性中有差别性。

第二事说："无厚不可积也，其大千里。""无厚"是战国时期学术界经常讨论的一个问题。这是跟当时几何学的发展相联系的。几何学中的"面"是"无厚"的；"无厚"就没有体积，但是有面积，其大可至千里。就其没有体积说，"无厚"不能说是大，一个"无厚"加上一个"无厚"，还是"无厚"，犹如零加零还是零，但是就其面积说，其大可至千里，这是用一个科学中的例说明自身同一中的差别。

第三事说："天与地卑，山与泽平。"老聃说："高下相倾。"这是说高下是"相反相成"的，"没有高山不显平地"。没有高也就没有下，没有下也就没有高。惠施的这个辩论注重在说明高的或下的东西，都在其自身的同一性中包含有差异。也就是说，高的东西或下的东西中，都包含它自己的对立面。这两个对立面也是相对的，也可以互相转化。从事实方面说，一般人都认为天是高的，地是低的，但是向远处看,又都好像天与地是接联的。所以也可以说:"天与地卑。"一般人认为山是高的,泽是低的。但是在海拔高的地方的湖泊,可能跟在海拔低的地方的山一样高,所以说:"山与泽平。"

第四事说:"日方中方睨,物方生方死。"太阳刚才升到正中,同时也就开始西斜了。一个东西刚才生出来,同时也就开始死亡了。这个命题表明生、死是相对的,事物在发展的过程中包含生、死两个方面。任何事物都含有内部矛盾,都有自己的反面和正面,有自己的过去和将来,自己的衰颓着的东西和发展着的东西。固定的、不变的同一性是没有的。

第五事说:"大同而与小同异;此之谓小同异。万物毕同毕异;此之谓大同异。"这一条的意义在《吕氏春秋·有始》篇中得到解释。《有始》篇说:"天地万物,一人之身也,此之谓大同。众耳目鼻口也,众五谷寒暑也,此之谓众异。"天地是大同;一人之身,应该是小同。"天地万物一人之身也",这是大同与小同之间的同。可是大同与小同有大小的不同,这是大同与小同之间的异。这种同异只是两种东西之间的同异,所以说是小同异。大同和小同自身也都包含有差别,即众异。"众耳目口鼻"是小同中的众异;"众五谷寒暑"是大同之中的众异。惠施认识到,事物之间都是有联系的,就如"一人之身"一样;同时事物之间也都是有分别的,事物自身的同一也包含有差别。

第六事说:"南方无穷而有穷。"这是借"南方"这个地理名词以说明同一性自身中的差异。南方是无穷的,又是有穷的,就当时人的地理知识说,"南方无穷"是战国时期的人常说的话。《墨子》中说:"南者有穷则可尽,无穷则不可尽。"(《经说下》)在当时,一般人都认为南方是无穷的。因为中国东面有海,西有沙漠(流沙),

北面有大山，只有南面，随着南方各国，如楚、越等国向南方继续扩展，没有达到止境，好像是无穷的。但随着地理知识的进步，到战国中叶，惠施的时候，人已经意识到，南方也有海。在战国后期，邹衍大九州之说已经流行。他认为中国四面都为海所环绕；在这时候，"四海"这个名词有比较确定的意义，比较具体的内容。所以就这个时候一般人的科学知识说，南方也是有穷的。《吕氏春秋·有始》篇也说："凡四海之内，东西二万八千里，南北二万六千里。"根据这种知识，惠施在此以"无穷"和"有穷"相对比，借以说明无穷和有穷自身的同一都包含有差别，都包含有对立面。这些对立面是可以互相转化的。这也可以说明，人的知识是经常变动的，是相对的。

第七事说："今日适越而昔来。"这是说"今""昔"是相对的，互相转化的。今天所谓昔，正是昨天所谓今，今天所谓今，明天就成为昔。今、昔也是互相依存的，没有昔，就无所谓今，没有今，也没有所谓昔。"今""昔"自身的同一都包含有差别。

第八事说："连环可解也。"连环是不可解的，但是当它毁坏的时候，自然就解了。事物自身的同一都包含有差别。连环存在的时候，也就是它开始毁坏的时候，也就是它开始解的时候。举连环为例，因为当时有个有名的关于连环的故事。据说，有一个外国的使臣给齐威王后一个玉连环，请她解开。齐威王后拿了一把锤子，把玉连环打碎，向使臣说：连环解开了。惠施的这个辩论，也说明，解与不可解也是相对的，有条件的。

第九事说："我知天下之中央，燕之北，越之南是也。"中国人本来以为中国是世界的中央，燕之南、越之北，是中国的中央，所以燕之南、越之北，也是天下的中央。《吕氏春秋·有始》篇说：

"东南为扬州，越也……北方为幽州，燕也。"随着地理知识的发展，人们已知道中国并不是世界的中央。照《吕氏春秋·有始》篇所说，"四海之内"是中国的境内。于"四海"之外还有"四极"，这是世界的极限。它说："凡四极之内，东西五亿有（又）九万七千里；南北亦五亿有九万七千里。"中国不过是"四极"之中的一小部分，决不是世界的中央。《有始》篇又说："白民之南，建木之下，日中无影，呼而无响，盖天地之中也。""白民之南"据《山海经》说，在海南边。照"大九洲"之说，中国也不是世界的中央。天下之中央可以说是在"越之南"，但何以又在"燕之北"？这就不好解释。无论如何，惠施在这里所讲的，主要的不是当时人的地理知识，而是辩证法。他只是借用一个与当时一般人的见解极端相反的说法，借以说明中央与旁的分别是可以互相转化的。

第十事说："泛爱万物，天地一体也。"照上面九个论点所证明的，一切事物都是在变动之中的，有联系的。一切差别都是相对的，有条件的；也都可以互相转化的。照《吕氏春秋·有始》篇所说的，"天地万物，一人之身也，此之谓大同"。"一人之身"，正是"天地一体"的意思。既然"天地一体"，所以要"泛爱万物"。这是十事的一个结论。

有人认为，这也是一种"兼爱"之说，因此惠施是墨家的一个支流。其实，墨翟讲"兼爱"是就社会各阶级说的。他要求当时社会中的"王公大人"以及工、农群众，互相爱护，互相合作。这是阶级调和论。惠施讲的是宇宙观，或本体论，认为宇宙间的事物都是互相联系的，如"一人之身"那样。"泛爱万物"这句话可能只是用以加强"天地一体"这句话的语气。无论如何，这不是惠施的哲学思想的中心和重点。

第五节　惠施与庄周——辩证法与相对主义、怀疑论和诡辩

惠施的十事，贯串起来大意是说，大的东西可以同时是小，小的东西也可以同时是大。一个事物的兴盛，同时也就是它的衰败。一个活生生的东西同时也正在死亡。每个东西同一切别的东西都有分别，同时一切别的东西都同它有联系。要泛爱万物，整个天地都是互相联系着的，如同一人的身体一样。粗浅地看，惠施好像是在宣扬庄周的齐物论。上面所引的《齐物论》中的一段话："天地与我并生，而万物与我为一。"下面接着说，"既已为一矣，且得有言乎？既已谓之一矣，且得无言乎？一与言为二，二与一为三，由此以往，巧历不能得，而况其凡乎？"意思就是，既然是一个整体，那就不能再说什么了。因为一说就有说与所说的对立，那就不是一个整体了，而是两个。有一又有二，那就成为三了。这样加起来，那就不知有多少了。所以只好停留在"一"上。庄周认为既然事物的性质以及它们之间的分别都是相对的，那也就是不真实的，只是由于主观上的认识，不是客观上所固有的，对于它们随便怎么说都可以。这就是说，它们就只是"我"的主观的偏见，不是客观存在。唯一真实的东西，就只是我的主观的、无分别的、一片混沌的境界。

拿庄周这段话同惠施的"十事"详细比较，就可以看出来，惠

施所注重的是客观的世界，而庄周所注重的是人的主观的世界。他们虽然都讲到万物一体，但是惠施所讲的"万物一体"是就万物论万物，并不是以我为中心，庄周所讲的万物一体，则是以我为中心的。所以惠施只是讲"泛爱万物"，而不讲无差别的、一片混沌的主观境界。庄周则把这一种境界作为他的《齐物论》的最后的结论，并且认为这种境界是"圣人"自我修养的最高成就。

这是惠施和庄周的根本的不同，因为有这不同，所以惠施讲的是辩证法和唯物主义，庄周所讲的是相对主义、怀疑论、诡辩和主观唯心主义。惠施与庄周的哲学思想是根本对立的。

这个判断可以从《天下》篇中得到反面的说明。《天下》篇是庄周一派的人站在庄周哲学立场上写的。他把惠施写在庄周之后，作为一个附录，这表示他对于惠施相当重视。但是他认为惠施的大方向是错误的。他说："惠施之口谈，自以为最贤，曰：'天地其壮乎！'施存雄而无术。""天地其壮乎"是惠施的话，意思就是说，天地是伟大的。他重视客观世界，以客观世界为中心。而庄周则认为"我"是最伟大的，以"我"为中心。惠施认为"我"是天地的一部分，而庄周则把天地归结为"我"。"施存雄而无术"是《天下》篇的作者对于惠施的评论。意思就是说，惠施是有一种雄心要想了解天地，但是没有"术"。这个"术"就是《天下》篇所讲的"道术"，也就是庄周的相对主义和唯心主义哲学。《天下》篇的作者认为彭蒙、田骈、慎到、老聃、庄周，都有得于"古之道术"，而惠施则无所得，所以惠施是"弱于德，强于物，其涂隩矣"。就是说，惠施不讲对于内心的修养而只讲对于外物的知识，所以他的路越走越窄了。

《天下》篇对于惠施评论说："惠施不能以此自宁，散于万物而不厌，卒以善辩为名。惜乎惠施之才，骀荡而不得，逐万物而不反，是穷响以声，形与影竞走也，悲夫！"《天下》篇对于惠施的这种惋惜，也是对于惠施的批评。其实，这种批评是从反面对于惠施的赞扬。惠施对于客观世界的态度，是唯物主义者和科学家的态度。客观的世界是无穷无尽的，人类对于客观世界的认识和改造，也是无穷无尽的。人对于客观世界的每一点认识都只能是相对的真理。相对真理的总和才是绝对真理。人类只能于认识客观世界的过程中才能逐渐接近绝对真理。接近是接近了，可是永远得不到绝对真理。因为这个过程是无限的。改造客观世界也是这样。人在改造客观世界中改造主观世界也是这样。这些过程都是无限的。如果认为这些过程有一个终结那就违反了辩证法。

在这些过程中，人类不能"自宁"，"散于万物而不厌"，倒真是有点像"穷响以声，形与影竞走"，但是这有什么可悲呢！人生的意义不也正在于此吗？认为这是可悲或可乐，这是两种世界观的斗争。两种世界观也就是社会上两条路线斗争的反映。

第六节　惠施的对立面——公孙龙

恩格斯说：有"两种哲学派别：带有固定范畴的形而上学派，带有流动范畴的辩证法派"（《自然辩证法》，人民出版社1955年版，一六七页）。又说，"旧的形而上学意义下的同一律是旧的世界观的基本原则：a=a，第一事物和它自己相同。一切都是永久不变的……真实的具体的同一性包含着差别和变化"（同上，一七八页）。惠施的"十事"是对于形而上学意义下的同一律的一种批判。他用"十事"证明一个事物自身包含着差别。a 是 a，同时是非 a。太阳升在天中，同时就西斜了。一切事物的性质和活动都是相对的，可变的。从"十事"看，惠施是属于带有流动范畴的辩证法派。他讲的是真实的具体的同一性。以这种同一性为基础的宇宙观同形而上学宇宙观处于对立的地位。

当时带有固定范畴的形而上学派的代表人物是公孙龙。惠施把流动性范畴提到宇宙观或本体论的高度。同他作对立面的人也必须把固定性范畴提到同样的高度。这一点公孙龙做到了。要做到这一点，公孙龙也接触到辩证法的问题，对之也有片面的理解。但是这种理解的片面性使他成为惠施的对立面，成为当时固定性范畴形而上学派的代表。

公孙龙（约前 320—约前 250）是赵国人（《史记·孟子荀卿列传》）。关于他的政治上的主张和活动的材料很少。仅知道他反对打仗，是一个反战论者，用当时的话说，他主张偃兵。据说，他曾经"说燕昭王偃兵"（《吕氏春秋·应言》）。又说赵惠文王偃兵，说："偃兵之义，兼爱天下之心也。"（《吕氏春秋·审应》）上边讲到惠施也有主张"偃兵"之说，但是所谓惠施偃兵只是对于齐楚两国的一种外交策略，而公孙龙主张偃兵照《吕氏春秋》所讲的，是一个一般的理论，并且以"兼爱"作为其理论的根据。

他劝燕昭王和赵惠文王自己先不要有战争的思想，更不要有鼓励战争的行为。这是要使这两个国君从思想上解除武装。

他有很久的时间在赵国的一个封君（平原君）家里当食客。《吕氏春秋》又说：赵国和秦国立了一个"约"，说：秦国所要做的事，赵国帮助。赵国所要做的事，秦国帮助。过了些时候，秦国攻魏国，赵国要救魏国。秦国先对赵国说：这不合我们两国的约。赵王告诉平原君，平原君告诉公孙龙。公孙龙说：赵国也可以派人去谴责秦国说：赵国要救魏国，秦国不帮助，这也不合两国之间的约。（《淫辞》）公孙龙也发挥了他善于辩论的特长，帮助赵国解决些外交上的问题。

关于公孙龙的哲学思想的材料相当多。后人把这方面的材料编辑为《公孙龙子》一书。在这部书里他的哲学思想有比较详尽的发挥。

第七节　公孙龙关于"白马非马"的辩论

公孙龙的一个有名的辩论是"白马非马"。现存的《公孙龙子》中的《白马论》有关于"白马非马"的详细的论证。

公孙龙的"白马非马"这个命题，以及他的关于这个命题的辩论，也反映辩证法中的一个重要问题——同一性与差别性的关系的问题。他从另一个出发点讨论了上面说的"同一性在自身中包含着差别性"这个问题，得出了与惠施正相反的结论。惠施是从具体的事物出发来看这个问题。公孙龙是从命题出发，他看出，在每个命题中，如"莲花是一种植物，玫瑰是红的"等，其主语和述语的内涵和外延都不完全相同。正是如恩格斯所说的,"不论是在主语或者在述语中,总有点什么东西是述语或主语所包括不了的"。但是恩格斯指出,"述语是必须和主语不同的";这正是"同一性在自身中包含着差别性"这个客观辩证法的反映。一般人都说:"白马是马。"公孙龙对于这个命题作了相当详细的分析,明确地指出主语和谓语之间的不同。但是他不知道这样的不同是必须的,是客观规律的反映,反而把二者割裂开来,加以抽象化、绝对化,由此达到客观唯心主义的结论,得出"白马非马"的结论。这就是把范畴固定化,其思想方法是形而上学的。

这里又牵涉到另外一个问题,即一般和个别的关系的问题。列宁说:"从任何一个命题开始,如树叶是绿的,伊万是人,哈巴狗是狗等等。在这里(正如黑格尔天才地指出过的)就已经有辩证法:个别就是一般。……这就是说,对立面(个别跟一般相对立)是同一的:个别一定与一般相联而存在。一般只能在个别中存在,只能通过个别而存在。任何个别(不论怎样)都是一般。任何一般都是个别的(一部分,或一方面,或本质)。任何一般只能大致地包括一切个别事物。任何个别都不能完全地包括在一般之中等等。任何个别经过千万次的转化而与另一类的个别(事物、现象、过程)相联系。诸如此类等等。"(《谈谈辩证法问题》,《列宁全集》第三十八卷,人民出版社1959年版,四〇九页)个别自身的同一性,经过千万次的转化,而与千万类的个别相联系,也就是说,也与千万个一般相联系。这也是同一性自身所包含的差别。

在一个逻辑命题中,主词表示个别,谓词表示一般。在一个肯定的命题中,个别与一般是对立面的统一(同一)。在"白马是马"

这个命题中，白马是个别，马是一般。严格地说，这个具体的马是个别。白马也是一般，白马只会与一般相联而存在，马也只能在白、黄、黑等马中存在，只能通过白、黄、黑等马而存在。这就是说：凡实际存在的马总是有白、黄、黑等颜色的，不可能有没有颜色的马。这是个别与一般这两个对立面的统一性。

就"白马是马"这个命题说，"白马"是个别，"马"是一般；但是对于这个具体的白马，那个具体的白马说，"白马"又是一般，这个马、那个马是个别。"马"这个一般是白马的本质；"白"是白马的一方面；"马"这个一般只能大概地包括一切马，因为个别的马有白、黄、黑等的颜色不同，而"马"则不表示任何颜色。因为同一理由，所以任何个别都不能完全归进一般。这是个别与一般这两个对立面的矛盾性。

个别与一般这两个对立面有矛盾又有统一，所以"白马是马"这个命题不是表示简单的等号而是表示一种辩证的统一。公孙龙一派发现了这个辩证统一中的对立面。他用"白马非马"这个命题表示个别与一般这两个对立面的矛盾。这是他对于客观辩证法的某一方面的认识。

就逻辑学的意义说，公孙龙发现了名词的外延和内涵的关系。就"马"的外延说，"马"这个名词包括白马在内，但就"马"的内涵说，"马"这个名词指马的本质属性，和"白马"这个名词所代表的概念是有区别的。不能把这两个名词混同起来。这也是公孙龙的一个贡献。

公孙龙的《白马论》的辩论，可以分为三点：第一点是："马者，所以命形也；白者，所以命色也；命色者非命形也，故曰：白马非马。"(《公孙龙子·白马论》)这是就马之名及白之名的内涵说。马之名的内涵是马的形;白之名的内涵是一种颜色。白马之名的内涵是马的形及一种颜色。此三名的内涵各不相同。所以"白马非马"。

第二点是:"求马,黄黑马皆可致。求白马,黄黑马不可致。……故黄黑马一也,而可以应有马,而不可以应有白马,是白马之非马审矣。""马者,无去取于色,故黄黑皆所以应。白马者有去取于色,黄黑马皆所以色去,故惟白马独可以应耳。无去者,非有去也。故曰:白马非马。"(同上)这是就马之名及白马之名的外延说。马之名的外延包括一切马;白马之名的外延则只包括白马。"马"对于颜色,没有肯定也没有否定("无去取于色"),所以如果我们仅只要"马",黄马黑马都可以满足我们的需要。但是"白马"是对于颜色有所肯定、有所否定的("有去取于色"),所以如果我们要白马,那就只有白马可以满足我们的需要,黄马黑马都不能了。对于颜色无所肯定、否定的,跟对于颜色有所肯定、否定的,是不同的,所以白马非马("无去者,非有去也,故曰白马非马")。

第三点是:"马固有色,故有白马。使马无色,有马如已耳。安取白马?故白者,非马也。白马者,马与白也,马与白非马也。故曰:白马非马也。"(同上)这是就马这个一般、白这个一般、白马这个一般说明它们的不同。马这个一般只是一切马所共有的性质,其中并没有颜色的性质。马就只是马,如此而已〔"有马如(而)已耳"〕。白马的一般是一切马所共有的性质又加上白的性质,所以白马非马。

不但白马非马,而且白马亦非白。"白者,不定所白,忘之而可也。白马者,言白定所白也。定所白者,非马也。"(同上)此白物或彼白物所表现的白,是"定所白"的白。"定"是固定的意思。此白物所表现的白,固定在此物上面,彼白物所表现的白,固定在彼物上面,白这个一般,也可以说是"白如(而)已耳",不固定在任何东西上面,它是"不定所白"的白。"不定所白"的白不为一般人所注意;这于其日常生活并无影响,所以说"忘之而可也"。然"定所白"的白,是具体的、个别的白,不是一般的、抽象的"不定所白"的白。白马的白,是"定所白"的白,"定所白者非白也",所以白马非白。

"白马非马"是公孙龙的一个有名的辩论。据说公孙龙曾与孔丘的后人孔穿对于这个问题进行辩论。公孙龙举了一个孔丘的故事。这个故事说:楚王遗失了一张弓,他左右的人请设法寻找,他说:"楚人遗弓,楚人得之,又何求焉?"孔丘批评楚王,说:"楚王仁义而未遂也,亦曰人亡弓,人得之而已,何必楚?"公孙龙说:由此可见,孔丘"异楚人于所谓人"。如果孔丘的话是对的,我"异白马于所谓马"的辩论也是对的。孔穿不能回答公孙龙的话。在另一天,孔穿又和公孙龙辩论。孔穿说:孔丘的话是"异楚王之所谓楚,非异楚王之所谓人也。……凡言人者,总谓人也。亦犹言马者,总谓马也。楚自国也;白自色也。欲广其人,宜在去楚;欲正名色,不宜去白。诚察此理,则公孙之辩破矣"。公孙龙与孔穿的这个辩论的第一段见《公孙龙子·迹府》篇,第二段只见《孔丛子·公孙龙》篇。《孔丛子》是伪书,所说未必是历史的事实。但是所记的孔穿的话,在逻辑学上是很有意义的。他是对"白马是马"这个命题作外延的解释。照这样的解释,这个命题是可以这样提的。公孙龙是对于这个命题作内涵的解释,照这样的解释,这个命题是不可这样提的。孔穿并没有完全破了公孙龙的辩论，但是他的话确实有逻辑学上的价值。

以上是公孙龙的《白马论》的基本论点。从这些论点中可以看出，公孙龙的确看到了一个命题中主语和述语的矛盾对立的方面，看到了一般和个别的差别。但是他仅仅停留在这一点上，并且把这一方面片面地夸大，因而否认了一般和个别的统一的方面，相互联系的方面。按着他的理论，既然一般和个别是相互对立的，一般也可以脱离个别而存在，一般可以不必包括个别，个别也可以不必列入一般。这就是公孙龙所说的"故可以为有马者，独以马为有马耳，非有白马为有马"（《白马论》）。这样，就割裂了一个命题中主语和述语的联系。从这种形而上学的思想出发，势必将一般看成是独立自存的实体，其结果导致了客观唯心主义。"白马非马"这个命题，本来是从对于辩证法的一定的认识出发的，可是，结果转化为辩证法的对立面。

第八节　公孙龙关于"离坚白"的辩论

公孙龙又有《坚白论》，其主要论点是"离坚白"。这个辩论是围绕着坚而白的石的例子进行的。就这个石说，应该说石是坚而且白的。石是个别，属于坚物类之中，也属于白物类之中。坚与白是一般，一般寓于个别之中。石与坚或白各是对立面的统一；坚白石的坚与白都只存在于石中。用当时辩论所用的话说，这就是"坚白域于石","坚白相盈"。公孙龙强调一个命题主语与述语之间的差别,强调个别与一般对立面的矛盾,认为坚只是坚,白只是白,有不为任何东西所决定的坚,也有不为任何东西所决定的白,所以坚、白是与石分离的,坚与白也是分离的。这就叫"离坚白"。

公孙龙所用以证明他的论点的辩论有两个部分。他先设问说:"坚、白、石三,可乎?曰:不可。曰:二,可乎?曰:可。曰:何哉?曰:无坚得白,其举也二,无白得坚,其举也二。""视不得其所坚而得其所白者,无坚也。拊不得其所白而得其所坚者,无白也。""得其白,得其坚。见与不见离。见与不见离,一二不相盈,故离。离也者,藏也。"(《公孙龙子·坚白论》)这是从认识论方面证明坚白是离的。有一坚白石,用眼看,则只"得其所白",只得一白石;用手摸,则只"得其所坚",只得一坚石。感觉白时不能感觉坚,感觉坚时不能感觉白,此所谓"见与不见离"。感觉到的与感觉不到是分离的。就人的感觉说,只有坚石,只有白石,没有坚白石。所以坚、白、石三,不可;坚、白、石二,可。坚、石是二;白、石亦是二。此所谓"一二不相盈,故离"。"不相盈"是说,坚之中无白,白之中无坚,石之中也无白和坚。

公孙龙又说:"且犹白以目见,目,以火见,而火不见,则火与目不见,而神见。神不见,而见离。坚以手而手以捶。是捶与手知,而不知,而神与不知,神乎?是之谓离焉。"(《公孙龙子·坚白论》)这是说,眼不能直接看见白的颜色,必需靠光("火"),手也不能直接感到坚硬,必须靠抚摸("捶")。可是光和抚摸都不是人的感觉,都不能感觉东西,最后只有依靠精神作用了。但如果没有眼和光,没有手和抚摸,精神也无法感觉坚和白。这说明,人的认识作用的各部分也是彼此相分离的。这样推论下去，可以达到不可知论的结论。

公孙龙也承认这些主观唯心主义的、不可知论的辩论是很容易驳倒的。公孙龙的客观唯心主义本来不依靠这些辩论。他在《坚白论》中设为批判者的话说："目不能坚，手不能白，不可谓无坚，不可谓无白。其异任也，其无以代也。坚白域于石，恶乎离？"（同上）这是说，眼和手的功用不同，不能互相替代，所以眼不能感觉坚，手不能感觉白。但不能因为不能感觉就说是无坚无白。其实坚白都在石头之内，怎么能离呢？批判者是站在唯物主义的立场，理由是很充足的。公孙龙于是又提出第二部分的辩论。

公孙龙说："物白焉，不定其所白。物坚焉，不定其所坚。不定者兼，恶乎其（原作"甚"，依陈沣校改）石也？""坚未与石为坚而物兼。未与为坚而坚必坚。其不坚石物而坚，天下未有若坚而坚藏。白固不能自白，恶能白石物乎？若白者必白，则不白物而白焉。黄黑与之然。石其无有，恶取坚白石乎？故离也。离也者，因是。"（同上）这是从一般和个别的关系说的。公孙龙认为坚这个一般是不定所坚的坚；白这个一般是不定所白的白。不定所白的白，不定所坚的坚，是一切白物或一切坚物的共同性质（"兼"），怎么能说是在石之内？"不定者兼，恶乎其石也？"坚不只是坚石的性质，也是任何坚物的性质。纵使没有任何坚物，而坚还是坚。不过如果天下没有坚石或任何坚物，则虽坚必坚而不是个别的坚物，好像藏起来一样；此所谓"其不坚石物而坚，天下未有若坚而坚藏"。若果不定所白之白不能自白，它怎么能使石与物白？若白能自白，则不必借他物而亦自白。黄黑各色皆是如此。白可无石而自白，坚可无石而自坚,何必待坚白石?此可见坚、白是与石离的。公孙龙企图用这些话证明,一般可以独立于个别而存在。这是客观唯心主义的辩论。公孙龙的哲学正是客观唯心主义。公孙龙看到作为事物属性的一般,是某一类事物所共有,就这一点说,他是正确的。但因此得出结论说,一般可以脱离个别而独立存在,就是把一般和个别割裂开来,成为客观唯心主义。

第九节　公孙龙关于"指""物"的辩论

公孙龙的客观唯心主义的中心,就是上面所说的"坚藏"。他还有一篇《指物论》进一步发挥这个思想。

凡名都有所指,公孙龙所谓"指",就是名之所指。就一方面说,名之所指为个别。公孙龙说:"名,实谓也。"(《公孙龙子·名实论》)名所以谓实,实是个别。就另一方面说,名之所指为一般。例如马这个名,可指此马彼马等个别,亦可以指马这个一般;白这个名可指此一白物,彼一白物,也可指白这个一般。一般亦称共相或要素,从认识论方面说,就是概念。

严格地说,有抽象的名,有具体的名。具体公共的名,指个别而涵蕴一般。其所指的个别,即其外延;其所涵的共相,即其内涵。但中国古代文字在形式上无此分别;中国古代哲学家亦未作此文字上的分别。所以指个别之马的"马",与指马一般的"马"没有区别;

指个别白物的"白",与指白一般的"白"也没有区别。"马""白"兼指抽象的一般与具体的个别,兼有二种功用。

抽象的一般与具体的个别是对立的。唯物主义认为,抽象的一般,只能在个别之中,通过个别而存在。离开个别的一般是抽象的概念,只是人的思想的产物,没有客观的存在。公孙龙的《指物论》的主张,正是与此相反。

公孙龙认为每一个个别都是许多一般联合而成的,也就是说,个体是许多共相联合而成的。他认为天下之物,若将其分析,则惟见其为若干共相;但是共相却不是由共相组成的,不可再分析为共相。所以《指物论》开头说:"物莫非指而指非指;天下无指,物无可以为物。"但共相必有所"定",有所"与",就是说,必通过个别的个体,通过物,才能在时、空中占有位置,成为感觉的对象,否则不在时、空之中,就不能为人所感觉,所以说:"天下无物,可谓指乎?"又说:"指也者,天下所无也;物也者,天下之所有也。"这两句话肯定,无所"定"、不"与物"的共相,是天下之所元;实际上是说,共相不是具体的事物,不是感觉的对象,这是正确的。不过他认为天下所无,还不就是没有,只是"藏"起来而已,这是客观唯心主义思想。

公孙龙认为,物必须在时、空中占有一定的位置(详下),所以是"天下之所有",因此,物虽可以分析为许多共相,而物之自身却不是"指"。所以《指物论》一方面说"物莫非指";一方面又说"物不可谓指也"。《指物论》肯定"天下无指",是说共相自身不在时、空之中,但天下的东西都有名字。按公孙龙的说法,"名,实谓也",就是说,名是用来称谓实的。实就是个体。名既然是称谓实的，所以不就是共相；它只可以说是具体事物中的共相的代表。因此，天下虽有名，而在时、空之中仍无共相。所以《指物论》说："天下无指者，生于物之各有名不为指也。"名既然不是指，就不能称它为指。所以《指物论》说："以有不为指，之无不为指，未可。"一个共相是该类事物所共有的，如"马"这个共相是马这类事物所共有的，白这个共相是白物这类事物所共有的。因此，说"天下无指"，不是说天下之物没有指。所以《指物论》说："且指者，天下之所兼，天下无指者，物不可谓无指也。"

公孙龙认为，从一方面说，"物莫非指"，因为具体的物都是共相的聚合，而且在时、空中占有位置；但从另一方面说，物又是"非指"，因为在时、空中占位置的只是个体而不是共相。所以《指物论》一方面说："不可谓无指者，非有非指也；非有非指者，物莫非指。"一方面又说："指非非指也，指与物非指也。""与物"的指，即通过个别的个体在时、空占"位"而成为物者。公孙龙认为，这就是"非指"了。"与物"的指，公孙龙又称为"物指"。公孙龙认为如果没有"指"，就不能有物；如果没有"物指"，也不能有物；如果有指而没有物，则仅有"藏"而不现的共相，物质世界就不存在，连讲物指之人也不存在了。《指物论》说："使天下无物指，谁径谓非指？天下无物，谁径谓指？天下有指无物指，谁径谓非指，径谓无物非指？"公孙龙认为，指之所以"与物"而成为物，是它自己本身就具有这种作用，并不需要其他的力量使之如此。所以《指物论》说："且夫指固自为非指，奚待于物而乃与为指？""非指"就是个别的事物。

在《指物论》中，指与物虽然并列，但公孙龙认为，指是第一位的。

他说:"天下无指,物无可以为物。"这就是说,物的存在,依赖于指的存在。他也说:"天下无物,可谓指乎?"似乎指也依赖物。但是他这里用的是个"谓"字,不是"为"字。这就显有差别。"天下无物,可谓指乎?"就是"天下无物,谁径谓指"的意思。

《指物论》是不好懂的。其所以不好懂是因为它企图回避物质存在的问题。具体的东西并不仅只是共相的综合。其所以能在时、空占位置,为"天下之所有",就是因为它的物质性。时、空是物质存在的形式。公孙龙企图避免物质存在的问题,绕了许多圈子而还是不能讲通。

公孙龙"离坚白"的结果,使他认为每一个一般只是它自己,一一分离。个别是分离的;一般也是分离的;一切都是分离的。这就是他所说的,"天下皆独而正"(《公孙龙子·坚白论》)。把这种理论推到它的逻辑的结论,就可以说,有一个无影无踪的"彼岸"世界,凡名所指的一般都在其中,而在其中的一般,却未必皆有名以指之。在此世界中,坚就是坚,白就是白,马就是马,白马就是白马,"皆独而正"。此中的坚是"不定所坚"的坚,此中的白是"不定所白"的白。不过,白若"不定所白",坚若"不定所坚",这样的坚白是"天下之所无"。这就是他所说的"其不坚石物而坚,天下未有若坚而坚藏"(《公孙龙子·坚白论》)。"不坚石物"的坚,就是"不定所坚"的坚。公孙龙认为,如果在"此岸"世界中没有具体的坚,还不能说是没有坚;这就是所谓"坚藏"。公孙龙认为其藏是自藏,非有藏之者,"有自藏也,非藏而藏也"(同上)。他所说的"自藏",更明确地表示一般或共相是脱离现实世界中的具体事物而独立自存的实体。这个"彼岸"世界,公孙龙没有讲清楚。

但这是他的理论应有的涵义。这就是典型的客观唯心主义。

一般本来是寓于个别之中的,但当人认识事物的属性时,通过思维的能力,可以靠抽象的作用,把一般单独地作为思考的对象。这样,人就能更加深刻地了解事物的本质。但抽象化了的一般,仅仅存在于人的思维之中。它只是客观事物的属性在人的思维中的反映;它本身却并没有独立的客观存在。公孙龙看到了一般可以单独地作为思考的对象,以及抽象在认识过程中所起的作用;但是,他把它片面夸大了。在他看来,既然一般可以抽象化而不存在于时、空("指也者天下之所无"),可以概括许多特殊("指也者天下之所兼"),它就可以不依赖特殊事物而独立存在("奚待于物而乃与为指?")。既然通过一般可以认识许多特殊("天下无指,物无可以谓物"),特殊的东西就应该依靠一般而存在("物莫非指")。这些只是脱离实际的幻想,其结果把抽象化了的一般看成了客观存在的实体,从而导致了先有抽象的一般而后才有具体事物的倒因为果的结论。

这就是公孙龙这种唯心主义思想形成的认识论的根源。正如列宁所说的:"智慧(人的)对待个别事物,对个别事物的摹写(=概念),不是简单的、直接的、照镜子那样死板的动作,而是复杂的、二重化的、曲折的、有可能使幻想脱离生活的活动;不仅如此,它还有可能使抽象的概念、观念向幻想(最后=神)转变(而且是不知不觉的、人们意识不到的转变)。因为即使在最简单的概括中,在最基本的一般观念(一般'桌子')中,都有一定成分的幻想。(反过来说,否认幻想也在最精确的科学中起作用,那是荒谬的)。"(《亚里士多德〈形而上学〉一书摘要》,《列宁全集》第三十八卷,人民出版社 1959 年版，四二一页）公孙龙的"彼岸"世界就是由概念转化的、脱离生活的幻想的总合。

第十节　公孙龙关于"变"的辩论

公孙龙对于"此岸"世界也有讨论。他认为在"彼岸"的共相是不变的；在"此岸"的个体是变的。或变或不变，《公孙龙子·通变论》讨论了这个问题。《通变论》说："曰，二有一乎？曰，二无一。曰，二有右乎？曰，二无右。曰，二有左乎？曰，二无左。曰，右可谓二乎？曰，不可。曰，左可谓二乎？曰，不可。曰，左与右可谓二乎？曰，可。"这是说，二的共相只是二，不是两个一的共相，所以"二无一"，它不仅不是"一"，也不是"左"或"右"。但"左"加"右"却是两个共相，所以说，"左与右可谓二"。下面接着说："曰，谓变非不变可乎？曰，可。曰，右有与，可谓变乎？曰，可。曰，变奚（原作"隻"，据俞樾校改）？曰，右。"这是说，共相不变，但个体常变，所以说"变非不变"。"右有与"的"与"，即《坚白论》所说"坚未与石为坚"的"与"。公孙龙认为，共相自身虽不变，但表现共相的个体却可变。所以右的共相不变，而"有与"的右则可变。例如，在这个东西的右边的东西可变而为在这个东西的左面。《通变论》中设为问者说：什么东西在变？回答说：右在变。这里所说的右是指具体的事物中的右，即"有与"的右，并不是右之共相。

下文接着说:"曰,右苟变,安可谓右?苟不变,安可谓变?曰,二苟无左又无右,二者左与右,奈何?"问者不了解可变的右乃具体的事物中的右,此右虽变,而右之共相仍不变;所以发问:右如果变,怎么还能叫做右?如果不变,怎么又说它变?问者又不了解左与右相加,其数为二,所以又问:二既然不是左又不是右,何以说:"二者左与右?"《通变论》接着回答说:"羊合牛非马,牛合羊非鸡。"这是说,左与右相加其数为二,所以称为二。并不是说左之共相与右之共相,聚合为一,而成为二。左这个共相与右这个共相不能聚合而为二,犹羊这个共相与牛这个共相不能聚合而为马,牛这个共相与羊这个共相不能聚合而为鸡一样。下面又历举牛、羊、马的不同,加以论证。"羊有齿,牛无齿","羊、牛有角,马无角;马有尾,羊、牛无尾"。公孙龙认为它们中间有"类之不同";羊、牛、马的共相也有不同的内容。所以说,羊之共相与牛之共相,不能聚合而为马。羊之共相与牛之共相,虽不能合而为马,但羊之共相与牛之共相相加,其数可为二,所以又说:"羊不二,牛不二,而羊牛二。"羊、牛虽不是一类,然而不妨害它们相加为二。左与右相加为二,也是如此。《通变论》说:"若举而以是,犹类之不同,若左右,犹是举。"下面又退一步论证说,与其说牛之共相与羊之共相可聚合而为鸡,还不如说它们可聚合而为马,因为与鸡比较起来,马与牛羊还是相近的。所以说:"与马以鸡,宁马。"公孙龙认为,如果一定说羊牛可为鸡,那就是"乱名",是"狂举"。

这一篇的下文说:问者又要求"他辩",就是请举另外的例。下文又举例说:"青以(与)白非黄;白以(与)青非碧。"这就是说,青与白的共相不能聚而为黄,也不能聚而为碧。下文接着说:

"青白不相与而相与,反而对也;不相邻而相邻,不害其方也。不害其方者反而对,各当其所,若左右不骊。"当时的五行家认为青是五行中"木"的颜色,在东方;白是"金"的颜色,在西方,它们是"反而对","不相邻"的,如左、右的"反而对"一样。如果说它们可以相聚而成另外一种颜色,那就是使"不相与"的相与,使"不相邻"的相邻。

《通变论》又说:"青白不相与,而相与不相胜,则两明也。争而明,其色碧也。"就是说,青、白本来是"不相与"的,若使之相与,而又不能相胜,那就是两种颜色,都占主要地位("两明")。"两明"就要"争"。"争"的结果得到一种杂色,就是碧。照当时五行家的说法,黄是土的颜色,居中央,跟青、白是一类的;碧不是这一类的;它不是"正色"而是"骊色"。比较起来,黄跟青、白比较接近。所以下文说:"与其碧,宁黄。黄,其马也,其与类乎;碧,其鸡也,其与暴乎。"就是说:如果说,青与白可合而为碧,还不如说,青与白可合而为黄。黄犹如上面所说的马,碧犹如上面所说的鸡。

在这几句的上文说:"黄其正矣,是正举也;其有(犹)君臣之于国焉,故强寿矣。"这几句话的下文说:"暴则君臣争而两明也。两明者昏不明,非正举也。两明者,名实无当,骊色章焉,故曰两明也。两明而道丧,其无以有正焉。"这就是说,如果一个事物在某一方面有两种性质,其中的一种必须"胜"过其他一种而居于主要的地位,不然,就成为"两明",其结果是"昏不明"。

就认识的过程说,共相或概念的不变,只有相对的意义。当客观具体事物发生了变化,或当人对具体事物的知识进一步深入以后,一事物的共相或概念的内容是要随之改变、丰富和发展的。公孙龙不了解这一点,把共相或概念的相对固定性片面夸大,从而得出了共相永恒不变的结论。按着《通变论》的理论,变的只是现实现象,现象虽在改变,还可以有永恒的不变存在。这种理论在社会实践上就会得出这样的结论:现实社会中的君主虽然变成了臣子,但君主的共相却永恒不变;旧的社会制度的共相是永恒不改变的,具体社会中的改变只是暂时的现象。这样,公孙龙的哲学就成了为旧事物存在的合理性进行辩护的工具。从这里可以看出,公孙龙的客观唯心主义是为旧的奴隶制度服务的。

《通变论》最后说:"暴则君臣争而两明也。"他认为君臣不能"两明","两明"就是"名实无当"。因为君本来是统治臣的,如果"争而两明",那就没有最高的权威了,这就是"道丧","其无以正焉"。在当时的情况下,地主阶级本来是奴隶主贵族的"臣",现在地主阶级竟然向贵族们对立而且要取而代之了。公孙龙看起来,这就是"两明",这不是"正举"。

公孙龙在《通变论》里所举的几种颜色,并不仅是"假物取譬"。照当时五行家的说法,青是东方的颜色,东方属五行中的"木";白是西方的颜色,西方属五行中的"金"。《通变论》说:"而且青骊乎白,而白不胜也。白足以胜矣而不胜,是木贼金也。木贼金者碧,碧则非正举矣。"这就是说,西方的"金"本来能"胜"东方的"木"的。照五行家的说法,金克木。可是,"木"反而"贼金"。公孙龙认为这是反常的,其结果只能成为"骊色",不是"正举"。照当时五行家的说法,五行中的每一"行"都有自己的颜色。青、黄、赤、白、黑,就是木、土、火、金、水的颜色。五行之中,没有以碧为色的,所以碧不是正宗的颜色。

照当时五行家的说法，属于东方的春，是生物新生的季节；属于西方的秋，是生物完成的季节。青和春是新生事物的象征；白和秋是既成事物的象征。在春秋战国时期，地主阶级是新生的社会势力，奴隶主贵族是既成的社会势力。公孙龙认为既成的势力本来足以胜新生的势力，可是"足以胜矣而不胜"这就是"木贼金"。照当时五行家的说法，每一个新兴的朝代都代表五行中的某一行。它代表某一行，就以某一行的颜色为"正色"。公孙龙断定"木贼金"结果只能成为碧，就是说，地主阶级即使能暂时胜利，但是也不能持久，因为它不代表五行中的某一行。这是他对于新时代的诅咒。

公孙龙虽然用五行说，但其辩论的政治目的与五行家邹衍不同，所以仍受了邹衍的反对。邹衍五行说是为地主阶级服务的。《史记·平原君列传》说："及邹衍过赵，言至道，乃绌公孙龙。"《集解》引刘向《别录》说："平原君见公孙龙……论白马非马之辩，以问邹子。邹子曰：不可。彼天下之辩有五胜三至，而辞正为下。"这就是说，公孙龙专注重分析名词和概念，企图以此取胜，虽有正确的地方，但还不是好的辩论。邹衍和公孙龙在"白马非马"等辩论中的斗争是社会上新旧势力的斗争在思想上的反映。

第十一节　公孙龙关于"名""实"的辩论

《公孙龙子》中还有一篇《名实论》，集中地讨论了名实关系的问题。在这些讨论中,同样地暴露了他的唯心主义体系及其与政治的联系。

公孙龙认为一个命题中的主语和述语的关系就是名和实的关系。他说:"天地与其所产焉,物也。物以物其所物而不过焉,实也。实以实其所实而不旷焉,位也。"(《公孙龙子·名实论》)这就是说,天、地以及其中的一切东西都是物。一个物就是那个物,不多不少("物以物其所物而不过焉"),这就叫实。实必定在时、空中占一定的位置,把它充实起来("实以实其所实而不旷焉"),这就叫"位"。公孙龙的这几句所说的,倒都是唯物主义的命题。

下文说,"其名正则唯乎其彼此焉。谓彼,而彼不唯乎彼,则彼谓不行。谓此,而此不唯乎此,则此谓不行。其以当,不当也;不当而当,乱也。故彼彼当乎彼,则唯乎彼,其谓行彼。此此当乎此,则唯乎此,其谓行此。其以当而当也。以当而当,正也。"(同上)这里所说的"谓"就是名。下文说:"名,实谓也。"名所以谓实。公孙龙认为每一类的东西都需要一个名以"谓"之。一名对一类,这就叫"当"。名、实当是正名,不当是乱名。一个名如果指这一种东西("此"),就要专指这一种东西("唯乎此");这样,这个名才可以使用("行")。如果它指这一种东西而同时也指那一种东西("彼"),这样,就个名就不可使用("不行")。所以公孙龙认为,定名的时候要注意于"彼此";"知此之非此也(原作"知此之非也",依谭戒甫校改),知此之不在此也,则不谓也;知彼之非彼也,知彼之不在彼也,则不谓也。"这就是公孙龙所说的,"审其名实,慎其所谓"(同上)。这是专从逻辑方面讲正名。

公孙龙是主张名实相符的。名实不符,就是不当,这是公孙龙所反对的。从表面上看，在名实问题上，他似乎表现了唯物主义的观点，其实并非如此。在如何使名实相符的问题上，公孙龙认为不是使名符合于实，而是使实符合于名，是用名去校正实。《名实论》说："以其所正，正其所不正，不以其所不正，疑其所正，其正者正其所实也，正其所实者，正其名也。"这就是说，正名的首要任务在于纠正实而不在于改正名。这就暴露了把名看成是第一位的唯心主义观点。也正因如此，公孙龙特别强调对于词和概念的分析，推崇一般，而轻视个别，把一般和概念看成是脱离具体事物的永恒不变的实体，幻想用抽象化了的一般去纠正现实世界的变革，阻止新生事物的发展，从而达到维护旧制度和旧秩序的目的。

《公孙龙子·迹府》篇叙述公孙龙学说的宗旨说："公孙龙，六国时辩士也，疾名实之散乱，因资材之所长，为守白之论。假物取譬，以守白辩。……欲推是辩以正名实而化天下焉。"由此可见，公孙龙的"白马""坚白""青白"等辩论，都是"假物取譬"，其目的是"欲推是辩以化天下"，就是说，以实现他的政治上的企图。

第十二节　战国时期其他辩者的辩论

《庄子·天下》篇于记载惠施的"十事"之外，还举有"天下之辩者"的辩论二十一事。其中有从惠施的观点立论的，有从公孙龙的观点立论的。这二十一事可以分为二组，一为"合同异"组，一为"离坚白"组。

属于"合同异"组的有九事："卵有毛"；"郢有天下"；"犬可以为羊"；"马有卵"；"丁子有尾"；"山出口"；"龟长于蛇"；"白狗黑"；"一尺之棰，日取其半，万世不竭"。荀况说："山渊平，天地比，齐秦袭，入乎耳，出乎口，钩有须，卵有毛，是说之难持者也，而惠施邓析能之。"（《荀子·不苟篇》）可见这一类的辩论是属于惠施一派的。

鸟类之毛谓之羽；兽类之毛谓之毛。鸟类卵生；兽类胎生。辩者说"卵有毛"，就是说，卵可以出有毛之物，也就是说，鸟类可以产生兽类。犬不是羊，可是辩者说"犬可以为羊"。马是胎生之物，可是辩者说"马有卵"，就是说，马可以为卵生之物，也就是说，兽类可以产生鸟类。"楚人呼虾蟆为丁子"（成玄英《庄子疏》）；丁子本无尾，可是辩者说"丁子有尾"，就是说，丁子可以为有尾之物；山本无口，可是辩者说"山出口"，就是说，山亦可为有口之物。荀况所说的"入乎耳，出乎口"，杨倞注说："或曰，即山出口也，言山有口耳也。"荀况所说的"钩有须"，俞樾说"钩疑姁之假字"，姁有须，就是说，妇人有须。

郢是楚国的京城，跟天下比较起来，是小得多了。但其小是相对的，天下的大也是相对的，所以因其所大而大之，郢可以说是"有天下"。齐国在东方，秦国在西方，距离很远。可是远是相对的，所以因其所近而近之，齐秦可以说是很近，以致似乎是接壤（"袭"）。常言道："尺有所短，寸有所长。"长短都是相对的，所以也可以因其所长而长之，则龟可长于蛇。《经典释文》引司马彪的话说:"白狗黑目,亦可为黑狗。"说白狗是白的,是就毛说,因其所白而白之。若就其眼说,因其所黑而黑之,则白狗也可说是黑的。

"一尺之捶,日取其半,万世不竭"。"一尺之捶",今天取其一半,明天取其一半的一半,后天再取其一半的一半的一半,如是"日取其半",总有一半留下,所以"万世不竭"。一尺之捶是一有限的物体,但它却可以无限地分割下去。这个辩论讲的是有限和无限的统一,有限之中有无限。这是辩证的思想。

属于"离坚白"组的有十二事:"鸡三足";"火不热";"轮不辗地";"目不见";"指不至,物不绝";"矩不方,规不可以为圆";"凿不围枘";"飞鸟之影,未尝动也";"镞矢之疾,而有不行不止之时";"狗非犬";"黄马骊牛三";"孤驹未尝有母"。

"鸡三足","黄马骊牛三"。这是公孙龙自己的辩论。他说:"谓鸡足一,数足二,二而一,故三。谓牛羊足一,数足四,四而一,故五。"(《公孙龙子·通变论》)《庄子·齐物论》也说:"一与言为二,二与一为三。""谓鸡足"就是"言"。鸡足之共相或"谓鸡足"之言为一,加鸡足二成为三。依同理,谓黄马骊牛一,数黄马骊牛二。"黄马与骊牛"之共相或谓"黄马骊牛"之言,与一黄马,一骊牛,相加为三。这是一种诡辩。具体的事物和抽象的共相或说具体事物的言,不是一类的东西,是不能相加的。

"火不热"。可从认识论及本体论两方面说,从本体论方面说,火之共相只是火,热之共相只是热,二者绝对非一。具体的火虽有热之性质,而火非即是热。若从认识论方面说,则可以说火之热乃由于人的感觉,热是主观的,在我而不在火。

"轮不辗地"。可以说,轮之所辗者,地之一小部分而已。辗地的只是车轮与地相接触的那一小部分。地的一部分非地,轮的一部分非轮,犹白马非马。也可以说,辗地之轮,乃具体的轮;其所辗之地,乃具体的地。至于轮之共相则不辗地;地之共相亦不为轮所辗。

"目不见"。公孙龙说:"白以目见,目以火见,而火不见,则火与目不见,而神见,神不见而见离。"(《公孙龙子·坚白论》)人之能有见,须有目及光及精神作用。有此三者,人才能有见,若只目则不能见。这是就认识论方面说。若就本体论方面说,则目之共相自是目,火之共相自是火,神之共相自是神,见之共相自是见。四者皆"离",不能混之为一。

"指不至,物不绝"。今本《庄子》作"指不至,至不绝"。《列子·仲尼篇》引公孙龙云:"有指不至,有物不绝。""至不绝"当为"物不绝"。公孙龙一派以"指""物"对举,如《公孙龙子·指物论》所说。共相是不能被感觉的;人所能感觉的只是个体。所以说:"指不至。"共相虽不可感觉,但共相所"与"现于时空之物,则继续常有。所以说:"物不绝。"

"矩不方,规不可以为圆"。绝对的方是方的共相;绝对的圆是圆的共相。事实上的个体的方物或圆物,都不是绝对的方或圆。就个体的矩与规说,也不是绝对的方或圆。所以若与方及圆的共相比,也可以说"矩不方,规不可以为圆"。

"凿不围枘"。凿有孔,枘是孔中之木。具体的凿和具体的枘总不能完全相合,所以也可以说"凿不围枘"。或者说,围枘的是事实上个体的凿；至于凿之共相，则不围枘。

"狗非犬"。《尔雅》谓："犬未成豪曰狗。"狗是小犬，小犬非犬，犹如白马非马。

"孤驹未尝有母"。《经典释文》引李颐注说："驹生有母，言孤则无母，孤称立则母名去也。母尝为驹之母，故孤驹未尝有母也。"孤的意义就是无母；既称之为孤驹，又说它有母，辩者认为这是自相矛盾。这也是就孤驹之共相说的。孤驹之义，即为无母之驹，故孤驹无母。事实上的个体的孤驹，则必有一时有母，不能说："孤驹未尝有母。"

"飞鸟之影，未尝动也"。这一条和下一条辩论表示，这一派的辩者企图对于运动作一定的分析。恩格斯说："运动本身就是矛盾；连简单的机械的移动之所以能够实现，也只是因为物体在同一瞬间既在一个地方又在另一个地方，既在同一个地方又不在同一个地方。这种矛盾的连续的产生及其同时的解决，就是运动。"（《反杜林论》，人民出版社1956年版，一二八页）"飞鸟之影，未尝动也"这条辩论，是用形而上学的观点解释运动。它认为若果把一个运动所经过的时间及空间加以分割，分成许多点，把空间上的点与时间上的点一一相当地配合起来，就可见飞鸟之影在某一时间还是停留在某一空间的点上，所以是"未尝动也"。事实是飞鸟之影，在某一时间，不只是在一个空间的点上；它是在一个空间的点上，同时又在另一空间的点上。从形而上学的观点看，这是个矛盾。但是，这个矛盾的继续发生与同时解决就是运动。

"镞矢之疾，而有不行不止之时"。这个辩论认识到运动就是一个物体于同一时间在一个地方又不在一个地方。就其在一个地方说,它是"不行";就其不在一个地方说,它是"不止"。这个辩论看到在运动中有这样的一个矛盾,但是它也不敢肯定这个矛盾的继续发生与同时解决就是运动。

恩格斯说:"按形而上学来思维的头脑绝对不能从静止的观念转到运动的观念,因为上述的矛盾在这里正挡着他的路。"(同上,一二四页)在西洋哲学史中,爱利亚学派认为运动是不合乎理性的,所以是不真实的。所谓不合乎理性,就是不合乎形而上学的思想方法。在中国哲学史中,如上面所说的两个辩论,也正是这样的形而上学的思想方法的一个例证。

但是,也必须承认,这种形而上学的观点,恰好也自发地接触到构成运动的根本矛盾。可以认为,它是以颠倒的方式反映了辩证法。黑格尔在讲到芝诺关于运动的辩论时说:"芝诺主要是客观地辩证地考察了运动。"列宁说:"这点可以而且应该倒转过来:问题不在于有没有运动,而在于如何在概念的逻辑中表达它。"(《哲学笔记》,《列宁全集》第三十八卷,人民出版社1959年版,二八一页)芝诺和中国古代的辩者都看到运动中的矛盾;这就是"客观辩证地考察了运动"。他们认为,既然如此,所以运动在理论上是不可能的。如果他们知道,正因为如此,所以运动在理论上是可能的,这就"倒转过来"而得到对于运动的正确的了解。

第十三节　庄周及其一派对公孙龙的态度

从这两组辩论中,也可以看出来两派哲学思想的对立。流动性范畴派以惠施为代表;固定性范畴派以公孙龙为代表。这两派的对立也可以从庄周及其一派对于惠施和公孙龙的不同的态度上看出来。庄周讲的是相对主义、不可知论,惠施讲的基本上是辩证法。但是他们的哲学思想有相通之处。《庄子·天下》篇于叙述辩者二十一事之后接着说:"辩者以此与惠施相应,终身无穷。"可见这二十一事就是惠施同辩者们辩论的一些论点。但是,庄周同惠施一派的辩论,是互相启发,互相补充,而对于公孙龙一派的辩论,则是互相攻击,互相批驳。

照《庄子》书中所记载的,庄周和惠施是很好的朋友,经常互相辩论。据说庄周和惠施一起出游,走到濠水的桥上,看鱼在水中游泳。庄周说:"鱼在水里边自由自在地游泳,这是鱼的快乐。"惠施说:"你不是鱼,你怎么能知道鱼的快乐?"庄周说:"你不是我,你怎么知道我不知鱼的快乐?"惠施说:"我不是你,我固然不知道你,你不是鱼,你也不能知道鱼的快乐,这一点是可以肯定的。"庄周说:"请从头说起。'你先说我怎么知道鱼的快乐?'这就是说:你已经知道我知道鱼的快乐,你故意问我。我知之濠上也。"(《庄子·秋水》)这一段问答很有哲学的意义。庄周是一

501

个主观唯心主义者,认为外界是不可认识的。惠施指出他的话和他的哲学的矛盾,意思就是说,你既然认为外界是不可认识的,那你就不可能知道鱼的快乐。庄周答辩说:"你既然提出这个问题,那你就是知道我已经知道鱼的快乐。你怎么知道呢?你无非是从我所说的话推测出来。我也是从濠水上边的情况推测鱼的快乐。"庄周这个回答并没有解决惠施所提出的问题。主观唯心论者,若推至其逻辑的结论,必然归结为唯我论。唯我论者认为外界是不可知的,而他的生活又必须依靠对于外界的知识。这是唯我论者为自己设立的陷阱,他是不能逃出这个陷阱的。他是不能解决这个矛盾的。惠施同庄周的这个辩论说明这一点。

庄周和惠施的立场、观点是不同的,但是庄周认为惠施是了解他的,是可以在一起辩论的。庄周自己说:楚国有个人在鼻子上涂一点石灰。一个木匠拿一把斧头,像风一样向那个人的鼻子砍去,恰好把那个人鼻子上的石灰砍掉,而鼻子一点不伤。后来有人叫这个木匠表演。木匠说:"配合我表演的伙伴已经死了。我不能表演了。"庄周说:"现在惠施死了,我没有伙伴了,所以我也就没有一个可以在一起说话的人了。"(据《庄子·徐无鬼》)庄周的这段话不一定是真有的,但是《天下》篇对惠施确实表示了这样一种情绪。

庄周及其一派对于公孙龙就不是这样。他们对于公孙龙的哲学思想,采取直接批判的态度。《齐物论》说:"以指喻指之非指,不若以非指喻指之非指也;以马喻马之非马,不若以非马喻马之非马也。天地一指也;万物一马也。"这一段话显然是对于公孙龙的《指物论》和《白马论》针锋相对的批判。《指物论》说:"物莫非指而指非指。"意思就是说任何事物不都是许多共相"指"联合而成，但是一个共相却不是许多共相联合而成。这就是"以指喻指之非指"。照庄周的相对主义的论点，指和非指本来是互相转化，没有一个固定界限，这就是"以非指喻指之非指"。《白马论》说"白马非马"，这就是以马喻马之非马。照庄周的相对主义观点，不但白马非马，马也非马，这就是"以马喻马之非马"。指和非指，没有固定的界限，没有严格的分别，所以"天地一指也"。马和非马也没有固定界限，没有严格的分别；所以"万物一马也"。这样，天地万物都混为一体，也不必再讲指和非指的分别，也不必再说马和非马的分别了。惠施说："泛爱万物，天地一体也。"这和"天地一指也""万物一马也"有相通之处，都是从流动的范畴出发。但惠施所要讲的主要是各事物之间的联系，庄周所要讲的，主要是取消事物之间的分别。这就有很大的不同。惠施讲的是辩证法；庄周讲的是相对主义。

庄周一派对于公孙龙一派的辩者是很轻视的。《庄子·天地》篇说："辩者有言曰：离坚白，若县寓。"离坚白显然指的是公孙龙的《坚白论》，"若县寓"，不得其解，但总也是公孙龙一派的辩论。《天地》篇认为这种辩论"是胥易技系劳形怵心者也"。意思就是说，这是小的技术，除了可以使人身心疲劳之外，没有别的用处。

《庄子·秋水》篇记载公孙龙同魏牟的一段谈话。公孙龙说，他不懂得庄周，他不能了解庄周的话。魏牟说："且夫知不知是非之竟而犹欲观于庄子之言，是犹使蚊负山，商蚷驰河也，必不胜任矣。"就是说，公孙龙所讲的是白马非马或白马是马这一类是非的问题，但是，是非有一个范围，超过这个范围，就应该讲无是无非了。公孙龙不知这个范围，用这个有是非的思想，去了解庄周无是无非的思想，那是绝对不能胜任的。魏牟说，公孙龙是陷阱之蛙，说他对于庄子的无是无非的思想，"而求之以察，索之以辩"，简直是"用管窥天，用锥指地"。公孙龙听了魏牟这一番话，"口呿而不合，舌举而不下，乃逸而走"。这一段对话不一定是真实的，但是可以说明庄周一派对于公孙龙一派的攻击和鄙视。

惠施和公孙龙在过去都被称作"名家"，汉朝人所谓"名家"，意思就是诡辩家。《庄子·天下》篇也称惠施、公孙龙为辩者，辩者也是说诡辩的意思。其实公孙龙和惠施这两种辩者，并不是一回事，庄周及其一派对于这两种辩者也是区别对待的。

第十六章

慎到和稷下黄老之学

第一节　战国中后期各家的分化

慎到也是战国时期的一个名人。关于他的经历我们知道得很少，根据《史记·孟子荀卿列传》，我们仅知道他是赵人，在齐国的稷下讲学，为"稷下先生"之一，著《十二论》。

关于慎到的思想倒是有一些材料。但是这些材料之间有很大的矛盾。《庄子·天下》篇明确地说，慎到是道家。可是照现存《慎子》看，他是法家。《汉书·艺文志》也把他列入法家，并且注说："先申韩，申韩称之。"这是一个矛盾。从道家和法家的阶级立场看，矛盾就更大了。道家是从没落奴隶主阶级立场出发的，是没落奴隶主阶级的思想上的代表；法家是从新兴地主阶级的立场出发的，是新兴地主阶级思想上的代表。这两种阶级立场是完全对立的；这两种思想也是完全对立的。它们怎么能够联系在一起呢？

春秋时期的重要各家，到战国时期都起了分化。韩非说：当时有名的学派是儒家和墨家。"孔墨之后，儒分为八，墨离为三，取舍相反不同"（《韩非子·显学》）。就是说，儒家分化为八派，墨家分化为三派。这些派所赞成的和所反对的都不相同，而且是相对立的，在儒家八派之中，韩非举有"孟氏之儒"和"孙（荀）氏之儒"，这两派确切是"取舍相反不同"。《庄子·天下》篇也说：墨翟之后，墨家分为三派，"俱诵墨经而倍谲不同，相谓别墨"，也就是说，他们也是取舍相反不同，互指为非正统（"别墨"）。名家起于"刑名"，但到战国也分为"合同异"与"离坚白"两派。法家也有"齐法家"和"晋法家"的不同。

这种分化的现象是当时阶级斗争的反映。事物的发展，不是"合二而一"，而是一分为二。历史的发展也是如此。新兴地主阶级和没落奴隶主阶级之间的斗争，发展到战国时期，夺权与反夺权、复辟与反复辟的斗争日益激烈，各阶级的内部发生了分化。特别是没落奴隶主阶级及为之服务的知识分子，分化更大。其中的一些人一方面鉴于前途的无望，一方面，他们对于地主阶级新政权不合作的态度，也受到新政权的严厉制裁。韩非记载，太公望诛当时的隐士狂矞、华士，因为他们"已自谓以为世之贤士，而不为主用"（《韩非子·外储说右上》）。这虽不一定是历史的事实，但确是法家的主张。《慎子》中也有这样的主张。在这种形势下，原来站在没落奴隶主阶级立场上的人有些就转到新兴地主阶级这方面来，为地主阶级服务。

这种阶级斗争的情况，反映到思想战线上，表现为各家思想的分化。一家分为几派，"取舍相反不同"。其相反不同，在一定限度内，还是一家内部的斗争，这是一个阶级内部斗争的反映，如果超过一定的限度，那就成一家的叛逆，背叛了它原来所代表的阶级。

就儒家方面说，它分为孟轲和荀况两派。从孔丘以后，奴隶主阶级已经没落到完全丧失政权的地步。孔丘的奴隶主阶级改良派的思想不能维持下去了，于是就发生了分化，这种分化是与地主阶级内部的分化相适应的。孟轲和荀况虽然都是地主阶级的思想家，但由于地主阶级内部的分化，他们的思想也表现出不同的倾向：孟轲趋向于保守；荀况接近于法家。

道家也一分为二，分化为晋人所说的老庄和汉人所说的黄老。

《战国策》记载了一个故事，齐国有个人去见田骈，说："先生声称不做官，风格高尚。我非常佩服，愿意跟你当个仆人。"田骈说："你是怎么知道的？"这个人说："我是听我的邻居的女儿说的。她声称不出稼，可是不到三十岁就生了七个孩子。她确实没有出嫁，可是比出嫁还有过之。先生声称不做官，可是受俸禄很高，伺候的人有一百多。先生确实没有做官，可是富比做官还有过之。"（《齐策一》）田骈与慎到都是"稷下先生"。《庄子·天下》篇把田骈、慎到同列为道家。他们的行动可能是一类的。

他们声称不做官，这是原来隐士对于新政权不合作的态度。可是后来成为"稷下先生"，受地主阶级优厚的待遇，但还自称是不做官，带了一个隐字的尾巴。可是实际是同新政权合作了，这就要为新政权做一点事。照司马迁的记载，齐国的"稷下先生"们，也"言治乱之事以干世主"（《史记·孟子荀卿列传》）。就是说，他们也要谈当时的政治，为当时的新兴地主阶级出谋献策。照司马迁所说，这些人都是讲黄老之术的。

他们的阶级立场转变了，政治地位转变了，他们对于事物的看法也改变了。但是他们的思想中还留有道家思想。他们就把这些思想作为资料，加以改造，在那个基础上建立起合乎当时地主阶级需要的思想。在这些人的思想中，表现了道家思想向法家思想的转化。

慎到就是一个从道家分化出来的思想家。《慎子》这部书就是道家思想向法家转化的一个例证，其中有许多转化的痕迹。

第二节 《庄子·天下》篇所说的慎到

《庄子·天下》篇是战国末年一个道家的人所写的先秦哲学发展史。他以道家为主，认为其发展有三个阶段。他没有讲杨朱，可能是认为杨朱的思想还不够一个体系。照他的看法，先秦道家发展的第一阶段的代表人物是彭蒙、田骈、慎到。第二阶段是老聃，第三阶段是庄周。

《天下》篇说："公而不党（本作"当"，依《经典释文》改），易而无私，决然无主，趣物而不两。不顾于虑，不谋于知。于物无择，与之俱往。古之道术有在于是者，彭蒙、田骈、慎到，闻其风而说之，齐万物以为首，曰：'天能覆之，而不能载之，地能载之，而不能覆之，大道能包之，而不能辨之。'知万物皆有所可，有所不可，故曰：'选则不遍，教则不至，道则无遗者矣。'是故慎到，弃知去己，而缘不得已，泠汰于物，以为道理。曰：'知不知。'将薄知而后邻伤之者也。謑髁无任，而笑天下之尚贤也。纵脱无行，而非天下之大圣。椎拍輐断，与物宛转。舍是与非，苟可以免。不师知虑，不知前后，魏然而已矣。推而后行，曳而后往，若飘风之还，若羽之旋，若磨石之隧。全而无非，动静无过，未尝有罪，是何故？夫无知之物，无建己之患，无用知之累，动静不离于理。是以终身无誉。故曰：'至于若无知之物而已，无用贤圣，夫块不失道。'豪杰相与笑之曰：

'慎到之道，非生人之行，而至死人之理，适得怪焉。'田骈亦然，学于彭蒙，得不教焉。彭蒙之师曰：'古之道人，至于莫之是莫之非而已矣。'其风窢然，恶可而言？常反人不见观，而不免于魭断。其所谓道非道，而所言之韪，不免于非。彭蒙、田骈、慎到不知道。虽然，概乎皆尝有闻者也。"

就《天下》篇所说看起来，彭蒙等的哲学思想有五要点：

（一）"齐万物以为首"；（二）"公而不党，易而无私，决然无主"；（三）"弃知去己，而缘不得已"；（四）"无用贤圣"；（五）"块不失道"。

"齐万物以为首"，就是以"齐万物"为其学说中的第一义。这就是《吕氏春秋》所说的："陈骈（田骈）贵齐。"（《不二》）彭蒙、田骈、慎到认为"万物皆有所可，有所不可"。所以万物虽各不相同，但就这一方面说，它们都是一样的，这就是所谓"齐"。就"大道"的观点以观万物，则见它们是平等齐一，无所谓贵贱好坏之分。这就是所谓"大道能包之而不能辨之"。"辨"就是对事物加以种种区别。若对事物加以区别而有所选择，取舍于其间，则必顾此失彼，得一端而遗全体。所谓"选则不遍，教则不至"。盖有所选，则必有所不选，有所教，则必有所不教。这也就是《吕氏春秋》所引田骈的话所说的"火烛一隅，则室偏无光"（《士容》）。"大道"既视万物为平等齐一，"包之"而不"辨之"，所以说"道则无遗者矣"。

从这个前提出发，彭蒙、田骈、慎到认为，对待事物的最好的态度就是听其自然。这就是《吕氏春秋》所引田骈的话所说的："变化应来而皆有章，因性任物而莫不当。"（《执一》）

从这个前提出发，彭蒙、田骈、慎到认为，人也应该像"大道"

一样，承认各事物一律平等，无所谓贵贱好坏的区别，对之无所用其选择。这就是所谓"于物无择"，也就是"公而不党"，既"于物无择"，就可以"与之俱往"。

彭蒙、田骈、慎到认为，欲达此境界，则必"弃知去己，而缘不得已"。知识专对事物作区别，"弃知"则不对事物作区别而"于物无择"。执一事物为"己"；"己"就成为"主"。有"己"则不能"决然无主"，"去己"则能随顺万物而"与之俱往"。无知无己，"泠汰（郭象云："犹听放也"）于物，以为道理"。

彭蒙、田骈、慎到认为，人能至此境界，则"无建己之患，无用知之累"。而成一"无知之物"，彭蒙、田骈、慎到形容这种人的行动说："不师知虑，不知前后，魏然而已矣。推而后行，曳而后往，若飘风之还，若羽之旋，若磨石之隧。"这就是"缘不得已"。真正无知之物的运动，就是如此。这种人的行动也就不是行动而只是一种运动了。彭蒙、田骈、慎到认为这样才合于"道"，所以说"块不失道"。"块"就是土块，是真正无知之物。

彭蒙、田骈、慎到的中心思想，还是"为我"。他们所特别注重的是"我"的全生免祸的方法。如说："舍是与非，苟可以免"；"动静无过，未尝有罪"；"动静不离于理，是以终身无誉"。这正是没落奴隶主贵族，在没落过程中，怕受迫害的失败情绪在思想战线上的反映。其情绪，完全是《庄子》所记载楚狂接舆的那首歌辞的情绪。没落贵族失去了原有的地位，遭到新兴地主阶级的打击，自己不能掌握自己的命运。这个阶级，在社会大转变的洪流中，真是"若飘风之还，若羽之旋，若磨石之隧"。它的思想上的代表宽慰他们自己说，这是本来应该如此的。由于他们在阶级斗争中失败了，所以宣称对于事物本来不应该有所选择，什么都好，怎样都好；自己本来不必，也不可有所主张，自己要完全处于被动的地位，被推着走，这是本来就应该如此的。这种思想正是没落贵族对现实社会无可奈何的没落意识的集中表现。

这种思想，讲起来确实有点寒伧，所以《天下》篇也批评说："慎到之道，非生人之行，而至死人之理"；"其所言之韪，不免于非"。但是，《天下》篇还是推许他们，说是"概乎皆尝有闻"。《天下》篇称许墨子为"才士"，宋钘、尹文为"救世之士"，都不认为是"有闻"。可见它对彭蒙、田骈、慎到，还是引为同调的。其实老、庄所讲的也基本上都是"死人之理"，不过比较隐蔽，有更多的唯心主义的理论以为掩饰而已。

第三节　《慎子》中的慎到思想

《汉书·艺文志》法家著录《慎子》四十二篇，注云："名到，先申韩，申韩称之。"《十二论》未著录，或即在四十二篇之内。这四十二篇，现在流传下来的只有五篇，还是残缺不全的。

《慎子》说："民杂处而各有所能，所能者不同，此民之情也。大君者，太上也，兼畜下者也，下之所能不同，而皆上之用也。是以大君因民之能为资，尽包而畜之，无能去取焉。是故不设一方以求于人，故所求者无不足也。大君不择其下故足。不择其下，则易为下矣。易为下，则莫不容，莫不容，故多下。多下之谓太上。"（《民杂》，《守山阁丛书》钱熙祚校本，下同）如果把这一段话同《天下》篇"齐万物以为首"那一段比较研究，就可以看出来，这两段话的思想基本上是一致的。不同的是，《天下》篇的那一段话讲的是"大道"和自然界中的事物；这一段话讲的是社会中的统治者和老百姓。合起来看，慎到的意思是说，统治者在社会中的地位，就好像道在自然界中的地位。万物都"有所可"，人们也都"有所能"。虽然"所能不同"，但都可为"上"之用，都是"上"的凭借（"资"）。道尽包万物，无所选择；统治者也应该"兼畜"老百姓，无所选择。这样，为他用的"下"就多了。"下"越多，"上"的地位就越稳固，力量也就越大。就是说，"大道"对于万物"包而不辨"，统治者对于老百姓也应该包而不辨。越包得多，拥护的人就越多，拥护的人越多，统治者的凭借就越大。所以称为"大君"，称为"太上"。

《慎子》接着说："君臣之道，臣事事而君无事，君逸乐而臣任劳。臣尽智力以善其事而君无与焉，仰成而已，故事无不治。治之正道然也。"（同上）这是说，人都有所能，统治者应该像"大道"那样，自己无为而让在他下面的人各自努力做他们所能做的事。这样，什么事都可以办了。这是治国的"正道"。这就是法家所主张的"君道无为，臣道有为"的道理。

《慎子》接着说："君之智未必最贤于众也。以未最贤而欲以善尽被下，则不赡矣。若使君之智最贤，以一君而尽赡下则劳，劳则有倦，倦则衰，衰则复返于不赡之道也。是以人君自任而躬事，则臣不事事，是君臣易位也，谓之倒逆。倒逆则乱矣。"（同上）意思就是说：统治者的聪明能力未必比别人高。用不必比别人高的聪明能力，而想把下边的事情都办好，那是不可能都照顾到的。即使统治者的聪明能力比别人都高，可是专靠他一个人的精力就要把下边的事情都办了，这样，他就太劳苦，劳苦就要疲倦，疲倦就要衰弱，结果还是不能都办。所以统治者不能把一切事情都作为自己的任务而亲自去办。办事是臣的任务。统治者的任务不是办事，而是叫别人去办事。所以君必须"无为"，只有"无为"才可以统治"有为"。《吕氏春秋》记载说："田骈以道术说齐王"，"因性任物而莫不当"（《执一》）。慎到在这里所说的也就是"因性任物而莫不当"的思想。

统治者要想"因性任物"，他就需要"无私"。《天下》篇说：慎到主张"公而不党，易而无私"。可是这个"无私"，实际上是为了扩大统治者的权力，巩固君主的地位，为了统治者的大私。《老子》说得很清楚，"夫唯其无私耶？故能成其私"（第七章）。

但是，在实际政治中，还需要有一个具体的标准，以决定什么是公，什么是私。法家根据地主阶级专政的经验，提出了"法"作为具体的标准。在这一点上，《慎子》中的慎到就和《天下》篇中的慎到分离了。《慎子》说："法制礼籍，所以立公义也。凡立公所以弃私也"，"法虽不善，犹愈于无法，所以一人心也"（《威德》）。就是说，法是公共的行为标准。有了法，人的思想、行动才能统一。所以没有法是不行的。不好的法，也比没有法好。统治者立了法以后，他就可以一切依法而行，可以无为。《慎子》说："大君任法而弗躬，则事断于法矣。"（《君人》）"官不私亲，法不遗爱。上下无事，惟法所在。"（《君臣》）这就是无私。

可是，法也得有人来推行。统治者凭什么推行法呢？《慎子》说：

"故腾蛇游雾,飞龙乘云,云罢雾霁,与蚯蚓同,则失其所乘也。故贤而屈于不肖者,权轻也;不肖而服于贤者,位尊也。尧为匹夫,不能使其邻家。至南面而王,则令行禁止。由此观之,贤不足以服不肖,而势位足以屈贤矣。故无名而断者,权重也;弩弱而增高者,乘于风也;身不肖而令行者,得助于众也。"(《威德》)意思就是说:统治者要有绝对的权力,才可以统治。这也许就是荀况所说的,田骈、慎到"尚法而无法,下修而好作"的意义。法家"尚法",可是慎到所强调的实际上是"势",所以荀况认为他是"尚法而无法"。韩非说慎到认为"贤智不足以服众,而势位足以诎贤",这也就是荀况所说的,"慎子蔽于法而不知贤"。这和《天下》篇所说的"无用贤圣",也是有联系的。"下修而好作",王念孙曰:"义不可通,下脩当为不循,谓不循旧法也。"

《慎子》又认为天下国家并不是天子或国君的私有财产。他说:"故立天子以为天下,非立天子以为天子也。立国君以为国,非立国以为君也。立官长以为官,非立官以为长也。"(《威德》)原来的奴隶主贵族的国家是和宗法制度联系在一起的。国家就是一个宗教的私产。根据"亲亲"的原则,国君率领着他的兄弟子侄,分担政权,进行统治。新兴的地主阶级要求打破这种宗族的国家,建立政治国家。上边所引慎到的话,就是说,国家并不是奴隶主贵族的私产,官长也不是奴隶主贵族为他的亲族安排的位置。他们的任务,主要的就是为国家办事。这是站在新兴地主阶级立场对于奴隶主贵族"亲亲"世袭制的批判。

《慎子》承认"法"不一定都是好的,但"法虽不善,犹愈于无法"(《威德》)。君不一定都是贤的,但是,"多贤不可以多君,无贤不可以无君"（佚文）。这是法家为新的封建统治阶级建立中央集权的统治所作的理论的根据。

《慎子》说："人莫不自为也，化而使之为我，则莫可得而用矣。是故先王见不受禄者不臣，禄不厚者不与入难。人不得其所以自为也，则上不取用焉。故用人之自为，不用人之为我，则莫不可得而用矣，此之谓因。"（《因循》）在这里，"自为"就是替自己打算，"为我"的"我"字是统治者就他自己说的，就是说，统治者用人，不靠人为他尽力的那种道德。他所靠的是人都替自己打算，趋利避害这种私心，用"刑""赏"把人组织起来，为他服务。这就叫"用人之自为"。这里所说的"为我"，不是道家所说的"为我"。道家所说的"为我"，是人精打细算的结果，认为受统治者的俸禄而为他服务，是得不偿失。这是道家的人对于新兴地主阶级消极反抗、不同他们合作的一种理论。法家站在新的统治者立场也反对这种人。《慎子》的这段话所批判的，正是《天下》篇所讲的慎到的主张。同是那个慎到，可是他的立场变了，由没落奴隶主的立场转变为新兴地主阶级的立场。

由于这个转变，可以说，慎到的思想，总起来说，是把杨朱的和他自己的道家全生"保身"的思想，加以改造，应用到治国，为新兴地主阶级服务。比如说，在《天下》篇"齐万物以为首"，本来讲的是"大道"与自然界事物的关系，《慎子》则说成是社会中新兴地主阶级的统治者和老百姓的关系。这就是改造。在《天下》篇，"公而不党，易而无私"，本来讲的是隐士的处世方法，《慎子》则说成是新兴地主阶级的统治术。这就是改造。

当时新兴地主阶级正在建立封建主义的中央集权的政权。新的统治者统治的范围之广及其权力之大，都不是在分封制下面的统治者所能比拟的。他们需要一种新的统治术。法家适应这种新的需要，根据当时的经验，提出一种新的统治术，其中有些是从道家思想中改造过来的。

比如"无为"这个思想吧。孔丘也讲"无为"。他说："无为而治者，其舜也欤？夫何为哉？恭己正南面而已矣。"（《论语·卫灵公》）这种"无为"，其实就是儒家所谓"德治"。道家所说的"无为"是消极的无所作为。法家则与前两者根本不同，他批判了儒家的德治，同时改造了道家的无所作为，把它改造为统治者依靠法、术、势，自己无为而臣下有为。这是"无为"这种思想的几个转变，慎到的思想则是从道家"无为"到法家"无为"的转变中的一个环节。

作为道家的一个思想家，慎到把杨朱的"重生"的思想及处世的方法提到了哲学的高度，提出"大道"这个观念。又把这个观念改造成为论证新兴地主阶级统治的哲学根据。由此，他就从道家分化出来，成为法家。这种转化完全是在当时的阶级斗争的推动下所造成的。

第四节 黄老之学的确切内容

黄老之学是从道家转来的法家，这个提法不确切。某一种事物转化为另一种事物，转化的结果是，某一种事物被扬弃而代之以另一种事物，另一种事物代替了某一种事物。黄老之学不是这样。它并不是用法家代替道家。黄老之学是道家向法家的转化，这个提法也不确切，因为转化是一个过程，黄老之学并不是一个过程。大概可以说，黄老之学是道家和法家的统一。怎么个统一法呢？

长沙马王堆出土的《十大经》，有人认为这就是《汉书·艺文志》所著录的《黄帝外经》，我赞成这个说法。《艺文志》方技略著录黄帝外经和内经。"外经"是对"内经"而言。《庄子·天下》篇说，宋钘、尹文，"以禁攻寝兵为外，以情欲寡浅为内"。"内"是指"治身"，"外"是指"治国"。汉朝的淮南王刘安著书有《淮南内》《淮南外》也是这种意思。道家讲保全身体、性命的道理。这是道家的一个主题。黄老之学以此为"内"，又把保全身体、性命的道理推广到"治国"，以此为"外"。它所讲的"治国"的道理，也就是法家的道理。这样，就改造了道家思想，使之向法家转化。

《艺文志》还著录有扁鹊的内经和外经，白氏内经和外经，这个内外是怎么分的？就无可考了。

《黄帝内经》，很注重预防。它有两句名言："圣人不治已病，治未病；不治已乱，治未乱。"(《四气调神大论》)头一句讲的是"养生"，第二句讲的是"治国"，它认为"养生"和"治国"是一个道理，这就是黄老之学的要点。

不过慎到并没有明确地把这个要点讲出来，也许他讲了我们不知道。他可能是黄老之学的一个创始人。黄老之学的发展有待于他的后学。这个发展在《管子》的其他篇中可以看出来。

以上说明了关于慎到的矛盾。经过说明以后，这个矛盾恰好给我们提供了先秦学术思想发展的一个线索。这个线索就在司马迁所说的"黄老道德之术"这个名词中。

司马迁的《史记》用两篇列传基本上概括了先秦学术界百家争鸣的壮阔复杂的局面。一个是《老子·韩非列传》，一个是《孟子·荀卿列传》。前一个列传说明道家和法家的由分而合；后一个列传说明儒家的由合而分。由分而合，由合而分，这是两条线索。司马迁抓住了这两条线索。

所谓线索就是事物发展的内部联系，也就是事物发展中有规律性的东西。一个好的历史家，必须抓住这些联系，才能把历史中错综复杂的现象贯穿起来，写出好的历史。这就是从前的人所说的历史家的"史识"。

司马迁的"史才"（文学的修养）和"史学"（史料的掌握）是众所周知的了。至于他的"史识"还有待于发挥。

第十七章 稷下黄老之学的精气说——道家向唯物主义的发展

第一节　黄老之学的名称的由来及史料的根据

本书第一册第三章说到齐国的稷下。齐国的国都有一个城门叫稷门。稷门附近的一个区域就叫稷下。这是当时的知识分子（"士"）居住和聚会的地方。管仲认为士、农、工、商这四民应该各自有一个居住的区域。"稷下"可能就是一个"士"之所居住的区域吧。齐国的国君有一个尊重知识分子的传统。司马迁说，齐宣王在稷下建筑了一些高级的住宅。稷下的那些知识分子，有比较出名的，宣王就每人给他一处住宅，给他"上大夫"的俸禄，叫他们"不治而议论"（《史记·田完世家》）。就是说，他对于高级知识分子的生活特别优待，而且不叫他们做什么事，只是著书立说，用现在的话说，就是研究吧。有了这样的优越条件，各诸侯国的知识分子，有资格的都到稷下去讲学或学习。稷下成了一个国际的学术中心。

在稷下讲学或学习的人各家各派都有，有一个比较突出的派别，那就是汉朝人所说的黄老之学。

第一册第三章说到的《管子》这部书，就是稷下学术中心的一部论文总集。那是从它的形式推断的，就其内容说，也可以作出这样一个推断。这部书中，各家各派的论文都有，但中心是黄老之学的论文。这部书还是稷下学术中心的情况的反映。

齐宣王的父亲威王，自称要"高祖黄帝，迩嗣桓、文"（《陈侯因𦎟敦铭》文，转引自郭沫若《十批判书》一五二页）。黄帝是当时传说中的一个养生成仙的帝王；齐桓、晋文是春秋时期的两个执行法家路线成功的霸主。齐威王要把养生和称霸结合起来。他的这两句铭文反映了当时一部分有作为的诸侯国统治者的愿望，一直到秦皇、汉武，有作为的统治者都有这种愿望。

　　齐威王的这两句话，虽然不是对"稷下先生"们说的，但他的这个愿望，可能为他们指定一个方向，规定一个调子。这就是"黄老之学"的要点。它有两个方面，一个是治身（养生），一个是治国。前者以黄帝为目标，后者以桓、文为目标。其所以称"老"者，因为《老子》中讲"长生久视"之道，也有"君人南面"之术。老子也是传说中的一个长寿者。

　　从老聃到庄周，是道家向唯心主义的发展。这就是魏、晋人所说的老庄。老庄也讲治身与治国，但它讲治身是要达到一种精神境界，讲治国是要使社会回到原始情况。黄老讲治身是要保持身体以达到长生不死，白日飞升。讲治国是要继续齐桓、晋文的事业，使之发展下去。黄老与老庄，在哲学上说，是唯物主义和唯心主义两大派别的对立，在政治上说，是革新、前进和保守、倒退两条道路的斗争。

　　《管子》中有《白心》《内业》《心术上》《心术下》四篇。近来很多学者认为这四篇为宋钘、尹文的著作，并以此四篇作为讲宋、尹学派的主要资料。我认为这是不能肯定的。其理由于上文第十四章已讲过。

　　我认为《管子》中的《白心》等四篇不是宋钘、尹文一派的著作。不过这四篇是很重要的。它是一个体系。这个体系就是稷下黄老之学。因为这几篇所讲的就是黄老之学的要点：治身和治国是一个道理。

于此四篇之外，还可以加上一篇，《管子》中的《水地》篇。《水地》的文体和四篇不同，它不用韵文。但就内容说，它所讲的问题，同所表现的要点，还是与四篇相同的。

第二节　《管子》中的《水地》篇

要讲"养生"，必须先研究生命的来源，以及万物的来源。《水地》篇提出一个初步的看法。

《管子·禁藏》篇说："夫民之所生，衣与食也。食之所生，水与土地也。"就是说，人必须有穿的，有吃的，才能生存，衣食的来源又靠水和地。《度地》篇讲水害和水利，《地员》篇讲土壤。这是从农业生产上讲水和地的重要。

《问》篇说："理国之道，地德为首。君臣之礼，父子之亲，覆育万人。官府之藏，强兵保国。城郭之险，外应四极。具取之地。"就是说，社会的上层建筑以及用兵设防，都要以地为基础。这是从社会方面论地的重要。

《水地》篇的特点，是从哲学的高度讲水和地的重要。它所说的地，相当于五行中的土。关于五行的学说起源很早，但是明确地肯定五行或其中的某些"行"是万物的根源，则是后来时期才有的。《管子·水地》篇关于"水、地"的思想，就作了这样的肯定。

这篇肯定："地者，万物之本原，诸生之根菀也。……水者，地之血气，如筋脉之通流者也。"万物都是从地生出来的。以人的身体作为比喻，水就是地的血气，河川就是地的筋脉。因此，水与地有同样的功用。下文说："水者何也？万物之本原也，诸生之宗室也。"《水地》篇特别强调水的重要。它认为"准"（水平仪）是用水作标准的，而"准"是"五量（权、衡、规、矩、准，说见《管子·揆度》篇）之宗"，"素"是"五色之质"，"淡"是"五味之中"。就是说，一切颜色都以白为背景，一切味道都以"淡"为基础。"水者，万物之准也，诸生之淡也，韪非得失之素也（本作"违非得失之质"，依丁士涵校改，韪非即是非）。"这是从各方面论证水的重要。

《水地》篇认为水无所不在，"无不满，无不居也，集于天地而藏于万物，产于金石，集于诸生"。一切生物，都必须得水才可以生长发展。它说："集于草木，根得其度，华得其数，实得其量。鸟兽得之，形体肥大，羽毛丰茂，文理明著。"它由此得出结论说："万物莫不尽其几，反（返）其常者，水之内度适也。"万物中所有的水，有固定的数量（"内度"），数量合适，它们就能充分发展它们的潜力（"尽其几"），发展到它们通常所能达到的程度（"返其常"）。因为水有生长万物的功能，所以又称为"水神"。

《水地》篇认为，不仅动物和植物因水而生长发育，人也是从水来的，人的肉体和精神都是水的产物。关于人的生成的程序，《水地》篇有详细的说明，它说："人，水也。男女精气合而水流形。"据它说，人在胎中，吸收五味的营养，三月生成五脏，五脏已具而后生骨肉。由五脏和骨肉，"发为九窍。……五月而成，十月而生"。生了以后，眼就能看，耳就能听，心就能思虑。"目之所视，非特山陵之见也，察于荒忽。耳之所听，非特雷鼓之闻也，察于淑湫。

心之所虑，非特知于麤粗也，察于微眇"。就是说，耳目等感觉，不只是生理的反应，而且是思维的活动了。下面接着说："是以水集于玉而九德出焉。凝蹇而为人，而九窍五虑出焉。""九窍"是生理的器官；"五虑"是思维的活动。这是把上面所说的，重新加以肯定。就是说，由五脏发育的结果才形成人的耳目感官，从而有感觉作用；思维活动来源于人的心脏。这就是说，感觉和思维的活动是生理器官所产生的；生理的器官是由水这种物质所构成的。这是明确的唯物主义思想。

不仅如此，《水地》篇认为许多神怪的东西也都是从水产生的。它说：龟生于水，能预测吉凶；龙生于水，能游于天上地下，变化无穷；"蟡"与"庆忌"等妖怪来于"涸川水之精"，能跑得很快，取鱼鳖吃。这些说法表明，即使那些"神圣的"动植物和"妖怪"也都是由物质的水产生的，它们的神性是水的德性的体现。这实际上是否认了这些东西具有超自然的神秘性质。

但是，谈到社会和历史，《水地》篇就倾向唯心主义了。它认为地是"美、恶、贤、不肖、愚、俊之所生也"；水也是"美、恶、贤、不肖、愚、俊之所产也"（"所产"应是"所以产"）。它自己问："何以知其然也？"它列举当时各地方的水的性质，企图以之证明各地方的人的体质性格，都是各国的水的性质所决定的。如果一个地方的水好，那个地方的人就是美的、贤的、俊的。如果一个地方的水不好，那个地方的人就是丑的、恶的、愚的。《水地》篇认为，当时各地的水是或"弱"、或"浊"、或"游滞"，所以各地方的人是或"轻"、或"愚"、或"贪"，只有宋国的水"轻劲而清，故其民闲易而好正"。

《水地》篇认为，水既然对于人的体质性格有决定性的作用，所以改造社会只要改造水就可以了。它说："圣人之化世也，其解在水"；"是以圣人之治世也，不人告也，不户说也，其枢在水"。

《水地》篇也谈到水是可以为人所效法的。它说："夫水淖弱以清，而好洒人之恶，仁也。""人皆赴高，己独赴下，卑也。卑也者，道之室，王者之器也，而水以为都居。"这所说与《老子》第八章对于水的歌颂意义相同。《水地》篇和《老子》不是说水也有道德的属性，它们只是说，水有这些属性，人的道德属性可以之为法。

《水地》篇的议论包括治身和治国两个方面。它认为，无论从哪个方面说，水都起决定性的作用（"其枢在水"）。治身和治国是一个道理。这就是黄老之学的要点。

第三节　黄老之学关于"精""气"的思想

《管子·水地》篇认为水和地是万物的根源。这正是如恩格斯所说的希腊哲学家那样，"把自然现象的无限多样性的统一看作不言而喻的，并且在某种具有固定形体的东西中，在某种特殊的东西中去寻找这个统一，比如泰勒斯就在水里去寻找"（《自然辩证法》，《马克思恩格斯全集》第二十卷，五二五页）。这样的统一包括两个问题。一个是寻找一种东西，认为它是万物所由以产生的；一个是寻找一种东西，认为它是万物所以由此构成的。说水和地是万物所由以产生的，这在一定程度上是有事实的根据的。但说水和地是万物所由以构成的，这就有很大的困难。水和地都是有形体的特殊的东西，一种有形体的特殊的东西，如何能为一切有形体的特殊的东西的所由以构成？这是很难说明的。

在希腊哲学中，阿那克西曼德企图用"未规定的物质"——"无限"以解决这个问题。但是从唯物主义的观点看，这种"无限"的说法也有很大缺点。在希腊哲学中，于是就有阿那克西美尼，用"气"以替代阿那克西曼德所说的"无限"。黑格尔论述说："他以一个确定的自然元素（具有一个实在形式的"绝对"），来代替阿那克西曼德的无定的物质；——不过不是泰利士的水，而是空气。他深知物质必须要有一种感性的存在，而同时空气却有一个优点，就是更加不具形式；它比水更加不具形体；我们看不见它，只有在它的运动中我们才感觉到它。'一切均由空气中产生，一切又都消失于空气之中。'他也规定空气是无限的。第欧根尼·拉尔修说'原则是空气和"无限"'，好像是有两个原则似的。只有辛普里丘明白地说'他认为根本本质是"一"，是一个无限的自然，正同阿那克西曼德的看法是一样的，所不同的只是阿那克西曼德的是一个不定的自然，而他的是一个有定的自然，即是空气。'"（《哲学史讲演录》第一卷，三联书店1956年版，一九七至一九八页）

在先秦哲学里，唯物主义的发展也有类似的情况。《水地》篇的主张立论有困难。彭蒙、田骈、慎到提出"道"这个观念，但没有作出说明。或者有说明而我们不知。稷下黄老之学开始用"气"以说明"道"，认为"道"就是"气"或精气。"气"是无形的；

正像黑格尔说的那样，它跟《水地》篇所说的"水"比较起来，有一定的优点。

《内业》篇说："凡道无根无茎，无叶无荣，万物以生，万物以成，命之曰道。"这是认为"道"不是具体的个别东西。它认为这种未规定的"道"，不是超自然的东西，而是"一个有定的自然"——"气"。《管子·枢言》篇说："道之在天者，日也；其在人者，心也。故曰：有气则生，无气则死，生者以其气。"这几句话说明，稷下黄老之学认为"道"就是"气"，万物都是从"气"生出来的。"其在人者，心也"，似乎是说，对于人说，心是最重要的，但是心也不能离乎"气"。《内业》篇发挥这种看法说："凡物之精，此则为生，下生五谷，上为列星，流于天地之间，谓之鬼神，藏于胸中，谓之圣人。"下文说"是故此气也"，可见"此则为生"的"此"字，是指"气"而言。他们认为天上的星辰和地上的五谷，都是由气构成的；所谓鬼神，也只是气流动于宇宙中者；"圣人"所以有智慧，也是因为他胸中藏有很多气。总之，从物质现象到精神现象都是"气"构成的，一切事物都是气的变化的结果。所以《内业》篇又说"化不易气"；就是说，事物时常在变化，但总不能离乎气，气本身就能变化而生出各种各样的东西。

"气"在中国古代有两种意义。一种意义指"天气"。《左传》说："天生六气"，六气指"阴、阳、风、雨、晦、明"等天时现象。一种意义指人呼吸的气息，《说文》说："气，息也。"息就是呼吸。天气对农业生产是十分重要的；气息对人的生命也是十分重要的。稷下黄老之学正是从对气的这种认识中，建立起以气为基础的唯物主义的自然观。

值得注意的是，稷下黄老之学特别用气来解释生命和意识的起源以及构成生命和精神的要素。《内业》篇说："凡人之生也，天出其精，地出其形，合此以为人。和乃生，不和不生。"甚么是"精"呢？《内业》篇说："精也者，气之精者也。""精"字的本义是细米，引申指一切细微的东西。"精"是"气之精者"，就是说，"精"是气中更细微的部分。既然有"气之精者"，也必有气之粗者，即气之比较粗的一部分。

照《内业》篇的意思，天是比较细的一部分气所构成的，地是比较粗的一部分气所构成的。他们认为人所有的"精"是从天得来的；人所有的"形"是从地得来的。精及形配合恰好，人就生存，不然人就死亡。这种说法，有把精神和身体割裂的危险，没有完全跳出灵魂独立于身体的旧框子。

稷下黄老之学认为，就生物说，一个生物所有的精气越多，它的生命力就越大。就人说，一个人所有的精气越多，他的智力就越高。《内业》篇说："精存自生，其外安荣；内藏以为泉源；浩然和平，以为气渊。渊之不涸，四体乃固；泉之不竭，九窍遂通。"这是说，人有了足够的精气，不仅四肢坚固，体质健强，而且耳目口鼻也都通顺，智力也充沛。因此，他们认为人的精神作用也是由精气产生的。《内业》篇说："气道（戴望引《左传》注：道，通也）乃生，生乃思，思乃知，知乃止矣。"这就是说，人的思维（"思""知"）是依靠于生命，有了生命才有思维，而生命又依靠于气；气是第一性的，生命和精神意识是第二性的。因此，《心术上》说："世人之所职者，精也。去欲则寡（本作"宣"，依郭沫若校改），寡则静矣。静则精，精则独立（立字衍）矣。独则明，明则神矣。"这是说，人能寡欲，精气就充沛，精气充沛，就愈聪明，愈有智慧。这意味着人的精神是由身体内极细微的物质——精气发生出来的。

照《内业》等篇所说，形气构成人的身体（形）。它好比一个房子，"精"就住在这个房子里。《内业》篇说："定心在中，耳目聪明，四肢坚固，可以为精舍。""精舍"就是精所住的宿舍。保持与延长生命的方法，就是保持自己"形"中所已有的"精"不要失去，维持"精"与"形"的"和"。要达到这个目的，就要使心中安静，不为"忧乐喜怒欲利"所扰乱。《内业》篇说："彼心之情，利安以宁，勿烦勿乱，和乃自成。"如果不然，那就是"内困外薄，不早为图，生将巽舍"。就是说，精要退出（"巽"）这个宿舍。精退出，生也退出，那就是死了。

照《内业》等篇所说，人不但需要保持自己身体中本有的精气不要散失，并且还要争取吸收更多的在身外运动着的精气，集中在自己的心中。这样，自己的生命力就可以更加丰富，自己的聪明智慧，就可以更大更高。《内业》篇说："敬除其舍，精将自来。……严容畏敬，精将自定（本作"至定"，依王念孙校改）。""形"是"精"的庐舍，打扫清洁了，流行于宇宙间的精气就进来了。进来以后，人再能"严容畏敬"，"精"自然就住下了。

《内业》篇又说："不以物乱官，不以官乱心，是谓中得。以有神自在身。"神也是指精气。《心术下》篇也说："正形饰德，万物毕得，翼然自来，神莫知其极。昭知天下，通于四极。是故曰，无以物乱官，毋以官乱心。此之谓内德。""内德"即"中得"，就是心中原有的"精气"。不要以外界的事物扰乱自己的感官，不要以自己的感官扰乱自己的心，这就叫"饰德"，就是说，把原有的"德"先整理一下子。照《白心》篇的说法,"精"是"同则相从,反则相距"。所以原有的"精"越多,越能吸收外边新来的"精"。新来的"精"也只有在原来有德的条件下才能安定下来。所以《内业》篇说:"是故此气也,不可止以力,而可安以德;不可呼以声,而可迎以意(本作"可迎以音",依王念孙校改)。敬守勿失,是谓成德,德成而智出,万物果得。"

《内业》等篇认为一个人如果能把精气集中了,就可能有很大的他们所想象的效果。《内业》篇说:"乃能穷天地,被四海,中无惑意,外无邪灾。心全于中,形全于外。不逢天灾,不遇人害。谓之圣人。"又说:"人能正静,皮肤裕宽,耳目聪明,筋信(伸)而骨强;乃能戴大圜而履大方,鉴于大清,视于大明。"这些是说,精气充足,身心都得到发展,而且能更加清楚明白地认识天地万物的变化。

"道"和"德"是道家的两个主要观念。稷下黄老之学根据精气的学说,对"道"和"德"作了解释。《心术上》篇说:"虚而无形谓之道,化育万物谓之德。"又说:"天之道,虚其(当作"而")无形。虚则不屈。无形则无所位赶(王引之云:当作"抵牾"),无所位赶(抵牾),故遍流万物而不变。德者道之舍;物得以生,生知(衍文)得以职道之精。故德者得也,得也者,其谓(当作"谓其")所得以然也。以(衍文)无为之谓道,舍之之谓德。故道之与德无间,故言之者不别也。"这是关于道与德的一个明确的说明,也明确地说明了德与道的关系。"虚则不屈",就是说,它是无形而又是无限。有形的东西,因其有一定的形,就与别的有形的东西相抵牾。水与火相抵牾;木与金相抵牾。气是无形的东西,所以能成为水也可以成为火，能成为木也可以成为金。它可以成为任何的东西而其本身还是气。这就是所谓"遍流万物而不变"。也可以了解为，气是无形的，所以不占一定的位置，不同别的东西冲突，因此能遍于一切事物之中，为一切事物的根本。

"德者道之舍"。"舍"是什么意思呢？上文说："神者，至贵也。故馆不辟除，则贵人不舍焉。""不舍"就是不停留。"舍"字作名词用，指馆舍；作动词用，指入馆舍而停下来。《心术上》篇开始说"神将入舍"，即入舍而停留下来。"德者道之舍"，就是说，德是道在某一点上停留下来的，这一点就成为人或物。人和物都得到"精"和"气"的一部分，然后才能生存（"物得以生"）。就人和物这一方面说，它是停留在人和物之中。万物和人都有所得于道，然后才成为它那个样子（"得也者谓其所得以然也"）。人有所得于道，然后才有生命。《心术上》篇上又说："世人之所职者，精也。"（旧注："职主也。"精是生命之主。"生知得以职道之精。"）道和德的关系，是全体与部分的关系；按本质说，它们是一个东西（"故道之与德无间，故言之者不别也"）。这就是说，它们都是精气。按着这种解释，"道"并不是脱离具体事物独立自存的东西，而是即在于万物之中。

在《内业》等四篇中，道就是精气，也称为灵气。《内业》篇说："灵气在心，一来一逝，其细无内，其大无外。所以失之，以躁为害。心能执静，道将自定。"由此段可以看出来，稷下黄老之学认为"道"就是"灵气"。《心术下》篇说："气者，身之充也。"《内业》篇说："夫道者，所以充形也，而人不能固。其往不复，其来不舍。"由这一段可以看出来，"道"就是"精气"。它本来是要住在人的身体中的("充形"),假使人不能保持它,它就"往而不复,来而不舍"了。

《白心》篇说:"道之大如天,其广如地。……一以无贰,是谓知道。将欲服之,心一其端而固其所守。责其往来莫知其时。……故曰,吾语若大明之极。大明之明,非爱人不予也,同则相从,反则相距也。"这里所谓"明"或"大明"就是"道",也就是"精气"。它是"往来莫知其时",只有"一其端而固其所守"的人,才能"服之";"服"如"服药"之"服"。

照以上所引,道就是灵气,也就是精,也就是神,也就是明,也就是极细微的物质。《心术上》篇说:"道在天地之间也,其大无外,其小无内。"灵气也是"其细无内,其大无外"。因为它是极细微的物质,不可能再分割了,也不可能有比它更小的东西了,所以是"其小无内"。但是它又"洒乎天下满"(《白心》),"道满天下,普在民所"(《内业》),所以又是"其大无外"。因为是极细微的物质,不能作为感官的对象,所以说:"虚无无形谓之道","道也者,动不见其形,施不见其德,万物皆得以然,莫知其极"(《心术上》)。照稷下黄老之学的理论,无论什么东西,总是得了"道"才能是它那个样子,这就是"万物皆得以然"。

稷下黄老之学认为,"其小无内,其大无外"是道所特有的属性。《宙合》篇说:"天地,万物之橐也;宙合有(又)橐天地。天地苴万物,故曰万物之橐。宙合之意,上通于天之上,下泊(及)于地之下,外出于四海之外,合络天地以为一裹。散之至于无间,不可名而山是(郭沫若云:当作"而字之"),大之无外,小之无内,故曰有(又)橐天地。"这里所说的"宙合",意思是双关的;一方面指这一篇所讲的道理,一方面指道。上文说:"道也者,通乎无上,详乎无穷,运乎诸生。"可见"宙合"就是道。天地包着万物,道又包着天地,所以道是"至大无外"。道能入于"无间",所以又是"其小无内"。稷下黄老之学依据精气的学说,明确地说明了"道"的这种属性。

《白心》篇有一段说:"天或维之,地或载之;天莫之维,则天以坠矣;地莫之载,则地以沉矣。夫天不坠,地不沉,夫或维而载之也夫。又况于人,人有治之,辟之若夫擂鼓之动也。夫不能自摇者,夫或摇之。夫或者何?若然者也。视则不见,听则不闻,洒乎天下满,不见其塞,集于颜色,知于肌肤(王引之云:"当作集于肌肤,知于颜色")。责其往来,莫知其时。薄乎其方也,韕乎其圜也。韕韕乎莫得其门。故口为声也,耳为听也,目有视也,手有指也,足有履也,事物有所比也。当生者生,当死者死,言有西有东,各死有乡。"

这是用一种形象的说法,以说明道和天地万物的关系。这里提出的问题是,有什么东西在上面系着天,让它不掉下来?有什么东西在下面托着地,让它不坠下去?《白心》篇用一个"或"字,好像这里所提出的问题,并没有得到解决,而只是在那里猜测。其实下文对于"或"字,作了明确的解释。下文说,这个"或"是看不见听不见的,充满于天下,可是人也感觉不到它的障碍。它集中于人的肌肤,表现于人的颜色。它随时往来流转。它也可以是方,也可以是圆,但是人没有抓住它的门路。口之所以能出声,耳之所以能听,眼之所以能视,手之所以能指,足之所以能履,事物之所以有许多种类,当生的生,当死的死,都是"或"的作用。有这样作用的东西,而又视则不见,听则不闻,这个东西是什么呢?这就是

"道"。为什么称之为"或"呢？就是因为道是"虚而无形"，"不可名而字之"。

无形的道怎么能够系着天，托着地呢？"若然"两个字，正是回答这个问题。"若然"的意思是说，并不真是像一个钩子那样地系着，也不真是像一个盘子那样地托着，只是形象地说，似乎是那种样子。

第四节　对于"精""气"说的评价

稷下黄老之学关于"精""气"的思想在以后的影响是巨大的。他们所讲的气是一种极其细微的流动性的物质。这种物质没有固定的形式，本身又能运动，可以在任何地方存在，也可以转化成各种具体的东西。用它来说明万物的物质性和世界统一的物质性，在古代自然科学知识尚不发达的阶段，具有重要的意义。所以以后的唯物主义思想都认为"气"是构成天地万物的根源，并且进一步提出了"元气"、阴阳之气、五行之气等，作为万物构成的物质元素。就这个意义说，稷下黄老之学奠定了中国哲学中唯物主义的基础。在以后的哲学发展中，凡是主张"气"是第一性的，都属于唯物主义的阵营。

这里发生一个问题：作为物质性的东西的"气"，是否可以是无形的？有人说，气不仅可以感觉到，实在还能看到。如果不限制于什么气，而指一切气的话，鼻息的气不仅人自己呼吸时能感觉到，冬天呼出的气还分明能够看到。气既然是可以感觉到，所谓不可感觉的、无形的"气"就不是一般所谓气，也就不是一种物质性的东西。

我认为稷下黄老之学所说的无形的气就是一般的气，而又不限于一般的气。

说一般的气是无形，主要是说，它没有人所能感觉到的固定的形式。这个无形是相对的。气和别的东西，例如金、木、水、火、土等，比较起来，是比较不容易感觉到的。在天空之中，在没有风的时候，是看不见什么东西的。所以古人称天空为太虚。

作为构成万物的气，是带有一些抽象的性质。这不仅稷下黄老之学所谓气是如此，五行家所说的金、木、水、火、土，在把它们作为构成万物的元素的时候，它们也不就是直接看得见、摸得着的那些水、火、木、金、土。希腊哲学家赫拉克利特认为，世界万物是火构成的，但是这个火也不就是我们烧茶煮饭用的火，而是一种"永恒的火"。永恒的火，恐怕也不是直接可感觉的。至于他所说的构成"灵魂"的细微的火，那就更不是直接可感觉的了。但这并不表示它们是唯心主义所讲的精神性的东西。

稷下黄老之学的另一个重要的贡献，就是第一次对形、神关系的唯物主义的解决作了尝试。物质和意识的关系问题是哲学的基本问题。在这个问题上，稷下黄老之学认为人的精神意识是由物质的元素——精气组成的。精神能力的强弱决定于体内贮藏的物质元素——精气的多少。这实际上是肯定物质现象是第一性的，精神现象是派生的，第二性的。把精神现象看成是某种特殊物质，这是古代素朴唯物主义共同的特点。在古希腊的哲学中，阿那克西曼德把"灵魂"看成是空气，赫拉克利特看成是细微的火，德谟克利特和伊壁鸠鲁都把人的精神或灵魂看成是由极细微的原子组成的。恩格斯在《反杜林论》中，把这些观点称为"原始的自发的唯物主义"(《马克思恩格斯选集》第三卷，人民出版社1972年版，一七八页)。稷下黄老之学关于精气的学说正是中国古典哲学中这种自发的唯物主义的代表。在以后的发展中，许多的唯物主义者都用精气说来阐明人的精神现象和意识作用的起源和发展。就这一点说，稷下黄老之学同样为中国唯物主义思想奠定了基础。

但是，稷下黄老之学关于精气的学说，也带有素朴唯物主义不可避免的缺点。首先，他们把精气看成是带有一种生命的活力，或是有精神的性能，因此，又称精气为"灵气"或"神"。在他们看来，日、月、星、辰所以能发光，植物所以能生长，鸟兽所以能飞走，人所以能有智慧，都是由于精气具有这种性能的结果。用这种精气来说明万物的构成，就会导致物活论。物活论认为，自然界一切东西都有生命。这个命题可以把精神归结为物质，由此导致唯物论，也可以把物质归结为精神，由此导致唯心论。它好比一把两刃刀，可以两面割。

但是我们也不能看低了物活论。普列汉诺夫说："马克思主义是一个完整的世界观。简单说来，这是现代唯物主义，也就是现今发展到最高阶段的世界观。这种世界观的基础早在古希腊就由德谟克利特奠定了，而且一部分是由德谟克利特以前的伊奥尼亚思想家们所奠定的。那些思想家的所谓物活主义，实际上也就是素朴唯物主义。"(《马克思主义的基本问题》，人民出版社1957年版，一页)

其次，稷下黄老之学用精气来说明精神现象，并不能正确地解决物质和意识、形体和精神的关系问题。他们把精神意识简单地归结为一种特殊物质，这是错误的。精神现象是物质高度发展的结果，是物质的作用和性能,它本身不就是物质。这是稷下黄老之学所不能了解的。正因为如此,他们认为构成精神要素的精气可以脱离人的形体到处游离。这就意味着精神可以不必依赖人的肉体,精神和形体有两个来源,这就走向形神二元论,也就为灵魂不灭说开了后门。恩格斯在《反杜林论》中说:"作为这样的唯物主义,它不能彻底了解思维对物质的关系。但是,弄清这个问题的那种必要性,引出了关于可以和肉体分开的灵魂的学说,然后引出了灵魂不死的论断,最后引出了一神教。"(《马克思恩格斯选集》第三卷,人民出版社1972年版,一七八页)

恩格斯又说:"在远古时代,人们还完全不知道自己身体的构造,并且受梦中景象的影响,于是就产生一种观念:他们的思维和感觉不是他们身体的活动,而是一种独特的、寓于这个身体之中而在人死亡时就离开身体的灵魂的活动。从这个时候起,人们不得不思考这种灵魂对外部世界的关系。既然灵魂在人死时离开肉体而继续活着,那么就没有任何理由去设想它本身还会死亡,这样就产生了灵魂不死的观念……同样,由于自然力被人格化,最初的神产生了。"(《路德维希·费尔巴哈和德国古典哲学的终结》,《马克思恩格斯选集》第四卷,人民出版社1972年版,二一九至二二〇页)稷下黄老之学把精神或灵魂看成是一种特殊的东西寄居在人的身体内,而且又可以离开人的形体,在客观上正是支持了这种灵魂不灭的观念,虽然他们把灵魂看成是物质的东西。稷下黄老之学的这个弱点,在反对灵魂不死信仰和有鬼论的斗争中,到后来才逐渐为以后的无神论者和唯物主义者所克服。

稷下黄老之学是跟宗教作斗争的。他们认为所谓鬼神只不过是宇宙中流行的精气，实际上是不承认鬼神是有人格的主宰，把鬼神也看成是物质的产物。他们还认为人有了精气，就有高度的智慧，用不着依赖鬼神了。《内业》篇说："抟气如神，万物备存，能抟乎？能一乎？能无卜筮而知吉凶乎？……思之思之，又重思之。思之而不通，鬼神将通之；非鬼神之力也，精气之极也。"这实际上是对鬼神权威的否定。从这些材料看，他们也是无神论者。但他们对于宗教的斗争也有局限性。在他们的思想中也还有宗教中的某些思想的残余。《国语》记载楚国的观射父的话说："古者民神不杂。""民"中有特别聪明智慧的人，"则神明降之。在男曰觋，在女曰巫"（《楚语下》）。这就是说，"神"就"附"在这些人的身体上，而这些人也就更加聪明智慧。稷下黄老之学似乎也承认，有很多的"神""附"在身体上的人有更多的聪明智慧。但是稷下黄老之学认为所谓鬼神不过是流行宇宙间的精气，它可以"入于胸中"，使人成为"圣人"。"圣人""德成而智出"，能使一切东西各得其所，"万物果得"。这种超人的"圣人"思想，正是宗教思想的残余的表现。

第五节　黄老之学的法家统治术

　　稷下黄老之学的精气说是经过改造的道家思想。为什么说它是道家思想？因为它的主题是"养生"。为什么说它是经过改造的道家思想？因为它基本上是唯物主义的。道家思想的主流是老聃、庄周所宣扬的唯心主义思想。

《白心》篇说:"故曰:欲爱吾身,先知吾情。周视(本作"君亲",依俞樾校改)六合,以考内身。以此知象,乃知行情。既知行情,乃知养生。左右前后,周而复所。执仪服象,敬迎来者。今夫来者,必道其道。无迁无衍,命乃长久。和以反中,形性相葆。一以无贰,是谓知道。"意思就是说,要爱惜我们的身体,就需要先知道我们身体的实际情况。必须先观察宇宙的各方面的情况,以考察我们的身体的情况。考察了许多现象,才能知道我们的身体的情况("行情"疑当作"形情")。知道了这些情况以后,才能知道怎样保养我们的生命。围绕在我们的身体的左右前后,周而复始,运动不息的,这就是要来到我们的身体以内的精气。我们要恭恭敬敬地迎接这些"来者"。"来者"之来,是照着规律的。必须不违背这个规律,我们的生命才能长久。"和以反中",必须使精气和形气相互适应,相互调和。这样,精神和身体才能互相保持,不相分离。《内业》篇也说:"人之生也,天出其精,地出其形,合此以为人。和乃生,不和不生。"一心一意地守着这个规律,这就叫"知道"。

"爱身"和"养生"是道家的主题,稷下黄老之学仍然保持这个主题。但是他们已经是从奴隶主阶级分化出来的思想家。他们要为新兴地主阶级的政治服务。他们把道家的关于"爱身""养生"的理论加以唯物主义的改造,把它应用到地主阶级的政治上。

《内业》篇说:"精存自生,其外安荣。内藏以为泉原,浩然和平,以为气渊。渊之不涸,四体乃固。泉之不竭,九窍遂通。乃能穷天地,被四海。中无惑意,外无邪灾。心全于中,形全于外。不逢天灾,不遇人害,谓之圣人。"这里所说的圣人,有两个方面,一个方面是他们的养生，另一个方面是他把他的养生之道应用于治国。这里所说的"穷天地，被四海"，说的就是治国。《白心》篇说："内固之一，可为长久。论而用之，可以为天下王。"前一句说的是养生，后一句说的是治国。

稷下黄老之学认为养生和治国，是一个道理的两方面的应用。改造道家的养生理论，使之同法家的治国理论结合起来，就是黄老之学的要点。

上面说过，在战国时期阶级斗争十分尖锐，社会政治方面所提出的问题，越来越多，越来越复杂。代表新的阶级的统治者需要一种新的统治的方法。新兴地主阶级的思想家，承担了这个历史使命。慎到和稷下黄老之学把这种方法跟他们所改造的道家思想，唯物主义自然观，结合起来。这也就是，从哲学的高度给这些方法以理论的根据。他们的理论的主要内容，就是把他们所讲的养生之道应用于治国，使之也成为治国之道。主要有三方面：（一）以"静"制"动"；（二）以"虚"制"实"；（三）以"形"定"名"，以"名"制"形"。

《心术上》说："心之在体，君之位也；九窍之有职，官之分也。心处其道，九窍循理；嗜欲充益，目不见色，耳不闻声。故曰，上离其道，下失其事。毋代马走，使尽其力；毋代鸟飞，使弊其羽翼；毋先物动，以观其则。动则失位，静乃自得。"这就是说，君之在国，就好像心之在身。国有百官，好比身有九窍。如果心很安静，九窍就各能尽其职务。如果心里胡思乱想，眼也就看不见颜色了，耳也听不见声音了。国也是这个样子。如果君失了为君之道，下边的臣也都不能尽他们的职务。为君之道就是要无为。"心术者，无为而制窍者也"。君应该无为而制臣，所以说："动则失位，静乃自得。"

动是臣下的事；君应该以静制动。

《心术上》篇下文解释说："毋先物动者，摇者不定，躁者不静；言动之不可以观也。位者，谓其所立也。人主者立于阴；阴者静。故曰动则失位。阴则能制阳矣，静则能制动矣。故曰静乃自得。"这是"人主"的"静"。"人主"的"静"并不是毫无作为，而是要平心静气地观察，以发现事物的规律（"以观其则"），并且监视臣下的作为；这样就可以驱使臣下，替他办事。这是"心术"的要点。《心术上》说："心术者，无为而制下也。"

《心术上》篇说："人皆欲知而莫索其所以知。其所知，彼也（本作"人皆欲知而莫索之，其所以知彼也"，依王念孙校改）；其所以知，此也。不修之此，焉能知彼？修之此，莫能（如）虚矣，虚者无藏也。故曰：去知则奚求（本作"奚率求"，依王念孙校改）矣；无藏则奚设矣。无求无设则无虑；无虑则反覆（复）虚矣。"就是说，统治者对于他的臣下的作为要有知。臣下的作为，是知的对象，即"所知"。统治者的心是知的能力，即"所以知"。要知所知，必须修养所以知的能力。修养的方法就是"虚"。虚就"无藏"。譬如一个仓库，其中没有什么收藏，就是虚了。"无藏"有两个方面。一方面是无求，即对于所知，没有从感情出发的要求。下文说"不怵乎好，不迫乎恶，恶不失其理，欲不过其情（实际情况）"，即指此而言。一方面是无设，即心中没有主观的成见。"反复虚矣"就是说，又复返虚了。下面接着说："天之道，虚其无形。"统治者以道为法，也应该"无形"。他们说："不出于口，不见于色，言无形也。四海之人，孰知其则，言深囿也。"统治者自己无所作为，装作神秘的样子。这样，就可吓唬被统治的人们，使他们感到统治者莫测高深，这就是以"虚"制"实"。

稷下黄老之学认为统治者的心如果能这样地"虚"了，他就可以用"名"以统治"形"。《心术上》说："名者，圣人之所以纪万物也。"万物是形。形是非常众多复杂的，必须有个什么东西把它们贯穿起来。这个东西就是名。就统治者的统治说，"形"是指臣下，以及臣下所担任的职务；"名"是指关于这些职务的规定和职权的范围。统治者把各种职务的内容都规定下来。这些规定就是这种职务的"名"的内容。有了名，他就要求担任这种职务的臣下的行动必须合乎这个名。这就是《心术上》篇所说的："诘形（本作"姑形"；依郭沫若校改）以名（本作"以形"，以意改，下文说："以其形因为之名"即"诘形以名"之义），以形侔名（本作"务名"，依郭沫若校改）。"下文说："执其名，侔（本作"务"）其所以成，此应之道也（本作"执其名务其应所以成应之道也"，依王引之校改）。"就是说，统治者只需要执一个名以考察一个形，看他是否与名相适应（侔）。他的这种作为，叫"应"。这就是以"名"制"形"。

稷下黄老之学认为，统治者这样的作为还是无为，因为"名"是跟着"形"来的，有哪一种"形"就有哪一种的"名"。《心术上》篇说："无为之道，因也。因也者，无益无损也，以其形因为之名，此因之术也。""无益无损"，就是说，"名"是"形"的如实的反映，不以主观为增加或减少。下文说，"因也者，舍己而以物为法者也"，就是说，一切都要以客观情况为转移。

《心术上》篇又说："是故有道之君，其处也，若无知；其应物也，若偶之。静因之道也。"静因之道是"无为"的总的内容。稷下黄老之学论述统治者为什么必行"静因之道"，《心术上》篇说："强不能遍立，智不能尽谋。物固有形；形固有名，名当，谓之圣人。故必知不言无为之事,然后知道之纪。殊形异势,与(本作"不与",依下文,不字衍)万物异理,故可以为天下始(本无"始"字,依下文补)。"这就是说,无论怎样"强"的人,都不能把任何事情都树立起来;无论怎样"智"的人,都不能对于任何事都考虑周到。统治者可以执"名"以驭"形",如果能使"名""形"相当,这就是"圣人"了。统治者自己不必,也不可有所言说;他不必,也不可有所作为。"不言、无为"就是"道之纪"。统治者的这样做法是跟一般人的做法不同,因为统治者跟他们的地位不同("殊形异势"),所以"理"也不同("与万物异理"),正因其不同,所以可以为天下的首领("为天下始")。统治者"不言、无为"而因臣下之力,使之自为。这就是"静因之道"。

以上所讲的"虚静""无为"这一类的思想,虽然讲法不一,但在《老子》中也是有的。这就是"黄老"和"老庄"都牵涉到"老"的原因。但是一说到"法",黄老和老庄就完全对立起来了。它们对于"法"的态度的对立是它们走了完全相反的路线的反映,各为当时激烈斗争着的两个主要阶级服务。黄老为新兴的地主阶级服务,在哲学上也成为当时唯物主义的一个流派。老庄为没落的奴隶主阶级服务,在哲学上成为当时唯心主义的一个流派。

第六节　黄老之学关于法的认识

在战国时期,社会政治思想中有"法"和"礼"的对立,有"法"

和"仁义"的对立,有"法"、"礼"、"仁义"和"道德"的对立。《老子》把这几种的对立排列为一种历史的程序,但是照它所说,这个程序不是向上发展的,而是向下倒退的。它说:"失道而后德,失德而后仁,失仁而后义,失义而后礼。"(《老子》第三十八章)它本来应该说:失礼而后法。但是它没有说。不能认为,这是由于《老子》不反对法。它对于法是很痛恨的;它明确地说:"法令滋彰,盗贼多有。"(《老子》第五十七章)在说"失义而后礼"以下,它接着说:"夫礼者,忠信之薄而乱之首。""礼"已为"乱之首",以下的"法"就不在话下,不必谈了。

稷下黄老之学也讲了一个类似的历史程序的排列,但提出了与《老子》相反的看法。《心术上》篇说:"虚而无形(本作"虚无无形",依王念孙校改)谓之道;化育万物谓之德;君臣、父子,人间之事谓之义;登降、揖让、贵贱有等、亲疏有体(本作"亲疏之体",依丁士涵校改,丁云:体犹分也)谓之礼;简物小大(本作"小未",依丁士涵校改)一道,杀僇禁诛谓之法。"下文又解释说:"天之道虚其无形……德者道之舍……故道之与德无间,故言之者不别也。"(这一段的全文上节已引并已解释)下面接着说,"无间之理者(本作"间之理者",依王引之校加无字,但王删去之理二字不可从),谓其所以舍也。义者,谓各处其宜也。礼者,因人之情,缘义之理,而为之节文者也。故礼者,谓有理也。理也者,明分以谕义之意也。故礼出乎义,义出乎理,理因乎道者也(本作"理因乎宜",据郭沫若校改)。法者,所以同出,不得不然者也。故杀僇禁诛,以一之也。"具体的东西有了一定的形状,就有一定的性质。这种性质叫"理"。《韩非子·解老》篇说:"理者,成物之文也。"

事物之所以有一定的性质，就是因为它得（德）有一定的精气，停留在它的形体之中，所以说"无间之理者，所以舍也"。"德"是"道之舍"；"道"是"所以舍"；"舍"跟"所以舍"在本质是同一的，所以说是"无间"。

万物各有一定的性质，就有一定的作用，就是各有所宜。照稷下黄老之学的说法，在社会中，在一定的制度下，各种人，如君臣、父子等也各有所宜。这种"宜"的表现叫做"义"。礼就是义的具体的表现而又加上一定的具体的制度（"因人之情，缘义之理，而为之节文"）。礼以义为基础（"礼出乎义"）；义以理为基础（"义出乎理"）；理以道为基础（"理因乎道"）。"法者所以同出"，"出"就是参差不齐；同出就是把参差不齐的东西整齐划一起来（郭沫若说）。这也就是上面所说的"简物小大一道"。"物"是繁杂的意思（郭沫若说）。就是说，无论事物的繁、简、小、大，要用一个规定把它们划一起来。其具体的办法就是刑罚。这就是所谓"杀僇禁诛，以一之也"。稷下黄老之学认为，"杀僇禁诛"是不可少的，所以有"法"是"不得不然"的。下面接着说："故事督乎法，法出乎权，权出乎道。"这是说明"法"为什么是"不得不然"。在当时生产高度发展、阶级斗争日益激烈化的情况下，社会政治方面的事情，越来越多，越来越繁杂。新的统治者没有一种新的办法是不能应付的。"事督乎法"，就是说，一切事情都需要"法"以为统率。"法出乎权"，"权"是变化的意思。因为社会变化了，旧的办法不行了，所以要有"法"。社会之所以变化，因为"道"本来是变动的。所以说，"权出于道。道也者，动不见其形"。

照上面所讲的，可见稷下黄老之学也是把当时的社会政治思想中的对立,排为一历史的程序。他们没有提到"仁",本来当时的儒家把"仁义"并提,提到"义"也包括"仁"了。照他们的看法,在这些对立中,不是像《老子》所说的,这个"失"了,才有那个,而是由这个发展为那个。每一个对立面,在整个的过程中,都是必要的环节,也就是说,在整个的社会组织中,都有一定的地位。他们更着重地说明,"法"是历史发展的必然结果,是直接与道相合的。这样的说法,就把当时法家变法的主张提到哲学的高度,给它以更高的理论基础。总的看起来,稷下黄老之学认为,历史的程序不是向下倒退,而是向上发展的。稷下黄老之学跟《老子》对于历史程序的看法,正是新兴阶级跟没落阶级的相反意识的表现。相形之下,成为鲜明的对比。稷下黄老之学认为,礼、义在历史发展程序中有一定地位。这种看法,似乎与法家相反。其实不然。商鞅、韩非实际上也有这种看法。

第七节 黄老之学的认识论的含义

稷下黄老之学讲"所知"跟"所以知"的关系,讲"名"跟"形"的关系,主要的是要解决一个统治者怎样进行统治、处理事务的问题。但其中也包含有一个认识论的理论。他们在有些地方也确是以认识论的形式提出来的。

从认识论的角度看,他们认为"其所知,彼也;其所以知,此也",

以"彼""此"分清主观与客观的界限,肯定客观是与主观对立的,主观对于客观的认识就是"知"。他们着重说明"心"的认识作用,指出,"心"应该"虚"、"无藏",就是说,不要有个人的私情、私欲和主观成见,这样才能全面和清楚地反映外在事物的真相,"镜大清者,视乎大明"(《心术下》)。他们特别反对主观偏见。

《心术上》篇又说:"过在自用,罪在变化,自用则不虚,不虚则仵于物矣。变化则为(伪)生,为生则乱矣。"所谓"自用",是说自以为是,"变化"是说对客观事物作有意歪曲和改变;这都妨害"心"认识客观事物。因此,他们主张"去智与故"。所谓"智"指主观的计谋,"故"指巧故、伪诈,并非指一般知识。

从这些论点看,稷下黄老之学在认识论方面达到了唯物主义的结论。他们对"心"的作用的说明,对后来的唯物主义者荀况的认识论起了一定的影响。

但是他们所讲的"虚""静"也有吸收"精气"、养生的一面,这就使他们所说的"虚""静"有一定的神秘的意义。《庄子·人间世》所讲的,"唯道集虚,虚者心斋也",和稷下黄老之学的精气说在这一方面是相同的。

从上面所引的来看,稷下黄老之学也接触到感觉和思维的关系问题。在这个问题上,他们认为"心"居主宰的地位,应该控制感官,否则外物经过感官就会扰乱"心"的清静,这又表现了他们对感觉的轻视,这是道家的唯心主义认识论的残余的表现。

稷下黄老之学对名、实关系的问题也提出了唯物主义的见解。《心术上》篇说:"物固有形,形固有名,此言名不得过实(本作"此言不得过实",依王念孙校改),实不得延名。""以其形,因为之名……名者，圣人之所以纪万物也。"《白心》篇又说："静身以待之，物至而名之（本作"物至而名自治之"，依陶鸿庆校改）。正名自治，奇名自废（本作"正名自治之，奇身名废"，依王念孙校改）"。这都是说，名是主观从认识客观的过程中所得来的概念，是客观在主观中的反映。

从这些话看起来，稷下黄老之学认为，"实"（物）是第一性的，"名"是第二性的，要求"名"必须与"实"相符。"名不得过实，实不得延名"，就是说，"名"要与"实"相当，即所谓"名当"。"名当"，就是"正名"。"名"和"实"不当，或者"名"多"实"少，这就是"名"过"实"；或者"名"少"实"多，这就是"实"延"名"。不当的是"奇名"；立起"正名"来，"奇名"就自废了。"正名"是客观事物的内部规律的正确的反映。有了"正名"，人就可用以驾驭万物，所以说："名者，圣人之所以纪万物也。""名"与"实"的关系的问题是战国时期认识论和逻辑学上的一个争论很大的问题。稷下黄老之学对于这个问题提出了唯物主义的解决。他们在这方面的思想对于当时及以后的唯物主义的认识论和逻辑学有很大的影响。

第八节 附录，齐法家的其他思想

稷下黄老之学是齐法家思想的核心。除此之外，《管子》的其他篇中也有一些唯物主义和辩证法的论点。它们可能是受黄老之学的影响,也可能是影响黄老之学的,也可能就是黄老之学的推广应用。今统名之曰齐法家而分述之,作为本章的附录。

(一)"重本抑末"的思想

新兴地主阶级所占有的生产资料主要是土地。这是地主阶级专政的物质基础。所以地主阶级的经济政策都是"重本(农)抑末(工、商)"。法家为这种政策提供了理论的根据。

齐法家认为,一个国家的最重要的事情就是农业生产。他们说:"凡有地牧民者务在四时,守在仓廪。国多财则远者来,地辟举则民留处,仓廪实则知礼节,衣食足则知荣辱。"(《管子·牧民》)这就是说一个国家首先必须有一定的土地,把土地开垦起来;有充足的生活资料,把老百姓的物质生活维持在一定的水平;在这个物质的基础之上,才能够建立起来道德和文化。

他们知道生产主要的是靠劳动力。他们说:"彼民非谷不食,谷非地不生,地非民不动,民非作力毋以致财。天下之所生,生于用力。用力之所生,生于劳身。"(《管子·八观》)这段话所表示的经济思想是相当深刻的。它初步地认识到,财富都是劳动的产物,而劳动必以体力劳动("劳身")为基础。地主阶级由于当时还是一个上升阶级,所以能有这样的认识。但他们这样提出使农民增加劳动强度,是为了增加生产,以供他们的剥削。

齐法家认为,人有趋利避害的本性。他们说:"夫凡人之情,见利莫能勿视,见害莫能勿避。其商人通贾,倍道兼行,夜以继日,千里而不远者,利在前也。渔人入海,海深万仞,就彼逆流,乘危百里,宿夜不出者,利在水也。故利之所在,虽千仞之山,无所不上,深渊之下,无所不入焉。故善者势利之在,而民自安。不推而往,不引而来，不烦不扰，而民自富，如鸟之覆卵，无形无声，而唯见其成。"（《管子·禁藏》）"善者"指善为政者，他们善于因势利导，使人各求自己的利益，各自得到收获。

根据这些认识，齐法家认为，要想发展生产，必须提高劳动人民的积极性；提高积极性的最好的办法是使他们能够得到他们劳动的一部分的果实。这就是《管子》所说的，"与民分货"。它说："与之分货，则民知正矣。审其分，则民尽力矣。是故不使，而父子兄弟不忘其功。"（《管子·乘马》）这就是说，如果劳动人民能够分得一部分的劳动果实，他们就觉着劳动有了奔头（"知正"）。他们考虑到他们能够分到一部分果实（"审其分"），他们自然尽力劳动；虽然没有人监督（"不使"），他们也不会怠工（"不忘其功"）。齐法家根据这些认识就为封建剥削制奠定了理论基础。

当然齐法家提出这种主张，是为了地主阶级的利益。他们所要的是"田畴垦而国邑实"，"仓廪实而囹圄空"，"其庶人好耕农而恶饮食。于是财用足而饮食薪菜饶。"（《管子·五辅》）这几句话里，包含有地主对于农民的剥削，也有城市对于乡村的剥削。剥削总是剥削，但这是封建制的剥削，不是奴隶制的剥削。在当时来说，是推动社会生产发展的。

重视生产，一方面发掘地的潜力（李悝所主张的"尽地力"），一方面要提高劳动人民的积极性，这是法家经济思想的一个基本要点，也是当时新的生产关系在思想上的反映。

齐法家又从地主阶级的富国强兵的政治观点和统治老百姓的需要出发，说明"重本抑末"的重要性。

《管子》中说："凡治国之道必先富民。民富则易治也，民贫则难治也。奚以知其然也？民富则安乡重家，安乡重家则敬上畏罪，敬上畏罪则易治也。民贫则危乡轻家，危乡轻家则敢凌上犯禁，凌上犯禁则难治也。"（《管子·治国》）一国的贫富，以粮食的生产的多寡为标准。下面《管子》接着说："民事农则田垦，田垦则粟多，粟多则国富，国富者兵强，兵强者战胜，战胜者地广。是以先王知众民、强兵、广地、富国之必生于粟也，故禁末作，止奇巧，而利农事。"（同上）这里所说的末作、奇巧，就是商业和手工业。

当时出现了这样一些现象，商人和手工业者的收入比农民多几倍，达到"一日作，而五日食"（同上）。就是说，工作一天的收入，就够吃五天。所以人不愿意务农。

《管子》的这一篇提出一个解决这个问题的办法。它说："故先王使农、士、商、工四民交能易作，终岁之利无道相过也。是以民作一而得均。民作一则田垦，奸巧不生。田垦则粟多，粟多则国富。奸巧不生则民治。富而治，此王之道也。"（同上）就是说，叫农、士、商、工四民轮流交换他们的才能，交换他们的工作。在一年之中，知识分子、商人、手工业者，都要用一段的时间参加一段其他职业的工作。农民也在一段时间内，做商人、手工业者所做的事。这样，任何一种职业的人的收入，都没有办法超过其他职业的人。在这种更换调配的办法之下，四种职业的人的收入都平均了。这样，田地就可以开垦。田地开垦，生产的粮食也就可以多了。粮食多就可以国富兵强。

这个想法是从管仲在齐国所推行的制度发展出来的。管仲所说的四民的次序，是士、农、工、商，以士为首。这里所说的四民的次序，是农、士、工、商，以农为首。这个次序表示他们的重要性的大小。管仲认为四民应该各守他们的职业，还要世代相传。这里所说的办法，是要四种职业的人，在一定时期内互换工作，为的是要使他们的收入大致相同。这是管仲的法家思想的发展。

这种办法，在封建制的条件下，是不可能实行的，以后也没人再提出来。不过由此可以看出，代表新兴地主阶级利益的法家思想对于农业的重视。

（二）朴素唯物主义和自发的辩证法思想

由于新兴地主阶级关心农业生产，齐法家还认识到自然界有一定的规律。他们说："天不变其常，地不易其则，春夏秋冬不更其节，古今一也。"（《管子·形势》）他们也认识到自然界的规律是不随人的意志为转移的。他们说："春秋冬夏，阴阳之推移也；时之短长，阴阳之利用也；日夜之易，阴阳之化也。然则阴阳正矣，虽不正，有余不可损，不足不可益也。天也，莫之能损益也。"（《管子·乘马》）这是说，一年的四时的运行，昼夜的长短（"时之长短"）和更替，都是由于阴阳的作用。这些都有一定的规律，古今一样。即使阴阳有时有些反常的现象（"不正"），这也是由于自然（"天也"，原作"天地"，依郭沫若校改），人是不能对之有所损益的。

齐法家也认识到，人对于自然的规律，虽然不能改变，但是可以利用。他们说："万物之于人也，无私近也，无私远也；巧者有余，而拙者不足。其功顺天者，天助之；其功逆天者，天违之。天之所助，虽小必大；天之所违，虽成必败。"（《管子·形势》）这就是说，若能顺着自然的规律，加以充分的利用，就可以完成自己的事业（功）。善于利用自然规律的是巧；不善于利用的是拙。善于利用自然规律就是"顺天"，顺天的必然成功；违反自然规律的就是"逆天",逆天的必然失败。在这一方面,自然界是大公无私的("无私近也,无私远也")。

在古人看起来,自然界的最基本的东西就是天和地。天的规律叫天之道或天道;地的规律叫地之道或地道;社会中伦理道德规范叫人之道或"人道";总起来说,就叫道。这是"道"的一种意义。齐法家说:"道之在天者日也,其在人者心也,故曰有气则生,无气则死,生者以其气。"(《管子·枢言》)这是"道"的另一种意义。齐法家提出了中国唯物主义哲学的一个主要概念,"气"。从先秦以至近代,唯物主义哲学家都认为"气"是天地万物的根本。这个概念,在中国古代哲学中,实际上指的就是物质。《枢言》篇提出了这个概念,但还没有加以发挥。它认为"气"是生命的来源,还没有认为它是天地万物的来源。《内业》等四篇加以充分的发挥。

齐法家的思想中也有丰富的自发辩证法。他们对于对立面相反相成的辩证法原则,有相当的认识。

齐法家说:"贱固事贵,不肖固事贤。贵之所以能成其贵者,以其贵而事贱也;贤之所以能成其贤者,以其贤而事不肖也。恶者,美之充也;卑者,尊之充也;贱者,贵之充也,故先王贵之。天以时使,地以材使,人以德使,鬼神以祥使,禽兽以力使。所谓德者,先之之谓也。故(郭沫若云:当作致)德莫如先;应适(敌)莫如后。"(《管子·枢言》)这里所谓充,就是补充的意思。恶是美的补充,就是说,如果没有一个丑恶的东西作为美好的东西的对立面,美也就不见其为美了。处于"尊"位的"贵"人之所以"尊贵",正是因为有处在"卑"位的"贱"人作为补充,作为对立面。如果没有佃户,也就没有地主。齐法家指出,一般人只知道贱的人本来要事奉贵的人("贱固事贵"),不贤的人本来要事奉贤的人("不肖固事贤");但是明智的人恰恰相反,他们认为"贵人"之所以能够成为"贵",因为他能够事奉"贱人";"贤"人之所以能成为"贤",因为他能够事奉"不贤的人"。由于代表着新兴地主阶级的利益,齐法家在一定程度上看到了群众的智慧是不可轻视的。他们说:"夫民,别而听之则愚;合而听之则圣。虽有汤武之德,复合于市人之言。"(《管子·君臣上》)这正是"三个皮匠合成为诸葛亮"的意思。这也是辩证法思想的应用。在智与愚的两个对立面中,在一定的条件下,智可以转化为愚,愚可以转化为智。

齐法家说:"莫乐之则莫哀之,莫生之则莫死之。往者不至,来者不极。"(《管子·形势》)这是说,统治者必须在一定程度上给老百姓以相当的利益,这就是所谓"乐之""生之"。老百姓得到了这些利益,就可以为他们而忍受痛苦;这就是所谓"哀之""死之"。统治者给与人民的叫做"往";他从人民收回来的叫做"来"。如果"往者"没有达到顶点,"来者"也不会达到顶点。当然,他们所谓"往"的顶点,也不过是一些小恩小惠,而所谓"来"的顶点,那就没有限制了。他们认为这是政治的最主要的东西。他们说:"故知予之为取者,政之宝也。"(《管子·牧民》)当然他们的"予"是为达到"取"的目的的。"取"是目的,"予"是手段。

这里所讲的是统治人民的一种方法,但是我们从这里也可以看出来,齐法家在一定程度上也认识到对立面互相依存的辩证法的原则。恶和美,贵和贱,"往"和"来","予"和"取",都是对立的;它们是相反的,但也是互相补充的;没有这一面,也就没有那一面。

齐法家在一定程度上认识到，对立面互相转化的辩证法原则。他们说："天道之数，至则反，盛则衰。人心之变，有余则骄，骄则缓怠。"（《管子·重令》）就具体的事例说，"爱者，憎之始也；德者，怨之本也"（《管子·枢言》）。又说："用财不可以啬，用力不可以苦，用财啬则费，用力苦则劳。"（《管子·版法》）这都是说，一个对立面的发展有一定的限度；在这个限度之内叫做"有度"；超过了"度"，这个对立面就要转化为它的反面。用财节俭，本来是好事情，但是节俭过度，就成为啬了。啬就要转化为节俭的反面，转化为浪费了。努力工作本来是好事情，但是努力过度就成为苦；苦就减少生产。齐法家自己加以解释说：用力苦了，事情就做不好；做不好就要返工，返工就更浪费人力。用财啬，就不合乎人心，不合乎人心，就要引起怨恨，怨恨就会引起更多的费用（《管子·版法解》）。

从这些方面的认识，齐法家定出了指导政治措施的七条应该注意的事项（"七法"）。其中最基本的一条就是"则"。关于"则"，齐法家说："根天地之气，寒暑之和，水土之性，人民鸟兽草木之生，物虽不甚多（许维通云：当作"物虽甚多"），皆均有焉，而未尝变也，谓之则。"（《管子·七法》）这是对于自然界规律的一个定义。规律是万物所共同遵守（"均有"）而不变的。但它又不是超乎万物之上的；它是根于"天地之气，寒暑之和"。齐法家认为，一切政治上的措施，都要合乎客观的规律。不然，就不能成功。他们说："错（措）仪画制，不知则不可。"（《管子·七法》）就是说，要制定计划制度等，必须先了解有关的客观规律。

总起来说，齐法家有一个相当完整的哲学思想体系，其中有朴素唯物主义和自发辩证法思想。这是很可宝贵的。

范蠡（详上）是在齐国发家致富的。齐法家的哲学思想可能和他有一些联系。《管子》说："持满者与天；安危者与人。"（《形势》又说："天因人，圣人因天。天时不作勿为客；人事不起勿为始。"（《势》）照《国语》所记载的，这些都是范蠡的话。当然我们也可以说，这是范蠡引《管子》，不是《管子》引范蠡。但是《国语》对于范蠡和管仲都有记载，它是把这些话归于范蠡，而不归于管仲。无论如何，从这些话看来，齐法家和范蠡是有渊源的。哲学史中的思想的发展，是有一定的继承关系的。

（三）关于"法"、"术"、"势"的理论

在上面所说的七项应注意的事项中，有一项是"法"。他们说："尺寸也，绳墨也，规矩也，衡石也，斗斛也，角量也，谓之法。治民一众，不知法不可。"（《管子·七法》）"法"是整齐划一的标准，例如尺寸是长度的标准，衡石是重量的标准。有了一定的标准，就可以把人统一于一个标准之下。这就是所谓"一众"。法律也是一种标准。齐法家说："法律政令者，吏民规矩绳墨也。"（《管子·七主七臣》）这更是"治民一众"所需要的。

"法"是怎么来的呢？齐法家说："有生法，有守法，有法于法。夫生法者，君也；守法者，臣也；法于法者，民也。君臣上下贵贱皆从法，此之谓大治。"（《管子·任法》）君是制定法的；他制定了法以后，臣就要守它；老百姓则只能服从它（"法于法"）。齐法家又说："法者，天下之程式也，万事之仪表也。吏者，民之所悬命也。故明主之治也，当于法者赏之，违于法者诛之。故以法诛罪，则民就死而不怨；以法量功，则民受赏而无德也；此以法举错之功也。""百姓知主之从事于法也,故吏之所使者,有法则民从之,无法则止。民以法与吏相距,下以法与上从事,故诈伪之人不得欺其主,嫉妒之人不得用其贼心,谗谀之人不得施其巧,千里之外不敢擅为非。"(《管子·明法解》)

照这里所说的,"法"有两种好处。第一种好处是,有了法,办事就有一定的标准,君主只须叫臣下照着一定的标准办事,自己"若举错(措)而已"。"举错"就是把一个东西举起再放下去,不需要经过什么考虑研究,不过是一举手之劳。第二种好处是,有了"法",老百姓可以根据法律,抗拒官吏不合法的命令,与官吏进行合法的斗争("以法与吏相距")。这样,官吏们就不敢欺骗君主做自私自利的行为。这两点都是中央集权的专制主义的统治所必需的。新兴地主阶级与奴隶主贵族进行斗争的一个重要武器就是中央集权专制主义的政治。他们要求把政权集中在君主个人,这样就可以削去奴隶主贵族在政治上的势力,使他们归于最后的消灭。"法"是中央集权专制主义的必需的工具。在新兴地主阶级夺得政权以前,对于奴隶主贵族统治势力说,也处于被统治地位,有了"法",可以有所凭借以直接与贵族作斗争。在这一点上,新兴地主阶级和劳动人民的斗争的对象是一致的。

新兴地主阶级需要专制主义独裁的君主。所以法家认为君主必须有绝对的威权,这种威权法家叫做"势"。齐法家说:"凡人君之所以为君者,势也。故人君失势,则臣制之矣。势在下,则君制于臣矣;势在上,则臣制于君矣。故君臣之易位,势在下也。"又说:"凡人君之德行威严,非独能尽贤于人也。曰人君也,故从而贵之,不敢论德行为高卑。有故,为其杀生急于司命也,富人、贫人,使人相畜也；贵人、贱人，使人相臣也。人主操此六者以畜其臣；人臣亦望此六者以事其君。君臣之会，六者谓之谋。六者在臣期年，臣不忠，君不能夺；在子期年，子不孝，父不能夺。"（《管子·法法》）这就是说，君主的才能并不一定比别人高。他之所以能够统治别人，就是因为他有威权，能够叫人死，叫人活，叫人富，叫人贫，叫人贵，叫人贱。君主靠这六种东西统治他的臣；他的臣也是因为这六种东西才为他们的君服务。这六种东西就是管仲所说的"六柄"（详见第三章）。如果君失掉了这六种东西，他就不成为君了，所以说，"势非所以予人也"（《管子·法法》）。

当时国家的范围越来越大，所统治的地域越来越广，国君所要处理的事情越来越多，国君和贵族之间的斗争也越来越尖锐。专制主义的封建君主必须用一种方法，才能应付这样复杂情况。这种方法，法家叫做"术"。齐法家说："明主者，有术数而不可欺也。"（《管子·明法解》）又说："明主者，兼听独断，多其门户。群臣之道，下得明上，贱得言贵。故奸人不敢欺。乱主则不然，听无术数，断事不以参伍。"（同上）这就是法家的"术"的内容之一。君主统治臣下，要"兼听独断"，他听的话要多，各方面来的话他都听；这就是所谓"多其门户"。听了各方面的话之后，就要把各方面的话加以比较研究（"参伍"），然后才下结论。结论就是"断"；断要专凭自己；这就叫"独断"。

齐法家又说："明主操术任臣下，使群臣效其智能，进其长技。故智者效其计，能者进其功。以前言督后事，所效当则赏之，不当则诛之。张官任吏，治民案法，试课成功，守法而法之。身无烦劳而分职。故明法曰：主虽不身下为，而守法为之可也。"（同上）

这也是"术"的内容之一。照法家的说法，君主不必也不可亲自处理事务。他所要做的只是叫臣下替他办事。这就叫"君道无为，臣道有为"。

齐法家包含了法家三派的思想。如韩非所说的商鞅重法，申不害重术，慎到重势（《韩非子·难势·定法》）。这在齐法家中本来是联合在一起的。

（四）军事思想

适应新兴地主阶级斗争的需要，齐法家不仅研究了经济政治的问题，也研究了军事问题。在当时的历史条件下，齐法家认为通过兼并战争可以消灭旧的秩序和势力，可以使分散割据的中国走向统一。因此，他们特别重视战争，认为战争是使国家富强和解决当时政治问题的重要手段。他们说："国富者兵强，兵强者战胜，战胜者地广。"（《管子·治国》）他们认为，战争的胜负主要的是决定于政治力量和经济力量的对比。

齐法家说："为兵之数，存乎聚财，而财无敌；存乎论工，而工无敌；存乎制器，而器无敌；存乎选士，而士无敌；存乎政教，而政教无敌；存乎服习，而服习无敌；存乎遍知天下，而遍知天下无敌；存乎明于机数，而明于机数无敌。故兵未出境，而无敌者八。是以欲正天下，财不盖天下，不能正天下；财盖天下，而工不盖天下，不能正天下；工盖天下，而器不盖天下，不能正天下；器盖天下，而士不盖天下，不能正天下；士盖天下，而教不盖天下，不能正天下；教盖天下，而习不盖天下，不能正天下；习盖天下，而不遍知天下，不能正天下；遍知天下，而不明于机数，不能正天下。故明于机数者，用兵之势也。大者时也，小者计也。"（《管子·七法》）

八事中的"财",即指国家的经济力量;"工"指工艺技术;"器",指兵器;"政教"指政治文化;"选士"指兵士的选择;"服习"指兵士的训练;"遍知天下"指了解天下形势和敌情;"机数",包括战略、战术一类的东西,即所谓"用兵之势",其中包括关于"天时"的观察和关于具体战役的计谋。

这种看法,认为战争是整个国力比赛。战争的胜负主要是由政治、经济力量决定的。这里有唯物主义的思想,其中也有辩证法思想。因为它认为战争不是一个孤立的现象,而是与社会的各方面有密切的联系的。

第十八章 楚国的改革与屈原，稷下精气说的传播

第一节　楚国的封建化的改革

楚国是南方的一个大国。在春秋末期，在吴起的推动下，也进行了封建化的改革。

吴起是卫国人，《史记·吴起列传》说：他学于曾子。《吕氏春秋·当染》篇说：曾子学于孔子，吴起学于曾子。照这个说法，曾子是孔丘的学生曾参。也有一种说法，说这个曾子是曾参的儿子——曾申。无论怎样，他原来是个儒家的人。

他曾经在鲁国和魏国做过官，掌过兵权，是当时的一个有名的军事家。他曾对魏武侯说："治国在德不在险。……若君不修德，舟中之人尽为敌国也。"（《史记·吴起列传》）照这些话看起来，他原来是主张"德治"的。他随后到了楚国，楚悼王在位（前401—前381），用他做宰相。他当了宰相以后，"明法审令，捐不急之官，废公族疏远者，以抚养战斗之士"（同上）。就是说：他在楚国推动了"法治"，打击奴隶主贵族，在楚国实行中央集权的政治，推行富国强兵的政策。他从儒家转化为法家。

《淮南子·道应训》记吴起话说："将衰楚国之爵，而平其制禄。损其有余，而绥其不足，砥砺甲兵，以时争利于天下。"

所谓有余和不足是确有所指的。《吕氏春秋·贵卒》说："吴起谓荆王曰：'荆所有余者地也，所不足者民也。今君王以所不足益所有余，臣不得而为也。'于是令贵人往实广虚之地，皆甚苦之。"照这话看起来，"有余"指的是土地；不足指的是劳动力。贵族们已经有很多的土地，又给他们增加劳动力。吴起说：这种办法，他办不了。他主张削减贵族的土地，这就是"削其有余"。对于劳动力重新安排，这就是"绥其不足"。他还叫奴隶主贵族去开荒。这就是把奴隶主贵族当成劳动力使用，用这些有余的劳动力去开辟土地，这就是"以有所余益所不足"。这是吴起富国的一种措施。

吴起的这些法家措施，受到楚国奴隶主贵族的反对。"故楚之贵戚，尽欲害吴起。及悼王死，宗室大臣作乱而攻吴起。"(《史记·吴起列传》)他们用暴力复辟，杀害了吴起。这是春秋末期楚国的一场激烈的政治斗争。吴起虽然被杀害了，这种政治斗争仍然继续。

继吴起之后，在楚国主张变法的政治家就是屈原。他是在楚国推行"法治"的政治家，是一个黄老之学的传播者。他在文学方面成就太大了，所以他的政治主张和哲学思想为他的文学成就所掩。其实他的文学作品也都是以他的政治主张和哲学思想为内容的。他的文学作品之所以伟大，正是因为它有这样的内容。

第二节 屈原文学作品中所表现的进步的政治思想

屈原（前340—前278）名平，是楚王的同族，是古代一个著名的诗人。其实他不仅是诗人，也是学问家、政治家、外交家。据司马迁的记载,屈原"博闻强志,明于治乱,娴于辞令"。楚怀王很信任他,后来信上官大夫靳尚的谗言,疏远了屈原。怀王死后,顷襄王又把屈原流放到"江南之野"(现长沙一带)。屈原怨愤,"于是怀石遂自沉汨罗以死"(《史记·屈原列传》)。

屈原和靳尚一党的斗争,是围绕着革新变法这个问题进行的。司马迁记载说,怀王使屈原"造为宪令,屈原属草稿未定。上官大夫见而欲夺之,屈原不与"(同上)。这个"宪令"大概是变法的宪令。靳尚"见而欲夺之","夺之"就是要改变其内容,阻挠变法。屈原"不与",就是不让他参与。靳尚的阴谋未能得逞,就设法打击屈原,把他排斥出政权机构。靳尚的阴谋得逞了,楚国的变法失败了。屈原悲愤自杀。

这是对于司马迁的一段记载的正确解释。当然照旧日的解释,这里所说的宪令,只是一般的命令、文件,与变法不变法无关。所以单凭"造为宪令"这四个字,还不足以证明屈原的政治思想有法家思想的内容。但是屈原在自己的著作中明确说明了他自己的思想内容。

在屈原的《九章》中,有一篇开头就说:"惜往日之曾信兮,受命诏以昭时。奉先功以照下兮,明法度之嫌疑。国富强而法立兮,属贞臣而日埃。"这一段讲的就是司马迁所记载的"造为宪令"那一段事情。"命诏以昭时"就是说,奉了怀王的命令,作为诏(即宪章)以布告于楚国。下边几句讲的是这个诏的内容。内容是:明法度,富国强兵。法立起来了,君主就可以任使臣下,替他依法令办事,而自己无为。这是法家的主要思想。这篇以篇首的头三字为题,就叫《惜往日》。《惜往日》接着就说,怀王信了谗言,疏远了屈原。

"君含怒而待臣兮，不清澄其然否。蔽晦君之聪明兮，虚惑误又以欺。弗参验以考实兮，远迁臣而弗思。"法家主张，君主对于臣下的话，不可轻信，要从各方面比较考查才能不受蒙蔽。韩非对于这一点特别注重。这里要用参验的办法以考查实际，这也是法家思想的内容。

《惜往日》说："乘骐骥而驰骋兮，无辔衔而自载。乘氾泭以下流兮，无舟楫而自备。背法度而心治兮，辟与此其无异。宁溘死而流亡兮，恐祸殃之有再。不毕辞而赴渊兮，惜雍君之不识。"意思就是说，骑马必须有辔头、马嚼子，过河必须有船、桨，治国必须有法度。没有法度，专凭自己的意见去治国，那就叫"心治"。心治的危险，同没有辔头、马嚼子而骑马，没有船、桨而过河是一样的。屈原说：他宁可一死也不愿看见这样的祸殃。他死了也不算什么，可惜楚王不懂得这个道理。

屈原的《九章》里边还有一篇，开头说："悲回风之摇蕙兮，心冤结而内伤。"这篇也以头三字为题目，就叫《悲回风》。这个回风就是反对变法的风。变法的成果是香花（蕙），回风一来就把香花刮坏了。屈原是香花的栽培者，所以他十分悲痛。《悲回风》的结尾说："心调度而弗去兮，刻著志之无适。曰：吾怨往昔之所冀兮，悼来者之惕惕。"就是说，他念念不忘于国家的法度和自己的计划。他在临死的时候，还想着他自己过去所有的希望以及他对于将来的恐惧。

楚国的风俗着重祭祀鬼神。在祭祀的时候，有歌有舞，供鬼神观赏。屈原的《九歌》都是祭祀中的歌词。祭一种神有一首歌词。屈原就是照着当时的风俗习惯，作这些歌词。别的歌词，都是调子轻松，有时还杂一些玩笑。其中有《国殇》一首，是祭祀为国捐躯阵亡将士的歌词。到《国殇》这一首,调子忽然严肃,慷慨激昂。它首先描写战场上战斗激烈的情况,然后咏叹说:"出不入兮往不反,平原忽兮路超远。带长剑兮挟秦弓,首虽离兮心不惩。诚既勇兮又以武,终刚强兮不可凌。身既死兮神以灵,魂魄毅兮为鬼雄。"这种歌颂武勇、歌颂战争的诗词,也是法家的强兵思想的表现。

从屈原这些著作中,我们可以看出来,屈原和靳尚及其一党的斗争是围绕着变法问题进行的。在政治上,屈原主张用"法治"代替"心治",富国强兵,靳尚等阻挠、干扰这些改革。在外交上,屈原主张联合齐国反抗秦国的侵略,用当时的话说就是主张合纵。靳尚及其一党却主张向秦国投降,用当时的话说,就是主张连横。在他们的怂恿下,楚怀王中了秦国的诡计,死在秦国。屈原为了变法、革新,一直受到迫害。但他用诗歌作武器,坚持斗争,以至于最后赴水而死。《离骚》的"乱"辞(一个乐章的总结叫乱)说:"已矣哉,国无人莫我知兮,又何怀乎故都?既莫足与为美政兮,吾将从彭咸之所居。"这里所说的"美政"就是富国强兵的法家政治。

第三节 屈原《天问》中的唯物主义的宇宙发生论

屈原的一篇重要作品是《天问》,这一篇自始至终,尽是提问题。它所提的问题包括哲学、天文、地理、历史各方面。这篇的题目为什么叫"天问"？它为什么提出这些问题？王逸的《序》说："屈原放逐，忧心憔悴，彷徨川泽，经历陵陆，嗟号昊旻，仰天叹息。"这几句话说明这篇的题为什么叫"天问"。"天问"就是问问天，问天为的是发泄心中的气愤。王逸又说：当时楚国先王的庙和贵族的祠堂，其墙上都画有天地、山川、鬼神和历史故事。屈原在这些地方休息，"仰见图画，因书其壁"，"呵而问之，以渫愤懑，舒泻愁思"（《楚辞章句·天问》）。这一段话中所说的祠庙壁上的图画是无可考的。但其总的意思，说：屈原提出这许多问题，为的是"渫愤懑，舒愁思"，则是正确的。这种愤懑、愁思不是个人的"叹老嗟卑"，而是在当时的政治斗争中所有的义愤。

屈原的这一篇，在其所提出的哲学方面的问题，是以当时所流行的一种唯物主义的宇宙发生论为基础的。

它问："遂古之初，谁传道之？上下未形，何由考之？""冥昭瞢暗，谁能极之？"就是说关于天地开辟以前各种说法，是谁传下来的？既然在那个时候，天地还没有分判，怎么进行考查？在那个时候，光明和黑暗还没有分别，只是漆黑一团，怎么样进行研究？这几个问，是以一种宇宙发生论为基础的。后来的《吕氏春秋》和《淮南子》都记载这种宇宙发生论。《吕氏春秋·大乐》说："太一出两仪，两仪出阴阳。阴阳变化，一上一下，合而成章，混混沌沌，离则复合，合则变离，是谓天常。天地车轮，终则复始，极则复反，莫不成当。日月星辰，或疾或徐，日月不同，以尽其行。四时代兴，或暑或寒，或短或长，或柔或刚。万物所出，造于太一，化于阴阳，萌芽始震，凝𣶁以形。"这里所说的"太一"就是混沌未分的气。因为混沌未分，所以是"一"，因为是天地的根源，所以说是"太一"。《大乐》

篇的作者认为宇宙开始时是混沌未分的气（"太一"），后来分化出天地（"两仪"），从天地又生出阴阳二气。阴阳二气一上一下的运动变化，形成了各种具体的东西。这是用"气"以说明天地万物发生的过程。混混沌沌的气，经过剖判分化的程序，就有天地万物生出来。《天问》所问的，就是这个程序的具体过程以及人是怎样知道这些过程。

《淮南子·俶真训》说："天地未剖，阴阳未判，四时未分，万物未生，汪然平静，寂然清澄，莫见其形。"《精神训》说："古未有天地之时，惟象无形，窈窈冥冥，芒芠漠闵，澒蒙鸿洞，莫知其门。"高诱注说："皆无形之象，故曰：莫知其门也。"《天文训》说："天坠未形，冯冯翼翼，洞洞灟灟。"高诱注说："冯翼洞灟，无形之貌。""无形"，是说，还没有具体的东西。但"无形"也有个无形之貌，这就是"惟象无形"。《天问》接着问："明明暗暗，惟时何为？阴阳三合，何本何化？"《淮南子·天文训》说："天道曰圆，地道曰方。方者主幽，圆者主明。明者吐气者也……幽者含气者也。……吐气者施，含气者化，是故阳施阴化。""明明暗暗"，说的就是"幽明"。《天问》问：这些幽明所干的是什么？《老子》说："道生一，一生二，二生三，三生万物，万物负阴而抱阳，冲气以为和。"（第四十二章）《庄子·田子方》篇说："至阴肃肃，至阳赫赫，肃肃出乎天，赫赫发乎地（疑当作"赫赫出乎天，肃肃发乎地"），两者交通成和而物生焉。""阴阳三合"就是阴气、阳气、和气。阳的作用是"施"，阴的作用是接受阳的"施"，化为"冲气"或"和气"以生万物。归根结底，阳的"施"是万物根源，所以阳是"本"，阴是"化"。"何本何化？"就是问：阳所施是什么，阴所化是什么？这就是屈原以当时所流行的宇宙发生论为根据而提出的问题。这个宇宙发生论认为气是万物的根本，这同《管子》中的《内业》《白心》等篇的意思基本上是一致的，是唯物主义的。

屈原两次出使到齐国。当时在齐国的稷下学宫正在兴盛的时候，关于自然和社会问题的讨论很活跃。屈原在齐国必然受到这些讨论的影响。在楚国，这种对于自然界的讨论也很活跃。《庄子·天下》篇说：楚国的黄缭提出一些关于自然界的问题。《庄子·天运》篇有一段也提出了这一类的问题（见上第十四章）。

像这一类的关于自然界具体事情的问题，《天问》也提出一些。它问：天有九层，是谁安排的？谁最初造成它？有什么功用？（"圜则九重，孰营度之？惟兹何功？孰初作之？"）九层天的边缘，安放在什么地方？（"九天之际，安放安属？"）太阳、月亮在什么东西上系属？众星在什么东西上排列？（"日月安属？列星安陈？"）太阳从早到晚，走多少里？月亮为什么灭了又明？（"自明及晦，所行几里？夜光何德，死则又育？"）由此可以看出，屈原的《天问》不仅反映当时流行的唯物主义的宇宙发生论，也反映当时学术界的一些情况。

第四节　屈原《远游》《离骚》中的精、气说

当时在齐国流行的黄老之学的精气说，也明确地反映在屈原的

作品中。

屈原所作的《远游》说："悲时俗之迫厄兮,愿轻举而远游。质菲薄而无因兮,焉托乘而上浮?"这就是说,要想远游必定有所托乘。托乘什么呢?下边说:"内惟省以端操兮,求正气之所由。"正气就是精气。

要得到"托乘",必须求"正气"。求"正气"的方法是"漠虚静以恬愉兮,淡无为而自得"。"自得"就是《内业》篇所谓"中得",也就是《心术下》篇所谓"内德"。心有了这种条件,精气就可以来了。人要是能够聚集很多"精气",就能够离开形体,上升远游。下文说:"奇傅说之托辰星兮,羡韩众之得一,形穆穆以浸远兮,离人群而遁逸。因气变而遂曾举兮,忽神奔而鬼怪。时仿佛以遥见兮,精皎皎以往来。"照这一段所说的,傅说之所以能够上升远游,因为他"托辰星"。《管子·内业》篇说:"凡物之精,此则为生,下生五谷,上为列星。"它认为天上的星,也是"精气"。韩众之所以能上升远游,因为他得了"一","一"也就是"精气"。有了很多"精气"的人,能够离开形体,上升远游。在远游时候,也可以碰见更多的"精气","精皎皎以往来"。因此,它就有机会吸收更多的精气。下文接着说:"餐六气而饮沆瀣兮,漱正阳而含朝霞。保神明之清澄兮,精气入而粗秽除。"这就是说,在腾空远游的时候,在空中又吸收了些精气,他的身体里边的粗秽自然就消除了。

"精气"也就是"道"。《远游》篇说:"道可受兮,而不可传,其小无内兮,其大无垠。毋滑而(汝)魂兮,彼将自然。壹气孔神兮,于中夜存。虚以待之兮,无为之先。庶类以成兮,此德之门。"这所说的,跟《内业》《白心》等篇关于"道"或"精气"的说法完全一致。

据《远游》篇说，人远游到最高远的地方，就仿佛看到了天地还没有剖判的混沌情况。它说："上至列缺兮，降望大壑。下峥嵘而无地兮，上寥廓而无天。视儵忽而无见兮，听惝怳而无闻。超无为以至清兮，与泰初而为邻。"泰初就是原始的混沌。

有人说：司马相如的《大人赋》同《远游》有类似意思和字句。因此推断说，《远游》不是屈原作的，是汉朝的人模拟司马相如的《大人赋》托名屈原。这个说法没有什么史料的根据，仅是一种推测。司马相如的《大人赋》或屈原的《远游》意思和字句是有些相同之处。但没有别的证据，仅靠这一点，说司马相如模拟屈原，那不更合理成章吗？汉朝以后的人用儒家思想解释屈原的作品，造成一个屈原是儒家的假象。以这种假象为前提，于是就说，儒家的人怎么会讲起黄老之学的话呢？因此就说《远游》原来不是屈原的作品。上面已经证明，屈原在当时所走的路线是法家革新、前进的路线，不是儒家的保守、倒退路线。这个假象就不攻自破了，这个前题就不推自倒了。按历史的先后只能是司马相如模拟屈原，不能是《远游》模拟《大人赋》。

《楚辞》中的《九辩》相传是屈原的学生宋玉作的，近来也有人说是屈原作的。不管怎样说总是屈原那一派作的吧。《九辩》开头说："悲哉秋之为气也，萧瑟兮，草木摇落而变衰"，"窃悲夫蕙华之曾敷兮，纷旖旎乎都房。何曾华之无实兮，从风雨而飞飚"。《九辩》的"悲秋"就是《九章》中的"悲回风"。悲的是曾经培养起来了许多香花，秋风一来都吹散了。《九辩》最后说："愿赐不肖之躯而别离兮，放游志乎云中。乘精气之抟抟兮，骛诸神之湛湛。

骖白霓之习习兮，历群灵之丰丰。"意思就是说：你既然不用我的计划，你就放开我，让我们就别离吧！我要到云中游玩。下边所说的乘精气，遇诸神或群灵，同《远游》所说的相同。屈原的最有名的作品是《离骚》。《离骚》的整个结构，和《远游》是一样的，《离骚》的整个思想，就包括了《惜往日》、《悲回风》和《远游》中的思想。

《离骚》开始说："皇览揆余于初度兮，肇锡余以嘉名。名余曰正则兮，字余曰灵均。"就是说，他的父亲在他出生的时候给他很好的两个名字，就是"正则"和"灵均"。他又名平，这些名字为什么是"嘉名"，就是因为他是以黄老之学的思想为根据的，《内业》篇说："凡人之生也，必以平正。"《庄子·达生》篇说："无累则正平。"《达生》篇又说："天下平均。"均跟平也是联系在一起的。屈原字灵均。《离骚》说到"灵修""灵氛"；这"灵"也就是"灵气"之灵。在《离骚》中，屈原自己说："纷吾既有此内美兮，又重之以修能。"《内业》等篇常说"中得"和"内德"。《庄子·知北游》说："德将为汝美。"《心术下》篇说："气者身之充也；充不美则心不得。"可见"内美"即"内德"，就是指他自己所有的精气。"又重之以修能"，意思是说，他有很多的精气，又加上许多的才能。

下边说："扈江蓠与辟芷兮，纫秋兰以为佩。汨余若将不及兮，恐年岁之不吾与。"意思就是说：他积极地培养搞革新的人才，赶快推行革新，怕的是形势不能等待。下边说："乘骐骥以驰骋兮，来吾道夫先路。"就是说：他自告奋勇为革新带路。下面说："惟夫党人之偷乐兮，路幽昧以险隘。岂余身之惮殃兮，恐皇舆之败绩。忽奔走以先后兮，及前王之踵武。荃不察余之中情兮，反信谗而齌怒。"意思就是说，除了他所走的路之外，还有一条黑暗险隘的路。有一派党人苟且偷安，要走那一条路，眼看就要翻车。所以屈原先后奔走，要照着"前王"脚印走。"前王"与"先王"不同。"先王"可以是过去很久的王，"前王"指过去不久的王。这个"前王"可能指的是悼王。他用吴起革新使楚国致于富强。可是怀王信了谗言，不用他的计策。屈原这几句话，概括了九章中的《惜往日》和《悲回风》的意思。

在《离骚》下文，屈原自叙其周游地上各处，所至均不如意，以后叙述他在天上的周游。在叙述他在天上的周游以前，他说："跪敷衽以陈词兮，耿吾既得此中正。驷玉虬以乘鹥兮，溘埃风余上征。"一般的解释，都说"中正"是"中正之道"，即一般的道德原则。这恐怕也是望文生义。在这里，"得中正"和"溘埃风余上征"有因果关系。一般的道德原则怎么能使他"上征"呢？我认为这里所说的"中正"，也就是上文所说的"内美"。《白心》篇说："中有（又）有中（本作"有中有中"，依王念孙校改），孰能得夫中之衷乎？"《内业》篇说："心之藏心，心之中又有心焉。""中中之中"，"心中之心"，指的是人所有的精气。《远游》篇说："神儵忽而不反兮，形枯槁而独留。内惟省以端操兮，求正气之所由。""中正"的"正"，就是说正气。《离骚》下文说："抑志（帜）而弭节兮，神高驰之邈邈。"这个"神"就是屈原自己的"神"，也就是他的"精"。他因为有这许多的"精"，所以他能周游天下。

《远游》篇说："悲时俗之迫阨兮，愿轻举而远游。质菲薄而无因兮，焉托乘而上浮。"这和《离骚》所说的，比较谦虚一点。在《离骚》中，屈原说他已经有了"内美"，在《远游》中，他说：

"质菲薄而无因。"不过两篇都说要想"上浮",必定有所"托乘"。所"托乘"的就是精气。

黄老之学作为一个学派是从早期道家中分化出来的。早期道家注重养生。黄老之学改造和发展了早期道家的养生的思想和方法,认为这种方法不但可以养生而且可以治国。把养生的方法扩充为治国的方法,这就为新兴的地主阶级提供了一套统治术。这种统治术和法家所提供的统治术基本上是一致的。在统治术这一方面,黄老之学其实就是法家。黄老之学以治身为内,以治国为外。这种思想在《老子》《庄子》书中也都有的。老子讲"根深固柢,长生久视之道"。《庄子》书中讲"长生久视之道"的地方也很多。《管子》中的《内业》《白心》等篇讲"治身"提出的精、气说,把这种"内外"联系讲得很清楚。在治身方面,这些篇的作者认为精、神是一种细微的气,同构成身体的气同是物质性的东西,不过有精粗之别。他又认为精神可以离开形体而独立存在。精神在形体之内,就如同一个人住在房子以内,可以随便出入。这就为原来宗教中所说的灵魂不死的迷信,留有余地。虽然说精神和形体同是物质性的,可是发展下去精神实际上仍然是精神,非物质性的东西。这样发展下去,就成为后来所说的神仙家,最后成为道教。

屈原真实相信"神"可以离开"形"而独立存在,或是仅用当时所流行的精气说为资料,作成"游仙诗"一类的作品,以发泄他的义愤吗?这就无庸深考,也无可深考了。

无论如何,事实是后期的黄老之学,有一派流为神仙家。秦始皇和汉武帝就是突出的神仙家。

秦始皇把法家的政治推行到底,完成了法家所负的历史使命。

他是法家的政治的总代表。但是他的思想另一方面就是求长生。他统一中国以后，屡次到东方巡行，到海边求不死之药。这就是屈原《远游》的实践。他又叫秦朝的博士们作《游仙真人诗》（《史记·秦始皇本纪》）。这些诗大概也是模仿《远游》和《离骚》的。

汉武帝巩固了中国地主阶级的统治。在政治上，向来的历史家都说他是"雄才大略"。但是在思想上他也是求长生。他养了许多方士，求不死之药。并叫司马相如模仿屈原的《远游》作《大人赋》。据说，他读了《大人赋》"飘飘有凌云气，游天地之间意"（《汉书·司马相如传》）。

神仙家所说的神仙，是剥削阶级的幻想的化身。剥削阶级都是好逸恶劳的，希望不劳而获的，神仙家所说的神仙都是极端享受，想有什么就有什么，想要什么就有什么。这些东西的获得，不费吹灰之力，只要那么一想，这些东西就有了。特别是他们可以长生不老，永远过着不劳而获的生活。

这种思想正合乎新兴的地主阶级的口味。他们从没落奴隶主阶级手里夺得了政权，过着穷奢极欲的享乐生活。他们所怕的就是一旦死了就不能过这种生活了，所以他们硬要长生不死。秦皇、汉武就是这种思想的代表。本来说想成神仙也需刻苦修炼，后来说修炼也不必要了，只要吃一种长生药就行。于是秦皇、汉武就千方百计地找长生药。

照传统的解释，屈原的《离骚》和《远游》，不过是用一种幻想之词发泄他心中的悲愤之情。我并不是要推翻传统的解释，也不是说屈原真能够把他的精神离开肉体，到各处游玩，那是不可能的。他当然是用一种幻想之词以发泄他心中的悲愤，《离骚》《远游》

是如此,《天问》也是如此。问题不在于是不是幻想之词,而在于他用什么思想资料作为他幻想之词的内容。他的幻想之词显然是有内容的,《天问》的内容,是当时的科学思想,《离骚》《远游》的内容是当时的哲学思想,即精气说。本章的目的是说明屈原的文学作品的政治内容和哲学内容,它们的政治内容是"昔往日","悲回风",它们的哲学内容是精气说。

《庄子·逍遥游》说:"若夫乘天地之正而御六气之辩(变),以游无穷者,彼且恶乎待哉?"这里所说的"天地之正"有似于屈原《远游》所说的"正气"。这里所说的"六气之辩"有似于《远游》所说的"气变"。这里所说的"以游无穷",有似于《远游》所说的"远游"。可是,屈原的《远游》有神仙家的意义。《逍遥游》所说的"以游无穷"与神仙家完全不同。《逍遥游》并不需要像《远游》所说的那些理论和准备工作,它仅只说"至人无己"。它是用"无己"达到一种主观的意境,精神境界。

让我们再看一段。《庄子·山木》说:"若夫乘道德而浮游则不然。无誉无訾,一龙一蛇,与时俱化,而无肯专为。一上一下,以和为量,浮游乎万物之祖,物物而不物于物,则胡可得而累邪?""乘道德而浮游",也很像是《远游》所说的"托乘"。"一上一下,以和为量",好像《远游》所说的,"时仿佛以遥见兮,精皎皎以往来"。"浮游乎万物之祖",也像《远游》所说的,"超无为以至清兮,与泰初而为邻"。但是,虽然有这些相似,可是这里所说的有跟《远游》完全不同的内容。《远游》所说的,是靠聚集精气,使"神"能够上升,《庄子》一派所说的,是否定知识,知识否定以后,就可以得到一个心理上的混沌状态。据《庄子》一派看,这个状态和"物之初"的状态是一致的。

经过这一对比,庄周和屈原虽然都讲到"游",但是庄之所以为庄者,屈之所以为屈者,其分别是很明显的。

第五节 古代医学中的精、气说

精气思想在战国时代的另一重要的影响,就是和养生、生理卫生以及医学知识联系起来,用以说明健康和疾病的原因。在《吕氏春秋》的《尽数》《达郁》《先己》等篇中,保存有这方面的材料。

有精气,有形气。精气是气,形气也是气。《吕氏春秋》说:"精气之集也,必有入也。集于羽鸟,与为飞扬。集于走兽,与为流行。集于珠玉,与为精朗。集于树木,与为茂长。集于圣人,与为复(大也,远也)明。……形气亦然,形不动则精不流。"(《尽数》)精气与形气的分别,在于精粗不同。

《吕氏春秋·圜道》说:"何以说天道之圜也?精气一上一下,圜周复杂,无所稽留,故曰天道圜。何以说地道之方也?万物殊类殊形,皆有分职,不能相为,故曰地道方。"《吕氏春秋》这一段话,可以作为《内业》篇"天出其精"一段话的解释。照《吕氏春秋》所说的,精气在空间之中,"一上一下",不停地运动。万物所得的精气,就是从这里得来,所以说"天出其精"。万物都是在地上生长的。既成为"物",它们就有不同的形态,属于不同的类别,有不同的性能。这些差别，照《吕氏春秋》和《内业》篇的说法，都是它们的形所决定的。而它们的这些形是由地所决定，所以说"地出其形"。精都是精，但是在不同的形之中，就只能发生不同的作用。譬如说，精气集在鸟的身体中能使鸟飞，集在兽的身体中能使兽走，集在人的身体中能使人聪明。这正是对《心术》和《内业》的"精气"说的进一步的发挥。因此，《吕氏春秋》特别重视形体和精气的关系，认为形体对精气的作用有很大的影响。它说："流水不腐，户枢不蝼，动也。形气亦然，形不动则精不流，精不流则气郁，郁处头则为肿为风……"（《尽数》）这里所谓"形气"，指构成形体的气。它认为形体不运动，精气在人的身体中就不能流通，由此造成人的各种疾病。《吕氏春秋》又说："凡人三百六十节，九窍五脏六腑，肌肤欲其比也，血脉欲其通也，筋骨欲其固也，心志欲其和也，精气欲其行也，若此，则疾无所居，而恶无由生矣。病之留，恶之生也，精气郁也。"（《达郁》）高诱注说："精气以行血脉，荣卫三百六十节，故曰欲其行也。"这是说，精气在人身体中是和人的血脉联系起来的。血脉不流通，精气郁滞，就产生疾病。因为形体对精气的作用有很大的影响，为了保持精气在身体中发挥作用，所以"养形"特别重要。《吕氏春秋》又说："天生阴阳寒暑燥湿，四时之化，万物之变，莫不为利，莫不为害。圣人察阴阳之宜，辨万物之利，以便生，故精神安乎形，而年寿得长焉。"（《尽数》）养形的方法，叫做"卫生之经"。"卫生"是现在我们常用的名词，可是也是一个古老的名词。《管子·内业》篇说："凡食之道，大充气伤而形戕（本作"大充伤而形不臧"，依许维遹校改），大摄骨枯而血冱。充摄之间，此谓和成；精之所舍，而知之所生。"这是说，饮食得当，形体、骨肉和血液，都正常而不损伤，精气才能居住在形体中，发生精神的作用。

《吕氏春秋》说："味众珍则胃充，胃充则中大鞔，中大鞔而气不达，以此长生，可得乎？"（《重己》）又说："凡食之道，无饥无饱，是之谓五藏之葆。口必甘味，和精端容，将之以神气，百节虞欢，咸进受气。"（《尽数》）这都是说，要想使精气进到身体中来，在身体内通流畅达，必须要注意生理卫生，保持身体的健康，这就是所谓"卫生之经"。《吕氏春秋》又说："凡事之本，必先治身。啬其大宝，用其新，弃其陈，腠理遂通，精气日新，邪气尽去，及其天年，此之谓真人。"（《先己》）所谓"治身"即是"养形"。通过养形，使体内陈腐的气出去，新鲜的气进来，人的生命就能长久。

从以上的材料可以看出，"精气"思想和生理卫生、医学知识联系起来，为中国古代医学奠下了理论基础。"精气"思想在疾病问题上，是跟古代的宗教迷信作斗争的。

《吕氏春秋》认为，人有疾病，是由于不讲"卫生之经"，以致体内的精气不能流通，外面的新鲜的气不能进来，体内的邪气不能排泄出去，并不是神灵安排的，因此，有病求神问卜是没有好处的。《吕氏春秋》说："今世上卜筮祷祠，故疾病愈来。"（《尽数》）这是站在医学的立场，以唯物主义的思想反对巫术的。可是，它又认为用医治病还不是最好的办法。它接着说："故巫医毒药逐除治之，古之人贱之也，为其末也。"它认为医之所以可贱，因为它仅只逐于"末"。这不是反对医学，而是反对"头痛治头，脚疼治脚"的医疗方法。

中国的一部古老的医学经典是《黄帝内经》。从其中载黄帝和岐伯关于医药的问答，可以见中国医学与黄老之学的关系。这种思想，后来成为中国医学的优良传统。《黄帝内经》说："是故圣人不治已病治未病，不治已乱治未乱，此之谓也。夫病已成而后药之，乱已成而后治之，譬犹渴而穿井，斗而铸锥，不亦晚乎？"（《四气调神大论》）这个医学思想用现在的话说，就是防重于治。这里把治病和治乱相提并论。这也是黄老之学把治身和治国相提并论的思想。

《内经》说，有所谓真人，"呼吸精气，独立守神，肌肉若一，故能寿敝天地，无有终时"。还有所谓至人："淳德全道，去世离俗，积精全神。"还有所谓圣人，"形体不敝，精神不散，亦可以百数"（《上古天真论》）。这就是说，"防"的最主要的方法就是保护"精气"。这里所说的"真人""至人""圣人"，也就是神仙家所说的那种仙人。中国古代医学是同神仙家有联系的。

又说："尝欲无度，而忧患不止，精气弛坏，荣泣卫除，故神去之而疾不愈也。"（《汤液醪醴论》）这是说，不讲"卫生之经"，使精气不能流行，血液循环发生障碍，精气（"神"）就要离开，病不会好转。为了保护精气，《内经》同样强调养形。《内经》说："故养神者，必知形之肥瘦，荣卫血气之盛衰。血气者，人之神，不可不谨养。"（《八正神明论》）

每一个时代的医学，就是人们在这个时代对于疾病作斗争的知识的总结。古代的医学，本来是从巫术分化出来的。《吕氏春秋》说："巫彭作医，巫咸作筮。"（《勿躬》）巫术是跟宗教分不开的。宗教有它自己对于自然的歪曲的看法。医学在一定程度上改正了它的歪曲。医学虽在其幼稚时代，也毕竟是跟宗教相对立的。它不相信人的生命是上帝所赋予的，不相信人的疾病是上帝给与的惩罚。它总是从物质现象中追求寻找人的疾病和健康的原因，以及防止和治疗疾病的方法。这是科学所走的唯物主义的道路。唯物主义哲学总是和科学的发展联系在一起的，彼此是互相促进的。稷下黄老之学的"精气"说，《吕氏春秋》中的养生的理论，古代著名的医学著作《内经》，都有力地证明这一规律。

《吕氏春秋》和《内经》虽然仍将精神看成是一种特殊物质，精气，但是强调精气依靠形体、血液，才能发挥自己的作用。它们把人的形体和生理器官看成了精气活动的支持者。这意味着将精神现象和形体联系起来，为克服形神二元论，走向唯物主义的形神一元论，提供了思想基础。

从屈原的文学作品看，稷下的精气说，已经从北方流传到南方。从《吕氏春秋》所记载的医学知识看，精气说已经从东方传到西方。它的流传是很广的，影响是很大的。

第十九章 墨辩——后期墨家向唯物主义的发展

第一节　关于墨经

据韩非子说："自墨子之死也，有相里氏之墨，有相夫氏之墨，有邓陵氏之墨……取舍相反不同，而皆自谓真……墨。"(《韩非子·显学》)《庄子·天下》篇也说："相里勤之弟子五侯之徒，南方之墨者苦获、已齿、邓陵子之属，俱诵墨经，而倍谲不同，相谓别墨。以坚白同异之辩相訾，以觭偶不仵之辞相应，以巨子为圣人，皆愿为之尸，冀得为其后世，至今不决。"这是战国时期墨家内部分化的情况。墨家的这些支派虽然有内部的争执，但是他们"俱诵墨经"，而且还都"以巨子为圣人"，这就是说，他们在学术观点上，虽有一些分歧，但都还是属于墨家，在组织上也都还是统一的。这是后期墨家的主力，其阶级根源是手工业者，工艺和技术工作者阶层。

照《天下》篇所说的，后期墨家所讨论的主要问题是关于"坚白同异之辩"。这就是说，他们所讨论的有许多是惠施、公孙龙及其他辩者所讨论的问题。《墨子》中有《经上》、《经下》、《经说上》、《经说下》、《大取》、《小取》六篇性质相同，前后相承；其中所谈的有一部分是关于"坚白同异之辩"；所用的辞句也都可以说是"觭偶不仵之辞"。其中四篇又都称为"经"。可见它们就是《天下》篇所说的《墨经》。这六篇，特别是《经》和《经说》，是后期墨家所用以跟别家辩论的一种手册，所以墨家各派俱诵习之。

这并不意味这些篇必出在后期墨家之先。

有一种说法，认为《经》和《经说》是墨翟自己作的，或者是墨翟的弟子们所记载的关于墨翟平日讲学的记录。照这种说法，墨经应该是代表墨翟和前期墨家的思想。不过，就上面所说的六篇看起来，其中有许多地方批评名家，尤其是公孙龙一派的理论，也有许多地方批评告子、老聃、庄周和五行家的某些论点。就这些材料看，这六篇的形成，应在名家和庄周以后。它们并非作于同一年代，也不是出于一人之手，其中可能也保存了墨翟本人的某些思想，但大体说来，应该是后期墨家的作品。

在第七章中，我们曾谈到，墨翟很重视辩论，提出了"三表"的学说，对逻辑学也有一定的贡献。墨翟说："能谈辩者谈辩，能说书者说书，能从事者从事。"（《墨子·耕柱》）可见在墨翟的学生中，也有一部分人是特别从事辩论的。到了战国中期以后，由于部分名家中的诡辩思想的流行，墨家在反对诡辩学说的斗争中，特别研究了关于辩论、逻辑学和认识论方面的问题，形成了后期墨家学说的一个特点。就现存六篇的材料看，后期墨家是在继承了前期墨家学说中的唯物主义思想和重视辩论的精神，反对部分名家中的诡辩学说、公孙龙一派的唯心主义和庄周的相对主义、不可知论的斗争中形成和发展起来的。他们在斗争中对中国古代逻辑学的发展作出了重大的贡献，并且建立了唯物主义的思想体系。

第二节　后期墨家思想的阶级根源和社会根源

后期墨家的唯物主义思想的发展，也有其阶级根源和社会根源。战国时代也是工商业空前发展的时期，手工业生产技术空前提高了。这个时期，除了官营的手工业和豪民经营的盐铁等大手工业外，还出现了个体经营的手工业。这时的个体手工业包括有车工、皮革工、陶工、冶金工和木工等。这些个体手工业者，当时称之为"百工"或"工肆之人"。他们一方面制造产品，一方面又拿产品到市场上交易，维持自己的生活。随着商品经济的发展，个体手工业逐渐成了社会上一种重要的经济力量。《吕氏春秋》记载说，宋国贵族子罕想叫邻家制鞋的工人搬走，鞋工说："吾恃为鞔以食，三世矣。今徙之，是宋国之求鞔者不知吾处也。吾将不食。愿相国之忧吾不食也。"结果子罕让步，并没有叫他们搬家（《召类》）。这个故事所描写的虽是春秋时期宋国的情况，但实际上也反映战国末期的个体手工业者的社会地位和力量。随着社会经济的发展，手工业者的社会地位也随着手工业产品需要的增长而提高了。

《周礼》这部书，据说是周公旦所作，后来儒家的人说是"周公致太平之书"。其实这部书是战国时人的拟作，其中讲的主要是政府组织、官僚机构等。这部书的"冬官"一部分原缺，后人用《考工记》补充。

《考工记》大概是当时的手工业所用的一种制造器具方法的手册。这个文件开始说:"国有六职,百工与居一焉。"六职中,第一是高级统治集团("王公"),其职务是"坐而论道"。第二是官僚或小贵族("士大夫"),其职务是"作而行之",就是执行"王公"所"论"的"道"。第三是手工业者("百工"),其职务是"审曲面势"(郑玄注:"审查五材曲直方面形势之宜以治之"),以饬五材(郑玄注:"金、木、皮、玉、土"),以辨(郑玄注:"具也")民器"。第四是大商小贩("商旅"),其职务是"通四方之珍异"。第五是农民("农夫"),其职务是"饬力以长地财"。第六是女工("妇功"),其职务是"治丝麻以成之",就是说,她们对于土地的产品("地财")做一定的加工。手工业者本来是被称为"小人"的,现在是与"王公""士大夫"并列了,并且地位仅次于他们。劳动的妇女也被列为六职之一,尤其是这篇文件特殊之处。

这篇文件并且说:"知者创物,巧者述之,守之世(郑玄注:"父子世以相教"),谓之工。百工之事,皆圣人之作也。烁金以为刃,凝土以为器,作车以行陆,作舟以行水,此皆圣人之所作也。"在古代用手的人向来是被贱视的。荀况说:"恃手而食者,不得立宗庙。"(《荀子·礼论篇》)手工业者当然也是"恃手而食者"。可是在这篇文件里,他们不但与"王公大人"同列为"六职"之一,而且认为"百工之事,皆圣人之作"。直接从事生产的劳动者的社会地位空前地提高了,后期墨家思想是当时地位提高了的手工业者的意识的反映。

把直接从事生产的劳动者的社会地位,提到这样高,这是奴隶社会中所不可能有的。在汉朝以后的封建社会中,直接从事生产的劳动者的地位，也是很低的。《考工记》的这样的提法，是地主阶级在其上升时期重视生产的反映，是战国时期革命解放生产力的反映。随着手工业的发展，手工业生产者在劳动过程中，积累了丰富的生产技术的经验。后期墨家总结了这方面的经验和认识并且把它提高到理论的水平，对古代自然科学的发展作出了重大的贡献。这是后期墨家学说的另一个特点。

在墨经中，有许多自然科学的知识，特别是关于几何学和光学的知识。

第三节　墨经中的科学知识

墨经中有许多几何学的定义和定理，例如："平，同高也"（《经上》）；又："中，同长也"（《经上》）。《经说》："中心，自是往，相若也。"（"中心"原作"心中"，依谭戒甫校改）又："圆，一中同长也。"（《经上》）

《经下》和《经说下》中有依次连续的八条，论述关于影和反射镜的理论，形成一个相当完整的光学系统。这是极其珍贵的古代科学史料。例如，《经下》有讲"倒影"一节；《经说》："光之人，照若射。下者之人也高，高者之人也下。足蔽下光，故成影于上，首蔽上光，故成影于下。"照这段所讲的，作墨经的人，必已做过一种实验，使人影从一小孔中反映在屋子里。在这种情况下，屋子里的人影，就是个倒影。为什么是倒影？因为"光之人，照若射"。这里的"之"字作"往"或"到"解，意思是说，光到人身上，如箭射出来，是照直线进行的。下面的光倒是照在高的地方，即人的上部；上面的光倒是照在低的地方，即人的下部。脚遮蔽了下面的光，所以成影于上；头遮蔽上面的光，所以成影于下，于是就成为倒影了。

墨经不仅是后期墨家思想的辉煌记录，也是战国时代自然科学和手工业生产技术知识的光辉的记录，是我国古代文化的宝贵的遗产。

后期墨家特别重视自然科学的研究，这对墨家学说的发展起了重要的影响。在这样的基础上，他们抛弃了前期墨家思想中关于天、鬼的宗教迷信成分（在墨经中，只有《大取》篇一次提到天），把前期墨家认识论中唯物主义成分加以发展，鲜明地建立了唯物主义的体系。

墨经就是后期墨家思想的辉煌记录，其内容是中国哲学史的光辉的一页。它跟当时手工业者地位的提高是完全相称的。

后期墨家的思想反映了战国后期富足起来的个体手工业者和与个体手工业有密切联系的商人阶层的意识。从墨经可以看出，他们不仅研究了当时手工业生产的技术，而且也探讨了物价的法则。墨经说，"买无贵，说在饭（反）其价"；《经说》，"刀籴（据谭戒甫、高亨说，当作"糴"，即谷米）相为贾（价）。刀轻则籴不贵，刀重则籴不易，王刀无变，籴有变。岁变籴，则岁变刀。若鬻子。"（《经下》，《经说下》）"刀"是古代的钱，象刀形，"王刀"是指政府所铸的钱币。"糴"指谷米。这是说，钱与米互相为价；可以说米值多少钱，也可以说钱值多少米（"刀籴相为价"）。钱值低，则米虽贵而不贵（"刀轻则籴不贵"）；钱值高则米虽贱而不贱（"刀重则籴不易")。如果钱的价值不改变,粮食的价格因年成的好坏也可能有变动("王刀无变,籴有变")。如果粮价变动,钱的价值也要随之变动("岁变籴,则岁变刀")。钱的价值和粮食的价格的变动,如同卖孩子一样,因买主的需要不同而身价不同。还有一条说:"贾(价)宜则雠(售),说在尽。"《经说》:"尽也者,尽去其所以不雠也,其所以不雠去,则雠,舌(正)贾也,宜不宜舌欲不欲,若败邦鬻室嫁子。"(《经下》,《经说下》)这是说,价钱合适了,货物就可以出卖。把货物的不能出售的原因都去掉,自然就卖出去了。但价钱合适不合适不仅由卖主自己决定,也在于买主是否需要("正欲不欲")。如同破产以后卖妻子一样,如果没有人需要,价格虽便宜,也卖不出去。墨经这两条初步揭露了商品在流通过程中的价格的法则,这在古代经济思想史上占有重要的地位。

第四节 后期墨家的反映论的认识论

在中国哲学史里,墨经首先提出了一个比较有系统的认识论。这个认识论,基本上是唯物主义的。就认识的来源和过程说。墨经肯定认识是由于人的认识能力跟外界的事物相接触而起的。它说,"知,材也"(《经上》);《经说》,"知也者所以知也,而不必知(原作"而必知",从梁启超校改),若明。"就是说,人都有所以知的能力,但是仅有这种能力,还未必就有知识。例如眼有看见东西的能力,这是眼的"明";眼虽有"明",不必即有"见"的认识,必须还有合适的对象,才能有认识发生。

墨经又说,"知,接也"(《经上》);《经说》:"以其知遇物而能貌之,若见。"这就是说:人的能知,即"所以知"的官能,与合适的对象,即所知,相接触,即可以有一种对于对象的摹写("貌")。例如如能见的眼与所见的对象相接触,即有"见"的认识。"见"是对于所见的客观事物的摹写。

但是这样的认识还是初步的,还需要进一步的深化。墨经说,"恕恕,明也"(《经上》);《经说》,"恕也者,以其知论物而其知之也著,若明。"这是说,更进一步的认识,是以感官所得的认识为基础,再加上思维的作用,使认识提高一步。有了这样进一步的认识,我们对于某一认识对象,不但能摹写其态貌,且能知其是什么东西。例如见一树,我们不但能摹写其态貌,且知其为树。这就是靠思维把这个有这样态貌的东西,跟过去经验比较,加以综合,使之列于我们经验中的树之类中,也就是把它跟"树"的概念联系起来;这就是"以知论物"。如此则对于所认识的对象,有更明确的认识,即所谓"其知也著"。毛泽东同志说:"感觉到了的东西,我们不能立刻理解它,只有理解了的东西才更深刻地感觉它。"(《实践论》,《毛泽东选集》第一卷,人民出版社第二版,二七五页)"其知也著"就有这样的意思。

墨经的认识论承认感觉的作用,也承认思维的作用。它说:"知,以目见,而目以火见,而火不见;惟以五路知。"(《经说下》)五路就是人的感觉器官。人对于外界的知识,都是经过感觉器官得来的,好像有五条通路。例如,人有了眼,才能看见东西。当然,必须有光

（火）眼才能看见，但是，光不能有感觉，能有感觉的还是眼。墨经又说："闻，耳之聪也"，"循所闻而得其意，心之察也"（《经上》）。"言，口之利也"，"执所言而意得见，心之辨也。"（《经上》这是说，听觉仅能给我们一种声音，要了解这种声音的意义，必须依靠思维（"心"）的作用，依靠思维对于那种声音所作的分析和综合。

墨经也承认，有些知识不是直接从感觉得来的。它说："知而不以五路，说在久。"（《经下》久就是时间；对于时间的知识，是一种抽象的知识。抽象主要是思维的作用。

总的说起来，墨经认为，认识就是主观认识能力和客观事物相接触的一种关系。其过程是，感觉摹写客观事物的态貌；思维再在这个基础上，对于感觉的内容加以分析和综合，使认识从感觉达到思维。墨经的话是很简略的。上面所说的，有些是我们的解释和加工，但基本上是墨经的认识论的主要观点。这是一种自发的唯物主义反映论的观点。

墨经又说："知，闻、说、亲、名、实、合、为。"（《经上》）这是墨经对于知识所作的分类。"闻、说、亲"，是就知识的来源把认识分为三类。"名、实、合、为"，是就知识的内容把认识分为四类。

什么是"闻、说、亲"呢？《经说》说："传受之，闻也；方不障，说也；身观焉，亲也。"毛泽东同志说："一切真知都是从直接经验发源的。但人不能事事直接经验，事实上多数的知识都是间接经验的东西，这就是一切古代的和外域的知识。这些知识在古人在外人是直接经验的东西。"（《实践论》，《毛泽东选集》第一卷，人民出版社第二版，二七六至二七七页）"亲知"就是直接经验的知识;"身观焉"就是本身亲自看到。古人外人所直接经验的东西,用语言文字等方式传授给我们。这些知识,就他们说是"亲知";就我们说是"闻知"。墨经又把"闻知"分为"传闻"和"亲闻"两种。"说知"是由已知推到未知的知识。《经说》以"方不障"解释"说知"。"方"是比方,有比方类推的意思。墨翟说:"谋而不得,则以往知来,以见知隐。"(《墨子·非攻中》)就过去的东西("往")比方推测未来的东西("来");就看得见的东西("见"),比方推知看不见的东西("隐")。由此得来的知识就是"说知"。能有"说知",就不受时间和空间的障碍,所以说"不障"。

墨经中有一条,说:"闻所不知若所知,则两知之。说在告。"(《经下》)《经说》解释说:假使有一个人在房子外边,不知道房子里面是什么颜色。另一人告诉他说,里面的颜色跟外面的颜色一样。这个人已知外面的颜色是白的,因此也就知道里面的颜色也是白的了。这个人对于房子外面的颜色的知识是"亲知"。由另外一个人告诉而得的知识是"闻知"。以房子外面的颜色是白的这个"亲知",及"房子里面的颜色跟房子外面的颜色是一样的"这个"闻知",作为前提,就得出一个结论:房子里面的颜色是白的;这是"说知"。

《经说下》的这一段接着说:"夫明,以所明正所不知,不以所不知疑所明。若以尺度所不知长。外,亲知也;室中,说知也。"这就说,以已知("所明")推未知("所不知"),就好比用一根尺去量未知的长度。尺的长度是我们所已知道的,用尺量了以后,我们所未知的长度也就可以知道了。

这些解释表明,后期墨家非常重视"亲知"。他们认为,就知识的来源说，认识虽有三种，可是归根到底，一切都要以"亲知"为泉源。正是如《实践论》所说的，"一切真知都是从直接经验发源的"。

"名、实、合、为"，《经说》："所以谓，名也；所谓，实也；名实耦，合也；志行，为也。"这是就知识的内容分认识为四类。"名知"是对于名词或概念的知识。有些人对于某些名词或概念分析得很清楚，可是遇见这些名词所指的东西，他倒不认识。这样的知识就仅只是"名知"。小孩子遇见些东西，看得很仔细，但是不知其名，他的知识就仅只是"实知"。名是所以谓实的。实是主体，名是称谓它的宾词。"所以谓，名也；所谓，实也。"见了一个东西。能认识它，知道他叫什么东西。这就是能把名实正确地配合起来；这就是"名实耦"，就是"合知"。还有一种关于行为的知识，就是"为知"。

"志行，为也。"我们做一事情，必有一定的目的，也必有一定的行动，前者谓之"志"，后者谓之"行"。两者合起来，就谓之"为"。墨经说："为：存、亡、易、荡、治、化。"（《经上》）《经说》："为：甲（原作"早"，依孙诒让校改）台，存也。病，亡也。买鬻，易也。消（原作"霄"，依孙校改）尽，荡也。顺长，治也。蛙鼠（原作"买"，依孙校改），化也。"（《经说上》）这是依"志"的不同，把"为"分为六种。"为"有以"存"为目的，例如制甲、修台，目的是使其能经久耐用。"为"有以"亡"为目的，例如治病，目的是要使人无病。做生意买卖（"买鬻"）目的在于交易（"易"）。消灭一个东西，目的在于使其净尽（"荡"）。培养一个东西，目的在于使其能正常发展（"治"）。对于事物有时需要使其自己变化（"化"）。这就需要另外一种方式，如蛙鼠之化为鹑（古有此传说）。

四种知识的排列，"名"在最先，"为"在最后。这表示，知识开始于对于"名"的知识,而完成于对于"为"的知识。墨经说,"知其所以不知,说在以名取";《经说》,"智,杂所智与所不智而问之,则必曰:是所智也,是所不智也。取去俱能之,是两知之也"(《经下》,《经说下》)。就是说,仅有对于"名"的知识还不算完全的知识,必须能"以名取","去取俱能之",才算完全的知识。墨翟说:"我故曰,瞽不知黑、白者,非以其名也,以其取也。"(《墨子·贵义》)墨经的这一条,正是墨翟分别"名"和"取"的理论的发挥,表明它同样重视实践对认识的检验作用。

儒家也重视行为("行"),但与墨家重视行为("为")有原则的不同。儒家所重视的"行"主要的是对于封建道德的实践;墨家所重视的"为"是变革客观现实的实践。这样的不同就是唯心主义与唯物主义的对立的一种表现。

只有直接生产者经常在生产中得到知识才能认识改革现实的实践的意义。当然,墨家所了解的改革现实,其范围还是狭小的,还不是科学意义上的生产实践和社会实践。但他们认识到改革现实的重要性,并且承认对于改变现实的知识是人类知识的重要部分。这在当时说是很进步的思想,是中国唯物主义思想的优良传统。

第五节　后期墨家的逻辑思想

在战国时代,社会阶级矛盾异常尖锐,阶级斗争异常剧烈。各家各派所进行的思想斗争,就是阶级矛盾与斗争的反映,同时也就是阶级斗争的工具。进行思想斗争的一个武器就是"辩"。孟轲是一个斗争性特别强烈的人,当时都说他"好辩"。他说:"余岂好辩哉,余不得已也。"(《孟子·滕文公下》)他自命为能"知言":"诐辞知其所蔽,淫辞知其所陷,邪辞知其所离,遁辞知其所穷。"(《孟子·公孙丑上》)凡是批判他所卫护的东西的学说,他都认为是"诐辞,淫辞,邪辞,遁辞",站在没落奴隶主阶级的立场,他都要进行反击。为什么要反击呢?他继续说:"生于其心,害于其政;发于其政,害于其事。"这就是说,如果这些思想盛行起来,必然影响到政治上的措施,政治上的措施必然影响到社会上的各项事业。但很坦白地表明,他所进行的思想斗争就是为政治斗争服务,也就是说,是阶级斗争的一部分。

墨翟最先向儒家展开了反"周道"的思想斗争,这就成为庄周所说的"儒墨之是非"。墨经继续墨翟的精神,强调"辩"的重要,并且在名家的影响下,在反对各种诡辩学说和庄周的相对主义思想的斗争中,把墨翟所已有的关于方法论的思想发展成为一个逻辑体系,成为中国哲学史中光辉的一页。

墨经说:"辩也者,或谓之是,或谓之非,当者胜也。"(《经说下》)双方对于一个论题有不同的意见,"或谓之是,或谓之非",因此,必须有辩。辩的结果是与事实相符合的这一方面的胜利,"当者胜也";"当"就是与事实相符合。墨经深信,客观世界是可知的,真理是有客观性的,客观事实是真理的最后的标准。这些思想都是唯物主义的。这些论点是针对庄周的相对主义和不可知论而提出的。

墨经认为两个是非相矛盾的论题,不可能都正确,其中必有一个不正确,"是不俱当,不俱当,必或不当"(《经说上》)。根本不可能有像《庄子·齐物论》)所说的"俱是"、"俱非","异乎我与若"、"同乎我与若"的那些情况。两个是非相矛盾的命题也不可能都不正确,"彼(原作"攸",依张惠言校改),不可两不可也"(《经上》)。"是不俱当","必或不当"接触到形式逻辑中的矛盾律;"不可两不可"接触到形式逻辑中的排中律。墨经的这些论断,就逻辑学方面说,接触到形式逻辑的两个重要规律,从思想斗争说,表现了不妥协的精神。

《小取》篇对于"辩"的功用及方法,又是系统的说明。它说:"夫辩者,将以明是非之分,审治乱之纪,明同异之处,察名实之理,处利害,决嫌疑焉("焉"字孙诒让读属下句,伍非百读属上句,今从伍)。摹略万物之然,论求群言之比。以名举实,以辞抒意,以说出故,以类取,以类予,有诸己不非诸人,无诸己不求诸人。"这一段极精粹的话,前半段是说辩的功用,后半段是说辩的方法。

上面已经说过,墨经确切地指出,辩就是所以分别是非;这就是"明是非之分"。分别是非就是进行思想斗争;这是与社会的整个制度和秩序有关系的。辩就是要分别哪一方面的意见引到"治",哪一方面的意见引到"乱";这就是"审治乱之纪"。是非之所以分歧,由于两方面的主张反映客观实际中的差别,辩就是要搞清这些差别,这就是"明同异之处"。在辩的过程中,必须先把名实的关系搞清楚。假使在辩论中,双方所用的相同的名并不指相同的实,或相同的实而双方用不同的名来指,辩论就无法进行,所以辩要"察名实之理"。辩发生了这些作用,就可以看出来两方面的主张中哪一方面符合于"国家百姓人民之利",哪一方面于国家百姓人民有害,这就是"处利害"。因此,有些似是而非的言论也不能迷惑人民,发生欺骗作用,这就是"决嫌疑"。这六项是辩的功用与目的。墨家认为辩论的目的在于追求真理,这就和诡辩思想坚决地对立起来。

在辩中,两方面的胜负是决定于事实。哪方面与事实相符合,哪方面就胜,"当者胜也"。所以进行一个辩论,必须先搞清事实的真实情况("摹略万物之然")。同时还要搜集各方面的意见,以供参考("论求群言之比")。这是辩的胜利的先决条件。墨家认为,辩论必须依据客观事实;这就和辩者专玩弄名词和概念的诡辩对立起来。

以上讲辩的目的和任务。《小取》篇于以下接着讲辩的方法的原则。原则共有四项。头一个原则是"以名举实"。"名"就是名词或概念。"举,拟实也"(《经上》),就是说,名词或概念是摹拟客观实在的事物。先有实,然后有名。"名,实名;实不必名。"(《大取》)这是说,凡名都是实的名,可是有实不一定有名。有许多的实还没有名,但是没有没有实的名。

墨经把名分为三类,它说,"名,达、类、私"(《经上》);《经说》:"名:物,达也;有实必待之(原作"文",依孙诒让校改)名(原作"多",依孙校改)也。命之马,类也;若实也者,必以是名也。命之臧,私也;是名也,止于是实也"。"物"这个名指一切的物,是最高类之名,即所谓"达名";所有的东西都必用此名("有实必待之名也")。"马"是指马一类的东西,这是"类名";仅这一类的东西用这个名("若实也者,必以是名也")。"臧"是固有名词,即所谓"私名";这个名仅一个人可用("是名也,止于是实也")。这样对于"名"的分类,也完全是以"实"为基础的。

在先秦,关于"名""实"的问题,是认识论中的一个主要问题。关于这个问题,墨经认为,"实"是第一性的,"名"是第二性的,肯定"名"是摹拟"实"的。这就是认为,概念是客观事物的反映;概念是由客观事物决定的。这种见解是唯物主义的。

第二个原则是"以辞抒意"。由名排成辞,即语句或命题。辞所表达的"意",就是判断;判断是反映客观实际的。判断(意)合于客观实际,表达判断(抒意)的语句或命题(辞)也符合客观实际;这个判断就是"当",也就是真的;不然就是"不当",也就是不真。

第三个原则是"以说出故"。在辩论中,辩论者不仅要用一个"辞"表达判断,还要说出所以达到这个判断的理由;这就是"以说出故"。"故"是根据或理由,"说"是把一个"辞"所以是"当"的理由阐述出来的论证。有了论证,才能说服别人。这个"辞"就是这些论证的结论;这些论证就是这个"辞"的前提。

在推论过程中,结论依赖于前提。思维中的这种依赖关系,是客观世界中的因果关系的反映。一现象所以产生的条件,包括产生这一现象的原因(即有决定性的条件),墨经称原因为"故";它给"故"的定义是:"故,所得而后成也。"(《经上》)就是说,有了它,某一个现象才能成其为某一现象。《经说》又提出"小故""大故"的分别。"小故,有之不必然,无之必不然"。"大故,有之必然,无之必不然(原作"有之必无然",依孙诒让校改),若见之成见也。"现象甲得现象乙而后成其为现象甲,现象乙就是现象甲的"故"。"小故"是一现象所以发生的必要条件,没有它这一现象就不能发生("无之必不然")。但"小故"只是这一现象所依赖的许多条件之中的一部分,有了它,这一现象还不一定发生("有之不必然")。"大故"是一现象所依赖的条件的总和,有了"大故",这一现象必然发生,没有它这一现象必然不能发生。例如"见之成见"需要很多的条件:例如人的视力、光线、对象与人的眼的中间的距离等。这些条件具备了,这人一定能见物,如果不具备,他一定不能见物。

《大取》篇有"语经",就是辩论所必须遵守的规律。可惜《大取》篇辞句散乱,照下文推测,《语经》内容应该是,"三物必具然后足以生"。"夫辞,以故生,以理长,以类行者也"。"故"、"理"、"类",就是"三物"。"故"就是上面所说的"故"。凡能把结论("辞")证明的"故",必根据一定的客观规律,与结论相联系。这客观规律就是"理"。理使我们确信,从这样的"故"一定可以得出这样的结论来。我们怎样可以得到客观规律,并且知道它是可靠的呢?这是从类推("类")得来的。人的知识从个别开始,对于某一类的个别有了认识,就推到同类的其他事物。这就是初步的归纳法;归纳是比较有系统的类推。

在一个演绎的推论中,"理"就是大前提,"故"就是小前提,"辞"就是由大前提、小前提推出来的结论。为了加强说服力,更可以举几个与结论相类似的例作为大前提的例证。结论是直接依靠小前提,所以"辞"是"以故生"。再加上大前提,结论的可靠性就增长了,所以是"以理长"。再加上附加的举例,更有说服力。这就是"以类行"。

毛泽东同志在第一届全国人民代表大会第一次会议上说:"我们的事业是正义的。正义的事业是任何敌人也攻不破的。"得到的结论是："我们的事业是任何敌人也攻不破的。"照印度因明的论式列为演绎推论：

我们的事业是任何敌人攻不破的（"辞"，因明称为"宗"，形式逻辑称为"结论"）；

因为我们的事业是正义的（"以故生"，因明称为"因"，形式逻辑称为"小前提"）；

正义的事业是任何敌人攻不破的（"以理长"，因明包括在"因"之内，形式逻辑称为"大前提"）；

例如各个历史时期的革命斗争（"以类行"，因明称为"喻"）。

《大取》篇所说的"语经"，只有几十个字，可是把墨经所已达到的逻辑学上的成就，简要而精确地总结起来。

《大取》篇接着说："立辞而不明于其所生，忘（妄）也。今人非道无所行，唯（虽）有强股肱而不明于道，其困也可立而待矣。夫辞，以类行者也；立辞而不明于其类，则必困矣。"这三句强调"三物"的重要。第二句所谓"道"指理而言。

"类"是墨经中的一个主要概念，推论要用类，辩论也要用类。《小取》篇讲，辩的方法的第四个原则是"以类取，以类予，有诸己不非诸人，无诸己不求诸人"。这是辩论中的类比推论。甲与乙同类，对方承认了甲，就不得不承认乙，不承认甲，就不能承认乙，这是"以类取"。甲与乙同类，对方承认了甲，我就把乙提出来，看他是不是也承认，这是"以类予"。甲与乙同类，我承认了甲，对方主张乙，我就不能反对，这就是"有诸己不非诸人"。甲与乙同类，我不承认甲，我就不能要求对方承认乙，这就是"无诸己不求诸人"。

《小取》篇讲了辩的方法的四项原则以后，又讲辩的具体的方法。方法共有七种。

头一种方法是"或"。《小取》篇说:"或也者,不尽也。"《经上》说:"尽,莫不然也。""尽"表示全称命题,在这种命题中,主词莫不是谓词所表示的那种样子。就是说,主词的外延尽包括在谓词的外延之中。例如我们说:"马尽四足。""或"表示特称命题,在这种命题中主词的外延只有一部分包括在谓词的外延之中。例如我们说:"马或白。"

第二种方法是"假"。《小取》篇说:"假者,今不然也。""假"表示假言命题,假设一种现在还没有发生的情况("今不然")而预言其后果。例如我们说:"如果天下雨,地就要湿。"

第三种方法是"效"。《小取》篇说:"效者,为之法也;所效者,所以为之法也。故中效则是也,不中效,则非也。"《经上》说,"法,所若而然也";《经说》,"法,意、规、圆,三也,俱可以为法"。《经下》说,"一法者之相与也尽类(类字本"脱",依孙诒让校补),若方之相合也,说在方";《经说》,"一方尽类,俱有法而异,或木或石,不害其方之相合(本作"台",依王引之校改)也。尽类犹方也。物俱然"。照这些定义看起来,法就是公式,或某一类事物之所以为某一类事物的标准。对于一类事物的公式,可以适用于这一类中的任何个体。例如方物一类,有方木,方石;木、石虽有不同,然而不妨害它们为方。加以引申,凡仿效一物而能成为那类事物中的一物("所若而然"),其所效者就是法,仿效所成立之物就是"效"。譬如作圆,或以意象中的圆,或以作圆的规,或以已成的圆东西,都可以为作圆的"法"。法确定了,则效此法的都可成为圆形。"故中效"的故,即上文"以说出故"的故。故是成事的原因,也是立论的理由。要想知道立论的理由是否是真故,是否"有之必然,无之必不然"的"故",最好的办法是,以此故作为法,看它是否"所若而然",如果"所若而然"就是"中效",如果"中效",这个故就是真故。反之,如果"不中效",这个故就不是"真故"。例如我们说:甲是乙的原因。要想知道这个命题的真假,最方便的办法是把这个命题做一个可以仿效的"法",照着这个"法",做个实验。如果甲真是乙的原因("故"),在实验中有甲必然有乙,这就是"故中效"。如果如此,这个命题就是真的,否则就是假的。这个方法就是墨翟所说的第三表的发展。

第四种方法是"辟"(譬)。《小取》篇说:"辟也者,举也(他)物而以明之也。"譬就是用一个别的东西作为说明。墨翟说:"以其非吾言者,是犹以卵投石也。尽天下之卵,其石犹是也,不可毁也。"(《墨子·贵义》)这一段话表示墨翟对于他的论敌的蔑视。他用石这个"他物"以"明"他自己的论断的坚强,用卵这个"他物"以"明"论敌的论断的脆弱。

第五种方法是"侔"。《小取》篇说:"侔也者比辞而俱行也。"《小取》篇下文说:"白马,马也;乘白马,乘马也。骊马,马也;乘骊马,乘马也。"这就是"比辞而俱行"。这也就是形式逻辑中所说的直接推论,从"乘白马"直接推论出来"乘马"。

第六种方法是"援"。《小取》篇说:"援也者,曰:子然,我奚独不可以然也?"下文说:"盗人,人也;多盗,非多人也;无盗,非无人也。奚以明之?恶多盗,非恶多人也;欲无盗,非欲无人也。世相与共是之。若若是,则虽盗人,人也,爱盗非爱人也;不爱盗非不爱人也;杀盗人非杀人也;无难矣。此与彼类,世有彼而不自非也,墨者有此而非之,无也(他)故焉,所谓内胶外闭欤!"这个辩论就是"援"的方法。墨家主张"兼爱",但又主张"杀盗"。批评墨家的人认为这两个主张是相矛盾的。墨经指出,这里并没有矛盾。你们承认,"多盗非多人也",我也可以主张"杀盗非杀人也"。这样的推论是错误的,详下文。

上章讲到公孙龙与孔丘的后人孔穿的辩论。公孙龙指出,孔丘认为"楚人"跟"人"是有分别的,孔丘既然可以认"楚人"跟"人"不同,我为什么不可以说,"白马"跟"马"不同?这就是用"援"的方法,进行辩论。

"多盗非多人"跟"杀盗非杀人",是一类的论断。"白马非马"跟"楚人非人",是一类的论断。你既然承认"多盗非多人","楚人非人",你也就需承认"杀盗非杀人","白马非马"。这也就是"以类取"。

第七种方法是"推"。《小取》篇说:"推也者,以其所不取同于其所取者予之也。是犹谓也者,同也;吾岂谓也者,异也。""其"是对方。我把对方的主张("其所取")用作类比推论的前提,得出一个本质上与之相类似但是荒谬的结论,提出来给对方("予之"),看他接受不接受。这样的荒谬结论,也是对方所不能承认的("其所不取");这样,对方之"所取",也就不能坚持了。《墨子·公孟》篇载有墨翟与一个儒者公孟子的辩论。公孟子说,"无鬼神",但又说,"君子必学祭祀"。墨翟说:你们认为没有鬼而还要祭祀,就好像没有客而行客礼,没有鱼而下鱼网。"没有鱼而下网"跟"没有鬼而行祭祀"是一类,你如果不承认"没有鱼而下网"是正确的,你也不能承认"没有鬼神而行祭祀"是正确的。这就是"以类予"。

在这种辩论中,"是犹谓"表示两个命题相同,"吾岂谓"表示两命题的相异。例如在上面所引的墨翟跟公孟子的辩论中,墨翟说:"执无鬼而学祭祀,是犹无客而学客礼也,是犹无鱼而为鱼罟也。"其中两个"是犹"就是"是犹谓"。公孟子如何回答墨翟的质问,我们不知道,但是,他可以回答说:我仅只"执无鬼而学祭祀","吾岂谓""无客而学客礼,无鱼而为鱼罟"?

墨经说,"止,因以别道";《经说》:"以人之有黑者、有不黑者也,止黑人;与以有爱于人者,有不爱于人者,止爱人,是孰宜止(后两"止"字原作"沚",依张惠言校改)?""彼举然者,以为此其然也,则举不然者而问之"(《经上》,《经说上》)。"止"的意思是反驳使之停止,用此以分别正确和错误的道理。有人说:"人都是黑的。"对于这种错误的全称命题,就用"有的人是不黑的"这个特殊命题"止"之。有人援引这个办法反驳墨家兼爱之说,企图用"有的人不兼爱"这个特称命题"止"之。其实,"止黑人"那个"止"是适当的,"止爱人"这个"止"是不适当的。因为"有的人不是黑的"这个命题,是说"人都是黑的"这种人也不能否认的。至于墨家兼爱的主张则不是这种情况。墨家也承认有些人主张"交相别"。墨家主张兼爱是说人都应当兼爱,不是说人都实际上已经兼爱。墨经又说,"止,类以行之",《经说》,"彼以此其然也说是其然也,我以此其不然也疑是其然也"(《经下》,《经说下》)。这里所讲的都是"推"的辩论方法。就上面的例说,公孟子所说的,"无鬼神","君子必学祭祀"就是彼所举的"其然者"。墨翟举同类的"无客而行客礼"就是"其不然者"。

在上面所讲的七项方法中,辟、侔、援、推,都是依靠不同命题的相同之点，以作推论。《小取》篇指出，这样的推论是很可能犯错误的。它说："夫物有以同而不率遂同。辞之侔也，有所至而止（原作"正"，依孙诒让校改），其然也，有所以然也；其然也同，其所以然不必同。其取之也，有所以取之；其取之也同，其所以取之不必同。是故辟、侔、援、推之辞，行而异，转而危，远而失，流而离本，则不可不审也，不可常用也。故言多方，殊类，异故，则不可偏观也。"这是说，语言的意义是多方面的（"多方"），事物的性质也是多方面的，在某一方面的同样事物可以在另一方面属于不同的类（"殊类"），也可以起于不同的原因（"异故"），所以不可以片面的观察（偏观）概括全面。辟、侔、援、推，所以容易犯错误，其原因就在于此。如果以"偏观"概括全面，本来是正确的命题就可以转化为错误的命题。"行而异，转而危，远而失，流而离本"，都是这种转化的各种形式。

《小取》篇在这里指出了辩论和事物本身的复杂性，片面观点的危险性，也提出了正确和错误的转化问题，是墨经中的这种思想有辩证法的意思。

墨家是反对诡辩的，所以《小取》篇于讨论了辩的方法之后，特别提出正确可以转化为错误这一点。对于当时的辩者说，这也是一种批判。可是在"杀盗人非杀人"这个辩论中，墨家自己也陷入诡辩。《小取》篇肯定，我们不能从"盗人，人也"推论出"多盗，多人也；无盗，无人也"；因此也不能推出"杀盗，杀人也"。我们可以说，"爱盗，非爱人也，不爱盗，非不爱人也"，当然也可以说"杀盗，非杀人也"。《小取》篇的这个辩论是诡辩。多盗不是多人，无盗不是无人，因为判断某地的盗是多或少与判断某地的人是多或少,所用的标准不同。我们不能说,人是动物,所以大人是大动物,因为用以判断人的大小和用以判断动物的大小的标准不同。

"爱盗非爱人也"这个命题中的"人"是泛指,可能就是指人类。"杀盗非杀人也"这个命题中的"人"就是指被杀的这个人。两个命题中的"人"所指不同,也就是说,其意义不同。这两个命题是不能相提并论的。荀况把"杀盗非杀人"列为诡辩的第一种,认为是"惑于用名以乱名",就是说,这个辩论犯了偷换概念的错误。

《小取》篇在这里所用的"侔"式的推论,正是没有注意到它自己所说的,"夫物有以同而不率遂同,辞之侔也有所至而止"。"侔"是"比辞而俱行","俱行"有一定的限度;过了限度就成为错误。"杀盗非杀人"之所以成为诡辩,就是因为"俱行"过了一定的限度。

墨经中的这些错误是个别的。总起来说,后期墨家对于中国古代逻辑学的发展,作出了重大的贡献。他们对于概念、判断和推理都进行了研究,其中有很多合乎科学的论断。其整个的体系是建立在唯物主义的认识论的基础上。这是中国古代逻辑学的优良传统。

第六节　后期墨家的唯物主义的自然观

照上面所说,墨经中的科学思想已有相当高的程度,逻辑思想更有相当完整的系统。以这些思想为武器,墨经去掉了早期墨家思想中的落后部分。"天志""明鬼"在早期墨家思想里,占相当重要的地位。墨经六篇中,只有《大取》篇提到"天";至于鬼神,则各篇均未言及。

墨经没有提出一个有系统的自然观,但是,它在自然观方面提出了一些重要的哲学范畴并给以明确的定义。上面讲过,它认为"物"是一个"达名",包括一切存在的东西。它又说,"久,弥异时也";《经说》,"久,合古今旦莫(暮)"(原作"今久古今旦莫")。"宇,弥异所也";《经说》,"宇,蒙东西南北"(原作"东西家南北")(《经上》,《经说上》)。这是给时间和空间的定义。"异时"指古今旦暮等特定的时间;遍("弥")于一切特定时间的时间,即作为哲学范畴的时间。"异所"指东西南北等特定空间;遍("弥")于一切特定空间的空间,即作为哲学范畴的空间。

墨经说:"动,或(域)从(徙)也。"(《经上》)这是说,运动是物体在空间("域")中的移动("徙")。这是很重要的一条,可惜关于这一条的经说,残缺不可解。墨经也讲到运动和空间、时间的关系。它说,"行脩以久,说在先后";《经说》,"行者必先近而后远。远近,脩也;先后,久也。民行脩必以久也"(《经下》,《经说下》)。"久"是时间;"脩"是空间。这是说,运动不能离开空间和时间。

墨经又说,"宇或徙(原作"从",依经说改),说在长宇久";《经说》,"长,宇徙而有(又)处,宇宇南北(当作"宇南宇北"),在旦有(又)在莫(暮),宇徙久"(《经下》,《经说下》)。徙就是运动。运动必须有一定长的时间和一定长的空间("长宇久")。在一个时间的点上,物体是在一个空间的点上又不在一个空间的点上,这就是所谓"徙而又处"。运动,在空间说,是由此处至彼处,例如由南到北，在时间说，是此时至彼时，例如由旦至暮。恩格斯说："它（运动）的本质是空间和时间的直接的统一；速度，运动的量，就是和一特定的流过的时间成比例的空间。"（《自然辩证法》，人民出版社1955年版，二〇五页）墨经似乎在一定程度上猜测到了这个真理。

墨经又说："生，刑（形）与知处也。"《经说》："盈之生，商（常）不可必也。"（《经上》，《经说上》）"盈，莫不有也"（《经上》）。形体和知觉，两者莫不有，这就有生命。但一个人的生命能保持多么久，这是不能必定的。这就驳斥了儒家的"死生有命"的说法。形而有知为生，反过来也就是说，死是有形而无知。这就改正了前期墨家的有鬼论。

墨经又说，"卧，知而无知也"；"梦，卧而以为然也"（《经上》）。这就是说：卧是有知的才能而没有知的事实。梦是睡眠中所有的幻想。"卧而以为然"，就是说，实际并不然。

恩格斯说："在远古的时代，人们丝毫不知道自己身体的构造还不会解释梦见的事，便以为他们的思维和感觉不是他们身体的活动；而是某种独特东西，即寄居在这个身体内而在人死亡后即离开人的身体的灵魂的活动……"（《费尔巴哈与德国古典哲学的终结》，人民出版社1959年版，十三页）后期墨家初步正确地解释了梦的现象。他们以"形与知处"为生命的要素，这就意味着他们认为"知"和"形"是不可分离的。稷下黄老学派认为精神是一种细致的物质，这是对于宗教迷信的打击。但是它还是认为这种细致的物质是寄居在身体之内，可以离开身体而"远游"的。这在另一方面又帮助了灵魂不死的迷信。后期墨家比稷下黄老学派又前进了一步，在形、

611

神关系这个问题上，得出了更能体现唯物主义的结论。后来荀况发挥这个论点说："形具而神生。"(《荀子·天论篇》)这就是认为知是形的活动的结果；这就又进了一步。前期墨家学说中的宗教思想还是比较浓厚的。后期墨家差不多完全清除了这些迷信，使墨家思想在战国时期的唯物主义阵营中占一个主要的地位。

第七节　后期墨家的进步的社会政治思想

对于前期墨家的社会政治思想，墨经也作了重要的改正和补充。

前期墨家的"尚同"说，强调"尚同而不下比"，把君权绝对比。墨经说，"君，臣萌（氓）通约也"（《经上》）；《经说》："君，以若民者也"。一方面说君可以约束臣民，一方面又说君需要顺从（若）人民的意志，这是对于"尚同"学说的一个有进步意义的改正。

原来墨翟的社会思想中所有的重要观念，墨经都加以分析，作出定义。墨翟以利害为善恶的标准，但是，什么是利害，墨翟没有说明。墨经发挥了墨翟的思想，给利害以明确的定义。它说，"利，所得而喜也"；《经说》："得是而喜，则是利也；其害也非是。""害，所得而恶也"；《经说》："得是而恶，则是害也，其利也非是。"（《经上》，《经说上》）利害有了定义以后，墨经又以利的定义为基础，给各种道德以定义。它说："忠，利君也；孝，利亲也；功，利民也。"还有具有更一般性的道德，例如"义"，其内容就是利。

墨经说：""义，利也。""（以上均见《经上》）这是一种功利主义的社会伦理观点。它反映了后期墨家代表上升的手工业者和商人的阶级特性。

墨经以人的喜爱与憎恶规定利害，又以利害规定善恶。西方近代唯物主义的伦理学家有与此相类似的思想。普列汉诺夫叙述霍尔巴赫的伦理思想说：""照霍尔巴赫看来，人走进世界的时候，只带着感觉的能力；从感觉能力中，发展出一切的所谓心智能力。人从对象感受到一些印象或感觉，其中有一些使他愉快，有一些使他痛苦。他认为使他愉快的感觉是合理的，希望它们永远存在，或者在他身上推陈出新。他认为使他痛苦的感觉是不合理的，并且尽可能避免它们。换句话说：他喜爱使他愉快的感觉和造成这种感觉的对象，厌恶使他痛苦的感觉和产生这种感觉的东西。……他们把一切使他们快乐的叫做好，把一切使他们痛苦的叫做坏。他们把一切经常对他们有益的叫做德行。""（《唯物论史论丛》，人民出版社1953年版，十四至十五页）霍尔巴赫的这段话，跟墨经的意思是相类似的。

英国的功利主义者边沁说：""'天然'使人类为二种最上威权所统治；此二威权，即是快乐与苦痛。只此二威权能指出人应做什么，决定人将做什么。""（边沁《道德立法原理导言》英文本，七页）""功利哲学即承认人类服从此二威权之事实，而以之为哲学的基础。此哲学之目的，在以理性法律维持幸福。""（同上，一至二页）这种说法跟墨经也是相类似的。

霍尔巴赫和边沁所谓快乐、苦痛，相当于墨经所说的""喜""恶""，即对于快乐和苦痛的感受。他们所谓理性，相当于墨经所说的""智""。无论快乐、苦痛，或喜、恶，最后都归结于人的欲望的满足和不满足。

欲望是盲目的，必需智的指导，方可趋利而避害。霍尔巴赫在《自然系统》中说："情欲是另一些情欲的平衡物；我们不要毁灭它们，而要指导它们。……理性，经验的效果，只是选择这些情欲的艺术。"（转引《唯物论史论丛》，十三页）后期墨家有类似的思想，墨经说，"为，穷知而悬于欲"；《经说》："为，欲薪（斫也，本作"虋"，依孙诒让校改）其指，智不知其害，是智之罪也。若智之慎之（本作"文"，依孙诒让校改）也，无遗于其害也，而犹欲薪之，则离之。是犹食脯也，骚之利害（孙诒让云："疑言臭之善恶"），未可知也；欲而骚，是不以所疑止所欲也。墙外之利害，未可知也；趋之而得刀（本作"力"，依孙诒让校改，刀即钱币），则弗趋也，是以所疑止所欲也。观为穷知而悬于欲之理，薪脯而非智也，薪指而非愚也。所为与所不为（原作"所为与不所与为"，依张惠言校改）相疑也，非谋也。"（《经上》，《经说上》）这段文字，有些不可解，其主要意思是说：人有欲有智。智有所疑则可以止欲之所欲。智的作用，在于推测现在行为的结果。根据预料的结果，智就可以引导人以趋利避害，使人有所为，有所不为。这就是"谋"。

"谋"的结果，人可以舍目前的小利而避将来的大害，或受目前的小害而趋将来的大利。这种斟酌取舍也称为"权"。《大取》篇说："于所体之中而权轻重之谓权。权非为是也，亦（本作"非"，依孙诒让校改）非为非也；权，正也。断指以存掔，利之中取大，害之中取小也。害之中取小也，非取害也，取利也；其所取者，人之所执也。遇盗人而断指以免身，利也；其遇盗人，害也。……利之中取大，非不得已也；害之中取小，不得已也。所未有而取焉，是利之中取大也。于所既有而弃焉，是害之中取小也。"《经上》说，

"欲正权利；恶正权害"（恶上原有"且"字，依孙诒让校删）；《经说》："权（原作"仗"，依孙诒让校改）者，两而勿偏。"智"于所体之中而权轻重"，"两而勿偏"。这就是说，人的所取及所应取的利，不是目前的小利，而是将来的大利；人所避及所应避的害，不是目前的小害，而是将来的大害。例如，断去一个指头，以保存手掌，这就是取目前的小害，以得将来的大利。这也就是说，对于目前利益，必须从长远的利益的观点加以考虑，以定取舍。作这种决定的是"智"；取舍的标准是"权"。

墨经这里所讲的，其实就是个人的眼前利益和长远利益的关系问题。墨经所说的智的指导，相当于霍尔巴赫所说的"选择情欲的艺术"。墨经所说的在智指导下的"欲"相当于边沁所说的"正确理解了的利益"。墨经认为，正确理解了的目前利益必然与长远利益相结合。

当然，墨经所说的，远没有霍尔巴赫和边沁所说的那样详细、明确。墨经和霍尔巴赫、边沁处于不同的历史发展阶段。墨经的说法是自发的，不可能有详细的论证。我们在这里，并不是要把墨经和霍尔巴赫、边沁相提并论。我们主要的是说明，墨家，特别是后期墨家的道德学说是属于唯物主义阵营的。

后期墨家把趋利避害看成是人的行为的准则和动力。这种观点认为，人是一种有感觉、心智的实体，人的道德行为和人的这种特点是分不开的。这种思想，普列汉诺夫在《唯物论史论丛》中，称为唯物主义的道德学说；这是因为它肯定了肉体的感受对人类行为所起的重要作用。当然，这种观点把人看成是自然的人，没有看到人的行为的社会根源。在阶级社会中决定人的行为的选择最后的原因是一个人的阶级性。这是马克思主义以前的唯物主义者所不能了解的。但是这种观点，在当时历史条件下，却有十分重要的进步意义。这种观点意味着人的行为不是受"上帝"或"鬼神"支配的，像宗教家所说的那样；也不是受天赋的道德观念支配的，像唯心主义者所说的那样。人的道德行为的基础，是人自己的感觉经验和建立在感觉经验基础上的理智作用。从这一方面看，后期墨家的伦理思想是和当时的宗教道德以及孟轲一派的唯心主义道德学说根本对立的，是对于它们的反击。就墨家自身说，后期墨家对于前期墨家的伦理思想作了一种扬弃，继承了它的功利主义而抛弃了它的宗教意味，否定了"上帝""鬼神"在人类生活中的地位。这是一个重大的改正。这在中国伦理学史上，具有重大的意义。

后期墨家对于前期墨家的"兼爱"的学说，也作了进一步的补充。他们认为，正确理解的个人利益也必然会与公众利益相结合。墨经认为爱己和爱人并不冲突。它说："爱人不外己，己在所爱之中。己在所爱，爱加于己，伦列之爱己，爱人也。""义可厚，厚之，义可薄，薄之，之（原无此字，依孙诒让校加）谓伦列。"（《大取》）这就是说，适当的爱己和爱人并不矛盾。爱人而己亦在所爱之中，由此可见，公众利益与个人利益并不是相矛盾的，而是相结合的。

墨经的这个意思是正确的，不过他的辩论的形式可能类似诡辩。荀况所批判的诡辩的第一种中，有"圣人不爱己"这个例子。这可能就是墨经所说"伦列之爱己，爱人也"的辩论形式。荀况认为，这是"惑于用名以乱名"（《荀子·正名篇》）。专就这个辩论的形式说，荀况的批评是正确的。与"己"相对的"人"，跟人类之"人"，意义不同。"爱己"可以是爱人类中的一员，因此也是爱人，但决不能是爱与"己"相对的"人"。这个"人"照定义就是不包括"己"在内的。

离开墨经的这个辩论的形式,专就其思想实质说,墨经这个思想也是唯物主义的。恩格斯说:"既然正确理解的利益是整个道德的基础,那就必须使个别人的私人利益符合于全人类的利益。……这种唯物主义(法国唯物主义)正是以爱尔维修所赋予的形式回到了他的祖国英国。边沁根据爱尔维修的道德学建立了他那正确理解的利益的体系,而欧文则从边沁的体系出发去论证英国的共产主义。"(《神圣家族》,《马克思恩格斯全集》第二卷,人民出版社1957年版,一六七页)

有一点也必须注意到。18世纪法国唯物主义者强调公众利益与个人利益相结合,其意义是反对封建制度对个人的压迫。边沁的正确理解的个人利益的功利主义是为资产阶级个人主义作理论的根据。二者的社会作用不同。后期墨家所讲的关于个人利益的与公众利益相结合的思想,其意义是反对奴隶主贵族抹杀个人利益的道德学说,其在当时的社会作用是进步的。

儒家的孔丘和孟轲都认为,个人利益和公众利益是相矛盾的,这是他们把"利"和"义"完全对立起来的主要原因。他们为了维持没落奴隶主阶级的利益,提倡去"利"存"义",企图使个人的行为完全符合于没落奴隶主阶级的要求。后期墨家认为,正确理解的个人利益与公众利益是一致的。他们指出,利就是义的内容,"义,利也",这就把义和利统一起来。他们站在当时进步阶级的立场,对中国哲学史上十分重要的义利之辩作了具有唯物主义因素的解释。

要想使个人利益与公众利益相结合,就要实行墨翟所提倡的"交相利"。墨经认为,"交相利"必须以真正的利他为基础,不可以利他为手段以达到自利的目的。"交相利"是"兼相爱"的表现。墨经说:"仁,体爱也。"(《经上》)《经说》:"仁,爱己者非为用己也,不若爱马。""体爱"就是以别人与自己为一体,爱别人就如爱自己。爱自己就是爱自己,不是像爱马一样。爱马是因为马对于自己有用,但是爱自己并不是因为自己对自己有用。有了"兼相爱"的感情,必然发生出"交相利"的实际表现。"兼相爱"是仁,"交相利"是义。

"兼相爱"是主观上的一种道德情操;"交相利"是由这种道德情操发出来的实际行为。《大取》篇说:"以臧为其亲也而爱之,爱(原作"非爱",依孙诒让校改)其亲也。以臧为其亲也而利之,非利其亲也,以乐为利其子而为其子欲之,爱其子也。以乐为利其子而为其子求之,非利其子也。"这是说,一个人误认臧(人名)为父亲而爱他,这还是爱父亲,因为爱本来只是一种道德情操;但误认臧为父亲而给他许多实际的好处,得到实际爱好处的就只是臧不是他的父亲了。墨翟非乐,认为音乐歌舞是有害的。墨经也继承了这种狭隘的观点,认为如果一个人觉得音乐对于他的儿子有利而替他儿子希望有音乐,这在主观上还是爱其子;但是如果因此实际上真为他的儿子搞来音乐,那就在客观上不利于其子了。

因为爱只是主观上的一种道德情操,所以爱一切人是可能的,而且必须爱一切人才可以算是爱人。《小取》篇说:"爱人必待周爱人,不爱人不待周不爱人。"这就是说,必须遍爱一切人,才算爱人;但是不必须遍不爱一切人,才算不爱人。这与乘马不同。"乘马不待周乘马,不乘马待周不乘马。"这就是说,不必须骑一切马才算骑马,但是必须不骑一切马,才算不骑马。《大取》篇说:"爱众世与爱寡世相若。兼爱之有(又)相若。爱尚世与爱后世,一若今之世人(今世之人)也。"这就是说:无论对于多数人或少数人,都是一样地爱。爱人也不必限于现在的人,对于将来("后世")及过去("尚世")的人,也是一样地爱。

利人是在实际上做出于人有利的行为;利一切人是不可能的,譬如对于过去的人,就没有法子使他受利。所以墨经只说必须周爱人才算爱人,不说必须周利人才算利人。但是墨经也反对只空讲爱人而不在实际上尽可能地去利人。《大取》篇说:"圣人有爱而无利,倪曰之言也,乃客之言也。""倪曰"二字,未明其义。但是这句话的大意是说,"有爱而无利",是错误的,是别人的话("客之言也"),不是墨翟的话。

墨经说,"任,士损己而益所为也";《经说》:"任,为身之恶,以成人之所急。"(《经上》,《经说上》)这就是体现"兼爱"的道德。

墨翟和前期墨家认为,爱人和利人就是一件事。墨经把爱和利分开,认为"爱"是一种心理状态。这固然是对于爱和利作了进一步的分析,但也陷于烦琐的理论。虽然墨经也说"爱而不利"不是墨家的主张,但是在墨经中讨论最多的,不是用什么具体的措施实际上去利人,而是用什么辩论以证明,"周爱人"是可能的。

就墨经中的材料看,当时对于墨家"周爱人"的学说,有二种疑难。一种是"无穷害兼",就是说,天下的人数是没有穷尽的,如何能尽爱之?一种指责是"杀盗即杀人",就是说,墨家既主张兼爱,何以又主张杀盗?墨经对于这二种疑难,都有解答。墨经说:

"无穷不害兼,说在盈否";《经说》:"无,南者有穷则可尽,无穷则不可尽,有穷无穷未可知,则可尽不可尽不可尽(毕沅云:此三字疑衍)未可知。人之盈之否未可知,人之可尽不可尽亦未可知,而必人之可尽爱也,谆。人若不盈无(原作"先",依孙诒让校改)穷,则人有穷也;尽有穷,无难。盈无穷,则无穷尽也;尽有穷,无难。"(《经下》,《经说下》)又说,"不知其数,而知其尽也,说在问(原作"明",依孙校改)者";《经说》,"不,不(原作"二",即不字。王闿运改作不,曹耀湘曰:"二当作=,乃重文之标识。")智其数,恶智爱民之尽之(旧作"文",依孙诒让校改)也?或者遗乎其问也,尽问人则尽爱其所问。若不智其数而智爱之尽之(旧作"文",依孙诒让校改)也,无难。"(《经说下》)又说:"不知其所处,不害爱之,说在丧子者。"(《经下》)这几条都是对于"无穷害兼"的解答。难者说:南方有穷则可尽,无穷则不可尽。有穷无穷尚不可知,则可尽不可尽更不可知。墨家肯定,人必可尽爱;这是瞎说。回答说:如果人不能盈满无穷的南方,是人数有穷。人数既有穷,尽爱之没有甚么困难。如果人竟能盈满无穷的南方,可见南方并不是无穷。地既有穷,尽爱人也没有困难。难者又说:你们不知人的数目,怎么知道是否已尽爱?回答说:不知人数,可以见人就问。尽问人,必尽爱其所问。虽遗其所问之数,也没有妨碍。难者又说:不知尽人之所处,何以能尽爱之?回答说:不知其所处,也不妨碍爱他们。譬如失掉儿子的,其父虽不知道他的儿子在什么地方,但不妨爱之。

墨经在这里先提出疑难者的话,然后回答。可见这些辩论在当时是很激烈的。墨经的回答并没有解答疑难者所提的问题,疑难者所说的爱人,是包括利人而言,这也确切是原来墨翟的意思。他们问,地域是无穷的,既不知人口的数目,又不知人都在什么地方,怎样实际地爱?墨经把爱人限于一种心理状态,把"兼相爱"和"交相利"割裂开,所以认为无论人数多少,也不管他们都在什么地方,都可以爱。可是这样的爱,就是抽象的爱,脱离了实践的爱;这种辩论,也就成为文字上的争执了。就这一点说,后期墨家的伦理思想,又陷入了唯心主义。

《大取》篇说:"天之爱人也,薄于圣人之爱人也。天之利人也,厚于圣人之利人也。大人之爱小人也,薄于小人之爱大人也。大人之利小人也,厚于小人之利大人也。"这是把爱与利分开,也是前期墨家的宗教迷信和阶级调和的思想的残余。这些都是手工业者阶层的局限性的表现。

第八节　后期墨家对于当时诡辩学说的批判

《小取》篇提出的"杀盗非杀人",跟公孙龙的"白马非马",都是一类的命题。但公孙龙对于"白马非马"这个命题的分析,在客观辩证法上,有一定的根据。《小取》篇的"杀盗非杀人"这个命题,完全是从错误的"侔"式推论推出来的,是一种诡辩。

墨经中的诡辩,只是个别的。基本上它是站在唯物主义的立场对于当时所流行的诡辩,进行批判。当时"辩者"中最流行的辩论是"合同异"和"离坚白"。名家中的惠施用"合同异"的辩论，证明事物是经常变化的，事物的性质是相对的。他的思想基本上是辩证法的。但辩者二十一事中的"合同异"的辩论，有些就是诡辩了。墨经对于"同异"，作了分析。它说，"同，异而俱于之一也"；《经说》："同（原作"侗"），二人而俱见是楹也。"（《经上》，《经说上》）这是墨经给"同"的定义。不同的东西在某一方面同一了，比如二人都看见这个柱子。这就是同。墨经由"异"的同一来对"同"下定义，这里包含了辩证法的因素。

墨经又说，"同，重、体、合、类"；《经说》，"同：二名一实，重同也；不外于兼，体同也；俱处于室，合同也；有以同，类同也"（《经上》，《经说上》）。又说，"异，二、不体、不合、不类"；《经说》，"异：二，必（孙诒让云：读为毕，古通用）异，二也；不连属，不体也；不同所，不合也；不有同，不类也"（《经上》，《经说上》）。又说，"同异交得，放有无"；《经说》，"同异交得，于福家良。恕，有无也。比，度多少也。兔蚏还园，去就也。鸟折用桐，坚柔也。剑尤早，死生也。处室子，子母，长少也。两绝胜，白黑也。中央，旁也。论行行行学实，是非也。难宿，成未也。兄弟俱适也。身处志往，存亡也。霍为姓，故也。贾宜，贵贱也。"（《经上》，《经说上》）

《小取》篇说："凡物有以同而不率遂同。"上面所引，正是发挥这一点。《经上》指出，"同"和"异"，各有四种。如果说此物与彼物同，彼物与此物同，其同同，而所以同不必同。例如墨子与墨翟，两名同指一实（"二名一实"），这样的同是"重同"。凡相"连属"的东西，如手、足、头、目，同为人的身体的一部分

("不外于兼"),这样的同是"体同"。"同所","俱处于室",指同在一处的东西,如同室的人同在一室之中,这样的同是"合同"。同类的东西都有相同的性质,在某一方面相同("有以同"),这样的同是"类同"。异也有四种。关于同异的辩论,必先说清楚,所谓同是哪一种的同,所谓异是哪一种的异。这样才可以有所推论而不致陷于错误。

"同异交得"一节,《经说》的错字很多,有许多不可解之处。但其大意是说,一切东西都可以有相反的性质。如有无、多少、去就、坚柔、死生、长少、白黑、中央与旁、是非、存亡、贵贱等。例如一女子先为"处室女",后为"子之母",是一个人而亦长亦少。一人对其弟为兄,对其兄为弟,是一个人而亦兄亦弟("兄弟俱适")。一人可身在此而志在彼("身处志往"),按"身"说为存,按"志"说为亡。"合同异"一派的部分辩者,利用此点,作"白狗黑""龟长于蛇"等诡辩。实则白狗虽也可说是黑(眼睛是黑的),龟也可说是长,蛇亦可说是短,黑白、长短,虽无绝对的标准,但在一定范围内,黑白、长短,须用同一的标准。如龟跟比它短的东西比,固然也可以说是长,但对于蛇则一般总是短的。

墨经在这里所讲的,也是事物同一性本身中差别性的问题。但是,它对于"同""异"作了比较细致的分析,既明确地指出了事物的性质是相对的,但又封闭由此倒向相对主义的后门。"合同异"派的部分辩者和庄周利用事物的性质的相对性,歪曲客观辩证法,宣传他们的相对主义和诡辩思想。墨经则肯定事物性质的相对固定性,这正是针对他们的相对主义进行批判。

从后期墨家关于同异的说法中可以看出,他们一方面肯定同中有异，一方面也肯定异中有同；一方面猜测到了同一性中的差别性，另一方面也猜测到了差别性中的同一性。他们看到，一方面不能把同和异等同起来，另一方面也不能把同和异对立起来。他们是比较全面地和辩证地处理了同和异的关系问题。这就堵塞了诡辩的后门。

公孙龙一派的辩者，主张"离坚白"，墨经则主张"合坚白"。它说，"坚白不相外也"；《经说》，"坚白（此白字据孙诒让校补），异处不相盈，相非，是相外也"（《经上》，《经说上》）。这是主张"合坚白"，即"坚白不相外"，以反驳公孙龙的"离坚白"，即"坚白相外"的主张。

墨经从唯物主义的观点出发，认为坚、白这些性质都是客观事物所固有的属性。《大取》篇说："苟是石也白，败是石也，尽与白同。"就是说，如果这块石头是白的，把这块石头毁了，白也就没有了。所以说各种性质的"相离"，只能是指它们为不同的事物所具有，例如如白雪中之白，与坚石中之坚，则"异处不相盈"，坚非白，白亦非坚，坚白"相非"，可以说是"相外"。但是就坚白石说，坚白俱"域于石"，合为一体，坚内有白，白内有坚，所以不能"离"。墨经又说："不坚白，说在无久于宇。"（《经下》）这是说，若果没有时间、空间，也就没有坚白。这似乎是驳公孙龙的"天下未有若坚而坚藏"的论断。以上是墨经反驳公孙龙对于"离坚白"的客观唯心主义的论证。

墨经又说，"坚白，说在因"；《经说》："无（梁启超曰，读为抚）坚得白，必相盈也。"（《经下》，《经说下》）又说："盈，莫不有也。"（《经上》）"撄，相得也"；《经说》，"坚白之撄相尽"（《经下》，《经说下》）。这是说：人手抚石而得其坚，目视石而得其白,但坚和白都是石的性质,"相盈","相撄",就是说,坚有白,白也有坚。墨经又说,"于一,有知焉,有不知焉,说在存";《经说》,"于石一也,坚白二也,而在石,故有智焉有不智焉,可"(《经下》,《经说下》)。又说,"不可偏去而二,说在见与俱,一与二,广与修(原作"循",据俞樾校改)";《经说》,"见不见离,一二不相盈,广修坚白"(《经下》,《经说下》)。这是对于公孙龙的《坚白论》的批评。《坚白论》说:"视不得其所坚,而得其所白者,无坚也。拊不得其所白,而得其所坚者,无白也。……得其白,得其坚,见与不见离,见与不见离,一二不相盈,故离。"这是公孙龙就认识论上对于"离坚白"的论证。《坚白论》中又述难者的话说:"目不能坚,手不能白,不可谓无坚。不可谓无白。……坚白域于石,恶乎离?""石之白,石之坚,见与不见,二与三,若广修而相盈也,其非举乎?"这一段话,可能引自墨经。墨经认为,坚白相盈,不相外,同在于石,这就是"存"。我们用眼看石,得白不得坚;用手拊石,得坚不得白。这是我们的"知与不知",与石之有无坚与白无关。"坚,一也";"白,二也";因为"见不见离",就说"一二不相盈";但见与不见,与石之有无坚白无关。一块石头有一定的宽度("广")和一定的长度("修")。坚自在石,犹如广修之纵横相涵,这就是所谓"不可偏去而二"。以上是墨经反驳公孙龙对于"离坚白"的客观唯心主义的论证。

从对"离坚白"学说的批判中可以看出,后期墨家坚持了唯物主义的原则,肯定物体的属性是独立于人的感觉而存在的,是依赖于客观存在的物质实体,寓于具体的事物之中的。这样,就有力地驳斥了公孙龙的主观唯心主义和客观唯心主义的各种谬论。

墨经又说，"有指于二而不可逃，说在以二絫"；《经说》，"有指，子智是，有（同"又"）智是吾所无（原作"先"，依孙诒让校改）举，重。则子智是而不智吾所无（原亦作"先"）举也，是一谓，有智焉，有不智焉，可。若智之，则当指之（同"此"）智告我，则我智之。兼指之，以二也。衡指之，参直之也。若曰，必独指吾所举，毋指（原作"举"，依梁启超校改）吾所不举，则者（犹此也）固不能独指，所欲指（原作"相"，依孙诒让校改）不传，意若未佼（原作"校"，依梁启超校改）。且其所智是也，所不智是也，则是智是之不智也。恶得为一谓，而有智焉，有不智焉？"又说，"所知而弗能指，说在春也"；《经说》，"所，春也，其执固不可指也"（《经下》，《经说下》）。这两条似乎是对于公孙龙的《指物论》的批判。公孙龙所谓指，是名所指的共相（见第十五章）。名一方面指个体，一方面指寓于个体中的共相，如"坚"这个名一方面指诸坚物，一方面指寓于诸坚物中的"坚"的共相。这就是所谓"有指于二而不可逃"，"兼指之以二"。公孙龙一派说："一谓有智焉，有不智焉，可。""一谓"即一名。他们认为，言共相时，我们只知其名所指的共相，不知其所指的个体，这就是所谓"必独指吾所举，毋指吾所不举"。墨经认为，共相即在个体之中，共相不能单独为名所指，名若是仅指共相，则其意义就不完备，这就是所谓"此固不能独指，所欲指不传，意若未佼"。所以墨经质问说："恶得为一谓，而有智焉，有不智焉？"墨经追问说，名所专指的共相，能不能指出来叫人看？公孙龙一派所说的无所"与"的坚、白，如果有，当指以示人。这就是所谓"若智之，则当指之智告我，则我智之"。公孙龙一派认为，个体可指以示人，共相不可指以示人。墨经批判说：

"所指而弗能指，说在春也。""春"作蠢字解。公孙龙所说的共相，本不可指以示人，所谓"其执固不可指也"。墨经认为，既不可指以示人而又执其为有，这是蠢事。《经下》的这两条中，有几句不可解，但其大意如此。

从这段的批判中可以看出，后期墨家肯定一般是寓于个体之中的，不能脱离个体独立存在，并且从尊重感觉经验的唯物主义认识论的观点出发，驳斥了关于共相独立存在的虚构。

墨经说，"牛马之非牛，与可之，同，说在兼"；《经说》，"故曰，牛马，非牛也，未可；牛马，牛也，未可，则或可或不可。而曰牛马，牛也，未可亦不可。且牛不二，马不二，而牛马二，则牛不非牛，马不非马，而牛马非牛非马无难"（《经下》，《经说下》）。这是说，如果以"牛马"为一词（荀况称为"兼名"），说"牛马"是牛，这是不可以的，因为"牛马"中的牛固是牛，而牛马中的马则不是牛。另一方面，说"牛马"不是牛也不可以，因"牛马"之中固有牛。然"牛不二，马不二，而牛马二"，所以牛固不可以说是非牛，马固不可以说是非马，而"牛马"却可以说是非牛非马。这条辩论与公孙龙的"白马非马"的说法，有类似的地方。但公孙龙断言"白马非马"。墨经认为，"牛马"，就其内涵方面说，可以说是非牛非马；但就其外延方面说，也不能说是非牛或非马。公孙龙只强调名辞的内涵方面，得出"白马非马"的命题。后期墨家从名辞的内涵和外延两方面，分析了"牛马是牛"和"牛马非牛"之类的命题，这就从逻辑上堵塞了诡辩的后门。

关于后期墨家的这条辩论，荀况曾提出批评，认为说"牛马非马"也是错误的。他把这条辩论列为诡辩的第三科，认为是"惑于用名以乱实"。仅就"牛马非马"这个命题说，荀况的批评是正确的。但就上面的材料看，这并非墨家的原来的全部的论点。

后期墨家与公孙龙一派的名家，在关于共相的问题上，存在着唯物主义和唯心主义的对立。但在"正名实"的问题上，也有些论点是相似的。墨经"狂举不可以知异"（《经下》）一条，与《公孙龙子·通变论》中所谓"狂举"相合。墨经又说，"彼（原作"循"，依孙诒让校改）此彼此，与彼此同，说在异"；《经说》："彼，正名者，彼此。彼此可，彼彼止于彼，此此止于此。彼此不可，彼且此也（孙诒让云："疑当云，彼且此也，此亦且彼也"）。彼此亦可，彼此止于彼此，若是而彼此也，则彼亦且此此也（孙诒让云："疑当作，则彼亦且此，此亦且彼也"）。"（《经下》，《经说下》）墨经正名的主张，与公孙龙相似。这一条的文字也跟《公孙龙子·名实论》大致相同。但是，这些论点，在公孙龙的体系中，是用以论证实要符合于名，而在墨家的体系中，是用以论证名要符合于实。这同样表现了唯物主义和唯心主义的对立。

这一条的大意是说，彼只是彼，此只是此；这是正名；这样就是"彼此可"。如果彼此的意义不定，彼的意义有时为此，此的意义有时为彼，这就不是正名，这样就是"彼此不可"。但是，即使在正名之后，彼此的名的意义虽定，而彼此的名所指的事物则不是固定不移的。自一方面看，此物可以成为彼，自又一方面看，彼物也可以成为此。此以彼为彼，彼亦以此为彼，彼此本来是相对的。这就是所谓"彼此亦可"。《庄子·齐物论》论"彼是"，就是就这一点说的。《齐物论》说："物无非彼；物无非是。……故曰：彼出于是，是亦因彼，彼是方生之说也。"专就事物的个体说，各种东西都互为彼此；它们互为彼此，也不是固定不变的。庄周一派将这一点片面夸大，以宣扬其相对主义，从而也否定了辞或概念的相对的固定性，认为大的东西也可以称为小，小的东西也可以叫做大，又成了诡辩。墨家认为，尽管事物的彼此是相对的，并非固定不变的，但彼此之名的意义，还可以使之确定下来，否则人们就无法称谓事物了。使彼此的名的意义确定下来，就是正名的事。

墨经对于其他辩者的诡辩也提出了批判。墨经说，"火（原作"必"，依孙诒让校改）热，说在顿"；《经说》，"火，谓火热也，非以火之热我有。若视白（原作"曰"，依梁启超校改）"（《经下》，《经说下》）。这是驳当时辩者的"火不热"的诡辩。"火不热"的诡辩可有一个认识论的论据，把火的热归结为人的感觉；热是主观的，在我而不在火。墨经驳斥说：热是火的性质，在火而不在我。譬如视白，白是在白物而不在我。这一条也是从唯物主义观点驳斥唯心主义的诡辩。

墨经说："知狗而自谓不知犬，过也，说在重。"（《经下》）又说："狗，犬也。而杀狗非杀犬也，（不）可（原作"可"，张纯一云：当有不字），说在重。"（《经下》）这两条都是驳辩者的"狗非犬"的诡辩。这里所说的"重"，指重同，"二名一实，重同也"。墨经认为狗和犬是异名而同实。因此，知狗也就是知犬，杀狗也就是杀犬。

墨经说，"可无也，有之而不可去，说在尝然"；《经说》，"可无也，已然（原作"给"，依孙诒让校改）则尝然（原作"当给"，依孙诒让校改），不可无也"（《经下》，《经说下》）。这就是说天下的事物，若其未有，本亦可无。但既已经有的事物，则即永远尝有，不能使去。这一条似乎是驳当时辩者的"孤犊未尝有母"的诡辩。就孤犊这个个体说，不可能本来就没有母。若果昔有母，虽今无母，亦不可说它是"未尝有母"。

墨经又说，"景（影）不徙，说在改为"；《经说》，"景，光至景亡，若在，尽古息"（《经下》，《经说下》）。有人认为，这与辩者的"飞鸟之影，未尝动也"的辩论有相同的意思。其实不然。辩者所说的是"飞鸟之影"，这里所说的只是影。譬如一日规上指午时的影，并不是指巳时的影。因为生这个影的针是不动的，指巳时的影因光至而消灭，指午时的影是一新生的影。墨经认为指巳时的影，若果还在，当尽古停留，因其本是一不动的影。"飞鸟之影"本是一动影，所以与此所说的影不同。墨经的这一条与辩者的一条意思虽不同，但都是关于运动的问题，墨经的这一条也可能是为辩者而发。若果如此，则辩者的辩论有见于运动的相对性，飞鸟之影，对于别的事物说是动的，但对于飞鸟说，则是不动的。墨经的辩论认为影若在，可以万古长存，这倒是形而上学的见解。也可能，墨经这里所说的"尽古息"可能就是上面所引一条的"有之而不可去"的意思。

墨经又说，"非半弗薪则不动，说在端"；《经说》，"非，薪半，进前取也。前，则中无为半，犹端也。前后取，则端中也。薪必半，毋与非半，不可薪也"（《经下》，《经说下》）。这是驳当时辩者"一尺之捶，日取其半，万世不竭"的说法。端就是点。"端，体之无厚（原作"序"，依王念孙校改）而最前者也"；《经说》，"端，是无间（原作"同"，依梁启超校改）也"（《经上》，《经说上》）。就是说，端至小极微，其中没有空隙，不可再加分析。墨家认为，

"一尺之捶，日取其半"，取之不已，到最后剩下了不能再分的点，这就不能再斫为半而取之了。墨家认为，凡可斫开的，都是可以分为半的；如果没有半与非半，就不能再斫了。墨家的这条辩论不承认物质是可以无限分割的，关于这一点，墨家的论点是错误的，其错误在于，把数学上抽象化了的点和客观存在的点混而为一。在这个问题上也反映了后期墨家的形而上学的观点，没有认识到物质是无限大和无限小的统一。

第九节　后期墨家对于当时老、庄学说和其他各家的批判

墨经中还有许多论证批判了当时其余诸家特别是老聃、庄周的学说。墨经说，"在诸其所然未者（诸）然，说在于是推之"；《经说》，"在，尧善治，自今在诸古也；自古在之（诸）今，则尧不能治也"（《经下》，《经说下》）。"尧之义也，生（依经说当作"声"）于今而处于古而异时。说在所义二"；《经说》，"尧霍，或以名视（示）人，或以实视（示）人。举友富商也，是以名视人也；指是霍也，是以实视人也。尧之义也，是声也于今，所义之实处于古"（《经下》，《经说下》）。儒家"言必称先王"，认为尧舜是最大的"圣王"。墨经的这两条是针对这种复古倒退的思想进行批判。"在诸其所然"一条的意思是说，即使承认尧"善治"，那也是由今看古；如果把

古代换成现代,尧也是不能"治"的。"尧之义也"一条的意思是说:尧的"善治"只是一种声名。这种声名生于今,尧的实际行为在于古。古今异时,声名和实际完全是两回事。如说某友是富商,这是以富商之名示人;如指此是霍,是以霍这个人的实示人。名和实并不是一回事。墨经对于儒家的复古倒退思想的批判有两点:一是,古今的情况不同,在古代合适的东西在现代未必合适。另一点是,古今在时间上距离很远,传说中的古代人的声名未必跟古代的实际相符合。"古今异时",这是法家反对复古、倒退的一个主要论据,也是后期墨家反对复古、倒退的一个主要论据。这种批判同样表现出后期墨家所代表的阶级走的是当时的革新、前进路线。

墨经说,"仁义之为外内也,非(旧作"内",从孙诒让校改),说在仵颜";《经说》,"仁,仁爱也;义,利也。爱利,此也;所爱所利,彼也。爱利不相为内外;所爱利亦不相为外内。其为(谓)仁内也义外也,举爱与所利也,是狂举也。若左目出右目入"(《经下》,《经说下》)。"仁内义外"是告子一派的学说。《管子》中也说:"仁从中出;义从外作。"(《管子·戒篇》)墨经批判这个说法,指出,能爱能利是主观的能力;所爱所利是客观的对象。能爱、能利都是"内",不能说能爱是"内",能利是"外"。所爱、所利都是"外",不能说,所爱是"内",所利是"外"。"仁内义外"的主张,于爱则举主观的能力,于利则举客观的对象。这譬如说,左眼专管发挥看的能力,右眼专管接收外界的印象。这都是错误的命题("狂举")。在这个批判中,墨经明确地分别主观能力和客观对象的不同。这是后期墨家的唯物主义认识论的应用。

在古代,明确地提出"仁内、义外"这个主张的,是告子(见《孟子·告子上》）。墨经这里的批评，可能是对告子而发。但其论点并不与告子的论点针锋相对。墨经对于爱、利所作的分别（见上文第八节）倒是可以说是"仁内、义外"，不过与告子的主张是有不同。

墨经说，"五行毋常胜，说在宜"；《经说》，"五，金（旧作"合"，依谭戒甫校改）水土火木（旧作"火"，依谭戒甫校改）。离（高亨云："离"字涉下文而衍。）然（燃）火铄金，火多也。金靡炭，金多也。金之府（同腐）木，火（原作"木"，依谭戒甫校改）离木"（《经下》，《经说下》）。这是对于驺衍等五行家的学说的批判。五行家认为水、火、木、金、土，五行"相生"也"相胜"。水胜火，火胜金，金胜木，木胜土，土胜水，这就是所谓"常胜"。他们认为在任何条件下，水总是胜火，土总是胜水，等等。这是一种神秘思想，也是形而上学的观点。墨经指出，"五行无常胜"。五行之中，哪种多就可以胜其他种，火多的时候能把金销化为液体，但火少的时候，金也可以把炭上的火压灭。墨经的这个批判，不仅驳斥了五行家对于五行的神秘思想，也驳斥了他们的形而上学思想。

墨经说，"学之益也，说在诽者"；《经说》，"学也，以为不知学之无益也，故告之也。是使智学之无益也，是教也。以学为无益也，教悖"（《经下》，《经说下》）。又说，"无不必待有，说在所谓"；《经说》，"无，若无马（原作"焉"，依孙诒让校改），则有之而后无。无天陷，则无之而无"（《经下》，《经说下》）。这是对于老聃的批判。老聃说"绝学无忧"（《老子》第二十章），认为学是无益的。墨家指出，既然认为学为无益，又何必以学无益为教？有教必有学，是仍承认学有益。老聃又说："有无相生。"（《老子》第二章）这就是说，无必待有。墨经指出，"无不必待有"。

如说"无马"之无，有待于有，因为世界必有马然后才可以说"无马"。若说"无天陷"之无，则不必待有，因为不必真有天陷之事，而后才可以说"无天陷"。

墨经中批判最多的是庄周的相对主义的观点。《庄子·齐物论》认为，"辩"不能决定是非，提出了一大篇诡辩，企图论证"辩无胜"。针对着这个诡辩，墨经驳斥说，"谓辩无胜，必不当，说在辩"；《经说》，"谓，所谓，非同也，则异也。同则或谓之狗，其或谓之犬也。异则或谓之牛，其（原作"牛"，依梁启超校改）或谓之马也。俱无胜，是不辩也。辩也者，或谓之是，或谓之非，当者，胜也"（《经下》，《经说下》）。墨经认为，凡是一个辩论，总是有不同的意见，成为对立面。对于它们所辩论的东西，一个方面认为它是如此，另外一个方面认为它不是如此（"或谓之是，或谓之非"）。这两方面的意见，只能有一方面是跟事实相合的（"当"），这一方面就是胜利的一方面。墨家的这条辩论，是根据唯物主义的反映论和形式逻辑中的排中律，驳斥庄周的相对主义和不可知论观点。墨经指出，就是主张"辩无胜"的人，也是用辩提出他的主张，也是希望他的主张得到胜利，可见实际上他也主张"辩有胜"。

墨经又说，"以言为尽悖，悖。说在其言"；《经说》，"以悖，不可也。之人（原作"出入"，依孙诒让校改）之言可，是不悖，则是有可也；之人之言不可，以当，必不审"（《经下》，《经说下》）。"知，知之否之是同（原作"足用"，依伍非百校改）也，悖（原作"谆"，依张惠言校改），说在无以也"；《经说》，"智，论之，非智无以也"（《经下》，《经说下》）。"非诽者悖（原作"谆"，依张惠言校改），说在弗非"；《经说》，"非（原作"不"，依孙诒让校改）诽，非己之诽也。不非诽，非可非也。不可非也，是不非诽也"（《经下》，《经说下》）。

这都是对于庄周的批判。庄周的这些论点，在第十四章中已讲过。墨经认为，"一切论断都是错误的"这句话本身就是错误的论断（"悖言"）。"以言为尽悖"之言本身就是悖言。若果这句话是正确的，则至少这句话不错误（"非悖"），怎么能说"言尽悖"？如果这句话是不正确的，则言仍不是"尽悖"。"知之否之是同也"，也是悖言。因为这句话本身即代表一种见解（知）；这种知不同于不知。这句话本身就是一个论断，有知才可以有论断，无知就不可能有论断。墨家认为，"凡批评别人都是错误的"（"非诽"）这句话本身也是错误的（"悖"）。因为这句话本身就是对别人的批评，也是一诽。以"诽"为非这句话否定了它自己。

庄周的这些论点，是以相对主义为基础的诡辩。墨经从逻辑上揭露了这些说法自身中的矛盾，肯定一个命题或论断有是非、对错的区别，表现了追求真理的积极态度。但是一个命题所论断的是它的对象；它的对象不能反过来又包括这个命题自己。例如"一切的论断都是错误的"（"言尽悖"）这个命题的对象是一切其他的论断，但不能反过来包括这个命题本身。墨经的批判则假定这个命题也包括它自身，由此得出结论说"以言为尽悖，悖"。这并不能彻底驳倒庄周一派的诡辩。

上面所举的这些批判，虽然也有不十分正确的，但都表现墨家学说的战斗精神。这种精神从墨翟开始，到后期墨家有了更辉煌的发展。墨经围绕着"同异，坚白之辩"，对于公孙龙的客观唯心主义思想和惠施可能导致的相对主义和唯心主义思想，以及辩者和庄周的诡辩,进行激烈的斗争。这是先秦唯物主义与唯心主义斗争的一个激烈的战役。也正是在这样的战斗中,后期墨家发展了他们的唯物主义体系。

就其阶级根源说,前期墨家是手工业小私有者,即手工业主思想上的代表。这个阶层是软弱的。所以前期墨家在开始的时候,还是要倚靠宗教的力量,推行它的理想。但是宗教跟科学是违反的,而科学是手工业生产所依据的。因此,在发展的过程中,后期墨家,作为直接从事于生产劳动的手工业者思想上的代表,就逐渐抛弃了宗教,而以自然科学知识为基础,使墨家思想终于成为先秦唯物主义思想的一个重要堡垒,一面光辉的旗帜。

自然科学是人对于自然作斗争所得的成果。后期墨家重视对于自然的研究。他们的关于自然科学的知识,对他们的哲学思想的发展,产生了巨大的影响。他们当时所研究的主要范围,是关于简单的机械力学、物理学和数学方面的问题。这些是和他们的手工业生产技术直接联系着的。这些科学的研究,促进了他们对人类知识本身和逻辑思维的探讨,因此使他们由研究自然转到研究人的认识和逻辑学。这样的发展,也是合乎哲学发展的规律的。通过这些科学知识,坚定了他们的唯物主义观点,在一定程度上也表现了辩证法的因素。但也正是因为如此,他们的唯物主义思想在某些问题上也比较突出地表现了一种机械的和形而上学的观点。这也是和当时的自然科学知识的水平相适应的。

就后期墨家的方法论说,他们所使用的战斗的武器,主要是形式逻辑的思维方法。正因为如此,他们突出地提出了不少的逻辑学的理论,成为中国逻辑学史中的一个重要的环节。但是也正因为如此，他们的思想也常受到形式逻辑的限制。如果将形式逻辑的思维方法绝对化，就会导致形而上学的观点。墨经中确有一些辩证法思想，但总的说来，后期墨家的思想体系和指导他们体系的理论思维不是从辩证法出发的。因此，对于部分名家的诡辩，他们能提出正确的批判，而对于名家思想合乎辩证法的部分，则认识不足。例如关于"一尺之捶"的辩论，辩者的说法是与辩证法暗合，墨经的辩论倒是受了形而上学的局限。

虽然如此，墨经中的科学思想、唯物主义的认识论以及逻辑学都是中国哲学史的宝贵遗产。

第二十章 阴阳五行家的具有唯物主义因素的世界图式

墨家的哲学思想，特别是后期墨家的哲学思想，主要是以当时的手工业生产劳动为基础而发展起来的。毛泽东同志说："人的认识，主要地依赖于物质的生产活动，逐渐地了解自然的现象，自然的性质，自然的规律性，人和自然的关系……"（《实践论》，《毛泽东选集》，二五九页）墨家的哲学思想，就是这个认识论规律的一个例证。阴阳家的思想提出了一个世界图式。这个图式基本上是以当时农业生产为基础而发展起来的。

第一节　关于阴阳五行家

在《墨子》书里边有一个故事，说：墨翟要往北边齐国去，遇见一个看日子吉凶的人（"日者"）。这个人说："'帝'于今天在北方杀黑龙，先生的颜色是黑的，不可以往北边去。"墨翟不听他的话，还是往北边走。到淄水，过不去，又转回来。这个看日子的人说："我本来说你不能往北边去。"墨翟说："淄水不能过，南边的人不能往北边去，北边的人也不能往南边来。这些人的颜色，有黑的，有白的，为什么都不能过呢？并且照你的说法，'帝'于甲乙日在西方杀青龙，于丙丁日在南方杀红龙，于庚辛日在西方杀白龙，于壬癸日在北方杀黑龙。如果照你的说法，天下人的行动都要受到限制，'是围心而虚天下也'。"（《贵义》）"围心而虚天下"，这一句话的确切意义不清楚，大概是说，把天下人的心都拘束起来，使人的活动受到限制。无论如何，墨翟反对这样的迷信；这一点是明确的。

这个故事说明，古代有像这个"日者"这一类的人和像这一类的方术。这些方术对于自然界的现象作了一些基本上是歪曲的解释，虚构了一个宇宙图式，其中大部分是宗教、巫术，但是其中也有些科学的成分。在古代，巫术和科学本来是混杂在一起的。

这种巫术和科学混杂一起的东西，汉朝的人称为"术数"。刘向、刘歆《七略》中有《术数略》，分术数为六种：天文，历谱，五行，蓍龟，杂占，形法。其中有些完全是巫术，有些是科学与巫教的混合。例如术数的第一种，天文，"天文者，序二十八宿，步五星日月，以纪吉凶之象，圣王所以参政也"（《汉书·艺文志》）。"序二十八宿，步五星日月"，是天文学；"纪吉凶之象"，就是占星术了。在古代，天文学和占星术是混在一起的。术数的第二种，历谱，其中包括有历法，历史年代学，也有算学，这些是科学。但是其中也讲不少的"凶陀之患，吉隆之喜"，这些就是巫术。一直到清朝的末年，封建政府每年所发的年历都还掺杂有许多的巫术的"禁忌"。

在战国时期，以"术数"为基础而发展起来的一种哲学流派，就是汉人所称的阴阳五行家，或称为五行家，或称为阴阳家。司马谈论述这个学派说："尝窃观阴阳之术，大祥而众忌讳，使人拘而多所畏，然其序四时之大顺，不可失也。"（《论六家之要指》，《史记·太史公自序》）刘向、刘歆也说："阴阳家者流……敬顺昊天，历象日月星辰，此其所长也；及拘者为之，则牵于禁忌，泥于小数，舍人事而任鬼神。"（《汉书·艺文志》）这些论述都说明，阴阳五行家掌握有科学，特别是天文学的知识。古代的天文学是从事农业生产的劳动者从长期的经验中所积累起来的知识，但五行家的思想中也有许多宗教、巫术和迷信。这正是古代术数的特点。

司马迁叙述当时关于天文的知识说："仰则观象于天，俯则法类于地。天则有日月，地则有阴阳。天有五星，地有五行。天则有列宿，地则有州域。三光者，阴阳之精，气本在地，而圣人统理之。"（《史记·天官书》）这说明，"术数"中的"天文"和"五行"是联系在一起的。天上的水、火、木、金、土五星，就是"法类"于地上的五行而得名。水、火、木、金、土是"术数"中的"五行"的范畴，也是"术数"中的"天文"的范畴。

关于术数的迷信在上古是很流行的。照上面所引的故事看起来，墨翟是反对术数的。孔丘与他相反，相信术数。

他说："凤鸟不至，河不出图，吾已矣夫。"（《论语·子罕》）照当时的迷信，如果天下太平，自然界就会出现据说是好的现象，这就是所谓"祥瑞"。所谓"凤凰至""河出图"，就是这一类的东西。这正是术数中所讲的。孔丘就因为"凤鸟不至，河不出图"，而断定天下太平没有希望了，自己的前途也没有希望了，这就是对于术数的迷信。

孟轲说："五百年必有王者兴。"（《孟子·公孙丑下》）司马迁说："夫天运三十岁一小变，百年中变，五百载大变。三大变为一纪，三纪而大备。此其大数也。"（《史记·天官书》）司马迁所说，就是战国以来的术数家之言。孟轲的话也是以术数家之言为根据的。孟轲的这些话说明他对于"术数"的迷信。荀况在《非十二子篇》里，对于当时的重要学派都提出了批评。孟轲"略法先王而不知其统，然而犹材剧志大，闻见杂博，案往旧造说，谓之五行。

甚僻违而无类,幽隐而无说,闭约而无解。"这是荀况对于孟轲迷信术数的批评。

第二节 《洪范》以五行为基础的自然观

在本册第一章第七节中,我们讲到《洪范》。这是《书经》中的一篇。照传统的说法,周武王于克商以后,向商朝贵族箕子问统治国家的"大法"("洪范")。箕子作了这一篇,题目就是"洪范"。据近来学者的考证,这篇是战国时期阴阳五行家的作品。其中关于五行的思想可能是商周之际就已有的,我们在第一章中已经讲过。但是以"五行"为基础发展成为一个包括自然和社会的体系,这是战国时期的思想。

这篇开始就说,禹的父亲鲧治水不好,惹恼了上帝,因此不能得到"大法"。禹治水成功,感动了上帝;上帝就给他这个"大法","大法"共有九条,称为"九畴"。后来人又附会说,上帝叫在洛河里出了一个大龟,其背上有文字,就是这个"大法",称为"洛书"。篇中首先列举了"九畴"的名目。据传说,这就是"洛书"的原文。篇中以下对于"九畴"的解释,后来称为"洪范传"。

《洪范》首先肯定这个"大法"是上帝所赐与的,就如有些宗教说它们的"圣经"是上帝所启示的一样。《洪范》肯定,统治者是社会的主宰,是人民言论、行动的最高标准("皇极")。统治者的命令就是上帝的教训("于帝其训")。只有统治者可以有赏罚之权("惟辟作福,惟辟作威"),也可以有特殊的享受("惟辟玉食")。

《洪范》肯定"筮龟"的作用。国家的大事都要用卜、筮决定。统治者("辟"),贵族("卿士"),庶民群众("庶人"),卜和筮都是国家决策的参与者。五方面都同意的事,才算是大吉。

从这一方面看,《洪范》是一篇宣扬皇权神圣的著作,并且肯定了上帝的地位和威权。但《洪范》的精神并不止乎此。更重要的是,它用五行的观念,对一些自然现象、社会现象和精神现象作了分类,企图说明它所认为是世界的秩序。五行就是水、火、木、金、土。在这五者之中,水、木、金、土,都是与农业有关系的。这是人在农业生产劳动中所得到的对于自然界的认识。

《洪范》认为,既然自然界中有水、火、木、金、土五种物质,对人的生活是不可缺少的,其他自然现象和社会现象,也都可以分成五大类,甚至具有五行的性质。就天时方面说,《洪范》认为有所谓"五纪":"一曰岁,二曰月,三曰日,四曰星辰,五曰历数。"就人的社会现象和精神现象说,《洪范》提出了"五事"和"五福"。"五事"是:"一曰貌,二曰言,三曰视,四曰听,五曰思。"这五事各有其应该遵循的标准:"貌曰恭,言曰从,视曰明,听曰聪,思曰睿。"合乎标准的五事可以产生应有的作用:"恭作肃,从作乂,明作哲,聪作谋,睿作圣。""五福"是:"一曰寿,二曰富,三曰康宁,四曰攸好德,五曰考终命。"

《洪范》肯定,社会的阶级与阶层,跟自然界的东西是相应的。统治者("王")相对于"岁";大贵族("师尹")相对于日;

贵族（"卿士"）相当于月；庶民群众（"庶民"）相当于星。这就是说，社会中的阶级的划分，是在自然界有其根据的。

《洪范》认为，社会现象和自然现象是相互影响的。上面讲到合乎标准的"五事"所产生的作用，据《洪范》说，一个统治者的"肃"可以使雨得其时（"肃时雨若"）；他的"乂"可以使晴得其时（"乂时旸若"）；他的"哲"可以使暖得其时（"哲时燠若"）；他的"谋"可以使寒得其时（"谋时寒若"）；他的"圣"可以使风得其时（"谋时风若"）。它称这种臆想的征验为"休征"。反过来，一个统治者的"狂"就会引起多雨（"狂恒雨若"）；他的"僭"就会引起干旱（"僭恒旸若"）；他的"豫"可以使天气过于热（"豫恒燠若"）；他的"急"可以使天气过于冷（"急恒寒若"）；他的"愚"可以引起大风（"愚恒风若"），它称这种臆想的征验为"咎征"。这都是说，一个统治者的行动、性格和思想的好坏，可以引起自然现象的变化。

为什么人事会影响天时的变化呢？《洪范》的作者没有明确地说明。依据后来的解释，"肃"属水，"乂"属火，"哲"属木，"谋"属金，"圣"属土。雨属水，旸属火，燠属木，寒属金，风属土。同类的东西具有共同的属性，所以可以互相感应。这些分类显然是出于附会。不过，从这种解释中可以看出，阴阳五行家企图用五行把自然现象和社会现象联系起来，用以说明世界是一个有秩序的统一的整体。在这种思想中含有一种唯物主义的因素，即肯定五行是世界的基础，事物的性质都体现了水、火、木、金、土五种物质的性能。这正是西周以来五行思想的一个发展。《洪范》的作者虽然肯定了上帝的地位，但当他具体地说明世界的变化时，实际上已经抛弃了上帝，而代之以五行了。

贯穿于《洪范》的这些论点中，有一个阴阳五行家所谓"天人感应"的思想。这是阴阳五行家的一个中心思想，当于下文论之。

《洪范》这篇著作对于后来封建时代的哲学起了相当大的影响。唯物主义者和唯心主义者都从不同的立场和角度，向这篇著作吸取合乎自己的思想资料。洪范传和易传提供了两种宇宙论的架子。后来封建哲学思想的发展，分别以这两种架子为根据而形成不同的哲学体系。

第三节　《月令》的世界图式

战国时期的阴阳五行家的一个重要著作是《月令》。《吕氏春秋》有十二纪。每一纪里的第一篇专讲某一个月的天文、气候和其他方面的情况。根据这种情况，决定在农业生产方面所应该做的事情，以及统治者在宗教政治方面所应有的活动。十二月纪有十二篇，综合起来，就成为一年十二个月的月历。汉朝人把这十二个月的月历编入《礼记》，称为《月令》。以下就用这个名称。

《月令》牵涉到自然界和人类社会中的很多问题；对于这些问题的处理，一部分是科学，一部分是巫术和宗教。它似乎是把在它以前的两个著作综合起来，而又加以发展。这两个著作就是《管子》里边的《幼官》篇和后来被编入《大戴礼记》中的《夏小正》。

《管子》中的《幼官》和《幼官图》，经过后来学者的考证，"幼官"乃"玄宫"之误。"玄宫"就是所谓"明堂"，古代统治者举行宗教仪式和发号施令的地方。"明堂"代表一种具有宗教意义的社会、政治制度，包括有很多古代的宗教迷信。

《孟子》记载说："齐宣王问曰：'人皆谓我毁明堂，毁诸已乎？'孟子对曰：'夫明堂，王者之堂也。王欲行王政，则勿毁之矣！'"（《梁惠王下》）当时齐国主张革新的人，主张"毁明堂"以为革新的表示，孟轲反对这种主张。

在古代社会里，一个部落或一个国家的统治者是政治上的首领，同时也是宗教上的首领。宗教靠巫祝跟它所说的上帝交通，而统治者自己也就是巫祝的首领。照他们自己所说的，一个政治上的统治者，同时作为一个宗教的领袖，有一定的住的地方，这个地方就叫玄宫或明堂。这是一个包括许多房间的建筑，四面都有门。在一年四个季节里，某一个季节，统治者应该住在哪一个房间里，走哪个门，穿什么颜色的衣服，吃什么味道的饭，听什么样的音乐，发布什么样的号令，施行什么样的政策，都是有一定的。据说，如果有错误，就要影响自然界，引起自然界的非常变化，成为灾害。《管子》的《幼官》，就是这样的一个月历，这是一个带有宗教、巫术性质的月历。《月令》吸收了这个月历。

《夏小正》是一个科学的月历，其中所记载的，是每月天文和气候的变化，以及农业生产方面所应做的工作。这个月历虽然不一定是夏朝的产品，但总也是一个相当古的文件。《月令》也吸收了这个月历。

在这方面，《月令》比较系统地总结了春秋战国以来关于四时气节的变化和农业生产的关系的经验，反映了我国古代天文学和农业生产知识发展的水平，在我国的科学史上占有重要的地位。而且，它并不仅是关于这些科学和生产知识的简单记录。《月令》的作者们在总结这些经验时，对四时气节的变化和农业生产的关系作了理论的解释。这样，这篇著作就具有了哲学的意义。他们依据阴阳五行的理论对四时气节的变化作了说明，同时，通过对四时气节的变化和农业生产知识的总结，又丰富和发展了阴阳五行的学说。他们在进行理论的说明时，提出了一种基本上具有唯物主义性质的自然观，标志着阴阳五行思想发展的一个新的阶段。

《月令》的体系首先把时间上的东西和空间上的东西配合起来。在时间方面，一年有春、夏、秋、冬的四时，在空间方面，有东、南、西、北的四方。把四时和四方配合起来，春配东方，夏配南方，秋配西方，冬配北方。这样的配合，也是可以理解的。在一日之中，上午太阳从东方出来，人们感觉舒畅；到下午，太阳在西方落了，人们就感觉到要收拾东西，准备过夜。古代的人认为春季有似于一天的上午，秋季有似于一天的下午，所以把春季配东方，秋季配西方。中国处在地球赤道以北，往北走越来越冷，往南走越来越热。所以古代的人把夏季配南方，冬天配北方。这样的配合实际上也反映了地理区域和气节变化的关系。

一年为什么有四时的变化呢？《月令》认为，一个原因是五行的盛衰。阴阳五行家认为五行都有盛的时候，也都有衰的时候，它们轮流在自然界占主导的地位。四时的变化，就是这种"轮换"在自然界的一种表现。

《月令》认为，春季"盛德在木"，就是说，木是这个季节的自然界的主导力量。夏季"盛德在火",秋季"盛德在金",冬季"盛德在水"。五行有五个;四时只有四个。土没有"时"可以配,《月令》就把它放在夏、秋之交。木、火、金、水,配了四时;四时的方位,也就是木、火、金、水的方位。木在东方,火在南方,金在西方,水在北方,土便在中央。

照阴阳五行家的说法,四时的变化,是照着"五行相生"的次序进行的。五行"相胜"也"相生"。木生火(木料的燃烧生火),火生土(无论何物经火即成为灰),土生金(矿物由土挖出),金生水(金属能变为液体),水生木(水的灌溉使植物生长)。土在夏秋之交,说明它是从夏季的火生出来,又转而生秋季的金。

在生活的经验里,火是热的,所以阴阳五行家认为,在"火德盛"的时候就成为夏。水是冷的,水成为冰就更冷了,所以在"水德盛"的时候就成为冬。在春季草木都生长起来,这是春天气候的结果。阴阳五行家把它反过来,认为在"木德盛"的时候就成为春。在古代,金属的一个主要用途是做兵器,其作用是杀伤。阴阳五行家认为,"金德盛"的时候,就成为秋天,因为秋天对于生物也有杀伤的作用。

在这里,《月令》企图用五种物质所具有的属性及其相互作用("相生")以说明四季气节的变化。这种说明是牵强附会的,但却是一种唯物主义观点。

关于五行和四季的关系,还有一种解释。照这一种解释,《月令》中所讲的"盛德在木"等说法,实际上是指五大行星的运行。《淮南子·天文训》说:"何谓五星?东方,木也。其帝太皥,其佐句芒,执规而治春,其神为岁星(木星)。……南方,火也。其帝炎帝,其佐朱明(祝融),执衡而治夏,其神为荧惑(火星)。……中央,土也。其帝黄帝,其佐后土,执绳而治四方,其神为镇星(土星)。……西方,金也。其帝少昊,其佐蓐收,执矩而治秋,其神为太白(金星)。……北方,水也。其帝颛顼,其佐玄冥,执权而治冬,其神为辰星(水星)。"这是说,五大行星主管春、夏、秋、冬四时。《史记·天官书》对五大行星运行的周期,也都作了说明,也认为它们主管春、夏、秋、冬四时的变化。《淮南子·天文训》和《史记·天官书》所记载的,都是关于战国以来天文学知识的总结。其中,特别用木星当令说明春天,这是和岁星纪年的历法联系在一起的。

认为五星的运行支配四时的变化,这是一种虚构。但是,这种虚构实际上反映了对五大行星的观测在古代历法中的重要地位。《月令》的作者就是从地上的五行和天上的五星等现象中吸取了思想的材料,用以建立起自己的自然哲学的体系。

《月令》认为,四时的变化,除了五行的盛衰这个原因之外,还有一个原因,就是阴阳二气的衰退和生长("消息")。每年五月夏至,《月令》说:"是月也,日长至,阴阳争,死生分。"从春到夏,白天越来越长,气候越来越热。照《月令》所说:这就是阳气越来越盛的表现。夏至这一天,是一年白天最长的一天,过了这一天,白天就越来越短了,白天的长,至此达于极点("日长至")。这就是,阳气开始由"息"而"消",阴气由"消"而"息"的一个转折点,是阴阳斗争的环节("阴阳争")。阳气盛的时候,生物生长;阴气盛的时候,生物死亡,所以夏至这一天,也是生物死生的分界("死生分")。十一月冬至,《月令》说:"是月也,日短至,阴阳争,诸生荡。"冬至是一年白天最短的一天("日短至")。这是阴气由"息"而"消",阳气由"消"而"息"的转折点。这是阴阳斗争又一个环节。随着阳气的开始生长，万物也都开始活动起来（"诸生荡"）。

《月令》还有一种说法，认为四时的变化是由于阴阳的交合或不交合。在"孟春之月"下面，它说："天气下降，地气上腾，天地和同，草木萌动。"在"孟冬之月"下面，它说："天气上腾，地气下降，天地不通，闭塞而成冬。"所谓天气和地气，就是阳气和阴气。这是用阴阳解释四时变化的另外一种说法。

《管子》中的《形势解》有同样的说法。它说："春者，阳气始上，故万物生；夏者，阳气毕上，故万物长；秋者，阳气始下，故万物收；冬者，阳气毕下，故万物藏。故春夏生长，秋冬收藏，四时之节也。"这也是说，一年四季的变化和生物的生长衰落，是阴阳二气的势力相互盛衰的结果。

以上这些说法，同样是一种唯物主义的观点，企图用（它所认为是）自然界所固有的两种对立的物质势力的性质和作用，以说明四时的运行和万物生灭变化的过程。阴阳五行家不用一种物质而用一种以上的，不同甚至于对立的物质的性质和作用，以说明自然现象变化的过程和原因。这含有一种辩证法的因素，更加有利于说明自然现象变化的复杂的过程。这在古代唯物主义思想史上说，是一个进步。

四时气候的变化决定人的生产活动。《月令》中每一个月，都规定有统治者指挥农业和手工业生产活动的程序。例如，它说，当"盛德在木"时候，东风解冻，草木繁动，人应该耕种树艺，不要伐木，不要打猎。当"盛德在火"的时候，万物都在继长增高，人不要大兴土功，不要伐大树。当"盛德在金"的时候，凉风生，候雁来，人应该准备收割，可以打猎。当"盛德在水"的时候，河水结冰，人应该修理农具，砍伐木材，等等。这些都是古代生产知识的记录。这些记录，实际上是我国劳动人民农业生产经验的总结。这是《月令》的科学的一面。

《月令》认为，不仅人的农业生产活动要按着四时气节的不同而有不同的措施，人的日常生活，特别是统治者的生活，也应随着四时气节的变化而有所不同。照它的说法，每一个月，都有主宰的"帝"和"神"，十二个月有十二个"帝"。还有一个最高的神"皇天上帝"。统治者在某一个月，应该祭什么东西，用什么东西祭，穿什么颜色的衣服，吃什么东西，住什么地方，这些月令都明确地规定出来。例如"孟春之月"（正月）的"帝"叫太皞；它的神叫句芒。这个月的祭祀主要对象是门；祭品主要的是动物的脾脏。统治者要住在明堂东北角的那个房间内，穿青色的衣服，打青色的旗，吃麦和羊肉。因为春天是和东方配合的，东方的颜色据说是青，它的味道是酸，它的气味是膻。因此统治者的衣、食、住，都须要跟据说是这个月的特点配合起来。这些大部分是宗教和巫术的思想。

《月令》又规定，最高统治者每年十二个月在政治上所应做的事情。在这里，它有一个原则："凡举大事，毋逆大数，必顺其时，慎因其类。"大事指政治和社会方面的重大措施。《月令》认为社会里面的某些事情和自然界的某些现象是同类的。照阴阳五行家的说法，统治者的庆赏跟阳气是同类的；他的刑罚跟阴气是同类的。庆赏一类的措施，最好在阳气盛的时候举行；刑罚一类的措施，最好在阴气盛的时候举行。这就是所谓"慎因其类"，也就是所谓"必顺其时"。这样，就不至于违反阴阳消息的"大数"。

《月令》认为，如果统治者的措施能够合乎天时，这就直接对于自然界有所帮助。例如，在十一月，人就要把各种东西收藏起来，减少活动。《月令》说："是月也，可以罢官之无事，去器之无用者。涂阙廷门闾，筑囹圄。此所以助天之闭藏也。"反过来说，如果统治者的措施，不顺天时，这就会引起自然界不正常的变化。例如它说，仲春"行冬令，则阳气不胜，麦乃不熟，民多相掠"。冬天所应该办的事情，跟阴气是同类的；如果在春天办了这些事，据说就会招来阴气。阴气多了，阳气不胜，所以麦也就不会熟。这是阴阳五行家的一个基本原理，这就是所谓"天人感应"。

《管子》有几篇也是这样说的，它说："是故阴阳者，天地之大理也；四时者，阴阳之大经也。刑德者，四时之合也；刑德合于时则生福，诡则生祸。"（《四时》）这也是说，统治者的庆赏和刑罚要跟四时相配合；能配合就有福，不能配合的就有祸。

农业生产活动不能违背四时气节的变化，否则农作物不能有好的收成，甚至引至灾荒。这些论点是《月令》中的科学成分。但是，它又认为，人的行动，特别是统治者的行动以及他的政治措施，都应该随着气节的变化而有所不同，否则就要引起自然界不正常的变化。这又是阴阳五行家的迷信。

阴阳五行家还把许多别的东西，都配入十二个月的"月令"之内。用五色配：春木，色青；夏火，色赤；秋金，色白；冬水，色黑；中央土，色黄。以甲、乙、丙、丁等十天干配：春木配甲乙；夏火配丙丁；中央土配戊己；秋金配庚辛；冬水配壬癸。以五音、十二律配：春木，音角；夏火，音徵；中央土，音宫；秋金，音商；冬水，音羽。孟春之月律太簇，仲春之月律夹钟，季春之月律姑洗，孟夏之月律中吕，仲夏之月律蕤宾，季夏之月律林钟，孟秋之月律夷则，仲秋之月律南吕，季秋之月律无射，孟冬之月律应钟，仲冬之月律黄钟，季冬之月律大吕。

此外又有所谓"五虫"：鳞（鱼类），羽（鸟类），毛（兽类），介（介壳类），倮（人类）；五脏：脾、肺、心、肝、肾；五味：酸、苦、甘、辛、咸。《月令》都把它们配合五行，分属于四时。

比较有哲学意义的是，数目与五行的配合。阴阳五行家认为，春木数八；夏火数七；中央土数五；秋金数九；冬水数六。这些数目是怎样得来的呢？原来照《洪范》所说五行的次序是，"一曰水，二曰火，三曰木，四曰金，五曰土"。阴阳五行家认为，这个次序就是一、二、三、四、五和六、七、八、九、十这些数目的次序。他们认为，数目也有神秘的意义，一、二、三、四、五，是水、火、木、金、土的"生数"，六、七、八、九、十是水、火、木、金、土的"成数"。配入四时的数目，是用五行的所谓"成数"，所以是六、七、八、九、十。不过照数目的次序，每年的四季，应该先冬（水），次夏（火），次春（木），次秋（金）。为什么五行的次序与四时的次序不合？关于这点，他们没有解释。

《月令》没有把子丑寅卯等十二地支配入。《淮南子·时则训》以"夏正"（略如现在的农历）的十一月为子月，十二月为丑月，正月为寅月，二月为卯月，三月为辰月，四月为巳月，五月为午月，六月为未月，七月为申月，八月为酉月，九月为戌月，十月为亥月。

这些配合，大部分都是原来术数中所有的。上面所说的关于墨翟的故事中，那个"日者"就是用这样的配合。

这些配合大部分是牵强附会的。阴阳五行家以传统的术数为资料，以五行观念为基础，用以解释他们所日常接触到的一些自然现象和社会现象。他们由此虚构了一个架子。在他们的体系里面,这是一个空间的架子,也是一个时间的架子,总起来说,是一个世界图式。

第四节 邹衍的地理学说和历史观

邹衍(约前305—约前240)是战国末期五行家的一个重要领袖。他是齐国人,在当时很受各国统治者的重视,他的思想也有相当大的影响。据说,他著书"十余万言"(《史记·孟子荀卿列传》)。《汉书·艺文志》著录"邹衍四十九篇。邹子终始五十六篇",现在都不存在了。据《史记》所说,邹衍,"深观阴阳消息,而作怪迂之变",可见他有一个相当大的自然观体系。他对于天文也有丰富的知识,当时人称他为"谈天衍"。我们现在所有的,只是《史记》和《吕氏春秋》等书中的一些资料,主要的是他的关于地理的学说及历史观。

关于地理方面,邹衍认为,中国只是全世界的八十一分之一。中国的地理名称是"赤县神州"。中国分为九州,就是《禹贡》中所说的九州。在世界中的一区中,像中国这样大的地方共有九个,这是大九州。这个大九州共为一区,有"裨海"环绕着。在全世界中,像这样大的区又有九个,有"大瀛海"环绕着。所以中国是全世界的八十一分之一。

这是战国末期人对世界地理的推测。《吕氏春秋·有始览》说:"凡四海之内,东西二万八千里,南北二万六千里";"凡四极之内,东西五亿(十万)有(又)九万七千里,南北亦五亿有九万七千里。""四海之内",是指中国之内;"四极之内",是指全世界之内。《淮南子·地形训》所说"九州",其中"东南神州曰农土";这个九州可能就是邹衍所说的"大九州"。《地形训》说,"阖四海之内,东西二万八千里,南北二万六千里",与《有始览》所说相合。但,照《地形训》所说,东极至西极,北极至南极,各只有二亿三万三千五百里七十五步。当然,这都是些揣测之辞,可能都是与邹衍有关的。

汉代的桓宽引桑弘羊的话说:"邹子疾晚世之儒墨不知天地之弘,昭旷之道,将一曲而欲道九折,守一隅而欲知万方,犹无准平而欲知高下,无规矩而欲知方圆也。于是推大圣终始之运,以喻王公列士。"(《盐铁论·论邹》)可见邹衍的学说,在秦汉时代是很有影响的。

《史记》说,邹衍的思想方法是"先验小物,推而大之,至于无垠"。在地理方面,他"先列中国名山、大川、通谷、禽兽,水土所殖,物类所珍,因而推之,及海外人之所不能睹"。他的这种方法,是由已知推到未知,他的推测也有一定的经验基础("先验小物")。以前的人所想象的世界是很小的。孟轲说:"孔子登东山而小鲁,登泰山而小天下。"(《孟子·尽心上》)泰山并不是很高的山,孔丘所说的天下,范围是很有限的。随着工商业的发展,交通的扩大,人所想象的世界也逐渐扩大。邹衍更指出,中国不过是全世界的一小部分。这就大大地超过了以前的人的地理知识的局限性。照邹衍看起来,以前的人,真是"不知天地之弘,昭旷之道"。邹衍的地理学说,扩大了人的心胸。这是很大的一个进步。他的方法及主张,都有一定的科学精神与唯物意义,不过在一定的经验基础上,"推"有一定的限度;"推"得太远,就成为主观的幻想了。

对于历史，邹衍用同一的方法，"先序今以上至黄帝，学者所共术（述），大并世盛衰，因载其机祥制度，推而远之，至天地未生，窈冥不可考而原也"（《史记·孟子荀卿列传》）。"天地未生"的时候是个什么样子呢？《史记》说：邹衍"称引天地剖判以来，五德转移，治各有宜，而符应若兹"。可见他认为天地未生之时，只有混沌的"气"；天地是从"气"分出来的，这就是所谓"天地剖判"。"五德转移，治各有宜，而符应若兹"，是他所认为是历史发展的规律。邹衍的关于历史观的著作，叫《主运》，也佚失了。别书所引的有几条："邹子终始五德，从所不胜，木德继之，金德次之，火德次之，水德次之。"（李善《文选》，左思《魏都赋》注引《七略》）"五德从所不胜，虞土，夏木，殷金，周火。"（李善《文选》，沈休文《故安陆昭王碑》注引《邹子》）。根据这些佚文，我们知道，邹衍认为：历史的变化是受"五德转移"支配的；每一个朝代受一种"德"的支配，也可以说是支持。所谓"五德"就是五行水、火、木、金、土的"德"。照他的说法，每一个"德"都有盛的时候和衰的时候。在它盛的时候，它支持一个朝代，到它衰的时候，为它所支持的这个朝代也就灭亡；另外一个"德"就支持另一个朝代，起而代替。这样的代替，是照着五行相"胜"的次序。五行中，木胜土，金胜木，火胜金，水胜火，土胜水。每一"德"衰的时候，能胜它的那一德就支持另一个朝代来代替它，这就是所谓"从所不胜"。"虞土"，就是说舜"以土德王"，"夏木"，就是说夏"以木德王"；"商金"，就是说商"以金德王"；"周火"，就是说周"以火德王"。

照阴阳五行家的说法，在某一"德"盛的时候，自然界就有一种现象，作为某一德盛的象征。一个将兴的朝代，就根据这个象征决定它是受某德的支持。这种象征叫做"符应"。

《吕氏春秋》说:"凡帝王者之将兴也,天必先见祥乎下民。黄帝之时先见大螾大蝼。黄帝曰:土气胜。土气胜故其色尚黄,其事则土。及禹之时,天先见草木秋冬不杀。禹曰:木气胜。木气胜故其色尚青,其事则木。及汤之时,天先见金,刃生于水。汤曰:金气胜。金气胜故其色尚白,其事则金。及文王之时,天先见火,赤乌衔丹书,集于周社。文王曰:火气胜。火气胜故其色尚赤,其事则火。代火者必将水。天且先见水气胜。水气胜故其色尚黑,其事则水。水气至而不知,数备将徙于土。"(《应同》)这一段所说的基本上就是邹衍的历史观。

这种历史观在当时很有影响。秦朝统一中国,就自以是"得水德","以水德王"。秦始皇认为应照着"水德"作社会政治上的措施,以黑色为正色,"数以六为纪","事皆决于法,刻削毋仁恩和义"(《史记·秦始皇本纪》)。邹衍这一派认为每一个"德"都有一些跟它相应的社会上、政治上的措施,这就叫"治各有宜"。

这种历史观认为历史是常变的,朝代不是永恒的;历史的变动和朝代的交替,是受一些不以人的意志为转移的力量的支配。认为历史的变动,不是决定于大人物的行动,也不是以人的意志为转移,这是邹衍的历史观中合理的成分。但是,他用"五行相胜"说明历史上朝代的变化,这就肯定,历史的变化是循环的。朝代的变革不过是历史变革的一些表面现象;邹衍把这种现象认为是有本质的意义。他又把这种现象归结为"五行相胜"的机械运动的结果。这就完全混淆了自然和社会的界限,完全忽视了历史演进的社会的、经济的原因。这就完全陷入了历史唯心主义和神秘主义。

但是，这种历史观，在当时说来，是为地主阶级的新政权作理论的根据。秦国经过商鞅的改革，本来是"事皆决于法"；"法"替代了"礼"。这些社会上、政治上的措施，跟"水德"配合起来，好像就得了一个理论的根据。这种历史哲学在当时还是为历史的进步趋势服务的。

这个学说也为地主阶级对于劳动人民的统治制造出一个法权的根据。后来封建王朝的最高统治者都自称为"奉天承运皇帝"，就是说，他自以为是奉了"天的意志"及五德的运行来统治劳动人民。邹衍这一派学说，后来成为封建统治阶级欺骗劳动人民的一种工具。

第五节　阴阳五行家思想对于中国哲学和科学发展的影响

阴阳五行家思想是一个科学和巫术相混合的体系。阴阳和五行这些概念，本来都是指一些物质的东西。在战国时代的阴阳五行家的体系里，所谓阴阳五行，还保持原来的意义，就是说，他们所说的五行和阴阳基本上还是物质性的东西。

邹衍称五行为五德，就是五种性质。所谓五德的内容究竟是什么呢？邹衍没有说明。照《管子·四时》篇所说：东方属春，属木，"其德赢育"。南方属夏，属火，"其德施舍修乐"。中央属土，"其德和平用均"。西方属秋，属金，"其德忧哀，静以严顺"。北方属冬，属水,"其德淳越温怒周密"。这是五种"德"的一部分的内容。照这样说起来,五德就是五种道德的性质。如果五气也有道德的性质,那它们就不一定是物质性的东西了,不过关于这一点,我们还不能太认真。因为用有道德意义的形容词形容物质的东西,在古代也是常见的。例如稷下黄老学派也用有道德意义的形容词形容水,我们并不能因此说他们认为水不是物质性的东西。

《吕氏春秋》称五行为五气。五气就是具有五种性质的气。这五种气,经常流动运行于世界之中,所以称为五行。五行在本质上都是气。阴阳也都是气,那就是说,它们都是物质性的东西。在这个意义下,阴阳五行的概念,对于中国科学的发展,有很大的影响。

就中国古代科学发展的历史看,阴阳五行的思想对古代的天文学、医学、化学的发展都起了一定影响。古代的科学家们或者把阴阳和五行看成是具有不同性质的物质元素,用以说明物质的构成;或者用阴阳五行的相互作用,说明物质现象间的相互联系。

就医学而论,中国古代医学认为人身的内部,与自然界有密切的联系;人身的组织,是与自然界的阴阳、五行相适应的。因此阴阳五行家的世界图式,也成为生理学的根据。《内经》说,有天之阴阳,有人之阴阳。"平旦至日中,天之阳,阳中之阳也(按四时说是夏)"。"日中至黄昏,天之阳,阳中之阴也(秋)"。"合夜至鸡鸣,天之阴,阴中之阴也(冬)"。"鸡鸣至平旦,天之阴,阴中之阳也(春)"。"人亦应之","阳中之阳,心也";"阳中之阴,肺也";"阴中之阴,肾也";"阴中之阳,肝也";"阴中之至阴,脾也"(《金匮真言论》)。照这样说起来,人的五脏,跟四时和四方是完全配合的。

《内经》说："五藏应四时,各有收受。"就是各有"收"于自然界而"受"之。例如"东方青色入通于肝,开窍于目,藏精于肝","其类草木"。"南方赤色入通于心,开窍于耳,藏精于心","其类火。""中央黄色入通于脾,开窍于口,藏精于脾","其类土。""西方白色入通于肺,开窍于鼻,藏精于肺","其类金"。"北方黑色入通于肾,开窍于二阴,藏精于肾","其类水"(《金匮真言论》)。"五藏应四时",肝应"春气",心应"夏气",肺应"秋气",肾应"冬气"。这一种的生理学完全是以阴阳五行家的世界图式为基础的。

因此从卫生方面说,也有"月令"。例如《内经》说:"春三月,此谓发陈,天地俱生,万物以荣。夜卧早起,广步于庭,被发缓形,以使志生。""此春气之应,养生之道也","逆之则伤肝"。"夏三月,此谓蕃秀,天地气交,万物华实。夜卧早起,无厌于日"。"此夏气之应,养长之道也","逆之则伤心"。"秋三月,此谓容平,天气以急,地气以明,早卧早起,与鸡俱兴"。"此秋气之应,养收之道也","逆之则伤肺"。"冬三月,此谓闭藏,水冰地坼,无扰乎阳。早卧晚起,必待日光"。"此冬气之应,养藏之道也,逆之则伤肾"(《四气调神大论》)。一年四季的变化使生物有生、长、收、藏的反应。人也应该随着四季的变化,对于自己的身体,作生、长、收、藏的适应。《内经》认为,人若是能照着这个"月令"去行,就可以祛病延年。"圣人不治已病治未病,不治已乱治未乱"。"夫病已成而后药之,乱已成而后治之,譬犹渴而穿井,斗而铸锥,不亦晚乎?"(同上)这是以预防为主的医学理论。

古代医学认为,四时气节的变化可以影响人的生理的变化,这就是认为,人的健康、疾病和气候的变化有着一定的联系。他们认为五脏也是相互影响的，五脏和人的五官也有一定的联系，这意味着，有一种器官发生了疾病就会影响其他的器官，人身各部分的疾病可以互相影响。在他们看来，这是由于体现了阴阳五行的相互作用。这种解释是不科学的，但是包含了辩证法的观念。

在这些理论中，有很多牵强附会的地方，但其中也有好些正确的因素。尤其值得注意的是这些理论的总的倾向。它的总倾向是以生理说明病理，以自然解释自然，向物质现象中寻找疾病和健康的根源。这是一种唯物主义的思想。它打破了疾病由神的惩罚和鬼的作祟的迷信。这代表中国医学发展的一个阶段，在科学史中占重要的地位。

第六节　对于阴阳五行家的估价和批判

阴阳五行家企图对于宇宙作一个有系统的全面的说明。在他们看来，整个宇宙是有秩序的，万物的变化都是受着阴阳五行的性质和作用的支配进行的，因此各种现象的变化也都是相互制约和影响的，如果有一种现象不按着阴阳五行所规定的秩序进行，就会引起整个宇宙的失调。《月令》虽然也提到五帝和五神，但这些神，是和宇宙中的其他现象并列的，或者就是"五行"的同义语。《月令》也还说到"皇天上帝"。可是照它的说法，四时的变化主要的是由于五行的盛衰和阴阳的消长，"皇天上帝"并不起什么作用。这就是说，世界的变化，实际上是按着物质势力的物理性能和作用而进行的,不是按着神的意志。因此阴阳五行家所讲的世界图式,如《月令》所表示的,实质上是一种和目的论相对立的、机械的宇宙论。他们认为有了这个图式,就可以把自然界和社会中的一切事物都归入其中,这是一种虚构的幻想。

他们所讲的各种现象间的联系,其中有的反映客观世界的一些真实的联系,如四时气节的变化和农作物生长的联系,但大部分是荒唐无稽的。这是可以理解的。

恩格斯说:"由于有这三个伟大发现和其他自然科学上的巨大成就,我们现在不仅能把自然界个别领域内所有各个过程间的联系揭示出来,而且一般整个说能把那将这些个别领域结合为一的联系揭示出来。这样,依靠经验性自然科学本身所提供的材料,可以对作为连贯性整体看的自然界总情景给一个颇有系统的说明。对自然界总情景给一个这样的说明,在从前是所谓自然哲学的任务,而自然哲学所能用以执行这个任务的唯一的办法,就是拿理想的、幻想的联系来代替它还不知道的真实的现象联系,拿虚构来代替缺乏的事实,单只在想象中把真实的缺陷填补起来。这样做时,自然哲学吐露了好多天才的思想和猜到了好多后来的发现,但也有过不少的废话和胡说。这在当时也不能不如此。"〔《费尔巴哈与德国古典哲学的终结》,《马克思恩格斯文选》(两卷集)第二卷,三八八页〕

阴阳五行家的企图,就是要把宇宙各部分结合为一的联系揭示出来,对作为联贯性的整体看的自然界总情景给一个总的说明。但是在他们的时代,不但还没有三大发明而且还没有经验性自然科学所提供的资料。他们只可以更多的虚构代替事实,以更多想象代替真实的缺乏,因此有了更多的废话和胡说。但是他们担负了自然哲学的任务。

他们所讲的世界图式,其实就是恩格斯所说的自然哲学体系。其中诚然有许多废话和胡说,但这是和当时科学不发达的水平相适应的。他们的这种尝试是古代人要求说明宇宙统一性的表现。在战国末期,中国社会在经济上、政治上、文化上日益趋向统一。阴阳五行家这种对于宇宙统一性的说明,也是这种趋势在哲学思想方面的反映。

阴阳五行家企图用一个体系,对于自然界和人类社会作一种统一的解释,用一些原则把自然界和人类社会贯穿起来。邹衍的历史观就是这种企图的突出的表现。他们虚构了一个原则,就是,"天人感应"。

从一种意义说,社会也是自然的一部分,但它又是与自然相对立的。人受自然界事物的限制和影响,但同时又改造自然界。从这种意义上说,人与自然是互相影响的。五行家所谓"天人感应",在有些方面是从这种意义说的;有些方面则不是从这种意义上说的。照他们在有些方面所说的,人与自然之间有一种神秘的联系。人的行动,特别是统治者的行动,可以神秘地"感动"自然界,使之有正常的或不正常的现象。这是一种唯心主义的观点,也是巫术思想的一种表现。巫术认为人的身体如果做出一定的姿态,发出一定的声音,例如掐诀、念咒之类,就可以感动自然界,叫它起一定的变动。阴阳五行家"天人感应"的思想,就是这种巫术思想的发展。

阴阳五行家给这种巫术思想一种理论的根据。他们企图用"类"的观念解释这种虚构的联系。上面已经说到《月令》的"慎因其类"的理论。《吕氏春秋》在叙述据说是从黄帝以来的"符应"后,接着解释说:"类固相召,气同则合,声比则应。鼓宫而宫动,鼓角而角动。平地注水,水流湿;均薪施火,火就燥。山云草莽,水云鱼鳞，旱云烟火，雨云水波，无不皆类其所生以示人。故以龙致雨，以形逐影；师之所处，必生荆楚；祸福之所自来，众人以为命，安知其所？夫覆巢毁卵，则凤凰不至；刳兽食胎，则麒麟不来；乾泽涸渔，则龟龙不往。物之从同，不可为记。"（《应同》）

这段话所举的事例，有些是真实的，有些是虚构的。两个乐器，如果震动数相同，可以引起共鸣，这就是所谓"同声相应"，"鼓宫而宫动，鼓角而角动"，这是真实的，这可以说是"类固相召"。至于说，从山里出来的云彩有草木的形象，从水里出来的云彩有鱼鳞的形象，旱天的云彩有烟火的形象，雨天的云彩有水波的形象，等等，这些都是毫无根据的虚构。

主要的问题在于人类社会和自然界不是同类的。人类社会是物质世界的一个特殊领域。它和自然界有本质的不同。在社会中起作用的是具有意识、意志和目的的人，而在自然界中起作用的是无意识的力量，所以人类社会和自然界不是同类的，虽然照另一个意义说，人类也是自然界的一部分。因此，社会中的事情和自然界中现象也不是同类的。人类的活动，可以受自然规律的限制和影响，人也可以运用自然规律改变自然界，但人类活动不能感动自然界，使它违反它自己的规律。

认为自然界和人类社会是同类的这个说法，逻辑地推论下去，可能有两个结论。一个是，着重从自然方面来看人类，把人类看成一种自然物，企图用自然界的规律说明社会、历史现象。这是一种自然主义思想。列宁说："无论是人本主义原理，无论是自然主义，都只是关于唯物主义的不确切的肤浅的表述。"（《费尔巴哈宗教本质讲演录一书摘要》，《列宁全集》三十八卷，人民出版社1959年版，七十八页）一个是，着重从人的方面去看自然，把自然现象拟人化，认为在自然界中起作用的力量，也是有意识、意志和目的的。这是神秘主义和唯心主义思想。就阴阳五行说，唯物主义路线的特点在于把阴阳和五行看成是物质的东西，把事物间的互相影响看成是机械性的"感应"，认为世界的变化是没有意识和目的的，是按着阴阳和五行的机械性的法则进行的。神秘主义和唯心主义路线的特点在于把阴阳和五行看成是具有精神、意识和道德属性的实体，从道德的意义去了解阴阳五行相互作用的法则，把现象间的相互影响看成是一种精神性的"感应"或上帝意志的体现，认为世界的变化是有意识、有目的的。这两种路线的对立，构成汉代哲学发展的一个主要方面。

就阴阳五行家以后的发展说，它也是照着这两条路线进行分化的。古代的术数本来是科学和巫术相混合的东西。阴阳五行家从术数发展起来，有唯物主义的和科学的因素，也有唯心主义和宗教的因素。

战国时期的阴阳五行家，就其自然观方面说，唯物主义的成分是占主导的一面。这种情况到了秦汉以后，发生了分化，形成了两条对立的路线。一条路线是，和自然科学的发展紧密联系起来，抛弃了原来的神秘主义成分，特别是"天人感应"的迷信，坚定地走向了唯物主义的道路，这就是，如上节所讲的，如《内经》所讲的阴阳五行的思想。另一条路线是，发展了战国以来阴阳五行学说中神秘主义成分，抛弃了原有的唯物主义的观点，进一步和宗教迷信结合起来。这就是以董仲舒为代表的唯心主义和神秘主义所讲的阴阳五行的思想。

第二十一章 易传的具有辩证法因素的世界图式

在战国末期,另有一个有辩证法因素的世界图式,易传所提出的世界图式。

第一节　关于《易经》和易传

现在我们所有的《周易》这部书,包括两部分,一部分是经,一部分是传。经包括卦、卦辞、爻辞,分为上、下两部分,这是殷周之际的作品;传包括彖辞、象辞、系辞、文言、序卦、说卦、杂卦等篇,因为彖辞、象辞、系辞,又各分为上下,所以统共十篇,旧日称为十翼,我们总称之为易传。传是对经而言,是用以解释经的。

照传统的说法,十翼都是孔丘所作。宋朝的欧阳修就怀疑这个说法(见欧阳修《易童子问》)。清朝的崔述举了更多的证据,证明十翼不是孔丘所作(见《洙泗考信录》)。其实事情是很清楚的。在十翼中,有许多地方据说是引孔丘的话,冠以"子曰"二字。有这两个字的话是不是真是孔丘说的,还要待考。不过这可以反证,没有"子曰"两个字的话,显然就不是孔丘所说的了。十翼中的思想,有许多显然是战国时期才可能有的。老聃说:"道常无名朴。"(《老子》第三十二章)又说:"朴散则为器。"(《老子》第二十八章)道与器是相对的。《系辞》也说:"形而上者谓之道,形而下者谓之器",道与器也是相对的。这一对术语是战国以前所没有的。乾《文言》说:"同声相应,同气相求;水流湿,火就燥;云从龙,风从虎;圣人作而万物睹。本乎天者亲上,本乎地者亲下,则各从其类也。"

这种思想是上章所讲的阴阳五行家的思想。根据这类材料，可以证明十翼并不是一个人作的，也不是一个时候的作品，其时代的下限是战国末。

从《易经》到易传中间有个过程。《汉书·艺文志》所说的"术数"，其第四种是蓍龟。龟指龟甲，用龟甲占，这种方法叫"卜"。蓍是一种草，用这种草占，这种方法叫"筮"。《易经》本来是为筮用的。用蓍草占得某一卦、某一爻，查《易经》看其卦辞、爻辞是怎样说的，用以断定吉凶。后来，《易经》的影响越来越大，很有些人虽不占卦，也引用彖辞和爻辞的话，加以引申发挥，作为他们的言论的根据。例如《左传·宣公十二年》，在晋国和楚国的战争中，晋国的先縠不服从命令，率领自己的部队过黄河追击楚军。晋国的一个人知庄子说："此师殆哉！《周易》有之，在师䷆之临䷒曰：'师出以律，否臧凶。'"这是说，出兵以纪律为主，如果部队不守纪律，必定有很大的灾祸。《左传·襄公二十八年》，楚王要求郑国的国君亲自到楚国聘问，郑国的子展批评楚王说："楚子将死矣！不修其政德而贪昧于诸侯，以逞其愿，欲久得乎？《周易》有之，在复䷗之颐䷚曰：'迷复凶。'其楚子之谓乎！欲复其愿而弃其本，复归无所，是谓迷复，能无凶乎？"知庄子和子展都没有占卦，可是他们引用《易经》的师卦和复卦的爻辞，以为其推断的根据。这样《易经》就不仅是一部占筮的书而且是一部道德教训的书了。

孔丘说："假我数年，五十以学易，可以无大过矣。"（《论语·述而》）他学易是怎样学的，他没有说。但是，他学易的目的在于"无大过"。大概他的学法跟知庄子和子展也差不多。还有一个证据，孔丘说："南人有言曰：'人而无恒，不可以作巫医。'善夫！'不恒其德，或承之羞'。子曰：'不占而已矣。'"(《论语·子路》)"不恒其德，或承之羞"，是恒卦九三的爻辞，孔丘引以证明人必须有恒，又说"不占而已矣"，就是说，不必占卦就可以引用这一爻作为教训。上面所引的知庄子和子展，也都可以说是"不占而已矣"。

荀况也经常引用《易经》中的卦、爻辞，并将其意义加以引申发挥。他说："括囊无咎无誉，腐儒之谓也。"(《荀子·非相篇》)"括囊无咎无誉"，是坤卦六四爻辞，荀况引以批评庸俗的儒者。荀况又说："复自道，何其咎，春秋贤穆公，以为能变也。"(《荀子·大略篇》)"复其道，何其咎"，是小畜卦初九爻辞，荀况引以解释《春秋》。荀况又说："易之咸见夫归，夫妇之道不可不正也。君、臣、父、子之本也。咸，感也。以高下下，以男下女，柔上而刚下。"这是用《易经》咸卦的卦象说明一个道理。咸卦的卦象是䷞艮下兑上，艮为少男，兑为少女；艮下兑上，所以说是"以高下下，以男下女，柔上而刚下"。易传里边的咸卦《象辞》，跟荀况在这里所说的意思相同而文字不同。可见《象辞》跟荀况所说的话是一类的东西。

《系辞传》说："易有圣人之道四焉。以言者尚其辞，以动者尚其变，以制器者尚其象，以卜筮者尚其占。"又说："是故君子所居而安者易之序也，所乐而玩者爻之辞也。是故君子居则观其象而玩其辞，动则观其变而玩其占，是以自天祐之，吉无不利。"这就是说，君子有什么行动的时候，占个卦，预测事情结果的吉凶；在没有行动的时候，仔细体会《易经》的卦象以及卦爻辞的意义，这样就可以"吉无不利"。就上面所引荀况的话，他引坤卦和复卦的爻辞，这就是所谓"以言者尚其辞"或"玩其辞"；他关于咸卦的讲法，就是"观其象"。

春秋、战国时代，用这种方法学易的人，大概不少。筮占人把这一类的人的言论，汇集、综合起来，就成为易传这一类的著作。

《汉书·儒林传》说，在汉朝初年，王同、周王孙、丁宽、服生等皆"著易传数篇"。我们不能断定，现在所传的十翼是否就是他们所作的"易传"。但是我们可以断定，十翼就是这一类的著作。在晋朝的时候，从魏安厘王墓里发现《周易》，并有一篇类似《说卦》。可见，像十翼这一类的著作，在战国末期就已经有了。这一类的著作，可能不止十翼这几篇，不过没有都保存下来。

这些易传在对于《周易》的解释中，表达了自己的哲学观点，并且形成了一种世界观体系。这样，易传就成了一套具有哲学体系的著作。这个体系特别表现在《系辞传》中。本章讲易传，即以《系辞传》为主。

第二节　筮法和易传中的"数"

易传中有一大部分专着重发挥《易经》卦、爻辞的道德的意义，更确切一点说，附会卦、爻辞，使其有道德的意义。易传中的《象辞》就专是这样的著作。例如乾卦的《象辞》说："天行健，君子以自强不息"；坤卦的《象辞》说，"地势坤，君子以厚德载物"，就是说，天的运动有刚健的性质，君子以天为法，也要"自强不息"；地的形势有宽厚的性质，君子以地为法，也要"厚德载物"。六十四卦的《象辞》都是先指出某一卦的特点，然后说"君子以……"或"先王以……"就是说，君子要以此为法，有某种道德品质。这里所谓君子，当然都是指当时统治阶级和他们的知识分子。

从哲学史的角度看，易传的重要不在于这些道德教训，而在于它的宇宙观和辩证法思想。上面引《系辞传》说："以动者尚其变，以卜筮者尚其占。"又说："动则观其变而玩其占。"易传的宇宙观中最重要的概念都是从"动"和"变"得出来的。这些概念是和筮法分不开的。要想具体地了解易传中的这些概念，必须先知道筮法的大概情况。

《系辞传》里有一段就是讲筮法的，它说："大衍之数五十，其用四十有九，分而为二以象两，挂一以象三，揲之以四以象四时，归奇于扐以象闰，五岁再闰，故再扐而后挂。……乾之策二百一十有六；坤之策百四十有四；凡三百有六十，当期之日。二篇之策，万有一千五百二十，当万物之数也。是故四营而成易，十有八变而成卦，八卦而小成。引而申之，触类而长之，天下之能事毕矣。"

这一段话的意思大概是这样的。占用五十根蓍草，可是实际只用四十九根。先取出一根不用，放在一边（"大衍之数五十，其用四十有九"）。以后要经过四次经营，才可以得到一个初步的结果（"四营而成易"）。第一营是把四十九根蓍草随意分为两大部分（"分而为二"）。第二营是从右边大部分中取出一根放在一边（"挂一"）。第三营是把两大部分的草各自分开，每四根为一组（"揲之以四"）；两部分中有不够四根或仅有四根的小部分，放在一边（"归奇于扐"），这是第四营。总这四营为第一变。这样除了"归奇"的草以外，剩下的草只能是四十四根。把这些草混合起来，同样经过四营,这是第二变。这样,除了第二次"归奇"的以外,剩下的草的根数只能是四十或三十六或三十二。然后再把这些根混合起来,照样经过四营,这是第三变。经过三变以后,剩下的草的根数,只能是三十六,或三十二,或二十八,或二十四。如果剩下的根数是三十六,这就得到老阳之数;老阳的数是九,三十六有九个四,所以三十六是老阳之数。如果剩下的根数是三十二,这就是少阴之数;少阴之数是八,三十二之中有八个四,所以是少阴之数。如果剩下的数是二十八,这就是少阳之数;少阳之数是七,二十八中有七个四,所以是少阳之数。如果剩下的根数是二十四,这就是老阴之数;老阴之数是六,二十四之中有六个四,所以是老阴之数。这样经过三变,就可以得到一个阴爻和阳爻;每卦有六爻,所以经过十八变才得出一个卦("凡十有八变而成卦")。

九是老阳之数,六是老阴之数,为什么是如此,《系辞传》没有说明。照后来的说法,阳是主进,进到九,就达于极点,就要开始转变为阴。阴是主退,退到六也达于极点,就要开始转变为阳。少阳和少阴是不变的。在占的时候,所得的阳爻和阴爻,如果是九和六,它就要变成他们的对立面,阴爻变成阳爻,阳爻变成阴爻。在它们变的情况下,就又得到一卦,原来的卦叫本卦,变成的卦叫之卦。在占得结果以后,看《易经》主要的是要看变的那一爻或几爻的爻辞,所以《易经》里面凡阳爻都称为九,凡阴爻都称为六。

在第一节所引的例中,知庄子所说的"在师☷之临☷曰:'师出以律,否臧凶'"。如果是在占的时候遇见这种现象,师卦是本卦;临卦是之卦。在占的时候,师卦的初爻是个六,阴爻变为阳爻,就成为一个临卦。在"师之临"这种情况下,主要的要看师卦初爻

673

的爻辞，这个爻的爻辞就是："初六，师出以律，否臧凶。"子展所说的"在复䷗之颐䷚"，也是这种情况。复卦是本卦；颐卦是之卦。在占的时候，复卦的上爻是六，阴爻变为阳爻，这就是颐卦。在"复之颐"的情况下，主要的是看复卦的上爻，这爻的爻辞是："上六，迷复凶，有灾眚，用行师，终有大败。以其国君凶，至于十年不克征。"

筮法的关键在于变爻，从变爻中可以看出将来的吉凶，这就叫"以变为占"。易传从这个启发中，得到变的概念，以为它的辩证法思想的基础。这是本书所要说明的一个要点。此外，当然还有些技术问题，例如：得到变爻以后，在什么情况下要看本卦的那一爻的爻辞，在什么情况下要看之卦的那一爻的爻辞，如果变爻不止一个，要以哪个变爻为主，诸如此类的问题，在先秦的著作中，没有明显的例子以为依据，也和易传的辩证法思想没有直接关系，本书作为一个哲学史的著作，对于这些问题就存而不论了。

《系辞传》下面说，"乾之策二百一十有（又）六，坤之策百四十有（又）四"。这是按每一卦的六爻算的。每卦六爻，按老阳算，老阳的数是三十六，三十六乘六，得二百一十六。如果按老阴算，老阴的数是二十四，二十四乘六，得一百四十四。《易经》上下两篇，六十四卦，总有三百八十四爻，阴阳各半；阳爻一百九十二乘三十六得六千九百一十二；阴爻一百九十二乘二十四得四千六百零八，两下加起来就是一万一千五百二十。《系辞传》说，"当万物之数也"，就是说，这个数目可以代表万物的数目。《系辞传》也是像希腊的毕达哥拉学派一样，认为数目有一种神秘的意义。后来讲《易经》的有所谓"象数之学"，其所谓"数"基本上就是这些东西。

《系辞传》中还有一段讲"数"的，它说："天数五，地数五，五位相得而各有合。天数二十有（又）五，地数三十。凡天地之数五十有（又）五，此所以成变化而行鬼神也。"这是说，一、三、五、七、九这五个奇数是属于天的数，加起来等于二十五；二、四、六、八、十这五个偶数是属于地的数，加起来等于三十。照后来的解释，天一与地六相"得"，"合"而为水。地二与天七相"得"，"合"而为火。天三与地八相"得"，"合"而为木。地四与天九相"得"，"合"而为金。天五与地十相"得"，合而为土。照这个说法，一、三、五、七、九是五行的"生数"；二、四、六、八、十是五行的"成数"。这就是所谓"五位相得而各有合"。这个说法，并不是《系辞传》的原意，因为无论是《易经》或易传，都不讲五行。五行和八卦，一直到战国末还是两个体系。上面所说的五行和十个数目的关系是阴阳五行家的说法。《月令》以数目记四方和四时的时候，正是用这个说法。《系辞传》认为，奇数和偶数相合，就可以发生作用。"天地之数，五十有五"可以"成变化而行鬼神"。数目本来是物质的量的性质。照易传所说的，数目有神秘的作用；它不但有离开物质的独立的存在，而且可以有发生万物的作用。

第三节　易传中的"象"

占卦的人，用上面所说的筮法，占得某卦某爻以后，就在卦、爻辞中找寻他所提出的问题的解答。因此卦、爻辞要活看，不能照字面了解。例如同人卦的九五爻辞说："同人先号眺而后笑,大师克相遇。"照字面讲,这是说一支军队先败后胜。但是占得这个爻辞的人不必完全照字面了解。不管他问的是什么事,他都可以了解为,他的事大概是先凶后吉。这个爻辞是一个套子。凡先凶后吉的事都可以套进去。凡是占卜一类的书都是这个样子,例如近代的牙牌神数。如果用牙牌占得下下、下下、上上,其占辞是:"三战三北君莫羞,一匡天下霸诸侯。"在字面上,此占辞也是说一个军人先败后胜。但实则凡是先凶后吉的事,都为这个占辞所包括。这个占辞是一个套子,凡先凶后吉的事,都可以套入这个套子。

《易经》中的卦、爻辞,本来都是这个样子的东西。易传的作者们因套子而引申到范畴和公式的作用。照他们所说的,每一个卦都代表一个范畴,每一条卦、爻辞都代表一个公式,每一公式都表示一个或许多关于自然界和社会的原则。这些原则,他们称为"道"或"理"。照他们说,总《易经》中的卦、爻,卦辞和爻辞,可以完全表示所有的"道"。

《系辞传》说:"易者,象也。"又说:"圣人有以见天下之赜,而拟诸其形容,象其物宜,是故谓之象。"照这个说法,"象"是摹拟客观事物的复杂(赜)情况的。又说:"象也者,像此者也";象就是客观世界的形象。但是这个摹似和形象并不是如照相那样照下来,如画像那样画下来。它是一种符号,以符号表示事物的"道"或"理"。六十四卦和三百八十四爻都是这样的符号。它们是如逻辑中所谓变项。一变项,可以代入一类或许多类事物,不论什么类事物,只要合乎某种条件,都可以代入某一变项。《系辞传》说:"方以类聚,物以群分。"它认为事物皆属于某类。某类或某某类事物,只要合乎某种条件，都可以代入某一卦或某一爻。这一卦的卦辞或这一爻的爻辞也都是公式，表示这类事物在这种情形下所应该遵行的"道"。这一类的事物遵行"道"则吉，不遵行"道"则凶。

《系辞传》说："夫易，彰往而察来，显微而阐幽。开而当名辨物，正言断辞，则备矣。其称名也小，其取类也大。其旨远，其辞文，其言曲而中，其事肆而隐。因贰以济民行，以明失得之报。"这一段文字似有脱误，但其大意则是如我们于上段所说的。《系辞传》认为，《易经》的卦辞、爻辞，都是些公式，可以应用于过去，亦可以应用于未来，所以说："夫易，彰往而察来。"说出的公式是显，其所表示的道是微，是幽。以说出的公式表示幽微的道，所以说："显微而阐幽。"其公式是关于某类事物的。按一类事物之名，以分别事物，叫做"当名辨物"（"开而"二字疑有误，未详其义）。用某公式的辞，应用于某种事物，叫做"正言断辞"。一卦或一爻的象，可套入许多类。其名或不甚关重要，但其类则甚关重要；所以说："其称名也小，其取类也大。"其义可能是不易了解的，所以说："其旨远。"在辞中，常不直说彼类，由此类可以见彼类，所以说："其辞文，其言曲而中。"辞中所说或只是事物，但其所表示的则是"道"，所以说："其事肆而隐。"《系辞传》认为，《易经》表示"道"以为人的行为的指导，所以说："因贰以济民行。"贰是副本。易是"道"的副本。照《系辞传》所说，人遵照此指导则得，不遵照此指导则失，所以说："以明失得之报。"得是吉，失是凶。《系辞传》说："吉凶者，言乎其失得也。"

每一卦或每一爻皆可代入许多类事物。《系辞传》说："引而申之，触类而长之，则天下之能事毕矣。"王弼《周易略例》说："义类苟在健，何必马乎？类苟在顺，何必牛乎？爻苟合顺，何必坤乃为牛？义苟应健，何必乾乃为马？"（《明象》）《说卦》说，乾为马，坤为牛。照王弼所说的，马、牛可代入乾、坤之卦；但乾坤之卦不只限于可代入马、牛。照易传的说法，凡有"健"之性质的事物，均可代入乾卦；凡有"顺"之性质的事物，均可代入坤卦。坤卦《文言》说："阴虽有美，含之以从王事，弗敢成也。地道也，妻道也，臣道也。"照易传的说法，地、妻、臣，都是以"顺为正"，所以都可以代入坤卦。坤卦是地之象，是妻之象，是臣之象；坤卦的卦、爻辞所说的，是"地道"，是"妻道"，是"臣道"。与坤卦相对的卦是乾卦，乾卦是天之象，是夫之象，是君之象。乾卦的卦、爻辞所说的，是"天道"，是"夫道"，是"君道"。《系辞传》认为，《易经》中的卦、爻都不是只表示一类事物；其卦辞、爻辞也都不是只说一种事物的"道"。所以说："神无方而易无体。"又说："易之为书也，不可远。其为道也屡迁。""不可为典要，惟变所适。"

照《系辞传》所说的，整个的易，就是一套"象"。它说："是故易者，象也。象也者，像也。"又说："圣人有以见天下之赜，而拟诸其形容，象其物宜，是故谓之象。圣人有以见天下之动，而观其会通，以行其典礼，系辞焉以断其吉凶，是故谓之爻。言天下之至赜，而不可恶也。言天下之至动，而不可乱也。"这就是说，宇宙间的事物是繁杂的、变动的。有象及其辞所表示的"道"，就可以于繁杂中见"简"，于变动中见"常"。见"简"则见"天下之至赜而不可恶"；见"常"则见"天下之至动不可乱"。

《易纬》、《乾凿度》及郑玄的《易赞》和《易论》都说："易一名而含三义。易简，一也；变易，二也；不易，三也。"（孔颖达《周易正义》引)《系辞传》对于《易经》就是这样了解的。它认为"易"于繁杂中见简易。它说:"乾以易知,坤以简能。易则易知,简则易从。""易简而天下之理得矣。"这是"易"的易简之义。《系辞传》也认为,"易"于动中见常,它说:"动静有常,刚柔断矣。"又说:"天下之动,贞夫一者也。"这是"易"的不变之义。《系辞传》认为,简、常是易中的象及公式,但象及公式不只可以代入某类事物,所以"易"又是"不可为典要,惟变所适"。这是"易"的变易之义。

照《系辞传》的说法,《易经》虽只有六十四卦、三百八十四爻,但因其可以"引而申之,触类而长之",所以《易经》的象及其中的公式,已包括所有的"道"。《系辞传》说:"易与天地准,故能弥纶天地之道。""与天地准"就是说,其中的道理跟自然界和社会的规律一一相当的。"弥纶天地之道",就是遍包天地之道。《系辞传》说:"夫易,何为者也?夫易,开物成务,冒天下之道,如斯而已者也。""冒天下之道",也就是遍包"天下之道"。

《系辞传》认为,所有事物不能离开"道",也不能违反"道"。事物可有过差,"道"不能有过差。《易经》的"象"包括所有的道。所以《易经》中的象及其所代表的范畴、公式,都是事物所不能离开,不能违反的,也是不能有过差的。《系辞传》说:"与天地相似故不违。知周乎万物而道济天下,故不过。"又说:"范围天地之化而不过,曲成万物而不遗。"又说:"夫易广矣,大矣,以言乎远则静而正,以言乎天地之间则备矣。"又说:"易之为书也,广大悉备。""其道甚大,百物不废。"这都是说,《易经》中的象及其所代表的范畴、公式,表示所有的"道"。

《系辞传》中有两套话。一套是说"道";另一套是说《易经》中的"象",及其中所代表的范畴、公式,与道相"准"者。例如它说:"易有太极,是生两仪,两仪生四象,四象生八卦,八卦定吉凶,吉凶生大业。"这一套话所讲的是以筮法为基础的"易"的体系的架子。所谓"太极"相当于从五十根蓍草中预先提出放在一边不用的那个"一"。"两仪"相当于把四十九根随意分开的那两部分。"四象"相当于"揲之以四"或者是由揲之以四而得的老阳少阳、老阴少阴,由此得出八卦;由八卦可以决定事情的吉凶。这些事情,就是所谓大业。

《系辞传》又说:"一阴一阳之谓道。继之者善也;成之者性也。仁者见之谓之仁;智者见之谓之智。百姓日用而不知,故君子之道鲜矣。显诸仁,藏诸用,鼓万物而不与圣人同忧。盛德大业,至矣哉。富有之谓大业,日新之谓盛德。"这一套话所讲的就是"天地之道"。这两套话都说"大业",但其意义不同。"太极"的大业是六十四卦,三百八十四爻所表示的"象"及公式。"道"的大业是宇宙间所有的事物。这两个"大业"是不同的。但照《系辞传》的说法,虽不同,而又是完全相"准"的。《系辞传》说:"易,广大配天地,变通配四时,阴阳之义配日月,易简之义配至德。"所谓"配",也是所谓"准"的意思。

易传的作者和阴阳五行家有类似的企图。他们都打算,像上章所引的恩格斯的话所说的,"对作为联贯性整体看的自然界总情景给一个颇有系统的说明"。他所了解的整体不仅是自然界而且也包括社会在内。这都是当时越来越趋向统一的政治、社会情况在哲学中的反映。

阴阳五行家是以当时的工、农业生产为基础的，跟当时的科学的联系比较多，它具体地说明了他们的"自然界体系"。易传没有这种基础，主要的是受筮法的启示，它由筮法引申到范畴、公式的作用。照易传的解释，《易经》可以说是一部事物规律的"代数学"。它认为，六十四卦、三百八十四爻及其卦辞、爻辞可以代入事物的一切规律。当然，如恩格斯所说的，这也是一种"理想和幻想，废话和胡说"，但是，也猜测到不少有价值的东西。

在中国哲学史中，易传首先比较自觉地、系统地讲到范畴、公式的作用。人类在能作抽象思维的时候，就已不自觉地应用范畴和公式。但是，自觉地应用范畴和公式，这还是以后的事情。这样的应用是人类认识发展的一个进步，表示人类认识提高了一步。在中国哲学史中，易传就是这步提高的表现。

从现代辩证唯物主义的水平看，易传对于范畴、公式的认识还是很不科学的，其中有很多的"废话和胡说"，但是就当时的知识水平说，易传在这一方面是有贡献的。这不仅自觉地应用范畴和公式，并且提出了它认为是哲学中的一些主要范畴、公式的内容。

《系辞传》说："一阴一阳之谓道。"这是和"易有太极是生两仪"相应的一个论断。"道"相当于"太极"，阴阳相当于"两仪"。易传认为，"易有太极是生两仪"是"易"的体系中的总原则；"一阴一阳之谓道"是一切事物构成和发展的总规律。阴阳是周易的重要的概念，《庄子·天下》篇说："易以道阴阳。"易传所说的阴阳，有时也有如阴阳五行家所说的阴阳的意义，但这不是其主要的意义。其主要的意义是指两个对立面的范畴。它认为筮法中的阳爻和阴爻就是对立面的范畴的"象"，就是说，是其在"易"的体系中的代表。

例如，剥卦☷，《彖辞》说："剥，剥也。柔变刚也，不利有攸往，小人长也。"照易传的解释，剥卦下五爻都是阴爻，上一爻是阳爻，表示阴性的东西正在生长，阳性的东西正在衰退。阴性的东西是"柔"的东西，也是社会中的小人。剥卦意味着"小人"得势，以"柔"变"刚"。复卦☷的卦象与剥卦正相反，《彖辞》说："复，亨。刚反，动而以顺行。是以出入无疾，朋来无咎。"这是说，复卦下一爻是阳爻，表示阳性东西的复生，虽然只有一爻，但是一种新生的力量，是正在发展的东西。

易传认为，在"易"的体系中，表示"阳"的范畴和"阴"的范畴的，就是"乾""坤"两卦。《系辞传》说："乾，阳物也；坤，阴物也。阴阳合德，而刚柔有体，以体天地之撰，以通神明之德。"这是说，乾代表阳性的东西（"阳物"），具有刚健的性质；坤代表阴性的东西（"阴物"），具有柔顺的性质。照易传的说法，"乾""坤"是"易"的体系中的两个主要的卦；阴阳是宇宙事物构成发展的两个主要范畴。

第四节　易传的宇宙发生论及世界图式

易传认为，在物质世界中，最大的阳性的东西就是天；最大的阴性的东西就是地。在很多地方，易传所谓阴阳，就是指天地。易传认为，最能体现阴阳的性质的东西，也就是天地。乾卦《文言》说：

"大哉乾乎！刚健中正，纯粹精也。"坤卦《文言》说："坤至柔而动也刚，至静而德方。……坤道其顺乎！承天而时行。"易传用它所认为是天和地的性能以说明阴阳的性质。这种看法，是和当时人们对于天体的理解联系在一起的。古时以为天圆而地方，天运转而地不动；动是刚健的表现；不动是柔顺的表现。

咸卦的《象辞》说："咸，感也。柔上而刚下，二气感应以相与"；"天地感而万物化生"。这里所说的"二气"，就是阴阳二气。咸卦☶艮下兑上；艮是少男；兑是少女。女在男上，意味阴在阳上。阴气经常在下，阳气经常在上；现在上下交换，这就是"二气感应"的象征。照易传的说法，在自然界中，阴阳二气的具体表现就是天地。二气的"感应"，就是天地的"感应"。万物都是从天地"感应"化生出来的。

《系辞传》说："天地絪缊，万物化醇；男女构精，万物化生。"它是从男女配合生出子女这个生物学的现象，作一种类比，推出天地配合生出万物。它认为自然界的根本是天地；万物中最主要的东西是在天上的日、月、风、雷，在地上的山、泽及人生最急需的水、火。按八卦说，乾坤代表天地，其余六卦则分别代表其余的这些东西。天地比如父母，其余的东西比如它们的子女。

天地的这六个最初的子女，辅助天地，化生万物，例如，仅只有天地，万物还不能长大，还要"鼓之以雷霆，润之以风雨"（《系辞传》）。又说："天地解而雷雨作，雷雨作而百果草木皆甲坼。"（解卦《象辞》）从前的人认为雷对于万物的生长，有惊醒鼓动的作用；雨对于万物的生长的作用，是更明显的。这是《易经》中的原始的、素朴的唯物主义思想，易传也把它保存下来。

易传也像阴阳五行家那样，把八卦分配于四方、四时，从空间和时间两方面立一世界图式。《说卦》说："帝出乎震，齐乎巽，相见乎离，致役乎坤，说言乎兑，战乎乾，劳乎坎，成言乎艮。"下文解释说："万物出乎震，震东方也。齐乎巽，巽东南也。……离也者，明也；万物皆相见，南方之卦也。坤也者，地也；万物皆致养焉，故曰致役乎坤。兑，正秋也，万物之所说（悦）也，故曰说言乎兑。战乎乾，乾，西北之卦也，言阴阳相薄也。坎者，水也，正北方之卦也，劳卦也，万物之所归也。故曰劳乎坎。艮，东北之卦也，万物之所成终而所成始也，故曰成言乎艮。"照这个说法，震位于正东，于时为春；一切生物都在春季生长出来。巽位于东南，于时为春夏之交。离为火，位于正南，于时为夏；一切生物都在夏季长成。坤位于西南，于时为夏秋之交。兑位于正西，于时为秋；一切生物皆在秋季因收成而喜悦。乾位于西北，这是一年阴盛阳衰的开始，阴阳相薄而战。坎位于正北，于时为冬；一切生物都在冬季藏起来，所以说，"万物之所归也"。艮位于东北，于时为冬春之交；一年四季，又在开始，所以说，"万物之所成终而所成始也"。

在这个世界图式中，离为火居南方，于时为夏；坎为水，居北方，于时为冬，这是跟阴阳五行家的世界图式相合的。其余六卦的方位和季节，照《说卦》的解释，都很不明了，大都是些"废话与胡说"。

《序卦》说："有天地然后万物生焉，盈天地之间者唯万物。"又说："有天地然后有万物，有万物然后有男女，有男女然后有夫妇，有夫妇然后有父子，有父子然后有君臣，有君臣然后有上下，有上下然后礼义有所错。"照这个说法，物质的天地是万物的根本；天地之间，除了万物之外，没有别的东西（"唯万物"）。照这个说法，在万物之中,有人类的男女。男女的配合原来只是一种生理关系,在夫妇关系还没有确定的时候,人不能知道谁是他的父,也不能知道谁是他的子,所以"有夫妇然后有父子"。以父子的关系为基础,建立了君臣的关系,这就有了"上下"的分别。根据这种关系,制定出来一些制度,这就是所谓"礼义"。《序卦》的这种说法,猜测到社会的发展,由家庭的建立到阶级的分化。这在一定程度上是符合于事实的。《序卦》没有说在没有天地的时候是什么样子。它似乎认为天地是无始的。这一点不很明确。但是,从《序卦》对"未济"卦的解释(见下)看,它显然认为世界是无终的。

易传认为,事物经常在变化之中,"天地之道,恒久而不已者也"(恒卦《彖辞》)。恒久不已,就是永恒的运动。其最明显的表现就是日月的运行及四时的变化。"天地革而四时成"(革卦《彖辞》);革就是变革。天地的变化照着一定的规律,"天地以顺动,故日月不过,而四时不忒"(豫卦《彖辞》)。"不过","不忒",就是没有差错,其所以没有差错,就是"以顺动","顺"着规律运动。运动虽是多种多样,但是统一于规律,"天下之动,贞夫一者也"(《系辞传》)。易传所说的"道",就有规律的意义。它认为每一类的东西都有它们的"道"。天有"天之道",地有"地之道",人有"人之道"。

关于八卦的起源,《系辞传》说:"古者包牺氏之王天下也,仰则观象于天,俯则观法于地,观鸟兽之文,与地之宜,近取诸身,远取诸物,于是始作八卦,以通神明之德,以类万物之情。"这就是说,创始八卦的人,对于自然界作了充分的观察,首先观察天地,其次观察鸟兽,以及自己的身体。从这些观察中,得到对于规律的知识;

八卦就是用以表示这些规律的"象"。易传认为，有了八卦这些"象"，就可以解释自然界的神秘（"以通神明之德"），并且说明各种事物不同的情况（"以类万物之情"）。易传对于八卦起源的见解，是不合历史事实的；对于八卦作用的说法，是十分夸张的。但是，从认识论的角度看，它的这种见解似乎有反映论的观点。上面说过，易传认为"圣人"所取的"象"是摹拟客观事物的情况。这似乎也有认识论上的反映论的观点。

上面引《系辞传》所说的，"易有圣人之道四焉"，其中之一就是"以制器者尚其象"。《系辞传》说："黄帝尧舜垂衣裳而天下治，盖取诸乾坤。""天尊地卑，乾坤定矣；卑高以陈，贵贱位矣。"阶级社会确立治者与被治者的分别，贵者与贱者的分别，据说这是取法于"天尊地卑"，所以是"取诸乾坤"。又说，舟楫的发明是取法于"涣"。涣卦☴巽上坎下，木在水上。船也是木在水上，所以"圣人"由涣卦的启示而制造船。又说：人"服牛乘马"利用畜力，以"引重致远"，是取法于"随"。随卦☶震下兑上，"下动上说（悦）"。"圣人"由这个启示而驯养家畜牛马，以为人服务。《系辞传》说："形而上者谓之道，形而下者谓之器。"卦象表示道，器是把道应用于实际而制造出来的。

易传中这种"观象制器"的思想，实际上是说，通过对自然现象的规律的观察，人类发明生产工具，这有以人力改造自然的意义。这也是一种唯物主义的观点，不过这种观点被它用卦象说歪曲地反映在他们的体系中。它又认为这些增加生产力的发明都是很重要的事，是圣人的重大的责任。"备物致用，立成器为天下利，莫大乎圣人"（《系辞传》）。《系辞传》中提到了伏羲氏发明网罟，教民渔猎；

后来出现了神农氏，发明耒耜，教民稼穑；再后来出现了黄帝、尧、舜，发明衣裳、舟车、宫室、棺椁以及文字等，使人民脱离了野蛮时代的生活。易传所说的这些观象制器的圣人，实际上象征着上古时代社会经济的发展阶段和古代文明起源的过程。这都是进步的思想。不过它不承认，这些发明都是劳动人民从生产实践中得来的，认为是"圣人"从学习卦象中得来的，这是唯心主义的思想。

第五节　易传的客观唯心主义体系

上节说，从认识论的角度看，易传似乎有反映论的观点。说"似乎是"，因为易传的体系基本上是一个客观唯心主义的体系，它所认为是客观的东西不一定是物质的东西。真正的反映论必须是主观反映客观，精神反映物质。

易传的作者们和阴阳五行家有一点是相同的：他们都企图证明宇宙，包括自然界和人类社会，是一个"有联贯性的整体"，并且企图对这个有联贯性的整体作一套有系统的说明。这是当时社会、政治统一的趋势在哲学中的反映。《系辞传》说："天下同归而殊涂；一致而百虑"，这两句话就是这种反映的表现。他们的这样的企图也是人类知识发展的要求。这都是应当肯定的。

易传认为《易经》的六十四卦、三百八十四爻都是范畴和公式，代表宇宙事物的"道，""道"就是宇宙事物的规律，是宇宙事物间的联系，也就是它们之间的连贯性的表现。这里有一个问题，就是，"道"和事物有甚么样的关系呢？是"道"依附于事物，在事物之中，或者"道"是事物的主宰，在事物之上？前者是唯物主义的思想，后者是唯心主义的思想。

在易传中，前者的思想是有的。如《系辞传》说："天尊地卑，乾坤定矣。"这是以天地为主，乾坤两个范畴是依天地的性能而定的。这是前者的思想。第四节中所讲的宇宙发生论和世界图式也有这样的思想。但易传中表现更多的，是上面所说后者的思想。就它的整个体系说，是一个客观唯心主义的体系。

照易传的解释，《易经》可以说是一部事物规律的"代数学"。它虽然也认为，事物的发展是没有穷尽的，但是它认为这部"代数学"可以包括过去、现在和未来一切可能有的规律。这就是认为规律是有限的，不是无限的。这样的体系是一个封闭了的体系。其所以封闭是为《易经》的卦、爻辞的体系所决定的。易传的作者们，受了筮法的启示，对于自然现象和社会现象，作了一定的观察，对世界及其规律有一定程度的认识。《系辞传》说："古者包牺氏之王天下也，仰则观象于天，俯则观法于地。观鸟兽之文与地之宜，近取诸身，远取诸物，于是始作八卦，以通神明之德，以类万物之情。"这一段话说的就是这个意思。在这个基础上，他们建立了他们所谓"易"的体系。他们的哲学思想的一部分，是从经验、观察得来的。可是，人无论有多么多的经验，多么多的观察，都不可能得到一个体系，使他可以说："天下之能事毕矣。"易传的作者们认为他们的"易"的体系就是整个的客观世界及其规律的缩影。整个客观世界是照着他们的"易"的体系存在和变化。这就是唯心主义的思想方法。在这种方法的指导和支配下，易传在哲学的基本问题上，不得不走向客观唯心主义。

上面所讲的"代数学"的方法，对筮法说是必要的。由此而形成的"易"的体系，用以"范围"天地之化，这就导出事物的规律不在事物之中而在事物之上的结论。《系辞传》中表现了这种观点。它说："形而上者谓之道，形而下者谓之器。"这里所说的"道"，即"一阴一阳之谓道"的"道"，指事物变化的法则；"器"指具体的事物。"形而上"是说无形，"形而下"是说有形。这里将"道"和"器"作了明确的区别。这种区别，意味着"道"在"器"之上，是可以脱离具体事物而存在的，也就是说，承认有不依赖于具体事物的规律。这就是认为规律是第一性的，而具体的事物是第二性的。

《系辞传》说："一阴一阳之谓道。……鼓万物而不与圣人同忧。""不与圣人同忧"是说不可把"道"拟人化。但是，"道"作为规律而又可以"鼓万物"，这就是说，万物生长变化的动力是"道"，这就认为"道"是主宰，万物是服从于"道"的。乾卦《彖辞》说："大哉乾元！万物资始，乃统天。云行雨施，品物流形。大明终始，六位时成，时乘六龙以御天。乾道变化，各正性命。保合太和，乃利贞。""乾元"就是"乾道"，有它"统天""御天"，才可以有"云行雨施，品物流行"。这也是说，"道"是主宰，万物是服从于"道"的。

《系辞传》说："一阴一阳之谓道，继之者善也，成之者性也。"这和乾卦《彖辞》所说的"乾道变化，各正性命"是一致的。这就是说，人的"性"是直接从"道"分出来的。从"道"说，这分出来的是"道"给予人的"命"；从人说，这分出来的是人所受的

"性"（"成之者性也"）。因为"性"是直接从"道"分出来的，所以是善的（"继之者善也"）。这个说法，基本上和孟轲的性善说是一致的，不过是讲得更抽象，更玄虚。

易传认为，"圣人"作"易"的目的，就是"穷理尽性，以至于命"（《说卦》）。照它的说法，能够"至于命"，也就是掌握了"道"。它认为掌握了"道"的圣人可以"先天而天弗违"（乾卦《文言》），因为"道"是"统天""御天"的，是"天"的主宰。

这都是客观唯心主义的思想。易传的这种发展，有其一定的程序。易传企图用对立面统一的观点说明世界的形成及其所遵循的规律。这是受筮法的"分而为二"的启示。比较早的对于《易经》的解释，如《左传》《国语》中所记载的，认为"二"就是天地。这种解释，用神话的方式说明天、地是父、母，万物是天、地生出来的子女。就"易象"说，乾、坤两卦是天、地的象征。从乾、坤两卦中，生出其余的六卦，又由八卦配合为六十四卦。这其中有素朴的唯物主义的思想。这在第一章第六节中已经讲过。

对于《易经》的解释的进一步的发展，就是上面所讲"代数学"的思想。这种思想的开始还可以认为"道"是在事物之中，不在事物之上，这是上面所讲易传哲学的唯物主义的一面。但是这种思想的发展，必然使其对于世界的唯物主义的理解逐渐减少，走到上面所讲的唯心主义的道路上去。于是，易传最后构成了它的客观唯心主义体系。

易传的世界图式同五行家的世界图式的根本不同就在于此。五行家的图式是在物质世界之中，在具体事物之中，这是唯物主义的思想。易传的图式是在物质世界之上，具体事物之上，这就是唯心主义的思想。

第六节　易传中的辩证法思想

易传的作者，在筮法的启发下，在一定程度上，对自然现象和社会现象作了观察，发现了一些事物变化的规律，得到了比较丰富的辩证法思想。在中国哲学史中，这是古代辩证法思想的进一步的发展。这是易传的主要贡献。

筮法的一个特点，就是变。"凡十有八变而成卦"。直到现在，我们还说事情的变动是"变卦"，"某某事情变卦了"。这可见筮法中的变的观念给人的印象是很深的。

照汉代学者的解释，"易"本有"变易"的意思。易传极重视变易，前面所说的"易有圣人之道四焉"，其中之一即是"以动者尚其变"（《系辞传》）。下面接着说："参伍以变，错综其数。通其变，遂成天地之文；极其数，遂定天下之象。非天下之至变，其孰能与于此？"这是说，卦爻的变化，错综复杂，形成了各种卦象。又说："易之为书也不可远，其为道也屡迁。变动不居，周流六虚；上下无常，刚柔相易。"这是说，六爻变动无常，阴爻、阳爻互相转化。"爻者言乎变者也"（《系辞传》）。正是由于卦爻的变化无常，才生出各种不同的卦象，由此断定各种事情的吉凶祸福。离开了卦爻的变化就不能进行占筮了。

在这种启发下，易传对自然现象和社会现象作了一定的观察，由此认识到，一切事物也都处在变动之中。《系辞传》说："在天成象，在地成形，变化见矣。""在天成象"是说，天上形成了日月星辰；天象有明有晦，月亮有盈有亏。"在地成形"是说，地上形成了山川、草木、禽兽等有形的东西；山川有流动变迁，生物有枯荣生死。丰卦《彖辞》又说："日中则昃，月盈则食，天地盈虚，与时消息，而况于人乎，况于鬼神乎？"这是说，从自然界到人类，没有不变化的。易传认为，卦爻的变化就是效法天地的变化。"爻也者效天下之动者也"；"天地变化，圣人效之"（《系辞传》）。这也就是说，"易"的体系中的卦、爻的变动是宇宙事物变动的反映。

易传认为，卦、爻的变化是神妙莫测的。《系辞传》说："阴阳不测之谓神。"这句话也可以了解为，具体事物的具体变化是极端复杂不可预测的。《说卦》说："神也者，妙万物而为言者也。"这是说，"神"的意思是万物的变化神妙莫测。但是《系辞传》又说："知变化之道者，其知神之所为乎？"这是说，具体的变化虽不可测，但有一个"变化之道"，就是说，卦象和事物的变化有其规律。了解这些规律，也就可以了解"神之所为"，"神"也就不是不可测了。因此，易传十分强调研究和掌握变化的规律，认为，"圣人"作"易"的目的在于"通神明之德"，"圣人"的最大的能力，在于穷究事物变化的规律，"穷神知化，德之盛也"（《系辞传》）。明确肯定事物永远处在变化的过程中，有意识地研究事物变化的法则，这是易传哲学的一个特点。这是辩证法思想。

事物的变化有哪些规律呢？首先，易传的作者接触到事物变化的根源问题，认为事物的变化，是由于事物本身包括有对立面；由于对立面的相互作用，才有事物的变化。就易象方面说，"观变于阴阳而立卦，发挥于刚柔而生爻"（《说卦》）。这是说，有阴爻和阳爻的对立，才有卦的变化。易传认为，一切事物的变化也都是如此。一切事物都有对立着的两个方面，也就是说，都有阴阳两个方面，而且是相反相成的。《系辞传》说："天尊地卑，乾坤定矣；卑高以陈，贵贱位矣；动静有常，刚柔断矣。"就尊卑的对立说，尊是阳，卑是阴。就贵贱的对立说，贵是阳，贱是阴。就动静的对立说，动是阳，静是阴。就刚柔的对立说，刚是阳，柔是阴。尊卑、贵贱、动静、刚柔，都是相反的东西，可是必须在一起。易传认为，正是由于事物自身包括有对立面的统一，所以事物自己才有变化。《系辞传》说："日月运行，一寒一暑。"又说："日月相推，而明生焉"；"寒暑相推，而岁成焉"。这是说，日月是相反的，但必须它们互相推移，才能成为昼夜；寒暑是相反的，但必须它们互相推移，才能成岁。总起来说，这就是"一阴一阳之谓道"。

　　第二节说到，筮法"四营"中一个重要的"营"，就是把一束蓍草分为二。在这种启示下，易传的作者得到了一分为二的观念，提出了"太极生两仪，两仪生四象，四象生八卦"的说法。这种说法也可以了解为，在"太极"中本含有对立面；由此分化出两个对立面；两个对立面的相互作用，产生了其他的各种现象。这意味着，事物的发展过程是统一物分裂为对立面和对立面相互作用的过程。关于对立面的相互作用，易传认为有相互推移（"刚柔相推"），有相互摩擦（"刚柔相摩"），也有相互冲击（"八卦相荡"）等各种表现形式。这些材料表明，易传的作者猜测到，事物变化的根源，在于其自身存在着内部的矛盾。

　　照易传的解释，睽卦说明事物中的对立面的差异。睽卦☱兑下离上。《象辞》说:"睽,火动而上,泽动而下。二女同居,其志不同行。"火的性质是"炎上";水的性质是"润下"。火在上更往上,水在下更往下,背道而驰,差异越来越大。离为中女,兑为少女,所以"二女同居",但"其志不同行",一个是"炎上",一个是"润下"。但是睽卦《象辞》认为,对立面的统一还是主要的。它说:"天地睽而其事同也;男女睽而其志通也,万物睽而其事类也。睽之时用大矣哉!"睽卦《象辞》说:"上火下泽,睽,君子以同而异。"同之中有异,就是说,统一之中有差异,有矛盾。

关于上面所讲的思想,《系辞传》有一个概括的论断:"乾坤其易之缊邪?乾坤成列而易立乎其中矣!乾坤毁,则无以见易。易不可见,则乾坤或几乎息矣!"这段话,就"易"的体系说,是说,没有乾(阳)坤(阴)的对立,就看不到易象的变化。就宇宙观的体系说,是说,没有对立面的矛盾,也就没有变易;没有变易,对立面的相互作用也就要终止了。易传的作者猜测到事物的变化是对立面的统一和矛盾的过程。

易传在这里接触到辩证法的最根本的法则。毛泽东同志说:"事物的矛盾法则,即对立统一的法则,是唯物辩证法的最根本的法则。列宁说:'就本来的意义说,辩证法是研究对象的本质自身中的矛盾。'列宁常称这个法则为辩证法的本质,又称之为辩证法的核心。"(《矛盾论》,《毛泽东选集》第一卷,人民出版社第二版,二八七页)又说:"列宁对于对立统一法则所下的定义,说它就是'承认(发现)自然界(精神和社会也在其内)的一切现象和过程都含有互相矛盾、互相排斥、互相对立的趋向。'"(同上,二九三页)在中国哲学史中,易传第一次接触这个原则,而且自发地在这个原则上建立它的体系。这是易传的最大的贡献。但是它以为这个法则的重点是统一而不是矛盾。这是它辩证法思想不彻底之处。下文详论。

易传的辩证法思想的另一个要点就是主动,以动为主。在易象中象征动的卦是乾。乾是易中的第一个卦,也是最主要的卦。

乾卦的《彖辞》说:"大哉乾元!万物资始,乃统天。云行雨施,品物流形。大明终始,六位时成。时乘六龙以御天。乾道变化,各正性命。保合太和,乃利贞。首出庶物,万国咸宁。"《文言》解释说:"乾始能以美利利天下,不言所利,大矣哉!大哉乾乎!刚健中正,纯粹精也。六爻发挥,旁通情也。时乘六龙,以御天也。云行雨施,天下平也。"这是用一种形象的语言对于乾卦作的赞歌,也就是对于动的赞歌。大意是说,动是刚健的表现。宇宙间一切作为,一切成就,都是从动开始的("万物资始"),也都是动的成果("各正性命")。这就是"以美利利天下"。一切作为,一切成就,都是由动所生的美利。其利非常广泛,以至于不能具体地说是什么利("不言所利")。

乾卦的《象辞》说:"天行健,君子以自强不息。"就是说,人要学习乾的美德,不停止地发挥自己的能动性。

旧说:"易、老相通。"这是极表面的看法。其实《老子》和易传,在其根本观点上是完全相反的。《老子》主静,以静为主。易传主动,以动为主。举个例说,《老子》和易传,都重视"复"。复卦《彖辞》说:"复其见天地之心乎";就是说,"复"是宇宙的秘密。《老子》也说"万物并作,吾以观复"。(十六章)不过《老子》所谓复,是"归根复命"的意思。《老子》说:"夫物芸芸,各归其根。归根曰静,是谓复命。"(同上)这是说:万物皆出于

"道"，并复归于"道"。《老子》"吾以观复"，王弼注说："凡有起于虚，动起于静，故万物虽并动作，卒复归于虚静。"易传"复其见天地之心乎？"王弼注说："复者，反本之谓也。天地以本为心者也。凡动息则静，静非对动者也。语息则默，默非对语者也，然则天地虽大，富有万物，雷动风行，运化万变，寂然至无，是其本矣。"王弼讲的是《老子》的"复"，不是易传的"复"。他以老解易，不合易传的本义，但由此可见《老子》与易传的不同。《老子》所谓"复"，是所谓"归根复命"，其所注重是在"无"，把静止看成是事物变化的最终归宿。易传所谓"复"，讲的是阴阳的消长。与复卦相对的是剥卦，艮上坤下☶，阳消阴长，只剩了上面的一个阳爻。复卦☳将最后消尽的阳在初爻（最下一爻）中又生出来，所以谓之复。意思是说，阳又恢复起来了。易传注重"有"，认为动是万物生成成就的根源。《老子》认为静是第一位的，由静而动，动止复归于静。静是绝对的，动是相对的。易传认为动是第一位的，由动而静，虽静而动也未尝停止。动是绝对的，静是相对的。这是《老子》和易传的根本不同。这个不同是它们所代表的阶级不同的反映（详下）。

　　易传还认为事物的变化也是对立面相互转化的过程，这也是从筮法得到启发的。筮法用"老阴""老阳"为占，不用"少阴""少阳"为占。用易学家的话说，它用九、六，不用七、八。照它的说法，"老阴""老阳"是正在向它们的对立面转化。阴阳的发展，达到一定的限度就要转化为它的对立面；"老阴""老阳"正是处在转化的前夜。筮法认为这才是最重要的契机，筮法自以为它就是要抓着这个契机。筮法是一种巫术迷信，但是其中的这个思想有很大的启发性。易传就是在这种启发下,对客观事物的变化进行观察,从而得到"物极必反"的辩证思想。

《易经》中本有"无平不陂,无往不复"的话(泰卦九三爻辞)。这是《易经》中原有的辩证思想的萌芽。易传对这个思想更大加发挥。易传说:"日中则昃;月盈则食"(丰卦《彖辞》);又说:"变化者进退之象也"(《系辞传》)。由进而退,由退而进,就是变化的过程。又说:"易,穷则变,变则通,通则久。"(《系辞传》)"穷"就是事物发展到极点;"变"就是变为其反面;"通"是变为反面以后的新的发展;"久"是新的发展所经的时间。这个"久"也不是永远的,在不久的时间内,它还要达到"穷"的阶段。这就叫"往来""屈伸"。

《系辞传》说:"阖户谓之坤,辟户谓之乾,一阖一辟谓之变,往来不穷谓之通。"又说:"往者,屈也;来者,信(伸)也。屈信相感而利生焉。"易传认为,宇宙间的变化,其内容不过是事物的成毁。就卦象说,事物的成毁,也就是乾、坤的开、阖。事物的成是其来,其毁是其往。一来一往就是变。这种往来是无穷的;唯其无穷,所以世界无尽。这就是所谓"往来不穷谓之通"。

"往来不穷"就是说,来者往,往者再来。再来谓之"复"。"无平不陂"就是说,无来者不往。"无往不复"就是说,无往者不再来。

易传认为,"物极必反"是事物变化所遵循的一个通则。照《序卦》所说,六十四卦的次序,即表示这种通则。六十四卦中,相反的卦常是在一起的。例如,泰卦☷和否卦☷,剥卦☷和复卦☷,震卦☷和艮卦☷,既济卦☷和未济卦☷,在卦象上都是相反的,可是在六十四卦的排列次序中,它们是在一起的。专就这个次序说,这可能是《易经》中原有的辩证法思想。《序卦》发挥这个思想说:"泰者,通也,物不可以终通,故受之以否。""剥者,剥也;物不可以终尽;剥穷上反下,故受之以复。""震者,动也;物不可以终动,动必止之,故受之以艮;艮者,止也。"六十四卦的最后一卦是"未济"。《序卦》说:"物不可穷也。故受以未济终焉。""通"的事物"不可以终通";动的事物"不可以终动",这就是说,它们必然要转化为其对立面。"物不可穷",就是说,事物是无尽的,世界无论在什么时候总是未完成("未济"),就是说,永远处在转化的过程中。这些都是易传中的辩证法思想。

照易传的解释,有些卦爻的次序,也表示"物极必反"的规律。例如,乾卦的六爻说明,一个有"圣人之德"的人,由下位逐步上升到君位。初九代表下位,九二、九三、九四,依次上升,到九五就是"飞龙在天",成为最高的统治者了。上九比九五还高一层,可是到上九就成为"亢龙"而"有悔"了。为什么是如此呢?《文言》解释说:"亢龙有悔,穷之灾也",到上九就要"穷则变"了。《文言》说:"亢之为言也,知进而不知退,知存而不知亡,知得而不知丧。"进与退,存与亡,得与丧,都是矛盾着的对立面。它们在一定条件下是可以互相转化的,"亢龙""知进而不知退",结果就是退;"知存而不知亡",结果就是亡;"知得而不知丧",结果就是丧。易传认为这是事物变化所遵循的一个通则。

易传认为,人应该对于对立面的转化,取积极的态度,应用对立面转化的法则促进事物的发展。《系辞传》说:"尺蠖之屈,以求信(伸)也;龙蛇之蛰,以存身也。""屈"和"蛰"是消极的动作,但"尺蠖之屈"和"龙蛇之蛰"是为更好地前进。《老子》

虽有类似的话，但他的所谓进是反抗新兴地主阶级，实际上是反对前进。这是《老子》与易传之间的一个根本不同之处。

和《老子》的辩证法比较起来，易传还特别强调变革。易传在有些地方认为"化"与"变"是不同的。"化"是指自然的变化和逐渐的变动；"变"指人为的变革和激烈的变动。《系辞传》说："化而裁之谓之变，推而行之谓之通。"所谓"化而裁之"是说，顺着自然变化的趋势加以人为的推动，这就是变革的意思。革卦《彖辞》说："革，水火相息，其志不相得曰革。"革卦☱离下兑上，跟睽正是相反。睽卦离上兑下，水"润下"，火"炎上"，二者的距离越来越远，差异越来越大，所以为"睽"。革卦也是"二女同居"，但是水在上而"润下"，火在下而"炎上"，二者互相企图消灭对方，所谓"水火相息"；"息"在这里是熄灭的意思，这就是说，对立面的双方之间，展开了"你死我活"的斗争。这就是"革"的"象"。革卦《彖辞》接着说："天地革而四时成。汤武革命，顺乎天而应乎人，革之时大矣哉！"这是说，天地必有变革，才有春、夏、秋、冬；社会政治的变革，是合乎事物发展的规律和人们的要求的。我们现在使用的"革命"一辞，就是从这里来的。认为经过变革，事物才能更好地发展，这是易传对辩证法思想的一个重大的贡献。

依据以上的思想，易传认为，事物变化和对立面转化的过程，不是消极后退的过程，而是不断更新和前进的过程。《系辞传》说："富有之谓大业，日新之谓盛德，生生之谓易。"这是说，阴阳的互相转化，有"富有"的"大业"，也有"日新"的"盛德"；它的"大业"，即成就于"日新"之中。所谓"日新"，即不断地更新。《系辞传》又说："天地之大德曰生。""生"也就是"日新"。这里所说的"日新",不一定就是质的飞跃。但易传的这种思想,和《老子》的消极倒退的发展观,成为鲜明的对比。

易传与《老子》皆认为如欲保持一物,最好的办法是不要使他发展到极点,经常预备接受其反面,如此,则可不至于变为其反面。但是易传所采取的是积极的态度,其目的在于使自己在前进中不至于失败,以保持已得的果实。既济卦是成功的"象",可是它的《象辞》说:"君子以思患而预防之。""君子"如能如此,就可以保持着他的"既济"。《系辞传》说:"危者,安其位者也;亡者,保其存者也;乱者,有其治者也。是以君子安而不忘危,存而不忘亡,治而不忘乱,是以身安而国家可保也。易曰:'其亡其亡,系于苞桑。'""安不忘危""思患预防",就是"知几"。《系辞传》说:"知几其神乎?……几者,动之微,吉凶之见者也。"又说:"夫易,圣人所以极深而研几也。"知几的人,安不忘危,则可以保持安;存不忘亡,则可以保持存;治不忘乱,则可以保持治。事物经常处在转化的过程中,好事也有可能成为坏事,因此要时常警惕考虑到坏的一方面,事先加以克服,这就可以保持胜利。

易传认为"知几"是《易经》的一个重要教训。

第七节　易传哲学的阶级根源

地主阶级是一个剥削阶级,所以即当其在上升的时期,也是有两面性的。它一方面与奴隶主贵族有矛盾,一方面与劳动人民有矛盾。易传反映了地主阶级的这种两面性。它一方面与奴隶主贵族的社会秩序和等级制度作斗争,认为地主阶级应该取奴隶主贵族的政权而代之,所谓"汤武革命,顺乎天而应乎人"(革卦《象辞》)。易传哲学的辩证法的一面,是为向奴隶主的斗争服务的。地主阶级另一方面又要建立和巩固封建社会的社会秩序和等级制度。易传也反映地主阶级的这个要求和愿望。它把封建社会中的秩序硬加在自然界上,硬说它也是自然界中的秩序。以后它又反过来拿这种所谓自然秩序,说明封建统治阶级的社会秩序是合理的,永恒的。例如封建社会的四大绳索中的政权规定君尊臣卑,族权规定父尊子卑,夫权规定夫尊妻卑,这是封建社会中所谓秩序。尊卑的关系就是统治与被统治的关系,易传用乾、坤两卦以说明这种关系。《系辞传》说:"乾知大始,坤作成物。""知"是主管的意思。在封建社会的官僚系统中,主管一府的事的官叫"知府";主管一县的事的官叫"知县",《系辞传》这里所谓"知"也是这个意思。乾所主管的是创始;坤所主管的是完成。又说:"成象之谓乾,效法之谓坤。"这都是说,乾是主动的,是统治者的"象";坤是被动的,是被统治者的"象"。坤卦的卦辞说:"坤,元亨,利牝马之贞。君子有攸往。先迷后得主,利。西、南得朋,东、北丧朋,安贞吉。"《象辞》解释说:"牝马地类,行地无疆。柔顺利贞,君子攸行。先迷失道,后顺得常。西、南得朋,乃与类行。东、北丧朋,乃终有庆。安贞之吉,应地无疆。"这就是说,坤是被统治者的"象",有"柔顺"的性质。如果在前面领导,它就要迷惑而失掉方向("先迷失道");只有在后边跟随,才是它的正常状态("后顺得常")。西方的卦是"坤""兑";南方的卦是"巽""离",这些卦都是阴卦("坤"

是母,"兑"是少女,"离"是中女,"巽"是长女)。所以"坤"于西、南两方,可以"得朋",因为是与同类的卦在一起("乃与类行")。东方的卦是"艮""震";北方的卦是"乾""坎";这四卦都是阳卦("乾"是父,"艮"是少男,"坎"是中男,"震"是长男)。所以坤于东、北两方,只是"丧朋"。但正因没有朋友,才终于"有庆",就是说,坤只有随顺乾,才可不"迷"而得"常"。《文言》更发挥说,"坤至柔而动也刚,至静而德方;后得主而有常,含万物而化光;坤道其顺乎,承天而时行。"这些话都明确地说明,坤和乾的关系是被统治与统治的关系。

乾卦所讲的是天道、君道、父道、夫道。坤卦所讲的地道、臣道、子道、妻道。照易传这样一讲,好像四大绳索都是出于自然,因此是合理的不可改变的。易传以这种思想为封建的社会秩序作根据。也正因为如此,它终于将乾坤、阴阳说成是脱离具体事物而存在的范畴和原则,企图由此更有效地说明封建制度是永恒的,合理的。这是易传哲学的客观唯心主义的阶级根源。

旧日易学家讲易传中有三个重要观念:位、时、中。从上面所引易传的话看,所谓"位""时""中"有这样的意义,就是说,若果一事物有所成就,它的发展必须合乎它的空间上的条件("位"),及时间上的条件("时"),其发展也必须合乎其应有的限度("中")。易传认为事物的发展是和时间、地点、限度联系在一起的。不过它所说的"位",只是就某一爻在某一卦中的地位说的,跟实际情况根本没有联系,这是一种抽象的说法。至于它所说的"时"更是抽象,一个爻为什么是得时或失时,也都没有说明。

从马克思主义的现代唯物主义辩证法看起来,易传关于运动和对立统一的思想中,本来有很大的形而上学的成分。它所认识的运动的总的过程,还基本上是循环的。所谓"往来不穷",归结于"复";"复"就是循环。它说:"日往则月来,月往则日来,日月相推而明生焉。寒往则暑来,暑往则寒来,寒暑相推而岁成焉。"(《系辞传》)宇宙间事物的"往来"都是这样"相推"。照这种说法,虽"相推"而并没有真正新的事物出现。也就是说,看不见有质的飞跃。

恩格斯论西方18世纪的唯物主义者说:"自然界是处在永久的运动中,这点是当时人们也曾知道的。但根据当时人们的想法,这种运动是永远在同一个圈子内旋转着,从而也就永远停留在同一地点上:它总是导致同一的结果。这种想法在当时是不可避免的。……不能拿这个缺点去责备18世纪的哲学家们,因为这个缺点甚至连黑格尔也是免不了的。"[《费尔巴哈与德国古典哲学的终结》,《马克思恩格斯文选》(两卷集)第二卷,三七一页]这是跟当时的科学水平相联系的。

易传虽接触到辩证法的核心、对立统一的法则,但它讲的最多的是对立面的统一;关于对立面的斗争它讲的很少。它更没有看到对立面的斗争是变化和发展的泉源;斗争是绝对的,统一是相对的。毛泽东说:"无论什么事物的运动都采取两种状态,相对地静止的状态和显著地变动的状态。两种状态的运动都是由事物内部包含的两个矛盾着的因素互相斗争所引起的。当着事物的运动在第一种状态的时候,它只有数量的变化,没有性质的变化,所以显出好似静止的面貌。……事物总是不断地由第一种状态转化为第二种状态,而矛盾的斗争则存在于两种状态中,并经过第二种状态而达到矛盾的解决。所以说,对立的统一是有条件的、暂时的、相对的,而对立的互相排除的斗争则是绝对的。"(《矛盾论》,《毛泽东选集》第一卷,人民出版社第二版,三二〇至三二一页)这是对立统一规律中最重要的一点,易传的辩证法思想所没有见到的也正是这一点。正因为如此,所以它不能看出真正新事物的发生,所以在它看来,事物的运动,总的说来只是一种循环。

易传认为在对立面的对立中,主要的不是它们的矛盾,而是它们的调和。乾卦《彖辞》说:"保合太和,乃利贞。"它认为"乾"的一个重要作用是保持宇宙的协和。这个和与普通的和不同,所以称为"太和"。

在儒家思想里,"中"跟"和"是联系在一起的。《礼记》里《中庸》一篇,有许多意思,甚而至于有些字句,都与易传相同。《中庸》也发挥"中"及"和"的思想,它说:"中也者,天下之大本也;和也者,天下之达道也。致中和,天地位焉,万物育焉。"它鼓吹"万物并育而不相害,道并行而不相悖"。这样的和,就是易传所谓"太和"。西方资产阶级哲学家称之为"预先立的和协"。

马克思主义唯物辩证法有一个重要的范畴,就是"度"。度就是事物存在的界限,超过了这个界限,这个事物就不是这个事物而要转化为别的东西了,就是说,量变就要引起质变。"度"是一种范围,在这个范围之内,量变不致引起质变。

马克思主义唯物辩证法认为量变超出了事物的"度",是合乎世界发展规律的,只有在这种情况下,旧质才会消失,新质才会产生。新质又有新的"度",新质又发展,又打破了"度",又有新质产生。这样发展下去,才有无穷的真正的新事物继续出现,这样才是真正的"未济"。

儒家所说的"中",在一定程度上有似于这里所说的"度",一种事物的发展,如果超过了"中",它就要变成它的反面,它与别的事物关系也失去了平衡,就是说失去了"和"。

在儒家的思想中,"时"和"中"是联系在一起的。易传的"时""中"等概念,正是儒家的这种思想的表现。易传把它们跟卦、爻辞结合起来,这就似乎是在自然界也有一定的根据,因此在后来的封建社会中更扩大这些思想的影响。

第二十二章

荀况——儒家思想向唯物主义的发展

第一节　荀况与《荀子》

荀况（约前313—前238）字卿，亦称孙卿子，战国时期赵国人。他曾在齐国游学，是"稷下先生"之一，并成为他们的领袖（"祭酒"）。他到过秦国、楚国。楚国的春申君叫他作兰陵令。后来他死于兰陵（《史记·孟子荀卿列传》）。

荀况自称为儒，当时的人也称他为儒。韩非说："世之显学，儒墨也。儒之所至，孔丘也；墨之所至，墨翟也。自孔子之死也，有孟氏之儒……有孙氏之儒……故孔墨之后，儒分为八，墨离为三，取舍相反不同，而皆自谓真孔墨。"（《韩非子·显学》）这里所说的孟氏之儒就是孟轲的那一派，孙氏之儒就是荀况的那一派。这两派确实是"取舍相反不同"，而且都自以为是孔丘的真正继承人。

荀况的著作有《荀子》三十二篇，基本上保存着刘向编辑这部书所有的内容和面貌。

先秦传下来的私人著作，题为某子某子者，都是经过汉朝人，特别是刘向、刘歆编辑过的。题为某子，意思不过是说，这是以某人为首的某一个流派的人所作的文章。它实际上是一个总集，不是一个人的别集。所以其中有前后不一致，甚至自相矛盾的观点和论点。这种情况在《庄子》和《老子》里面都是有的。在《孟子》书中也是有的。

在宋朝人的一个笔记中记载一个故事。有几个大人物谈论《孟子》。有一个小人物坐在下面不发言。大人物问小人物说："你读过《孟子》吗？"回答："读过。""懂得吗？""不懂。""怎么不懂，说出来我们给你讲讲。""头一句'孟子见梁惠王'，我就不懂。""这有什么难懂？""孟子后面说：古者不为臣不见。"大人物不知所答。孟轲自以为不是梁惠王的臣，为什么见梁惠王？这是《孟子》前后矛盾的一个例子。

《荀子》三十二篇应该分为三类。第一类是唯物主义思想，旗帜鲜明，立场明确，确切是可以解放思想，解放生产力，确切是和孔丘、孟轲针锋相对，这是古代哲学中极有价值的著作。这是荀之所以为荀者，是《荀子》的主要部分，是其精华。第二类是因循没落奴隶主旧制度，但也给以新的解释，使之继续为新兴地主阶级服务。既然能为新兴地主阶级服务，在当时也还是有价值的著作。第三类是荀况或其学生从儒家带来的包袱。

第二节　荀况论"王""霸"

秦国是当时最富强的国家，实行法治最彻底的国家，是战国时期新兴地主阶级政权的典范。荀况到过秦国，会见过秦昭王（《儒效》篇），会见过当时秦国的宰相应侯范雎，也会见了他的老学生李斯，同他们谈了他到秦国以后所见所闻，对于秦国的成就作了很高的评价。

李斯问荀况，秦国应该怎么办。荀况说："力术止，义术行。"（《强国篇》杨倞注引刘向《新序》，认为这一段话是荀况对李斯说的）荀况说："秦国威强乎汤武，广大乎舜禹。"就是说，秦国的威力的强大和统治地域的广大，都是以前所没有的。然而秦国还有很多的问题，"常恐天下之一合而轧己也"。就是说，经常恐惧其他强国联合一起来反对它，这就叫"力术止"，就是说，专靠武力的方法其胜利是有止境的。

什么是"义术行"？荀况说："节威反文，案用夫端诚信全之君子治天下焉，因与之参国政，正是非，治曲直，听咸阳。顺者错之，不顺者而后诛之。若是，则兵不复出于塞外，而令行于天下矣。若是，则虽为之筑明堂于塞外（杨倞认为此三字衍）而朝诸侯殆可矣。假今之世，益地不如益信之务也。"（《强国篇》）意思就是说：武力的威力是有止境的。用武力要有一定的节制，要回过来用文德。要用有文德的人治国，叫他们参预国家的政事，叫他们定出是非曲直的标准。然后叫各诸侯国都听咸阳（秦国都）的号令。对于已经顺从的诸侯国，就不必伐了。如果有不顺的再用兵伐它们。这样不必出兵而秦国的命令就行于天下了，这样就可以筑明堂朝诸侯。在现在这个时候，开拓土地不如提高道德威望更为重要，这就叫"义术行"。

荀况在这段话里所说的秦与六国的斗争的形势，基本上就是战国时期"合纵""连横"的形势。秦国的战略是用"连横"打破"合纵"，以达到统一的目的。但是照荀况的办法所达到的统一，还是周天子式的统一，有一个天子位于诸侯国之上，坐在"明堂"（据说明堂是周天子发号施令的场所）之上，朝见诸侯国的国君，向他们发号施令。这样的统一不是废除分封制而是保留分封制的残余，与秦始皇所要的统一是不同的。这是荀况从儒家带来的一个包袱。

在荀况见范雎的时候，范雎问他"入秦何见"。荀况回答说："其固塞险，形势便，山林川谷美。天财之利多，是形胜也。入境，观其风俗，其百姓朴，其声乐不流汙，其服不挑，甚畏有司而顺，古之民也。及都邑官府，其百吏肃然，莫不恭俭敦敬，忠信而不楛，古之吏也。入其国，观其士大夫，出于其门，入于公门，出于公门，归于其家，无有私事也。不比周，不朋党，倜然莫不明通而公也，古之士大夫也。观其朝廷，其朝闲，听决百事不留，恬然如无治者，古之朝也。故四世有胜，非幸也，数也。是所见也。故曰：佚而治，约而详，不烦而功，治之至也。秦类之矣。"（《强国篇》）

这番话的第一段讲的是秦国的自然形势，秦国在地理方面所占的优越地位。这就是形胜。第二段讲的是秦国的老百姓以及他们的风俗习惯。他们都很朴实，不听不正当的音乐，不穿奇装异服。他们很怕他们的官长，很服从他们的官长。荀况说这是"古之民也"，其实这是在法家政治统治下的老百姓的精神面貌。第三段讲的是秦国下层官僚，他们都是恭恭敬敬地认真办他们的职务所规定的事。荀况说是"古之吏也"，其实这是在法家统治下的下层官僚的精神面貌。第四段讲的是秦国的中上层的官僚。他们都是奉公守法，不结党营私。荀况说是"古之士大夫也"，其实这是在法家统治下的中上层官僚的精神面貌。第五段讲的是最高统治者。他不办什么事而什么事都办了。荀况说是"古之朝也"，其实这是法家的"君上无为，臣下有为"，"无为无不为"的原则的表现。第六段是荀况的结论。他认为秦国四代都战胜其他的诸侯国，这是理之当然，并不是侥幸。荀况最后说:"故曰,佚而治,约而详,不烦而功。"他在《王霸篇》也说,"人主之职"是任贤使能,而不是自己亲自办事。所以"人主者,守至约而详,事至佚而功"。就是说,统治者"无为无不为"。这是荀况所常讲的,所以用"故曰"两个字。这三句话说出法家的政治的主要精神。荀况认为这是最好的政治。秦国的政治和最好的政治是类似的。

荀况在另一篇中说,如果一个国具有四个条件,就可以无敌于天下。这四个条件是,"其法治,其佐良,其民愿(老实),其俗美"(《王霸篇》)。照他对范雎所说的话看起来,当时的秦国,几乎已经具备这四个条件了。

但是,荀况向范雎表示,秦国还应当再往前进以达到他所理想的地步。他同范雎的谈话最后说:"粹而王,驳而霸,无一焉而亡。"荀况把他理想的政治叫做"王",其次等的叫做"霸",按霸的标准说,秦国已经登峰造极了。但是同"王"比起来,还差一层。王道的内容是什么?就是义。他对李斯说:"力术止,义术行。"就是说只有义术才可以没有止境地行下去。

荀况认为,霸也还不错,仅只是在程度上比王还差一层,没有王那么"纯粹",还有一点"杂驳"。王和霸是一类的东西,仅只是走得彻底和不彻底而已。王和霸的不同是程度上的不同,不是种类的不同。这也是荀况的王霸之辨。他的王霸之辨和孟轲是不同的。孟轲认为王霸的不同是种类的不同,是互相对立的。

这一点表现在荀况和孟轲对于齐桓公的评价上。孟轲对于齐桓很轻视,认为他不但没有什么大的功绩,而且他所走的路线根本上是错误的。他说:"仲尼之门无道桓、文之事者。"就是说,齐桓、晋文根本不值一提。荀况也说：仲尼的门人羞称五霸，但是他说：齐桓公有天下大节。"俄然见管仲之能足以托国也，是天下之大知也。安忘其怒，出忘其雠，遂立以为仲父，是天下之大决也。立以为仲父，而贵戚莫之敢妒也。与之高国之位，而本朝之臣莫之敢恶也；与之书社三百，而富人莫之敢距也。贵贱长少，秩秩焉莫不从桓公而贵敬之，是天下之大节也。诸侯有一节如是，则莫之能亡也。桓公兼此数节者而尽有之，夫又何可亡也？其霸也宜哉，非幸也，数也。"（《仲尼篇》）

荀况在这里赞美齐桓，因为他能用管仲，所以虽是赞美齐桓，实际上是也赞美了管仲。齐桓以管仲为仲父，而贵戚大臣都不敢妒，因为管仲的法家政策是任人唯贤而不是任人唯亲。高氏和国氏本来是齐国的世卿，齐桓叫管仲夺了他们的权而没有人敢反对，因为管仲的法家政策本来就是反对世卿世禄。桓公给管仲土地而富人不敢反对，因为管仲的法家政策本来就是打击奴隶主富人。

从上边引文可以看出荀况对于当时的新兴地主阶级政权的态度。当时新兴地主阶级政权称为霸。齐桓是春秋时代的第一个霸主，秦国是战国末期的最大的霸国，荀况对于齐、秦两国的政治都加以肯定。不过他认为当时的霸业还可以再进一步的完善。这进一步的完善，他称为"王"。

荀况说："子产取民者也，未及为政也。管仲为政者也，未及修礼也。故修礼者王，为政者强，取民者安，聚敛者亡。"（《王制篇》）这里对于管仲的评论也就是对于齐桓霸业的评论。荀况的意思是说，子产企图用一些小恩小惠以得到老百姓的拥护，但是他没有一套整个的政策。管仲有他一套整个的政策，但是他还没有修礼。能"修礼"的就是王，能"为政"的就是霸，能够"取民"的可以维持现状,只向老百姓要钱就要亡国。照这段话看起来,"修礼"就是霸的进一步的完善。

荀况称齐桓、晋文、楚庄、吴阖闾、越勾践为五霸。他说:五霸之所以能称为霸,由于他们能"乡方略,审劳佚,谨畜积,修战备,龉然上下相信而天下莫之敢当"。但是,五霸还有很大的缺点。荀况说:这五霸"非本政教也,非致隆高也,非綦文理也,非服人之心也"(《王霸篇》)。这就是说,霸还需要进一步地完善。怎么完善呢?就是"修礼"。他所说的政教、隆高、文理都包括在礼之内。用现在的话说,礼包括文化、道德、意识形态等方面的上层建筑。要用这些东西改变人的思想,这就是所谓"服人之心"。人的思想必须改变了,一个新的经济基础才能巩固。

总的说起来,认为王、霸有所不同,王是以德服人,霸是以力服人,王优于霸,这是儒家的共同认识。孟轲认为这个不同是种类的不同,荀况则认为是程度上的不同。这是他们的"取舍不同"。这个取舍不同,是当时地主阶级内部两种不同派别对于当时政治的不同态度的反映。

第三节 "法先王"和"法后王"

在一个时期内,有人认为,孟轲主张"法先王",荀况主张"法后王",这是二人之间的一个主要的不同。这个说法是不对的。

荀况对于齐国和秦国的霸业的评价,可以帮助我们理解他所讲的"法后王"的意义。如果说,他所说的"后王"就是春秋战国以来代表地主阶级利益的统治者,那么齐桓、管仲和当时秦国统治者应该就是最可以为法的了。可是,照上节所讲的,荀况明确地说,他们好是好,但是还不足为法。这是什么道理呢?而且在《荀子》书中,讲"法后王"的有几处,讲"法先王"的地方也不少。在他评论邓析、惠施的时候,明确地指责说,他们"不法先王"(《非十二子篇》)。如果不法先王是错误的,如果"后王"指的就是春秋战国以来的霸主,那么,法后王岂不就是不法先王吗?

荀况说:"王者之制,道不过三代,法不贰后王。道过三代谓之荡,法贰后王谓之不雅。衣服有制,宫室有度,人徒有数,丧祭械用皆有等宜。声则凡非雅声者举废。色则凡非旧文者举息。械用则凡非旧器者举毁。夫是之谓复古,是王者之制也。"(《王制篇》)如果说他所讲的"后王"就是春秋战国以来的霸主,为什么又说"复古",这岂不是在一段话之内就自相矛盾吗?

荀况说:"故曰欲观圣王之迹,则于其粲然者矣,后王是也。彼后王者,天下之君也。舍后王而道上古,譬之是犹舍己之君而事人之君也。故曰:欲观千岁,则数今日;欲知亿万,则审一二;欲知上世,则审周道;欲知周道,则审其人,所贵君子。"(《非相篇》)在这一段话里,荀况明确地说明,他所说的"后王"指的就是周朝的文王、武王。"欲知上世,则审周道","周道"就是周文、武之道。周道是就上世而言,不可能有别的解释。"后王"指的是三代之王中最后之王。那就是周文、武。

在同一篇中,荀况说:"五帝之外无传人,非无贤人也,久故也。五帝之中无传政,非无善政也,久故也。禹汤有传政而不若周之察也。

非无善政也，久故也。传者久则愈（原作"论"，依俞樾校改）略，近则愈详，略则举大，详则举小。愚者闻其略而不知其详，闻其详而不知其大也。是以文久而灭，节族久而绝。"（同上）这一段话就是荀况在《王制篇》中所说的"道不过三代，法不贰后王"的解释。

总的说起来，荀况所说的"先王"和"后王"都是指的周文、武。荀况在有些地方称他们为"先王"，因为他们距离战国时代有七八百年之久。在有些地方称他们为"后王"，因为他们是三代之王中的最后之王。在《非相篇》的同一篇中，在"文久而灭，节族久而绝"以下，紧接就说："凡言不合先王，不顺礼义，谓之奸言。虽辩，君子不听。"可见荀况所说的"先王"和"后王"，称呼不同，但都是指周文、武。

所以荀况批判孟轲，并不是说他法先王而不法后王，而是说他"略法先王而不知其统"（《非十二子篇》）。意思就是说，孟轲仅知法先王的枝叶皮毛而不知先王的精神，不知先王的根本意思。荀况和孟轲的对立，并不在于"法先王"或"法后王"这两个名词上。他们意思都是说要法周文、武，都是要法"周道"。

这里有两个问题，一个问题是荀况所说的后王指的是历史上什么人。另一个问题是他所说的后王之道内容是什么。不能因为荀况是为新兴地主阶级服务的，因此他所说的后王一定指的是春秋战国时期新兴的霸主。也不能因为荀况所说的"后王"是周文、武，因此荀况必定和孟轲一样。这就如同荀况所称道的仲尼，确切指的是孔丘，但不能因此就说荀况和孟轲一样，也不能因为荀况和孟轲不同，因此说他所称道的仲尼就不是历史上的孔丘。这是两个问题，如果分不清楚，讨论起来，就纠缠不清。

第四节 礼和法

在春秋时期礼和法是对立的,因为当时所谓礼就是周礼,就是西周奴隶制的上层建筑。在战国时期,礼和法并不是对立的而是平行的。照《商君书》所记载的,秦孝公说:"今吾欲变法以治,更礼以教百姓。"商鞅赞成说:"三代不同礼而王,五霸不同法而霸。……各当时而立法,因事而制礼。礼法以时而定,制令各顺其宜,兵甲器备各便其用。"(《更法》)商鞅把礼、法并称。他还是需要礼,他并不反对礼,他反对的是循礼。法也是一样,只讲法不讲变法,他也是反对的。

荀况讲礼也讲法。他说:"法而不议,则法之所不至者必废。……有法者以法行,无法者以类举。"(《王制篇》)这里所说的法就是商鞅、韩非所说的法。他也是礼、法并称。他说:"下之亲上欢如父母,可杀而不可使不顺,君臣、上下、贵贱、长幼,至于庶人,莫不以是为隆正。然后皆内自省以谨于分,是百王之所同也,而礼、法之枢要也。"又说:"然后农分田而耕,贾分货而贩,百工分事而劝,士大夫分职而听,建国诸侯之君分土而守,三公总方而议,则天子共己而已矣。出若入若,天下莫不平均,莫不治辨,是百王之所同而礼法之大分也。"(《王霸篇》)

"礼法之枢要","礼法之大分",都是礼、法并举。荀况的意思是说，礼和法有相同的中心思想和主要原则（"枢要"），那就是规定贵贱、上下等社会秩序。从这个前提出发把老百姓按职业分类，这是礼和法的最大的职分（"大分"）。在这里，荀况说明了礼和法的共同点，也暴露了礼和法的剥削阶级的阶级本质。

"礼"和"法"这两个名词的意义都是比较广泛的。大致说起来，法是政治方面的上层建筑，礼是文化、道德等方面的上层建筑。在同一经济基础上面的礼和法都是为同一经济基础服务的，是互相补充，互相为用的。在奴隶社会向封建社会转变的时期，有新的法为新的经济基础服务。但是，要巩固新的经济基础，还需要礼。荀况对管仲的评论就说明这一点。荀况所说的礼是以他的唯物主义哲学为基础的。所以在表面上看起来他似乎是像孔丘、孟轲一样主张"循礼"，但是，实际上他是变礼或更礼。当然其中也有不少的儒家思想残余。如他仍然主张分封制这一类的东西。上面已经说过，这是荀况从儒家带过来的一种包袱。

在《荀子》中，对于礼、法也有不同的说法。在有些地方，荀况认为要维持封建社会的社会秩序，主要的是靠"礼"而不是靠"法"。荀况也常用"法"这个名词，可是，他所谓法，与法家所谓法，意义不尽相同。他说："有乱君，无乱国；有治人，无治法。羿之法非亡也，而羿不世中。禹之法犹存，而夏不世王。故法不能独立，类不能自行。"（《君道篇》）法家所谓"法"是"编著之图籍，设之于官府，而布之于百姓者也"（《韩非子·难三》）。这样的"法"，当然不是荀况所谓"羿之法"和"禹之法"。荀况又说："礼者，法之大分，类之纲纪也。"（《劝学篇》）礼是法的一部分。这里所谓"法"只是标准或规范的意思。荀况主张"君君、臣臣、父父、子子、农农、士士、工工、商商"(《王制篇》)。君、臣、父、子、士、农、工、商，都是"类"，每一"类"都有一个规范或标准。照荀况的说法这些规范就是"法"。照规范定出来的具体的项目就是礼，是"类之纲纪"。

荀况又有"法度"与"法数"的名称，他说："（圣人）为之起礼义，制法度，以矫饰人之情性而正之。"（《性恶篇》）又说："由士以上，则必以礼乐节之，众庶百姓，则必以法数制之。"（《富国篇》）"法度"与"法数"，近似法家所谓法。荀况也在一定程度上承认法家所谓"法"的重要，但是认为，"法"只能用于"众庶百姓"，就是说，只能用于"小人"，至于"士以上"的"君子"，则还是"以礼乐节之"。这有似于奴隶主贵族的"礼不下庶人，刑不上大夫"的说法。但是荀况认为，"制""众庶百姓"，主要的是用"法"而不是用"刑"。这是新的生产关系在他的思想中的反映。

第五节　荀况的唯物主义的自然观

阴阳五行家和易传的哲学思想都提出一个世界图式，企图对世界总体作一个统一的说明。荀况哲学的特点是，完全不提世界图式。天地是怎样构成的，万物是怎样发生的，对于这一类的问题，荀况也用当时唯物主义哲学家所共同承认的理论以为说明。他说："天地合而万物生；阴阳接而变化起。"（《礼论篇》）又说："水火有气而无生；草木有生而无知；禽兽有知而无义。人有气、有生、有知、有义，故最为天下贵也。"（《王制篇》）这就是说，气是万物的根本。但这些并不是荀况所着重讲的。他着重讲的是自然观、认识论和逻辑学中的一些根本问题。

荀况说："故明于天人之分，则可谓至人矣。"（《天论篇》）这就是所谓天人关系的问题，也就是人与自然的关系的问题。"天人之分"，"分"读如职分的分，也有分别的意思，所以也可读如分别的分。荀况所说的"天"就是自然界。这个唯物主义的"天"与孔丘和孟轲所说唯心主义的"天"是对立的。

天人关系问题，是中国古代哲学史上的一个重要问题，唯物主义和唯心主义围绕着这个问题展开了尖锐的斗争。荀况把天人之分提到哲学的高度。他把"天"和"人"的界限严格地划分开来；这就把自然和社会、物质和精神、客观和主观的界限，严格地划分开来。这样划分的一个主要的含义，就是承认自然、物质世界是独立于人的主观意识而存在的，也就是说，自然、物质和客观世界是第一位的，社会、精神和主观世界是第二位的。荀况的"明于天人之分"这句话就把唯物主义哲学的一个最主要的命题明确地树立起来。

从这些方面看，就可以认识荀况注重"天人之分"的深刻意义。这是他的自然观的一个中心命题。他从几个方面说明这个命题。

他说："天行有常，不可尧存，不为桀亡。"（《天论篇》）这就是说，自然界的运行有它自己的规律（"常"），并不因为社会上有好人而存在，也不因为社会上有坏人而消灭。这就是说，自然界的规律是独立于人类社会的。社会中的事情，无论是好是坏，都不能感动自然界,使它改变它的规律。由此可见,宗教和神秘主义的"天人感应"的说法,是完全虚构的。

他说:"天不为人之恶寒也辍冬;地不为人之恶远也辍广。"(同上)这就是说:自然界的运行是不依人之意志和愿望为转移的。它有它自己的规律,自己的因果性。

他说:"不为而成,不求而得,夫是之谓天职。"又说:"列星随旋,日月递熠,四时代御,阴阳大化,风雨博施,万物各得其和以生,各得其养以成。不见其事而见其功,夫是之谓神。皆知其所以成,莫知其无形,夫是之谓天功(原脱"功"字)。"(同上)这就是说,自然界的运行并不是像人那样有所作为("不为而成"),也不是像人做事那样有一定的目的("不求而得")。万物虽然都从自然界得到它们所需要的营养,但是自然界是无所作为的。自然界有它的职务("天职"),但是它的职务就是依照它自己的规律,无目的地运行。自然界也有它的功用("天功"),但是它的功用就是于无形之中使万物都能生成。这叫"神",即神妙的意思。荀况在这里改造了老聃所说的道"无为而无不为"的思想,又驳斥了认为自然有意识的有神论,否定了意志的天和目的论。

在首先肯定了自然界的客观性之后,荀况接着指出,人也是自然界的一部分,是自然界所直接产生出来的;人的各种活动体现着自然的规律。他说:"天职既立,天功既成,形具而神生,好、恶、喜、怒、哀、乐臧焉,夫是之谓天情。"(同上)这就是说,由于自然界的功用,人有了形体;由形体有了精神。人的原始的情感,如喜、怒、哀、乐等,就是精神的内容的一部分,好像藏在其中一样("臧焉")。荀况认为这也是自然直接产生出来的,所以称为"天情"。

稷下黄老之学认为，精神思维是比"形气"更细微的"精气"；它居于"形"之中，可以离开"形"而独立存在。后期墨家认为，"生，刑（形）与知处也"（《墨子·经上》）。专就这个命题说，不能断定"形"和"知"哪一个是第一性的。荀况认为，"形"具备了，"神"自然生出来。这就明确地承认"形"是第一性的；"神"不能离形而独立存在。这就使中国唯物主义的发展，大大地前进了一步。

荀况又说："耳、目、鼻、口、形、能（态），各有接而不相能也，夫是之谓天官。"（《天论篇》）这就是说，人生来都有各种感官。这些感官各自能够跟外界相接触，但是不能互相代替，也不能互相贯通。这些感官也是自然界直接生出来的，所以称为"天官"。

荀况又说："心居中虚以治五官，夫是之谓天君。"（同上）这就是说，因为各个感官不能互相贯通，所以需要一个统治五种感官的器官，把它们所得的感觉综合起来。这个综合的器官就是心。它统治五官，像个国君一样。它也是自然界的直接产物，所以称为"天君"。

荀况在这里所说的心，就是五脏之一的心。他似乎认识到，人类的思维也是一种物质器官的产物。现在科学肯定脑是人类用以思维的物质器官，思维是脑的作用。在荀况那个时候，还不知道脑的作用，但是他认为思维必须依靠一个物质器官，这是一个辉煌的唯物主义思想。

荀况又说："财（裁）非其类以养其类，夫是之谓天养。"（同上）这就是说，在自然界中，人要和其他万物"竞争生存"，利用非其类的东西，以自保其类。这就是说，人的"养"都是自己争取来的，并不是出于上帝或鬼神的恩赐。这种"养"是人在自然状态中的"养"，所以称为"天养"。

荀况又说:"顺其类者谓之福,逆其类者谓之祸,夫是之谓天政。"(同上)这就是说,人和其他万物一样,在自然界中,都要遇见与它的类合适的东西("顺其类者"),也都要遇见跟它的类不合适的东西("逆其类者")。前者是它的"福";后者是它的"祸"。这是自然界的制裁,不是上帝或鬼神的赏罚,所以称为"天政"。

这是荀况所描写的一幅自然界的画图,在这个画图中,物质世界和其中的自然物都按着自己的规律生长变化。人也是万物之一,人的身体及其机能也是自然界的直接产物。在自然界中,人也跟其他动物一样,在自然状态中"竞争生存"。这个图画彻底否定了上帝的存在。这是荀况《天论篇》的一大贡献,也是他"明天人之分"的一个主要收获。

人类是自然界的产物,不能违反自然的规律。这是荀况的唯物主义自然观的一个重要的思想。但人类在自然界中应占有什么样的地位,应如何对待自然界的事物及其规律,关于这一方面的讨论构成了荀况《天论篇》的另一部分的内容。在这个问题上,荀况进一步批判了道家的宿命论,提出了人利用和改造自然的思想。荀况说:"圣人清其天君,正其天官,备其天养,顺其天政,养其天情,以全其天功。如是则知其所为,知其所不为矣,则天地官而万物役矣。"(同上)这就是说,如果人能使他自然具有的"心"保持"清明"的状态("清其天君"),充分利用自然所赋予的器官,充分发挥这些器官的能力("备其天官"),尽可能地利用自然界的东西以养活自己("备其天养"),使福越来越加多,祸越来越减少("顺其天政"),也就是使快乐越来越加多,痛苦越来越减少("养其天情")。这样,人才算是充分发挥了自然所赋予他的能力("全其天功")。这样,天地也为人所任用("天地官"),万物也都为人所役使("万物役")。人本来也是自然界的一部分,万物中之一物,可是他又能做天地万物的主人。

荀况又说:"唯圣人为不求知天。"(《天论篇》)他所谓"不求知天",一方面是对于庄周的批评,一方面也是对于术数迷信的批评。庄周也讲"知天",不过他所谓"知天",只是"大天而思之","从天而颂之"。术数迷信所讲的"知天",一部分是些"废话与胡说"。荀况主张"明于天人之分",知道"天职",知道什么东西是自然所本有的,什么东西是人力所创造出来的,这样就可以"不与天争职"。"知天","明于天人之分"以后,就专注意于发挥人的自觉能动性,不必对"天"有什么幻想。这就是"知其所为,知其所不为"。"不求知天"就是"知其所不为"。

荀况认为,就一种意义说,人是与天、地并立的。荀况说:"天有其时,地有其财,人有其治,夫是之谓能参。"(同上)"能参"就是能与天地并立而为三。

恩格斯说:"动物所能做到的最多不过是搜集,而人则能生产,他制造(最广义的)生活资料,这是自然界离开了人便不能产生出来的。"(《自然辩证法》,人民出版社1955年版,二六三页)动物不过是能把自然界所已有的东西搜集起来,作为生活资料。人能生产出来自然界所没有的东西。这些东西,也不只限于生活资料,"而且要包括享乐资料和发展资料"(同上)。到现在人类已经能够在太阳系里增加卫星。以前人所创造的新的东西还只限于在地面上,现在人所创造的新的东西可以说是真在天上了。由这个意义说,人真可以说是与天地并立而为三。

荀况所说的"与天地参"还不完全是这个意思。荀况所说的"人有其治",主要的是说,人能有社会组织,建立社会秩序。这种组织和秩序,也是离开了人便不能有的。社会也是在自然界之中,但是它又是与自然界对立的。它是自然界的一个特殊领域。就这一方面看,人也可以说是与天地并立而为三。

荀况说:"大天而思之,孰与物畜而制之?从天而颂之,孰与制天命而用之?望时而待之,孰与应时而使之?因物而多之,孰与骋能而化之?思物而物之,孰与理物而勿失之也?"(《天论篇》)这是中国古代哲学中最明确、最响亮的以人力改造自然的口号。

荀况这里所提出的批判,是确有所指的。"大天而思之"和"从天而颂之",都是指庄周一派说的。荀况指出,与其"大天而思之",不如以"天"为物,加以畜养和制裁;与其"从天而颂之",不如制裁"天命"使它为自己使用。庄周也涉及"天人之分"的问题。他主张"无以人灭天"(《庄子·秋水》)。庄周一派把自然界的规律神秘化了,把它看成是人力无可奈何和无法认识的势力,认为人只有绝对服从自然界规律,认为这就是"命"。庄周说:"无以故灭命。"(同上)就是说,不要用智慧改变自然界规律和人服从自然界的命运。荀况指出,与其"从天而颂之"不如制裁天命而加以利用。

"思物而物之"也是指庄周一派说的。庄周常说所谓"物物而不物于物"。就是说,所谓"圣人"自以为超越于万物之上,能役使"物"而不为物所役使。可是,这里所谓役使,都是想象或思维中的东西,就是所谓"思物而物之"。荀况指出,与其"思物而物之"不如对于"物"加以实际的管理,而确实有所收获。

"望时而待之","因物而多之",是说,要等待天时,因万物自然的生长而增多。这也是道家的思想。荀况总结这一段所说的思想说:"故错(措)人而思天,则失万物之情。"(《天论篇》)这就是说,舍置人为而专对于自然作冥思幻想,这就不能知道万物实际情况。

"与天地参"本来是儒家的思想。孟轲说:"万物皆备于我矣。反身而诚,乐莫大焉。"(《孟子·尽心上》)《中庸》说:"唯天下至诚为能尽其性,能尽其性则能尽人之性,能尽人之性则能尽物之性,能尽物之性则可以赞天地之化育,可以赞天地之化育则可以与天地参矣。"这就是孟子的那一句话的含义。子思、孟轲一派的唯心主义思想,认为人和自然界有一种神秘的联系。他们不认为人是自然界的一部分,反倒把自然界说成是人的一部分,特别是"我"的一部分("万物皆备于我矣")。他们认为,如果一个人能够真正体会到这种情况("反身而诚"),那就有最大的快乐("乐莫大焉")。这样的"诚",就是《中庸》所说的"至诚"。《中庸》认为有这样"至诚"的人,就可以"赞天地之化育","与天地参"。可是这种"与天地参"是一种主观的幻想,这实际上是把个人的主观意识错误地扩张到与天地并立甚至包容天地的地步。这种唯心主义思想的作用,就是叫人在这种主观幻想中自我陶醉,不作对于自然的斗争。

荀况在反对道家宿命论的斗争中,批判地改造了儒家唯心主义关于人的主观能动作用的思想。他所说的"与天地参",是发挥人的主观能动性,与自然进行斗争,使自然为人类服务。自然是无意志的,自然界的规律是不以人的意志为转移的。但是,人可以利用这些规律,生产自然界所没有的东西,以为自己之用("制天命而用之")。如果了解自然界的东西的规律,就可以把它们管理起来,成为自己所有("物畜而制之")。这都是发挥主观能动性的效果("骋能而化之")。这是唯物主义的"与天地参"。这种唯物主义思想指导人类走上战胜自然的光明大路。

毛泽东同志说:"思想等等是主观的东西,做或行动是主观见之于客观的东西,都是人类特殊的能动性。这种能动性,我们名之曰'自觉的能动性',是人之所以区别于物的特点。一切根据和符合于客观事实的思想是正确的思想,一切根据于正确思想的做或行动是正确的行动。我们必须发扬这样的思想和行动,必须发扬这种自觉的能动性。"(《论持久战》,《毛泽东选集》第二卷,人民出版社第二版,四六七页)照上面所讲的,荀况的思想,正是企图发扬人类的自觉能动性。在先秦,他在这条大路上走了一大步。

荀况的《天论篇》,一方面指出,人依靠于自然,自然是第一性的,由此批判了唯心主义和神秘主义;另一方面,又指出,人可以控制自然,改造自然,又批判了因循自然的宿命论。他比较正确地处理了天人关系的问题。这是荀况在哲学史上的一个最大的贡献。荀况的《天论篇》,是战国时代生产技术和科学知识发展的产物。他的人定胜天的思想,解放人的思想,解放生产力,这又适合了地主阶级发展生产的积极的要求。

以这样的唯物主义的自然观为根据,荀况对于古代的迷信,进行了坚决的斗争。古代的巫术和迷信中有"形法",其中的一种就是"相人",认为观察一个人的相貌和骨骼,就可以知道一个人的贵贱、祸福。荀况作《非相篇》批判了这种迷信。他说:"相人,古之人无有也,学者不道也。"又说:"故相形不如论心,论心不如择术。形不胜心,心不胜术。术正而心顺之,则形相虽恶而心术善,无害为君子也;形相虽善而心术恶,无害为小人也。君子之谓吉,小人之谓凶。"荀况这里所说的"术",就是一个人的思想方法和他在行为上所遵循的道路。一个人如果选择了正确的思想方法和正确的道路,这就可以成为一个善人;善人也就是吉人。至于形相是个什么样子,那是没有关系的。反之亦然。

当时人对于自然界偶然出现的不正常现象有很大的迷信,认为自然界的不正常现象就是社会中将有灾祸的预兆。荀况批判了这种迷信。他说:"星坠、木鸣,国人皆恐,曰:是何也?曰:无何也。是天地之变,阴阳之化,物之罕至者也。怪之可也,而畏之非也。"(《天论篇》)这就是说,像"星坠、木鸣"这一类的事情,也还是在自然规律之内的,不过是不常出现。人们看见这种现象觉得奇怪,这是可以的。若对于它有所畏惧,那就错了。

荀况又指出,社会的"治乱"与"天"没有关系,因为日月星辰的运行,在禹的时候和在桀的时候是完全相同的,可是在禹的时候社会就"治",在桀的时候社会就"乱";与"时"也没有关系,因为春、夏、秋、冬的运行,在禹的时候和在桀的时候,也完全是一样的;与"地"也没有关系,因为无论在禹或在桀的时候,任何生物都是有了地就能生存,没有地就要死亡(同上)。

荀况又确定无鬼说(见下文)。他是一个战斗的无神论者,对宗教、迷信的批判在当时达到很高的水平。

总起来说,荀况认为,人的吉凶、祸福完全是人自己行为的结果。人只要自己努力,发挥自觉能动性,他就可以战胜自然界,得到自己的幸福。他说:"疆本而节用,则天不能贫。养备而动时,则天不能病。修道而不贰,则天不能祸。故水旱不能使之饥(原作"饥渴",依刘台拱校改),寒暑不能使之疾,祆怪不能使之凶。"(《天论篇》)"人定胜天",荀况是深信不疑的。

荀况的唯物主义思想在先秦是最彻底的,但是也有一定的局限性。

在荀况划分"天"和"人"的界限的时候,他认为人的感觉器官("天官")和思维器官都是自然界的产物;在一定意义下,这是对的。但是他认为,这些器官的发展也纯粹是自然方面的事情,完全是属于"天"的一方面,这就不对了。人类的进步主要是依靠生产劳动。在这种社会实践中,人不断地发展他的各种感觉器官,所以感觉器官的发展,是和社会实践分不开的。至于人对于自然界的认识,更是在社会实践中逐步完善起来。荀况很重视社会组织,可是他所强调的只是封建社会统治者的社会秩序和被统治者与统治者之间的隶属关系。在这一点上,荀况充分暴露了他的地主阶级的本质。

第六节 荀况的反映论的认识论和思想方法

在战国时代"百家争鸣"的高潮中,荀况通过对各家学说的批判,也着重地研究了认识论的问题。

荀况的认识论也是中国哲学史的辉煌的一页。他接受以前唯物主义认识论的一些正确的观点而又加以提高和发展。他说:"凡以知,人之性也;可以知,物之理也。"(《解蔽篇》)这是"明于天人之分"的原则在认识论上的应用。根据这个原则,荀况明确了人的主观认识能力和认识对象的关系。荀况又说:"所以知之在人者谓之知,知有所合谓之智。"(《正名篇》)"所以知之在人者"即人所有的认识能力;"有所合"即是与外物,即认识对象相接触。人的认识能力与认识对象相接触,即有认识发生。这里所谓"智"即指认识。

这个基本的唯物主义的反映论观点,是墨经中所已有的。墨经也讲到人的能知的才能,但什么是人所有的能知的才能,墨经讲得不够具体。荀况明确地指出这些才能就是人的感觉器官("天官")和思维器官("天君")。他认为,人对于外界的不同事物的认识,都起始于人的各种感官所有的不同的感觉("缘天官")。从眼感觉到各种不同的形体颜色,从耳感觉到各种不同的声音,从口感觉到甘、苦、咸、淡等滋味,从鼻感觉到香、臭、腥、臊等气味(《正名篇》)。荀况肯定认识的本源是外物,也肯定从感觉器官得来的对于外物的感觉是认识的初级形式。

感觉仅能反映外物的态貌,可是人的认识并不停止于此。荀况指出,还需要思维的器官,"心",加以辨别、证明;经过辨别、证明的认识,荀况叫"征知"。我们的眼与一树相接触,不但能感觉其态貌并知其为树,这就是"征知"的作用。"征知"必须以感觉所得的材料为根据。荀况说:"征知必待天官之当簿其类,然后可也。"(同上)"五官"各有所接受的对象:眼能接受形状;耳能接受声音。每一种感觉器官接受与其相当的对象并将其按类记录下来("当簿其类")。在这样的基础上,心才可以有"征知"。

荀况说:"五官簿之而不知,心征之而无说,则人莫不然谓之不知。"(同上)这就是说,对于外物,"五官"虽接受而不能使感觉上升为知觉。"心"加以辨别使感觉上升为知觉,但如果不能加以说明,这还不算完全的知识。

知道树是树,认识就从感觉上升到知觉。有了知觉,就有言语,也就有概念。荀况说:"凡同类同情者,其天官之意物也同。故比方之疑似而通,是所以共其约名以相期也。"(同上)这就是说,人的感官是相同的,所以对于外物有相同的反映,由相同的感觉得到相同的知觉。可是知觉与外物还不是完全相同,只是比方相似。但既有外物以为共同的基础,人的认识基本上是可以相通的。所以人就互相约定给某种知觉以某种名字。这样人就可以互相了解。

荀况认为感觉和知觉是外界的反映。反映就是一种摹写,就是所谓"比方"。他的认识论是以反映论为基础的。

荀况承认,人的感觉有时可能错误。因时间、地点或其他条件,感官对于同一事物,可能有不同的或错误的反映。荀况举例说:在夜间走路,可以把一块大石当作老虎,把树当作人。但是人的心可以认识到,这是由于黑夜使眼不能充分发挥作用。用手指按眼,用手掩耳,可以把一个东西看成两个东西,把很小的声音听成很大的声音。但是人的心也可以认识到,这是由于感官受了扰乱(《解蔽篇》)。这就是说,心对于错误的感觉,有校正的作用。

依据以上的观点,荀况揭露了有鬼论思想的错误根源。他说:"夏首之南有人焉,曰涓蜀梁。其为人也,愚而善畏。明月而宵行,俯见其影,以为伏鬼也;仰视其发,以为立魅也;背而走,比至其家,失气而死,岂不哀哉。"(同上)这是说,"鬼"是由于人心有所畏惧而形成的一种幻觉。他又说:"凡人之有鬼也,必以其感(撼)忽之间,疑玄(眩)之时,正(定)之,此人之所以无有而有无之时也。"(同上)这就是说,人的心在恍惚疑惑的时候,就可能把本来没有的东西认为是有,把本来有的东西认为是无。说人看见鬼,正是把本来没有的东西认为是有。在这种情况下,就需要依靠心的作用加以纠正。这实际上是从认识论方面批判了墨翟的有鬼论。荀况肯定思维("心")在认识中的地位和作用,克服了墨翟的单纯经验论的狭隘性和片面性。

荀况说:"不闻不若闻之;闻之不若见之;见之不若知之;知之不若行之。学至于行而止矣。行之,明也,明之为圣人。……故闻之而不见,虽博必谬;见之而不知,虽识必妄;知之而不行,虽敦必困。"(《儒效》篇)荀况在这里指出"行"在认识中的重要性。荀况指出,从别人的经验("闻")得来的知识,不如从亲身经验("见")得来的知识。一个人虽有某种经验但对于它未必能有了解("知"),所以"见"还不如"知"。或者虽有了解而还不能实行("行"),这样的知识还不是十分明确。只有能够实际运用的知识才是完备的知识。如果仅"闻"而不"见",所闻虽多,也必有荒谬;仅"见"而不"知",虽经验很多,也必然有虚妄;仅"知"而不"行",虽了解切实,也还是不免于失败。荀况所说的"行"还只是个人在道德方面的"身体力行",其所谓道德也是剥削阶级的道德;这不是我们所谓实践。但是他认识到,与实际行动没有联系的知识不能算完整的知识。这是唯物主义的论点。

荀况说:"善言古者必有节于今;善言天者必有征于人;凡论者,贵其有辨合,有符验。故坐而言之,起而可设,张而可施行。"

(《性恶篇》)这是说,对于一种言论,必须从各方面考验,看其是否合于客观实际。考验的最后标准是"可施行"。这与墨翟的"三表"是相合的。

荀况的认识论的另一个重要论点是,反对认识过程中的片面性和主观性。他认为,当时各家的学说的共同的缺点在于只见到问题的一个方面,因此都不能得到真理。他作有《解蔽篇》专讨论这个问题。《解蔽篇》开始就说:"凡人之患,蔽于一曲而暗于大理。""一曲"就是局部,"大理"就是全面。很多的人往往都不知道全面地看问题。他们只片面地看问题,只看见局部,看不见全体,只看见树木,看不见森林。他们并且坚持自己的看法,不容纳异己的意见。正是如荀况所说的"私其所积,唯恐闻其恶也;倚其所私以观异术,唯恐闻其美也"(《解蔽篇》)。这样,他们当然要"蔽于一曲而失正求"(同上)。

荀况接着说:"故为蔽,欲为蔽,恶为蔽,始为蔽,终为蔽,远为蔽,近为蔽,博为蔽,浅为蔽,古为蔽,今为蔽,凡万物异则莫不相为蔽。此心术之公患也。"(同上)"凡万物异则莫不相为蔽"这句话接触到一个辩证法的真理。事物之间的每一个差异,都因这个差异而构成一对矛盾的对立面。人在认识这对矛盾面的时候,往往都只看见矛盾面的一方而看不见其对立的一方。正因其看见一方,所以为这一方所"蔽"而更看不见其对立的一方。荀况所举的"欲"、"恶","始"、"终"等都是矛盾着的对立面。有人对于一件事情,只看见其可欲的一面,而不知其可恶的一面;正因为他只看其可欲,所以为其所"蔽",而更看不见其可恶的一面。荀况指出,客观的事物是复杂的,人所欲的利跟人所恶的害经常是联系在一起的。他说:"凡人之取也,所欲未尝粹而来也;其去也,所恶未尝粹而往也。"(《正名篇》)就是说没有绝对纯粹的东西,因一个东西有利而取它,可是它并不是纯粹可欲的东西;因一个东西有害而去它,可是它也并不是纯粹可恶的东西。因此荀况指出,人对于事物的认识必须全面。"见其可欲也,则必前后虑其可恶也者;见其可利也,则必前后虑其可害也者;而兼权之,孰(熟)计之,然后定其欲恶取舍,如是,则常不失陷矣"(《不苟篇》)。荀况指出,如果只见一事的可欲而不见其可恶,只见其利而不见其害,那就是"偏"。他说:"凡人之害,偏伤之也。"(同上)偏就是片面性,认识有片面性,就必然为其所"蔽"。

荀况主张"解蔽",和宋轻、尹文主张"去宥"是相同的。"宥"即"囿",也就是"蔽"。不过宋、尹"别宥"只着重主观方面。荀况则更多地注重客观方面的情况。他所举的五项矛盾对立面,其"欲、恶"是主观方面的事情;"始、终"等四项都是客观方面的情况。这也是荀况的唯物主义思想的一种表现。

荀况所谓"心术"其实就是思想方法。"心术"二字,专从字面看,也可以翻译为思想方法。荀况说,"蔽于一曲"是"心术之公患",就是说,这是人的思想方法所共同有的毛病。

荀况接着说:"圣人知心术之患,见蔽塞之祸,故无欲、无恶、无始、无终、无近、无远、无博、无浅、无古、无今,兼陈万物而中县(悬)衡焉。是故众异不得相蔽以乱其伦也。"(《解蔽篇》)"兼陈万物"就是说,要从各方面看问题。只从各方面看还不够,还必须自己能从对各方面的观察作出判断和结论。这就必须掌握一种原则作为判断的标准。这个原则和标准就是所谓"衡"。能这样做,事物之间的复杂矛盾现象("众异"),就不能互相隐蔽而自乱其类,伦就是类。

"衡"也就是"权",就是"欲、恶、取、舍之权"(《不苟篇》)。荀况认为,可以作为正确的"权"的就是"道"。他说:"道者,古今之正权也。离道而内自择,则不知祸福之所托。"(《正名篇》)"道"在这里的意思是真理。就荀况说,真理的具体内容,就是封建的道德标准和当时对于事物的知识。荀况认为,"道"是客观的标准。如果离开了客观的"道",而专凭主观的见解以作判断,这就是"离道而内自择"。"内"就是主观。荀况反对片面地看问题,也反对主观地看问题。荀况指出,专凭主观还是要"偏",还是不能清楚地分别祸福。因为可欲的东西之中也常有祸("祸托于欲"),可恶的东西之中也常有福("福托于恶")。离了"正权"是很难分析清楚的。

"道"是客观的,人要掌握它,还须依靠"心"的作用。荀况说:"何谓衡?曰:道。故心不可以不知道。心不知道,则不可道而可非道。"(《解蔽篇》)就是说:"心"所作的判断必须以"道"为根据。如果心不知"道",它就会作出错误的判断,以本来合乎"道"的为不可,以本来不合乎"道"的为可。这就要陷入错误。

荀况说:"人何以知道?曰:心。心何以知?曰虚壹而静。"(同上)"虚壹而静"是"心"知"道"的必要条件。这里表明荀况所受稷下黄老学派的影响。

稷下黄老学派吸取老聃的"无为而无不为"的思想,发挥出一种关于君上统治臣下的方法的理论。从这种理论也可以得出一种认识论的结论。荀子的认识论受了这种结论的影响,吸取其正确部分,抛弃了其不正确的部分。稷下黄老学派说:"心而无与于视听之事,则官得守其分矣。"(《管子·心术上》)荀况也说,耳目等是"天官",心是"天君"。但是心不能不"与于视听之事"。他说:"心不使焉,则白黑在前而目不见,雷鼓在侧而耳不闻,况于蔽(原作"使",依俞樾校改)者乎。"(《解蔽篇》)又说:"心有征知。征知则缘耳而知声可也,缘目而知形可也。"(《正名篇》)这就是说,没有心的注意,就不可能有感觉,没有心的综合,就不可能把感官所得的感觉上升为知觉。稷下黄老学派所说的这些话,本来是用以比喻君上不可预于臣下之事,但作为认识论的理论看,则是错误的。

稷下黄老学派主张"不以物乱官,不以官乱心"(《管子·内业》),不要感觉等知识去扰乱心,这样心就可以保持虚静和专一的状态。有了这种状态,"精"就可以来了。"敬除其舍,精将自来"(同上)。荀况的唯物主义自然观不用稷下黄老学派的精气说。他也说:"心者,形之君也,而神明之主也。"(《解蔽篇》)可是他所说的"神明"并不是"精气",而是心所发生的作用。荀况也认为心要保持"虚壹而静"的状态。但是他认为,这并不是为使"精将自来",而是为的更好地反映外物。因此他所说的"虚壹而静",与稷下黄老学派所说的不同。他是批判地继承稷下黄老学派所主张的虚、静和专一。

荀况说:"心未尝不臧也,然而有所谓虚……。人生而有知,知而有志;志也者臧也。然而有所谓虚;不以所已臧害所将受,谓之虚。"(同上)稷下黄老学派说:"虚者,无臧也。"(《管子·心术上》)他们认为必须心里绝对地空空洞洞,才能算是虚。他们说这话,主要的也是说,君上对于事情不可先有成见,要完全任臣下之自为,但作为一个认识论的理论说,这样的心理状态是不可能的。

荀况认为虚和藏并不是绝对地对立的，只要不以所已有的知识妨碍将要接收的知识就是"虚"。荀况认为，人的知识和道德品质都是逐渐积累起来的。他说："积土成山，风雨兴焉。积水成渊，蛟龙生焉。积善成德，而神明自得，圣心备焉。故不积跬步，无以致千里；不积小流，无以成江海。"（《劝学篇》）积累其实就是"藏"。在一定条件下，"藏"有助于接受新的东西，在一定条件下，也有害于接受新的东西。荀况注重积累，又注重"虚"，其意思是，"不以所已臧害所将受"。

荀况又说："心未尝不两（原作"满"，依杨倞注）也，然而有所谓一。……心生而有知，知而有异；异也者，同时兼知之；同时兼知之，两也。然而有所谓一，不以夫一害此一，谓之壹。"（《解蔽篇》）稷下黄老学派说："专于意，一于心。"（《管子·心术下》）又说，"持而待之，空然勿两之。"（《管子·白心》）荀况也是注重专一的，他说："行衢道者不至；事两君者不容。目不能两视而明；耳不能两听而聪，……故君子结于一也。"（《劝学篇》）但是他认为，一和两并不是绝对地对立的。"一"是指认识或学习一件事情说的。人所要认识或学习的不只一件事情（"知而有异"）。对于这些事情，可以"同时兼知之"。知彼一件事情须要彼一个一（"夫一"）；知这一件事情需要这一个一（"此一"）。荀况注重"两"，也注重"一"；其意思是"不以夫一害此一"。

荀况又说："心未尝不动也，然而有所谓静。……心卧则梦，偷则自行，使之则谋；故心未尝不动也，然而有所谓静，不以梦剧乱知，谓之静。"（《解蔽篇》）稷下黄老学派认为"静乃自得"，"静则不变，不变则无过"（《管子·心术上》）。荀况认为动和静不是绝对地对立的；心不能不动。荀况说："心者，形之君也，而神明之主也，出令而无所受令。"（《解蔽篇》）照上面所讲的，心有综合过去经验和现在经验的作用，有校正错误的作用。还有掌握"正权"，指导行为的作用。它所发生的作用就是它的动。心是经常动的，但是不以胡思乱想扰乱正常的思想活动，就是静。

荀况这样继承了稷下黄老学派所说的"虚一而静"在认识论上的含义，但批判了它的极端性和片面性。他认为"虚一而静，谓之大清明"（《解蔽篇》）。"大清明"也是稷下黄老学派的名词。他们说："鉴于大清，视于大明"。（《管子·内业》）

荀况认为，如果心能保持这种"大清明"的状态，就可以认识事物全面的情况，而不为片面所"蔽"。荀况的认识论的这些论点，大部分都是正确的，他的《解蔽篇》集中地讨论了关于真理性质问题，实际上是从认识论的角度，对当时的"百家争鸣"作了一个总结。因此，他的认识论更多地带有唯理论的倾向。也正因如此，他的认识论也有很多的缺点。

第一，他把"大清明"的作用夸大了，据他说，"心"得了"大清明"之后，"万物莫形而不见，莫见而不论，莫论而失位。坐于室而见四海；处于今而论久远。疏观万物而知其情；参稽治乱而通其度。经纬天地而材官万物；制割大理而宇宙里（理）矣"（《解蔽篇》）。荀况这一段话的意思，也还是说，如果"心"有了"大清明"，就可以正确地反映外界（"万物莫形而不见"），也就可以有效地统治外界事物（"经纬天地而材官万物"）。这个思想基本上还是反映论的。但是，要达到这些目的，还需要一定的过程。包罗一切的绝对真理，也仅只是人类在认识世界的过程中的一个奋斗的目标。照荀况的说法，只要"心"有了"大清明"，似乎就可以无所不知，无所不能。这就过分地夸大了"心"的作用，这是受了道家神秘主义的影响。

荀况接着说："心者，形之君也，而神明之主也。出令而无所受令。自禁也，自使也，自夺也，自取也，自行也，自止也。"（同上）人类意识以人的身体为其存在的物质基础，这也是荀况所主张的。他说："形具而神生。"（《天论篇》）反过来，在一定条件下，意识对于身体也有主宰的作用。不过意识的活动也是受一定规律的支配，经常为身体的情况所影响，也为外界的事物所制约。照荀况的这个说法，心的领域好像成了一个不受任何影响的独立王国。这显然也是夸大了"心"的作用。这和他的政治思想强调君权的重要是相联系的。

第二，荀况很注重人的主观能动性，但是他讲到"虚一而静"的时候，还是认为心在这种状态下，只是消极地接受外物。当然，对于外物的认识就是对于外物的反映，不过反映也是一种积极的作用。荀况说："故人心譬如槃水，正错而勿动，则湛浊在下而清明在上，则足以见须眉而察物理矣。"（《解蔽篇》）庄周也有这样的说法。庄周说："水静则明烛须眉，平中准，大匠取法焉。水静犹明，而况精神！圣人之心静乎！天地之鉴也，万物之镜也。"（《庄子·天道》）这都是认为心在"虚一而静"的状态下，只是消极地反映外界，好像一面镜子；这是不正确的。不过荀况在别处的主要论点还是认为，心在人的认识中的作用是积极的，主动的。它对外界的反映包括了许多分析、综合和判断的作用，与镜子和水的反映完全不同。

这是由于荀况虽然了解到动与静不是完全对立的，但是还没有了解到动与静的相矛盾而又相互为用的辩证关系。他对于"虚"和"壹"的了解，也有这种情况。他比稷下黄老学派进了一步，但是他还没有了解到，"所已臧"和"所将受"、"夫一"与"此一"的相矛盾而又互相为用的辩证关系。荀况只注意到"所已臧"可以不"害所将受"，"夫一"可以不"害此一"。但是，他还没有注意到有许多的"所已臧"正是"所将受"的准备条件；在许多条件下，彼一与此一可以互相启发，互相补充。荀况对于"虚一而静"，主要的还是从消极方面了解。在这一方面，他是批判地接受稷下黄老学派的思想；但是批判的还不够彻底，因此接受的还不完全正确。

第三，荀况的关于"解蔽"的理论有辩证法的因素，但是他的思想方法也有其形而上学的一面。他认为自然界与社会中的变化都是循环的，变来变去总还是一个样子。他说："天地始者，今日是也。百王之道，后王是也。"（《不苟篇》）他所说的后王，就是周王。他说："欲知千岁，则数今日；欲知亿万，则审一二；欲知上世，则审周道。"（《非相篇》）他从新的地主阶级的立场出发，认为社会虽然有变化，但是变之中有不变者；不变者是基本的。他说："百王之无变，足以为道贯；一废一起，应之以贯。"（《天论篇》）他认为这个不变，可以应万变。

因此荀况认为，只用演绎类推的方法，就可以知道和应付自然界及社会中的变化的事物。这种方法他称"术"。他认为"操"了这个"术"，就可以"治海内之众，若使一人"，因为"千万人之情，一人之情是也"。"故操弥约而事弥大。五寸之矩，可以尽天下之方也。故君子不下室堂，而海内之情举积此者，则操术然也"（《不苟篇》）。

《吕氏春秋》也有类似的说法,它说:"故察己则可以知人,察今则可以知古。古今一也。人与我同耳。"(《察今篇》)

这种"术"的理论根据是"类不悖,虽久同理"(《非相篇》)。所以可以"以类行杂,以一行万"(《王制篇》)。"以近知远,以一知万"(《非相篇》)。他的这种见解,有其合理的部分。"类"和"一"是一般,"杂""万"是个别。知道一般,在一定程度上也知道个别。但个别也还有它的特殊情况,不包括在一般之内。照荀况的见解,只要知道一般,就不必对于具体事物作具体的研究和分析。这是形而上学的思想方法。他还认为"千万人之情,一人之情是也"。这"一人之情",就是统治者自己的"情"。他说:"圣人以己度者也。"(《非相篇》)他认为统治者专从自己的主观的"情"作类推,就可以"不下室堂而海内之情举积此",这又是主观主义的方法了。

毛泽东同志说:"形而上学家认为,世界上各种不同事物和事物的特性,从它们一开始存在的时候就是如此。后来的变化,不过是数量上的扩大或缩小。他们认为一种事物永远只能反复地产生为同样的事物,而不能变化为另一种不同的事物。"(《矛盾论》,《毛泽东选集》第一卷,人民出版社第二版,二八九页)荀况的思想方法恰好就有这样的一面。

荀况认为人不必深入研究自然。他说:"其("圣人")于天地万物也,不务说其所以然而致善用其材。"(《君道篇》)又说:"凡以知,人之性也;可以知,物之理也。以可以知人之性,求可以知物之理,而无所疑(凝)止之,则没世穷年不能遍也。其所以贯理焉,虽亿万,已不足以浃万物之变,与愚者若一。"(《解蔽篇》)他的狭隘的实用观点不知道，了解自然和统制自然是分不开的，如果不知万物之所以然，就不能"善用其材"。他认为，事物的规律（理）都是可以认识的，人又都有认识这些规律的能力，这是唯物主义的命题。可是他又认为，人无论如何不能对于自然界有完全了解（"浃万物之变"），虽有很多的了解但还是"与愚者若一"，所以倒不如不求很多的了解。这种论证也是他的形而上学的思想方法的表现。

第七节　荀况的逻辑思想

荀况在反对当时诡辩学说的斗争中，进一步发展了古代的逻辑思想。荀况有《正名篇》，讨论与逻辑有关的问题。他分名为四种，一刑名，即刑法上用的名词；二爵名，即分别封建等级的名词；三文名，即封建社会礼节上用的名词；四散名，即一般事物的名称。关于名的讨论，荀况提出三个问题：一，"所为有名"；二，"所缘以同异"；三，"制名之枢要"。

关于第一个问题，即为什么要有名。荀况说：因为社会上有贵、贱的等级；事物有同、异的分别。如果没有名来表示这些等级与分别，一个人的意思就不能使别人了解（"志必有不喻之患"），而社会上的事情也就没法进行（"事必有困废之祸"）。所以要"制名以指实，上以别贵贱，下以别同异。此所为有名也"（《正名篇》）。

荀况认为"别贵贱"是名的主要作用；"别同异"是次要的。

这是儒家"正名"思想的传统，是荀况从儒家带来的包袱。孔丘所讲的"正名"，主要的是就政治和道德方面说的。荀况把孔丘的"正名"的范围扩大了。他说："君君，臣臣，父父，子子，兄兄，弟弟，一也；农农，士士，工工，商商，一也。"（《王制篇》）"君君，臣臣"等是关于社会、家族中的等级，"农农，士士"等是关于社会中职业的分工。孔丘所讲的"正名"只包括前者；荀况所讲的"正名"，也包括后者。在《正名篇》中，荀况又把"正名"扩充到关于"名"的一般的讨论，"正名"又有了逻辑的意义。这是荀况对于儒家的"正名"理论的改造。

荀况主要的贡献，在于他坚持"制名以指实"的理论。这就是认为"实"是首要的，第一性的；"名"是从属的，第二性的，是为"实"服务的。墨经说："名，实谓也。"荀况的论点与墨经是相同的。这都是唯物主义的论点。荀况正名的理论，虽然是带了一些儒家的包袱，但是它接受了墨家的唯物主义的逻辑思想，纠正了孔丘认为"名"可以校正"实"的唯心主义思想，也反驳了公孙龙认为"名"可以离开"实"而独立存在的唯心主义思想。

上文我们已经谈到，荀况认为人的认识开始于感觉。人的感官与外物接触有或同或异的感觉，因此人知道外物也有同有异（详上第七节）。外物就是"实"。"异实"就给它"异名"，"同实"就给它"同名"。这就是为什么要有同名和异名（"所缘以同异"）。

荀况又说，一个字就可以使人知道某一"实"的，就用一个字的名；这就是"单名"。两个字才可以使人知某一"实"的，就用两个字的名；这就是"兼名"。又说：名有"共名"与"别名"的不同，要想举一类东西而言，就用"共名"。要想举一类中的一部分东西而言，就用"别名"。一类的东西之上，还可以有更大的类，所以一个"共名"之上，还可以有更大的"共名"，"推而共之，共则有共，至于无共然后止"（《正名篇》）。最大的"共名"就是"物"，"故万物虽众，有时而欲遍举之，故谓之物"（同上）。"物"就是最高的类。一类的一部分之中，还可以有部分，所以"别名"之下，还可以有"别名"，"推而别之，别则有别，至于无别然后止"（同上）。至于无别的名，就是个别事物的名字，例如北京、上海。一类东西的名对于比它高的"共名"说，也是"别名"，但是这种"别名"与个体的名字又有不同，所以荀况称为"大别名"。荀况说："万物虽众"，"有时而欲徧（俞樾曰：此"徧"字乃"偏"字之误）举之，故谓之鸟兽，鸟兽也者大别名也"（同上）。

荀况对于名的这种分别，与墨经是一致的。荀况所说的"大共名"，墨经称为"达名"。荀况所说的"大别名"，墨经称为"类名"。荀况所说的"至于无别"的"别名"，墨经称为"私名"。

荀况在这里所讨论的问题，就是单一、特殊和普遍的关系问题。普遍就是现实事物客观存在的共同性，这就是荀况所说的"共名"之所指的。一切现实事物客观存在的共同性，就是荀况所说的"大共名"之所指的。单一是自然界和社会中的各个事物现象、过程和实践，这就是荀况所说的"别名"之所指的。特殊是单一和普遍之间的联系环节，对单一说，特殊是普遍，对普遍说，特殊是单一，这就是荀况所说的"大别名"之所指的。

荀况说："物有同状而异所者，有异状而同所者，可别也。状同而为异所者，虽可合，谓之二实。状变而实无别而为异者谓之化，有化而无别，谓之一实。"（《正名篇》）譬如说，有两匹马，形状相同，可是占了两个地方的空间，在形状上说虽然可以相合，但是还要认为是两个"实"。又譬如一匹马，从幼到老，虽然形状上有所不同，但是只占一个地方的空间，它的形状虽然有变化，但是还要说是一个"实"。

把"实"的各种情况分析、研究以后，就可以"制名以指实"。"名"是随"实"的改变而改变的。"实"有改变或出现了新的"实"，就应该制定新的名，"有作于新名"（同上）。什么"名"指什么实，本来是没有一定的。荀况说："名无固实，约之以命实。约定俗成，谓之实名。"（同上）例如，马本来也可以称为狗，狗本来可以称为马。可是在制名的时候，大家有个共同的谅解，马叫马，狗叫狗；后来大家都是这样叫，成为习惯。以后，再叫马是狗，狗是马，那就是错误的了。荀况认为："名无固实"，但"有固善，径易而不拂，谓之善名"（同上）。就是说，简单明了使人易解的"名"是好的。荀况认为什么"实"用什么"名"，是由于"约定俗成"。荀况的这个思想，表示他认为"名"是社会的产物，是具有社会性的，也表示他承认，"实"是固有的，是第一性的；"名"是人为的，是第二性的。这些观点都是唯物主义的。荀况认为这些就是制定"名"所根据的原则（"制名之枢要"）。

有了名，人就可以表达思想，进行辩论。荀况说："名也者，所以期累（当作"异"）实也。辞也者，兼异实之名以论一意也；辨说也者，不异实名，以喻动静之道也；期命也者，辨说之用也；辨说也者，心之象道也；心也者，道之工宰也；道也者，治之经理也。心合于道，说合于心，辞合于说；正名而期，质请（情）而喻；辨异而不过，推类而不悖；听则合文，辨则尽故；以正道而辨奸，犹引绳以持曲直。是故邪说不能乱,百家无所窜。"(《正名篇》)这是荀况的一个逻辑思想体系。

在自然界和社会中,有很多不同的事物,这就是"异实"。有了异实,就需要不同的"名"以为表示〔"名也者,所以期累(异)实也"〕。把不同"实"的"名"连系在一起,说明一个意思,这就叫"辞",也就是命题("辞也者,兼异实之名以论一意也")。《正名篇》的这一段的上文说:"实不喻然后命,命不喻然后期,期不喻然后说,说不喻然后辨。"这四句中第一句是说的"名"的作用,"命"就是给一种"实"一个"名"。第二句是说"辞"的作用;只用一名还不能使人了解,这就要用"辞"。第三句中的"说",可能就是墨经所说"以说出故"的"说"。只有一"辞"还不能使人了解,这就要举出理由("故");这相当于形式逻辑的三段或因明的四支。这样还不能使人了解,这就需要"辨",就是大段的辩论。一个名所指的"实",有它在运动中和静止中的各种情况和规律。对于这种情况和规律作充分的叙述和讨论,就是"辨说"("辨说也者,不异实名,以喻动静之道也")。"不异实名"就是说,一个"辨说"所叙述和讨论的,是同一事物,是一个主题。"辨说"的作用,是使人了解("期命也者,辨说之用也")。"辨说"所作的叙述和讨论,是心对于某一事物所作的分析和研究的表现,也就是心作的分析、研究的形象和道路("辨说也者,心之象道也")。荀况认为,"辨说"必以"道"为标准,"道"是政治的原则("道也者,治之经理也"),"辨说"是为政治服务的。掌握和了解"道"的是心,所以说:"心也者道之工宰也。"

荀况认为,正确的"辨说"必须合乎下面的条件:心的认识跟

"道"相合（"心合于道"）。所立的"说"跟心的认识相合（"说合于心"）。所有的命题跟主题相合，为主题服务（"辞合于说"）。所用的名词都能正确地表示事物（"正名而期"），能反映实际情况并且易于了解［"质请（情）而喻"］。分析和类推都合乎规律（"辨异而不过，推类而不悖"）。听取别人的话，能够吸取它的合理的一部分（"听则合文"）。发表自己的主张，要把原因和根据都讲出来（"辨则尽故"）。这是荀况对于一个正确的合乎逻辑的思考和辩论的总的要求。

从上面所讲的看起来，荀况的逻辑思想，有一根红线贯穿于其中；那就是认为，客观实在是基本，是第一性的；名、辞和辨说都必须以客观实在为基础，是第二性的。在这一点上，荀况的唯物主义思想是很彻底的。

在战国时期，百家争鸣，各家往往滥用逻辑理论，作出一些诡辩。荀况根据他的逻辑理论，对于这些诡辩作了批判。他称这些诡辩为"惑"，把这些"惑"分为三种。

第一种是"惑于用名以乱名"。荀况所举的例是，"见侮不辱"；"圣人不爱己"；"杀盗非杀人也"；前一条是宋钘、尹文的主张；后二条是墨经的主张。其实，"侮"这个名就包括有辱的意义，受侮就是受辱。"盗"这个名，也包括有是人的意义，说盗就是说是人而为盗。硬说，"见侮不辱"，"杀盗非杀人"，这里所谓"侮"和"盗"虽然在名词上和一般人所谓"侮"和"盗"相同，但是所指的概念已不同了，概念已被偷换了。《墨子·大取》篇说："伦列之爱己，爱人也"，所谓"人"，如果指人类，"己"当然也在其中，但是与"己"相对的"人"，只能指与"己"相对的"别人"，

"己"不可能包括于其中。这两个"人",字相同而所指的概念不同。凡是概念不同的"名",虽表面上相同而实际上是另外的"名"。用另外的"名"以扰乱原有的"名";就是"用名以乱名"。荀况说:"验之所以(王引之曰:"以"字衍)为有名而观其孰行,则能禁之矣。"就是说,有名为的是使大家可以互相了解;只要看大家对于某一名所承认的究竟是哪一意义("孰行"),这种"惑"就可以禁止了。

第二种是"惑于用实以乱名"。荀况所举的例是,"山渊平";"情欲寡";"刍豢不加甘,大钟不加乐"。第一条是惠施的主张;第二条是宋钘、尹文的主张;第三条是墨翟的主张。就个别的情况说,譬如在海拔线低的地方的山,跟海拔线高的地方的渊,可能是相平的;也可能有个别人,情是欲寡而不欲多;也可能有个别的人不喜欢吃肉、听音乐。但是就一般情况说,山总是比渊高;人的情总是欲多而不欲寡;人总是喜欢吃肉和听音乐。名所概括的是一般,具体的实则是个别。这些诡辩用个别的例外,反对一般规律,以"偏"概括"全";也就是,以名的外延的某些特殊情况歪曲名的内涵的意义。这都是"用实以乱名"。荀况说:"验之所缘无(王懋竑曰:"无"字衍)以同异,而观其孰调,则能禁之矣。""缘"就是"缘天官"之缘。就是说,只要用感官直接观察事物之间的同异,就可以看出哪些是符合事实的("孰调");这种惑就可以禁止了。

第三种是"惑于用名以乱实"。荀况所举的例是,"非而谒楹";"有牛马非马也"。这两条都见于墨经("非而谒楹"墨经作"若矢过楹")。前一条的意思不清楚。后一条的意思是说,有一个牛马群,按"名"说,这是个"牛马群",所以既非牛也非马。但是,按"实"说,其中也有牛也有马。如果因为这个群名"牛马群",所以其中就不能有牛也不能有马,这是以"全"否认"偏";也就是,以名的内涵的抽象意义歪曲名的外延的实际情况,就是"用名以乱实"。荀况说:"验之名约,以其所受,悖其所辞,则能禁之矣。"就是说,只要看"牛马群"这个名的约定俗成的用法,用大家所接受的用法,指出这种诡辩的悖乱,这种惑就可以禁止了。

荀况说:"凡邪说辟言之离正道而擅作者,无不类于三惑者矣。"(以上均见《正名篇》)就是说,所有的错误的言论,归总起来,总不出乎这三种类型。用逻辑的话说,这三种类型就是,偷换概念,以偏概括全,以全否认偏。

荀况认为名是由"王"制定的。在开始制定的时候,什么"实"用什么"名",本来没有一定。但是既经"约定"而且"俗成"之后,那就成为"正名"不能随便改动。照他的看法,"析辞,擅作名,以乱正名"的人,就是"大奸"。"其罪犹为符节度量之罪也"(《正名篇》)。因为他认为"乱正名"的结果是,"使民疑惑,人多辩讼"(同上),所以他要禁止这种"大奸",使"民莫敢托为奇辞以乱正名";这样,"其民愨;愨则易使,易使则公(功)"(同上)。这是荀况"正名"的政治目的。他毫不隐讳地说出他的政治目的。

荀况确切看到思想斗争在阶级斗争中的重要作用。他也确切认识到名是表达思想的必要工具。他要把制名之权归之于"王",使统治者能统一思想,只提倡他所需要的思想。这是当时社会上、政治上统一的趋势的反映,也是荀况为封建社会的统治者想出来的维护统治权的一种方法。

第八节　荀况的社会思想

上面讲到荀况所说的"天人之分"。荀况认为属于"人"这一方面的最重要的东西，就是有"义"。他说："水火有气而无生，草木有生而无知，禽兽有知而无义。人有气，有生，有知，亦且有义。故最为天下贵也。"（《王制篇》）这段话说明，荀况接触到物质发展的诸阶段的问题。"有气而无生"是无机物；"有生而无知"是一般的有机物。由有生到有知，由有知到有义（社会组织）是有机界发展的阶段。有社会组织是人类从动物界分出的进一步的发展。高级形式包括低级形式；"人有气，有生，有知亦且有义"。荀况的这段话可能有这样的不自觉的含义，但是他所注重说明的，是人与自然物之间的本质的区别。

荀况认为社会组织之所以需要的一个原因是合群。他说："人，力不若牛，走不若马，而牛马为用，何也？曰：人能群，彼不能群也。人何以能群？曰分。分何以能行？曰义。故义以分则和，和则一，一则多力，多力则强，强则胜物。……故人不能无群，群而无分则争，争则乱，乱则离，离则弱，弱则不能胜物。"（《王制篇》）这就是说，人在自然界中，按体力说，是不能和其他大动物竞争的；必须组织起来，才能在"生存竞争"中，得到胜利。

荀况认为社会组织之所以需要的另一原因是分工。他说："故百技所成，所以养一人也。而能不能兼技，人不能兼官，离居不相待则穷，群而无分则争。穷者，患也；争者，祸也；救患除祸，则莫若明分使群矣。"（《富国篇》）这就是说，人的生活的发展需要各种生产技能，可是一个人只能有一种技能，只能做一种的事情，所以必须组织起来，使每人都有一定的职守，在分工互助的条件下，共同生活。

荀况认为，在社会组织里面，有一种基本情况："人伦并处，同求而异道，同欲而异知。"（《富国篇》）这就是说，人所欲求的对象是相同的，可是他们所用以满足欲望的方法，以及他们所有的知识、能力，是不同的。又说："欲恶同物，欲多而物寡，寡则必争矣。"（同上）这就是说，人所欲求的对象是相同的，但是可以满足欲求的东西是太少了，少就引起争夺。

荀况认为，消除争夺，要从两方面解决问题。一方面增加生活资料的生产。在这方面的主要办法是"节用裕民"。"裕民"的办法，是"量地而立国，计利而畜民，度人力而授事。使民必胜事，事必出利，利足以生民，皆使衣食百用出入相揜，必时藏余，谓之称数"（同上）。他没有明确地说出来怎样"度人力而授事"。但是这种授事，是跟"量地"有关系的。所以，他所说的"量地""授事"也可能是像李悝"尽地力之教"所说那种办法。无论如何，他认为，总要叫直接生产者的衣食百用能够出入相抵而且有余。这可见，他所强调的是封建的，不是奴隶制的生产关系。

荀况又说："下贫则上贫，下富则上富。故田野县鄙者，财之本也；垣窌仓廪者，财之末也。百姓时和，事业得叙者，货之源也。等赋府库者，货之流也。"（同上）他认为农业是财富的根源，发展农业，必须"百姓时和"。又说："上得天时，下得地利，中得人和，则财货浑浑如泉源。"（同上）这都可见，荀况主张，要增加生产，必须改善直接生产者的生活，发挥他们的积极性。

荀况也主张减轻赋税。他主张："田野什一；关市几而不征；山林泽梁以时禁发而不税。相地而衰政（征），理道之远近而致贡。通流财物粟米无有滞留，使相归移也。四海之内若一家。"（《王制篇》）他的"通流财物"的主张也反映了当时中国在经济上日趋统一的趋势，及人民在这方面的要求。

荀况认为，用这样的办法提高生产以后，生活资料是用不完的。他说："彼裕民故多余，裕民则民富，民富则田肥以易，田肥以易则出实百倍。上以法取焉，而下以礼节用之，余若丘山，不时焚烧，无所臧之。夫君子奚患乎无余？"（《富国篇》）荀况认为，在生产关系改变以后，农民的积极性提高了，生产就可以大大增加。荀况对于这一点充满了信心。这是新兴地主阶级的信心。

解决争夺问题的另一方面，就是对于人的欲求定出一定的界限。这就是荀况所说的为"分"。"分"有两方面的意义。一方面是职分之分，一方面是界限。如上面所讲的，荀况在讲社会分工的时候所说的"分"是职分。在这里所讲的"分"是界限。荀况认为界限也是社会组织的必要条件。"分"的具体规定就是"礼"；以"分"为基础的道德原则就是"义"；总的说起来，就是封建统治阶级的社会秩序。荀况说："礼起于何也？曰：人生而有欲，欲而不得，则不能无求。求而无度量分界，则不能不争。争则乱，乱则穷。先王恶其乱也，故制礼义以分之，以养人之欲，给人之求。使欲必不穷乎物，物必不屈于欲，两者相持而长，是礼之所起也。"（《礼论篇》）这就是说，要解决争夺问题，仅只增加生产还是不够的。人的欲求是没有穷尽的，所以必须给它定出一种"度量分界"，就是说，必须加以限制。这样，人的欲求才不至于超过物资的供给（"欲必不穷乎物"），物资的供给才能保证人的欲求的满足（"物必不屈于欲"）。荀况的这个主张，在事实上有一定的根据。人类社会，在达到"各尽所能，各取所需"的共产主义阶段以前，人的需要和物资的供应总是有矛盾的。但是荀况以此为理由，替封建统治阶级的社会秩序和道德原则作出了理论的根据。

  荀况把封建社会的秩序，说成是唯一的社会秩序。照他的说法，没有这种秩序，就是没有秩序。荀况以这种秩序为根据，在理论上肯定封建等级制度。他称这种等级为"别"。他认为，有了"礼"，"君子既得其养，又好其别。曷谓别？曰：贵贱有等，长幼有差，贫、富、轻、重皆有称者也"（《礼论篇》）。在这样的制度下，天子有天下，诸侯有国家，士大夫有田邑，官人百吏有禄秩。农民工商业者都是"庶人"；"庶人"只能老老实实，劳身苦体，尽力生产，这样才可以穿衣吃饭，"免于刑戮"（《荣辱篇》）。在这样的制度下，"官人百吏"以上都是"君子"，农、工、商都是"庶人"，或"小人"。

  荀况认为"君子"与"小人"的界限，是要严格划分的。他说："君子以德，小人以力。力者，德之役也；百姓之力，待之而后功。"（《富国篇》）这就是说：没有"君子"，"小人"就不能生存。其实，没有直接生产者，剥削者才真不能生存。

  荀况又认为，农、工、商等都是"精于物"的人，而他所谓"圣人"则是"精于道"的人。"精于道"的人既不能为农，也不能为工，但是能统治他们（《解蔽篇》）。这是把劳心与劳力分为两个不可通的阶级，把"物"与"道"分为截然两事，并要前者服从后者。他企图以此作为封建统治阶级进行统治的理论基础。荀况又认为"君子""小人"应该有不同的政治待遇。"由士以上，则必以礼乐节之，众庶百姓，则必以法数制之。"(《富国篇》)又说："持(恃)手而食者不得立宗庙。"(《礼论篇》)"恃手而食者"当然都是直接生产者。

荀况认为，只有这样，才是"至平"。他说："斩（儳互不齐也）而齐，枉而顺，不同而一。夫是之谓人伦。"(《荣辱篇》)他的意思是说：他所主张的不平才是平，他所主张的不齐才是齐。他又说："分均则不遍。势齐则不一。众齐则不使。"他引《书经》说："'维齐非齐'。此之谓也。"(《王制篇》)这也是说：只有不齐才能齐。这都是封建统治阶级为封建等级制度所作的辩解。

这都说明，地主阶级并不反对等级制度。在当时社会大转变中，它竭力保存等级制度，使它成为维护封建制度的工具。

但是他们究竟与原来的奴隶主贵族有所不同。这些不同，也在荀况的思想中有所反映。

荀况说："夫天生蒸民，有所以取之。"(《荣辱篇》)这就是说，社会中的各种人，都按照自己的能力取得自己的地位。天子，诸侯，也都是"蒸民"的一部分。以前奴隶主阶级的说法是："天生蒸民，作之君，作之师"(孟轲引《书·泰誓》，见《孟子·梁惠王下》)，认为君、师是"天"所立的。荀况的说法还是拥护等级制度，但是与等级制度以新的解释，新的根据。

荀况从新兴地主阶级的角度意识到人民的力量及其重要性。他说："马骇舆则君子不安舆，庶人骇政则君子不安位。马骇舆则莫若静之；庶人骇政则莫若惠之。""君者，舟也；庶人者，水也。水则载舟，水则覆舟。"(《王制篇》)这表示新兴地主阶级承认，为维持其统治所用的方法要与奴隶主贵族有所不同。如果要避免"庶人骇政"，需要对他们施一些小恩小惠，以缓和阶级矛盾。

荀况反对奴隶主贵族政治上的世袭制度。他主张："虽王公士大夫之子孙，不能属于礼义，则归之庶人。虽庶人之子孙也，积文学，正身行，能属于礼义，则归之卿相士大夫。"(《王制篇》)他反对"以族论罪，以世举贤"。他说："一人有罪，而三族皆夷，德虽如舜，不免刑均，是以族论罪也。先祖当(尝)贤，后子孙必显，行虽如桀纣，列从必尊，此以世举贤也。以族论罪，以世举贤，虽欲无乱，得乎哉？"(《君子篇》)"以族论罪，以世举贤"，在奴隶主贵族统治的时代，向来是如此的。在奴隶制的生产关系改变以后，原来的旧制度就行不通了。荀况所说："虽欲无乱，得乎哉？"就是这种社会情况的反映。

他说："上贤使之为三公，次贤使之为诸侯，下贤使之为士大夫。"(《君道篇》)他认为，政治上的位置应该都用"贤"来充任。不过他还在一定程度上保持旧制度中"亲亲"的思想。他说："贤齐，则其亲者先贵；能齐，则其故者先官。"(《富国篇》)他是主张"贤贤"与"亲亲"相结合的。

这里所说的"使之"是谁使之呢？还是世袭的国君。荀况主张，虽然国君还是世袭，但必须以"贤才"为相。荀子说："彼持国者必不可以独也，然则强固荣辱，在于取相矣。"又说："治国有道，人主有职。""人主之职"是"论一相以兼率之，使臣下百吏，莫不宿道乡方而务"。有了相，"人主"就可以"游玩安燕"，"守至约而详，事至佚而功"；"乐莫大焉"（《王霸篇》）。地主阶级虽然反对奴隶主贵族世袭政权，但是为维持它自己的利益，还是需要一个世袭的君主统治人民。地主阶级的理想是要一个世袭的君主掌握一切的统治权，但是希望他不要直接处理政务，另要一个不世袭的宰相实际处理政务。这是秦汉以后，地主阶级知识分子的一贯的政治理想。但是离开了人民，有什么力量能限制世袭的君主，叫他不直接处理政务呢？所以地主阶级知识分子的理想，始终只是一个空想。

荀况也主张，一国之内，君主必须实行集权。他说："国者，君之隆也。父者，家之隆也。隆一而治，二而乱。自古及今，未有二隆争重而能长久者。"（《致士篇》）又说"天子者，势至重，形至佚，心至愈（愉）。志无所诎，形无所劳，尊无上矣。"（《君子篇》）"天子"是"尊无上"，"势至重"，但是他又是"形至佚，心至愉"。地主阶级一方面要求"天子"实行集权，一方面又希望他把权交给宰相代为行使，而他自己只坐享安富尊荣。荀况的这些思想，跟法家的思想是一致的。

第九节　荀况关于"文"的理论

《荀子·礼论篇》）讲了许多关于丧、祭礼的理论。奴隶主的丧、祭礼本来是一种宗教的仪式。荀况的唯物主义自然观从根本上否定了上帝和鬼神的存在,但是,他还要把传统的各种宗教的仪式保存下来。这种办法本来是儒家的一个传统。墨翟曾经就这一点批评过儒家。墨翟说:认为没有鬼神而又要举行祭礼,这就好像没有客而举行宾礼,没有鱼而撒网(《墨子·公孟》)。墨翟认为这是一种矛盾。荀况认为,丧、祭的各种仪式正是如没有鱼而撒网,但是这里并没有矛盾。天旱的时候,统治者祭祀求雨,这本是一种迷信。荀况批判了这种迷信,但是认为还要保存求雨的仪式。他说:"日月食而救之,天旱而雩,卜筮然后决大事,非以为得求也,以文之也。故君子以为文,而百姓以为神。以为文则吉,以为神则凶也。"(《天论篇》)荀况把这一类的宗教仪式都归结为"文",就是说,这不过是一种点缀、装饰。

古代的丧礼和祭礼本来是以相信人死后有鬼的迷信为基础的。荀况的唯物主义自然观从根本上否定了这种迷信,但是他还要把这些仪式保留下来。他的理论是,"事死如事生,事亡如事存,状乎无形影,然而成文"(《礼论篇》)。又说:"其在君子以为人道也,其在百姓以为鬼事也。"(同上)就是说,这些活动完全是"人"的事情,并不是"鬼"的事情;所以,即使没有鬼,这些活动还是必要的。

本来以鬼神为对象的丧、祭礼,如果除去其对象,也就不是原来的丧、祭礼了。荀况认为,这样的礼仅只是一种"文",是"人道"所必需的。

人是有感情的。荀况认为人的感情如喜怒哀乐等,也是出于自然,所以称为"天情"。人的亲人死了,在理智上,人明知道他已经不存在了,永远不能再活了,但是在感情上总希望他还是存在。所以在他初死的时候,要有丧礼,在他死了很久以后还有祭礼。在这些礼中,把死人当成活人看待,这就叫"事死如事生,事亡如事存"。这些礼的对象,都是无形无踪的。这就叫"状乎无形影,然而成文"。"文"是一种点缀装饰,然而也不仅是一种点缀装饰,它是有根据的。其根据就是人的感情,感情是"天情",也是出于自然的,所以不能不让它发泄,给它适当的满足。

荀况把这个理论亦应用于音乐上,他说:"夫乐者,乐也,人情之所必不免也。故人不能无乐,乐则必发于声音,形于动静。"(《乐论篇》)发于声音的是音乐,形于动静的是舞蹈,照荀况的理论,音乐舞蹈都是一种"文"。推而广之,各种的艺术都是"文"。

墨家反对音乐,荀况批评说:"墨子蔽于用而不知文。"(《解蔽篇》)"文"是对"用"而言。墨翟认为:只有对于人的穿衣吃饭、生男育女有用的才是有用的,音乐无助于这些问题,所以都是无用的。他不知道人于穿衣吃饭生男育女之外,还有别的需要。他不知道人于物质需要之外,还有感情的需要,不知道"用"之外还需要"文",这就叫"蔽于用而不知文"。

荀况认为"文"除了上面所说种种之外,还有一种重要的作用,那就是维护等级制度。例如丧礼中天子所用的棺椁要用九层,其余按等级而递减。在祭礼中统治劳动人民的贵族们可以立宗庙,劳动人民不能立宗庙("持手而食者不得立宗庙")。各等级的人穿什么衣服,衣服是什么颜色,都有一定的规定。在音乐舞蹈方面,各等级的人,可以奏什么乐,用什么舞也都有不同的规定。例如,孔丘看见季氏用八佾的舞队,说:"是可忍也,孰不可忍也!"(《论语·八佾》)因为照"礼"只有天子才可以用八个行列的舞队,季氏不过是鲁国的大夫而竟然用八个行列的舞队,所以孔丘认为是不可容忍的。

这些等级制度,如果没有"文",就少了一种表现的方式,所以荀况批评墨翟说:"上功用大俭约而僈差等,曾不足以容辨异,县(悬)君臣。"(《非十二子篇》)墨家主张节葬、短丧、非乐,认为厚葬、久丧、音乐,都是没有实用的,所以从节约的观点反对这些东西。可是他们不知道这些东西有维护等级制度的作用,这就是"大俭约而僈差等",其结果是模糊了等级的差别〔"曾不足以容辨异,县(悬)君臣"〕,这也就是"蔽于用而不知文"。荀况对于墨家这两条批评,其精神是一致的。

上面说荀况认为"霸"的一个缺点是"非綦文理也","文理"就是"文"。

第十节　荀况的人性论

荀况"天人之分"的原则也应用到他的人性论这一方面。他的人性论和孟轲是根本对立的。孟轲主张"性善";荀况主张"性恶"。他说:"人之性恶,其善者伪也。"(《性恶篇》)又说:"性(生)之和所生,精合感应,不事而自然,谓之性。性之好、恶、喜、怒、哀、乐,谓之情。情然而心为之择,谓之虑。心虑而能为之动,谓之伪。虑积焉,能习焉,而后成,谓之伪。"(《正名篇》)这就是说:"性"

是人从其生理直接构成，"不事而自然"的心理素材。性对于外物的反应，有好、恶、喜、怒、哀、乐等情。照荀况的说法，这都是属于自然一方面的，所以好、恶等情，称为"天情"（见《天论篇》）。顺着这些情的自然发展，情与情就要互相冲突，人与人也要互相冲突，互相争夺。幸而人还有作为"天君"的心。上边已讲到"天君"在认识方面的作用。在人的行为方面，"天君"的作用是在互相冲突的诸情中，加以选择、调整。"天性有欲，心为之制节"（《正名篇》，此九字依久保爱所见宋本补）照着心的选择调整，经过学习而得到的东西，就叫"伪"。照荀况的说法，社会的制度、道德、文化，都是从"伪"出来的。

荀况关于性恶的学说，从表面上看也是一种抽象的人性论。但是他的主要意思是说，道德不是属于天，而是属于人。道德不是自然界所本有的东西，而是社会的产物。他说："凡性者，天之就也，不可学，不可事。礼义者，圣人之所生也，人之所学而能，所事而成者也。不可学、不可事而在人者，谓之性；可学而能、可事而成之在人者，谓之伪；是性伪之分也。"（《性恶篇》）这段话明确地说明，荀况所谓"性伪之分"，也就是"天人之分"。"伪"的意思就是人为。荀况所说的"伪"是跟自然相对立的，不是跟真实相对立的。荀况说："性者，本始材朴也；伪者，文理隆盛也。无性则伪之无所加；无伪则性不能自美。"（《礼论篇》）"本始材朴"，是说原始的材料，这是属于天的。"文理隆盛"是在原始材料上的加工，这是属于人的。荀况认为，这其间的界限必须严格划分。

荀况主张"化性而起伪"（《性恶篇》）。这有用人力改变自然的意义，和他的"制天命而用之"（《天论篇》）的思想是一致的。荀况说:"人有气,有生,有知,亦且有义。故最为天下贵也。"(《王制篇》)又说:"然则人之所以为人者,非特以二足而无毛也,以其有辨也。……夫禽兽有父子而无父子之亲,有牝牡而无男女之别。故人道莫不有辨。辨莫大于分,分莫大于礼,礼莫大于圣王。"(《非相篇》)照这样的说法,必须有"辨",有"分",有"礼",有"义",才可以成为人,不然,就与禽兽无别。禽兽是自然的产物,人之所以为人,待教化而后成,这就是说,人是社会的产物。

恩格斯曾经提到费尔巴哈有一句名言:"当人刚脱出自然界怀抱的时候,他只是个自然物,而不是人。人乃是人、文化、历史的产物。"〔《费尔巴哈与德国古典哲学的终结》,《马克思恩格斯文选》(两卷集)第二卷,三八〇页〕费尔巴哈认为,人和自然是对立的。人在改造自然的过程中,也改造了他自己。荀况在一定程度上也有这样的认识。

荀况举出了一些证据,证明"性恶"。他说:"今人之性,生而有好利焉,顺是,故争夺生而辞让亡焉;生而有疾恶焉,顺是,故残贼生而忠信亡焉;生而有耳目之欲,有好声色焉,顺是,故淫乱生而礼义文理亡焉。然则从人之性,顺人之情,必出于争夺,合于犯分乱理而归于暴。故必将有师法之化,礼义之道,然后出于辞让,合于文理,而归于治。用此观之,然则人之性恶明矣,其善者伪也。"(《性恶篇》)这就是说,恶是出于人性之自然;"善"是出于对于人性的改造。

荀况又说:"凡人之欲为善者,为性恶也。夫薄愿厚,恶愿美,狭愿广,贫愿富,贱愿贵,苟无之中者,必求于外。故富而不愿财,贵而不愿势,苟有之中者,必不及于外。用此观之,人之欲为善者,为性恶也。"（同上）这就是说，凡人所欲求的东西，就是他所没有的东西，如果他已有了，他就不欲求了。人都欲求"善"，可见他本性中原来没有"善"。

孟轲主张"性善"，荀况批评说："今人之性，目可以见，耳可以听。夫可以见之明不离目，可以听之聪不离耳；目明而耳聪，不可学明矣。"（同上）荀况认为，眼能看，耳能听，这是自然所赋予的能力，这是不可学也是不能学的。性之于善，并不是像目之于明，耳之于聪，完全要由学习而得。所以他认为，可以说："人之性恶，其善者伪也。"

孟轲认为，"人皆可以为尧舜"。荀况也承认，"涂之人可以为禹"，就是说，人皆可以成为"圣人"。在表面上看起来，孟轲和荀况在这一点上是相同的，其实还是不同。孟轲认为，人的本性之中，本来有所谓"四端"，如果把它们扩而充之，就可以成为"圣人"。这正是荀况所否认的。但是荀况认为，在人的本性中，虽然没有所谓"四端"，但在知识上，人都有可以学习"礼义"的能力。他说："凡禹之所以为禹者，以其为仁义法正也。然则仁义法正有可知可能之理，然而涂之人也，皆有可以知仁义法正之质，皆有可以能仁义法正之具，然则其可以为禹明矣。"（同上）荀况认为，人虽有学习"礼义"的能力，但未必能好好地学习，所以人皆可以为禹，但未必都能为禹。他说："故涂之人可以为禹，则然；涂之人能为禹，未必然也。虽不能为禹，无害可以为禹，足可以遍行天下，然而未尝有能遍行天下者也。……然则能不能之与可不可，其不同远矣。"（同上）荀况所说的能不能与可不可的分别，也是孟轲所不能承认的。孟轲认为，人皆可以为尧舜，如果大多数的人没有成为尧舜，那是由于他们不为，并不是由于他们不能。

荀况和孟轲关于人性的理论都是为一定的阶级服务的，为一定的政治路线服务的。孟轲主张性善，是企图以此证明奴隶社会的道德原则和秩序是出乎自然。荀况主张性恶，是企图以此证明封建社会的道德和秩序是出乎必要。

孟轲主张性善，肯定人有先天的道德观念，这是唯心主义思想，这就加强了他在自然观方面的主观唯心主义观点。荀况主张性恶，否认人有先天的道德观念，认为人的道德品质和道德行为是后天环境和社会教养的产物。他说："干越夷貉之子，生而同声，长而异俗，教使之然也。"（《劝学篇》）又说，所以有君子和小人、善人和恶人的区别，"譬之越人安越，楚人安楚，君子安雅（夏），是非知能材性然也，是注错习俗之节异也"（《荣辱篇》）。他还说："尧禹者，非生而具者也。夫起于变故，成乎修为（原作"修修之为"，俞樾曰："修之"二字衍），待尽而后备也。"（同上）这些说法含有一种唯物主义的因素，这就加强了他在自然观方面的唯物主义观点。

但是，荀况的社会思想，包括他的人性论，把推进社会的主要动力归之于"圣人"或"圣王"。国家社会是"圣王"组织的；"礼义""教化"，是"圣王"制作的；"化性起伪"也是"圣人"的工作。从荀况的整个体系说，他强调"天人之分"的原则，这是他在自然观方面比较彻底地贯彻了唯物主义精神。他在人性论方面，强调"性伪之分"，这也是"天人之分"在这方面的表现。但是在"人"和"伪"这个方面，他把一切都归之于"圣人"或"圣王"，这就不是唯物主义而是历史唯心主义。

普列汉诺夫在批评18世纪英法的唯物主义者的观点时说:"'哲学家们'不能走出圈子以外:在一方面,人是他周围社会环境的产物。'我们必须在教育里去找人们罪恶和德行的主要来源,……找人们所获得的特性和才能的主要来源';而另一方面,一切社会紊乱的来源,又在于'对最明白的政治原则的无知'。社会环境是由'舆论'造成的,亦即由人造成的。这个基本矛盾,在霍尔巴赫的著作中,和在所有其余的'哲学家'的著作中一样,以不同的形式不断地反复出现。"(《唯物论史论丛》,人民出版社1953年版,四九至五○页)这个批评虽然是对于资产阶级唯物主义者说的,但也可以适用于荀况。照上面所讲的,荀况同样有这个基本矛盾。普列汉诺夫接着批评说:"人是他周围社会环境的产物。社会环境的特性是由'政府'的行动决定的,政府的行动,例如立法的活动,已经属于人的有意识的活动的范围。这种活动本身又从属于活动的人的'意见'。不知不觉地,矛盾的一方面(正命题)就改变了;它和它的老对头反命题变成绝对同一了。"(同上)荀况的人性论,也有类似的情况,从肯定人是后天环境的产物的唯物主义观点,终于倒向了"圣王"制礼作乐的唯心主义。这个矛盾,是马克思主义以前的唯物主义者所无法克服的。

荀况又说:"凡礼义者,是生于圣人之伪,非故生于人之性也。故陶人埏埴而为器;然则器生于工人(当作"陶人")之伪,非故生于人(当作"土")之性也。故工人斵木而成器;然则器生于工人之伪,非故生于人(当作"木")之性也。"(《性恶篇》)荀况在这里所举的比喻,跟告子论性所举的比喻是一样的。如果荀况坚持这个比喻所表示的意思,这还是跟他的唯物主义自然观一致的。

可是荀况认为，人性确切是恶的，而人性又是属于他所谓"天"的；这就把道德的属性加于自然，使他的唯物主义自然观也带上了一点唯心主义的渣滓。

第十一节　荀况对于统一思想的主张

荀况在宣扬他的唯物主义思想的时候，对于当时别家的思想，也提出了批判，进行了思想斗争。他所作的《非十二子篇》开始说："假今之世，饰邪说，文奸言，以枭乱天下，矞宇嵬琐，使天下混然不知是非治乱之所存者，有人矣。"他认为，他所批评的各家的思想，都是"邪说""奸言"。这些"家"在理论上是混淆是非，在政治上是制造混乱。

在这一篇里，荀况把他所批评的十二子分为六派：它嚣、魏牟，陈仲、史䲡、墨翟、宋钘、慎到、田骈、惠施、邓析、子思、孟轲。荀况认为，这六派的思想都是错误的，但是他们都把错误说成是正确，"其持之有故，其言之成理"，正因如此，所以"足以欺惑愚众"。

在这六派中，有些学派的思想内容，我们不完全知道。有些派别，在前几章讲到的时候，已经分别提到荀况对它们的批判，现在不再重复。《非十二子篇》着重从政治上批判当时各家错误的危害性。

在《非十二子篇》里，荀况在批判了六种"邪说"和十二个坚持"邪说"的人之后，又总结说："若夫总方略，齐言行，一统类，而群天下之英杰，而告之以大古，教之以至顺。……六说者不能入也，十二子者不能亲也。……是圣人之不得势者也，仲尼子弓是也。一天下，财万物，长养人民，兼利天下。通达之属，莫不从服，六说者立息，十二子者迁化。则圣人之得势者，舜禹是也。"荀况在这里所说的显然不是历史的事实而是一种普遍的原则。圣人是有阶级性的。每一个圣人都是一个阶级最高的代言人。所谓圣人的不得势或得势，可以理解为一个阶级的当权或不当权。

荀况所说这个原则就是说，一个新兴的阶级，在它争取政权而还没有得到政权的时候，它就宣传它的理论，制造舆论，扩大影响，为它的夺权铺平道路。在它已经夺得政权的时候，它就运用政权的威力，使它的本阶级的思想成为统治思想。在上边所引的荀况那一段话里面他所说的"总方略，齐言行，一统类"，是地主阶级在上升时期对于自己的理论的深信不疑。"一天下，财万物，长养人民，兼利天下"，是它对于它自己的事业的赞扬。这几句话表现出地主阶级在上升时期生气勃勃、大有作为。

怎样能使"六说"立刻停止（"立息"），荀况在这里没有说。但是他的别的篇里说得很清楚。

荀况认为对于这些离"正道"的"邪说"，"圣人"只是在没有政权的时候，才跟它们辩论。"君子无势以临之，无刑以禁之，故辨说也"（《正名篇》）。如果有了政权，就要"申之以命，章之以论，禁之以刑"（同上），用不着辨了。提倡"邪说"的人，荀况认为是"奸人之雄"。他说："夫是之谓奸人之雄，圣王起，所以先诛也，然后盗贼次之。盗贼得变，此不得变也。"（《非相篇》）

到了后来，荀况一派的人宣传孔丘诛少正卯的故事。《荀子·宥坐篇》说:"孔子为鲁摄相,朝七日而诛少正卯。门人进问曰:'夫少正卯鲁之闻人也,夫子为政而始诛之,得无失乎?'孔子曰:'居,吾语女其故。人有恶者五,而盗窃不与焉。一曰心达而险,二曰行辟而坚,三曰言伪而辩,四曰记丑而博,五曰顺非而泽。此五者有一于人则不得免于君子之诛,而少正卯兼有之。故居处足以聚徒成群,言谈足以饰邪营众,强足以反是独立。此小人之桀雄也,不可不诛也。'"

孔丘所说的少正卯的五条罪状似乎还是说他的思想言论是持之有故言之成理。后来说到他的影响,那就是欺愚惑众,所以少正卯是"小人之桀雄不可不诛也"。

在《非十二子》篇中,荀况对付争鸣的百家还是要用辩论说服的方法。在《宥坐篇》中,荀况就主张用暴力了。荀况的两个法家大弟子韩非和李斯发挥这个思想。也许这个思想就是荀况一派中接近韩非、李斯的人所有。孔丘诛少正卯的这个故事也许就是他们编造出来的。说是编造,因为这个故事最先出现于《宥坐篇》,在先秦比较早的著作中都没有载过这个故事。

无论如何,在秦朝李斯"得势"的时候,他就是照着这种思想,这种方法,结束了从春秋战国以来百家争鸣的局面。在后来中国的长期的封建社会中,统治者总是或多或少地用这种办法对付异己的思想学说。少正卯成了"离经叛道"的代名词,谁敢于"离经叛道",谁就是少正卯。

荀况的统一思想的主张,是当时政治上统一趋势的反映。他的主要的贡献是建立了一个比较完整的唯物主义的哲学体系,其中包括对于自然、社会、认识论和逻辑学各方面的唯物主义的理论,他是先秦最大的唯物主义哲学家。

他的唯物主义哲学的出现，也不是偶然的。在战国后期，自然科学知识和生产技术已发展到很高的程度。当时并且有许多人力改造自然的辉煌实例。秦国修了郑国渠，"用注填阏之水，溉泽卤之地四万余顷，收皆亩一钟。于是关中为沃野，无凶年，秦以富强，卒并诸侯"（《史记·河渠书》）。魏国修了史起渠，"民歌之曰：'邺有贤令兮为史公，决漳水兮灌邺旁。终古舄卤兮生稻粱'"（《汉书·沟洫志》）。秦国的李冰在四川成都盆地修的灌溉工程，一直到现在还继续为人民服务。这些实例都说明，在战国时期，农业生产技术已达到很高的程度。后期墨家的"墨辩"是当时手工业生产技术的水平的反映，也就是当时科学水平的纪录。

这种"人定胜天"，人力战胜自然的实例，使荀况得到"制天命而用之"的哲学结论。这种结论，解放人的思想，提高生产，这是地主阶级在上升时期努力发展生产的反映，也为将来的发展生产开辟了道路。

在哲学史中唯物主义思想的发展，是与当时的科学知识与生产技术的发展密切联系着的。一个时代的唯物主义思想，就是那个时代的科学知识与生产技术的有意或无意的总结。战国后期，科学知识及生产技术的发展都已达到前所未有的高度。荀况的唯物主义哲学思想就是这个发展的理论上的总结。

第二十三章 战国时期最后的理论家韩非的哲学思想

韩非（约前280—前233）出身于韩国的贵族，同李斯都是荀况的学生。秦始皇看到韩非所写的文章，很赞赏，说："如果我能见到这个人，同他在一起，死不恨矣。"李斯告诉秦始皇说，作这些文章的人是韩国的一个诸公子。秦始皇加紧进攻韩国。韩国派韩非到秦国当使臣。秦始皇把他留下，想重用他。李斯又向秦始皇说：韩非是韩国诸公子，他的心是向着韩国的，不向着秦国。最好是抓个错把他杀了。秦始皇把韩非下狱，后来又后悔了，下令赦他出来。可是韩非已经在狱中自杀了（《史记·老子韩非列传》）。韩非的著作经后人编辑为《韩非子》五十五篇，其中有些可能不是韩非作的。

秦始皇喜欢韩非的著作，这并不是出于偶然。第一次大转变时期将近结束的时候，地主阶级处在上升时期，它的历史任务是要统一全中国，建立一个专制主义的中央集权的封建国家。这是当时地主阶级专政所需要的，是合乎当时的历史发展趋势的。秦始皇的业绩就是完成这个任务，体现这种趋势。韩非所提出的实现专制主义中央集权的政策和理论都比以前的法家前进了一步，所以更能适合秦始皇的需要。

第一节　韩非的人口论的历史观

专就思想继承这方面说，韩非是属于晋法家的。晋法家注重从历史的发展上论证变法的必要。也就是说，他们注重于说明变法的历史原因。商鞅把他以前的历史分为上世、中世、下世三个时期，并指出各个不同时期的特点，至于为什么历史要有这些变化，商鞅没有说明。韩非比商鞅进了一步，他用人口论说明这些变化的原因及其必然性。

韩非也把他以前的历史分为上古、中古、近古三个时期，并指出各个时期的特点，说："上古之世，人民少而禽兽众，人民不胜禽兽虫蛇。有圣人作，构木为巢以避群害，而民悦之，使王天下，号曰有巢氏。民食果蓏蚌蛤，腥臊恶臭而伤害肠胃，民多疾病。有圣人作，钻燧取火，以化腥臊，而民悦之，使王天下，号曰燧人氏。""中古之世"，患水灾，鲧和禹决渎排水。"近古之世"，桀纣暴乱，汤武征伐暴乱。如果时代已进入"中古"，还有人提倡"构木为巢"，"钻燧取火"，必然为鲧禹所笑。如果到了殷、周时代，还有人无故决渎排水，必然为汤、武所笑。现在如果还有人称赞古代尧、舜、汤、武的功德事业，也必为"新圣"所笑（《五蠹》）。这就是说，时代不同，生活中的问题也不同，问题不同，解决的办法也不同。韩非作结论说："是以圣人不期修古，不法常可，论世之事，因为之备。"又说："故事因于世，而备适于事。"（同上）"世"指时代；"事"指事务或问题；"备"指处理事务或解决问题的办法。"事"因"世"的不同而不同，"备"因"事"的不同而不同。古代的东西不适于今，所以"不期修古"。本来没有"常可"的东西，所以"不法常可"。

韩非举了一个故事说：宋国有个种田的人，有一次耕田的时候，见一个兔子跑来，碰在一棵树上，死了。这个种田的人不费劳力就得到一个兔子。于是他就坐在树下，等着捡这种便宜，当然不会再有这种事。要用"先王之法，治当时之民"的人，所闹的笑话，也和这个宋人是一类的。

儒家、道家都厚古薄今，借古讽今，说古代的人都有很高的道德品质，随着历史的演变，道德品质越来越低。韩非批判了这种错误的退化论的历史观。他承认，古代的人是有些现在人所不能做的事情，例如传说中的古代天子让位之类。但是他认为，由于古今的情况不同，即使真有让天下之事，也不足以证明古代人的道德品质高。因为古代生活简单，做天子也没有特别的享受，而只是特别劳苦，可是现在，即使一个县官，死了以后，几代的子孙还都坐车为富人。"今之县令，一日身死，子孙累世絜驾"。所以人"轻辞古之天子，难去今之县令"。这并不是由于古代的人道德品质高，现在人的道德品质低，这是"薄厚之实异也"（同上）。韩非的这些话的含义是，人的道德品质受人的物质生活的影响而为其所决定。

在他的历史观中，韩非接触到国家起源的问题。照上面所引的，他认为，有巢氏解决了人民的居住问题，人民喜欢他，"使王天下"。燧人氏解决了人民的吃饭问题，人民喜欢他，"使王天下"。有巢氏和燧人氏都是中国原始社会发展的某些阶段的象征。韩非认为实有其人。他看不起人民群众的智慧，看不见劳动人民在生产斗争中的成果，认为只有圣人出来才给人民解决了住和吃的问题，这显然是错误的。虽然如此，他的这种见解，还是把历史从宗教迷信中解放出来。历史毕竟是"人"开创的。"君权"也不是出于"神授"而是出于人民的拥护。这在当时还是进步的思想。

韩非认为决定历史变动的主要因素是人口的增长。他认为，生活资料的增长远落后于人口的增长。他说："今人有五子不为多，子又有五子，大父未死而有二十五孙。""古者丈夫不耕，草木之实足食也；妇人不织，禽兽之皮足衣也。不事力而养足，人民少而财有余，是以厚赏不行，重罚不用，而民自治。"后来"人民众而财寡，事力劳而供养薄，故民争；虽倍赏累罚，而不免于乱"（同上）。韩非认为，在远古的时代，人的生活条件好，所以竞争少，后来人越来越多，生活资料相对地越来越少，所以人与人竞争越来越激烈。他说："上古竞于道德；中世逐于智谋；当今争于气力。"（同上）这就是竞争越来越激烈的表现。韩非所说的古代的生产情况是与事实不符的。在原始社会中，生产力很低，生产工具极简陋，生产技术极低下。禽兽之皮和草木之实，也都是需要很多的劳动才能得到，并不是像他所说的"不事力而养足"。不过，韩非在这里接触一个真理，那就是，社会中人与人之间的关系是随着历史社会情况的变动而变动的，它是历史的产物。不过韩非仅只是接触到这个真理。他不知道，他所说的极端自私自利的人性和一切都以利害为基础的人与人之间的关系，也是私有财产制度所决定，也是历史的产物。

人口增长是自然的现象。用人口增长说明历史的变化，这是用自然现象说明社会现象。他认为"圣人"是决定历史阶段的主要力量；这就是唯心主义的表现。

韩非虽没有明确地说历史是进步的，但确实打击了像儒家、道家所主张的"是古非今"的历史观。他的历史观明确地证明了奴隶主贵族的社会政治制度不能不变。他主张社会政治制度要随着客观具体情况改变，反对复古守旧。这是有很大的进步意义的。

韩非虽然不知道，也不可能知道，生产方式是决定历史变动的主要力量，但是他认识到，历史中最主要的事情是生活资料的生产；社会中最主要的事情也是生活资料的生产；要想解决社会中的问题，首先要努力生产，增加生活资料。这是新兴地主阶级在上升时期对于生产所有的认识。

无论如何，韩非用他的历史观为地主阶级变法，为封建制代替奴隶制，提出了一个理论的根据，这是他的贡献。

第二节　韩非论他所认为的人的社会关系的实质

在第一次大转变时期，法家对于新兴地主阶级的贡献主要是为他们提供一个新的统治术。韩非认为，作为一个专制主义中央集权的君主，只有君主一个人，高高在上，老百姓以及大小官僚，都是他的统治的对象。在统治者与被统治者这两个对立面中，统治者这个对立面只有一个人，而被统治者这个对立面却包括有成千上万的人。如果没有一套完整的统治术，统治者进行统治是很困难的。他所掌握的政权，随时都可以为他的对立面篡夺而去。韩非认为统治与被统治也是一种社会关系，统治者必须知道他所认为的人与人之间的社会关系的实质，才可以对于被统治者，进行有效的统治。

新兴地主阶级的一个来源是商人。商人靠精打细算，剥削劳动人民，"发家致富"。照他们看起来，人们的社会关系主要地是建筑在利害计算的基础上。他们买田置地，成为新兴地主以后，对于人与人之间的社会关系，也是这样地了解。这种了解在韩非所讲的统治术中，得到明确的反映。他主张公开地以利害关系为基础，进行对于劳动人民的统治。

韩非指出，统治者与老百姓的关系是建立在利害矛盾的基础上的。他说："君上之于民也，有难则用其死，安平则尽其力"，故"明主"对老百姓"不养恩爱之心，而增威严之势"（《六反》）。这就是说，统治者在打仗的时候，叫老百姓替他卖命；在平常的时候，叫老百姓老老实实地供统治者剥削，必须用暴力加以强迫。他又说："严家无悍虏，而慈母有败子，吾以此知威势之可以禁暴，而德厚之不足以止乱也。"（《显学》）"彼民之所以为我用者，非以吾爱之为我用者也，以吾势之为我用者也。"（《外储说右下》）他赤裸裸地说，人君对付老百姓应当"用法之相忍，以弃仁人之相怜"（《六反》）。根据这种观点，他反对儒家的道德说教。他说："今学者之说人主也，不乘必胜之势，而务行仁义则可以王，是求人主之必及仲尼，而以世之凡民皆如列徒，此必不得之数也。"（《五蠹》）

韩非公开地暴露了统治阶级与老百姓之间的激烈的矛盾，直截了当地承认，统治者要用赤裸裸的暴力进行剥削和压迫。

在奴隶主贵族制度中，君臣关系建立在以血缘关系为基础的宗法关系上。臣就是君的宗族，他在政治上、经济上的特权，本来不是由对于君的功劳取得的。新兴地主阶级反对贵族，主张用官僚替代贵族。官僚是君主的雇佣，他们和君主的关系本来是一种交易的性质，一种商业买卖的关系。韩非引田鲔的话说："主卖官爵，臣卖智力。"又说："臣尽死力以与君市，君重爵禄以与臣市。君臣之际，非父子之亲也，计数之所出也。"（《难一》）"市"就是买卖讲价钱。君、臣的利益是矛盾的；韩非认为君主只有认清了君臣关系的这种本质，才可以更好地使他的臣为他服务。他说："君不仁，臣不忠，则可以霸王矣。"（《六反》）人君"固有使人不得不爱我之道,而不恃人之以爱为我"(《奸劫弑臣》)。

当时垂死的贵族阶级还在作最后的挣扎。新出现的大臣也要与君主争权。他们都是反对中央集权的;对于实行中央集权的专制主义的君主他们还要反抗。因此韩非警告当时的君主,要严防所谓"重臣"的阴谋。"重臣"多是与太子皇后有联系的,所以也严防太子皇后,这就是所谓"备内"。《韩非子》中有《备内》篇,专讲这个问题。韩非说:"臣之所以不弑君者,党与不具也。"(《扬权》)就是说:只要条件具备,时机成熟,"重臣"随时可以取君主而代之,所以"上下一日百战"(同上)。实行中央集权专制主义的君主与贵族、重臣之间,斗争是极激烈的,矛盾是极尖锐的。韩非站在君主的立场,主张彻底消灭贵族,严防重臣。

韩非认为一般人与人的关系,也是一种买卖的关系。他说:"舆人成舆,则欲人之富贵;匠人成棺,则欲人之夭死也。非舆人仁而匠人贼也,人不贵则舆不售,人不死则棺不买,情非憎人也,利在人之死也。"(《备内》)又说:"夫买(原作"卖"。太田方曰:"卖"当作"买"。)佣而播耕者,主人费家而美食,调布而求钱易者,非爱佣客也,曰:如是耕者且深,耨者熟耘也。佣客致力而疾耘耕(原作"耘耕者"。顾广圻曰:"者"字衍),尽巧而正畦陌者(原为"正畦陌畦畴者",孙诒让曰:"畴"当作"埒","畴埒"二字盖注文,传写误混入正文),非爱主人也,曰:如是羹且美,钱且易云也(原作"羹且美钱布且易云也"。陈奇猷云:"布"字因上而衍。"易",读容易之易。"云",有也)。此其养功力有父子之泽矣。而心调于用者,皆挟自为心也。故人之行事施予,以利之为心,则越人易和,以害之为心,则父子离且怨。"(《外储说左上》)

这一段的最后几句，意思是说，每个人都是为他自己，如果能够与他有利，也可以联合起来，如果与他有害，父子之间也可以互相背离，互相怨恨。

韩非在这里所说的是阶级社会中雇佣者与被雇佣者之间的关系。韩非看到一些这两个对立面之间的利害冲突。但是他站在剥削阶级的立场，不肯承认雇佣者与被雇佣者之间的剥削关系。雇佣者与被雇佣者说成好像是互利互惠的合作关系。这是他的阶级局限性的表现。

韩非甚至认为，父母与子女之间也是利害关系的结合。他说："父母之于子也，产男则相贺，产女则杀之。此具出父母之怀衽，然男子受贺，女子杀之者，虑其后便，计其长利也。故父母之于子也，犹用计算之心以相待也，而况无父母之泽乎。"（《六反》）意思就是说：做父母的人，如果生了男的，他们就互相庆贺，如果生了女的，他们就把她害死，子女都是父母所生的，为什么对于男女的待遇有这样大的差别呢！因为做父母的人是为长远打算，考虑将来的方便。父母对于他们的子女本来都是亲爱的，父母与子女之间的恩情本来是极深厚的，但是父母对于他们的子女还要用计算之心以相待，如果本来没有这种深厚恩情的就更不必说了。这是歪曲事实的。事实上并非所有的父母都是"生女则杀之"；只是有些父母极端贫困，才有时有这样惨痛的行为。这也只是个别的事例。但韩非加以夸大，企图用以证明，凡人都是自私自利的。

韩非对于社会现象的解释，都是从人的"皆挟自为心"出发，认为每个人对于别人都是用计算之心以相待，把追求个人的利益看成是人的行为的基础。这是一种个人利己主义的伦理学说。

韩非由此得出结论说："黄帝有言曰：上下一日百战。下匿其私，用试其上。上操度量，以割其下。"（《扬权》）这里所谓"战"就是斗争。"一日百战"就是说时时刻刻都在斗争。专制主义的中央集权的君主一个人在上，其余的人都是在下，照韩非看起来，这样的君主是处在四面八方重重包围之中，所有的矛头都指向他。他如果没有一套完整统治术，他的政权就不能保持，甚至他自己也要被人杀害。

第三节　韩非综合原来法家三派

韩非以前的法家有三派，商鞅重法，申不害重术，慎到重势。法是一个统治阶级政权所规定、公布的法律条文。术是代表一个阶级的政权的统治者统治臣下的方法。势是一个阶级专政的政治威权。这里所说的一个阶级，对于韩非来说，就是新兴地主阶级。韩非为地主阶级制定一整套的专制主义的中央集权的统治术，认为法、术、势都是构成这套统治术的组成部分，缺一不可。他说："人不食十日则死；大寒之隆，不衣亦死。谓之衣食孰急于人，则是不可一无也，皆养生之具也。今申不害言术，而公孙鞅为法。术者，因任而授官，循名而责实，操杀生之柄，课群臣之能者也，此人主之所执也。法者，宪令著于官府，刑罚必于民心，赏存乎慎法，而罚加乎奸令者也，此臣之所师也。君无术则弊于上，臣无法则乱于下，此不可一无，皆帝王之具也。"（《定法》）

韩非在下边举出韩国和秦国的例以说明"法与术不可偏废"。照韩非说，申不害在韩国当宰相，重术而不重法，没有对于以前晋国的法作彻底的统一的变革。韩国本来是从晋国分出来的，晋国的旧法和韩国的新法有许多地方是不一致的。大臣和官吏们就利用这种不一致作弊。凡是旧法与他们有利的，他们照旧法办事。凡新法对于他们有利的，他们就照新法办事。他们就利用新旧法的不一致或者互相矛盾，作弊以利其私。申不害和韩昭侯虽然有术，还不能使韩国富强。这就是"徒术而无法"的危害。秦国在商鞅的统治下，制定了许多法律，使秦国得以富强，开拓了边界，占领了很多别国的土地，可是商鞅不讲术。结果是秦国富强，只不过使大臣得利，秦国的国君并没有得到什么好处。这是"徒法而无术"的危害。归结起来说，"徒法而无术"或"徒术而无法"对专制主义的中央集权，都是有危害的。

韩非中的《难势》篇，阐述慎到关于重势的理论，又设为儒家对于慎到的理论的批评，又设为慎到的一派反批评。《难势》的这个"难"字，是指儒家对于慎到重势的批评，并不是韩非对于慎到的重势有所责难。

韩非首先引慎到的话说："飞龙乘云，腾蛇游雾，云罢雾霁，而龙蛇与蚓蚁同矣。则失其所乘也。贤人而诎于不肖者，则权轻位卑也；不肖而能服于贤者，则权重位尊也，尧为匹夫，不能治三人；而桀为天子，能乱天下。吾以此知势位之足恃而贤智之不足慕也。"

儒家的人批评说："不可以释贤而专任势。"乘云游雾也只是龙蛇才可以。若是蚯蚓蚂蚁，虽然有云雾它们也是不能乘的。古来的暴君像桀纣那样的，都用天子之威以为他们云雾，然而天下大乱。

有势的人不一定都是好的，好人用它，天下就治，坏人用它，天下就乱。天下的人总是好的少坏的多，用势以乱天下的人多，用势以治天下的人少。所以释贤而专任势，那是与坏人有利的。慎到一派的人回答说：我们所说的重势是对于中人说的。中人上不及尧、舜，而下亦不为桀、纣。这样的人能够"抱法处势"天下就治；背法去势，天下就乱。这种中人最多，所以如果不讲法不讲势而专等着尧、舜这种圣人来治天下，这就是乱世多，而治世少。如果能够"抱法处势"，等有了桀、纣天下才乱，那就是治世多乱世少。这样比较起来，就可以知道势是有用的，不必待贤。所以这种待贤理论是"离理失术，两末之议也，奚可以难夫道理之言乎哉！客议未及此论也"。"离理失术"，"道理之言"，这两个理字和这个道字，是韩非哲学思想中的重要概念。韩非所说的理就是事物的客观规律，"离理"就是违背了客观规律。凡是正确的言论都是合乎理的。韩非这几句话必须和他的《解老》联合起来看，才可以了解其深刻的意义。"客议未及此论也"，就是说，批评慎到的人的言论是不懂得这些道理的。"两末之议"就是说，批评的人反对这个"释贤而专任势"，那就是说，势也重要，贤也重要，这就是两可之词。两可之词，用现在的话说，就是折中，模棱两可，这是不合乎客观规律的。客观规律没有是两可的。

　　韩非认为法、术、势三者都是"帝王之具"。他所说的帝王就是专制主义的中央集权的君主，具就是工具。专制主义的统治者有这三种工具就可以有效地统治臣下和劳动人民。这就是韩非为当时的地主阶级提供的一整套的统治术。这一整套的统治术是韩非总结当时的地主阶级统治的成功的经验和失败的教训，得出来的结论，也是他综合以前的法家三派学说所得出来的结论。

他说:"故明主之行制也天,其用人也鬼。天则不非,鬼则不困。势行教严,逆而不违。……然后一行其法。"(《八经》)"其行势也天",就是说,他是依法而行,公而无私。这一句是讲法。"其用人也鬼",就是说,他有一定的方术,叫臣下或劳动人民莫测高深。"天则不非"就是说,他以法而行,大公无私,所以他的行动不会有错。"鬼则不困",就是说,他就不会为臣下之所包围而没有办法,"势行教严,逆而不违"就是说,他有最高威权,臣下或老百姓虽然不赞成他,也不敢不拥护。这一句是讲势。这就是法、术、势的作用,能够运用这三种工具,专制主义的中央集权的统治就可以巩固。

第四节　韩非关于法的论述

韩非说:"释法术而任心治,尧不能正一国。去规矩而妄意度,奚仲不能成一轮。废尺寸而差短长,王尔不能半中。使中主守法术,拙匠守规矩尺寸,则万不失矣。君人者,能去贤巧之所不能,守中拙之所万不失,则人力尽而功名立。"(《用人》)意思就是说,无论做什么事,都需要依靠一种客观的标准,不能依靠主观的判断。奚仲据说是古代的一个善造车的人,但是他造车也需要圆规方尺,如果他不用圆规方尺而只凭主观的猜测,就一个轮也造不出来。王尔据说也是古代的一个巧匠，但是他也需要按尺子量尺寸，如果他不用尺子而专凭主观的判断以决定材料的长短，那他也要发生错误。尧据说是古代善于治国的君主，但是他也要用法、术作为客观的标准，如果他不依靠这个客观的标准，专靠自己主观能力，他连一国也不能治。不用说治天下了。一个虽然拙笨的匠人，只要他能依靠圆规方尺，他就可以万无一失。一个平常的君主，只要他能够依靠法术，他也可以万无一失。所以一个君主应该废弃贤者之所不能作的事，而守着一个拙笨的匠人万无一失的做法，他就可以用尽人的潜力，他就可以功成名立。韩非在这里所说的"法术"是一种泛说，意思就是法，不一定是说法和术。

韩非又说："法者，编著之图籍，设之于官府，而布之于百姓者也。"（《难三》）就是说，法是一种写出来的文件，这种文件写成以后就在政府各部门施行并且向老百姓公布。从春秋时期就开始有刑书、刑鼎之类，上边所铸的条文，就是法的开端。韩非认为这些成文法都是一种客观的标准。既然有了这种标准以后，一国的君臣上下，都要以它作为判断是非指导行为的标准。韩非说："故明主使其群臣，不游意于法之外，不为惠于法之内，动无非法。""不游意法之外"就是说，不但言论、行为不能出乎法之外，就是思想也不能出乎法之外。"不为惠于法之内"就是说，就是在法之内思想和行动，也只是照客观的法办事，而不是出于个人的恩惠或者智慧。必须达到这个程度，才算是"动无非法"，合乎守法的标准。韩非认为一个专制主义的中央集权的政权，必须有统一的指挥，使举国上下，有统一的思想、言论、和行动。这个统一就是统一于法。

《韩非子·问辩》篇说："或曰：'辩安生乎？'对曰：'生于上之不明也。'问者曰：'上之不明，因生辩也，何哉？'对曰：

'明主之国，令者，言最贵者也。法者，事最适者也。言无二贵；法不两适。故言行而不轨于法令者，必禁。……此所以无辩之故也。乱世则不然。主上有令，而民以文学非之。官府有法，而民以私行矫之。人主顾渐其法令，而尊学者之智行。此世之所以多文学也。……是以儒服带剑者众，而耕战之士寡，坚白无厚之词章，而宪令之法息，故曰，上不明，则辩生焉。'"

韩非在这里用一个"辩"字概括了战国时期"百家争鸣"的局面。战国中期后，地主阶级的封建政权已经先后在各诸侯国建立起来。但地主阶级同没落奴隶主阶级或其他阶级的思想斗争还继续进行，有时甚至是很激烈的。在意识形态领域里谁战胜谁还没有最后决定。这种意识形态领域内的斗争就是韩非在这里所说的"辩"，韩非把辩的原因归结为"上之不明"，这句话的实际意义就是说，作为地主阶级的政治代表还不知道用地主阶级专政的威权，统一思想。韩非指出，地主阶级的政治代表应该把他自己的政权所规定的法令作为思想、言论和行动的标准。它的令就是最贵的言，就是最高的言论的标准。它所立的法就是当时最合乎实际需要的行动的标准。最贵的标准只能有一个，最合适的标准也不能有两个。所以臣下老百姓的言论、行动如果不合乎法令，就必须运用地主阶级专政的威权加以禁止。这样就没有"辩"了。如果不能这样作，那还是乱世。上面的君主有个命令，老百姓就根据"文学之士"所散布的传统思想加以批评。政府立了一个法，老百姓就以自己私人的行为与之对抗。在上面的君主对于这些人不能校正，因而也就渐渐地松弛了自己的法令。这样"文学之士"也就一天一天的多起来了。穿儒家的衣服的人多了，带剑游侠之士多了，从事种田、打仗的人少了。像名家所宣扬的"坚白""无厚"之词多了，法令的效力就小了。所以说，有辩是由于上之不明。

韩非在《五蠹》篇中说：当时的社会中有五种蠹虫，也就是说有五种人破坏新兴地主阶级的法令和耕战政策。这五种人是学者，或文学（儒家之徒），带剑者（游侠），言谈者（到处游说的投机政客），患役者（逃避耕战依附豪门的人），工商的人（工商业者）。在这五种人中，为害最大的是儒和侠。"儒以文乱法；侠以武犯禁。"（《五蠹》）就是说，儒是用文的方法同地主阶级斗争，侠是以武的方法同新兴地主阶级捣乱。《问辩》篇所说的儒服带剑者就是指儒侠而言，侠是一种帮会之类的组织，用武力替别人保镖，打抱不平。"坚白""无厚"之词是名家的人所作的辩论，在本书第一册中讲过，名家的先驱人物如邓析等，都是对于当时的法律咬文嚼字，作形式主义的解释，向奴隶主阶级作合法的斗争。这在当时说，是对于奴隶主阶级的反抗。到了战国末期，新兴地主阶级取得了政权，有了自己的法律条文。如果再有人对于地主阶级的法律"咬文嚼字"，作合法的斗争，那就是反动的。所以韩非指出，如果像"坚白""无厚"这样的辩论流行起来，地主阶级的法令就失去效用了，所以必须制止。

韩非说："明主之国，无书简之文，以法为教，无先王之语，以吏为师。"（《五蠹》）这里所说的"明主之国"指的就是在地主阶级的专制主义的中央集权政治下一切言论行动都统一于法那种国家。这在韩非是一种理想，他所说的办法是一种建议。秦始皇在李斯的辅助下，统一了全中国，建立了全中国的专制主义的中央集权地主阶级政权。李斯向秦始皇建议禁止诗书百家语，韩非这种理想就成为现实。

第五节　韩非关于势的论述

韩非指出，一个政权想推行它的法令，必须有专政的权力。这个权力就是"势"。他说："夫有材而无势，虽贤不能制不肖。故立尺材于高山之上，下临千仞之溪，材非长也，位高也。桀为天子，能制天下，非贤也，势重也；尧为匹夫，不能正三家，非不肖也，位卑也。千钧得船则浮；锱铢失船则沉。非千钧轻而锱铢重也，有势之与无势也。故短之临高也以位；不肖之制贤也以势。"（《功名》）这里所说的位就是君主在国家机构中的地位，是随之而有的权力。

韩非又说："夫马之所以能任重引车致远道者，以筋力也。万乘之主，千乘之君，所以制天下而征诸侯者，以其威势也。威势者，人主之筋力也。"这是用一种形象的说法说明势力的重要性。

韩非又说："势者，胜众之资也。"（《八经》）"资"是凭借。一个君统治众人，他必须有所凭借。他的凭借，就是作为君主的权力，这就是势。

势力具体的表现就是赏罚，亦称为刑赏或刑德。韩非称赏罚为君的"二柄"。韩非说："明主之所导制其臣者，二柄而已矣。二柄者，刑德也。何谓刑德？杀戮之谓刑；庆赏之谓德。为人臣者，畏诛罚而利庆赏。故人主自用其刑德，则群臣畏其威而归其利矣。"（《二柄》）柄就是把子。如说刀把子、印把子。韩非认为，做君主的只要抓住赏罚这两个把子，就可以叫他的臣下规规矩矩地为他所用。这两个把子就是势的把子。人拿着刀的把子就可以运用那把刀,抓住势的把子就可以运用势。

韩非认为运用赏罚,必须注意几点。他说:"圣人之治也,审于法禁,法禁明著则官治(原作"法",依顾广圻校改)。必于赏罚,赏罚不阿则民用。官治民用(原作"官官治",依顾广圻校改)则国富,国富则兵强,而霸、王之业成矣。霸、王者,人主之大利也。人主挟大利以听治,故其任官者当能,其赏罚无私,使士民明焉,尽力致死,则功伐可立,而爵禄可致。爵禄致而富贵之业成矣。富贵者,人臣之大利也。人臣挟大利以从事,故其行危至死,其力尽而不望。此谓君不仁,臣不忠,则可(原作"不可",依顾广圻校改)以霸、王矣。"(《六反》)意思就是说,法令必须"审",必须明确。法令明确,则臣下不敢马虎。赏罚必须"必",应该赏的必定赏,应该罚的必定罚,必须信赏必罚。如果应该赏的因某种缘故而不赏,应该罚的因某种缘故而不罚,这就是"阿"。如果有"阿",赏罚的效用就失去了。如果真能信赏必罚,老百姓希望得赏,害怕受罚,就一定为君主所用。这样就可以国富兵强。这是人主的大利。人主希望有这种大利,所以他所任用的官都有同这个官相等的能力。他所行的赏罚,必定都是大公无私。这样,老百姓都明确地知道,要想富贵,必须为君主尽力。富贵是人臣的大利,人臣为君主尽力,并不是由于他对于君主有什么忠心,而是由于他想得到富贵,得到大利。人主给人臣高官厚禄,并不是由于他对于人臣有什么仁慈,而是由于他想成霸、王之业,得到大利。所以说君不仁,臣不忠,就可以霸、王矣。

韩非又认为赏罚除"必"之外还需要"重"。他说:"凡赏罚之必者,劝禁也。赏厚则所欲之得也疾,罚重则所恶之禁也急。夫欲利者必恶害,害者,利之反也。反于所欲焉得无恶?欲治者必恶乱。乱者,治之反也。是故欲治甚者，其赏必厚矣。其恶乱甚者，其罚必重矣。"（同上）意思就是说，人都有欲，他所欲的东西就叫利。欲的反面叫恶，所恶的东西就叫害。赏厚，受赏的人就可以很快地得到他所欲的东西。罚重，受罚人就可以很快地得到他所恶的东西。这样，赏罚的效用就特别显著。这是从人臣这方面而说的。从人主这方面说，凡是人君都希望把他的国治得很好。治是人主的利。乱是治的反面，人主既然希望治，一定反对乱。所以他的赏必定要厚，他的罚必定要重。

韩非认为赏罚的作用还在于劝禁。他说："故曰重一奸之罪，而止境内之邪，此所以为治也。重罚者盗贼也，而悼惧者良民也。欲治者奚疑于重刑？若夫厚赏者非独赏功也，又劝一国。受赏者甘利，未赏者慕业，是报一人之功而劝境内之众也。欲治者何疑于厚赏？"（同上）意思就是说，赏罚的作用，并不限于受赏或受罚的人，更重要是劝禁。受重罚的是盗贼，盗贼受了重罚，良民也可以知所畏惧而不敢犯法。受赏的是有功的人，可是赏了一个有功的人，全国的人都受到劝勉。已经受赏的，得到赏的利益；没有受赏的人，也羡慕受赏的人而为君主尽力。所以厚赏或重罚的效用是无可怀疑的。

韩非认为这样办是顺乎人情的。他说："凡治天下，必因人情。人情者有好恶，故赏罚可用。赏罚可用，则禁令可立，而治道具矣。君执柄以处势，故令行禁止。柄者，杀生之制也；势者，胜众之资也。"（《八经》）韩非认为凡人情都是取利避害，利是人之所欲的，害是人之所恶的。正是因为人情是这样的，所以赏罚才能发生作用。赏罚发生作用，法令才可以推行，法令推行了治国之道也就树立起来了。

韩非又说："明主立可为之赏，设可避之罚。……盲者处平而不遇深溪，愚者守静而不陷险危。如此则上下之恩结矣。"（《用人》）意思就是说，人主立一种赏格，这种赏格，是人只要努力就可以得到的。立一种罚款，这种罚款是人只要注意就可以避免的。有了这种赏格和罚款，老百姓都知所趋避。好比一个盲人，只要在平地走，也不会掉在河里面。一个愚人，只要安分守己，也可以没有危险。这样上下之间的恩情就结成了。反对法家的人都认为法家"刻薄寡恩"。韩非认为，法家的做法，并不是寡恩，而是结恩。

这种理论，暴露了韩非剥削阶级的阶级性。韩非认为，每个人都为他自己的利益，对于别人都是用"计算之心"相待。人君和人臣以及老百姓本来是利益冲突，互相矛盾的。所以说："上下为战。"但是，人主抓住赏罚这两个把子，就可以使上下之间互相利用，各得其所。这是站在剥削阶级的立场说的。他有见于阶级之间和社会阶层之间的矛盾，但是认为有这种矛盾可以转化为互利、合作。在经济上，雇佣者与被雇佣者之间的关系，本来是剥削与被剥削的关系，其间的矛盾，是不可调和的。工资报酬本来是雇佣者剥削被雇佣者的工具，但韩非认为，工资报酬可以使矛盾转化为合作。在政治上，统治者与被统治者之间的关系本来是压迫与被压迫的关系，其矛盾也是不可调和的。赏罚本来是统治者压迫被统治者的工具，但韩非认为，赏罚可以使矛盾转化为互利。

第六节　韩非关于术的论述

韩非讲过一个韩昭侯的故事。故事说：有一次，韩昭侯喝酒，醉后睡着了。管帽子的人（"典冠"）恐怕他受凉，在他身上加盖一件衣服，韩昭侯醒了以后很喜欢，问旁边的人说：谁加盖了这件衣服？旁边的人说，管帽子的人。韩昭侯就把管衣服人（"典衣"）拿来问罪，把那个管帽子的人杀了。韩非评论说：韩昭侯把那个管衣服的人拿来问罪，因为他失职，没有办他应该办的事。韩昭侯杀了那个管帽子的人，因为他越职，管他不应该管的事，侵犯了别的官的职务（"侵官"）。韩昭侯并不是不怕冷，可是他认为越职的危害比他自己受害还大（《二柄》）。这个韩昭侯就是申不害所辅佐的那个君主。申不害教他用术，这个故事所说的就是术的一个例子。

术的一个要点就是"审合形名"。以这个故事为例。"典冠"和"典衣"是两个官名。这就叫"名"。典冠和典衣都有他应该办的事。这就是那两个官的"职"，也就是那两个名的内容。一个做典冠或典衣的人，就是"实"，亦称为"形"。如果做典冠或典衣的人，都能够守住他的职，完成这个职所规定的任务，这就叫形名相合，也就是名实相合。如果相合，做这种官的人，也就是有这种名的人，就受赏，不然，就要受罚。这就叫"循名核实"，也称为"综合名实"。

一个做某种官的人，只应做那种官所应该做的事，也就是说只应该做那种名所规定的职务，做得少了不行，做得多了也不行。做得少了是失职，做得多了是越职，也就是侵官，就是说，侵犯了别的官所应该做的事。在这一段上文中，韩非说："人主将欲禁奸，则审合刑（形）名者，言与事也。为人臣者陈而言，君以其言授之事，专以其事责其功。功当其事，事当其言，则赏。功不当其事，事不当其言，则罚。故群臣其言大而功小者则罚；非罚小功也，罚功不当名也。群臣其言小而功大者亦罚；非不说（悦）于大功也，以为不当名也。害甚于有大功，故罚。"（《二柄》）当君主的经常有许多人向他出谋献策。哪些话是真有用的，哪些话是没有用的，哪些话不但没有用，而且有害，在一般的情况下，是很难决定的。韩非认为，能够用术的君主，不必有什么特殊的才能，就可以解决这些困难。如果有什么人向他献了一个策，这个君主就凭着他的话叫他做一个官并且让他独立办事，如果他办得很有成绩，成绩和他做的官相当，他所做的官又同他所说的话相当，这样就有赏。不然就有罚。他所立的功和他所说的话必须相当，功小了不行，功大了也不行，都得受罚。这样没有才能的人就不敢乱说话，有才能的人就敢于说话，也乐于说话。当君主的自己不必有什么特殊的才能就可以判断出来谁是有才能的人，谁是没有才能的人，这也是"审合形名"，"循名核实"。

韩非结论说："故明主之畜臣，臣不得越官而有功，不得陈言而不当。越官则死，不当则罪。守业其官，所言者贞也，则群臣不得朋党相为矣。"（《二柄》）就是说，君主用这种术就可以清楚地看出来谁有才能谁没有才能，群臣就不敢结党营私了。

稷下黄老学派讲了不少的君主统御臣下的方法。关于这些方法的理论，可以得出认识论的结论。

第七节　韩非的唯物主义的认识论

韩非论"言与事"那段话的认识论的含义是要判断一个言论是

否是真理，要看它在实践中的效果。在这一点上，韩非讲得很多，他说，比如判断一把剑的利钝，若果只凭金属原料的颜色，即使善铸剑的专家也不能肯定一把剑是否合乎标准。若果用一把剑试行宰杀，随便什么人都能分别出它的利钝（"夫视锻锡而察青黄，区冶不能以必剑；水击鹄雁，陆断驹马，则臧获不疑钝利"，《显学》）。若果只看一匹马的形状年龄，即使善相马的专家也不能肯定它的优劣，但是只要驾上车跑一次，随便什么人都能分别出它是好马或劣马（"发齿吻形容，伯乐不能以必马；援车就驾而观其末涂，则臧获不疑驽良"，同上）。韩非又说，大家都在睡觉的时候，无法分辨出谁是瞎子；都在静默时，无法分辨出谁是哑巴。醒后使他看视，提出问题叫他回答，瞎子、哑巴就无法掩饰了（"人皆寐则盲者不知，皆默则喑者不知。觉而使之视，问而使之对，则喑盲者穷矣"，《六反》）。所以判断一个言论是否正确，或一个人是否有才干，不是只凭言论就可以决定的，只有从实际的效果中才可以断定（"听其言而求其当，任其身而责其功，则无术、不肖者穷矣。夫欲得力士而听其自言，虽庸人与乌获不可别也。授之以鼎俎，则罢、健效矣。故官职者，能士之鼎俎也。任之以事而愚智分矣"，同上）。韩非的这些话的认识论的含义接触到唯物主义认识论的一个要点，就是，实践是检验真理的标准。

韩非说："夫言行者，以功用为之的彀者也。"（《问辩》）"的彀"就是射箭的靶子，言论也有一个靶子，就是它所预期的效果，也就是它的目的性。如果一个言论能够发生它所预期的效果，这个言论是正确的；如果不能，它就是错误的。必须先确定它的目的性，然后才能检查它的效果。就是说，必先确定他的目的，然后才可以看它是不是能达到它的目的。韩非举例说：如果随便发出一支箭，那支箭总要射中一个地方。那个地方恰恰就是那支箭所射中的那小小的一点。可是这不能算是善射，因为那小小的一点并不是预先指定的。如果把一个五寸的"的"，放在十步以外，这个"的"比上面所说小小的一点大多了，可是能够射中这样的"的"，这算是善射，因为这个"的"是预先指定的。对于言论也要以它预期的功用作为"的"，看它是否能中"的"。不然的话，就像拿一支箭随便乱射，虽然射中一个地方，也不能算是善射。这就是说，用实际的效果考验一下言论，必先确定什么是其预期的效果。在论"言与事"的那一段中，韩非认为"言大而功小"固然不行，"言小而功大"也不行，都应当受罚，因为都是不合预期的效果。

上面所引韩非这些话的认识论的含义是，真理的标准是客观的事实；检查一个命题或理论看它是否合乎事实，要以其预先确定的实际的功用为检查的标准。这是主要的。此外还必须要从别的方面检查。韩非说："人臣之于其君，非有骨肉之亲也，缚于势而不得不事也。"（《备内》）这就是说，臣下与君主之间的利益是矛盾的。所以臣下总是用尽方法欺骗君主，使他不能知道事实的真相。因此，君主必须用各种方法了解事实的真相，以免受欺。韩非关于这些方法的理论有主观怎样认识客观的意义，所以可以从中得出认识论的结论。这个结论基本是唯物主义反映论。

韩非说："偶参伍之验，以责陈言之实。"（同上）这就是说，要知道一个人所说的话（"陈言"）是不是合乎实际情况，还需要用"参伍之验"的方法。下文说："众端以参观。"这就是说，要想了解事情真相，不能专从一方面看，必须把许多方面的情况（"众端"）

搜集起来，排一排队（"伍"），加以比较研究（"参"），看这个人所说的话是不是在各方面都能得到证实（"验"）。如果能够得到证实，这个人所说的话就是合乎实际情况，就是真的；如果不能证实，这个人所说的话就是虚假的。韩非的这些话的认识论的含义就是，事实是客观存在的，但是关于它的命题不一定都是真的；要断定命题的真假，须从各方面的情况加以研究，看其是否合于事实。

韩非又说："勿变勿易，与二俱行。行之不已，是谓履理也。……形名参同，用其所生，二者诚信，下乃贡情。……故审名以定位，明分以辩（辨）类。……虚静无为，道之情也。参伍比物，事之形也。参之以比物，伍之以合虚。"（《扬权》）"与二俱行"，这个"二"，照下文看，就是形名。把形名二者参伍比较，而见其一致，这就参伍比较之所生的结论。有了结论，就可以照着行了。把名审查以后，就可以定位。例如"典冠"有典冠的位，"典衣"有典衣的位。各位各有其所应办的事，这就叫"分"，有了"分"就可以把人或事分成许多类。典冠的人为一类，典衣的人为一类，这就叫"辨类"。分类就是"比物"。"参之以比物，伍之以合虚"，这就是说，在做"比物"这些工作的时候，要避免一切主观的成见和偏见。《扬权》篇下文说："故去喜、去恶，虚心以为道舍。"对于事物的喜、怒，最容易使人有成见和偏见。去喜、去恶，心就"虚"了。有了虚心，就可对于事物作正确的判断。韩非的这些话的认识论的含义就是，必须去掉主观主义，以客观的态度观察事物，才能得其真相。

韩非也用"参验"的方法批判其他各家的学说。儒家和墨家都引证尧舜，作为他们立论的根据。可是，他们所说的尧舜并不相同。韩非说："欲审尧舜之道三千岁之前，意者其不可必乎！无参验而必之者，愚也；弗能必而据之者，诬也。故明据先王，必定尧舜者，非愚则诬也。"(《显学》)这里所谓"参验"，就是"参伍之验"。韩非的这些话的认识论的含义是，凡命题或理论都必须经过"参伍之验"才可确定它是真的，只有必定是真的命题或理论，才可以作立说或行动的根据。

第八节　韩非对《老子》的改造

韩非的自然观，表现在他对于《老子》的自然观的改造，表现在他所作的《解老》《喻老》两篇中。《解老》是他讲说《老子》书中的道理。《喻老》是他用实际的事例说明《老子》书中的道理。

有人认为，《解老》《喻老》并非韩非所作。《韩非子·五蠹》反对所谓"微妙之言"，《忠孝》反对所谓"恬淡之学"、"恍惚之言"。《老子》说："古之善为士者，微妙玄通，深不可识。"又说"道之为物，惟恍惟惚。"可见《老子》的学说，正是"微妙之言""恍惚之言"。韩非既反对这一类的"言"，怎么又作《解老》《喻老》呢？

其实，韩非在《解老》《喻老》这两篇中所解释的《老子》，既不"恍惚"，也不"微妙"。《解老》是与《管子》四篇（《白心》，《内业》，《心术》上、下），即稷下黄老之学相通的，把精神解释为一种细微的物质——"精气"。《喻老》用生活中的实例说明《老子》，以见《老子》中的原则都是生活经验的总结。这种唯物主义的、注重实际的思想，跟《韩非子》中的别篇是一致的。这两篇中，所表现的唯物主义自然观，正是他的进步的社会思想的根据。

这是韩非所改造的《老子》。原来的《老子》也有讲"精""气"的地方，但其为庄周所发展而对以后影响较大的，正是些"微妙之言"、"恍惚之言"和"恬淡之学"。这是法家所批判、排斥的。

《老子》说："上德不德，是以有德；下德不失德，是以无德。"（第三十八章）韩非解释说："德者，内也；得者，外也。上德不德（得），言其神不淫于外也。神不淫于外则身全，身全之谓德。德者，得身也。凡德者，以无为集，以无欲成，以不思安，以不用固。为之欲之，则德无舍，德无舍则不安；用之思之则不固，（不全）不固则无功。无功则生有德（得）。德（得）则无德；不德（得）则有德。故曰：上德不德（得），是以有德。"（《解老》）（"德""得"二字各本互有不同，今据四部丛刊影宋本而注其正字于括弧内）。一般的注释向来都照"德"和"神"这两个名词的一般的意义，了解这一段。其实"德"和"神"是先秦道家的专门名词。韩非明白地说："身以积精为德。"（《解老》）"神"是"精"的别名，照稷下黄老之学的说法，人所得的精气就是他的"德"。这些精气，应该加以保持，让它不能跑出来。一个人必须"无为"，这些精气才能集合在一起（"以无为集"）。他必须"无欲"，他的"德"才能安全（"以不思安"）。他对于这些精气必须不多使用，这些精气才能固定下来（"以不用固"）。如果不然的话，他的精气就没有合适停留的地方（"则德无舍）。这样，他的身就不能安全，他的"德"也不能巩固，不能发生很大的效用（"不固则无功"）。

韩非认为"德"是人所有的"精气"；"得"是人对于外界的欲求。

有了对外的欲求就是"神淫于外",人如果这样,不仅失了他的"德",而且做事也不能成功("无功")。《喻老》讲了一个实际的例。

"赵襄主学御于王於期。俄而与於期逐,三易马而三后。襄主曰:'子之教我御术未尽也。'对曰:'术已尽,用之则过也。凡御之所贵,马体安于车,人心调于马,而后可以进速致远。今君后则欲逮臣,先则恐逮于臣。夫诱道争远,非先则后也。而先后心皆在于臣,上(尚)何以调于马?'"(《喻老》)在这个实际的例中,赵襄主的心中,要有所"得",以致"神淫于外",所以"无功"。他所以无功,因为他要有所得,所以说"无功则(一本无"则"字)生有德(得)"。要有所得,即不能不"神淫于外",所以"德(得)则无德"。不要有所得,即能不"神淫于外",所以"不德(得)则有德"。

《老子》说:"善建者不拔,善抱者不脱。"(第五十四章)韩非解释说:"恬淡有趋舍之义,平安知祸福之计。而今也玩好变之,外物引之。引之而往,故曰拔。至圣人不然,一建其趋舍,虽见所好之物不能引,不能引之谓不拔。一于其情,虽有可欲之类,神不为动,神不为动之谓之脱。……身以积精为德,家以资财为德。"(《解老》)这就是韩非所了解的"恬淡"。照他所了解的,"恬淡"就是不欲求有"得",不要"神淫于外",不要散失了身体中所积的"精气"。这样,身体就可以发生最大的效用,做事就可以成功。这也可以说是"恬淡之言"。不过韩非的恬淡之言,其目的是要使身体发生最大的作用,做事得到最大的成功。这跟道家的"恬淡之言"是不同的。

《老子》说:"治人事天莫若啬。夫唯啬是谓早服,早服谓之重积德。"(第五十九章)

韩非解释说:"聪明睿知,天也;动静思虑,人也。人也者,乘于天明以视,寄于天聪以听,讬于天智以思虑。"(《解老》)这里所说的正是荀况所说的"天人之分"。韩非继续说:"书之所谓治人者,适动静之节,省思虑之费也。所谓事天者,不极聪明之力,不尽智识之任。苟极尽则费神多,费神多则盲聋悖狂之祸至,是以啬之。啬之者,爱其精神,啬其智识也,故曰:治人事天莫如啬。"(《解老》)"费神"是我们常说的一个名词。可是韩非所说的"费神"有特别意义。照他所说的,人的聪明睿知,是人的身体中所藏的"精气"的表现。人的动作思维,对于"精气"都是一种消耗。"精气"消耗多了,动作思维就要迟钝,甚至于使人有生命的危险。因为据说人的生命所以维持,就是由于他的身体中有足够的"精气"。所以对于"神"的"消费",不可太多。用"神"必须吝啬。

韩非接着说:"知治人者,其思虑静;知事天者,其孔窍虚。思虑静故德不去,孔窍虚则和气日入,故曰:重积德。夫能令故德不去,新和气日至者,蚤服者也。故曰:蚤服是谓重积德。"(《解老》)照这个解释,一个人应该尽力保持他原有的精气,让它不要跑走("故德不去")。另一方面,又要争取更多的外边的精气使他进来("新和气日至"),这样,他的德就越来越多,就是所谓"重积德"。所谓"孔窍"就是人的耳目等,是说人身体的"精气"是通过人的耳目以为出入的。

《老子》说:"不出户,知天下;不窥牖,见天道。其出弥远,其知弥少。"(第四十七章)后来解《老子》的人,都把这几句话解释为《老子》的唯心主义认识论。韩非有完全不同的解释。他说:"空窍者,神明之户牖也;耳目竭于声色,精神竭于外貌,故中无主。

中无主,则祸福虽如丘山,无从识之。故曰:不出于户,可以知天下,不窥于牖,可以知天道。此言神明之不离其实也。"(《喻老》)照这样的解释,"不出户""不窥牖",是说一个人必须保持他的身体里所有的精气,不让它从空窍(耳目口鼻等)中跑出去。这样,他的聪明智慧就可以发生最大的效用,以至于"知天下","见天道"。

《老子》在下又接着说:"是以圣人不行而知,不见而名,不为而成。"韩非解释说:"(圣人)能并智(知),故曰不行而知。能并视,故曰不见而明。随时以举事,因资而立功,用万物之能,而获利其上,故曰不为而成。"(同上)照他的说法,"圣人"不仅保持他自己的聪明智慧,而且善于利用别人的聪明智慧,所以能"无为而无不为"。

韩非的这些思想跟黄老之学是一致的。但是也有不同之处。

韩非有他自己关于"虚"的见解。他说:"所以贵无为、无思、为虚者,谓其意无所制也。夫无术者,故以无为无思为虚也。夫故以无为、无思、为虚者,其意常不忘虚,是制于为虚也。虚者,谓其意所无制也,今制于为虚,是不虚也。虚者之无为也,不以无为为有常。不以无为为有常则虚,虚则德盛。德盛之谓上德。故曰:上德无为而无不为也。"(《解老》)这也是对于《老子》第三十八章的解释。韩非所解释的"虚",就是心不为某一事物所支配("意无所制")。如果有意于"无为元思",认为这样才算是"虚"("故以无为无思为虚"),这样的人心就为"虚"所支配("制于为虚")。这样的"虚"实在是不虚。上面所引的赵襄主的例也可以说明这一点。他跟人家赛车,当他在别人前面的时候,他唯恐别人追上他;当他在别人后面的时候,他只想追过别人,这都是"意有所制"。只有"意无所制",才可以成功。"意无所制"就是"无为"。只有"无为",才可以"无不为"。但也不可有意于"无为"("不以无为为有常")。如果有意于"无为",就又为"无为"所制。照韩非所解释的,真正的"无为"并不是经常什么事都不做,而实在是"无为而无不为"。"无为而无不为"是《老子》所说的。不过《老子》说这句话的时候,注重在"无为",韩非解释这句话的时候,注重"无不为"。

黄老之学要求人保持精气,其目的是要保全生命。韩非要求人保持精气,其目的在于发挥自己的聪明智慧,以控制自然,战胜敌人。他解释了《老子》所说的"重积德"以后,接着说:"积德而后神静,神静而后和多,和多而后计得,计得而后能御万物,能御万物则战易胜敌,战易胜敌而论必盖世,论必盖世,故曰:无不克。"(《解老》)这是新兴地主阶级在上升时期的气概。

韩非说:"夫道者,弘大而无形;德者,核理而普至,至于群生,斟酌用之。万物皆盛,而不与其宁。"(《扬权》)从这几句话可以看出来在韩非的体系里"道"和"德"的关系。稷下黄老学派说,作为构成万物的物质实体的道就是"精气","其大无外",但又是"其小无内","视之不见,听之不闻"。韩非说,道"弘大而无形",也就是这种意思。道是构成万物的实体,"其大无外"所以说是"弘大"。但又是"视之不见,听之不闻",所以说是"无形"。德是一个事物所得于道的一部分,事物有了这一部分,就有它的性质,所以说是"核理"(详下)。每一个事物都有它的德,所以说是"普至"。所有的事物都从道得到或多或少的一部分,有或大或小的德("至于群生,斟酌用之")。一切事物都有所得于道,都有其德,然后才能成其为某种事物("万物皆盛")。道并不是有目的地使万物安宁,而它们自然安宁("而不与其宁")。

韩非还用一种形象的说法,描写他所谓"道"。他说:"是以死生气禀焉;万智斟酌焉,万事废兴焉。天得之以高,地得之以藏。……以为近乎,游于四极;以为远乎,常在吾侧。……而功成天地,和化雷霆,宇内之物,恃之以成。"(《解老》韩非明确地说,即使天地也是"道"构成的。

"气禀"是后来中国哲学所常用的一个概念。韩非在这里也用了"气禀"这个名词,但是他没有进一步说明"气禀"的含义。他也没有明确地说明道是"精气"。可是他说:"唯夫与天地之剖判也俱生,至天地之消散也不死不衰者谓常。而常者无攸易,无定理。无定理非在于常,是以不可道也。圣人观其玄虚,用其周行,强字之曰道,然而可论,故曰:道之可道,非常道也。"(《解老》这应该是韩非对于《老子》第一章的解释。照这里所说的,天地也是有始有终的,始于剖判,终于消散。可见在有天地以前,就有一种东西。由这种东西"剖判"而为天地,天地在终结的时候,又"消散"为那种东西。那种东西可以"剖判",可见它是物质性的东西。在当时的唯物主义思想中,这种东西就是"气"。由混沌之气,剖判而为天地,天地消散复归于混沌之气。这一个程序就是一个"周行"。由此可见,韩非所说的"道"也就是"气"或"精气"。

韩非提出"理"这个范畴。在《解老》篇中,他有很多次说到理。他说:"凡理者,方圆、短长、粗靡、坚脆之分也。故理定而后物可得道也。"韩非这里所谓"理",就是事物所有的性质;事物有某一种性质,就成为某一种事物,这样它就有名可以称谓("可得道也")。韩非又说:"短长、大小、方圆、坚脆、轻重、白黑之谓理,理定而物易割也。故议于大庭而后言则立，权议之士知之矣。故欲成方圆而随其规矩，则万事之功形矣。而万物莫不有规矩，议言之士，计会规矩也。圣人尽随于万物之规矩。故曰：不敢为天下先。"这是对于《老子》第六十七章的解释。照这段话所说的，理就是"万物之规矩"，也就是事物的规律。凡是讨论一件事情，最后才可以得到它的规律（"议于大庭而后言则立"）。了解了事物的规律，对于事物就可以制裁（"理定而物易割也"）。得了规律以后，就要照着规律做事，这样就可以成功（"万事之功形焉"）。人只能处于规律之后，不能处于规律之先。老子说，"不敢为天下先"，其本来的意思是要人"濡谦弱下"。韩非解释为服从规律，这就是对《老子》的改造，发挥唯物主义精神。

照规律做事，韩非称为"缘理"、"履理"或"缘道理"。他说："行之不已，是谓履理。"（《扬权》已见上文）又说："所谓处其实不处其华者，必缘理，不径绝也。"（同上）"径绝"就是不照规律做事。又说："夫缘道理以从事者，无不能成。"（同上）又说："今众人之所以欲成功而反为败者，生于不知道理而不肯问知而听能。"（同上）韩非认为，凡能按照事物的客观规律做事，就能成功；不按照事物的客观规律而按照主观意见做事，必定失败。他说："好用其私智而弃道理，则网罗之爪角害之。"（同上）

《老子》说："夫惟啬，是谓早服（王弼本作"复"）。"（第五十九章）韩非解释说："众人离（罹）于患，陷于祸，犹未知退，而不服从道理。圣人虽未见祸患之形，虚无服从于道理，以称早服。"（《解老》）所谓"虚无"就是说，不要有主观的成见；没有主观的成见，才能服从客观的规律。照韩非的解释，"服"就是服从；"圣人"不待有了祸患才服从道理,而是本来就服从;所以说"早服"。

韩非又说:"思虑熟则得事理。"(同上)"事理"和"道理"是有区别的。韩非说:"道者,万物之所然也,万理之所稽也。理者,成物之文也,道者,万物之所以成也。故曰:道,理之者也。物有理不可以相薄。物有理不可以相薄,故理之为物之制。万物各异理。万物各异理,而道尽稽万物之理,故不得不化;不得不化,故无常操。"(同上)照这里所说的,道有两方面的意义,一方面是构成万物的物质实体("万物之所然也";"万物之所以成也")。这一方面,上边已经讨论过。另外一方面是作为一切客观规律的根据的总规律,即最一般的规律("万理之所稽也";"尽稽万物之理")。韩非把《老子》和稷下黄老学派所说的"道"的意义扩大了。他所说的"道"也指最一般的规律;所说的"道理",是指比较一般的规律;所说的"事理",是指比较特殊事物的规律。

韩非认为,理不是永恒不变的。他说:"故定理有存亡,有死生,有盛衰。"(同上)理就是事物之理,事物有变化,理随事物的变化而变化。"道""尽稽万物之理";理有变化,所以"道"也"无常操"。韩非的这个思想应用在政治方面就是断言没有永恒不变的制度,这就为他的变法思想提供了理论的根据。

从韩非的这些话也可以看出来,他认为"道"不是离开"理"而独立存在的;"理"也不是离开事物而独立存在的。作为事物的总规律的"道",以及作为事物特殊规律的"理",都存在于事物之中,这是唯物主义的思想。

在中国哲学史中,"理"是一个重要的范畴。在韩非以前也有提到理的,但是韩非特别强调地把它作为一个哲学范畴提出来。他并且明确地说明理是客观的规律,人必须依照客观的规律做事才能成功,不然就要失败。这是在中国唯物主义发展史上的一个很大的贡献。

韩非继承了荀况的唯物主义思想,对宗教迷信和巫术作了明确的批判。他也是一个无神论者,特别从富国强兵的角度,驳斥了宗教迷信。他举出了许多可以使国家灭亡的事情,其中有一种就是迷信和巫术。他说:"用时日、事鬼神、信卜筮而好祭祀者。可亡也。"(《亡征》)

韩非又举例说:从前赵国要攻燕国,"凿龟(卜)数筴(筮)",得了大吉之兆。攻燕的结果,果然得到胜利。燕国要攻赵国,"凿龟数筴",也得了大吉之兆,可是结果大失败。韩非又举例说:魏国连续几年向西边攻打秦国,全失败了。照宗教迷信,有些星主胜利,它如果出现在哪一个方向,在那个方向的人就要胜利;还有些星主失败,它如果出现在哪一个方向,在那个方向的人就失败。事实上,据说是主胜利的星并不是连续几年都在西方,据说是主失败的星也不是连续几年都在东方。为什么魏国连续几年都失败,秦国连续几年都胜利?可见宗教迷信完全是骗人的。

根据这些事实,韩非得出结论说:"龟筴、鬼神,不足举胜;左右背乡,不足以专战。然而恃之,愚莫大焉。"(《饰邪》)这是他根据战争的经验,驳斥了宗教迷信。

《老子》说:"以道莅天下,其鬼不神。"(第六十章)韩非解释说:"人处疾则贵医,有祸则畏鬼。圣人在上则民少欲,民少欲则血气治而举动理,举动理则少祸害。夫内无痤、疽、瘅、痔之害,而外无刑罚、法诛之祸者,其轻恬鬼也甚。"(《解老》)韩非在这里接触到鬼神迷信的来源。鬼神迷信，起于对于自然界的不了解和对于不可抗拒的力量的畏惧。韩非在这里，特别指出统治阶级的刑罚和疾病对于老百姓的祸害。有了这些祸害，人就迷信怕鬼。韩非又指出，所谓祟（见鬼和受鬼的欺负）是由于人的精神错乱。他说："上盛蓄积而鬼不乱其精神，则德尽在于民矣。"（同上）"凡所谓祟者，魂魄去而精神乱；精神乱则无德。"（同上）上面讲过，韩非和稷下黄老学派一样，所谓"德"就是"精神"，"精神"不乱就是"有德"；"精神"乱就是"无德"。

韩非把宗教迷信和社会生活情况联系起来，认为改善老百姓生活情况，使人有足够的财富（"上盛蓄积"），免除疾病和刑罚的祸害，这样就可以解决宗教迷信的问题。这是唯物主义的思想。

《老子》是反对变法的。它说："治大国者若烹小鲜。"（第六十章）韩非解释说："故以理观之，事大众而数摇之则少成功；藏大器而数徙之则多败伤；烹小鲜而数挠之则贼其泽；治大国而数变法则民苦之。是以有道之君贵虚静而重变法（本作"贵静，不重变法"，依王先慎校改）。"（《解老》）"重变法"就是说，以变法为难而不轻易变法，在表面上看，这句话的意思是反对变法的，似乎与法家的基本精神不合。

在这一点上，韩非也是改造《老子》以为地主阶级服务。韩非的这句话的上文说："治大国而数变法则民苦之。"韩非反对的是"数变法"，不是"变法"。何谓"变法"，我们也要具体分析。法家所主张的"变法"是改变奴隶主贵族的制度。"变"了这种"法"以后，封建地主建立了自己的"法"。韩非所说的"重变法"是对地主阶级的"法"而言。韩非说："凡法令更则利害易，利害易则民务变,民务变之谓变业。"(同上)韩非指出:"工人数变业则失其功,作者数摇徙则亡其功。一人之作,日亡半日,十日则亡五人之功矣。万人之作,日亡半日,十日则亡五万人之功矣。"(同上)这是从生产的观点反对法令的轻易改变。这与对于奴隶主贵族的制度而言的变法,毫无关系。

韩非说:"饰令则法不迁;法平则吏无奸。法已定矣,不以善言害(原作"售",依王先慎校改)法。"(《饰令》)这也是说,法已定了,就不可轻易改动。或者可说,这一篇是商鞅的著作,那也没有关系,因为对于奴隶主贵族的制度说,商鞅也是主张变法的。法家对于奴隶主贵族的制度,则积极主张变法;对于地主阶级自己的法,则主张不可轻易改动。这是合乎规律的发展。

关于《老子》的辩证法思想,韩非也有所发展。《老子》说:"祸兮福之所倚;福兮祸之所伏。"(第六十八章)韩非解释说:"人有祸则心畏恐,心畏恐则行端直,行端直则思虑熟,思虑熟则得事理,行端直则无祸害,无祸害则尽天年,得事理则必成功,尽天年则全而寿,必成功则富与贵。全寿富贵之谓福,而福本于有祸。故曰:'祸兮福之所倚',以成其功也。人有福则富贵至,富贵至则衣食美,衣食美则骄心生,骄心生则行邪僻而动弃理,行邪僻则身死夭,动弃理则无成功。夫内有死夭之难,而外无成功之名者,大祸也;而祸本生于有福,故曰:'福兮祸之所伏。'"(《解老》)

这是韩非对于矛盾对立面互相转化的辩证法的认识。《老子》讲对立面的互相转化而没有讲互相转化的条件;这就很容易陷入相对主义。韩非在三点上比老子前进了一步。第一,他认识到,对立面的互相转化是有条件的,在一定的条件下才能互相转化,条件不具备是不能转化的。上面引文中的许多"则"字就指祸福互相转化的条件。第二，在社会现象中，对立面的互相转化并不仅只是一个客观的规律，而且跟人的主观能动性有密切关系。上面引文中所说的"行端直"和"思虑熟"等都是人的主观能动性的表现。第三，人的行为的成功或失败，决定于"得事理"或"动弃理"，就是说，决定于人是依规律办事或任意妄为。这三点是韩非对于《老子》辩证法思想的重要补充和发展。有了这三点，对于对立面互相转化的辩证法的认识就不致陷入相对主义。

更重要的是，《老子》讲对立面互相依存和互相转化，而没有讲对立面的互相矛盾。互相依存和互相转化都是对立面的统一，是相对的，有条件的。对立面的矛盾斗争是绝对的，无条件的。我们现在所用的"矛盾"这个名词，就是从韩非所讲的一个故事出来的。这个故事说："楚国有个人卖盾也卖矛。他吹嘘他的盾说：'我的盾的坚固，是没有任何东西能够穿过的。'又吹嘘他的矛说：'我的矛的锋利能够穿过任何东西。'有人问他说：'用你的矛穿你的盾，结果如何？'那个楚人不能回答。"（据《难一》）这就是"矛盾"这个名词的出处。"矛盾"是一个翻译过来的名词。上面所讲的故事，只是这个译名的出处，不能由此认为韩非已有"矛盾"这个概念。韩非由这个故事所得的结论是，"夫不可陷之盾与无不陷之矛，不可同世而立"。（同上）这个结论是从形式逻辑的排中律出发，也不是辩证思想。

但是，韩非确是有见于事物之间的矛盾，特别是社会中某些阶级之间和某些阶层之间的矛盾。他的社会政治思想基本上是自发地从这个认识出发的。韩非说："夫物者有所宜，材者有所施。各处其宜，故上下无为。使鸡司夜，令狸执鼠，皆用其能，上乃元事。"（《扬权》）就是说，每一种东西都有同它合适的工作，每一种材料都有同它合适的用处。比如说，鸡能打鸣，猫捉耗子。这都是出于自然，并不是道使它们如此，而它们自然就是如此。韩非认为，君主以道为法，鸡能打鸣就叫它司夜；猫能捉耗子，就叫它捉耗子。君主不必自己司夜，只要他能养鸡，自然有鸡替他司夜；不必自己捉耗子，只要他能养猫，自然有猫替他捉耗子。鸡或猫好比他的群臣。只要君主能用群臣，他的群臣会给他办事，他自己不必办事，也无事可办，这就叫"皆用其能上乃无事"。这是韩非对于《老子》的"无为无不为"的原则的改造。

韩非又说："夫道者，弘大而无形，德者，核理而普至。至于群生，斟酌用之，万物皆盛而不与其宁。道者，下周于事，因稽而命，与时生死。参名异事，通一同情。故曰：道不同于万物，德不同于阴阳，衡不同于轻重，绳不同于出入，和不同于燥湿，君不同于群臣。凡此六者，道之出也。道无双，故曰一。"（《扬权》）"夫道者弘大而无形"这几句也见于《解老》。在那里他是讲《老子》，在这里他是把《老子》的原则加以改造，和他所讲的统治术结合起来，以作为他的统治术的哲学根据。每一种东西都有它的才能，它的才能就是它的"德"。每一种东西都有它的德所以说是"普至"。每一种东西的德都是从道分出来的，所以说道是"下周于事"。君主照着每一种事物的德，随着不同的情况，任命它做它所能做的事，每一种事都有它的特殊性，但是，可以分不同的类。同一类的事情可以给以同一的名。每一个名可以包括许多不同的事。万物都是从道出来的，可是道不同于万物。阴阳也是两种事物，也可有它的德，但是，万物各有其德，所以德不同于阴阳。衡就是秤。秤是用以量轻重的，可是秤不同于轻重。绳是用以量曲直的，有了绳，就可以看出来一个材料对于绳有所出入，但是，绳并不同于出入。和是湿度的适中，但和不同于燥湿。君靠群臣替他办事，但是君不同于群臣。韩非认为，君主应该以道为法，把自己放在衡、绳、和的地位，高踞于群臣之上，让群臣各凭他们自己的才能办事，这样君主就可无为而无不为了。

对于能够这样做的君主，韩非作了一个具体的描写。他说："古之全大体者，望天地，观江海，因山谷。日月所照，四时所行，云布风动，不以智累心，不以私累己。寄治乱于法术，托是非于赏罚，属轻重于权衡。不逆天理，不伤情性。不吹毛而求小疵，不洗垢而察难知。不引绳之外，不推绳之内，不急法之外，不缓法之内。守成理，因自然。祸福出乎道法，而不出乎爱恶。荣辱之责，在乎己，不在乎人。"（《大体》）韩非的这一段话，是他所讲的"无为而无不为"的统治术的一个总结。用本章所讲的韩非的统治术的要点，同这一段话比较起来就可以看出，他在这段话所讲的，并不是一种浮泛的空谈而是确有实际内容的。这是对于《老子》的哲学加以改造，与法家所讲的统治术结合起来，以为其哲学的根据。这就是汉朝的人所说的黄老之学。司马迁说，韩非"喜刑名法术之学，而其归本于黄老"（《史记·老子韩非列传》）。这话是有根据的。

第九节　韩非的政治、经济主张

韩非的历史观是他变法主张的理论基础，也是他的实际政治主张的理论基础。他认为"当今之世"，是"人民众而货财寡"，人与人之间、国与国之间，都是"竞于气力"。所以他主张对内要加强统治，增加生产，对外要积极备战；这就是所谓"耕战"，要以耕战造成富强。富强的结果，是地主阶级的收入随着农业生产的增加而增加了，地主阶级政权的统治范围随着领土的扩大而扩大了。富强的最后目的是发展地主阶级经济，巩固地主阶级政权。这是法家一贯的主张，也是跟当时的历史进步趋势相符合的。法家的主张一方面是这种趋势在思想战线上的反映，一方面又推动这种趋势。

韩非认为，"人事""天功"都可以使生产增加（"入多"），但是主要地还是靠人事。人事有许多条件。一方面有：劳动者的努力，"丈夫尽于耕农，妇女力于织纴"；生产知识的提高，"务于畜养之理，察于土地之宜"，"明于权计，审于地形"；生产工具的改良，"舟车机械之利，用力少，成功大"；货物的流通，"以所有致所无"。另一方面，则"俭于财用"，亦可以"入多"。他总结说："入多皆人为也。"（《难二》）作为一个新兴的阶级的代言人，韩非对于生产是很重视的，对于生产力发展的广阔前途也是很有信心的。

韩非还主张用"发家致富"的思想，鼓励私人竞争，以发展生产。他说："今世之学士语治者多曰'与贫穷地，以实无资'，今夫与人相若也，无丰年旁入之利，而独以完给者非力则俭也。与人相若也，无饥馑、疾疚、祸罪之殃，独以贫穷者，非侈则惰也。侈而惰者贫，而力而俭者富。今上征敛于富人，以布施于贫家，是夺力俭而与侈惰也。而欲索民之疾作而节用，不可得也。"(《显学》)这一段话是韩非的经济思想的一种表现。

在西周奴隶社会中，土地为国家所有，也就是说，为掌握政权的大小奴隶主所有。大小奴隶主驱使奴隶们耕种。李悝的"尽地力之教"，把土地分配给耕种土地的劳动者，在其劳动果实中剥削若干成。这是封建制的剥削，但在理论上土地仍属国家所有。商鞅"开阡陌"就是废除土地国有制度，让劳动人民自己开垦，谁开的就归谁所有。努力耕种，能耕种多少就耕种多少。在当时的情况下，这是一种解放生产力，提高生产率的一种办法。这种办法迅速地引起农民之间的两极分化。当时保守的人，以此为借口，要恢复土地国有的旧制度。韩非在这里所说的"士"，就是这种人，主要是儒家之流。所谓"与贫穷地"，就是由国家发给贫穷的人土地。这就是要恢复土地国有的旧制度。

韩非批判说：同是一个人，在同样的条件下，为什么有些人穷有些人富呢？穷的人必定是由于他们懒惰或浪费；富的人必定是由于他们努力或节俭。现在要给贫穷的人土地，这就是把努力和节俭的人的财富夺过来给懒惰和浪费的人。用这样的办法而想要使农民努力生产、节约消费，那是不可能的。

韩非这段话说出了商鞅开阡陌的目的。那就是，在私人竞争的条件下，个个人努力生产，发家致富。这在当时的条件下，是有进步的意义的。

总起来说，韩非的实际政治经济主张的主要内容是："明其法禁，必其赏罚。尽其地力，以多其积。致其民死，以坚其城守。"（《五蠹》）就是说，加强统治，推动耕战。韩非认为统治阶级与被统治阶级之间的关系，本来建筑在利害矛盾上的。荀况也认为人生来是自私自利的。荀况还要用教育的方法，"化性起伪"；韩非则认为统治者正好利用人的自私自利，用赏罚来统治老百姓。反过来说，如果人都不是自私自利，赏罚也就不生效力，统治者反而不能行使他的统治了。

从这种原则出发，韩非为地主阶级提出包括法、术、势的统治术，为即将实现专制主义的中央集权的政治开辟道路。

在地主阶级上升时期，地主阶级在经济方面，奖励农业，提高生产，施行富国、强兵的政策。在政治方面，施行专制主义的中央集权政治。对外提倡军备，施行武力统一。韩非为这种历史趋势作出了理论的根据，制造舆论，为这种趋势开辟道路，推动历史前进。韩非说："夫耕之用力也劳，而民为之者，曰：可得以富也。战之为事也危，而民为之者，曰：可得以贵也。今修文学，习言谈，则无耕之劳而有富之实，无战之危而有贵之尊，则人孰不为也？是以百人事智，而一人用力。事智者众则法败，用力者寡则国贫，此世之所以乱也。故明主之国，无书简之文，以法为教；无先王之语，以吏为师；无私剑之捍，以斩首为勇。是以境内之民，其言谈者必轨于法，动作者归之于功，为勇者尽之于军。是故无事则国富，有事则兵强，此之谓王资。既畜王资而承敌国之衅，超五帝，侔三王者，必此法也。"（《五蠹》）这是韩非为当时的地主阶级所设计的总策略。"王资"的意思，就是统一中国的条件。

第十节　韩非对于当时战争的矛盾立场

韩非在讲到法、术、势的时候，他的明确的目的是要实现一个专制主义的中央集权的地主阶级专政的国家。可是当时的历史趋势还不限于这一方面，除此之外，还要建立一个专制主义的中央集权地主阶级专政的全中国的国家。当时的七国哪一个国家具备有这种"王资"，能够实现这种统一，完成这个历史任务呢？

在韩非的时候，显然只有秦国具备这种"王资"，能担负这个任务，完成这个历史的使命。可是韩非是韩国的"诸公子"，他同韩国统治者的关系太深了。他认为，当时的七国，无论哪个国家，只要能够实行像他所说那样的策略，都可以完成这个使命，统一中国，至少也可以保卫自己的独立，不为秦国所灭。

当时七国之间，有两种外交路线，一种叫"连横"，就是服从秦国，承认秦国的霸权；一种叫"合纵"，就是把秦国以外的六国连合起来，抵抗秦国的霸权。韩非认为，在当时的诸侯国中，无论合纵或连横都不可行。他说："故周去秦为从，期年而举；卫离魏为衡（横），半岁而亡。是周灭于从，卫亡于衡也。使周卫缓其从衡之计，而严其境内之治，明其法禁，必其赏罚，尽其地力以多其积，致其民死以坚其城守。天下得其地则其利少，攻其国则其伤大。万乘之国莫敢自顿于坚城之下，而使强敌裁其弊也。此必不亡之术也。舍必不亡之术，而道必灭之事，治国者之过也。智困于内而政乱于外，则亡不可振也。"（《五蠹》）韩非举了周、卫两国为例，以说明当时的小诸侯国，无论合纵或连横，均不能免于灭亡，只有靠自己的富强才能保持自己的独立。因为一个小国，只要它施行耕战政策达到富强的地步，大国要想灭它，也得费很大的气力。它的地方太小，大国把它灭了也得不了大利，可是要付很大的代价。所以大国也不敢灭它。

连横是秦国对六国的基本战略。它利用六国矛盾，对于六国中距离秦国远的国，就同它和好；对离秦国近的，先行攻伐。对于六国分别先后，个个击破，这就叫"远交近攻"。韩非实际上是站在六国的立场反对秦国连横，这就是反对秦国的武力统一全中国的政策。

《韩非子》的第一篇是《初见秦》，第二篇是《存韩》。这两篇的意思是相反的。第一篇是向秦王提出了一个统一全中国的战略，第二篇的意思，正是像它的题目所说的，是保存韩国。《战国策》也有一段和《初见秦》这篇文章的内容完全一样，说是"仪说秦王"。鲍彪注说："此上元有张仪字而所说皆仪死后事，故删去。"（《战国策》卷三）照上边所引《五蠹》的话看起来，《初见秦》中的话不可能是韩非说的。这一篇即使不是张仪本人作的也是张仪一派的人作的。这一篇明确地说："今秦地折长补短，方数千里，名师数十百万。秦国之号令赏罚，地形利害，天下莫若也。以此与天下，天下可兼而有也。……臣昧死愿望见大王，言所以破天下之从，举赵，亡韩，臣荆、魏，亲齐、燕，以成霸王之名，朝四邻诸侯之道。"（《初见秦》）就是说，秦国正是具备有统一全中国的条件。要"破天下之纵"即要用连横反对合纵。连横的办法是举赵，亡韩，臣荆、魏，亲齐、燕。这就是远交近攻。这是张仪等连横派向秦王献的统一全中国的策略。这段话明确地说，要"亡韩"，因为韩距秦最近，是首先要攻的。

"亡韩"和"存韩"正是相反的。《存韩》说："夫韩，小国也，而以应天下四击，主辱臣苦，上下相与同忧久矣。修守备，戒强敌，有蓄积，筑城池以守固。今伐韩未可一年而灭，拔一城而退，则权轻于天下，天下摧我兵矣。"这里所说的，就是《五蠹》所说的小国反抗大国侵略的那一套。韩非用这一套恐吓秦国，叫它不要进攻韩国。韩非所注意的，不是秦国怎样可以统一全中国，而是韩国怎样可以保持独立，免于为秦国所灭。

这篇文章以后附有李斯的驳议。驳议说："诏以韩客之所上书，书言韩之未可举，下臣斯，甚以为不然。"这说明《存韩》是韩非向秦始皇上的书。秦始皇把这个书交给李斯审核。李斯不以为然。李斯说："非之来也，未必不以其能存韩也。"就是说，韩非来秦的目的，大概就是存韩。

李斯向秦始皇献策，愿意自己去见韩王，叫韩王到秦国来，然后把他扣留起来。秦始皇听了李斯的话，派李斯往韩国去。李斯到韩国以后向韩王上书。这个书也附在《韩非子·存韩》一篇之后。可以断定，《韩非子·存韩》实际上是一宗档案，其中包括了三份文件：韩非上秦王书、李斯驳议和李斯上韩王书。韩非到秦国，主张存韩，在当时是一种引起争论的事。所以有一宗档案，用三种原始材料，纪录这件事的首尾。后来编《韩非子》的人就把这宗档案编入《韩非子》中。前面有《初见秦》一篇，抄张仪的"亡韩"的主张，作为对比。这两种主张关系到秦国对六国的两种战略的决策。

在当时是很重要的事。

在这个重大问题上,韩非李斯之间,是相反对的。这是因为韩非和李斯的立场不同。李斯是站在秦国的立场,要统一全中国。韩非是站在韩国的立场,保存韩国。李斯向秦始皇说韩非心向韩国不为秦用。李斯的话是有根据的,《韩非子》中的《存韩》以及附件就是根据。司马迁说,李斯向秦始皇说的话是因为他嫉妒韩非才出己上,故意诬陷韩非。这是没有深考,不足为凭。

在春秋战国时候,诸侯国之间的战争,次数越来越多,规模越来越大。有些人提出了制止战争的主张,他们的方法有两种,一种是"偃兵",一种是"救守"。偃兵是企图用政治外交的办法制止战争。在春秋末期,宋国有向戌,主张"弭兵","弭兵"就是偃兵。现在所谓"缓和",限制武器,订互不侵犯条约,等等,也都是弭兵、偃兵一类的主张。上边说过公孙龙也曾经主张偃兵。

"救守"就是反对侵略战争,主张援助被侵略的诸侯国,坚守城市边界,认为这样可以使侵略的国家不能得逞。如果各诸侯国都知道侵略是不能得逞的,自然不发动战争了。在春秋末期,墨翟主张"非攻",又实行帮助被侵略国家守城。这就是救守。

这两种主张都是春秋战国时期的违反历史趋势的思想,也都是不切实际的,不现实的,仅只是某些人的幻想。

《吕氏春秋》在《孟秋纪》中有几篇讲战争。他说:"古圣王有义兵,而无有偃兵。兵之所自来者上矣,与始有民俱。"(《荡兵》)意思就是说,战争是从古以来就有的,只要有人就有战争,所以古来的圣王只讲战争的义或不义,不讲偃兵。他接着说:"家无怒笞,则竖子婴儿之有过也立见。国无刑罚,则百姓之悟相侵也立见。天

下无诛伐，则诸侯之相暴也立见。故怒笞不可偃于家，刑罚不可偃于国，诛伐不可偃于天下，有巧有拙而已矣。"（同上）

他又接着说："察兵之微：在心而未发，兵也。疾视，兵也。作色，兵也。傲言，兵也。援推，兵也。连反，兵也。侈斗，兵也。三军攻战，兵也。此八者皆兵也，微臣之争也。今世之以偃兵疾说者，终身用兵而不自知，悖。故说虽强，谈虽辨，文学虽博，犹不见听。故古之圣王有义兵，而无有偃兵。"（同上）意思就是说，战争的范围很广，在一个人的心里边对于别人有忿恨，虽然还没有发出来，那就是战争。一个人向别人瞪眼，这就是战争。忿恨表现于颜色，这也是战争。忿恨表现于言词，这也是战争。向别人推推搡搡，这也是战争。打群架，这也是战争。军队正式打仗，这也是战争。这八者都是战争，不过有大小不同而已。所以现在讲偃兵的人，实际上他就是在战争，不过他自己不觉而已。这些是自相矛盾的，所以他们虽然说得很好听，可是没有人听他们。所以古来圣王只讲兵的义或不义，不讲偃兵。

对于救守的主张，《吕氏春秋》也认为是错误的。他说："凡为天下之民长也，虑莫如长有道而息无道，赏有义而罚不义。今之世学者多非乎攻伐，非攻伐而取救守。取救守则乡之所谓长有道而息无道，赏有义而罚不义之术不行矣。"（《振乱》）意思就是说，现在学者有许多反对攻伐，主张救守。如果被攻伐的国君是个暴君，是个无道之君，救守实际上是帮助了无道之君。这样，无道的人受不了罚，有道的人也得不了赏。这是违反老百姓的愿望的。《吕氏春秋》接着说："是非其所取，而取其所非也，是利之而反害之也，安之而反危之也。为天下之长患，致黔首之大害者，若说为深。夫以利天下之民为心者,不可以不熟察此论也。"(同上)意思就是说,救守的主张同老百姓的取舍是相反的。表面上看起来,是对老百姓有利,实际上是对老百姓有害。表面上是叫老百姓安,实际上是叫老百姓危。所以这种主张不合乎天下的长远利益,实际上是老百姓的大害。真正为老百姓谋利益的人,对于救守的主张应该仔细研究,仔细考察。《吕氏春秋》得出结论说:对于战争,只应该问它是义或不义。"兵苟义,攻伐亦可,救守亦可。兵不义,攻伐不可,救守不可。"(《禁塞》)就是说,如果是义兵,救守是对的,攻守也是对的;如果是不义之兵,攻伐是错误的,救守也是错的。

不管吕不韦所说的"义"的内容是什么,实际上向来用武力的人,都说他的兵是"义兵"。所以吕不韦的主张,实际上是支持当时的战争。他是站在秦国的立场说话的。

韩非是韩国的诸公子,又打算做秦国的谋士。他的立场是矛盾的,既要"存韩",又要辅助秦国。这就使他对于当时的兼并战争的态度和他的法家思想有了矛盾。

韩非虽不赞成秦国用武力统一,但在秦朝,他是理论方面的最高权威,"圣人"。他的话被引用为言论的根据。秦二世责问李斯说:"吾有私议而有所闻于韩子也。"引韩非《五蠹》的话。李斯的答书说:"故韩子曰:'慈母有败子而严家无悍虏者,何也?则能罚之加焉必也。'……今不务所以不犯,而事慈母之所以败子也,则不察于圣人之论矣。"(《史记·李斯传》)这都是以韩非的话为根据,而且明确地说,韩非是"圣人"。

韩非被称为圣人,标志着第一次大转变时期"百家争鸣"的局面即将终结,他和李斯,一个是这个终结的理论家,一个是这个终结的执行者。这两个同学虽然在生前有矛盾,但他们的历史作用是"异曲同工"。

从哲学史的观点看,韩非继承了荀况的唯物主义思想,又改造了《老子》,使它从客观唯心主义转化为唯物主义。他是先秦的一个唯物主义大家,也是中国哲学史中的一个唯物主义大家。他的哲学思想是中国哲学史中的辉煌的一页。

第二十四章 先秦百家争鸣的总结与终结

本册的绪论指出，在战国时期地主阶级有两个历史任务，一个是统一全中国，建立一个以地主阶级为基础的专制主义的中央集权的全国性的政权，一个是结束从春秋以来的思想战线上的"百家争鸣"的局面。完成这两个历史任务的形势在战国末期都已形成了，条件都已具备了。这是当时历史的趋势，成为"百家争鸣"局面的外部压力。这个局面的内部，也有这种趋势的反映。其表现是，当时的几个大家，都提出了对于当时各家的评论。这种表现的意义是，当时的几个大家，从各自的立场，用各自的观点，对于当时"百家争鸣"的局面所作的总结。

第一节　儒家所作的总结

儒家所作的总结，范围比较广泛，评论比较深刻。这是荀况作的。他的《非十二子》篇中承认十二子的学说都是"持之有故，言之成理"，但又认为它们都是错误的，错误在什么地方，荀况没有说。但是在《荀子》的别的篇中他倒是说了。他说："万物为道一偏，一物为万物一偏，愚者为一物一偏，而自以为知道，无知也。慎子有见于后，无见于先。老子有见于诎，无见于信（伸）。墨子有见于齐，无见于畸。宋子有见于少，无见于多。有后而无先，则群众无门。有诎而无信，则贵贱不分。有齐而无畸，则政令不施。有少而无多，则群众不化。"（《天论篇》）

荀况又说:"昔宾孟(萌)之蔽者,乱家是也。墨子蔽于用而不知文。宋子蔽于欲而不知得。慎子蔽于法而不知贤。申子蔽于势而不知知。惠子蔽于辞而不知实。庄子蔽于天而不知人。故由用谓之,道尽利矣。由俗(当作"欲")谓之,道尽赚矣。由法谓之,道尽数矣。由势谓之,道尽便矣。由辞谓之,道尽论矣。由天谓之,道尽因矣。此数具者,皆道之一隅也。夫道者,体常而尽变,一隅不足以举之。曲知之人,观于道之一隅,而未之能识也,故以为足而饰之,内以自乱,外以惑人;上以蔽下,下以蔽上;此蔽塞之祸也。"(《解蔽篇》)

在这两段里,荀况对于当时各家(即所谓"乱家")提出了简要而深刻的批评。他认为"道"是包括各方面的全体,当时的各家都只看见"道"的某一个方面。荀况认为,他们对某一方面有所"见"。正是因为他们对于某一方面有"见",所以他们就为其所蔽,而看不见,或者不愿意看见"道"的其他方面。对于其他方面,他们完全无知。对于其他方面的无知,正是由于对某一方面的有知。荀况的这两段话从思想方法上批判当时各家,指出他们思想方法都是以偏概全,都是形而上学。

"慎子有见于后无见于先";"慎子蔽于法而不知贤"。慎子就是慎到。慎到的思想有两个方面,一方面是如《庄子·天下》篇所说的,是道家思想;一方面是《慎子》中所说的,是法家的思想。荀况的这两条批评是针对慎到的思想的两方面说的。荀况说:"有后而无先,则群众无门",就是说,他认为,老百姓,必须依靠"圣人"或"君子"的领导;"圣人"或"君子"在前面领导,老百姓在后面追随;这样,老百姓才有路可走,有门可入。荀况认为,如果每个人都要居后不肯居先,那么,老百姓就无门可入。荀况又说:"由法谓之,道尽数矣。"荀况称"法"为"法数";"数"指法律的条文。荀况认为,如果专从"法"的观点看,那就为"法"所蔽,认为一切问题都是"法"的条文可以解决的,这是一偏之见。

"老子有见于诎,无见于信(伸)";"有诎而无信(伸),则贵贱不分"。《庄子·天下》篇说:老聃"以濡弱谦下为表,以空虚不毁万物为实"。老聃认为柔弱可以胜刚强,其实他所讲的仅只是柔弱。这就是"有见于诎,无见于信(伸)"。荀况认为,在封建等级制度中,贵者应该统治贱者;贱者应该"诎",贵者应该"伸"。如果只讲"诎"而不讲"伸",那么,贵贱就没有分别了。荀况认为这也是一偏之见。其实老聃的思想是以诎为伸,这一点荀况还没有了解。

"墨子有见于齐,无见于畸";"墨子蔽于用而不知文"。在字面上看,这是荀况对于墨翟的"尚同"思想的批评。墨翟主张,"尚同而不下比";人民对于"天子"要绝对服从;这就是"有见于齐,无见于畸"。"齐"指天子的统一号令,"畸"指老百姓的个人意见。但是荀况下面说:"有齐而无畸,则政令不施。"可见荀况并不反对"天子"的统一的政令;荀况也是主张天子的绝对威权的。在《非十二子篇》中,荀况说,墨翟"不知壹天下、建国家之权称,上功用,大俭约而侵差等,曾不足以容辨异,县君臣"。墨翟主张节用、节葬、非乐,荀况认为这样就不足以分别君臣、上下,因为在奴隶社会或封建社会的等级制度中,等级的分别一部分是靠居住、衣服、享受的不同表现的。这就是荀况所说的"文"的功用。他认为,墨翟只知道节约,这就是"蔽于用而不知文",其结果会使等级制度不能维持。这就是他所说的"上功用，大俭约而僈差等"。"僈差等"就是"齐"。荀况认为，人是本来不齐的；他说："皇天隆物，以示下民，或厚或薄，常不齐均。"（《赋篇》）又说："分均则不遍，势齐则不一，众齐则不使。"（《王制篇》）荀况主张不齐，不齐是"畸"。他认为，如果没有等级制度，政令就无法施行，因为"众齐则不使"。

荀况对于墨翟的"节用"，特别提出批评。上面讲过，荀况认为，如果社会生产力得到充分的发展，生活资料是用不完的。他说："夫不足，非天下之公患也，特墨子之私忧过计也。"下面接着说："我以墨子之'非乐'也，则使天下乱；墨子之'节用'也，则使天下贫。"为什么呢？荀况说："墨子大有天下，小有一国，将蹙然衣粗食恶，忧戚而非乐；若是则瘠，瘠则不足欲，不足欲则赏不行。墨子大有天下，小有一国，将少人徒，省官职，上功劳苦，与百姓均事业，齐功劳；若是则不威，不威则罚不行。"（《富国篇》）荀况认为，统治者必须有很多的特殊享受，以满足自己的欲望，这样才可以用"赏"引诱人，使之为他服务。统治者必须有许多特权，才可以表示他的威严，这样才可以用"罚"禁止人，使之不敢反抗。如果"赏罚"不行，统治者就没有方法统治老百姓，老百姓就要反抗，也不为他生产；从统治者的观点看，这就要"使天下乱"，"使天下贫"。荀况说："故由用谓之，道尽利矣。"他认为墨翟的思想以利为主；但是，从统治阶级观点看，这些利就是不利。

"宋子有见于少，无见于多"；"宋子蔽于欲而不知得"。宋子就是宋钘或宋䪻。荀况对于宋钘的批评很多，但又称他为"子宋子"，表示他对于他的尊敬。这些批评上面已经讲过。荀况说："由俗（欲）

谓之，道尽嗛矣"，就是说，如果人都欲少而不欲多，应该每个人都很满意，可是事实并不如此。荀况说："有少而无多，则群众不化。"他认为，如果人真都欲少，那并不是好事。因为照上面所说的，正是因为人有很多的欲望，统治者才能用赏罚引诱、威胁老百姓，为他服务。如果，人的欲望真少，统治者的赏罚就不能发生作用，这就是所谓"群众不化"。

荀况说："凡语治而待去欲者，无以道欲而困于有欲者也。凡语治而待寡欲者，无以节欲而困于多欲者也。"（《正名篇》）这是荀况对于道家（"去欲"）和宋钘、尹文（"寡欲"）的批评。荀况说："天性有欲，心为之制节。"（《正名篇》）他认为"天性有欲"，既不能去，也不能寡，只能由"心"对于"欲"加以指导和节制。《墨子·大取》篇有"智"指导"欲"的理论。荀况在这一点上，吸收了墨家的意见。

"申子蔽于势而不知知"；"由势谓之，道尽便矣"。申子就是申不害。照韩非的说法，在法家的三派中，慎到重势，商鞅重法，申不害重术（《韩非子·难势》）。照荀况所说，慎到蔽于法，申不害蔽于势，与韩非所说不同。法家的重势一派认为，统治者凭他的势位就可以统治老百姓，并不需要什么知识能力。韩非引慎到的话说："尧为匹夫，不能治三人；而桀为天子，能乱天下；吾以此知势位之足恃，而贤智之不足慕也。"（同上）这正是"蔽于势而不知知"。荀况说："由势谓之，道尽便矣"，就是说，如果专从势位出发，有势位的人就可以随意做他所认为方便的事情，可是这也是一偏之见。

"惠子蔽于辞而不知实"；"由辞谓之，道尽论矣"。就是说，惠施不管事物的实际情况,作些违反事实的辩论。如果专从辩论出发,为辩论而辩论,那就只有辩论了,这也是一偏之见。

"庄子蔽于天而不知人";"由天谓之,道尽因矣"。就是说,庄周崇拜自然,反对人为,就是所谓"从天而颂之"。如果专从这个观点出发,对于任何事情都可以因其自然,不需要人的努力,这也是片面的见解。

荀况认为,各家的错误都在于片面地看问题。这在一定的程度上,是正确的。他指出各家的片面之所在也都相当深刻。荀况在这里,接触到一个真理,那就是,片面性是错误的一个根源。

当时还有些派别,荀况没有特别提出批评。他说:"若夫充虚之相施易也,坚白同异之分隔也,是聪耳之所不能听也,明目之所不能见也,辩士之所不能言也,虽有圣人之知,未能偻指也。不知无害为君子,知之无损为小人。"(《儒效篇》)"充虚之相施易",就是说,实的和虚的可以互相移易,大概是指老聃的"有无相生"之说。"坚白同异之分隔",大概是指公孙龙一派的学说。这不包括惠施,因为惠施一派主张"合同异",这里所说的是"同异之分隔"。

荀况又说:"夫坚白、同异,有厚无厚之察,非不察也,然而君子不辩,止之也。"(《修身篇》)"无厚"是指惠施"无厚不可积也,其大千里"的辩论。荀况认为,这些思想都是无关重要的,"不知无害为君子,知之无损为小人"。所以他只是一笔带过。

荀况指出,当时的各家都各有所蔽,也都各有所见。他所评论的各家学说的内容,有些我们已经不清楚了。就我们所知道的说,他的评论都说到要害之处,是中肯的。但是有一点他没有说。"见"和"蔽"是辩证的统一,其实就是一回事。各家各有所"蔽",正是因为他们各有所"见"。譬如说，一个人用望远镜观察远处的事物，望远镜把他的视力集中到一点上。对于这一点看得比较清楚，但是此点之外他就看不见了。这样，就由"见"转化为"蔽"了。如果他把望远镜转移到另一个点上，"蔽"又转化为"见"了。这就是"蔽"和"见"的辩证的关系。荀况大概是对于辩证法无所见。如果有所见，他的后学也不会编造出孔丘杀少正卯的故事了。

第二节　道家所作的总结

　　道家对于其他各家的评论，散见于《老子》和《庄子》书中。《老子》说："大道废，有仁义"（第十八章），"法令滋彰，盗贼多有"（第五十七章）。这就是对于儒法两家的评论。《庄子》中的《骈拇》《马蹄》等篇都是对于儒家的评论。但是对于其他各家的总评论是《天下篇》的作者作的。这位作者用道家的立场和观点，对于其他各家思想作了系统的总结。编辑《庄子》一书的人，把《天下》篇列入《庄子》的最后一篇，以它为庄子的"自序"。其实，这一篇应该说是对先秦百家争鸣局面所作的总结。

　　《天下》篇认为有一个全部的真理，叫"道术"。道术无所不包，其中的道理有小有大，有精有粗。它承认儒家的思想是相当全面，但是儒家所讲的只是"道术"的"粗"的一方面。真正的"道术"分裂为许多方面，先秦的各家各派都得其一个方面。它说："天下大乱,贤圣不明,道德不一,天下多得一察焉以自好。譬如耳目鼻口,皆有所明,不能相通。犹百家众技也,皆有所长,时有所用。虽然,不该不遍,一曲之士也。"他所谓"一曲之士"也就荀况所说的"蔽于一曲而暗于大理"的哲学家。这种"一曲之士"的学说,就不是"道术"而只是"方术"了。下面接着叙述有些家的学说,认为都是"古之道术有在于是者",这些家"闻其风而说之"。

《天下》篇对于各家都有所肯定。它认为儒家接近道术的全部,但只是其"粗"的一方面;"墨子真天下之好也,……才士也夫";宋钘、尹文"图傲乎救世之士哉";"彭蒙、田骈、慎到不知道,虽然槩乎皆尝有闻者也"。它对关尹、老聃和庄周有褒无贬,全部肯定,但是也承认他们所得到的,也只是"道术"的一方面。

《天下》篇认为名家的方向是完全错误的,但是,对于名家的错误表示惋惜,叹惜地说:"悲夫。"

《庄子》中的《天道》篇有一大段似乎是专门对法家,特别是黄老之学的评论。

法家所主张的形名、赏罚,《庄子》这篇也认为是统治术中的必要的环节。《天道》篇说:"是故古之明大道者,先明天而道德次之,道德已明而仁义次之,仁义已明而分守次之,分守已明而形名次之,形名已明而因任次之,因任已明而原省次之,原省已明而是非次之,是非已明而赏罚次之,赏罚已明而愚知处宜,贵贱履位,仁贤不肖袭情。必分其能,必由其名。以此事上,以此畜下,以此治物,以此修身,知谋不用,必归其天,此之谓太平,治之至也。"《管子》的《内业》《白心》等篇所讲黄老之学也是这样说的。

意思就是说:古来懂得和推行黄老之学的大道理的人,首先要懂得"天"。天就是"自然",凡事都是自然而然地如此的。这里所说的自然,其实就是必然。必然就是自然。懂得了这个道理以后,其次就是懂得道、德。"道"可能是《老子》所说的道,也可能是《内业》《白心》等篇所说的道,即精气。"德"是人之所得于道者。其次是懂社会中的伦理原则即仁义。其次是懂得"分守"即设官分职。其次是懂得"形名"。"名"就是某官某职的名字,"形"是担任某官某职的个人。"名"是一般,"形"是特殊。法律也是这样。法律的条文是"名",是一般;某具体的事是"形",是特殊。这里所说的分守、形名,包括法而言。法律、章程规定以后,自己会照着自己的一般办事,在上者不要也不可干预。这就叫"因任"。在上者不干预其办事,却要考查其成绩,看其所办的事,是否合乎其名的要求。这就叫"原省"。省是常说"反省"那个省。考查以后,就要分清是非,合乎其名的要求者为是,不合者为非。是者必给以应得之赏,非者必给以应得之罚。赏罚分明以后,贵和贱自然而然地都得到其应该得到的位置。有才能和无才能的,自然而然地只做他们所能做的事。用不着勾心斗角,用不着阴谋诡计,一切都自然而然地合适。这就是社会的最好的状态"太平之至"。

　　这是黄老之学的统治术的一整套操作规程。照黄老之学所宣传的,只要照着这套规程做,一个帝王就可以"用"他的"人群",用不着什么技巧,也用不着什么手腕。他可以用这一套"治国",也可以用这一套"修身"。"治身"的一套和"治国"的一套是一致的。《内业》《白心》等篇也是这样说的。

　　不同的是,《天道》篇在这里特别强调这一整套中各环节的本末关系。它说:"形名者,古人有之,而非所以先也。古之语大道者,五变而形名可举,九变而赏罚可言也。"就是说:"形名"是这一整套中的第五个环节,"赏罚"是第九个环节。这一整套的各个环节,有本末、先后、始终的次序,违反了这个次序,一开始就讲"形名""赏罚",这是"倒道而言,迕道而说"。这种人是只知"治之具",不知"治之道"。就是说,只知治国的方法,不知道治国的原则。这种人是"人之所治"的人,不是"治人"的人。可用于天下,不足以用天下。这一种人可以称为"辩士",是"一曲"之人。这是对于法家的批评。

以上是道家对于百家争鸣局面的总结。它承认其他各家的长处。虽然各家都有错误,但是在历史的发展中都占有一定的地位。这是道家所作的总结的特点。同儒家所作的总结比较起来,有比较多的辩证法因素。

第三节 法家所作的总结

法家的总结是韩非作的。他首先评论了儒墨两家。他说:"世之显学,儒、墨也。儒之所至,孔丘也。墨之所至,墨翟也。……故孔、墨之后,儒分为八,墨离为三,取舍相反不同,而皆自谓真孔、墨。孔、墨不复生,将谁使定世之学乎?孔子、墨子俱道尧、舜,而取舍不同,皆自谓真尧舜。尧、舜不复生,将谁使定儒、墨之诚乎?殷、周七百余岁,虞、夏二千余岁,而不能定儒、墨之真,今乃欲审尧、舜之道于三千岁之前，意者其不可必乎！无参验而必之者，愚也；弗能必而据之者，诬也。故明据先王，必定尧、舜者，非愚则诬也。愚诬之学，杂反之行，明主弗受也。"（《韩非子·显学》）

儒墨二家经常以"先王"的言行为根据，以此作为他们的结论的大前提。孟轲"言必称尧舜"。墨翟亦以古代圣王的言行作为他的三表之一。韩非对于他们的大前提的真假提出疑问。他说，尧舜真正是个什么样子，谁也不能知道。不但如此，孔丘和墨翟是个什么样子，也是不能知道的。儒家和墨家都已经分为几个派别，每派都把自己称为是孔丘和墨翟的继承人。可见他们自己也不知道孔丘和墨翟真正是什么样子。所以儒墨二家都是"愚诬之学"。

"愚诬之学，杂反之行"是韩非对于儒墨两家所作的总结。他从根本上怀疑儒墨二家学说的大前提，因此他认为这二家的学说都是"愚诬之学"。他又根据当时"儒分为八，墨离为三"的事实认为儒墨二家都是"杂反之行"。孟轲和荀况都说自己是继承孔丘，但是荀况把子思、孟轲都纳入十二子之中而加以批判。这种情况应该是韩非所熟悉的。

但这还不是韩非所作的总结重点。他的重点是对于其他各家所作的政治结论。

他说："儒以文乱法，侠以武犯禁。"（《韩非子·五蠹》）儒指一般的知识分子，侠指社会上一般"好打抱不平"的人，这两种人是儒家和墨家的社会基础。韩非的这两句话，实际上是间接地批评儒家和墨家。法家的目的是富国强兵，所以它认为社会上有用的人，是耕战之士，其他的人都是与社会无益的消费者。他说："故不相容之事，不两立也。斩敌者受赏，而高慈惠之行；拔城者受爵禄，而信兼爱之说；坚甲厉兵以备难，而美荐绅之饰；富国以农，距敌恃卒，而贵文学之士；废敬上畏法之民，而养游侠私剑之属。举行如此，治强不可得也。国平养儒侠，难至用介士，所利非所用，所用非所利。是故服事者简其业，而游学者日众，是世之所以乱也。且世之所谓贤者，贞信之行也；所谓智者，微妙之言也。微妙之言，上智之所难知也。今为众人法，而以上智之所难知，则民无从识之矣。"（《五蠹》）这里所说的微妙之言，是指道家说的，他认为道家的微妙之言，上智的人亦不能理解，更是没有什么用。

他的结论是社会上有"五蠹"，就是说有五种蛀虫。它们是这样的五种人，即"学者"（儒家之徒），"带剑者"（游侠刺客），"言谈者"（到处游说的投机政客），"患役者"（逃避耕战的人），"商工之民"。

韩非认为，当时的那些搞"百家争鸣"的人都是社会的蛀虫，他们争鸣的那些东西都是对于社会有害的，至少也是没有用的。在全国性的统一政权之下，应该是"无书简之文，以法为教；无先王之语，以吏为师"（《五蠹》）。

这是法家所作的总结。在秦始皇统一中国以后，在李斯的辅助之下，他所实行的统一思想的政策就是以法家所作的总结为其指导思想。

以上是儒家、道家和法家各从其自己的立场和观点对于百家争鸣局面所作的总结。总结还不是终结。它可能是终结将要来临的一种迹象，但不就是终结。

在战国末期，出现了杂家。杂家的出现意味着百家争鸣局面的终结。吕不韦的《吕氏春秋》是当时杂家的一部典型著作。

第四节　杂家和吕不韦的《吕氏春秋》

杂家这个名称，是刘向、刘歆所创造的。他们说："杂家者流，盖出于议官。兼儒、墨，合名、法，知国体之有此，见王治之无不贯，此其所长也。及荡者为之，则漫羡而无所归心。"（《汉书·艺文志》）他们所说的"荡者为之"，其实就是杂家的本质。杂家要兼儒、墨，合名、法，而没有一个自己的中心思想，这就是"无所归心"。

吕不韦（约前290—前235）是战国末期的一个大商人。他在赵国都城邯郸经商的时候，用投机取巧的办法搞政治活动。后来入秦，做到秦庄襄王的丞相。庄襄王死后，他的太子政立为秦王，即后来的秦始皇帝。吕不韦曾发动一次宫廷政变，企图夺秦始皇的权，失败后，被秦始皇放逐，自杀。

吕不韦在秦国当政的时候，凭借在政治上掌握的权力，收集了当时各家学派的人做他的"宾客"，叫他们大写文章，用拼拼凑凑的办法，搞出一个形式上的统一的书，名为《吕氏春秋》。

《吕氏春秋》声称，它对于以前各家一律平等看待。《不二》篇说："老聃贵柔，孔子贵仁，墨翟贵廉，关尹贵清，子列子贵虚，陈骈贵齐，阳生贵己，孙膑贵势，王廖贵先，儿良贵后。"它认为这些人"皆天下之豪士也"。可是它也认为这些不同的思想应该统一起来；"一则治，异则乱，一则安，异则危。……夫能齐万不同，愚智工拙，皆尽力竭能，如出乎一穴（空）者，其惟圣人矣乎"。

就是说，对于各家，要"齐万不同"，使它们"皆尽力竭能"，虽不同而又"如出乎一空"。

用什么方法得到这样的"一"呢？《吕氏春秋》的方法不是对各家在更高的水平上加以综合，而用一种拼凑式的方法加以拼合。这是《吕氏春秋》的杂家思想的要点。

《吕氏春秋》提出了一个关于杂家的基本理论。它说："凡生，非一气之化也；长，非一物之任也；成，非一形之功也。故众正之所积，其福无不及也；众邪之所积，其祸无不逮也。"（《明理篇》）这是说，一个东西的成长和发育，是许多积极的因素积聚在一起的结果。它又说："物固莫不有长，莫不有短，人亦然。故善学者，假人之长以补其短，故假人者遂有天下。"（《用众篇》）就是说，要想统一天下，必须取众家之长。这篇接着说："天下无粹白之狐，而有粹白之裘，取之众白也。夫取于众，此三皇五帝之所以立大功名也。"取众家之长，以补自己之短，这还不就是杂家。但如果没有自己独立的见解和立场，而企图只靠采集众家之说，以构成一个体系，就像拼缀成的纯白的皮衣一样，这就是杂家。

《吕氏春秋》在主观上也自以为它有一个建立体系的标准。它说："上揆之天，下验之地，中审之人。若此，则是非，可不可，无所遁矣。"（《序意篇》）这个标准太宽泛，太抽象。因此它又提出一个"公"的原则。它认为要"公"就需要"循其理，平其私"，就是说，要循事物的规律，去掉心中的偏见。这样"智"就可以"公"；"智公"才能决定是非。（同上）

可是这个"公"也还是抽象的，实际上就是说，不要有自己独立的见解，而只要"兼容并包"。根据这个自以为"公"的态度，《吕氏春秋》收集了很多内容互相矛盾的材料，企图把儒、道、墨、法、阴阳等家的许多观点罗列在一起，编制一套"粹白之裘"。

阴阳家的《月令》，特别受到《吕氏春秋》的重视。它把《月令》作"十二纪"的架子。司马迁说，吕不韦著八览、六论、十二纪（《史记·吕不韦列传》），"纪"在书之末。现在的高诱本，十二纪居首。但《序意篇》为全书总序，在十二纪之末，可知十二纪是全书的主要部分。

十二纪是仿照《管子》的《幼官》和《幼官图》作的，把一些论文分配在春、夏、秋、冬四季之下，这种分配所遵照的原则就是"天人感应"。

《吕氏春秋》分配在春季之下的论文有"本生""重己""贵生""情欲""尽数""先己"。这些篇的主要内容都是讲养生的方法。阴阳家认为春天的"德"主"生"。所以《吕氏春秋》把道家讲养生一类的论文都分配在春季。

《吕氏春秋》分配在夏季之下的论文的绝大部分是关于教育和音乐的。这是因为阴阳家认为夏天的"德"主"长"，即发育长养。《管子·幼官图》在中方本图里边说"接之以礼，和之以乐"，可见阴阳家认为"礼、乐"对于人有发育长养的作用。阴阳家认为中方"寄"于季夏。所以《吕氏春秋》把关于教育和音乐的理论，特别是儒家关于音乐的理论，都分配在夏季。

《吕氏春秋》在秋季下面所分配的论文的绝大部分是关于军事的，主要的是兵家和法家关于战争的理论。这是由于阴阳家认为秋天的"德"主"肃杀"。

《吕氏春秋》在孟冬纪的下面，首先编入了《节丧》《安死》

两篇论文,企图把儒家的"孝亲"和墨家的"节葬"的理论调和起来。这是由于阴阳家认为冬天的"德"主死亡。《节丧》篇开头就说:"审知生,圣人之要也;审知死,圣人之极也。知生也者不以害生,养生之谓也。知死也者不以害死,安死之谓也。此二者圣人之所独决也。"这就是给十二纪作了一个总结性的说明。

照上面所说的看起来,《月令》是《吕氏春秋》十二纪的纲领。《吕氏春秋》以十二纪为纲,搭了一个架子,依照"天人感应"的原则,在这个架子之下,收集了各家各派的人所作的论文。纲领和这些论文的关系是形式的,没有内容上的联系。

《吕氏春秋》也主张政治上的统一。它说:"军必有将,所以一之也;国必有君,所以一之也;天下必有天子,所以一之也;天子必执一,所以专之也。一则治,两则乱。今御骊马者,使四人人操一柄,则不可以出于门闾者,不一也。"(《执一》)可是它又主张继续分封诸侯,保持贵族制度。照它的说法,国家越大越不容易统治;天子之国方千里,这就大到极限了。"非不能大也,其大不若小,其多不若少"。"故观于上世,其封建众者,其福长,其名彰"。它说:"王者之封建也,弥近弥大,弥远弥小";因为这样可以"以大使小,以重使轻,以众使寡"(《慎势》)。当时历史的趋势,正是消灭诸侯割据,实行郡县制,以实现中央集权的专制主义的统治。《吕氏春秋》关于这一点的议论,一方面主张维持分封诸侯的制度,一方面提出"弥近弥大,弥远弥小","以大使小"的理论。这是不愿意把诸侯割据与郡县的矛盾发展到底,而主张一种调和论。这是杂家的特点。

《吕氏春秋》最末有《上农》《任地》《辩土》《审时》四篇。

后三篇讲农业技术，前一篇讲为什么要"上农"。这篇所说的"上农"的理由跟《爱类篇》《神农之教》比较起来，又是一个很大的矛盾。《爱类篇》所说的"神农之教"，在一定程度是从农民的立场出发。《上农篇》则完全是从地主阶级的立场出发。它说，所以重农，并不仅只是因为要尽"地利"，也是因为，"民"若从事于农，他们就很朴实，朴实就容易叫他们为统治者服务（"易使"）；"易使"则边境安，主位尊。还有，"民"若从事于农，他的思想就简单（"童"）；思想简单就不会有私下的议论，破坏法令。还有，"民"若从事于农，他们的财产就比较复杂，不容往别处逃跑；"民"若是从事于商贾（"舍本而逐末"），他们的财产就简单，统治者有患难的时候，他们容易逃跑。还有，"民"若从事于商贾，他们的思想就复杂（"好智"），"好智"就要玩弄法令，"以是为非，以非为是"。这就是说，所以重农轻商，主要的是要维持封建统治阶级的社会秩序。《上农篇》也并不是完全不要商贾。它说："凡民自七尺以上，属诸三官；农攻粟，工攻器，贾攻货。"照这几句所说的，又是要恢复奴隶主制度下的"工商食官"的制度了。

这就是杂家的做法。

黑格尔说："如果折中主义的意思是**无一贯原则**地从这种哲学里取一点，从那种哲学里取一点，拼拼凑凑，——好像一件用许多不同颜色、不同材料的布片拼起来的衣服似的——那就是一种很坏的东西。……这些折中派的学者中间，有一部分是一般没有教养的人，他们的脑子里并存着许多极其矛盾的观念，从来不想把自己的思想贯穿起来，也从来没有意识到它们的这些矛盾。也有一些折中派的聪明人，思想和行为都是有意识的，因此他们要最好的东西，当他们像他们所说的那样，从每一个体系里采取了好的东西，从许多不同的思想里作出了一个总计的时候，那里面一定是什么好东西都有，只是没有思想的联系，也就是根本没有思想。"（《哲学史讲演录》第三卷，商务印书馆1959年版，一七四至一七五页）吕不韦是这里所说的聪明人。他有意识、有计划地命令他的"宾客"作出《吕氏春秋》。

列宁说："'又是这个，又是那个'，'一方面，另一方面'……这就是折中主义。辩证法要的是从具体的发展中来全面地估计对比关系，而不是东抽一点，西抽一点。"（《再论工会、目前局势及托洛茨基和布哈林的错误》，《列宁全集》第三十二卷，人民出版社1958年版，八十页）

《吕氏春秋》的做法正是这样。

吕不韦的杂家思想，虽然不能成为真正的哲学体系，但是作为一个对付百家争鸣的态度，还是有道理的，吕不韦认为当时的各家各派各有所长。这就是对于"百家争鸣"取一种容忍的态度。

《艺文志》说：杂家"知国体之有此，见王道之无不贯"，就是指此而言。"此其所长也"，就是说，这种态度是可取的。

第五节　杂家的出现与先秦哲学的终结

秦始皇完成了当时的地主阶级第一个任务以后，需要完成第二个任务，那就是统一思想，以巩固专制主义的中央集权的统治。这是出于政治上的需要。除了这种政治形势以外，哲学界的自身也表现一种要结束"百家争鸣"的局势的迹象，那就是杂家的出现。

凡是一个大哲学家，都能够在自然、社会、人生中发现问题、解决问题。虽然他们所发现的不一定都是真正的问题，他们的解决虽然不一定都正确，但是，他们都是对于自然、社会、人生有所认识，有所了解，有所体会。因此他们的思想都能成为体系，都不失为第一流的哲学家。杂家不是这样，他们不在自然、社会、人生中发现问题，而是在别人的体系中看别人怎么样解决问题。他们徘徊于别人的体系之间，企图发现他们所认为是精华的一部分，摘取下来，拼凑成为自己的体系。这就好像小孩子玩积木一样，用几个木块拼凑成亭台楼阁。这些楼阁都是空中楼阁，因为他们是没有基础的，一个手指头就可以把它们戳倒。杂家的思想也是这样。他们的体系也是空中楼阁，因为他们在自然、社会、人生中没有基础。他们的体系实在不成其为体系，他们也只能成为第二流的哲学家。他们没有创造性，他们的体系也没有生命力。一个时代的第二流哲学的出现，表示这个时代的创造力已经将要发挥尽致了，再也不能往前发展了。

在百花争艳的春天里，荼蘼花最后开。它的开放，表示春天已经快完结了。

"开到荼蘼花事了"，在先秦，百家争鸣、百花齐放中，杂家是一棵荼蘼花。